Michail Schaiber-Sokolski
Russlands europäische Sehnsucht II
28 Radioessays zur Philosophie, Geschichte und Literatur Russlands

Michail Schaiber-Sokolski

Russlands europäische Sehnsucht
II

28 Radioessays zur Philosophie, Geschichte und Literatur Russlands

Herausgegeben
eingeleitet
und mit einem Nachwort
von
Bernd E. Scholz

Weimar (Lahn) 2019

Acknowledgements

No part of this ebook may be reproduced, stored in retrieval system,
or transmitted in any form or by any means, electronic, mechanical,
photocopying, microfilming, recording, or otherwise,
without prior permission from
Bernd E. Scholz.
This applies in particular to reproduction, distribution,
performance, alteration, translation, microfilming and storage and/or
processing in electronic systems, including databases and
online services.

Kein Teil dieses Ebooks darf ohne vorherige schriftliche Zustimmung von
Bernd E. Scholz
in irgendeiner Form durch Fotokopie, Mikrofilm oder andere Verfahren
reproduziert oder unter Verwendung elektronischer Systeme
verarbeitet,
vervielfältigt oder verbreitet werden. Das gilt insbesondere für
Vervielfältigung, Aufführung, Verbreitung, Bearbeitung, Übersetzung,
Mikroverfilmung und die Einspeicherung
und/oder Verarbeitung in elektronischen Systemen.

✳ ✳ ✳

Typesetting, design and index by Bernd E. Scholz
Lektorat: Erika Beermann
The picture
»Via Lattea nella finestra« (costruzione olio su tela 1993-1995)
was used for the cover by courtesy of the artist
Mikhail Koulakov (1933-2015, Umbria)

2019 Printed by Amazon.de

ALL RIGHTS ARE EXPRESSLY RESERVED BY
© 2019 Bernd E. Scholz • D-35096 Weimar (Lahn) •
(https://www.bernd-von-der-walge.de)
Germany

Als Kindle eBook wird es angeboten
unter Amazon ASIN: XXX XXX XXX
http://www.amazon.de/
Und/oder als »Boook on demand«
© Bernd E. Scholz
Weimar (Lahn) 2019

ISBN 978-3-926385-49-9 (Bernd E. Scholz)

Inhalt

Bernd E. Scholz: Russland in den Äther gesprochen.
Michail Schaiber-Sokolskis Rundfunkessays 7

(001) Die geistige Situation in Russland (18.5.1992) 11
(002) Zwischen Europa und Eurasien
Russlands geschichtliche Wendepunkte (13.12.1993) 31
(003) Charisma und Reform in Russland. Eine ungewohnte Sicht
der Geschichte (27.6.1994) 52
(004) Wie lebendig ist das Dritte Rom? Russische Ideale,
Ideen und Ideologien – einst und heute (23.1.1995) .. 69
(005) Die russische Zivilisation heute. Alternativen,
Potenzen, Risiken (29.05.1995) 85
(006) Geheimnisvolle Wahlverwandtschaften – Psychopolitische
Wechselbeziehungen zwischen Russen und Deutschen
(20.03.1995) 101
(007) Das neue russische Westlertum. Tendenzen, Thesen,
Theorien (15.4.1996) 117
(008) Der Geist und die Geister. Russland, Europa und das
Slawophilentum – gestern, heute, morgen
(08/2000) 131
(009) Macht des Geistes wider Allmacht der Macht
Zur Geschichte der Samisdat-Literatur (16.5.1994) 151
(010) Die Macht des Wortes. Wie Russlands Literatur auf die
historischen Geschicke des Volkes einwirkte (18.1.1999) . 170
(011) Geschichte und Propaganda. Der historische Film
in Russland (26.12.1994) 189
(012) Kriegsbeginn 1941. Geschichtsphilosophischer Kommentar
zu einem russischen Streit (26.6.1995) 206
(013) Russische Geschichtsschreibung. Ihre Bedeutung für
Russland und für Europa (16.10.1995) 222
(014) Bekenntnis und Botschaft. Über die russische
Autobiographie (13.5.1996) 238
(015) Poetische Pilgerfahrten. Russische Dichter strebten
nach Deutschland (12.5.1997) 254
(016) Erschließung einer Welt. Deutsche Dichter und das
russische Rätsel (7.7.1997) 271
(017) Eine unüberhörbare Stimme. Die jüdische Linie in der
russischen Kultur (24.6.1996) 292
(018) Geheimnisse und Rätsel. Aus der Literaturgeschichte
der Sowjetzeit (10.11.1997) 307
(019) Es war ein gewichtiger Beitrag. Frauen in der russischen
Literatur- und Geistesgeschichte (27.4.1998) 324
(020) Die russischen ›dicken‹ Zeitschriften. Blüte und
Niedergang eines Phänomens (10.6.1996) 340
(021) Die russische Satire. Eine Literaturgattung macht
Geschichte (8.6.1998) 355

(022) Eine zertretene Blüte. Das Silberne Zeitalter in
   Russland (26.10.1998; 06.08.2001) 371
(023) Russische Philosophie im Silbernen Zeitalter
   (9.11.1998; 13.08.2001) 390
(024) Das Philosophenschiff oder Wie sich Lenin der Intelligenz
   entledigte (22.05.2000) 403
(025) Erst die Zeit bringt Klarheit. Vom Wandel des Lenin-Bildes
   in den Jahrzehnten (1999/2000) 421
(026) Erben der Finsternis. Russlands stalinistische Nachkriegszeit
   und ihre Folgen. Eine Warnung (03.01.2000) 439
(027) Russlands riesiger Raum. Geographie als Faktor
   der Geschichte (15.3.1999) 457
(028) Bewältigt Russland seine Vergangenheit? (07.06.1999) 476

Anhang:
Bernd E. Scholz: Michail Schaiber-Sokolski – Ein russisch-jüdischer
Lehrmeister in Deutschland (März 2019) 494

Anmerkungen 504
Zum Autor 517
Lieferbare Titel von Michail Schaiber-Sokolski bei Amazon.de 518
Namenverzeichnis 519

Bernd E. Scholz
Russland in den Äther gesprochen.
Michail Schaiber-Sokolskis Rundfunkessays

Achtundzwanzig einstündige Radioessays versammelt dieser Band. Von der frühesten Zeit Russlands bis 2001 erstreckt sich ihr zeitlicher Rahmen. Überlegungen zur Geschichte Russlands, seiner Literatur, seiner Philosophie. Entstanden sind sie in Moskau und Marburg. In Moskau vor allem in der »Staatlichen Bibliothek für Ausländische Literatur« und der »Staatlichen Russischen Bibliothek« (vormals Lenin-Bibliothek). In Marburg an den Instituten für Slawistik und Osteuropäische Geschichte, die 2004/05 vom Land Hessen geschlossen wurden. Ihr Verfasser, ein 1923 in Moskau geborener, »universalistischer« russischer Jude, schrieb sie in deutscher Sprache, die er genauso wie seine Muttersprache Russisch fließend beherrschte. In der Sowjetunion sichert ihm dies seine Existenz wie seine Unabhängigkeit – der »freie« Übersetzer aus dem Russischen ins Deutsche war ein gesuchter Mitarbeiter der Verlage. Dabei gelang gleichsam nebenher auch Erstaunliches: Lyrikübersetzungen russischer Dichtung seit Alexander Puschkin, von deren Qualität sich die Hörer des SWR II (Abteilung Literatur, Gerhard Adler) in 16 »Lyrischen Profilen« (halbstündigen Sendungen) in den 1990-er Jahren überzeugen konnten. Sie erschienen 2003 in Marburg in Buchform als »*Russlands Europäische Sehnsucht I*« – gewissermaßen als Ehrengabe zum 80. Geburtstag.
Die jetzige Herausgabe der »Stundenessays« erschließt endlich auch diesen Teil seines geistigen Erbes in Form eines »Kompendiums«, dessen gesamtes Spektrum in der Schrift »*Die tausendjährige Spaltung. Russland. Geschichte, Geist, Gefahren. 15 streitbare Essays*« (Marburg 1997) bibliographisch dokumentiert ist, hier vor allem die Schriften im »Samisdat«, aus dem »Darknet« der Sowjetunion. Und wer wollte heute, Anfang Februar 2019, die Aktualität seiner Fragestellung von 1984 – »*Der Geist angesichts der Weltkatastrophe*« (russisch) – leugnen, wo es doch 1974/1975 bei ihm noch optimistisch gelautet hatte – »*Der Geist als Erbe und Mission*«?
Michail Schaiber-Sokolskis scheinbar altmodische Verwendung des Begriffs »Geist«, das »basso continuo« all seiner Schriften – in Deutschland war Rudolf Alexander Schröder 1952 (also 7 Jahre nach dem völligen Zusammenbruchs Deutschlands) der erste und einzige, der sich an einer Definition versuchte[1] – trifft heute auf geradezu magische Weise auf Überlegungen in der modernen Teilchenphysik, den Materiebegriff zu entmaterialisieren, zu »begeistigen«. Wer dem – wenig trivialen – grenzüberschreitenden Dialog der Human- und Naturwissenschaften das Wort redet (Geographisch-Ethnisches kann hierbei getrost entfallen), wen die Frage nach der gegenseitigen Durchdringung von Geist und Materie nicht loslässt, möge, selbst wenn auch nur für einen Moment, Eduard Kaesers jüngst im »SPEK-

TRUM der Wissenschaft« angestellten Überlegungen zur »Entmaterialisierung der Materie« folgen:

»*Diese Denkspur ließe sich weiter verfolgen ins Transzendente, nämlich dann, wenn man davon ausgeht, dass Fragen einen Fragenden, also ein Bewusstsein, voraussetzen. Der Apparat selbst stellt keine Fragen, ohne Beobachtung gibt es keine Realität. Also müsste am Anfang des Fragens, des Beobachtens, bereits »etwas« da sein, das Bewusstsein hat. Geist als Ursprung der Materie? Hier läuft die Formel »It from Bit« auf etwas hinaus, das beinahe wie das Johannesevangelium klingt: Am Anfang war das Bit. Und das Bit war bei Gott.*« (07.02.2019)

* * *

Der Verlag stand bei der Herausgabe der Schriften Michail Schaibers in Deutschland vor einer besonderen Aufgabe, da er den Wunsch des Autors, sein vor allem im russischen Samisdat verwendetes Pseudonym »Michail Sokolski« auch in Deutschland zu führen, zu respektieren hatte. Zwei Namen, zwei Identitäten: Der für jeden Russischsprechenden die jüdische Herkunft signalisierende Name »Schaiber« für den Übersetzer, der ›neutrale‹, ›rein russische‹ »Sokolski« für den Denker und Essaysisten, hinter dem jedoch leicht für jeden, der es wissen wollte, der wahre Autor ausfindig zu machen wahr. So genügt im »Katalog der Deutschen Nationalbiliothek« (https://portal.dnb.de) die Eingabe »Schaiber«, um eine vollständige Liste all seiner Übersetzungen und Schriften zu erhalten, da das Pseudonym »Sokolski« hier korrekt aufgelöst ist. Die russischen Nationalbibliotheken in Sankt Petersburg und Moskau lösen das Pseudonym nicht auf, so dass hier auch nur die getrennte Eingabe beider Namensformen zum Erfolg führt. — Wie sich 1997 bei der der Herausgabe der »*Tausendjährigen Spaltung*« in erschreckender Weise herausstellen sollte, hatte man in Deutschland nicht gerade auf einen überlebenden »anonymisierten« jüdischen Zeugen aus der einstigen Sowjetunion gewartet, der überdies noch die mehr als wohlbegründete Meinung vertrat, der mit den KSZE-Verhandlungen 1973, 1974, 1975 eingeleitete Prozess der Auflösung der West-Ost-Spaltung sei kein Sieg der Politökonomie des Westens gewesen, sondern von der ›Intelligenzija‹ der Völker des Warschauer Paktes unter allergrößten, zumeist auch persönlichen Opfern errungen worden. Hierfür zeugt insbesonders die Geschichte der Moskauer Helsinki Gruppe, gegen deren Mitglieder der sowjetische Geheimdienst bis zum Beginn der Ära Michail Gorbatschows zusammengerechnet an die 60 Jahre Lagerhaft und 40 Jahre Verbannung erwirkte, ganz zu schweigen, von Einweisung in psychiatrische Anstalten, Entzug der Staatsbürgerschaft (Expatriierung) und Berufsverbot.

Im Nachwort wird daher auch darauf eingegangen, wie sich das Leichentuch eines immer virulent vorhandenen, klandestinen Antisemitismus deutscher postnationalsozialistischer Osteuropaforscher über Autor und Verlag herabsenken sollte. Und nicht nur dieser.

Unvoreingenomme Leser und Hörer gab es auch. Für sie haben wir uns der Mühe unterzogen, das auf den Hörer zugeschnittene Wort, das auch komplizierte soziale, politische oder philosophische Sachverhalte verständlich werden lässt, neu durchzusehen, d.h. rund 750 Namen vor allem anhand der heutigen höchstaktuellen und höchstinformativen russischen Suchmaschine Yandex.ru einzeln zu prüfen und zu indizieren. In vieler Hinsicht sind diese in Deutschland weitgehend unbekannten Namen auch ein Zeugnis des geistigen Potentials Russlands. Im Nachhinein lesen sie sich wie das »Who's who of Perestroika«, das ich 1990 in Marburg verlegt habe (russisch). Dennoch war äußerste Zurückhaltung geboten bei der Hinzufügung aktualisierter biographischer oder anderer Informationen. Es hätte das Ziel dieser Essays, gedankliche Anregung zu sein, unzulässig verfälscht. Oder wie es Marion Gräfin Dönhoff einmal ausgedrückt hat: Der Gedanke sollte über der Fußnote stehen. Alle Zusätze gehen daher auf das Konto des Herausgebers.

Die Aktualität dieser Radioessays findet sich in der Brechung genuin russischer Welt- und Geschichtserfahrung im geistigen Spektrum eines russischen Europäers.

Damit betreten wir aber auch bereits den stellvertretenden Kampfplatz aktueller gesellschaftlicher Konfrontationen in Russland, der in der für einen heutigen Deutschen weitabgelegenen Diskussion des »Sinn«-Verlaufs der gesamten Geschichte Russlands liegt.

Dass dabei Michail Schaiber-Sokolskis »eurorussische Parteilichkeit« sich in der mehrbändigen Geschichte Russlands eines so populären Autors und expliziten »Eurorussen« wie Boris Akunin (eigtl. Tschchartischwili) fast auf jeder Seite nachweisen lässt, sollte hierzulande eigentlich doch zu denken geben.[2]

* * *

Der erste Essay wurde im Mai 1992 im Südwestfunk Baden-Baden gesendet, der letzte ebendort 2001. Das Sendedatum ist am Ende jedes Beitrags verzeichnet. Die vom Herausgeber gesetzten Anmerkungen sind durchnumeriert und finden sich am Buchende. Die Schreibung der russischen Eigennamen geschieht phonetisch. Ergänzungen des Herausgebers stehen in eckigen Klammen [...].

* * *

MICHAIL SCHAIBER-SOKOLSKI formulierte »sein Credo« zuletzt in einer Rezitationsveranstaltung der von ihm übersetzten Lyrik im Marburger Hotel Rosenpark am 30. Juni 2001:

»*Wenn ich heute auf die Jahrzehnte meiner literarischen Bemühungen zurückblicke, so glaube ich eines behaupten zu dürfen: Wie unterschiedlich diese meine Bemühungen auch waren, sie dienten immer dem Gleichen – und ich hoffe, mit einer gewissen Wirksamkeit. Dabei mag eines sonderbar anmuten: Ich beschäftigte mich stets mit zwei scheinbar völlig unterschied-*

lichen Gattungen und Themenkreisen, die dennoch ein Ziel im Auge hatten. Einerseits nämlich schrieb ich analytische Essays zur Geschichte Russlands, die ich dann in Sammelbänden vereinte, um somit die gesamte Geschichte von einem neuen, ungewohnten Standpunkt aus zu beleuchten. [...] In Russland wiederum rief mein Buch „Falsches Gedächtnis" zu Beginn der neunziger Jahre weit über die Kreise der Geschichtsenthusiasten hinaus größtes Interesse hervor, und die renommierte Literaturzeitschrift „Snamja" widmete ihm einmal die gesamte Rubrik der Rezensionen. Jetzt allerdings sind schon zwölf Jahre vergangen, aber etwas muss doch im Gedächtnis der Menschen geblieben sein.[3] Andererseits übersetzte ich Gedichte – eine, wie man meinen sollte, ganz andere Art literarischer Tätigkeit. Insgesamt sind an die 2.600 Nachdichtungen von mir erschienen – in Moskau und Deutschland, in einzelnen Büchern, in Sammelbänden und in Zeitschriften jeder Art, besonders oft in der Monatsschrift „Sowjetliteratur". Doch die Tätigkeit in zwei so ungleichartigen Sphären diente im Grunde stets demselben Ziel – einer neue Weltsicht, einem weitgehenden geistigen Wandel, einem Wandel, dessen Hauptpunkt die Erkenntnis ist, daß Russland seit eh und je Bestandteil Europas, organischer und streitbarer Vorposten europäischer Kultur im eurasischen Weltteil war und bleibt. Das suche ich einerseits durch die analytische Darstellung entscheidender Persönlichkeiten und Ereignisse, andererseits durch Vermittlung eines Herzstücks russischer Kultur wie die Poesie unter Beweis zu stellen. Meiner Ansicht nach ist diese Aufgabe lebenswichtig für beide Seiten, denn auf der großen Ebene, die sich von den Karpaten bis hin zum Stillen Ozean dehnt, kam es in der Vergangenheit immer wieder zu schicksalhaften Auseinandersetzungen, die für die gesamte Zukunft der Menschheit ausschlaggebend waren. Leider aber wurde und wird die Tragweite dieser Vorgänge seit je – und besonders heute – in Deutschland meist unterschätzt und in gefährlicher Weise missdeutet. [...]
Leider aber entspricht die Vorstellung vieler europäischer Völker von der Geistigkeit, Kultur und Kreativität der russischen Intelligenz, von ihrem streitbaren Europäismus in keiner Weise dem realen Sachverhalt. Nicht zuletzt gilt das für Deutschland. Ich habe mich öfters überzeugen können: In der Vorstellung des Durchschnittsdeutschen ist Russland etwas Böses, völlig Fremdes, ein Land, das im Ringen der Zivilisationen seinen ständigen Platz innehat – einen Platz außerhalb des Hauptstroms westlicher Entwicklung, von wo aus es diese westliche Kulturwelt dauernd zu zerstören sucht.
Ich machte es mir zur Aufgabe, dieses gänzlich falsche Bild zu widerlegen. [...] «
›Diese Widerlegung‹ begann er mehr als eindrucksvoll 1975 als Mitherausgeber und Übersetzer der vielsprachigen 5-bändigen Anthologie »Europäische Lyrik«, »herausgegeben auf Initiative des Sowjetischen Komitees für Europäische Sicherheit und Zusammenarbeit«[4]. Auf besagter Marburger Veranstaltung wurde daraus ausgiebig in den Sprachen Europas rezitiert.

Die geistige Situation in Russland

Was in Russland geschieht und geschehen wird, geht heutzutage jeden Europäer ganz unmittelbar und persönlich an. Denn wenn auch die jetzt so weitverbreiteten Befürchtungen übertrieben sind, in einem eventuellen russischen Bürgerkrieg könnten Kernwaffen eingesetzt werden, oder eine Hungersnot in Russland könnte Millionen und aber Millionen Elende in den Westen treiben, so würde doch eine Katastrophe, ein Chaos im gesamten Raum des früheren Riesenreiches bestimmt nicht nur die unmittelbaren Nachbarn in Mitleidenschaft ziehen. Die wirtschaftlichen und historischen Folgen gerade für Europa wären gar nicht abzusehen.

Daher ist es nicht allein für den europäischen Politiker, sondern auch für den Durchschnittsbürger wirklich von Belang, sich ein genaueres Bild von den Tendenzen und Triebkräften, den Wurzeln und Perspektiven dieser Vorgänge zu machen, ja, darüber hinaus die Notwendigkeit und die verschiedenen Möglichkeiten einer direkten oder indirekten Einwirkung auf das Geschehen seinerseits erwägen zu können.

Nun besitzt in Russland aber gerade die geistige Komponente des nationalen Lebens, gerade das Wirken der geistigen Elite seit eh und je eine Ausstrahlung wie sonst wohl nirgends auf der Welt. Und nicht nur, weil die Stimme der Dichter, der Philosophen und der Historiker immer wieder laut ertönte, wenn es um eine Wende im Schicksal des Volkes ging, und nicht nur, weil sie gehört und geachtet wurde.

Die geistige Atmosphäre als solche, das Ringen der verschiedenen geistigen Strömungen an und für sich bestimmte und bestimmt weitgehend den Charakter der politischen, sozialen und sogar wirtschaftlichen Entwicklung. Also beschreibt das neuerdings bei uns zum Modebegriff gewordene, etwas verächtlich gemeinte Schlagwort »Literaturzentrismus« tatsächlich eine durchaus reale, grundlegende Eigenart, nicht zuletzt auch der gegenwärtigen Prozesse und Bestrebungen, wie ungewöhnlich die Situation sonst auch sein mag.

Den Angelpunkt der gesamten russischen Geschichte, aller ihrer inneren Kämpfe und äußeren Spannungen bildet bereits seit einem Jahrtausend eine im Grunde reingeistige Alternative: Gehören wir zur europäischen Kulturwelt, oder sind wir Träger einer ganz eigenständigen, Europa fremden Zivilisation? Darum ging es bei sämtlichen großen Auseinandersetzungen, bei allen nationalen Krisen, von denen die russische Geschichte zu berichten weiß. Darum geht es auch heute. Nur dass diesmal – so fühlt es jedermann im Lande und so will es die objektive Sachlage – die endgültige, unwiderrufliche Entscheidung fallen muss. Es heißt jetzt: entweder vollständige Integration oder vollständige Entfremdung. In diesem Sinn stellt die sogenannte Perestroika mehr als eine historische Krisenzeit dar, sie ist die Kulmination der ganzen bisherigen Entwicklung Russlands.

Die Frage der Zivilisationszugehörigkeit, der kulturellen Identität, der geistigen Selbstbestimmung liegt letzten Endes auch all den zahlreichen, hitzig diskutierten Streitfragen der jüngsten Jahre zugrunde, so etwa: Markt oder Plan, Demokratie oder Autoritarismus und dergleichen mehr, wie schwerwiegend an sich jede von ihnen auch sein mag.

Also ist ein Wissen um die Vorgänge in der russischen Geistigkeit wesentlich für jeden Versuch, die Gesamtsituation zu erfassen und ihre wahrscheinliche Evolution, ihre möglichen Ergebnisse und Auswirkungen vorauszusehen.

Zunächst möchte ich hier einer im Westen weitverbreiteten Meinung entgegentreten, laut der die sogenannte Stagnationsperiode, das heißt die Herrschaftszeit Breshnews auch in der intellektuellen Sphäre etwas wie ein toter Punkt, wenn nicht sogar eine Zeit des Niedergangs gewesen sein soll. Diese Meinung beruht auf einem Missverständnis.

Tatsächlich sank die offizielle Kultur, der offizielle Ideologiebetrieb auf einen Tiefstand wie kaum je zuvor. Was im amtlichen Sprachgebrauch als »Philosophie« bezeichnet wurde, war nichts als ein rein formelles Nachbeten längst allgemein bekannter Leitsätze der marxistischen Theorie; was als Publizistik bezeichnet wurde, war ein von den Parteiinstanzen bestelltes und gelenktes Wiederkäuen der jeweils neuesten Direktiven der Führungsspitze; was als schöne Literatur bezeichnet wurde, war die mehr oder minder geschickte Aktualisierung eines ein für allemal dogmatisch vorgeschriebenen, lebensfremden Schemas, das als »sozialistischer Realismus« figurierte und so weiter. Doch obwohl diese Pseudokultur die scheinbar absolute Herrschaft in der damaligen sowjetischen Gesellschaft ausübte, führte sie in Wirklichkeit eine Art Schattendasein.

Denn nicht nur von der geistigen Elite, nicht allein von den Intellektuellen überhaupt, sondern auch von breiteren Volksschichten, insbesondere aber von den meisten Jugendlichen, wurde sie im Grunde nie ernst genommen. Ja, selbst die an ihr profitierenden »Kulturschaffenden«, die festangestellten Kulturpropagandisten und Kulturideologen ironisierten oft und gern die eigene Tätigkeit, und alle wwussten sehr wohl, dass es zur gleichen Zeit eine wahre russische Kultur gab mit einer Vielzahl von lebendigen Strömungen, erfüllt von ernstem geistigem Ringen um die Grundprobleme des Volkes, des Menschen und der Welt, eine Kultur, die auf jahrhundertealte Traditionen baute, aber gerade in dieser Zeit eine außergewöhnliche Blüte erlebte.

Die gegenwärtige Situation kann lediglich im Zusammenhang mit dieser Blüteperiode der inoffiziellen, oppositionellen Kultur und Geistigkeit richtig verstanden werden.

(001) Die geistige Situation in Russland

In sämtlichen Medien, die dem oppositionellen Geist zur Verfügung standen, wurden nicht nur die Zustände in Staat, Gesellschaft und öffentlichem Leben kritisiert, es wurden neue, oft konstruktive, schöpferische Ideen vorgetragen, und in vielen Sphären wurden echte, bleibende Werte geschaffen.

Um welcherart Medien aber handelte es sich dabei?

An erster Stelle wäre hier der Samisdat zu nennen. Dieser russische Begriff, der auch von fremden Sprachen übernommen worden ist, gilt für mehr oder minder seriöse Schriften, die nicht gedruckt werden können, aber auch keinesfalls im Schreibtisch des Verfassers liegenbleiben, sondern in Manuskriptform unter die Leute kommen. Dazu bildeten sich in verschiedenen Epochen jeweils besondere Vervielfältigungs- und Verbreitungsmethoden heraus.

Manche im Samisdat der Breschnewzeit erschienene Schriften erregten größtes Aufsehen, ja, fanden weltweite Resonanz. Es genügt da, Namen wie ANDREJ SACHAROW oder ALEXANDER SOLSHENIZYN zu nennen. Doch daneben gingen tausende Texte geringerer Autoren. von Hand zu Hand, deren Einwirkung auf das soziale Selbstbewusstsein, auf die politischen Stimmungen, auf die kulturellen Trends und die geistigen Bestrebungen keineswegs unterschätzt werden darf. Es ist sehr richtig gesagt worden: Ohne die aus dem Samisdat kommenden Impulse hätte von einer Perestroika keine Rede sein können. Nicht minder relevant aber ist, dass fast alle derzeitigen philosophischen, soziologischen, historiographischen, literarischen oder künstlerischen Schulen und Strömungen schon damals im Samisdat heranreiften.

Aus dem Samisdat ist ja schließlich auch der für die Glasnostzeit so charakteristische Publizistik- und Essayistikboom hervorgegangen.

Um nur einige der bedeutendsten Vertreter völlig unterschiedlicher Richtungen des russischen Denkens zu nennen, die sich bereits im Samisdat einen Namen gemacht hatten: GRIGORI POMERANZ, dessen ursprünglich religiösgefärbter Universalismus die Grundlage für das Credo einer größeren Gruppe von Autoren bildet, die das Prinzip Toleranz über alles stellen; GEORGI GATSCHEW, dessen immer noch unveröffentlichtes Hauptwerk »Nationale Weltbilder« inmitten des heute an so vielen Orten überhandnehmenden radikalen Nationalismus eine ungemein wichtige humanistische Mission erfüllt, oder LEW GUMILJOW, der mit seinem mehrbändigen ethnologisch-historischen Werk »Die Ethnogenese und die Biosphäre der Erde« seinerzeit vehemente wissenschaftliche Diskussionen auslöste, wie sie für die Stagnationsperiode alles andere als typisch waren, und der auch jetzt, da bereits mehrere gedruckte Ausgaben vorliegen, noch zu den umstrittensten Figuren am geistigen Horizont Russlands gehört. Ich könnte ohne Mühe viele weitere Namen aufzählen, die für jeden russischen Intellektuellen ein Begriff sind.

Eine kaum geringere Rolle im geistigen Leben der Zeit spielten die verschiedenen Zirkel, Diskussionsgruppen, privaten Seminare und so weiter, in denen Schriften »aus der Schublade« vorgelesen und besprochen, Vorträge gehalten, Gedichte deklamiert oder brisante Themen und Ideen erörtert wurden.

Gerade bei solchen regelmäßigen Zusammenkünften nahmen die geistigen Gruppierungen und ideologischen Lager allmählich feste Gestalt an. So hatte der Moskauer Philosoph EWALD ILJENKOW, der allerdings noch ganz der marxistischen Begriffswelt verhaftet war und später aus Verzweiflung an der Unvereinbarkeit seines Denkens mit dem marxistischen Dogma Selbstmord beging, schon gegen Ende der fünfziger Jahre jüngere Männer und Frauen um sich versammelt, die dann mit der Zeit erheblichen Einfluss innerhalb der russischen Intelligenz gewannen und nicht zuletzt entscheidend zu den intensiven philosophischen Auseinandersetzungen der folgenden Jahrzehnte beitrugen. Unter den profilierten Persönlichkeiten der Nachfolgezirkel wäre vor allem WLADIMIR BIBLER zu nennen, dessen Sonnabendseminare die als »Dialog der Kulturen« bekannte Richtung aus der Taufe hoben. Neben dem Biblerkreis bestanden aber auch andere geisteswissenschaftliche Zirkel unterschiedlichster Prägung und Schattierung, und zwar nicht nur in Moskau und dem damaligen Leningrad, sondern oft auch in kleinen Provinzstädten. Noch vielfältiger und womöglich noch lebhafter gestaltete sich das Wirken der reinliterarischen, vornehmlich an modernistischer Lyrik interessierten Ringe.

Eine ganz besondere Art oppositioneller Selbstäußerung entstand unterdessen in der legalen, von der staatlichen Zensur zugelassenen, von den staatlichen Instanzen gepflegten Kultur. Es handelte sich um ein geschicktes und geistreiches Spiel mit »gutverpackten« Sticheleien, Anzüglichkeiten und Allusionen in belletristischen und wissenschaftlichen Texten, in Dichtung, Theater und Film, ein Spiel, das sowohl in der Umgangssprache wie auch in Literatur und Presse gleichnishaft als »äsopische Sprache« bezeichnet wurde. Autoren und Publikum hatten sich so ganz darauf eingestellt, dass schließlich nahezu jedermann geneigt und geübt war, zwischen den Zeilen zu lesen und zwischen den Sätzen zu hören. Häufig gelang es aber bei solchen vermeintlichen Spielereien auch, nicht nur verhüllte Kritik zu üben, sondern zugleich in verhüllter Form neue Ideen zu lancieren.

Ein Kapitel für sich waren die bildenden Künste. In Privatwohnungen, Kellerräumen und geheimen Galerien wurden jahrelang Ausstellungen veranstaltet, bei denen die sogenannten Nonkonformisten mit ihren Gemälden philosophierten, vor allem aber protestierten. Man durfte es als ein Wunder betrachten, dass dann in den siebziger Jahren und ausgerechnet in einem Pavillon der Volkswirtschaftlichen Leistungsschau, zwei große nonkonformistische Ausstellungen stattfinden konnten, zu denen täglich Tausende und aber

Tausende stundenlang geduldig Schlange standen und dass diese Künstlergruppe bald darauf eine kleine, aber immerhin doch allgemein zugängliche Galerie in der Moskauer Malaja-Grusinskaja-Straße übernehmen konnte. Rein stilistisch gesehen, blieben zwar diese Maler größtenteils Epigonen europäischer Meister, doch war ihre Kunst von einer eigenen, charakteristisch russischen Geistigkeit erfüllt.

All das soll keineswegs besagen, dass sämtliche Werke und Werte, die in dieser geistig ungemein fruchtbaren Zeit entstanden, einen Weg zu den Menschen fanden. Überall im Lande, namentlich in den gottverlassenen Kleinstädten der russischen Provinz, widmeten sich Hunderte, wenn nicht Tausende begabter Schriftsteller und origineller Denker einer Arbeit, mit der sie nicht einmal kleinere Kreise ansprechen konnten, war doch das gesellschaftliche Leben durch die große Angst weitgehend lahmgelegt. Wie berechtigt aber diese Angst war, bewies allein schon die Tatsache, dass unzählige Manuskripte, meist zusammen mit ihren Verfassern, im nimmersatten Schlund der Geheimpolizei verschwanden. Leider ist es vielen dieser Autoren bis auf den heutigen Tag nicht gelungen, sich irgendwie durchzusetzen, teils natürlich, weil ihre Schriften inzwischen jede Aktualität eingebüßt haben, aber zum Teil auch, weil sich die Glasnost ja vorwiegend zum Sprachrohr der Prominenz entwickelt hat (wovon noch die Rede sein wird).

Um die Übergänge zur heutigen geistigen Situation richtig zu erfassen, gilt es, sich ein genaueres Bild von den damals aufgekommenen intellektuellen und ideologischen Strömungen machen zu können, die ja, wie bereits erwähnt, in entsprechend abgewandelter Form auch die gegenwärtige Lage, ihre Evolution und ihre Perspektiven bestimmen.

Zum westlerischen Lager zählten zunächst Geistesschaffende, die unmittelbar an Paradigmen, Ideen, Denkweisen und Stilrichtungen westlicher Schulen anknüpften, weshalb sie abseits von der offiziellen Forschung und der offiziellen Literatur eigene Gruppen bildeten, denen es darum ging, Gedankengut und Weitsicht dieser Schulen auf russischem Boden heimisch zu machen. Solche Tendenzen ließen sich im ganzen Spektrum intellektueller Tätigkeit von der Philosophie bis hin zur Lyrik klar erkennen. So gab es in der Philosophie Minischulen neupositivistischer, strukturalistischer, existentialistischer, neuhegelianischer, aber auch marxistisch-revisionistischer Ausrichtung, in der Psychologie Gruppen, die sich der Tiefenpsychoiogie oder der Gestaltpsychologie anschlossen; in der Geschichtsdeutung trat die Zivilisations- beziehungsweise die Stadientheorie, die allerdings in Russland über alte Traditionen verfügte, der marxistischen Lehre von den sozialökonomischen Formationen entgegen; die individualisierende Auffassung kämpfte zunehmend gegen die marxistische »eherne Gesetzmäßigkeit« an; und auch Ansätze mathematischer Methoden der Geschichtsforschung machten bereits von sich reden; in der Soziologie fasste, besonders innerhalb der Dissidentenbewegung, die Konvergenztheorie Fuß; in der schönen Literatur wurden Bewusstseinsstrom, Sprachexperiment und Formäquilibristik, in der bildenden Kunst expressionistische und abstrakte Malerei und Plastik modern.

Doch weit größeren Einfluss auf das gesamte westlerische Lager gewannen diejenigen, die aus Eigenem schöpfen wollten in der festen Überzeugung, dass gerade dieses Eigene von Haus aus dem europäischen Kulturkreis, der europäischen Geisteswelt zugehört. Neben zahlreichen Intellektuellen, die wie etwa die führenden Köpfe der bereits erwähnten Gemeinschaft »Dialog der Kulturen« eine solche Einstellung ganz ausdrücklich und zielbewusst vertraten, könnten auch die beiden überragenden Denker einer weit älteren Generation, die bis tief in diese Zeit hinein lebten und wirkten, ALEXEJ LOSSEW und MICHAIL BACHTIN, eben dieser Richtung zugeordnet werden. Zu einem derartigen Westlertum neigte im Grunde auch schon damals der zweifellos angesehenste und meistgenannte Repräsentant russischer Geistigkeit unserer Zeit, DMITRI LICHATSCHOW, wie betont national gefärbt sein Werk auch sein mochte. Doch das wohl eindeutigste und vielleicht tiefste Zeugnis der organischen Einheit russischen und europäischen Geistes lieferten Dichter wie BORIS SLUZKI, JULI DANIEL, BORIS TSCHITSCHIBABIN[5] und ARSENI TARKOWSKI[6], Erzähler wie JURI TRIFONOW und MICHAIL KOSAKOW, Filmemacher wie ANDREJ TARKOWSKI...

Mit dem Westlertum eng verwandt war im eigentlichen Sinn des Wortes das orthodox-christliche ökumenische Denken, das sich mit gutem Recht auf das Erbe der Großen der russischen Religionsphilosophie, WLADIMIR SOLOWJOW und NIKOLAI BERDJAJEW, berufen durfte. Hier taten sich zwei wahrhaft außergewöhnliche Persönlichkeiten hervor. Der als Philosoph, Philologe, Historiker, kulturpolitischer Publizist, Dichter und Übersetzer unermüdliche SERGEJ AWERINZEW und der tiefschürfende Theologe und sprachgewaltige Prediger ALEXANDER MENJ, dessen geheimnisvolle Ermordung im Sommer 1990 selbst in einer so turbulenten Zeit ungeheures Aufsehen und allgemeinen Zorn erregte, bemühten sich gleichermaßen, wie unähnlich sie einander sonst auch waren, um eine gültige Synthese von orthodoxem Christentum und europäischem Humanismus.

Die Kirche war aber unter diesem Gesichtspunkt gespalten, und der größere Teil der Priesterschaft tendierte doch eher zum entgegengesetzten Lager.

Dieses Lager, das heutzutage gemeinhin als das russophile bezeichnet wird, begann sich etwa am Ende der sechziger Jahre aus verschiedenen Gruppen herauszubilden, die zunächst unterschiedliche Ziele verfolgten.

(001) Die geistige Situation in Russland

Die frühen Ideologen der Bewegung, die sich als Nachfolger der Slawophilen des vorigen Jahrhunderts verstanden, begnügten sich einstweilen mit der Rehabilitierung und Neuaufwertung dieser Weltanschauung, die in der Sowjetzeit als reaktionär und volksfeindlich verschrien gewesen war. Allerdings musste schon damals auffallen, dass die Apologeten des Slawophilentums anders als die liberalen Westler ihre Arbeiten bei staatlichen Verlagen und in offiziellen Zeitschriften veröffentlichen durften, ja, dass sich die sonst so rigorose Zensur ihnen gegenüber oft überraschend gnädig erwies. Erst viel später wurde klar, dass einflussreiche Stellen des bestehenden Partei- und Staatsapparates zu der Einsicht gelangt sein mussten, der nationale Gedanke, der seit Stalins Tod wieder etwas in den Hintergrund gerückt war, besäße als Ideologie der Machterhaltung und Machtentfaltung weitaus größere Potenzen als die längst ausgehöhlte und abgedroschene kommunistische Phraseologie. Selbstredend konnte es nicht bei der Rehabilitierung jahrhundertealter Anschauungen, nicht bei der bloßen Zurschaustellung eines mystisch verklärten nationalen Überlegenheitsgefühls bleiben. Damit diese ideologische Strömung zur effektiven Stütze des bestehenden Herrschaftssystems avancierte, bedurfte es freilich ihrer weitgehenden Politisierung und des gezielten Ausbaus zu einer aggressiven, im Grunde unverhohlen faschistischen Massenbewegung. So weit gingen die legalen Bestrebungen vorläufig aber noch nicht.

Zur gleichen Zeit tauchte im Samisdat eine in jeder Hinsicht radikalere Publizistengruppe auf, die sich vom Bündnis mit der gewaltigen Staatspartei weniger versprach als von den Instinkten, stereotypen Vorstellungen und überkommenen Feindbildern der Volksmassen. Während sich die »Legalen« vor allem dadurch der offiziellen Propagandataktik anpassten, dass sie Amerika, diese Hochburg, wie sie es nannten, »bürgerlicher Sattheit«, dem als »Hochburg reiner Geistigkeit« aufgefassten Russland gegenüberstellten und entsprechend verdammten, griffen die »Illegalen«, die durch keine taktischen Überlegungen gehemmten »nationalpatriotischen Russophilen«, eine weltweite »Satanokratie« an, und man brauchte keineswegs sonderlich zwischen den Zeilen zu lesen, um darin das Judentum zu erkennen.

Noch glaubte aber die Mehrheit der Machthaber nicht so sehr an die »russische Idee« mit ihrem messianischen Sendungsanspruch, mit der Verheißung einer russischen Welterlösung, als vielmehr an die altbewährte imperiale Idee, die im Grunde lediglich auf das Bestreben hinauslief, die eigene Herrschaftssphäre mit allen Mitteln real zu erweitern, und die sowohl unter dem Deckmantel des marxistischen oder des slawophilen Messianismus als auch in reiner, unverschleierter Form wirken konnte. Diese psychopolitische Tendenz stützte sich begreiflicherweise auf einen sehr breiten Abschnitt im Spektrum der westfeindlichen, gegen das russische Westlertum antretenden intellektuellen Kräfte, doch tat sich schon zu jener Zeit unter den Literaten und insbesondere unter den Historikern eine Schule hervor, die das imperiale Denken in seiner eigentlichen, vorwiegend militaristischen Gestalt, oft mit stalinistischem Hintergrund, als allgemeine nationale Ideologie vertrat.

Neben messianischen und imperialen Wunschvorstellungen war für die westfeindliche Mentalität seit eh und je ein Aspekt charakteristisch, den ich als Ghettoismus bezeichnen möchte. Die Überzeugung, Russland müsse sich einer wesensfremden, verderblichen, auf seine Unterjochung abzielenden Außenwelt verschließen, müsse also eine Chinesische Mauer oder einen Eisernen Vorhang um sich aufführen, hatte sich erstmalig keinesfalls zu STALINS Zeiten durchgesetzt, es war im Laufe von Jahrhunderten die politische Grundeinstellung der orthodoxen Kirche gewesen. Kein Wunder also, dass jetzt nicht nur der dominierende, antiökumenische Teil der kirchlichen Würdenträger, die ja stets aufs engste mit den offiziellen Stellen, ja, mit der herrschenden Partei und manchmal sogar mit dem Geheimdienst verbunden waren, sondern erst recht die wirklich gläubigen, vom Staat ständig verfolgten religiösen Kreise, nicht zuletzt die der sogenannten Katakombenkirche, weitgehend diese Auffassung teilten.

Dabei muss aber beachtet werden, dass damals kaum jemand die religiöse Renaissance der achtziger Jahre voraussehen konnte, dass somit der kirchliche Einfluss als solcher keineswegs überschätzt werden darf. Erheblich weitreichender war gewiss die Wirkung einer Schriftstellergruppe, die sich »Dorfprosa« oder meist einfach »die Dörfler« nannte und der zumindest drei der prominentesten russischen Schriftsteller der Zeit, FJODOR ABRAMOW, VIKTOR ASTAFJEW und VALENTIN RASPUTIN, angehörten. Das Blut-und-Boden-Pathos ihrer vielgelesenen Romane und Novellen fand häufig auch bei Leuten Anklang, die sich von der allzu rabiaten und zugleich mit parteideologischen Reminiszenzen und Reverenzen gespickten Publizistik der »Russentümler« eher abgestoßen fühlten. Wie erbarmungslos realistisch die Darstellung des russischen Volkslebens bei den »Dörflern« oft auch war, sie setzten sich sowohl in ihrer Kunst wie auch in ihren Äußerungen gleichsam für ein Ghettoleben Russlands ein, übrigens nicht so sehr für das politische und ideologische Ghetto als vielmehr gerade für die geistige Absonderung, für die kulturelle Isolation.

Diese Konstellation historischer Kräfte bestimmte in entscheidendem Maße den Charakter und den gesamten Verlauf des großen Reformversuchs Perestroika. Selbstverständlich aber musste umgekehrt die Einwirkung des politischen Aufbruchs und der sozialen Krise auf die geistigen Auseinandersetzungen ebenfalls zu einem gewichtigen Moment werden.

Das russische Wort Glasnost, das eigentlich nichts anderes bedeutet als Kontrollierbarkeit der Amtshandlungen durch die Öffentlichkeit und das angesichts der jahrzehntelangen krankhaften sowjetischen Geheimhaltungssucht schon ziemlich antiquiert klang, wurde

(001) Die geistige Situation in Russland

plötzlich als Schlagwort mit verändertem Sinn, nämlich »Meinungsfreiheit« zum festen Bestandteil des gesamten Medienvokabulars, ja, sogar der Alltagssprache.

Doch hatte GORBATSCHOW, als er dieses Schlagwort ausgab, die wahre Problematik Russlands verkannt. Nach seiner Auffassung sollte die Meinungsfreiheit, deren Wesen er mit dem Begriff »sozialistischer Pluralismus« umreißen zu können glaubte, ihm helfen, das verrottete System durch Reformen sozialistischen Gepräges wieder lebensfähig zu machen.

Tatsächlich hatte es einige Monate lang den Anschein, als beschäftigte sich die humanistisch orientierte Intelligenz vorwiegend mit den abstrakten oder bestenfalls gesellschaftspsychologischen Fragen einer Vermenschlichung des bestehenden Systems und seiner Mechanismen: Als das frappanteste und wohl historisch bedeutsamste Phänomen der Glasnostzeit, die sogenannte »publizistische Explosion«, begann, wimmelte es in den damals wirklich sensationell anmutenden Zeitungs- und Zeitschriftenessays dauernd von scheinbar so unzeitgemäßen, sentimental, religiös oder romantisch klingenden Begriffen wie Seele, Gewissen, Einkehr, Selbstbesinnung, Güte, Barmherzigkeit, sittliche Pflicht und Ähnliches mehr. Um diese kurze Periode zu charakterisieren, genügt es hier vielleicht, einen Auszug aus einer Rede ALEXANDER JAKOWLEWS, des engsten und radikalsten Vertrauten von GORBATSCHOW, anzuführen (ich zitiere):

> »*Politische und wirtschaftliche Erfolge sind historisch nicht von Dauer. Ewig ist der Mensch, und bleibend sind seine sittlichen Werte. Sein Leben, seine Freuden und Sorgen, Hoffnungen und Enttäuschungen, sein Glauben und seine Zweifel, mit einem Wort, alles, was das Wesen des menschlichen Daseins ausmacht. Hier liegt nahezu das gesamte Spektrum der Voraussetzungen für ein gesundes, menschliches Zusammenleben. Heim und Familie. Heimat und Volk. Freiheit und Pflicht. Ehrlichkeit, Anständigkeit und Gerechtigkeit. Friedlichkeit, Menschlichkeit und Hochherzigkeit. Mut, Treue und Opferbereitschaft. Liebe, Freundschaft und Selbstlosigkeit. Natur, Brot und Wasser. Ein hohes Ziel, ein hohes Wort und ein hohes Werk. Arbeit und Schöpfertum. Geist und Talent...*«

Damit ein Mitglied des kommunistischen Politbüros solche Gedanken veröffentlichen konnte, bedurfte es schon einer entsprechenden gesellschaftlichen Atmosphäre.

Doch bald mussten Russlands Urprobleme und Urwidersprüche in ihre Rechte treten. Vor allem die altüberkommene Konfrontation des westlerischen Selbstverständnisses mit der Ghettomentalität, dem imperialen Denken, dem messianischen Anspruch.

Diese Konfrontation, die jetzt aus dem Samisdat und den Zirkeln ins grelle Rampenlicht der Massenmedien, in erster Linie der zentralen Presseorgane und der in Millionenauflagen erscheinenden Literaturzeitschriften rückte, wies von Anfang an einige Besonderheiten auf, die weittragende und bis heute nicht überschaubare Konsequenzen hatten.

Zunächst wurden die publizistischen Waffengänge einzig durch Personen ausgetragen, die sich bereits durch frühere, zensurgenehmigte Schriften einen Namen gemacht hatten, während die alten Kämpen der Untergrundzeit, die jahrelang Entbehrungen und Verfolgungen auf sich genommen hatten, um für ihre jeweiligen radikalen Überzeugungen unerschrockenes Zeugnis abzulegen, nunmehr kaum irgendwo zu Wort kamen. Einerseits brachte das eine gewisse Verbitterung mit sich, zumal die »publizistische Explosion« auch das Interesse am Samisdat und damit seine Wirkung krass vermindern musste – und dies wieder führte zur weiteren, extremen Polarisierung der Ansichten und Stimmungen innerhalb des gesamten engagierten Intellektuellenmilieus. Dadurch sahen sich aber die arrivierten Publizisten genötigt, ihre Polemik gleichfalls aufs äußerste zuzuspitzen, obwohl die Mehrheit ihrer Leser doch noch keinesfalls ihre Stellungnahmen von gestern und vorgestern vergessen hatte, was dem Ganzen einen starken Zug von Unechtheit und Unglaubwürdigkeit verlieh. Andererseits war gerade die Vorherrschaft von Namen, an die alle seit langem gewohnt waren, für das Publikum der Beweis dafür, dass die durch Glasnost gegebene Möglichkeit eines tiefgehenden geistigen Umbruchs versäumt worden war. Man machte daher wenig Aufhebens, als sich in den Spalten mancher Zeitungen und auf den Seiten mancher Sammelbände zur alten intellektuellen Nomenklatura auch die alte Parteinomenklatura gesellte. Das aber entstellte in den Augen breitester Kreise den wahren Charakter des geistigen Ringens.

Denn wenn auch etwa ein JEWGENI JEWTUSCHENKO auf der westlerischen oder ein JURI BONDAREW auf der russophilen Seite sich wiederholte Liebedienerei gegenüber den kommunistischen Ideologen hatten zuschulden kommen lassen, so kämpften sie jetzt doch tatsächlich mit äußerstem Einsatz für ihre jeweiligen Ideen und Zukunftsvorstellungen (wobei, wie bereits erwähnt, das russophile Lager mit Schutz und Unterstützung von seiten der damals ja immer noch allmächtigen hohen Parteigremien rechnen durfte).

Diese zweideutige Entwicklung spielte sich – das soll eigens betont werden – in einer Atmosphäre ab, für die dennoch weithin Elan, Zuversicht und Enthusiasmus kennzeichnend waren, und zwar galt das gerade für den Bereich der Kultur und der Geistigkeit, wo die Hoffnung auf einen großen Aufschwung durchaus logisch und zunächst auch durch die Fakten gerechtfertigt erschien. Denn die Helden der Stunde, die resoluten »Sprachrohre der Perestroika« waren durchweg Männer und Frauen des Geistes: der Altmeister der russischen Kultur, DMITRI LICHATSCHOW, die Dichter ALES ADAMOWITSCH und ALEXANDER GELMAN, DANIIL GRANIN und JEWGENI JEWTUSCHENKO, VITALI KOROTITSCH und ANDREJ WOSNESSENSKI, die Historiker JURI AFA-

NASSJEW und LEONID BATKIN, die Philosophen ANATOLI BUTENKO und MERAB MAMARDASCHWILI, die Theaterleute MARK SACHAROW und MICHAIL ULJANOW, die Wirtschaftsträumer ABEL AGANBEGJAN, LARISSA PIJASCHEWA, GAWRIIL POPOW, NIKOLAI SCHMELJOW und WASSILI SELJUNIN... Ihre Aufsätze wurden nicht nur eifrig gelesen, sondern buchstäblich überall, in den Familien, im Freundeskreis, an den Arbeitsstellen, vor den Zeitungsbuden, in Versammlungen und so weiter lebhaft besprochen und aufs ausführlichste erörtert. Die Auflagen der Zeitungen und Zeitschriften erreichten atemberaubende Höhen. Dabei lag auf der Hand, dass die westlerische Partei, die sich zu GORBATSCHOWS neuem Denken bekannte, auf allen Gebieten moderne Auffassungen durchzusetzen suchte und zweifellos über die besseren Federn verfügte, zunehmend an Boden gewann.

Ein vorerst noch wenig bemerkbarer Wechsel setzte ungefähr mit dem Jahr 1988 ein.

Er war auf mehrere einander ergänzende, potentiell negative Faktoren zurückzuführen.

Die Perestroika hatte ihre ersten Rückschläge erfahren, die sich nicht allein aus dem voraussehbaren erbitterten Widerstand der bürokratischen Maschine erklären ließen, und das hatte in bestimmten Volkskreisen bereits spürbare Anzeichen von Enttäuschung ausgelöst. Da nun in der öffentlichen Meinung und auch im Selbstverständnis der liberalen Intelligenz die Sache der Perestroika noch mit den Idealen des Westlertums identifiziert wurde, musste das auch in der reingeistigen Sphäre entsprechende Folgen für die westlerische Seite nach sich ziehen.

Zugleich begann die an und für sich durchaus begrüßenswerte, hundertprozentig notwendige Rückführung und Auswertung des Emigrantenschrifttums als integrierendem Bestandteil des russischen Geistes. Doch wurde hier offensichtlich des Guten zuviel getan. Im Laufe von vielen Monaten beherrschten philosophische, historische und belletristische Werke dreier Generationen von Auslandsrussen die literarischen Zeitschriften wie auch den Büchermarkt. Hinzu kamen die nachgelassenen Schriften vieler Berühmtheiten der vorangegangenen Jahrzehnte, die sich nunmehr als Vorkämpfer der inneren Emigration entpuppten. So wurde es selbst namhaften Autoren zusehends schwieriger, den Jüngeren und den gestrigen Samisdatschreibern aber meist beinahe unmöglich, ihre oft brennend aktuellen und jedenfalls immer aus heutigem und hiesigem Gefühl geborenen, für das heutige und hiesige Geistesringen wichtigen Beiträge auf so krass geschrumpften Raum noch unterzubringen. Da hatten es die Exponenten des russophilen Lagers leichter, war doch die Anzahl der ihnen geistesverwandten Exilautoren, vor allem innerhalb der zeitnahen dritten Generation, merklich geringer. Dieser Umstand wirkte sich begreiflicherweise nach und nach auch auf das Kräfteverhältnis in der großen Polemik aus.

Die religiöse Renaissance, die als menschlicher Protest gegen die brutale Unterdrückung der Kirchen und Sekten, als ideelles Aufbegehren gegen die Alleinherrschaft einer »militant gottlosen« (so hieß es offiziell) und dabei völlig abgenutzten Ideologie, als natürliche Suche nach einem seelischen Halt inmitten einer moralisch verkommenden Welt schon seit Jahren zu den bedeutsamsten Erscheinungen im russischen Volksleben gehörte, erreichte jetzt, im Zeichen des übrigens auch vom Staat betont feierlich begangenen tausendjährigen Jubiläums der Christianisierung Russlands ihren absoluten Höhepunkt. Obwohl die Kirche und erst recht das russische religiöse Denken, wie bereits erwähnt, schon seit langem keinen einmütigen und unzweideutigen Standpunkt in bezug auf die Zivilisationenalternative vertraten, war allein schon die gewaltige Aufwertung des Glaubens, und zwar gerade des orthodoxen Bekenntnisses Wasser auf die Mühle der russophilen Partei.

Eine ähnliche Wirkung hatte die große Nostalgiewelle, die der Aufdeckung und Klärung zahlreicher kommunistischer Geschichtsentstellungen, zahlreicher Verheimlichungen und Vernebelungen von historischen Sachverhalten in Literatur und Unterricht folgte. Es war nur natürlich, dass ein neuerwachtes, leidenschaftliches Interesse für die Geschichte des eigenen Volkes und Landes besonders eifrig von den Verfechtern der »nationalpatriotischen Idee« ausgebeutet werden musste, wobei es nicht an neuerlichen, wenn auch vielleicht etwas anders gearteten Fälschungen fehlte.

Doch den wohl schwerwiegendsten Faktor stellte die nunmehr ganz unverhohlene und konsequente Selbstidentifizierung eines Teils des ideologischen Establishments und entscheidender Gruppen der kommunistischen Parteikaste mit dem Russophilentum dar, und zwar vor allem mit den extremen politischen und kulturpolitischen Richtungen. Es war ja endgültig jedem einigermaßen vernünftigen Zeitgenossen klargeworden, dass die marxistische Doktrin als solche keine Zukunft hatte, und daraus mussten Schlüsse gezogen werden. Die Verschmelzung zweier antiliberaler, auf psychologische Diktatur und Intoleranz hinzielender Dogmensysteme und Phraseologien lag nahe und wurde von den meisten Mitbürgern auch als durchaus logisch empfunden. Was der Symbiose dieser und verwandter Strömungen aber wirklich eine ganz bestimmte, womöglich historische Perspektive verlieh, war die ihnen gemeinsame militaristische Komponente, die imperiale Mentalität, die mystische, potentiell aggressive Europafeindschaft. Eine solche Denkweise war geeignet, die ideologiehungrige Armee, die sich ja gleichfalls nicht mehr an den kommunistischen Mythus klammern konnte, in ihren Bann zu ziehen.

Und gerade die Armee schwebte den Anhängern der neuen Koalition als Machtretterin und künftige Machtträgerin vor.

Kein Wunder, dass in der geistigen Vorhut des kommunistisch-russophilen Lagers jetzt Leute mit tonangebend wurden, die nicht von ungefähr in der Presse immer wieder als »Nachtigallen des Generalstabs« figurierten, so etwa der Romanautor ALEXANDER PROCHANOW oder der Essayist KAREM RASCH.

Wie leicht der Übergang von der offiziell kommunistischen zu einer nationalistischen, ja ungeschminkt faschistischen Position war, möchte ich ganz kurz anhand eines typischen – ich unterstreiche, typischen – Beispiels zeigen. Der Schriftsteller ANATOLI IWANOW, der mehrere umfangreiche Romanwerke verfasst hatte, in denen die Schemen des sogenannten sozialistischen Realismus bis zur Lächerlichkeit genau befolgt und die handelnden Personen haarscharf in Mitstreiter und teuflische Gegner der kommunistischen Partei eingeteilt waren, startete jetzt in der von ihm geleiteten Zeitschrift »Molodaja Gwardija« [Junge Garde] eine wüste chauvinistische und vor allem antisemitische Kampagne, die nun schon Jahre andauert und in steigendem Maße auch die marxistische Lehre, ihre sowjetischen Adepten und Parteigänger in den Schmutz zog und zieht. Er ist dabei alles andere als ein Wendehals. Es handelte sich eben lediglich um Nuancen.

Mittlerweile begann die »publizistische Explosion« als Phänomen des russischen Geisteslebens etwas abzuflauen. An ihre Stelle trat eine andere, rein politische Art Publizistik, die das Geschehen von einer weniger hohen Warte betrachtete, akute Tagesprobleme aufwarf und fällige Entscheidungen unmittelbar zu beeinflussen suchte. Es tauchten neue Namen auf, deren Träger bald ein gewisses Ansehen erwarben, ein Ansehen, das aber keineswegs mit der Autorität jenes »Aufgebots der ersten Stunde« zu vergleichen war. Die Dichter, Denker und Wissenschaftler von Rang, die in den Anfängen der Glasnost doch gerade publizistisch so aktiv gewesen waren, traten indessen immer seltener vor die breite Öffentlichkeit. Manche resignierten vollkommen und zogen sich gänzlich in ihre Berufswelt zurück.

Für eine solche Resignation gab es unleugbar gute Gründe. Nicht nur waren die Ereignisse auf politischer Ebene in eine Richtung gedriftet, die niemand vorausgesehen hatte, die vielen verhängnisvoll schien und bei der die meisten keinen Rat wussten oder ihren Rat für aussichtslos hielten. Wesentlicher war etwas anderes: Das Überhandnehmen der tagespolitischen Interessen bedingte eine Minderung des prinzipiellen Gehalts und intellektuellen Niveaus der Publizistik, und in ihrer gängigen Form schied diese allmählich aus dem Geistesleben im ursprünglichen Sinne dieses Wortes aus. Das bedeutete aber nicht, dass sie an Einfluss auf den Durchschnittsbürger verlor. Nur wirkte jetzt dieser Einfluss dahin, dass die von den verschiedenen Strömungen verfochtenen Ansichten und Werte weitgehend ins Vulgäre herabgezogen wurden.

So entstand neben dem eigentlich westlerischen, kulturdialogischen Denken ein Vulgärwestlertum, neben dem traditionellen russophilen Credo eine vulgärrussophile Massenideologie, neben der religiösen Geistigkeit eine Vulgärreligiosität.

Die vorurteilslose nationale Selbstanalyse und Selbstkritik, die für Russlands geistige Elite westlerischer Prägung stets Ausgangspunkt und Bestandteil einer ernsten Besinnung auf den eigenen Standort und die eigene Rolle in der europäischen Kulturgemeinschaft gewesen war – und bleibt –, ist bei den heutigen Propagandisten der sogenannten »umfassenden Selbstkritik« (in Gänsefüßchen) zu einer wahrhaft masochistischen Orgie nationaler Selbstdemütigung ausgeartet. Die dauernden, buchstäblich in jedem Satz wiederholten, »bestürzten« oder ironischen Bekundungen ihrer Geringschätzung russischen Lebens überhaupt und russischen Geisteslebens insbesondere zeugen nicht bloß von erstaunlicher Ignoranz und Oberflächlichkeit, sondern auch von Unverständnis für die damit verknüpften Gefahren: Angesichts der katastrophalen Wirtschaftslage, des staatlichen Verfalls und der so weitverbreiteten apokalyptischen Untergangsstimmung entmutigt und lähmt eine solche Fehlbeurteilung der kulturellen Leistungen einen erheblichen Teil der Menschen guten Willens, und es braucht nicht erst erklärt zu werden, welche Folgen die daraus erwachsende Verzweiflung haben kann; ein derart verzerrter Vergleich der intellektuellen Potenzen Russlands mit denen des Westens hemmt jedes Streben nach vollwertigem Anschluss an die europäische Zivilisation; die falsche Einschätzung des realen Beitrags gerade der neueren westlerischen Geistesbewegung Russlands führt zur generellen Schwächung der westlerischen Kräfte im Streit mit dem Russophilentum; doch als die vielleicht bedeutungsschwerste Konsequenz kann sich die Entstehung eines völlig einseitigen Russlandbildes bei den interessierten Kreisen anderer Länder erweisen. Wenn beispielsweise ein westlicher Intellektueller von einem Repräsentanten der russischen Intelligenz, der sich selbst für einen Westler hält, zu hören bekommt, der Stand des philosophischen Denkens hierzulande käme einer »anthropologischen Katastrophe«, einem »spirituellen Holocaust« gleich, warum soll er es nicht glauben? Er weiß es ja nicht besser. Und wenn er solche Definitionen als quasi Schilderung eines objektiven Sachverhalts in einer vielgelesenen Zeitung publiziert, dann beeinflusst dies doch sicher die Öffentlichkeit in einem ganz bestimmten Sinn! Der Vulgärwestler, der das Verhältnis des geistigen Russlands zum europäischen Geist als das Verhältnis eines ABC-Schützen zum Lehrer auffasst, leistet damit sowohl der einen wie der anderen Seite einen Bärendienst. Ich werde im weiteren noch darauf zu sprechen kommen, wie lebenswichtig meines Erachtens für dieses Zeitalter und die Zukunft die Anerkennung und gebührende Würdigung der russischen kulturellen Gegenwart ist.

Wenn ich von einer vulgärrussophilen Ideologie rede, dann meine ich damit nicht nur die hinlänglich bekannten Losungen und Mythen des faschistischen Haufens, dem die Zivilisationsfrage eine

(001) Die geistige Situation in Russland

viel zu hohe Materie ist und der sich ganz auf das Wort von der jüdisch-freimaurerischen Weltverschwörung konzentriert, sondern auch die spezifische Form des Ghettoismus, die sich derzeit ausgebreitet hat. Seit der Entfernung des Eisernen Vorhangs wandelte sich die Idee der nationalen Selbstisolierung in den betroffenen Köpfen zusehends – das Prinzip wurde zu einem dumpfen Instinkt, der seinem Wesen nach der mystischen Furcht des Urmenschen vor den unheimlichen Kräften außerhalb der Höhle ähnelt. Dieser Instinkt wieder wurde von gewissen Literaten zu einer Ideologie sublimiert, in der Stalinismus, archetypischer Fremdenhass und romantische Mittelalternostalgie ein ressentimentgeladenes Gemisch bilden.

Als ständige Begleiterscheinung der religiösen Renaissance indessen kam in diesen Jahren die religiöse Mode auf. Sie äußerte und äußert sich einerseits darin, dass buchstäblich überall, selbst in den Kreisen der Schieben und Neureichen, bei den machthungrigsten Politikern bis hin zu den nicht unbedingt abtrünnigen Kommunisten, ja, nach einigen Schilderungen sogar in der kriminellen Unterwelt ein Lippenbekenntnis zu Gott nahezu obligat geworden ist, andererseits aber auch darin, dass die für gewöhnlich durch und durch weltlichen Zeitungen und sonstigen Medien regelmäßig spezielle – und sehr spezifische – Beiträge bringen, deren Aufdringlichkeit und eintönige Schwülstigkeit allerdings bei vielen ernste Zweifel an der Echtheit des religiösen Gefühls hervorrufen.

Die demonstrative Befolgung der Mode, im Grunde eine Profanierung des Glaubens, griff damit auch auf die geistige Sphäre über.

Doch vielleicht noch empfindlicher als alle vulgärideologischen Tendenzen wirkt sich auf die Entwicklung der Situation eine paradoxe Erscheinung aus, die als »Entliteranisierung« bezeichnet werden könnte. Wie hartnäckig auch im Laufe von Jahrzehnten ein gewaltiger Propagandaapparat die marxistische Lehre mit ihrer Überbetonung des Ökonomischen, der materiellen Produktion und der materialistisch aufgefassten sozialen Verhältnisse in die Hirne hämmerte, war die russische Mentalität in ihrem Kern doch eine idealistische geblieben, und auch der Kommunismus übte vorwiegend mit seiner idealen Komponente eine beträchtliche Anziehungskraft aus. Jetzt dagegen, wo auf Schritt und Tritt ein historischer Idealismus gepredigt wird und in den Medien das Wort »Geistigkeit« alle Häufigkeitsrekorde überbietet, ausgerechnet jetzt tritt an die Stelle des vielzitierten Literaturzentrismus ein geradezu manischer Ökonomiezentrismus. Es wäre falsch, dies lediglich aus den wirtschaftlichen Ungewissheiten und der tatsächlich katastrophalen Versorgungslage erkären zu wollen, denn allein zu Lebzeiten meiner Generation hat es mindestens zweimal noch weitaus schwierigere Perioden gegeben. Der Hauptgrund liegt zweifellos in jenem emotionellen Mißtrauen gegen alle Ideale und alles Ideale, das vom jämmerlichen Zusammenbruch der kommunistischen Utopie ausgelöst werden musste. Die Frage ist heute, wie tiefe Wurzeln dieses Mißtrauen geschlagen hat.

Diese Frage beantworten heißt Russlands Schicksal voraussagen. Denn der gegenwärtigen großen Krise und allen ihren augenfälligen Erscheinungsformen – der sozialen und der kulturellen, der wirtschaftlichen und der politischen – liegt letzten Endes eine psychische, eine Identitätskrise zugrunde. Man sollte sich nicht täuschen: Die seinerzeit vom Bolschewismus aufgezwungene neue nationale Identität, die sowohl den westlerischen als auch den russophilen Identitätsgedanken verdrängen und durch eine neue messianische Vision, durch eine neue historische Berufung ersetzen wollte, wurde zwar keinesfalls durchgängig zum wirklichen, organischen Schwerpunkt des nationalen Selbstverständnisses und blieb weitgehend Formsache, Gewohnheit oder Hülle, doch bildete sie immerhin einen oberflächlich akzeptierten und damit psychisch rettenden Identitätsersatz, der zumindest einen gewissen Zusammenhalt der Gesellschaft gewährleistete. Wie falsch das gescheiterte Ideal auch war, sein Scheitern musste schon deshalb schmerzhaft sein, weil ein psychisch unerträgliches Identitätsvakuum entstand.

Wie es die Logik der Geschichte will, kann das russische Identitätsempfinden heute lediglich auf der Grundlage eines neuen Ideals wiedergeboren werden. Abwegig sind daher die Vorstellungen der Vulgärwestler, die davon ausgehen, das russische Volk habe jegliche Ideale ein für allemal satt, und die wie etwa der berühmteste Publizist dieser Richtung, Andrej Nuikin, als Ziel einer angeblich identitätsbildenden »demokratischen Ideologie« nichts als ein, wie er schreibt, »gewöhnliches, wohlhabendes, gesundes, gesichertes Leben« vorschlagen können. Wie verlockend ein solches Ziel für den einzelnen auch sein mag, es kann ganz gewiss auch bei der heutigen Verfassung der Geister unmöglich als Leitstern nationaler Neubesinnung zur Geltung kommen.

Dagegen sind die Bemühungen des religiösfühlenden Teils der russischen Intelligenz, die christliche Idee zum Grundgewebe und Inhalt des neuen nationalen Identitätsbewusstseins zu machen, viel eher mit der ererbten Denkart des Volkes in Einklang zu bringen. Dennoch würde eine solche Rückkehr zur Ideologie des russischen Mittelalters wohl kaum einen so günstigen Boden vorfinden wie ähnliche Bestrebungen in den Ländern des Islams. Und nicht nur, weil die atheistische Propaganda der Sowjetzeit doch bei einem allzugroßen Teil der Bevölkerung allzutiefe Spuren hinterlassen hat. Und auch nicht nur, weil manche der angesehensten und einflussreichsten Wortführer der religiösen Bewegung, wie ich bereits erwähnte, eine ökumenische, in letzten Konsequenz westlerische Tendenz vertreten. Ausschlaggebend wäre, und darüber sind sich so gut wie alle Beobachten einig, die unumkehrbar gewandelte Lebensweise, in der zwar neben religiöser Imitation zweifellos auch echte

Frömmigkeit Fuß gefasst hat und zugleich die kunterbuntesten Arten von Aberglauben üppige Blüten treiben, aber wohl nie eine wahrhaft mystische, ekstatische Gesamtstimmung aufkommen kann, wie sie zur Herausbildung einen theokratischen Gesellschaft unabdingbar ist.

Wie vielseitig und aktiv die religiöse Kultur und das religiöse Denken sich in jüngster Zeit auch wieder entfalten, wohnt dieser Renaissance doch keine schicksaltragende Kraft inne, im Gegenteil, sie steht selbst ganz im Zeichen der ewigen russischen Frage, der Frage nach der Zivilisationszugehönigkeit, sie ist ein Element dieser Fragestellung und keine Antwort.

Es ist in diesem Zusammenhang aufschlussreich, dass die wohl klarste und tiefgründigste Darstellung und Ausdeutung der heutigen geistigen Situation als eines Moments der gleichen uralten Auseinandersetzung gerade von einem Mann stammt, der allgemein als ein führender Kopf der christlichen Strömung in der Philosophie anerkannt ist. Er heißt Jewgeni Barabanow, und der betreffende Aufsatz erschien bezeichnenderweise im Augustheft 1991 der zentralen philosophischen Zeitschrift »Voprosy filosofii« [Fragen der Philosophie]. Nicht weniger aufschlussreich ist, dass er das Hauptproblem aller russischen Geistigkeit in einem rationalen, also im Grunde westlerischen Modus behandelt sehen will und zu diesem Zweck eine ganz neue Richtung, die Psychoanalyse des russischen Philosophierens, anregt. Obwohl diesem Artikel angesichts der sich überstürzenden politischen Ereignisse leider der gebührende Widerhall versagt blieb, kann und wird er mit der Zeit – das lässt sich voraussehen – für das religiöse Denken epochemachend wirken.

Die äußerliche, an der Oberfläche liegende Eigenart der jüngsten Entwicklung hat bei vielen den Eindruck erweckt, als sei die Intensität des rein geistigen Ringens um Russland zurückgegangen und die politische Dimension zum eigentlichen Brennpunkt des Zivilisationsstreits geworden. Allerdings kam es durch den Verfall der kulturellen Infrastruktur – den katastrophalen Zustand der Druckereien, das rapide Ansteigen der Selbstkosten, den fatalen Papiermangel, die zunehmenden finanziellen Schwierigkeiten des gesamten Verlags– und Pressewesens und so weiter – zu einer empfindlichen Abebbung der literarischen Produktion und dazu ausgerechnet der anspruchsvolleren, so dass trotz der Abschaffung jeglicher Zensur der Samisdat heute wieder merkliche Fortschritte macht, wenn auch bei geringerem Publikumsinteresse als einst. Hinzu kommt, dass sich tatsächlich manche Geistesschaffende von Ruf gänzlich oder vorwiegend der Politik zugewandt haben. Dennoch trügt der Schein.

Wenn ich darauf bestehe, dass diese Zeit die Kulmination der geistigen Evolution Russlands darstellt, dann meine ich damit nicht nur die außergewöhnliche, ganz offensichtlich welthistorische Tragweite der heutigen Zugehörigkeitswahl, die ja das Zivilisationsgefüge der Menschheit für Jahrhunderte vorausbestimmen wird. Ich meine auch ganz einfach das Neuaufleben, ich würde sagen, das beispiellose Neuaufleben aller schöpferischen Bestrebungen, aller Ideen und Schicksalsfragen, mit denen der russische Geist je gerungen hat. Denn nach einer in solchen Zeiten ja nur natürlichen, obwohl mitunter hysterischen Politisierung und Ökonomisierung des gesellschaftlichen Bewusstseins knüpft man nunmehr wieder an das fiebrige geistige Engagement der sogenannten Stagnationsperiode an, diesmal aber unter Bedingungen, die trotz der fortdauernden Epidemie sozialen Unbehagens und Pessimismus in Wirklichkeit, wie ich überzeugt bin, nie dagewesene Perspektiven eröffnen. Besonders bemerkenswert sind in dieser Hinsicht die philosophische und kulturphilosophische Essayistik mit Namen wie MICHAIL GEFTER, SERGEJ AWENINZEW, GRIGORI POMERANZ, MICHAIL EPSTEIN, PIAMA GAIDENKO, JURI LOTMAN, WJATSCHESLAW W. IWANOW, WLADIMIR BIBLER und anderen auf der westlerischen, ARSENI GULYGA, ALEXANDER V. MICHAILOW, OLEG MICHAILOW, IGOR SCHAFAREWITSCH und anderen auf der russophilen Seite; die Belletristik, wo neben bereits als Klassiker einzustufenden Autoren wie LJUDMILA PETRUSCHEWSKAJA, TATJANA TOLSTAJA, FASIL ISKANDER, ANDREJ BITOW oder ANATOLI PRISTAWKIN und WJATSCHESLAW PJEZUCH zahlreiche Jüngere hervortreten, und dies mit überaus ernsten Werken, die eine neue russische Literaturepoche zu eröffnen versprechen; die Lyrik, deren Stellenwert innerhalb der russischen Kultur nach wie vor weitaus höher ist als heute in der Kultur des Westens; doch vor allem die Geschichtsforschung, Geschichtsauslegung und Geschichtsphilosophie, wo in erster Linie eine grundlegende Revision, Neudeutung und Neubewertung der gesamten Geschichte Russlands im Gange ist, was aber Hand in Hand geht mit einer ebenso grundlegenden Revision, Neudeutung und Neubewertung so gut wie aller älteren und neueren russischen wie auch ausländischen allgemeinen Theorien historischer Entwicklung – eine Diskussion, die nun schon weit über den Rahmen des früheren Kampfes mit dem marxistischen Determinismus und seiner schematischen Formationslehre hinausgeht. Ein vielsagender und vielversprechender, für Russland ungewöhnlicher Umstand ist es bei alldem, dass sich diese immer regere Tätigkeit im historischen und geschichtsphilosophischen Bereich nicht mehr auf Moskau und St. Petersburg beschränkt. Eine derartige, geographisch weitgefächerte Verteilung der wissenschaftlichen und literarischen Kräfte, die dem Deutschen oder Italiener fast selbstverständlich erscheint, darf hier als Vorbotin einer neuen, multipolaren Struktur der gesamten nationalen Kultur angesehen werden.

Gerade eine solche Struktur aber würde logischerweise dem russophilen Gedanken, dem Ideal des nationalen Ghettos in entscheidendem Maße entgegenwirken.

(001) Die geistige Situation in Russland

Alles spricht dafür: Das einzige Ideal, das der russischen Volksseele wirklich neuen Elan, dem russischen Volksleben neuen Sinn verleihen kann, ist heute die Wiedervereinigung mit Europa, das Hineinwachsen in Europa, das Zusammenwachsen mit Europa. Und zwar nicht bloß im Hinblick auf Wirtschaft und Politik, nein – vor allen Dingen in der für Russland ausschlaggebenden, der geistigen Sphäre. Und dies keineswegs in der Rolle von schüchternen, armen Verwandten, wie es sich die Vulgärwestler ausmalen, sondern als ebenbürtige, reiche und, was die Hauptsache ist, bereichernde Mitglieder *einer* Zivilisationsfamilie.

Es liegt im ureigensten Interesse des Westens, insbesondere aber Europas, diese Entwicklung durch vorurteilsfreie Rezeption, ehrliches Bemühen um ein adäquates Verständnis und unbefangene Anerkennung des russischen geistigen Beitrags zu unterstützen. Dies wieder bedingt den endgültigen Verzicht auf die so weitverbreitete traditionelle Vorstellung, die russische Kultur sei für das Abendland bestenfalls ein befruchtendes Exotikum.

Ich könnte zumindest drei Motive nennen, die den Europäer zu einem solchen Verzicht bewegen müssten: Gerechtigkeit, Sicherheitsbedürfnis und ethisches Grundgefühl.

Ja, Gerechtigkeit. Denn das Vierteljahrtausend eigenwertig europäischen Denkens und Kulturschaffens in Russland, das in den letzten Jahrzehnten und heute trotz größter Schwierigkeiten nicht nur eine unbeirrte Fortsetzung, sondern auch einen derart erstaunlichen Aufschwung erfahren hat, *verdient* einfach, dass man ihm Bewunderung statt Skepsis entgegenbringt, und vor allem, dass man ihm nicht sinnlos vorwirft, ein bloßes Echo Europas zu sein, wo es sich doch gerade um eine der stärksten Stimmen Europas handelt.

Ja, Sicherheitsbedürfnis. Denn die kulturelle Isolation Russlands, die der russophilen Idee und Mentalität nachhaltigen Auftrieb verleihen würde, muss aufgrund der ihr innewohnenden Logik über den neuerwachten messianischen Sendungswahn, die imperiale Nostalgie und die unausbleibliche Remilitarisierung zu einer wieder nach außen gerichteten Aggressivität, schließlich zum verheerenden geopolitischen Arnoklauf führen.

Ja, ethisches Grundgefühl. Denn das ungebrochene intellektuelle Ethos der kulturellen Elite Russlands, ihre Ehrfurcht vor dem Geist, ihr aufopferungsvoller Dienst am Geist, die ja dem Urwesen und den Urwerten der europäischen Zivilisation entstammen, könnten im heutigen Westen vielleicht den Anstoß zu einer tiefgehenden Selbstbesinnung geben. Dies aber wäre der schönste und belangvollste Beitrag, den Russland zur europäischen und nicht nur europäischen Zukunft leisten kann.

(18.05.1992)

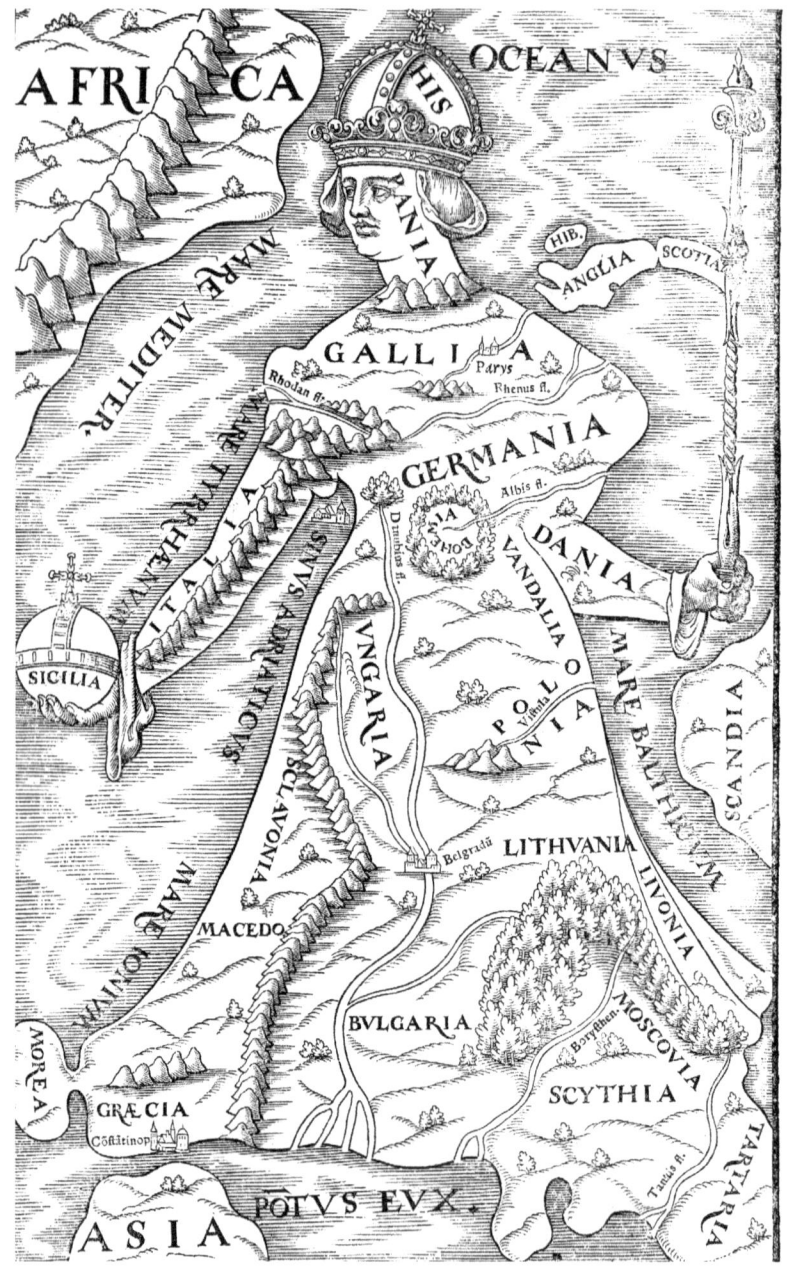

»Europa« (Holzschnitt). Sebastian Münster: Cosmographie (1598)

Zwischen Europa und Eurasien
Russlands geschichtliche Wendepunkte

In der Nacht vom 2. zum 3. September 1812 herrschte in Moskau schwüle Hitze wie kaum je zuvor um diese Jahreszeit. Als aber in verschiedenen Gegenden der Stadt Feuer ausbrach, schrieb das niemand den Launen des Wetters zu. Die gar nicht so wenigen Stadtbewohner, die trotz des bevorstehenden Einmarsches NAPOLEONS in ihren Heimen verblieben waren, wussten ganz genau, auf wessen Befehl hin die Brände gelegt sein mussten. Und sie staunten auch nicht, als in der nächsten Nacht ganz Moskau lichterloh in Flammen stand. Denn der Stadtbefehlshaber Graf ROSTOPTSCHIN hatte in seinen unzähligen Aufrufen, in seinen Aufforderungen an die Bevölkerung, die Flucht zu ergreifen, zuvor aber alles zurückbleibende Hab und Gut, in erster Linie natürlich Lebensmittel und Proviant, zu vernichten, immer wieder die Absicht durchblicken lassen, das räuberische Franzosenheer, wie er es nannte, durch eine Feuersbrunst zu vertreiben. Nun, die Geschichtsschreibung will wissen, dass es ihm gelang.

Doch musste manches an diesem Ereignis im Grunde seltsam erscheinen. Lebensmittel und erst recht Proviant waren tatsächlich bis auf geringe Reste von den Geflohenen mitgenommen oder von den Ausharrenden gut versteckt, wenn nicht unbrauchbar gemacht worden. Moskaus Zufuhrwege waren schon in der nächsten Woche von eben herangerückten russischen Truppen, von Kosaken und von den ersten Partisanen abgeschnitten worden, und das musste begreiflicherweise vorausgeplant sein. Hätte denn das nicht genügt, um der Großen Armee, die immerhin noch über 200 000 Mann zählte, eine längere Stationierung in Russlands einstiger Hauptstadt sehr problematisch, wenn nicht völlig unmöglich zu machen? In der Tat verließ NAPOLEON Moskau ja erst einen Monat später, als sich seine Soldaten den Lebensbedingungen in der weitgehend niedergebrannten Stadt bereits praktisch, technisch und psychisch angepasst hatten, und er führte sie aus den jedenfalls einen gewissen Schutz bietenden Mauern hinaus in eine Schneewüste. Also konnte die Feuersbrunst doch eigentlich keine derartige strategische Bedeutung erlangt haben! Eine Merkwürdigkeit ganz anderer Art: Der gleiche Graf ROSTOPTSCHIN, auf den nicht nur seine eigenen Proklamationen, sondern auch die Logik des gesamten Geschehens, die Ermittlungen der Franzosen und die russischen Gerüchte eindeutig als auf den Urheber dieser Aktion hinwiesen, schrieb 10 Jahre später eigens ein Buch, um sich diesen Ruhmestitel abzustreiten, um seinen ehrbaren Namen aus den Annalen der Geschichte zu streichen!

Diese und ähnliche Rätsel, Ungereimtheiten und Legenden, die den historischen Brand umgeben, lassen sich aus rein militärischer, kriegstaktischer Sicht kaum einleuchtend erklären. Die Brandlegung hatte ganz andere Hintergründe, ganz andere Zwecke, ganz andere Ausgangsmotive.

Selbstverständlich wollte der Graf mit diesem Fanal den Patriotismus und Widerstandswillen des russischen Volkes schüren und auch über die Grenzen des Landes hinaus durch ein Zeichen einmaliger Opferbereitschaft den bereits gegen NAPOLEON rebellierenden Kräften Auftrieb verleihen. Doch kann diese Feststellung noch keinesfalls die letzten Gründe und die gewaltigen Auswirkungen der damaligen Moskauer Vorgänge erklären.

Denn der Brand von Moskau im Jahre 1812 sollte eine Wende im Schicksal Russlands darstellen, deren eigentliche Tragweite, nicht zuletzt auch für Europa, bis auf den heutigen Tag unabschätzbar ist.

Was will diese Behauptung besagen?

Es gibt einen altüberlieferten, in Ost und West weit verbreiteten Mythos, den der russische klassische Lyriker FJODOR TJUTSCHEW um die Mitte des 19. Jahrhunderts in prägnante Worte fasste:

Verstehen wird es kein Verstand,
es messen, wird kein Maß erlauben,
kein Geist, der seinen Geist erkannt –
an Russland kann man einzig glauben.

Dieser Vierzeiler ist Ausdruck einer mystischen Selbstdeutung, die, wie sehr sich ihre Propheten auch auf das rein Seelische, Unterschwellige, Intuitive berufen, doch einen ganz bewussten, ganz absichtlichen Verzicht auf rationale Klärung, auf Selbstanalyse, Selbsterkenntnis, Selbstkritik bedeutet. Zweifellos gab und gibt es ähnliche okkulte Vorstellungen vom eigenen Wesen bei sehr vielen Völkern und ethnischen Gemeinschaften aller Erdteile, indes ist diese Auffassung dennoch ein ganz besonderer Fall, weil sie erstens das Urteil der Außenwelt über die angeblich so geheimnisvolle »russische Seele« stark beeinflusst hat, was ja immer wieder zu Fehleinschätzungen und demgemäß Fehlentscheidungen führte, und weil sie zweitens, und gerade das ist geschichtlich schwerwiegend, an allen Wendepunkten der russischen Vergangenheit und Gegenwart – ich betone das Wort Gegenwart – eine ganz bestimmte, belangreiche und meines Erachtens verhängnisvolle Rolle spielte und spielt.

Wie die Brandstiftung von 1812 sind auch die heutigen Geschehnisse nur im Gesamtkontext der russischen Geschichte und in ihrem Wechselverhältnis zum Grundfaktor des russischen Weltbildes und Volkslebens zu verstehen – ein solcher Grundfaktor aber ist die uralte Spaltung der nationalen Identität, die Spaltung vor allem des geistigen und kulturellen Willens in zwei unversöhnliche Richtungen, zwei widerstreitende Bekenntnisse, die als das eurorussische, oder westlerische, und das eurasische, oder russophile, bezeichnet werden. Die eurorussische Partei verficht seit eh und je eine euro-

(002) Zwischen Europa und Eurasien

päische Identität des russischen Volkes, die eurasische dagegen einen Sonderweg, der auf eine konsequente Abwendung von der westlichen Zivilisation hinausläuft. Dieser ursprünglich eher ideologischen Spaltung entsprangen mit der Zeit zwei polare Denkstrukturen, in denen gerade die eigentlich menschlichen Werte eine entgegengesetzte Deutung erfuhren. Die eurorussische Seite machte den Werdegang der europäischen Persönlichkeit im Wandel vom Mittelalter zur Neuzeit mit, und immer klarer trat hier das neuzeitliche Prinzip Individualismus-Pluralismus-Dynamismus zutage, während in der eurasischen Sphäre dem auch weiterhin das alte Menschenbild mit seinem Grundmotiv Kollektivismus Ideologismus-Traditionalismus entgegengesetzt wurde und wird.

Um nun zu erkennen, wie es zu solch einer, in der Weltgeschichte wohl einmaligen Identitätsspaltung kam und welche Bewandtnis es denn mit der Moskauer Feuersbrunst von 1812 und den heutigen Vorgängen hat, müssen wir die großen Wendepunkte der russischen Geschichte etwas näher ins Auge fassen. Denn sie waren, und sind, im Grunde durchweg gleichen Inhalts.

Der so tiefgehende, alle Zeitalter überdauernde Zwiespalt ergab sich ursprünglich aus einer Reihe recht ungleichwertiger Ereignisse des Mittelalters. Die damals den Europäern in jeder Hinsicht verwandten ostslawischen Stämme, aus denen das russische Volk hervorgehen sollte, wurden erstmalig in einem gewissen Sinn von der europäischen Welt abgesondert, als der Kiewer Fürst WLADIMIR den byzantinischen Ritus als Form der Staatsreligion einführte. Das war ein eher zufälliger Entschluss, denn ihm hatten einfach das Zeremoniell und die Kirchenausstattung am meisten zugesagt. Übrigens erwies sich der Einschnitt in die sonst normaleuropäische Entwicklung der russischen Länder als sehr bedingt. Seine anfängliche Bedeutung ist aus späterer Sicht meist stark überschätzt worden, und die Kiewer Taufe von 988 wird vielerseits als Urakt der Volkswerdung und zugleich der Entfremdung von Europa missverstanden. In Wirklichkeit war die Entscheidung des Fürsten WLADIMIR nicht eigentlich gegen den Westen, nicht einmal gegen Rom gerichtet, denn die beiden Kirchen waren damals noch gar nicht getrennt, sie bedeutete vielmehr eine Frontstellung gegen den vom Kaukasus her eindringenden Islam. Aber auch nach der Kirchenscheidung in der Mitte des 11. Jahrhunderts blieben die russischen Länder, vom christlichen Vorposten Perejaslaw im Süden bis zur Hansestadt Nowgorod im Norden, nicht nur aufs engste mit Europa verbunden, sondern entwickelten auch eine ihrem Wesen nach durchaus europäische Gesellschaftsstruktur, Lebensweise und Kultur. Von dieser zeugt vor allem das in Russland so volkstümliche Igorlied. Dennoch werden isoliertes Russentum und orthodoxe Kirchlichkeit gerade heute immer wieder gleichgesetzt, und das im Zeichen eines prinzipiellen Antagonismus gegenüber dem Westen. Damit will die eurasische, russophile Partei ihre Gegner aus dem Feld schlagen, und in einem gewissen Maße gelingt es ihr. Denn sie hat zwei Trümpfe in der Hand: Das herkömmliche Phantasiebild eines mystischen Russland, an das man einzig glauben kann; und das auch auf die russische Psyche abfärbende Vorurteil des Westens, die russische Orthodoxie sei eben eine geheimnisvoll-exotische, europafremde, nahezu esoterische, wenn auch christliche Konfession.

Der wahre Umbruch, der die Zugehörigkeit Russlands zu Europa erstmalig tatsächlich in Frage stellte, trat erst an die 250 Jahre später ein. Er wird gewöhnlich auf den Mongoleneinfall zurückgeführt, der aber faktisch nicht so sehr Ursache als vielmehr Anstoß war. Diese Katastrophe hätte gewiss keine derartigen Folgen und Nachwirkungen über Jahrhunderte hin gehabt, wäre sie nicht einem Mann gelegen gekommen, der sein Lebensziel darin sah, die russische Feudalwelt mit ihren unabhängigen Fürstentümern und freien Städten in eine einzige Despotie nach asiatischem Muster zu verwandeln. Dazu brauchte dieser Mann in erster Linie eine ideologische Abgrenzung gegenüber Europa, ein psychopolitisches Feindbild Europas in den russischen Köpfen, zugleich jedoch auch eine übermächtige außereuropäische Kraft, die ihm helfen würde, den unausbleiblich erbitterten und zähen eurorussischen Widerstand zu brechen, nicht zuletzt in den Hochburgen des ursprünglichen Westlertums, wie Nowgorod, Pskow und die südwestrussischen Länder. Man darf ihn wohl den ersten bewussten Eurasier nennen. Er vermochte denn auch, durch zahlreiche wüste Einbrüche in die Siedlungsgebiete der baltischen und finnischen, nördlichen und westlichen Nachbarn Russlands sowie durch dreiste Herausforderungen an den Papst und die katholischen Kräfte Osteuropas, den frühsten Eisernen Vorhang an der Religionsgrenze herabzulassen und darüber hinaus auch durch gezielte Vergiftung der Hirne einen ewigen Krieg gegen Europa, gegen die »Römische Welt«, wie er es nannte, als den normalen Zustand Russlands ins Bewusstsein des Volkes zu prägen. Und er vermochte zumindest die Grundlagen eines auf asiatische Art absoluten Herrschaftssystems zu schaffen, wie es dann über siebeneinhalb Jahrhunderte hinweg bis in die allerjüngste Zeit hinein mit geringen Zwischenspielen aufrechterhalten blieb. Zu diesem Zweck rief er immer wieder die Mongolen ins Land, suchte sie gegen seine westlichen und westlerischen Widersacher aufzuhetzen, ja, er bemühte sich allem Anschein nach um eine Fortsetzung des Mongolensturms auf Europa. Alle seine Bestrebungen, seine unzähligen Bluttaten, namentlich aber sein historisches Werk machen ihn zu einer der düstersten Gestalten des russischen Mittelalters, der logischerweise Figuren wie IWAN DER SCHRECKLICHE und STALIN an die Seite zu stellen sind. Dieser Mann hieß ALEXANDER, später wurde ihm als kanonisiertem Nationalheiligen der Zuname NEWSKI, und zwar für ein gegen etwa 1000 Schweden gewonnenes

(002) Zwischen Europa und Eurasien

Gefecht an der Newa, zugelegt. Es gibt ganz bestimmt keinen Russen, der diesen Namen nicht kennt, und auch heute hat er, dank einer jahrhundertelangen idealisierenden und idolisierenden Propaganda für die allermeisten einen heroischen Klang. So wird die erste große Wende im russischen Schicksal, die das Volk aus seinem natürlichen Werdegang herausriss, vom historischen Gedächtnis, vom Geschichtsbewusstsein dieses Volkes geheiligt.

ALEXANDERS eigentliches Erbe war nicht allein und nicht so sehr die zweihundertjährige Mongolenherrschaft, als vielmehr die greifbare, konkrete Realisation seines Hauptziels, des asiatischen Machtprinzips. Es sollte bald nach seinem Tode in einer von seinem Geschlecht regierten Stadt Verkörperung finden. Diese Stadt hieß Moskau.

Seit ALEXANDER fühlten sich die Europäer stets instinktiv von den russischen Verbündeten der Mongolenkhane bedroht, aber erst mit dem Aufstieg und den innerrussischen Eroberungsfeldzügen Moskaus erhielt dieses unklare Gefühl einen symbolischen Namen. Doch bestand der große Fehler darin, dass die Europäer Russland und Moskau identifizierten. Denn gerade Russland rettete Europa vor Moskau.

Der beispiellose, verzweifelte Widerstand, den so viele Generationen der eurorussischen Länder dem von der mongolischen Übermacht unterstützten Eroberungsdrang Moskaus entgegensetzten, erklärte sich gewiss nicht allein aus allgemeinmenschlichem Freiheitswillen und auch nicht allein aus der Notwendigkeit, die örtlichen Interessen vor dem Zugriff einer fremden Macht zu schützen. Er erklärte sich hauptsächlich gerade daraus, dass die ureigenste Wesenheit dieser Bevölkerungen, ihre menschliche Substanz gefährdet war, dass sie ihre europäische Identität verteidigen mussten. Damit aber fingen sie als Außenposten Europas auch den weiteren Vorstoß der Eroberer auf, die den gesamten Erdteil bedrohten.

Die drei Hauptstützpunkte des russischen Europäertums, Nowgorod mit seiner Schwesterstadt Pskow, das russische Litauen und der russische Südgürtel, lieferten in diesen Jahrhunderten wahrhaftig Beispiele von Unbeugsamkeit und Ausdauer, die in der Weltgeschichte ihresgleichen suchen.

Nowgorod schien nach unzähligen, langwierigen Verteidigungskriegen, von ALEXANDER NEWSKIS bis zu IWANS des Schrecklichen Zeiten, schon etliche Male endgültig unterworfen zu sein, richtete sich jedoch immer wieder auf und antwortete nicht nur mit trotzigen Rebellionen und bewaffneten Abwehrkämpfen, sondern auch mit geistigen Bewegungen, die Moskaus psychologische Alleinherrschaft als magisches, mystisches Symbol untergruben. Vor allem galt das für die sogenannte »judaisierende Häresie«, eine russische Vorläuferin des europäischen Protestantismus mit stark ausgeprägten humanistischen Zügen.

Das Großfürstentum Litauen, im 15. Jahrhundert nach Fläche

und Bevölkerung Europas weitaus größter Staat, war zu fast 90 Prozent von Russen bewohnt, und nicht nur seine Staatssprache, auch seine Kultur war russisch – ausgesprochen eurorussisch. Als Gegengewicht und Antipode der mongolisch-moskowitischen Expansion hatte dieses, einst aus litauischem Kern hervorgegangene Staatsgebilde ohne Kampf ein russisches Fürstentum nach dem anderen unter seine Schirmherrschaft gebracht. Eine Länderföderation lockeren Typs, in der sämtliche örtliche Machtstrukturen, Rechtsnormen und Lebensgepflogenheiten unangetastet blieben, in der alle alten wie neuen christlichen Konfessionen friedlich nebeneinander wirkten und der Großfürst Juden, Karaime und Moslems zu seinen Beratern und Dienern zählen durfte, in der erstmalig die höchste Errungenschaft der Neuzeit, ein Dialog der Zivilisationen, Gestalt gewann – dieses Litauen, kann wohl behauptet werden, war im Laufe eines Vierteljahrtausends das freieste und in vielerlei Hinsicht modernste Staatswesen der Welt. Kein Wunder, dass die gesamte innerrussische Geschichte des späten Mittelalters von der politischen, militärischen und ideologischen Konfrontation Litauens und Moskaus überschattet sein sollte. Als es dem Moskauer Großfürsten Iwan dem Dritten schließlich gelang, weite Gebiete des litauischen Russland in seinen Besitz zu bringen und den Staat als solchen in die Arme des Königreichs Polen zu treiben, war das eine tragische Wende im russischen Schicksal, deren Spuren unverkennbar bis in unsere Zeit hineinführen.

Doch auch als sich Moskau machtpolitisch eine überragende Stellung gesichert hatte, gab sich der eurorussische Geist nicht geschlagen. Aus diesem Geist heraus begann im angehenden 17. Jahrhundert die große Erhebung der süd-und südwestrussischen Städte unter dem Falschen Demetrius, Grigori Schachowskoi und Iwan Bolotnikow, als deren Triebfedern meist fälschlich nur Machthunger, soziale Erregung oder geopolitische Motive angesehen werden. In Wirklichkeit ging es auch damals vor allem um die Identität großer Teile der russischen Welt, ja um die Zivilisationszugehörigkeit des Volkes als Ganzes. Es war nicht ein Aufstand gegen Boris Godunow oder Wassili Schuiski, es war in jedem Stadium, in jedem Augenblick ein Aufstand gegen Moskau. Als dann den Wirren ein Ende gesetzt wurde durch eine Kompromisslösung, nämlich die Wahl des blutjungen Michail Romanow zum Zaren, war das im Grunde nichts als eine zeitweilige Beschränkung des ewigen Widerstreits auf friedliche Mittel.

Das pausenlose Ringen um die Grundfrage Russlands führte indessen zu einer ständigen Anfachung des irrationalen, asiatischen Moments in der Moskauer Idee, im Hegemonieanspruch Moskaus, zur Steigerung seines messianischen Pathos, und dies wieder bestimmte weitgehend seine Rolle in allen späteren Zeitaltern. Die historische Funktion der Stadt als solcher hing zunehmend ab vom abstrakten Begriff Moskau, von der Weltanschauung, die in diesem Begriff enthalten ist.

Es war daher nicht etwa ein genialer Einfall, nein, es ergab sich aus zwingender Logik, dass der Urheber der nächsten Wende, Zar Peter der Grosse, beschloss, eine neue Hauptstadt zu erbauen. Die Gründung von St. Petersburg blieb zweifellos seine bedeutsamste, folgenreichste Tat, während seine sonstigen radikalen Maßnahmen und Reformen doch eher von einem naiven, rein äußerlichen, auf Nachahmung beschränkten Westlertum zeugten. Gerade St. Petersburg verlieh der russischen Geschichte eine neue Richtung, und nicht bloß deshalb, weil es ein »Fenster nach Europa« öffnete, sondern vor allen Dingen, weil es das psychopolitische Monopol Moskaus brach, das Primat der Moskauer Idee in den Geistern zerstörte.

Anstelle der ideologisch erstarrten Denkordnung, die nun schon ein gutes Jahrhundert unangefochten schien, entstand eine neue, bipolare Struktur des nationalen Geisteslebens, und das ungemein schnell, weil ja die beiden Städte zwei uralte Mentalitäten vertraten, von denen die eine nur unterdrückt, keinesfalls aber vernichtet worden war.

Als bald darauf die erste moderne wissenschaftliche Institution aus der Taufe gehoben wurde, erhielt sie bezeichnenderweise den Namen Petersburgische und nicht etwa Russische Akademie.

Die wahre Vollendung und Krönung der petrinischen Wende erfolgte dann 1762 mit den Reformprojekten und Manifesten des eminentesten Vorkämpfers der eurorussischen Renaissance, Dmitri Wolkow. Seine kurzlebige staatsmännische Tätigkeit gab den Auftakt zur Herausbildung einer echten geistigen Elite westlerischer Prägung, zur Verbreitung der Petersburger Idee über das ganze Riesenreich, in die Landsitze des Adels, in die kleinen Städte der gottverlassenen Provinz, ja selbst in manche anspruchsvolle und hellhörige Gesellschaftskreise des goldkuppeligen Moskau. Damit begann das Zeitalter der spezifisch petersburgischen Aufklärung, das gemeinhin, wenn auch nicht ganz zu Recht, mit der Regierung Katharinas II. assoziiert wird.

Wie gesagt, nicht ganz zu Recht, denn noch in Katharinas Zeit fiel die Französische Revolution, die eine neue psychopolitische Situation mit sich brachte.

Es war nur natürlich, dass der Sturz der Monarchie, die Hinrichtung des Königspaars und schließlich der jakobinische Massenterror allgemeines Entsetzen hervorriefen. Doch muss betont werden, dass den meisten denkenden Russen der aufklärungsfeindliche, in einem gewissen Sinn antieuropäische Charakter dieses historischen Dramas nicht unklar blieb. Die Berufungen der Revolutionäre auf ihre philosophischen Vorgänger konnten da kaum jemanden täuschen, ihre pseudophilosophischen Erklärungen wurden sehr wohl als solche durchschaut, und die Früchte des Zeitalters der Vernunft wurden deshalb nicht als giftig verworfen.

Dennoch breitete sich in diesem Zusammenhang eine neuerwachte Furcht vor den rebellischen Neigungen des russischen Volkscharakters aus, die ja bereits eine so blutige Spur in der Geschichte hinterlassen hatten. Bei einem bestimmten Teil der Gesellschaft bedingte diese Furcht aber auch ein krankhaftes Mißtrauen gegen verschiedene Erscheinungen des russischen Geisteslebens, die manch einem potentiell gefährlich, indirekt staatszerrüttend anmuteten. Dabei muss aber hervorgehoben werden, dass es sich hierbei um den europäisierten Staat des ausgehenden 18. Jahrhunderts handelte und dass man jene rebellischen Neigungen als asiatisches Element im Volkscharakter empfand. Abscheu und Angst, wie die französischen Ereignisse sie hervorriefen, bedeuteten keineswegs unbedingt Abwendung vom westlerischen, petersburgischen Denken, vom eurorussischen Weltbild.

Wenn beispielsweise eine in Russland so eng mit der Aufklärung verknüpfte Bewegung wie die Freimaurer plötzlich schweren Verfolgungen ausgesetzt war, so zeugte das nicht etwa von einer Rückkehr zur moskowitischen Ideologie am Hofe Katharinas, sondern einfach von ratloser Panik. Und doch gab es gerade in den höheren Kreisen, die dem Hof nahestanden, eine vielleicht zunächst unterbewusste Tendenz, Rettung und Sicherheit in einer Wiedergeburt der alten Lebensgrundlagen, des altrussischen Geistes zu suchen – oder eher zu erträumen. Denn wie die Dinge standen, bedurfte es wohl eines tiefgehenden Umbruchs, einer schweren Erschütterung, damit dieser Traum zu einem wirkenden Element des gesellschaftlichen Bewusstseins werden könnte.

In den Salons von St. Petersburg und Moskau war damals allgemein bekannt, dass der begabte angehende Staatsmann Fjodor Wassilewitsch Rostoptschin eben solchen Träumen nachhing.

Indessen gingen die Ereignisse in Frankreich ihren unvorhergesehenen Weg. Die Jakobiner wurden von gemäßigten Revolutionären abgelöst, und schließlich setzte sich Bonaparte die Kaiserkrone auf. Ob er nach Ansicht des russischen Hochadels ein legitimer Monarch war oder nicht, ein solcher Lauf der Dinge musste die Gemüter in beiden russischen Hauptstädten erheblich beruhigen. Frankreich war wieder ein geachteter, nicht wegzudenkender Teil Europas, und die Befürchtungen hinsichtlich einer neuen, tausendmal schlimmeren Empörung als die Pugatschows vor zwanzig Jahren hatten sich als unbegründet erwiesen.

In Russland waren zwei Monarchen gestorben, Katharinas Sohn Paul eines gewaltsamen Todes. Doch das geistige Klima hatte sich kaum verändert, die Jahrhundertwende war nicht, wie von vielen erwartet, zur Grenze zwischen unterschiedlichen Epochen geworden. Das russische 18. Jahrhundert war dem Kalender zum Trotz nicht vergangen. Und die Sehnsucht nach der guten alten Zeit konnte höchstens noch in vereinzelten Seelen weiterleben. Manches weist darauf hin, dass Graf Rostoptschin eine solche Seele war.

(002) Zwischen Europa und Eurasien

Was mochte nun NAPOLEON bewogen haben, einen Feldzug gegen Russland zu planen und schließlich auch auszuführen?

In erster Linie kam es ihm sicher auf die psychologische Wirkung an. Seit einiger Zeit begann es an verschiedenen Enden seines gewaltigen Herrschaftsbereiches zu gären und zu brodeln. Unter den großen und weniger großen Völkern, die seit Jahren unter den Lasten der französischen Besatzung litten, erhob sich erstmalig in seiner ganzen unheildrohenden Größe das Gespenst des Nationalismus. Um dieses Gespenst zu bannen, bedurfte es einer niedagewesenen, hochwirksamen Idee. Sowohl die Logik der Geschichte als auch der Stand der Dinge wollten, dass es nur eine derartige Idee geben konnte: die europäische.

Wenn NAPOLEON Hunderttausende nicht immer gleichwertiger Soldaten aus fast allen Ländern des Kontinents in einem Heer zusammenfasste und ostwärts führte zum vermeintlichen Sieg über Moskau, so hoffte er, die Erlösung Europas vom ewigen Damoklesschwert, das dieser Stadtname so vielen Generationen bedeutet hatte, würde ihm die Herzen der unterworfenen Völker gewinnen und sein Reich endlich befrieden.

Doch beruhte schon dieser Gedankengang auf einer Fehlberechnung. Von Anfang an ging NAPOLEON bei der Planung seines Feldzugs von stereotypen Vorstellungen aus, die sehr viele psychopolitische Faktoren, ganz besonders aber die emotionellen Wandlungen und psychogenetischen Prozesse innerhalb des künftigen Feindvolks ignorierten.

Er hatte das 18. Jahrhundert versäumt. Wenn er ein Gleichheitszeichen zwischen Russland und Moskau setzte, so irrte er sich eben. Im politischen Denken und Fühlen des zeitgenössischen Russen und namentlich des gebildeten Adligen war Moskau bei weitem kein so allüberragender Begriff mehr, wie es der überlieferte Stereotyp wollte. Es sollte dann wohl eine der schrecklichsten Enttäuschungen im Leben NAPOLEONS sein, als der scheinbar ungerührt in seiner Hauptstadt sitzende Petersburger Zar auch nicht den geringsten Ansatz machte, Verhandlungen mit dem Eroberer Moskaus aufzunehmen. Die Erreichung des strategischen Ziels hatte sich militärisch wie psychologisch als ein Schlag ins Leere entpuppt.

Falsch eingeschätzt hatte der Franzosenkaiser sicher auch die Wechselwirkung der verschiedenen nationalen und sozialen Kräfte Osteuropas und des Russischen Reiches. Hier versuchte er nicht einmal, Chancen für die Durchsetzung seiner Pläne ausfindig zu machen, geschweige denn, sie zu nutzen. Doch gerade diese Chancen hätten entscheidend sein können.

Aus rein operativer Sicht hätte er zudem unbedingt den Zusammenbruch der Versorgungslinien rings um Moskau voraussehen müssen. Und trotzdem lässt sich kein unanfechtbares Urteil abgeben über den wahrscheinlichen Ausgang jenes Krieges, über das weitere

Geschick Europas überhaupt, insbesondere aber die Geschicke Russlands damals und in späteren Zeiten, wäre in Moskau nicht die Feuersbrunst ausgebrochen.

Dieses Brandopfer kehrte die europäische Idee gegen Napoleon. Das Wort Moskau verlor in Europa mit einem Schlag seinen alten beunruhigenden Klang und wurde zur Kampflosung des Tages. Der ferne Feuerschein verwandelte das noch halb unterirdische »nationale Erwachen« in einen stürmischen gesamteuropäischen Aufbruch. In Russland entflammte dieses Brandopfer tatsächlich die Herzen des Volkes und ermöglichte das Aufgebot aller Kräfte zum Sieg über die Eindringlinge.

Doch bezweckte Rostoptschin mit seinem Fanal mehr. Die Selbsteinäscherung Moskaus zu Russlands Rettung sollte die einstige Glorie dieses symbolischen Orts wiederherstellen, sie sollte St. Petersburg im russischen Geist zurückdrängen, den Prozess der europäischen Normalisierung des Landes aufhalten und eventuell umkehren. Im Feuer des 3. September sollte das russische 18. Jahrhundert verbrennen.

Nicht etwa, dass sich Rostoptschin einen unmittelbar einsetzenden Umschwung im Geschichtsbewusstsein und Identitätsgefühl der Russen ausgemalt hätte. Er wusste, dass der Brand gerade als Legende tiefgehend und nachhaltig auf die Geister wirken musste. Nur konnte er gewiss nicht ahnen, welche fernen Folgen seine Tat noch in einem späteren Jahrhundert nach sich ziehen würde.

Die Zeit verging, längst hatte Napoleon abdanken müssen, längst war er auf seiner öden Insel gestorben, wenige Jahre nach ihm verschied jener Petersburger Zar Alexander I. und wenige Wochen nach diesem Graf Fjodor Rostoptschin. In Russland herrschte nach wie vor eine hochpatriotische Stimmung, in der man sich gern voller Pathos auf die Ereignisse von 1812 und namentlich auf das glorreiche Brandopfer berief. Noch aber artete der neuaufgeflackerte Konflikt zwischen den beiden Denkweisen in keiner Sphäre des gesellschaftlichen und geistigen Lebens zur offenen Feindseligkeit aus. Im Gegenteil, maßgebenden Einfluss erlangten die großen eurorussischen Dichter des ersten Jahrhundertdrittels, allen voran Alexander Puschkin.

Doch unterdessen wuchsen in einigen hochgebildeten Adelsfamilien junge Männer heran, denen es mit der feuergeweihten Wende so ernst war, dass sie von einem neuen russischen Messianismus zu träumen wagten, der die einstigen Ansprüche dieser Art aus der Zeit des berühmten Wahlspruches »Moskau – das Dritte Rom« weit übertreffen würde. Mit der neuerstandenen Idee Moskau wollten sie zunächst alle Slawen in einem Tempel vereinen, wie sie es nannten, ob damit eine rein geistige Gemeinschaft oder ein Staatenbund oder gar ein einheitliches Reich gemeint war. Nicht von ungefähr legten sie sich den Namen *Slawophile* zu. Doch ihr eigentliches Anliegen war stets die Rückkehr der russischen Welt zu den vorpetrinischen, moskauerischen Lebensgrundlagen, die Absage an alle westlichen Einflüsse auf das russische Denken und Streben, letzten Endes die Ausbreitung der russischen Orthodoxie als einzige wahre Heilslehre für die gesamte Christenheit. Daher ihre Todfeindschaft gegen St. Petersburg, seine historische Funktion, seine symbolische Bedeutung. Daher ihre Kampfansage an die Aufklärung, an den Rationalismus, daher ihre Gegenüberstellung der ursprünglichen Ganzheitlichkeit russischer Wesensart und deren Verfälschung durch Entfremdung in den europäisierten Kreisen. Für die frühen Slawophilen hatte sich der Sinn des Brandes gewandelt: Aus einem Symbol des Kriegsruhmes war er zum Glaubenssymbol geworden.

Die Bestrebungen dieser romantischen Philosophen wurden von ihren unmittelbaren Nachfolgern vergröbert, schematisiert und aufs äußerste politisiert. Die messianischen Ambitionen der neuen Welle und insbesondere der sogenannten Neoslawophilen in der zweiten Jahrhunderthälfte nahmen einen zunehmend agressiven und größtenteils schon offen rassistischen Charakter an. Statt des Besitzes der religiösen Wahrheit, aus dem früher das Recht auf Welterlösung und Weltläuterung abgeleitet wurde, traten jetzt die angeborenen Eigenschaften des Russen in den Vordergrund. Die Rückwirkung in Europa konnte anders nicht sein: dem Wort Moskau wurde mit den Jahren wieder der einstige unheimliche, unheilverkündende Klang eigen, es wurde wieder zum Synonym einer Gefahr aus dem Osten. Der Brand war für die Europäer erloschen.

In Russland trugen unterdessen die Erinnerungen an 1812, an die Selbstaufopferung der Moskauer und an die Heldentaten einfacher Menschen aus den niederen Schichten zum Aufkommen eines seltsam ekstatischen, fieberhaft übersteigerten Seelenzustands der Gebildeten bei, den der große Philosoph WLADIMIR SOLOWJOW sarkastisch als Volksanbetung bezeichnete. Die in der Menschheitsgeschichte wohl einmalige, geradezu religiöse Idealisierung des Volkes, des vermeintlich von keinen europäischen Ideen angesteckten Menschen aus dem Volke, nahm allerdings oft groteske Züge an. In ihrer alltäglichen, allgegenwärtigen, schon fast selbstverständlichen Form indes entstellte sie viele geistige Bestrebungen, soziale Bemühungen und politische Strömungen der Zeit. Vor allem aber lastete sie schwer auf einem Unterfangen, das als eine der größten Wenden in der russischen Geschichte angelegt und gemeint war: die vielgestaltigen Reformen ALEXANDER II.

In den russischen Geschichtsbüchern werden gewöhnlich zwei Momente dieses Reformwerks besonders hervorgehoben: die Abschaffung der Leibeigenschaft und die Einführung eines modernen Justizwesens. Doch eben diese von den sogenannten revolutionären Volkstümlern wegen ihrer angeblichen Halbheit und Mattherzigkeit angefochtenen Neuerungen dienten den Russophilen zum Anlass für eine groß aufgemachte Offensive – denn nun konnten einerseits die Bauerngemeinde und andererseits das volkstümliche Schiedsgericht als wahre Grundelemente des nationalen Lebens allem Europäischen, allen eurorussischen Traditionen, Novitäten und Tendenzen scharf und eindeutig gegenübergestellt werden.

Dabei wird meist einem anderen Moment, das weitaus bedeutungsvoller für die unmittelbare und entfernte Zukunft Russlands hätte sein können, weit geringere Beachtung geschenkt. Die Emanzipation der russischen Provinz, der Aufbau eines Systems der Selbstverwaltung und Selbstentwicklung großer und kleiner Städte, Ortschaften und Siedlungen, das den Namen Semstwo trug, war dazu angetan, schließlich auch die kulturelle, writschaftliche und psychologische Vorherrschaft der beiden Hauptstädte zu brechen und Russland allmählich in ein polyzentrisches Gebilde mit zahlreichen kulturell eigenständigen Gebieten, mit einem vielfältigen und vollwertigen Regionalleben zu verwandeln – wozu ja schon in den Anfängen Russlands, in der vormoskowitischen Zeit hoffnungsvolle Voraussetzungen bestanden hatten. Doch konnte sich die Wende, die der sogenannte Semstwo-Liberalimus bringen wollte, nicht durchsetzen.

Denn inzwischen bildeten sich zwei antiliberale, antieuropäische Parteien heraus, die zwar sowohl in der eigenen Vorstellung wie auch in der öffentlichen Meinung als unversöhnliche Gegner galten, tat sächlich aber in den grundlegenden Schicksalsfragen Russlands Gleiches anstrebten, nämlich den von der westlichen Zivilisation getrennten Sonderweg, das moskowitisch-asiatische Prinzip des Gemeinschaftslebens und das entsprechende Menschenbild, die straffe Zentralisation des Volksganzen, die Erfüllung der messianischen Sendung Russlands. Dies waren die radikal-monarchistische und die radikal revolutionäre Partei, als deren konsequenteste Vertreter einerseits die Schwarze Hundert und andererseits die Bolschewiki auftraten.

Die Zeitspanne zwischen den großen Reformen und dem Ersten Weltkrieg war gekennzeichnet durch ein zähes, oft von stürmischen Auseinandersetzungen begleitetes Ringen der liberalen, westlerischen Kräfte um die Rückkehr zum europäischen Weg, wie ihn das Land ja unter ganz anderen Umständen, in einem ganz anderen Entwicklungsstadium bereits im 18. Jahrhundert einmal eingeschlagen hatte, um die endgültige Integration Russlands in seine naturgegebene und geschichtsbedingte Zivilisation, die Europas. Doch immer wieder erwiesen sich diese Kräfte als machtlos gegen das doppelte Gewicht der beiden radikalen Parteien. Auch die großen Wirren der Jahre 1905 bis 1907 brachten keinen eigentlichen Umschwung, sie endeten mit einem halbherzigen Kompromiss, wie schon einst zu Beginn des 17. Jahr hunderts.

Vor diesem Hintergrund wirkte es wie ein Wunder, und war

doch vielsagend und vielversprechend, dass gerade die zwei letzten Jahrzehnte vor der Kriegskatastrophe einen niedagewesenen Höhepunkt der eurorussischen Kultur, des eurorussischen Denkens, Dichtens und künstlerischen Schaffens brachten. Doch sollte es ein Schwanengesang sein.

Gerade das Scheitern der liberalen Reformen im Sinne einer neuen Identitätsbildung bereitete politisch wie psychologisch den Weg für eine Revolution der Radikalen.

Die zaristische Regierung führte zwar als Verbündete Englands und Frankreichs Krieg gegen Deutschland, doch war es ein grundsätzlich anderer Krieg als der im Westen. Dort wurde wie schon hunderte Male zuvor um strittige Gebiete und strategische Stützpunkte, um Rohstoffquellen und Absatzmärkte gekämpft – es war in seiner Zielsetzung letztlich nichts als ein normaler europäischer Krieg. Hier dagegen wurde um das Recht auf die eigene messianische Verheißung, auf messianische Selbstverwirklichung gerungen. Stand auf der einen Seite das Heilige Russland, die Moskauer Idee, so hieß es auf der anderen, am deutschen Wesen solle die Welt genesen.

Der für Russland äußerst unglückliche Verlauf der Kampfhandlungen bedeutete daher eine Enttäuschung uralter nationaler Hoffnungen, Ansprüche und Glaubenssätze, er untergrub das Vertrauen in die eigene höhere Mission. Das bedeutete den Tod der Monarchie. Eine Wende musste kommen.

Und sie wäre beinahe doch aus dem eurorussischen Lager gekommen. Im Februar 1917 gelangten die liberalen Petersburger an die Macht. Hätten sie den verhängnisvollen Krieg abbrechen können, wie es die Grundbelange der russischen Geschichte forderten, so hätte die Welt ein ganz anderes 20. Jahrhundert erlebt. Doch sie konnten es nicht, sie mussten ihren westlichen Verbündeten treu bleiben. Niemand ahnte, dass sie damit auch über den Westen Unsägliches heraufbeschworen.

Die Wende wurde vom bolschewistischen Umsturz zunichte gemacht.

Schon am Tag der Machtergreifung in Petrograd ließen LENIN und TROTZKI keinen Zweifel aufkommen über die messianischen Bestrebungen, das messianische Pathos der soeben proklamierten Regierung. Was als proletarische Revolution bezeichnet wurde, trat das Erbe der gräflichen Brandlegung an. Das Ereignis vom 7. November 1917, das dann vom Sowjetstaat im Laufe von mehr als 70 Jahren als vermeintlicher Umbruch in der Menschheitsgeschichte mit großem Pomp gefeiert wurde, war im Grunde, aus russischer Sicht betrachtet, nur eine tagespolitische Aktion, die den 12. März 1918 vorbereitete. An diesem Tag nämlich verlegte LENIN seinen Machtsitz in den Kreml, wie es logisch war und wie es dem innersten Wesen des Bolschewismus entsprach. Denn es bedeutete eine fundamentale Rückbildung der gesamten Struktur des Volkslebens, eine umfassende Remonopolisierung aller geistigen, kulturellen, wirtschaftlichen und politischen Faktoren und demgemäß die Vernichtung der zweihundertjährigen Bipolarität des nationalen Bewusstseins, die ja mit dem ideologischen Wesen des Bolschewismus unvereinbar war. Doch darüber hinaus bedeutete es eine weitgehende Wandlung der Funktion und Stellung Russlands in der Welt, der Rolle seines Volkes in der Menschheit. Es war nur natürlich, dass eine so mystische Doktrin wie der Marxismus als Weltzentrum der Verkündung und Dogmendeutung einen derart mystikdurchdrungenen und mystikumwobenen Ort wie Moskau brauchte, sonst wäre ihre historische Wirkung stets ungewiss und begrenzt geblieben.

Der psychopolitische Effekt dieser Wendung musste aber, wie die Dinge lagen, vieldeutig sein, und nicht von ungefähr wies er oft auch paradoxe Züge auf. Hieß es nicht einst, an Russland könne man einzig glauben?

Während der vom bolschewistischen Staatsstreich ausgelösten Wirren, die meist als Bürgerkrieg beschrieben werden, obwohl nicht zwei Parteien gegeneinander, sondern ungefähr 25 Bewegungen jeweils gegen alle anderen kämpften, da dämmerte es nur wenigen klarsichtigen Geistern, dass gerade die Bolschewiki trotz offenbarer Selbsttäuschung am folgerichtigsten und aggressivsten den uralten Moskauer Traum zu verwirklichen suchten. Sowie jedoch die Schlachten abgeklungen waren, bildete sich gerade innerhalb der russophilen Emigration eine starke Strömung heraus, deren Wortführer den eigentlichen Charakter und den innerrussischen historischen Stammbaum der neuen Kremlpolitik sehr wohl erkannten und ihren Schicksalsgefährten deshalb nahelegten, diese Politik zu unterstützen als die einzige, die Russland wieder zu einer Weltmacht, vor allem aber zu einer abgesonderten, nicht vom westlichen Gift verseuchten Zivilisation machen konnte. Manche dieser Wortführer kehrten sogar nach Sowjetrussland zurück. Fast gleichzeitig entstand in Prag und einigen anderen Städten ein Zirkel russischer Denker und Forscher, die im Zeichen der neuesten Entwicklung Russlands die alte moskowitische Denkstruktur zu einem wissenschaftlich fundierten geschichtsphilosophischen System auszubauen versuchten und sich als erste auch formell die Benennung »Eurasier« zulegten. Wie sehr es dann beide Seiten auch abstritten, entsprach die eurasische Theorie der emigrierten Historiker doch in ihrer letzten Essenz ganz dem eurasischen Wirken und Streben der Moskauer Politiker.

Für den Westen indes konnte die neue ideologische Gleichschaltung Russlands nur eines bedeuten: In einer wiederentfremdeten Zivilisation ballte sich eine mächtige, von messianischer Begeisterung getragene Kraft zusammen, die ganz offen mit der baldigen, wie es hieß, Befreiung der Klassenbrüder in aller Welt drohte. Der Begriff Moskau erhielt ein neues Synonym: Man sagte Moskau und meinte Komintern (Kommunistische Internationale), man sagte Komintern und meinte Moskau. Anders als einst bei den Einbrüchen mongolischer, arabischer und türkischer Heere missdeuteten aber in Europa viele den bevorstehenden Ansturm als einen Befreiungszug, weil sie die eurasische Transformation Russlands nicht miterlebt, nicht mitverfolgt, nicht erkannt hatten, weil es für sie ein geläutertes Russland und gerade ein europäisch geläutertes Russland war. Doch bei der Mehrzahl musste die Gefahr, die da für ihre Lebensgrundlagen entstand, einen weit stärkeren Widerstandswillen wachrufen als jemals in den Zeiten NAPOLEONS, selbst nach dem Moskauer Brandopfer.

So kam es, dass die in über hundert Jahren bereits unzählige Male gewandelte, umgedeutete und vermittelte Erinnerung an das Moskauer Feuer, sei es auch indirekt, in der diametral entgegengesetzten Richtung wirkte. Denn Russland selbst war in eine diametrale Richtung gedrängt worden. Wie es Graf ROSTOPTSCHIN gewollt hatte. In seiner Ahnungslosigkeit.

Der Komintern-Messianismus wurde vom STALINSCHEN Messianismus abgelöst.

Dieser Wendepunkt gehörte zu den abruptesten in der russischen Geschichte. Nicht nur trat an die Stelle der marxistischen Phraseologie plötzlich die patriotische. Der Marxismus selbst, der ja von Haus aus starke antieuropäische Züge trug, wurde auch als Ideologie einer gründlichen Revision vom eurasischen Standpunkt aus unterzogen.

Die Idee Moskau als solche verwandelte sich wie nie zuvor in ein Werkzeug, in das bewährte Instrument eines machtbesessenen Mannes. Nicht er diente dieser Idee, sie diente ihm. Er personifizierte sie, und sie sollte ihn verklären. Er gab ihr seinen und sich ihren Namen. Um so wichtiger war es für ihn, in den Augen des Volkes und der Welt den Ruhm, das geistige Erbe, die mystische Größe dieser Stadt zu verkörpern. Demgemäß feierte eine überschwengliche Propaganda tagaus, tagein die historische Herrlichkeit und die gewaltigen Verdienste Moskaus um Russland und die Menschheit, in diesen Lobgesängen aber wurde die Geschichte der Stadt zur Vorgeschichte STALINS. Als eine der glorreichsten Taten, die in einer fernen Vergangenheit das Kommen STALINS vorbereitet hatten, wurde begreiflicherweise immer wieder das Brandopfer von 1812 angeführt.

Die absolute Identifizierung des Herrschers mit der eurasischen Ideenwelt konnte nicht ohne schwere Folgen bleiben. Nicht allein jegliche Äußerung einer westlerisch-liberalen Gesinnung, nein, auch die geringste Bekundung eines eurorussischen Geschichtsbewusstseins wurde aufs unbarmherzigste verfolgt. Das schonungslose Vorgehen gegen die als bourgeois verschriene neuzeitliche Weltanschauung mit ihrem pluralistischen Gesellschaftsbild, individualistischen Ethos und dialogischen Denken war ein unabdingbares Element aller STALINSCHEN ideologischen Kampagnen und polizeilichen Säuberungsaktionen. Schulen, Massenmedien, Arbeitslager und Hinrichtungsplätze sollten die geistige Geschichte Russlands korrigieren.

In diesem Zusammenhang muss meines Erachtens auch STALINS Bündnis mit HITLER betrachtet werden. Der Kreml-Diktator sah in diesem Zeitgenossen von Anfang an eine verwandte Seele, worauf Hunderte Episoden und Einzelheiten hinweisen, doch erst als er den im Grunde asiatischen Charakter des Naziregimes erkannt hatte, begann er an die Möglichkeit einer gemeinsamen Kriegführung mit anschließender Weltaufteilung zu glauben. HITLER überfiel Russland nicht nur, weil er STALINS Wesen und Pläne in jeder Hinsicht missverstand, sondern auch, weil er sich selbst in einem völlig phantastischen Licht sah.

Einen Wendepunkt ganz besonderer Art brachte der Angriff Nazideutschlands am 22. Juni 1941. Zweifellos ging HITLER bei seinem Entschluss von extrem wirklichkeitsfremden, verstiegenen Vorstellungen aus, und nicht zuletzt hatte er einen gänzlich falschen Begriff von der psychopolitischen Situation in Russland, in der Sowjetunion, in Europa und in der Welt – einen anschaulichen Beweis dafür bieten die Tagebücher des JOSEPH GOEBBELS. Um so bemerkenswerter erscheinen die Unschlüssigkeiten und Auseinandersetzungen bei der Erörterung des strategischen Plans für den weiteren Vormarsch der Wehrmacht im August 1941. Die Generäle erklärten sich in ihrer Mehrheit für eine zügige Fortsetzung der Offensive gegen Moskau, doch das Schicksal NAPOLEONS ließ HITLER keine Ruhe, und er bestand schließlich auf der Einschaltung von Operationen gegen die Leningrader und die Kiewer sowjetische Heeresgruppe. War es nur Vorsicht? Oder doch das unterbewusste Verlangen, in erster Linie die eurorussischen Hochburgen zu vernichten?

Die deutschen Historiker halten diese Entscheidung zumeist für einen schweren, vielleicht ausschlaggebenden Fehler des Oberkommandos der Wehrmacht.

Unter der russischen Bevölkerung und in der Roten Armee, wo selbstredend niemand etwas von den Zweifeln und Bedenken im deutschen Führungsstab ahnte, waren die Assoziationen mit dem Krieg von 1812 anderer Art. Mit Hilfe von speziell ausgestreuten Gerüchten wurden immer wieder Vermutungen genährt, dass die dauernden Niederlagen der sowjetischen Truppen nichts seien als eine Falle für HITLER, ein Opfer, das notwendig sei, um die feindlichen Heere in die todbringenden Tiefen Russlands zu locken. Wenn die Deutschen, getäuscht durch den scheinbar erbitterten Widerstand, nach vielen blutigen Verlusten in Moskau einziehen, meinte man, würde ihrer eine Katastrophe von niedagewesenen Ausmaßen harren – wenn nicht eine Feuersbrunst wie einst, so eine gigantische Explosion oder eine Sintflut. Wie naiv derartige historische Parallelen sein mochten, ihre rein psychologische Wirkung sollte weittragende Folgen haben. Einerseits flößten sie breiten Volksmassen Hoffnung, Vertrauen und Mut ein, andererseits aber erschien STALIN in diesen Legenden als weitsichtiger, strategisch denkender Feldherr, oft sogar als Held, der bereit war, in den bevorstehenden Schrecknissen auch sein eigenes kostbares Leben einzusetzen – was jedoch am wesentlichsten war, als Menschheitsretter, der im Glorienschein eines neuen welterlösenden Opfers Moskaus messianische Bedeutung und seine persönliche messianische Sendung für alle Zeiten erhärten würde.

In diesem Kontext musste HITLERS Niederlage vor Moskau für die Fanatiker der eurasischen Identität eine ernüchternde Überraschung sein. Doch wurde diese relative Enttäuschung, abstrakt gesehen, aufgehoben durch ein tragisches Geschehen an anderer Stelle, das der eurorussischen Seite schwerste Wunden schlug. Zwar frohlockte gewiss niemand im Lande über das Aussterben der alten Petersburger Intelligenz im belagerten Leningrad, doch STALIN, der die Stadt so gut wie widerstandslos einkreisen ließ, verstand sehr wohl, was er tat. Sein lebenslanger unbändiger Hass gegen die zweite Hauptstadt an der Newa stach alle militärischen Überlegungen aus. Und eine ganz bestimmte, uneingestandene Genugtuung war mit der Zeit, insbesondere am Ende der vierziger Jahre, auch im ganzen Lager der radikalen Stalinisten und Russophilen unverkennbar. Dass sich HITLER der geschichtlichen Folgen dieser Belagerung vollauf bewusst war, ist durch zahlreiche Quellen hinlänglich belegt.

Im Sinne der Verdrängung und Ausmerzung des Eurorussentums konnten die Ergebnisse des Krieges STALIN dennoch kaum gänzlich zufriedenstellen, nicht zuletzt infolge der sehr häufigen, unvermeidlichen Berührungen sowjetischer Offiziere und Soldaten mit europäischen Lebensformen und Denkgewohnheiten. Deshalb inspirierte er bald nach Kriegsende mehrere groß aufgemachte westfeindliche und westlerverteufelnde Hetzkampagnen in verschiedenen Sphären der Kultur und des Geisteslebens. Da hierbei zum größten Teil jüdische Wissenschaftler, Literaten und Künstler angegriffen wurden, schien die offizielle Kulturpolitik als solche vorwiegend antisemitischen Charakter zu tragen, und so verzeichnen es auch die Historiker. Doch lag dem kein eigentlicher Rassenwahn zugrunde, sondern vielmehr STALINS intuitive Einsicht, dass gerade die Juden, die sich zum europäischsten aller europäischen Völker entwickelt hatten, in seinem Lande als geistige Erben des Petersburger Adels und der Semstwo-Intelligenz die aktivsten Träger und Verfechter der eurorussischen Identität geworden waren. Nicht umsonst lautete die Hauptanschuldigung, sie seien Kosmopoliten.

Die Wende, die mit dem Machtantritt NIKITA CHRUSCHTSCHOWS einsetzte, wird heutzutage allzuoft unterschätzt. Und zwar, weil man sie gewöhnlich unter einem rein politischen Gesichtspunkt betrachtet. Tatsächlich blieben Ideologie und Staatssystem so gut wie unangetastet. Aber es geschah etwas geschichtlich weit Wesentlicheres: im erklärten Gegensatz nicht nur zur vorangegangenen Epoche, sondern auch zu jener altüberkommenen Mentalität, die mehrere Generationen mundtot und hirntot gemacht hatte, entstand eine mächtige

Bewegung des Geistes, des freien Geistes in der umfassendsten Bedeutung dieses Wortes.

Man kann Russland nicht verstehen, man kann seine Substanz, seine Entwicklung in den letzten vier Jahrzehnten, die eigentlichen Wendepunkte seiner neuesten Geschichte nicht erfassen, wenn man sich nicht im klaren ist über folgende entscheidende Besonderheiten.

Die wirkliche, ausschlaggebende Evolution des Volkslebens, die Evolution in der Identitätsbildung verlief keinesfalls im Bereich der offiziellen Ideologie und Propaganda, sondern zunehmend hinter den Kulissen, in Studierzimmern und Privatzirkeln, in der Sphäre des geistigen Konflikts zwischen den beiden ewigen Parteien, eines Konflikts, der vorläufig nicht öffentlich ausgetragen werden konnte. Die dazu benutzten Medien, wie etwa die als Samisdat bekannte Manuskriptliteratur, schienen im Vergleich zur Tagespresse, zu den Millionenauflagen der von höheren Instanzen gebilligten Schriftsteller, erst recht natürlich zum Fernsehen und zum Rundfunk von lächerlich geringer Wirkungskraft – doch der Schein trügte. Ihre Ausstrahlung war zu jeder Zeit enorm, sie und nicht die einander sinnlos kopierenden Massenmedien schufen die geistige und psychopolitische Atmosphäre der Gesellschaft, ihre Kontroversen und Diskussionen bestimmten die neuen Ten denzen und Metamorphosen im Volksbewusstsein. Diese Bewegung hatte alle Generationen und sämtliche Schichten der Intelligenz erfasst, ja, selbst viele Mitmacher des ideologischen Kulturbetriebs suchten sich zugleich in der unterirdischen Sphäre einen Namen zu machen. Deshalb konnten die gleichsam in einer anderen Welt vonstatten gehenden politischen Ereignisse, etwa die Absetzung CHRUSCHTSCHOWS und Einsetzung BRESCHNEWS als Generalsekretär, keinen maßgeblichen Einfluss auf die geistigen Bestrebungen und Fehden, auf den großen Identitätsstreit ausüben, und sie brachten daher keine nennenswerten Wenden.

Innerhalb dieser eigenartigen Gemeinschaft dagegen gingen Prozesse vor sich, die einen wirklich bedeutsamen Umschwung in der gesamten russischen Geschichte einleiteten. Es kam erstens zu einer ständigen Verstärkung der westlerischen, eurorussischen Denkweise in so gut wie allen Gesellschaftsbereichen, sozialen Gruppen und, was besonders wichtig war, Generationen. Diese psychologische Wiedergeburt der russischen Uridentität trug, und das muss betont werden, zunächst vornehmlich rein geistige Züge, sie ging erst später in einen populären Trend über. Sie war sowohl eine Reaktion auf die jahrzehntelange Diktatur einer geistfeindlichen eurasischen Ideologie als auch eine Frucht der weltweiten Internationalisierungstendenzen in Kultur und Lebensweise. Ihre Auswirkungen aber sollten bald wahrhaft historische Geltung erlangen, denn die Geschehnisse, die Russland, und nicht allein Russland, seit dem April 1985 erschüttern, sind ein direktes, notwendiges Resultat der scheinbar so weltentrückten geistigen Bewegung.

Ein anderes Phänomen, dessen Folgen für Russlands Zukunft bis auf den heutigen Tag noch schwer abzuschätzen sind, bestand und besteht in einer gegenseitigen Angleichung der beiden Hauptstädte als identitätstragender Einheiten. Petersburg hat die Verluste an intellektuellen Potenzen und damit an eurorussischer Substanz, wie sie durch die Blockade von 1941/42 verursacht wurden, nie verwinden und kompensieren können, um so weniger, als seinerzeit auch viele Überlebende von STALIN vernichtet oder zumindest aus ihrer Heimatstadt vertrieben wurden. Die Neuhinzugekommenen stammten größtenteils vom Lande, ihnen waren die Traditionen der eurorussi schen Metropole fremd, ja, wie sich mit der Zeit herausstellte, neigte ein erheblicher Teil von ihnen eher zur Gegenseite. In Moskau wiederum erhob sich nach dem Zusammenbruch des STALINismus eine Welle emotioneller und intellektueller Abrechnung mit der Vergangenheit, die ganz besonders die Jugendlichen mitriss, und das führte zur allmählichen Neutralisierung des psychologischen Erbes und des ganzen geistigen Klimas der Stadt, zur Minderung der eurasischen Symbolkraft des Moskauer Namens, zur Verblassung der Idee Moskau als nationalen Identitätsfaktor. Für die Moskauer der sechziger, siebziger und erst recht achtziger Jahre war das Flammenzeichen von 1812 erloschen.

Zu den geschichtlich wohl belangvollsten Vorgängen dieser Jahrzehnte gehörte zudem das einstweilen noch zage, noch verborgene, noch anonyme Erwachen der russischen Provinz als eigenständiger geistiger Kraft, als eines vielgestaltigen psychopolitischen und psychogenetischen Potentials. Die hieraus entstandene regionalistische Bewegung, die in den Hauptstädten zunächst allzuwenig beachtet wurde, gewinnt zur Zeit immer mehr an Boden und kann schon in nächster Zukunft entscheidend auf den gesamten Charakter der sich jetzt vor unseren Augen ab spielenden gigantischen Wende einwirken.

Denn die Wende, die mit der sogenannten Perestroika 1985 einsetzte, darf in mancherlei Hinsicht als Kulmination der russischen Geschichte angesprochen werden.

Es ist vor allen Dingen eine Identitätskrise nie dagewesener Ausmaße.

Als GORBATSCHOW zu Beginn seines großen Unternehmens die Parole von der Priorität der allgemeinmenschlichen Werte ausgab, verkannte er den Zustand der Geister. Er meinte nämlich als Gegensatz das von der Propaganda so beharrlich gepflegte Ammenmärchen vom angeblichen Vorrang der Klasseninteressen und Klassenwerte in der sowjetischen Gesellschaft. Hätte er statt dieser verschwommenen Formel ein klares Bekenntnis zur eurorussischen Sache abgelegt, mit der er doch offenkundig sympathisierte, so wäre ihm die entschlossene Unterstützung eines beträchtlichen und tatkräftigen Teils der Öffentlichkeit und namentlich der Intelligenz stets sicher gewesen. Seine für ihn selbst so verhängnisvollen Schwankungen erklärten sich fast ausschließlich aus einer falschen Beurteilung der Wirkungstiefe marxistischer Dogmen und Wunschvorstellungen, denen indes doch längst keine reale Anziehungskraft mehr innewohnte. Perestroika bedeutet bekanntlich Umbau. GORBATSCHOW plante eben den Umbau von Luftschlössern.

Es war nur natürlich, dass bald ein zweiter Akt des Dramas beginnen musste, in dem der Grundwiderspruch Russlands voll zum Ausdruck kam. Der geistige Bürgerkrieg drohte dabei immer wieder in bewaffnete Auseinandersetzungen hinüberzuwachsen. Das war um so weniger zu verwundern, als die russophile Partei immer demonstrativer zu faschistischen und kommunistischen Losungen und Kampfmethoden griff, immer aggressiver ihre Feindschaft gegen den Westen betonte. Doch lag auf der Hand, dass die Verlegung von Jahrtausendproblemen in die Tagespolitik nur zu ihrer Simplifizierung und Vulgarisierung führen konnte, dass man Identität nicht durch Stimmzettel oder Maschinenpistolen bestimmen kann.

So ging die Zeit des geistigen Bürgerkriegs in eine Zeit geistiger Wirren über. Für die Situation, die sich nunmehr ergeben hat, sind einige bislang ungewohnte Besonderheiten kennzeichnend.

Der Identitätsstreit als solcher, als psychogenetischer Prozess, ist in dem Sinne abgebrochen, dass die beiden Parteien einander schlechtweg nicht mehr hören wollen und nicht mehr hören. Wo die Ausdeutung von Russlands historischen Ereignissen und Gestalten früher hitzige Polemiken hervorrief, wo Argumente oder doch zumindest Scheinargumente einander entgegengehalten wurden, wird jetzt von Anhängern und Neutralen nicht nur blinder Glaube einerseits, sondern auch blinder Unglaube andererseits erwartet und gefordert. Diese Bevorzugung des Monologs zeugt aber nicht allein von der absoluten Entfremdung zweier Mentalitäten, sie zeugt in noch höherem Maße von einer atemlosen, bangen Erwartung des Fortgangs und Ausgangs der Geschehnisse, da ja dieser Ausgang sehr wohl gemeinsamen Untergang bedeuten mag.

Eine eigene, in mancher Hinsicht überstürzte Entwicklung ist unterdessen für die regionale Idee charakteristisch geworden. Statt einer organischen Entfaltung des Regionalismus, wie sie in der 3-Stufen-Formel Mentalität-Identität-Souveränität zum Ausdruck kommt, tritt ein überraschendes Phänomen in Erscheinung, das nicht ganz unrichtig als »Parade der Souveränitäten« verspottet wird. Die Missachtung einer so relevanten Stufe wie die Herausbildung eigenständiger regionaler Identitäten trägt das Ihre zur Verunsicherung und Irrationalisierung der Lage bei.

Als historisches Prinzip ist die polyzentrische Umstrukturierung Russlands, ein der Vereinigung Europas analoger Vorgang, denn den Kern beider Prozesse bildet der Verzicht auf die psychopolitische

Hauptidee der vergangenen Zeit – den nationalen Reichsgedanken. In beiden Fällen aber tritt klar zutage, dass der Gewinn einer echten neuen Identität weitaus schwieriger ist als alle politischen Neugestaltungen und wirtschaftlichen Angleichungen.

Die besondere politische Brisanz der gegenwärtigen Situation in Russland ergibt sich aus der Ungewissheit, der Unvoraussehbarkeit der psychologischen Reaktionen auf das Identitätschaos. Deshalb ist die Suche nach einer neuen Identität, nach neuen bleibenden Identitäten so lebenswichtig.

Als im September 1992 der 180. Jahrestag des Brandopfers mit erheblichem Aufwand begangen wurde, gelang es den ideologischen Erben ROSTOPTSCHINS nicht, diese Gelegenheit zur massenwirksamen Wiedererweckung des alten Moskauer Weltgefühls zu nutzen.

Aber auch als sich 1993 die Gründung von St. Petersburg zum 290. Male jährte, zeitigten die Feierlichkeiten keinen tiefgehenden, im Denken merklichen Einfluss auf die Gemüter auch nur der Bewohner dieser Stadt.

Somit steht Russland vor einer schwierigen Wahl: geistige Entscheidung trotz allem oder das Nichts.

Die geistige Entscheidung, die den Gegebenheiten des ausgehenden 20. Jahrhunderts entspricht, kann indes nur die eine sein: Rückkehr in die Mutterzivilisation, eine Rückkehr, die sich nicht auf das Werk PETERS DES GROSSEN beruft, sondern auf die europäischen Urwurzeln des russischen Volkes. Eine Rückkehr also, die eine völlige Abkehr vom eurasischen Bekenntnis zum Inhalt hat.

Dazu bedarf es aber gerade von seiten der europäischen Völker einer neuen Zivilisationssicht, eines neuen Geschichtsbewuußtseins, eines neuen Identitätsgefühls. Diesem muss die Einsicht zugrunde liegen, dass überall, wohin sich russische Regionen erstrecken, überall, wo russische Kultur und russische Identität zu Hause sind, Europa ist.

Der eigentliche Sinn der russischen Wende dieser Zeit heißt, muss heißen: Europa reicht an den Stillen Ozean.

(13.12.1993)

Charisma und
Reform in Russland

Ein Bild aus Moskau wurde im denkwürdigen August 1991 von allen Fernsehsendern der Erde übertragen und von der Weltpresse vertausendfältigt: GORBATSCHOW, aus seiner Gefangenschaft in Phoros befreit, steigt mit triumphierendem Lächeln aus dem Flugzeug. Dazu brachte damals eine große italienische Zeitung die Schlagzeile: »Europäische Tragödie – verhütet!« Der begleitende Text verriet einen gutgemeinten, aber überschwenglichen Begeisterungstaumel, wie er ja so viele Sphären der europäischen öffentlichen Meinung angesichts des scheinbar endgültigen Sieges der Partei des Friedens, der demokratischen Erneuerung, des Europäismus im fernen und doch so nahen Russland erfasst hatte.

Wenige Wochen später kam eine meiner deutschen Bekannten nach Moskau. Logischerweise erwartete sie, in den Kreisen der Sieger, vor allem der westlerischen Geisteselite, eine gehobene, optimistische, ja euphorische Stimmung anzutreffen. Am dritten Abend rief sie mich ganz entsetzt an, berichtete kurz von ihren Begegnungen mit prominenten Persönlichkeiten des geistigen und politischen Lebens und fragte, ob ich die allgemeine Niedergeschlagenheit und Unkerei teilte. In möglichst entschiedenem Ton erklärte ich, der bei uns so weitverbreitete Pessimismus sei gewiss übertrieben.

Heute sieht es freilich so aus, als hätte ich mich geirrt. Denn allem äußeren Anschein nach beschwören die Ereignisse der drei jüngsten Jahre eine Entwicklung herauf, die letztlich gerade in einer europäischen Tragödie nie dagewesener Ausmaße gipfeln könnte.

Der erklärte und logisch notwendige Sinn des großen und scheinbar so gewagten Unterfangens, das 1985 angekündet worden war, bestand in einer grundlegenden Umgestaltung des gesamten Staats-, Geistes- und Volkslebens, in einer längst fälligen allseitigen Reformierung der sowjetischen Gesellschaft. Das objektive, organische Bedürfnis an einer solchen radikalen Erneuerung war unstreitig, deshalb glaubten anfänglich keinesfalls allein sensationsgierige Journalisten an schnelle und durchschlagende Erfolge in jedem Bereich. Wenn dann alles ganz anders kam, so infolge verschiedener Fehlschlage, die leicht auf einen gemeinsamen Nenner zu bringen waren: Menschliches Versagen. Nur lagen diesem vielfältigen Versagen doch nicht eigentlich persönliche Unzulänglichkeiten zugrunde, sondern ererbte Denk- und Verhaltensweisen, meist unterbewusst wirkende historische Erfahrungen. Dieses psychologische Erbe verstehen, heißt Russland verstehen – seine Stärken und Schwächen, seine Hoffnungen und Verzweiflungen, seine Potenzen und Risiken, nicht zuletzt die Möglichkeiten und Unmöglichkeiten seiner Zukunft. Damals, im nun schon so fernen April 1985, waren drei unterschiedliche Eliten

(003) Charisma und Reform in Russland

Träger des Reformgedankens – eine kleine Gruppe im obersten Gremium der regierenden Kommunistischen Partei mit Generalsekretär an der Spitze, die den entscheidenden – eine weitaus größere Gruppe von Berühmtheiten des wissenschaftlichen, literarischen und öffentlichen Lebens, die einereits den Druck von unten, den Druck der sozialen Zustände, der geistigen Situation und der geschichtlichen Entwicklung auf die machtausübende Kaste übertrug, die realen Alternativen aufgezeigt und neue Wege gewiesen hatte und nunmehr dank der relativen Äußerungsfreiheit als eigentliches Sprachrohr und Agens historischer Wandlung hervortreten konnte. Noch sah aber kaum jemand, welche Spannungen dieser Pyramide innewohnten. Es schien nur natürlich, dass sich der Mann an der Spitze selbst als charismatische Persönlichkeit auffasste, von engeren und breiteren Kreisen zunächst tatsächlich, wie ein Dichter damals meinte, als »Mann unseres Schicksals« betrachtet wurde und im Ausland, ganz besonders aber im Westen, nahezu den Nimbus einer Jahrhundertgestalt erwarb. Doch während die Weltpresse und nicht selten auch die westlichen Experten im Laufe vieler Monate und sogar Jahre die gleichen beseelenden Hoffnungen nährten, ja ihre Erwartungen ständig höher spannten, und das gerade im Vertrauen auf GORBATSCHOWS Berufung, mussten sich die reformtragenden Eliten des Landes alsbald bewusst werden, wie sehr der Erfolg der geplanten und ersehnten Umgestaltungen von ganz anderen Faktoren abhing. nämlich von geschichtlich bedingten Eigenarten der Volksmentalität, von geistigen Überlieferungen, von bleibenden Modalitäten politischer Entwicklung. Diese Eigenarten, diese Überlieferungen, diese Modalitäten widersprachen zwar keineswegs dem in schweren Leiden herangereiften und jetzt weltweit verkündeten Willen zu grundlegender Neuerung, doch setzten sie eine ganz andere Beschaffenheit und Struktur der wirkenden Kräfte, eine andere Art und Weise ihres Vorgehens voraus. Und so war es bei weitem nicht zum ersten Mal – die russische Vergangenheit kennt zahlreiche in mancherlei Hinsicht ähnliche Reformversuche, die an der gleichen Geschichtsfremdheit scheiterten.

Im ausgehenden 16. Jahrhundert war eine unter vielen Aspekten analoge politische, soziale und psychische Situation entstanden. Die von der Herrschaftszeit IWANS DES SCHRECKLICHEN hinterlassenen katastrophalen Zustände in allen Sphären des nationalen Lebens waren, genau wie dies nach der STALINdiktatur der Fall sein sollte, unter seinen Nachfolgern eher oberflächlich behoben, gelindert, entschärft worden. Noch lagen die von IWAN verwüsteten Städte in Ruinen, noch trauerte man den Opfern seiner Kriege, seiner Terrorfeldzüge und seiner Massenhinrichtungen nach, noch hatten sich die Bauern nicht an die neue Leibeigenschaft gewöhnt, noch lagen riesige Strecken des Landes verheert und entvölkert, noch herrschte im Kreml und im ganzen Staat blutiger Zwist aller mit allen, da wurde, erstmalig seit der frühsten ostslawischen Staatsgründung vor mehr als sechs Jahrhunderten, ein Mann zum Oberhaupt des Moskauer Reiches gewählt, der nicht dem Geschlecht des Rurik angehörte. Ein so ungeheuerlicher Bruch mit der Väter- und Vorvätertradition konnte sich nur daraus erklären, dass die Landesversammlung in dem von ihr erkorenen Zaren einen Retter aus höchster Not, einen tatkräftigen Neubeleber und Neuordner des Staatswesens und der Gesellschaft, kurz, eine wahrhaft charismatische Persönlichkeit zu sehen vermeinte. Tatsächlich hatte der neue Herrscher, er hieß BORIS GODUNOW und hielt die Zügel im Grunde schon längst in der Hand, bereits zuvor einige Reformen in Angriff genommen, die den Beginn eines Umschwungs im Volksleben andeuten mussten: Er verlieh den Provinzstädten und dem Kleinadel neue Rechte, begrenzte und regelte Menge und Art der Abgaben des Bauern an den Gutsbesitzer; ermöglichte die Entlassung leibeigener Knechte durch ihre Herren; vor allem aber unternahm er einiges, um das Verhältnis Russlands zur Außenwelt zu entspannen und weitgehend zu normalisieren, und zwar baute er nicht allein die Beziehungen zu protestantischen Ländern aus, mit denen ja bereits seine Vorgänger lockere Bündnisse zum gemeinsamen Kampf gegen Rom eingegangen waren, er bemühte sich auch um eine gewisse Annäherung an die katholische Welt und schloss unter anderem einen Friedensvertrag mit dem hundertjährigen Erzfeind Polen sowie diplomatische Abkommen mit dem Hof in Wien. Besonders fielen bei der Wahl jedoch seine persönlichen Eigenschaften ins Gewicht, denn alle Vertrauten, alle ausländischen Besucher und sogar manche seiner erbitterten Feinde wussten sowohl seine Geistesgaben als auch seine Willenskraft zu rühmen. Doch was dann geschah, befremdete und empörte die Mehrzahl der Zeitgenossen und gilt den Historikern bis heute als Zeugnis seines Wankelmuts und staatsmännischen Unvermögens. Viele seiner Schritte liefen nämlich gerade auf eine Rücknahme der eigenen Reformen, ja auf eine Zuspitzung der früheren politischen Tendenzen hinaus. Zweifellos glaubte er dadurch einerseits die zentralistisch gesinnten Beamten-, Kaufmanns- und Militärkreise Moskaus wie andererseits auch den Hochadel, die Bojarenschaft für sich gewinnen zu können, löste aber in Wirklichkeit nur allgemeine Unzufriedenheit aus. Denn er hatte, genau wie sein später Erbe nach vierhundert Jahren, den unversöhnlichen Gegensatz zweier geschichtlicher Grundrichtungen, zweier fundamentaler Denkstrukturen, zweier Zivilisationen innerhalb des russischen Volkswesens ignoriert, einen Gegensatz, der die wirkliche Erneuerung des Landes nur durch das endgültige Überhandnehmen einer der beiden Richtungen denkbar machte. Statt der beabsichtigten Befriedung und Einigung beschwor Boris durch sein Schwanken von der Mehrung der Rechte zur Mehrung der Privilegien, von Liberalisierung zu Machtkonzentration, von Regionalismus zu totaler Moskowisierung, von Weltoffenheit zu Isolation logischerweise eine Unruhe herauf, die sich ständig steigerte und schließlich in einem

(003) Charisma und Reform in Russland

Bürgerkrieg nie dagewesener Ausmaße gipfelte, in der groben Smuta, der Zeit der Wirren. Denn ein Mann trat auf, der das von Boris so unrühmlich aufgegebene Reformwerk in radikaler Weise weiterführen wollte, ein Mann von wahrem Charisma, der Falsche Demetrius ...

Anders als die meisten entscheidenden Geschehnisse der älteren russischen Geschichte, sollte die Konfrontation zwischen Boris und dem Falschen Demetrius auch in der westlichen Welt die Geister erregen und tiefe Spuren hinterlassen. So schrieb am anderen Ende Europas bereits der unmittelbare Zeitgenosse Lope de Vega ein phantasievolles Bühnenstück darüber, und in der deutschen Literatur wurde es seit Schiller zu einem recht beliebten Dramenstoff, an dem sich Kotzebue und Hebbel, Henry von Heiseler und Volker Braun versuchten. Nur wurden dabei nicht die eigentlichen historischen Belange, sondern gewisse romantische oder rätselhafte Einzelheiten in den Vordergrund gerückt, wie etwa die angeblich von Boris befohlene Ermordung des kleinen Zarewitsch Dmitri oder die scheinbar so schwärmerische Liebe des Falschen Demetrius zu der Polin Marina oder die tatsächlich mysteriöse Identität und Herkunft des jählings aufgetauchten Thronprätendenten (die der Verfasser dieser Zeiten übrigens in einem 1990 erschienenen Buch geklärt zu haben glaubt). Doch hätte lediglich etwas ganz anderes, nämlich die Deutung und Verdeutlichung der groben Zusammenhänge und tiefliegenden Beweggründe, zum Verständnis Russlands beitragen können, und das hätte vielleicht das Verhalten der Außenwelt gegenüber den immanenten Eigentümlichkeiten seiner geschichtlichen Entwicklung zu beeinflussen und damit eventuell sinnvoller und ausgewogener zu gestalten vermocht.

Denn im Falschen Demetrius konzentrierten, personifizierten und manifestierten sich historische Kräfte, die seit Jahrhunderten um die Rückgewinnung der vormoskowitischen, vormongolischen Wesenheit von Land und Volk, um die Heimkehr nach Europa rangen. Nicht von ungefähr war das russische Mittelalter die Zeit eines dauernden, nur mitunter ganz kurzfristig unterbrochenen Krieges zwischen Moskau und dem zu 90 Prozent von Russen bewohnten Großfürstentum Litauen gewesen, dem damals flächenmäßig größten, politisch, religiös und geistig tolerantesten, der sozialen Struktur nach modernsten, in einem gewissen Sinn europäischsten aller Staaten Europas. Und der Falsche Demetrius muss allem Anschein nach ein Sohn des litauischen Russland gewesen sein. Wenn ihm die Einwohner der west- und südrussischen Städte während seines Zugs nach Moskau begeistert zujubelten und einigen militärischen Niederlagen zum Trotz den Weg ebneten, so wussten sie, was sie taten. Sie brauchten, ihr Land brauchte die Reformen, die er versprach.

Wenn dann der Falsche Demetrius die in Hunderten Flugblättern angekündigten Reformen nicht zuwege bringen konnte, so hatte das zweierlei Gründe – innenpolitische und außenpolitische. Moskau galt nunmehr seit langer Zeit als Sitz nicht allein der sozialen und Machteliten, sondern auch, was keinesfalls weniger wichtig war, der richtungweisenden intellektuellen Elite, die größtenteils mit der höheren Geistlichkeit identifiziert wurde. Hinzu kamen Glanz und Anziehungskraft des legendenumwobenen Zentrums, Einwirkung der uralten Tradition auf die Geister, schließlich auch der Druck der ehrgeizigen Braut MARINA – und so strebte der Mann der Zukunft überstürzt auf die Stadt zu, in der die Vergangenheit verkörpert war. Der Befreier des Landes lieferte sich den Nachfolgern IWANS DES SCHRECKLICHEN aus. Er, der BORIS GODUNOW zu Fall gebracht hatte, geriet genau in die Situation seines Vorgängers. Und da musste er, da mussten seine Berater wohl fühlen, warum BORIS als Reformer kläglich versagt hatte. Die Unterstützung des Volkes von Russland genügte nicht, den offenen oder stummen Widerstand der alten Moskauer Kaste zu brechen, und das wieder raubte ihm die Unterstützung eines nicht geringen Teils dieses seines Volkes. Sicher wäre sein Schicksal ein anderes gewesen, hätte er auf die sozialen und intellektuellen Eliten der kleineren Städte, nicht zuletzt auch auf die niedere Geistlichkeit, gebaut. Dazu bedurfte es freilich eines weitaus reiferen Geschichtsbewusstseins, eines politischen Weltbilds, wie es damals nur sehr wenigen Russen vergönnt war. Doch auch schon zu jener Zeit beeinflussten verhängnisvolle Fehleinschätzungen und im Grunde selbstmörderische Fehlentscheidungen fremder Staatsmänner und Würdenträger die russischen Ereignisse in maßgeblicher Weise. Das galt gleichermaßen für die Haltung katholischer und protestantischer Regierungen, die im FALSCHEN DEMETRIUS lediglich einen Abenteurer zu sehen glaubten. Geradezu grotesk aber mutet aus heutiger Sicht die damalige Russlandpolitik der polnischen Staats- und Kirchenführung an. Es lag doch im ureigensten Interesse des am unmittelbarsten aus dem ruhelosen Osten bedrohten Staatswesens Europas, im Moskowiterreich neue, freundlichere, im weitesten Sinne des Wortes europäischere Kräfte an der Macht zu wissen. Dennoch wurde jegliche Unterstützung, auf die der FALSCHE DEMETRIUS zunächst angewiesen war, von Forderungen abhängig gemacht, die selbst vielen Eingeweihten und Beteiligten widersinnig, weltfremd, ja verstiegen erschienen. So wurde allen Ernstes verlangt, dass er sich um die Rückführung Russlands in den Schoß der römischen Kirche bemühe, und als er diesem phantastischen Ansinnen nicht nachkam, versiegte jede Hilfe. Ja, die zu seiner Hochzeit nach Moskau angereisten Polen waren ermutigt worden, den Einwohnern durch die verschiedensten Beleidigungen die eigene Überlegenheit zu demonstrieren. Nach Ansicht mancher russischer Historiker besiegelte gerade das provozierende Auftreten der Hochzeitsgäste das Schicksal des so hoffnungsvollen jungen Zaren. Es kam zu einem erneuten Umsturz, einer Gewalttat, die ihren Schatten auf die gesamte geschichtliche Entwicklung Russlands warf, Polen selbst dem Martyrium des 18. und 19. Jahrhunderts entgegenführte und sich letztendlich auch als folgenschwer für ganz Europa erweisen musste. Denn die Zeit der Wirren, die große Smuta, die nun hereinbrach, war nicht nur in mancher Hinsicht ein Vorspiel und vielleicht indirekter Ausgangspunkt des Dreißigjährigen Krieges, sie hatte eine ganz andere Reichweite: Sie war Vorspiel und in einem keineswegs bloß symbolischen Sinn Ausgangspunkt zahlreicher, ihrem innersten Charakter nach gleichgearteter Wirbelstürme, die Russland bis in unsere Zeit hinein heimsuchten. Sie war für die russische Geschichte sowohl strukturell als auch psychologisch wesensentscheidend. Jede der russischen Krisen, die ihr seitdem folgten, wirkte sich dabei auf gefährliche, wenn nicht gar katastrophale Weise auch auf Europa, mitunter auf die gesamte Menschheit aus. Diese russischen Krisen zeigten deutlicher sogar als die trotz allem ungebrochene kulturpsychologische Identität, wie unzertrennlich und organisch Europas Osten stets mit den Kernländern des Erdteils verflochten blieb. Das gilt auch für den heutigen Tag und ist schicksalhaft für die Zukunft: Russlands Tragödien sind nun einmal europäische Tragödien.

Es lohnt sich wohl, eine in diesem Zusammenhang wichtige terminologische Besonderheit hervorzuheben. Krisen, die in Russland zu ideologischen und propagandistischen Zwecken als Revolutionen oder Bürgerkriege bezeichnet wurden, ähnelten in Wirklichkeit meist sehr genau gerade jener Zeit der Wirren, und von unparteiischer Seite wurden sie deshalb immer wieder als Smuta charakterisiert. Es wäre nun vielleicht angebracht, ihnen auch im Ausland eine weniger irreführende Benennung zuteil werden zu lassen. Allerdings müsste sich dazu in den europäischen Sprachen, die so bereitwillig Schlagwörter wie Perestrojka und Glasnost aufgenommen haben, auch ein für die russische Geschichte grundlegender Begriff wie Smuta einbürgern, ein Begriff, der zudem nicht vollgültig übersetzbar ist. Denn er bedeutet nicht einfach den Entscheidungskampf zweier historischer Mächte wie im Fall der Wörter Revolution oder Bürgerkrieg, sondern einen dadurch ausgelösten wirren Krieg Hunderter Parteien und Strömungen, einen Krieg aller gegen alle.

Unvergleichlich weniger als die rätselhaften Ereignisse und Intrigen um Boris Godunow und den Falschen Demetrius ergriffen indes die darauffolgenden, eigentlich noch viel gewaltigeren Erschütterungen der groben Smuta die Gemüter europäischer Zeitgenossen und erst recht die Geister späterer westlicher Generationen. Aber gerade im Laufe der weiteren Wirren sollte ein Mann hervortreten, der das Augenmerk der Dichter und Deuter sehr wohl verdient hätte. Dieser, ein seinem fürstlichen Herrn entlaufener leibeigener Knecht, er hieß Iwan Bolotnikow, hatte Jahre im deutschen Hof zu Venedig verbracht und dort die Atmosphäre der Spätrenaissance, das Weltgefühl des aufstrebenden Bürgertums und den Geist des kosmopolitischen

Zeitalters gierig in sich aufgenommen. Und als er dann von den »wunderbaren Wandlungen«, wie er es nannte, in der fernen Heimat und vom tragischen Ende des FALSCHEN DEMETRIUS erfuhr, machte er sich sofort auf den Weg, entschlossen, dem von der altmoskowitischen Bojarenkaste zum Zaren ausgerufenen WASSILI SCHUISKI entgegenzutreten und von den Reformen retten zu helfen, was vielleicht noch zu retten war.

Seine menschliche und geistige Ausstrahlung muss beispiellos gewesen sein. In Polen suchte er, ohne jegliche Empfehlung direkt von der Straße kommend, den Vertreter des FALSCHEN DEMETRIUS auf, und dieser überreichte ihm feierlich den eigenen Säbel, sein gesamtes verfügbares Geld und einen Brief an den Stab der rebellischen Anhänger des gestürzten Zaren in der nordukrainischen Stadt Putiwl mit dem Vorschlag, dem Neuankömmling den Oberbefehl über sämtliche Heere der Aufständischen zu übertragen. Dieser scheinbar unbegreifliche Vorschlag wurde in kurzer Zeit anstandslos befolgt. IWAN BOLOTNIKOW wusste eine Elite überzeugter Verfechter des Reformgedankens um sich zu sammeln, die vorwiegend aus Fürsten und Hochadligen bestand, aber keineswegs irgendwelche Klasseninteressen vertrat, sondern vor allem für die Dezentralisierung und Europäisierung Russlands kämpfte. Und kein romantischer Dichter hat wohl je ein Sinnbild charismatischer Größe geschaffen, das eindrucksvoller gewesen wäre als die trockene Tatsache: In Dutzenden Gefechten und noch am letzten Tag in der vom Feind überschwemmten festen Stadt Tula stand dem Rebellenführer als treuster Getreuer Fürst ANDREJ TELJATEWSKI zur Seite, der des entlaufenen leibeigenen Knechts rechtmäßiger Herr und Besitzer war.

BOLOTNIKOW hatte die meisten russischen Städte für seine Sache gewinnen können, erlag aber der militärischen Übermacht.

Sein Einfluss auf das russische 17. Jahrhundert darf indes auf keinen Fall unterschätzt werden. Schon sein Entschluss, auf die durchaus mögliche Eroberung Moskaus zu verzichten, musste, obwohl er es nie offen aussprach, als bedeutungsschwere Botschaft an Gleichgesinnte in kommenden Generationen aufgefasst werden – denn sein sicherer Instinkt sagte ihm, dass der Reformgedanke durch die dem Zentrum innewohnenden konservativen Kräfte, durch die Traditionen und Interessen der hochprivilegierten Hauptstadt verzerrt, verdrängt, vernichtet werden würde. In diesem Sinn endete die Smuta keineswegs 1613 mit der Wahl des ersten Romanow zum Zaren. Nicht nur, weil Russland im kriegsgeplagten Europa jener Zeit dann öfter als jedes andere Land von verheerenden inneren und äußeren Konflikten gewaltigen Ausmaßes erschüttert wurde, sondern auch, weil die fundamentalen Alternativen des nationalen Lebens ungelöst geblieben waren und die russischen Eliten weiterhin im Problemkreis der Smuta lebten und dachten. Somit bildete das friedlose Jahrhundert gleichsam eine Brücke zwischen zwei äußerlich unähnlichen, doch innerlich wesensverwandten und geschichtlich zusammenhängenden großen Reformunternehmungen

In Ost und West, vor allem aber natürlich in Russland gehört der scheinbar so neuerungsbesessene Zar PETER DER GROSSE bis auf den heutigen Tag zu den meistgenannten und meistumstrittenen Gestalten der so gestaltenreichen Übergangsepoche zur Neuzeit. Es heißt oft, er habe Russland aus einem vielhundertjährigen Schlaf erweckt und es gewaltsam in die Reihe der europäischen Nationen eingegliedert. Wenn dem so wäre, dann könnte allerdings von einem Musterfall grundlegender Reformierung eines Landes durch eine charismatische Persönlichkeit die Rede sein. In Wahrheit jedoch waren nicht allein die romantischen Überlieferungen der großen Smuta, sondern auch deren unmittelbare Ideeneinflüsse, obwohl vielleicht rein atmosphärisch und eher unterbewusst, lebendig und wirksam geblieben. Ihre Träger waren Männer, deren Namen von der westlichen Geschichtsschreibung und Geschichtsdeutung leider seit eh und je schlechtweg ignoriert werden. Doch die echte Umwälzung ging gerade von solchen alles andere als charismatischen Persönlichkeiten aus. Zu nennen wäre da der gelehrte Mönch und Poet SIMEON POLOZKI, auch er aus dem russischen Litauen, der seinem Zögling, dem Zaren FJODOR, schon früh neben den klassischen Sprachen und dem Polnischen die Grundideen des europäischen Humanismus und ein Verständnis für die Ost-West-Problematik des Zeitalters beibrachte, was nicht nur zur Gründung der ersten Hochschule im Moskauer Reich und zur Abschaffung der mittelalterlichen Staatsregelungen und Rangordnungen führte, sondern auch zur Suche nach einer neuen Stellung Russlands in der Welt. Die neuerdings vorgebrachte These einiger russischer Historiker, vor allem des zur Zeit recht populären ANDREJ BOGDANOW, lautet sogar, die große Wende des ausgehenden 17. und angehenden 18. Jahrhunderts sei in ihren Grundzügen überhaupt nicht so sehr PETER, als vielmehr seinem älteren Bruder FJODOR zu verdanken gewesen – dergleichen klingt gewiss ungewöhnlich und gewagt, erscheint aber doch nicht völlig abwegig. Denn zu nennen wäre auch ein anderer Wegbereiter dieser Wende, der hochgebildete Staatsmann und Diplomat WASSILI GOLIZYN, der sich wie sonst niemand um eine maximale Annäherung des weltanschaulichen, kulturellen und psychopolitischen Gepräges, der ganzen Sinnesart und Lebensweise der russischen Gesellschaft an westliche Gepflogenheiten und Vorbilder bemühte und zudem auch den geopolitischen Bestrebungen Moskaus eine vollständig neue Richtung verlieh, die generell als europafreundlich bezeichnet werden könnte – so wusste er beispielsweise einen »Vertrag über ewigen Frieden« mit Polen abzuschließen und die russische Expansion vorwiegend südwärts, gegen das Osmanische Reich und seine Ausläufer zu lenken. Nach PETERS Machtübernahme indes wurde er sofort verbannt, und seine letzten 25 Jahre musste der erste konsequente Westler der neueren Zeit weltabgeschieden in einer entlegenen nordrussischen Provinz fristen. Allerdings waren die Geschichtsbücher und historischen Romane nie um eine Erklärung dafür verlegen, denn tatsächlich war der Mann Günstling und Geliebter von Peters verfeindeter Schwester Sophia gewesen. Gab es denn aber wirklich keinen anderen Beweggrund für eine so unerbittliche und dauernde Ungnade? Wie paradox es scheinen mag, lag meines Erachtens das tiefste unterschwellige Motiv gerade in einer ganz anderen, nämlich der rein politischen Sphäre. Peter und Golizyn waren in einem gewissen Sinn geschichtsphilosophische Antipoden.

Peter trieb das Moskauer Prinzip, das Prinzip der asiatischen Alleinherrschaft, auf die Spitze. Für ihn war der Mensch nie Selbstzweck, sondern lediglich rechtmäßiges Eigentum und Instrument des Staates und seines Oberhaupts.

Peter wollte Russland modernisieren, nicht humanisieren. Er sah in Europa organisatorische und technische, nicht geistige Leitbilder. Er brauchte, wie er es nannte, die nützlichen Künste, nicht die schönen.

Peter wollte in Russland Europa nachahmen, nicht neuschöpfen. Genauer, er wollte Russland europäisch überfremden, nicht zu seinem europäischen Urwesen zurückführen.

Peter wollte aus Russland eine europäische Macht, bestenfalls einen europäischen Staat machen. nicht ein europäisches Land.

Selbst Peters objektiv größte Schöpfung, die Hauptstadt St. Petersburg, war, wie seinerzeit bereits der russische Nationaldichter Puschkin erkannte, ursprünglich nicht eigentlich als Gegenpol zu Moskau, sondern in erster Linie als ständige Bedrohung Schwedens gedacht.

Die Zweideutigkeit der petrinischen Reformen wurde zu einem bleibenden, die Zeitalter überdauernden, ja bis in unsere Tage hinein nachwirkenden Faktor des Selbstverständnisses der Russen, ihres psychopolitischen Ausblicks, ihres Zivilisationsbewusstseins. Nicht allein der unglückliche Golizyn, auch Männer aus der unmittelbaren Umgebung des Zaren, wie Prokopowitsch, Tatischtschew oder Kantemir, gingen in ihren reformatorischen Bestrebungen erheblich weiter – denn für sie existierte auch die geistige Welt! Im Laufe von nahezu drei Jahrhunderten fußte daher die gesamte Evolution Russlands auf einem gespaltenen Fortschrittsdenken, in dem liberale und imperiale, universalistische und machtpolitische, wesenheitliche und zeitgebundene Tendenzen miteinander rangen. Für die Öffentlichkeit des Auslands dagegen blieb Peter immer der russische Reformator und der russische Westler schlechthin. Das brachte unausbleiblich eine gewisse Aberration im Russlandbild der Europäer – Historiker und Dichter einbegriffen – mit sich. Kennzeichnend ist in diesem Sinn, dass in den westlichen Literaturen immer wieder ein einziger Konflikt aus Peters an Konflikten so überreichem Leben dargestellt und gedeutet worden ist – und das nicht etwa nur, weil die Geschichte des Zarensohns ALEXEJ in der Tat den fertigen Stoff für einen packenden Abenteuerroman mit eigenartigen psychologischen Nuancen liefert, nein, gerade diese Affäre wurde stets – wie beispielsweise in KARL LEBERECHT IMMERMANNS Dramentrilogie oder in der Tragödie HENRY VON HEISELERS – als eine große, wenn nicht entscheidende Auseinandersetzung der beiden Seelen Russlands interpretiert. Da aber der weltfremde und machtscheue ALEXEJ nie von seiner orthodoxen Religiosität und altrussischen Traditionsverbundenheit wich, erscheint hierbei PETERS wirkliche Rolle als Träger einer nüchternen Staatsräson verwechselt mit der eines prinzipiellen Vorläufers der russischen Aufklärung, des neurussischen geistigen Europäertums.

PETER hinterließ ein mächtiges und potenzenreiches, aber zu keiner inneren Selbstentwicklung fähiges Staatswesen. Kaum einige Jahrzehnte nach seinem Tode bedurfte es eines tiefgehenden, allumfassenden Neubeginns, um dieses Staatswesen von Grund auf zu reformieren. Und auch diesmal ging die umwälzende Tat ursprünglich von einem Mann aus, den weder hoher Rang noch persönliches Charisma dazu ausersehen hatten. Der Name DMITRI WOLKOW, den der Begründer einer neuen russischen Zivilisation trug, ist kaum je in den Westen gedrungen, und selbst innerhalb des Landes wissen nur wenige Historiker seine überragende Bedeutung für die gesamte weitere Entwicklung des nationalen Lebens in vollem Maße zu würdigen. Aber auch das gewaltige Reformwerk DMITRI WOLKOWS war aufs unmittelbarste mit tragischen Ereignissen verbunden, wie sie immer wieder im Fortgang der Geschichte die russischen Neuerungsversuche begleitet haben. Schon früh hatte WOLKOW seine epochemachenden Leitideen – Freiwilligkeit des Staatsdienstes, konsequente Friedenspolitik in Europa, religiöse Toleranz, freier Außenhandel, Abschaffung der politischen Polizei und Unterdrückung des Denunziantentums, Entlassung aller politischen Gefangenen, Ermöglichung ungehinderter Auslandsreisen, Herausbildung einer intellektuellen Elite innerhalb des Adels, Freigabe der kroneigenen und klostereigenen Bauern – in vertraulichen Gesprächen mit dem damaligen Thronfolger, dem späteren Zaren PETER III., in allen Einzelheiten erörtern können, und dieser machte ihre Verwirklichung und gesetzliche Verankerung dann auch wirklich zum Hauptinhalt seiner kurzen Regierungszeit. Es war klar, dass die ununterbrochene Reihe wahrhaft atemberaubender Verfügungen vom Frühjahr 1762 auf den heftigen Widerstand nicht nur der erzkonservativen Kreise stoßen musste. Und die Smuta ganz besonderer Art, die sich dabei ergab, war im Grunde unausbleiblich. Der geradsinnige, verantwortungsbewusste, wohlmeinende Zar, dessen historische Größe darin bestand, WOLKOWS geniales Zukunftskonzept vollauf erfasst und zur Geltung gebracht zu haben, sah sich einer breiten Koalition feindlicher Kräfte gegenüber, die von kirchlichen Würdenträgern und höfischen Finanzmagnaten bis hin zu den Hunderten um seine untreue Gemahlin Katharina gescharten Gardeoffizieren reichte. Die Verschwörung der Katharina ist seitdem in der russischen wie in der ausländischen Literatur unendlich oft in allen Einzelheiten beschrieben und erklärt worden, doch wurde dabei meist die großangelegte, perfide Verleumdungskampagne gegen den Zaren übergangen, die Volk und Gesellschaft in einen ungeheuerlichen Fieberzustand versetzte und höchstwahrscheinlich auch ohnedies Unruhen von verhängnisvollen Ausmaßen hervorgerufen hatte. Alles, was Peter III. zum Nutzen Russlands tat, fand nur bei einer begrenzten Elite fortgeschrittener Geister enthusiastische Zustimmung und Unterstützung, diese Elite aber konnte sich mit ihrem geschichtlichen Anliegen nicht durchsetzen, weil überall entgegengesetzte Interessen dominierten, Unverständnis herrschte und Verrat lauerte. Doch auch in Europa stießen die bedeutendsten Schritte und Maßnahmen der Petersburger Regierung, vor allem Dmitri Wolkows für jenes Zeitalter einzigartige allgemeinpazifistische Friedensdeklaration, auf geteilte Bewertung. Und das nicht etwa nur bei den Verbündeten Russlands im Siebenjährigen Krieg, die über den Ausfall eines so wichtigen Allianzpartners begreiflicherweise indigniert sein mussten, nein, Wolkows bahnbrechendes Vorhaben wurde weder von den französischen Philosophen noch von dem vielgepriesenen Philosophen auf dem Preußenthron, den Peters Kriegsaustritt aus höchster Not gerettet hatte, in seiner wahren Tragweite erfasst und anerkannt. Zwar wussten dann die preußischen und preußenfreundlichen Publizisten des 18. und frühen 19. Jahrhundert den guten Willen, das ausgeprägte Pflichtgefühl und die Weltoffenheit des aus Kiel stammenden jungen Zaren hervorzuheben und auch seine Beziehungen zu Katharina ins rechte Licht zu rücken, doch spätere deutsche Autoren verfielen gemeinhin ebenfalls dem Einfluss der russischen imperialen Propaganda und offiziellen Geschjchtsdeutung, für die ja Katharina die Grosse unantastbare Begründerin eines Goldenen Zeitalters bleiben musste, während Peter als geistig minderbemittelt und fast unzurechnungsfähig hingestellt wurde. Die neue Alleinherrscherin machte indes nicht nur die meisten Reformen Dmitri Wolkows rückgängig, sondern verzichtete auch bald auf die eigenen anfänglichen Neuerungs- und Neubelebungsversuche. Ein Durchbruch jedoch, zu dem die wenigen Monate Peters des Dritten den Anstoß gegeben hatten, sollte auch für Katharinas Zeit und die gesamte russische Zukunft entscheidende Folgen haben: die Herausbildung einer echten Geisteselite, eines humanistischen Geistesethos. Wie einst die Regierung des ersten Romanow nach der großen Smuta, erwies sich Katharinas Epoche als Kompromiss, wo die eifrige Pflege europäischer Bildung und Lebensweise Hand in Hand ging mit einer extrem aggressiven Außenpolitik, die großzügige Popularisierung der französischen und englischen Aufklärung mit einer nie dagewesenen Versklavung der Bauern, die glanzvolle Entfaltung des teils natürlichen, teils künstlich erzeugten Charismas der zweifellos hochbegabten Herrscherin mit einer beispiellosen Bürokratisierung des gesamten Staatssystems und Verwaltungswesens. Gerade diese Vormachtstellung der Bürokratie sollte dann zum ewigen Hemmnis russischer Reformbemühungen werden.

Die misslungene Umgestaltung des Landes durch DMITRI WOLKOW hatte aber eine unterirdische Stromung in der russischen Gesellschaft hinterlassen, die nicht mehr versiegte. Mitunter trat sie sichtbar an die Oberfläche, und dann kam es zu sehr verschiedenartigen Aktivitäten, die dennoch im Grunde auf ähnliche Ziele gerichtet waren – so die ständigen vertraulichen Zusammenkünfte eines Vier-Mann-Komitees liberal gesinnter Aristokraten mit dem zunächst recht aufgeschlossenen jungen Zaren ALEXANDER I., die einen nahenden Wandel im politischen und sozialen Leben anzukünden schienen; dann der erstaunliche Aufstieg eines keinesfalls aristokratischen, zum Geistlichen ausgebildeten jungen Beamten, der eine Vielzahl von zeitbewussten Gesetzentwürfen und tiefgehenden Reformprojekten unterbreitete, die vorerst auch durchaus günstig aufgenommen und zum Teil verwirklicht wurden, später jedoch überwiegend den Intrigen der Bürokratie und der Hofschranzen zum Opfer fielen – der Mann hieß MICHAIL SPERANSKI und dürfte den Lesern LEW TOLSTOIS sehr wohl bekannt sein; weiterhin die Geheimbünde adliger Offiziere, in denen eine Fülle von Reform- und Verfassungskonzepten erarbeitet und erörtert wurde, ehe der überraschende Tod des Zaren im Dezember 1825 die Möglichkeit zu bieten schien, durch eine bewaffnete Demonstration auf dem Senatsplatz in St. Petersburg die Machtverhältnisse mit einem Schlag zu verändern – diese Demonstration begeisterter Verfechter einer europäischen Entwicklung Russlands hätte gewiss eine neue Smuta eingeleitet, wäre sie nicht nach wenigen Stunden durch Artilleriebeschuss gesprengt worden. Hier hatte man das historische Wagnis unternommen, DMITRI WOLKOWS Werk nach 64 Jahren voller Kompromisse auf kompromisslose Weise fortzusetzen, und da dies nach so vielen europäischen Verschwörungen, Aufständen und Revolutionen geschah, konnten die Erben des groben Reformers zunächst von ihren Feinden, sodann aber auch von einer breiten in- und ausländischen Öffentlichkeit und schließlich von der Geschichtsschreibung als revolutionäre Verschwörer missverstanden werden, ja in der Folgezeit wurden sie von den russischen Sozialisten und paradoxerweise sogar von den Bolschewiki als Vorläufer und Wegbereiter in Anspruch genommen! Anders als DMITRI WOLKOW, sollten daher die Dekabristen, wie sie nach dem Datum ihrer Aktion benannt wurden, im Gedächtnis der Nachwelt von einem besonderen romantischen Nimbus umgeben bleiben, und es gab wohl seitdem keinen russischen Dichter, der ihnen nicht wenigstens einige Verse gewidmet hatte. Doch scheiterte ihr Versuch vor allem gerade deshalb, weil es an einem wahrhaft romantischen Haupt, an einer charismatischen Persönlichkeit gefehlt hatte – ja, der am Vorabend des verwegenen Aufmarsches zum Führer und Diktator gewählte Oberst Fürst [S.P.] TRUBEZKOI erschien nicht einmal auf dem Platz!

Indes musste die in Jahrzehnten aufgespeicherte Energie liberalen Denkens erst recht in der als extrem antiliberal verrufenen Herrschaftszeit des ERSTEN NIKOLAUS das erstarrte System des Absolutismus unterhöhlen und in oft stürmischer Form zum Durchbruch dringen, wenn auch die Reformforderungen in verschiedenen Kreisen mit unterschiedlicher Vehemenz vorgetragen wurden, unterschiedlich weit gingen und im ganzen einstweilen aussichtslos schienen. Aber eben nur schienen. In Wirklichkeit verlangten die gesellschaftlichen Verhältnisse ganz objektiv nach einem Umschwung, und er wurde denn auch keineswegs nur durch die hitzigen Diskussionen radikaler Intellektueller, die chaotischen Auflehnungen verzweifelter Bauern und die siegreichen Offensiven britischer und französischer Truppen im Krimkrieg vorbereitet, sondern vor allen Dingen durch die angestrengte Arbeit zielbewusster Staatswissenschaftler, Juristen und Nationalökonomen in der Stille der Amtskabinette und Studierzimmer. Daher wirkten schon die ersten Erklärungen des neuen Zaren, in denen er seinen Willen zu umfassenden Reformen kundtat, alles andere als überraschend. ALEXANDER II. war von dem zutiefst humanistisch, westlerisch denkenden und fühlenden Dichter WASSILI SHUKOWSKI erzogen worden, und niemand hegte bei seiner Thronbesteigung auch nur den geringsten Zweifel, dass eine Wende eintreten musste. Doch hier begannen Prozesse, die Russlands schon immer dornigen Schicksalsweg allmählich einer ungeheuren Katastrophe entgegenführen sollten. Nicht von ungefähr fand damals die Vorstellung von der mystischen Unergründlichkeit und Unfassbarkeit der russischen Seele überall im nichtsahnenden Ausland, auch unter sonst durchaus nüchternen Geistern, so bereitwillige und kritiklose Verbreitung. Nur handelte es sich um etwas ganz anderes: Derart weitgreifende Umgestaltungen mussten selbstredend die Interessen verschiedener Gesellschaftsschichten beeinträchtigen und ein entsprechender Widerstand ihrerseits konnte nicht ausbleiben, während andererseits auch die extremen Forderungen einer nach jahrzehntelanger Unterdrückung zu Wort kommenden Intelligenzija unmöglich real zu berücksichtigen waren, was wiederum in diesen Kreisen Erbitterung hervorrief. Um der Lage Herr zu werden, suchten die Reformer den Hauptträger des großen Unterfangens, den Zaren, zur charismatischen Persönlichkeit hochzustilisieren, doch er hatte, anders als seine Vorfahrin KATHARINA, allzu offensichtlich nicht das Zeug dazu. Dieses frappante Missverhältnis machte den wohlmeinenden und gar nicht dummen Mann zunehmend zum Gegenstand eines unbändigen Hasses und ständiger Schmähungen von seiten fanatischer Jugendlicher, die anderen

Göttern huldigten – sie hatten an die Stelle eines charismatischen Individuums ein charismatisches Volk gesetzt. Ja, die zweite Hälfte des 19. Jahrhunderts war in Russland durch die schwüle Atmosphäre einer irrationalen, geradezu okkultistischen Volksanbetung vergiftet, wie sie wohl kein anderes Volk in der Weltgeschichte je gekannt hatte. Nur dass die einen dieses Volk als »Gottesträger«, »Fromme Demut«, »Hüter des Erbes« verherrlichten, die anderen dagegen als »Freigeist«, »Rebell« und »Bahnbrecher«. In dieser Atmosphäre bildeten sich terroristische Verschwörergruppen, die dem Volk zu seinem Recht verhelfen wollten, indem sie den Zaren, den vermeintlichen Hauptschuldigen an allen Halbheiten und Schwankungen, mit Attentaten verfolgten und schließlich umbrachten. Dieser Mord erschütterte die Welt, und im Russlandbild des Westens erhielten die düsteren Gestalten der todesmutigen Revolutionäre einen geheimnisvoll-charismatischen Glanz. Innerhalb des Landes indes herrschte über allen geistigen, politischen, wirtschaftlichen, sozialen und massenemotionellen Vorgängen und Wendungen das gespenstische Vorgefühl einer nahenden gewaltigen Smuta.

Und sie blieb nicht aus. Um die Jahrhundertwende trat erneut ein Reformschöpfer von historischem Format hervor. Wie einst DMITRI WOLKOW und MICHAIL SPERANSKI war er ein hochgestellter Beamter, musste aber genau wie diese dem hartnäckigen Gegendruck einer mächtigen konservativen Koalition begegnen, zugleich die oft durchaus berechtigte Ungeduld engagierter Liberaler zu dämpfen suchen und darüber hinaus den wütenden Angriffen der erstarkenden revolutionären Partei standhalten. Als Handikap wirkte bei alldem sein unrussischer Nachname – er hieß SERGEJ WITTE. Und auch ihm fehlte von Haus aus das Charisma. Die an sich brisante Situation wurde durch einen äußerst unglücklich geführten Krieg Russlands gegen Japan endgültig überhitzt. Zweieinhalb Jahre sollte die unüberschaubare und unentwirrbare Flut von Protestaktionen, Meutereien, Tumulten, Unabhängigkeitserklärungen, Streiks, Aufständen, Strafexpeditionen, Pogromen, Racheakten, Massenhinrichtungen und dergleichen mehr in sämtlichen russischen und nichtrussischen Regionen des Reiches andauern – es war die größte und blutigste Smuta seit 300 Jahren.

Natürlich klingt die Bezeichnung, die den Ereignissen von 1905-1907 dann in der offiziellen sowjetischen Historiographie zugelegt wurde, nämlich »Erste russische Revolution«, einfach lächerlich, da es nicht einmal zu einem Kabinettwechsel kam. Im Westen wurde jedoch die potentielle Bedeutung dieser Wirren für die Geschicke des Landes, des Erdteils und der Welt damals und hernach krass unterschätzt, traf doch eine andere, ebenfalls von der kommunistischen Geschichtspropaganda gern gebrauchte Charakteristik unstreitig zu: »Generalprobe für 1917«. Denn obwohl WITTES Reformideen nach dem Abflauen der Smuta von seinem Amtsnachfolger, dem heute in

Russland so hochgepriesenen STOLYPIN, teilweise realisiert wurden, schwand die Erinnerung an die Zeit der Wirren doch nie aus dem Bewusstsein und Unterbewusstsein der Massen wie auch der Eliten, und als eine neue Heimsuchung, diesmal der ebenso unselig verlaufende Zweite Weltkrieg, wiederum die Unzulänglichkeiten der bürokratisch verknöcherten Staatsstruktur bloßlegte, brach im denkwürdigen Februar 1917 die sechshundertjährige Monarchie zusammen. Nur handelte es sich dabei nicht im eigentlichen Sinne des Wortes um eine Revolution. Die mit der Macht betraute Provisorische Regierung war lediglich Erbin der uralten reformatorischen Tradition, und das Ereignis selbst war nicht so sehr ein Umsturz, als vielmehr die Erfüllung bestimmter Bestrebungen, die dem russischen Geist, der russischen Volkspsyche, dem russischen Staatsleben seit eh und je organisch innewohnten. Wäre an die Stelle des künstlichen Charismas, das vermeintlich von der Zarenkrone ausging, damals das wahre Charisma einer großen historischen Gestalt getreten, so hätte die Geschichte Russlands wohl kaum gleich darauf einen so katastrophalen Bruch erfahren. Doch fand sich innerhalb der liberalen Geisteselite keine derartige Gestalt. Die Männer des Bolschewismus, die dann der achtmonatigen Zeit der Hoffnungen ein Ende setzten, sind nachmals von ihren Anhängern derart heroisiert, von ihren Feinden dermaßen dämonisiert worden, dass es heute schwierig ist, sich ein klares Bild von der Wirkung etwa LENINS und TROTZKIS auf die kriegsmüden Soldaten und erwartungsmüden Arbeiter jener unruhigen Monate zu machen. Dennoch wäre ohne die persönliche Ausstrahlung dieser Führer der Oktobergewaltstreich mitsamt der anschließenden Smuta sicher unmöglich gewesen. Dieser Staatsstreich aber stellte ein im Kontext der russischen Geschichte sehr widersprüchliches, ambivalentes Geschehnis dar. Einerseits wurden alle Reformbemühungen und Reformerrungenschaften der vergangenen Epochen zunichte gemacht, die Gewalt des bürokratischen Machtzentrums über den Menschen wie nie zuvor verabsolutiert und damit die Selbstherrschaft in ihrer mittelalterlichen Form wiederhergestellt – in diesem Sinn war es eine Konterrevolution *par excellence*. Andererseits wurden jedoch auch die altüberlieferten Identitäten, klassischen Werte und konservativen Denkweisen über Bord geworfen und durch neue, scheinrevolutionäre ersetzt. Das bedingte auch weitgehend den Charakter der damit verbundenen Smuta, die gemeinhin, obgleich äußerst ungenau, als Bürgerkrieg bezeichnet wurde und wird: Unter den rund 25 Bewegungen, von denen jede gegen jeweils alle anderen kämpfte, galten gerade die wesensverwandtesten als die tödlichsten Feinde! Wenn indes die vom Bolschewismus inszenierte revolutionäre Konterrevolution trotz ihres geistverneinenden Pathos ausgerechnet bei westlichen Intellektuellen nicht selten ekstatische Bewunderung hervorrief, so erklärte sich auch das, wie an zahlreichen Äußerungen zu erkennen war, immer wieder aus einer überbewertung der menschlichen Größe, des Charismas gewisser Führer.

Auf dieser psychologischen Grundlage baute dann STALIN einen grandiosen Mythos auf, dem alle geschichtlich bewährten und neuerfundenen, urrussischen und modern europäischen, altväterlichen und technisch perfekten Mittel der Ideologie und Propaganda dienen mussten, und dieser Mythos hatte zwei zusammenhängende Ziele: die charismatische Verklärung einer ordinären, ja kriminell veranlagten Persönlichkeit und die Verklärung eines innerlich versteinerten, entwicklungsunfähigen, reformfeindlichen Herrschaftssystems. Die jeweiligen Reaktionen und Resonanzen im In- und Ausland waren dabei unterschiedlicher Art: In der Sowjetunion konnten die pausenlosen Erwähnungen des genialsten und weisesten aller Menschen, die Millionen Fotos und Filme, auf denen das gebückte Männlein als imposante Figur, das pockennarbige Gesicht als strahlend schönes Antlitz, die unheimlichen Augen als freundliche Sterne erschienen, nebst den feierlichen Lobgesängen auf jeden seiner Schritte und jedes seiner Worte ihre Wirkung schließlich nicht verfehlen, während die Stagnation seines Systems trotz allen offiziellen Erfolgsschwärmereien doch von den meisten zumindest unterschwellig erkannt wurde; im Westen hingegen blieben sowohl blinde Verehrer wie auch entschiedene Gegner in den alten Vorstellungen befangen, hier galt sein Regime als logische Fortsetzung nicht nur der bolschewistischen Weltherausforderung, sondern darüber hinaus des legendenumwobenen russischen Revolutionstraums von einst, worin die einen historischen Fortschrittswillen, die anderen menschheitsgefährdendes Umstürzlertum sahen. Dabei wurde der überstiegene Führerkult von Freunden verständnisinnig getadelt, von Andersdenkenden kopfschüttelnd belächelt, von seelenverwandten Scheingegnern als Vorbild zugkräftiger Charismatisierung nachgeahmt. Auch als später der neue Führer, der klotzige und bauernschlaue NIKITA CHRUSCHTSCHOW, dem STALINkult abschwor, konnten die damit verbundenen Reformpläne nur von kosmetischem Charakter sein.

Derart war also die geschichtliche Erfahrung, die auf den geistigen und politischen Eliten Russlands in den entscheidenden Momenten der späten achtziger und frühen neunziger Jahre lastete. Zum zähen Widerstand aller Nutznießer des bisherigen Systems kamen der Hemmschuh jahrhundertealter Denkgewohnheiten und Handlungsweisen, das Schwergewicht der verkalkten Gesellschaftsstrukturen, die Vorahnung einer gigantischen, verheerenden Smuta, das Wissen um die unausbleiblichen Fehleinschätzungen der Außenwelt hinzu – all das mit eventuell weitaus tragischeren Folgen als je zuvor in einer so bedrohten Welt wie die von heute. Es hätte da einer ganz außergewöhnlichen Persönlichkeit bedurft, um die lebensnotwendigen Reformen allen Hindernissen und Gefahren zum Trotz durchzusetzen. Im Zeitalter des Fernsehens jedoch hätte der große Reformator ein unverkennbares, unleugbares, unbestreitbares Charisma besitzen müssen.

Die hohen Erwartungen wurden enttäuscht. So kam es zur Resignation derer, die nicht hätten resignieren dürfen.

Denn Resignation heißt historisches Versagen.

Aber vielleicht kommt doch noch ein Mann, der die Eliten aus ihrer Resignation herausreißt und damit Unsägliches verhütet?

(27.6.1994)

Wie lebendig ist das Dritte Rom?
Russische Ideale, Ideen und Ideologien –
einst und heute

Voraussagen jeder Art, von der mystischen Prophezeiung bis zur sozialwissenschaftlichen Prognose, begünstigen und behindern gleichermaßen das angekündigte Ereignis, denn sie setzen verschiedene Kräfte in Bewegung, denen an der Erfüllung, beziehungsweise Verhütung des Vorausgesagten gelegen ist. Wird nun derzeit in Russland die Konstellation der miteinander ringenden Kräfte immer undurchsichtiger, erscheint mithin der Ausgang des großen Krisenwirbels dieser Jahre immer ungewisser, so tragen zweifellos auch die Bemühungen zahlloser Zukunftsdeuter das Ihre dazu bei: Sie erhitzen die Gemüter und rufen immer mehr chaosträchtige Gewalten auf den Plan. Doch darf diese Einsicht auf keinen Fall bewirken, dass die Menschen guten Willens den Dingen einfach ihren Lauf lassen, den Orakeln mit tauben Ohren begegnen, die Augen verächtlich von dem ganzen Treiben abwenden und dem Kommenden gleichmütig entgegenblicken. Die Konsequenzen wären verhängnisvoll.

Ganz besonders gilt das gerade für die Außenwelt, wo eine solche Haltung nicht einer gewissen Logik entbehrt. Mag es doch scheinen, dass einerseits selbst eine Katastrophe größten Ausmaßes in Russland nicht unbedingt die gesamte Menschheit in Mitleidenschaft ziehen müsste und dass andererseits die entsprechenden Einwirkungsmöglichkeiten ohnehin gering wären, wie ja der sehr beschränkte Effekt der bisherigen Wirtschaftshilfe zu beweisen scheint. Beide Vorstellungen beruhen indes auf ernsten Fehleinschätzungen.

Denn unzweifelhaft würde ein Zusammenbruch der russischen Welt nicht nur das internationale politische Gleichgewicht für Jahrzehnte zerstören, er würde darüber hinaus das gesamte Zivilisationsgefüge der Menschheit sprengen. Mehr als das, er würde empfindlichste Folgen für die Mentalität vieler Generationen selbst in entfernten Erdteilen, erst recht aber in Europa nach sich ziehen. Ein Bürgerkrieg in Russland könnte zudem ein hundertfaches Tschernobyl bedeuten.

Deshalb ist es von schicksalsentscheidender Wichtigkeit, dass heute Klarheit darüber entsteht, welchen gewaltigen Einfluss das Verhalten der Außenwelt in Wirklichkeit auf die russischen Ereignisse ausübt, welcherart dieser Einfluss tatsächlich ist, welcherart er sein könnte und sein müsste. Eine solche Erkenntnis wird jedoch dadurch erschwert, dass ein weitgehend entstelltes Bild von den Ursprüngen, Eigenheiten und Triebkräften des Geschehens vorherrscht. Davon eben soll im weiteren die Rede sein.

Die derzeitigen russischen Wirren sind ein vorwiegend psychologisches Phänomen.

Die Zersetzung der eigentlichen Struktur des Volksdenkens bildet die entscheidende Ursache und den entscheidenden Faktor, ein durch jahrzehntelangen Propagandadruck bewirkter Vorgang. Dieser setzte bereits in den zwanziger Jahren ein und bestimmte dann sowohl die Stalinzeit als auch die sogenannte Stagnationsperiode.

Aber erst jetzt, in der Folge der neuesten Reformen, sollte er einen so gefährlichen Charakter annehmen.

Die altüberkommene idealzentrierte Denkweise nämlich wurde durch eine ökonomiezentrierte ersetzt. Dieser Wechsel musste nicht nur schmerzvoll sein, sondern auch psychisch destruktiv wirken.

Im Laufe vieler Jahrhunderte war der Idealzentrismus kennzeichnend gewesen für das gesamte Welt- und Selbstverständnis der Russen. Das galt für beide Pole der historischen Ortsbestimmung, der großen Zivilisationsalternative für die eurorussische wie für die eurasische Richtung, für das Westlertum wie für die Slawophilen, für die Apostel der Allmenschlichkeit wie für die Prediger der nationalen Exklusivität. Um eine Konfrontation bestimmter Ideale handelte es sich stets auch im ewigen, gerade in Russland so angespannten Widerstreit von Uniformismus und Pluralismus, Traditionalismus und Entwicklungswille, Staatsanbetung und Humanismus, Gleichheitsstreben und Elitebewusstsein, ideologischer Kollektivität und geistiger Individualität.

Ja, selbst der Marxismus, mit dessen politischer Offensive die Epoche der Entidealisierung eingeleitet wurde, zog anfänglich so viele Herzen in seinen Bann, nicht etwa durch sein materialistisches Dogma, auch nicht durch das damals noch neue Versprechen allgemeinen Wohlstands, sondern vor allem durch seine idealistischen Zielsetzungen, durch die Vision eines neuen, harmonischen Menschen in einer harmonischen Welt, durch den Traum von einem Bruderbund der gesamten Menschheit. Ein Nachhall dieser Ideale beeinflusste, vielleicht als Denkgewohnheit, auch dann noch die Geistesrichtung großer Menschenmassen, als sich die Propaganda STALINS und seiner Nachfolger auf das Pathos der Industrialisierung, auf die Losung »Einholen und überholen!«, auf wirtschaftliche Illusionen und Gaukelspiele konzentrierte. In einer ganz anderen Dimension indessen, fern vom offiziellen Ideologiebetrieb, wurden in den fünfziger, sechziger und ganz besonders siebziger Jahren im geistigen Untergrund, in geheimen Zirkeln und vielgelesenen Manuskripten alte, Sein und Sinn des Volkes bestimmende Ideale wiedererweckt und im Kontext der neuen Realität und des neuen Denkens diskutiert. Und es hatte den Anschein, als übertreffe die Ausstrahlung dieser Diskussionen den Wirkungsgrad der wirtschaftswundergläubigen Propagandamaschine bei weitem.

Tatsächlich ging es dann bei den vehementen Auseinandersetzungen, die nach der Wende von 1985 in aller Öffentlichkeit ausgetragen werden konnten, keineswegs vorwiegend um aktuelle politische und soziale Belange, ja nicht einmal um das weittragende volkswirtschaftliche Problem Plan oder Markt. In der russischen Geschichte hatten ja bereits mehrmals die Formen und Formeln der Wirtschaftsführung, die Systeme und Proportionen der Eigentumsverhältnisse gewechselt, doch für die Grundfragen des nationalen Lebens, für die fundamentalen Alternativen, für die Selbstidentifizierung des Volkes war stets anderes ausschlaggebend gewesen. Dennoch sollte es sich mit der Zeit erweisen, dass die jahrzehntelange Manipulation und Indoktrination durch Erziehung und Medien ihre Einwirkung auf die Massenpsyche nicht ganz verfehlt hatte. Als nämlich nach 1990 die Wirtschaftsreform zum universalen Rettungsanker, zur einzigen Gewähr individueller und nationaler Erfüllung erklärt wurde, da griff wirklich in breitesten Volksschichten, oft bis in die sonst so idealistischen Kreise der Intellektuellen hinein, eine nie dagewesene Wirtschaftsbesorgtheit, ein Geldrausch um sich, eine Art materialistischer Aberglaube, der den Eindruck eines endgültigen Abschieds von allen Idealen erwecken mochte. Es hieß ja auch, der jämmerliche Zusammenbruch des kommunistischen Luftschlosses habe ein tiefes Mißtrauen gegen jegliche gesellschaftliche Idealvorstellungen und Idealzielsetzungen ausgelöst.

Doch das Charakteristische daran war und ist ja gerade, dass dieser Wandel im Denken und Fühlen keinesfalls nur bei der geistigen Elite, sondern auch beim Massenmenschen ein tiefes Missbehagen, wachsende Unruhe, Sehnsucht nach der altgewohnten Gedankenwelt hervorruft, und eben dieses Missbehagen, diese Unruhe, diese Sehnsucht bilden den eigentlichen, psychischen Zündstoff, den Kern der gegenwärtigen Krise.

Inzwischen ist sehr vielen klargeworden, dass einzig neue Ideale den immer bedrohlicher werdenden emotionellen und geistigen Durst stillen und damit vielleicht eine verhängnisvolle Explosion abwenden, die Lage endlich stabilisieren, Russland wieder auf seinen historischen Weg zurückführen können. So kommt es in engagierten Gruppen der Intelligenz zu einem beispiellosen Ringen um neue oder neuformulierte Ideale, und wenn auch dieses Ringen zur Zeit eine unvergleichlich schwächere Ausstrahlung und Wirkung aufweist als frühere Diskussionen ähnlicher Art, ja von der Mehrheit des Volkes überhaupt nicht wahrgenommen wird, so darf seine Bedeutung für Russlands Entwicklung auf keinen Fall unterschätzt werden. Daher kann es der Welt unmöglich gleichgültig sein, zu welchen Idealen sich Russland durchringt, welchen Weg es dementsprechend wählt. Und umgekehrt: Das Verhalten der Welt wird bei Russlands Richtungswahl mit Sicherheit eine schwerwiegende Rolle spielen – das sollte man sich immer wieder ins Bewusstsein rufen. Adäquates Verhalten aber setzt vor allem Sachkenntnis voraus. Eine Sachkenntnis, die sich nicht von der schillernden Oberfläche wechseln der Erscheinungen täuschen lässt. Denn wesentlich ist folgendes:

Die von den widerstreitenden geistigen Strömungen und Bewegungen aufgestellten Zukunftsideale sind aufs engste verbunden mit bestimmten historischen Traditionen, politischen und sozialen Ideen, geschichtsphilosophischen Theorien, geopolitischen und ethnopolitischen Bestrebungen.

Zur Beherrschung der Geister werden jeweils umfassende ideologische Systeme aufgebaut und mit allen Mitteln propagiert, doch bleibt die dem Ideal als solchem innewohnende Anziehungskraft stets Hauptimpuls des gesamten Ringens und gerade das ist entscheidend. Dort, wo sich die Ideologie von ihrem ursprünglichen Idealziel loslöst, Selbstzweck wird, zum bloßen Werkzeug in den Machtkämpfen und Intrigen der Tagespolitik ausartet, büßt sie allmählich ihre motivierende Kraft ein und damit zwangsläufig auch ihre Funktion als Herrschafts- und Führungsinstrument.

Ein markantes Beispiel dafür stellt gerade die Ideologie dar, die während des größeren Teils unseres Jahrhunderts das Land so absolut in ihrer Gewalt hatte, die zudem auf altüberkommenen spezifischen Eigenarten der Volksmentalität zu fußen schien, die Ideologie, deren Wiedererstehen auch jetzt im Ausland noch am meisten gefürchtet wird – die kommunistische. Heute würde ein Versuch, die schönen Träume von einer geläuterten, paradiesischen Menschheit wiederzuerwecken, das Ideal eines vollkommenen und vernunftgeleiteten Gemeinwesens ohne innere Gegensätze, der sogenannten kommunistischen Gesellschaft, aufzufrischen oder gar das Weltproletariat als kommenden Erlöser und Einiger der Völkerfamilie zu preisen, selbst bei erklärten Kommunisten nichts als Heiterkeit hervorrufen. Als nun ein Teil der Parteifunktionäre, der sich den veränderten Umständen nicht rechtzeitig angepasst hatte, vor einigen Jahren beschloss, sein Glück doch lieber mit der alten Ideologie zu versuchen, stand selbstverständlich von vornherein fest, dass von den Endzielen der marxistischen Heilslehre nie mehr die Rede sein würde. Die neugegründeten kommunistischen Organisationen beriefen sich daher sehr wohl auf die zu ihren Zwecken scheinbar noch verwertbare Ideologie, jedoch keinesfalls auf die ihr zugrundeliegenden Ideale. Die kommunistische Idee als solche blieb tot, doch die gewohnten Phrasen der parteiinternen Sprache, die Schlagwörter und Redewendungen des Propaganda-Russisch ließen sich ohne sonderliche Mühe neu beleben, dabei allerdings zum Teil auch umdeuten. Damals kam es vielen Beobachtern vor, als könnten die eingefleischten Denkformen und Ausdrucksweisen, sobald sie unmittelbar auf Menschen einwirkten, die durch die Reformen verarmt waren und deshalb die vergangene Zeit in verklärendem Licht sahen, wirklich wieder zünden, wirklich wieder das Wollen und Handeln größerer Volksmassen bestimmen. Doch stellte sich heraus, dass dies vielleicht genügte, um besonders unter älteren Menschen die Bekenntnisse und Lippenbekenntnisse zur Ideologie ständig zu mehren. Doch es reichte bei weitem nicht aus, um eine tatkräftige Bewegung mit realem Machtanspruch auf die Beine zu bringen. Verbissener Hass oder naiver Glaube an politische Versprechen können nun einmal nicht den fanatischen Zukunftsdrang, den seelischen Schwung ersetzen, den eine solche Bewegung braucht, um sich Bahn zu brechen. In Russland bedarf es dazu seit eh und je eines mitreißenden Ideals eines Ideals welcher Art immer. Die Führer der kommunistischen Bewegung gingen daher auf die Suche nach neuen Idealen.

Und sie fanden sie: im Russophilentum, in der extremen Form der großrussischen Nationalismus.

An und für sich freilich war die Angleichung ideologischer Begriffe kommunistischer Prägung an russophile Denkschemen eine durchaus natürliche, gesetzmäßige und keineswegs schwierige Operation. Die logische und historische Verwandtschaft der beiden Weltanschauungen lag ja auf der Hand: Das Streben nach Totalität in der Ideenwelt und Totalitarismus in der Politik, die Todfeindschaft gegen die bürgerliche europäische Zivilisation und der mystische Glaube an eine eigene messianische Sendung verbanden sich mit den uralten imperialen Ansprüchen und einer wachsenden Erbitterung über den Undank der gestrigen »Brudervölker«. Doch bestand zwischen den beiden ideologischen Partnern auch ein schwerwiegender Unterschied: Das Russophilentum hatte seinen Mythos, sein historisches Ziel, den Tempel am Ende des Weges nie aufgegeben. Das verlieh der nationalistischen Ideologie einen idealen Glanz, wie ihn das nunmehr lediglich auf Nostalgie und Ressentiments beruhende kommunistische Bekenntnis eben nicht mehr besaß. So kam es, dass innerhalb der sogenannten rot-braunen Front die Roten zunehmend in den Schatten ihrer Bundesgenossen gerieten, dass sie merklich Farbe verloren, dass vom ursprünglichen Gebäude ihrer Ideologie ein Stein nach dem anderen abbröckelte. Es ist daher wohl keine Übertreibung, wenn ich erkläre, dass es im derzeitigen Russland keine eigentlich kommunistische Ideologie mehr gibt.

Höchstens werden hier und dort vereinzelte Versuche unternommen, das Interesse für den frühen Marx wiederzuerwecken, indem man seine damals noch rein humanistischen und nichtkommunistischen, ja aus heutiger Sicht im Grunde antikommunistischen Gedankengänge zur Geltung bringt. Doch gerade das trägt ein übriges zur endgültigen Zerstörung des einst so mächtigen Baus bei. Kennzeichnend für die geistige Situation in einem Lande, wo der schönen Literatur immerhin noch erhebliche Bedeutung zukommt, ist vielleicht die Tatsache, dass es auch nicht einen einzigen Schriftsteller gibt, dessen in den letzten Jahren veröffentlichten Werke eine mehr oder minder klare kommunistische Tendenz verrieten!

Das Ideal ist vergessen. Die Idee ist tot. Die Ideologie stirbt als letzte. Aber sie stirbt.

Doch wäre es nur ein Zeichen verhängnisvoller Naivität und Ahnungslosigkeit, wollte die Welt darüber erleichtert aufatmen. Die zahlenmäßige Stärkung und moralische Aufwertung, die der russophilen Partei durch diese Vorgänge zuteil geworden sind, dürfen auf keinen Fall unterschätzt, auf keinen Fall verharmlost werden. Das Feindbild eines dämonischen, gegen Russland verschworenen Westens erhält hier um so schärfere Züge, als zu den alten metaphysischen Begründungen – zum angeblich naturbedingten Gegensatz von wesensverschiedenen Menschenarten und unvereinbaren Zivilisationen – nunmehr weitaus realere Motive, weitaus tiefergehende Empfindlichkeiten hinzukommen.

Während doch lediglich die Bestrebungen der Kommunistischen Partei, nicht eigentlich die des Volkes, ein geschichtliches Fiasko erlitten haben, ist nicht so sehr der Parteistolz als vielmehr der Nationalstolz schmerzhaft und nachhaltig verletzt worden.

Siebzig Jahre lang hatten sich die Russen in der Vorstellung wiegen dürfen, durch selbstlose Bemühungen ein für viele Völker lebensnotwendiges gigantisches Staatsgebilde zusammenzuhalten. In dieser Auffassung wurden sie durch die Tatsache bestärkt, dass ja gerade sie wirtschaftlich weit schlechter gestellt waren als die Bürger der Randrepubliken. Deshalb schien ihnen das Wort von der »umgekehrten Kolonisation« durchaus kein Scherz. Doch glaubten sie ehrlich, eine solche Lage der Dinge sei eben Teil einer freiwillig übernommenen Mission. Desto ärger musste der Schock sein, als sie bei den ersten spürbaren Anzeichen einer allgemeinen Erschütterung des Imperiums fast allerorts als »Eroberer« und »Okkupanten« verfemt wurden. Hinzu kam ein böses Erwachen aus der Überzeugung, die sogenannten sozialistischen Länder hätten vorwiegend auf Kosten Russlands gelebt und seien schon deshalb den altruistischen, entbehrungsbereiten Menschen dieses Landes zu ewigem Dank verpflichtet. Die gewandelten Einstellungen wurden als Verrat am wohlmeinenden großen Bruder, als unverdiente Mißdeutung und Mißachtung seiner jahrzehntelangen Selbstaufopferung empfunden.

Um so heftiger war jetzt das Bedürfnis nach psychischer Kompensation, um so unbändiger das Verlangen nach historischer Revanche, um so entschiedener und massenhafter die Hinwendung zum russophilen Ideal.

Obzwar die idealverheißung des derzeitigen russischen Nationalismus auf einer altüberlieferten Tradition fußt, entspricht sie diesem Geisteszustand in jeder Hinsicht aufs vollkommenste.

Als zu Beginn des 16. Jahrhunderts ein nordrussischer Mönch das Wort von »Moskau, dem dritten Rom« aufbrachte, enthielt dieser symbolische Begriff bereits alle Wesenszüge des Wunschbildes. Unzähligen Generationen von nationalen und religiösen Eiferern galt es als Leitstern auf dem Weg zu Glorie und Herrlichkeit der Russen und des orthodoxen Glaubens und das gilt heute wie eh und je. Diese Wesenszüge, die bei den josefinischen Dunkelmännern und Iwan dem Schrecklichen, bei den späten Slawophilen und den frühen Faschisten der Schwarzen Hundert, bei STALIN und den neuesten Aposteln des sogenannten Nationalpatriotismus in jeweils leicht modifizierter Form auftreten, lassen sich ganz kurz definieren: Eiserner Vorhang zwischen Russland und Europa: ideologischer und staatlicher Absolutismus; Behauptung der historischen Einmaligkeit, Auserlesenheit, Sonderentwicklung; Großmachtstellung; messianisches Berufungsbewusstsein.

Ein Ideal, das fünf Jahrhunderte überlebte, eine endlose Reihe qualvoller Konflikte innerhalb wie außerhalb Russlands heraufbeschwor und einen der beiden polaren russischen Geistestypen formte. Die Hauptsache jedoch ist: Dieses Ideal ist in Hunderten Büchern, in Tausenden von populären Zeitungsartikeln wie seriösen Zeitschriftenaufsätzen, in Millionen und Abermillionen Köpfen, auf allen Alters-, Gesellschafts- und Bildungsstufen lebendig, es zieht fortwährend neue Menschen in seinen Bann, es wirkt auf psychopolitischer, sozialpolitischer und machtpolitischer Ebene. Und anders als das kommunistische Ideal, wird es von Freund und Feind nicht als reine Gedankenkonstruktion, nicht als chiliastische Utopie, nicht als vermeintliches Endziel aller Geschichte angesehen, sondern als eine der realen Möglichkeiten, in die das wirre Geschehen dieser Jahre früher oder später auslaufen kann. Das bedeutet indes nicht nur eine sich vage abzeichnende Gefährdung der Weltordnung und des Weltfriedens vor allem stellt es eine ganz konkrete Bedrohung der entgegengesetzten Linie russischer Selbstdeutung und Selbstbestimmung dar. Dies um so mehr, als das ererbte Ideal in zunehmendem Maße kulturell ausgebeutet, propagandistisch verklärt und tagespolitisch manipuliert wird.

Es gibt nämlich zur Zeit eine wie vielleicht nie zuvor starke Tendenz in Philosophie, Geschichtsforschung, Kulturkritik, Belletristik, Kunst und so weiter, die sich auf einen aus dem vorigen Jahrhundert stammenden, vielumstrittenen, mystischen Begriff beruft: die »russische Idee«.

Allerdings ist es nicht gerade leicht, die zahlreichen Interpretationen, die sowohl von Geistesgrößen wie DOSTOJEWSKI, SOLOWJOW oder BERDJAJEW als auch von Dutzendautoren und Winkeljournalisten ausgingen, auf einen gültigen Nenner zu bringen. Doch wenn heute die »russische Idee« erwähnt wird, dann weiß jeder einigermaßen Belesene sogleich, wes Geistes Kind der Verfasser ist. Der mystische Begriff ist zum ideologischen Schlagwort geworden.

Gerade die »russische Idee« hält in ihrer gegenwärtigen Funktion eine sehr breite Front von Anhängern zusammen, deren Ideologien sonst etliche Schattierungen aufweisen. Eben eine Front, nicht ein Spektrum und nicht eine Allianz. Charakteristisch für Russland ist übrigens die Unmöglichkeit, zwischen Links und Rechts zu unterscheiden – das gilt voll und ganz sogar für die politische Szene, im besonderen aber für die Äußerungen geistigen Ringens. Die Nuancen trennen hier lediglich mehr oder weniger militante, mehr oder weniger aggressive Strömungen und Denkarten. Deshalb darf beispielsweise ein kommunistischer Ideologe, der nunmehr der »russischen Idee« huldigt, auf keinen Fall als Wendehals betrachtet werden. Doch gehören auch Leute und Gruppen zur gleichen Front, die ursprünglich aus ganz anderen Kreisen kamen. Um eine Vorstellung von der Spezifik des Phänomens zu gewinnen, lohnt es sich wohl, hier einige führende Köpfe näher ins Auge zu fassen.

Als meistgenannter und meistgelesener Denker der Richtung darf mit gutem Recht der unlängst verstorbene Ethnologe und Historiker Lew Gumiljow figurieren. Von Haus aus hätte er am allerwenigsten geistiger Bundesgenosse der russophilen Kommunisten werden sollen. Denn sein Vater war der berühmte, im Jahre 1921 von der bolschewistischen Tscheka erschossene, kosmopolitisch gesinnte Dichter Nikolai Gumiljow, seine Mutter die noch berühmtere, von der Stalinschen Literaturbürokratie ständig verfolgte, eher westlerisch eingestellte Dichterin Anna Achmatowa, und er selbst verbrachte den größeren Teil der Terrorjahre in Gefängnissen und Konzentrationslagern. Doch ließen ihn seine Studien zur Geschichte und Ethnographie der Turkvölker ein Weltbild entwickeln, das im krassesten Gegensatz zum humanistischen Ethos seiner Eltern stand. Sein geschichtsphilosophisches Anliegen lief schließlich darauf hinaus, die Unvereinbarkeit russischer und europäischer Wesenheit, die organische Verbundenheit der ostslawischen und der Mongolen- und Turkwelt, die Unausbleiblichkeit eines schicksalhaften Zusammenpralls zwischen Steppe und Stadt, zwischen Weltosten und Weltwesten nachzuweisen. Seine ethnogenetischen und ethnohistorischen Darstellungen waren im Grunde nichts anderes als Ideologie, als in die Vergangenheit verlegte Gegenwartsthesen und Zukunftmodelle. Da seine Theorien bei alldem nicht des Reizes der Originalität entbehren, ja oft selbst auf entschiedene Gegner seiner Grundhaltung anregend wirken, scheinen sie der russophilen Front, und das wohl nicht ganz zu Unrecht, geeignet, als Vorbild und allgemeines Wahrzeichen geistiger und ideologischer Auseinandersetzung mit dem Westen zu dienen.

Daher die übertriebene Popularität seiner fachwissenschaftlichen Ausführungen im heutigen Russland – Ausführungen, für die die Massenmedien viel mehr Interesse zeigen als die eigentliche Fachwissenschaft!

Eine merkwürdig schillernde, aber desto prominentere Gestalt des westfeindlichen Lagers, der Mathematikprofessor Igor Schafarewitsch, hat sich vor allem als wütender Antisemit hervorgetan, doch geht sein Einfluss weit über das Milieu der russischen Neonazis hinaus. In der Regierungszeit Breshnews galt er als Dissident, wenn auch aufgrund der Beschreibung einer Haussuchung in Solshenizyns Memoiren einige Zweifel an seiner damaligen Integrität aufgekommen sind. Er begann mit Samisdat-Schriften, in denen er psychoanalytisch den Sozialismus als Selbstmordversuch der Menschheit zu deuten suchte, und trat gegen Ende der achtziger Jahre mit Abhandlungen vor die Öffentlichkeit, in denen er die liberale, bürgerliche Gesellschaftsordnung als unzulänglich, für Russland jedenfalls wesensfremd und demgemäß völlig ungeeignet, ablehnte. Später verlegte er sich auf weniger anspruchsvolle, eher an direkte politische Agitation erinnernde Stellungnahmen, und den Höhepunkt dieser Tätigkeit bildeten großrussische Kampfreden im Fernsehen.

Für die Art der Geschichtsinterpretation dieser Richtung sind wohl in erster Linie die Arbeiten Wadim Koshinows typisch.

Seines Zeichens Literaturwissenschaftler und -kritiker, wusste er vor nunmehr etwa dreißig Jahren mit einigen Büchern zur Ästhetik, die voll und ganz der marxistischen Doktrin entsprachen, eine gewisse Anerkennung zu gewinnen. Ein Jahrzehnt darauf gelang es ihm, die literarische Monatsschrift »Unser Zeitgenosse« auf nationalistische Gleise zu lenken, und unter seinem bestimmenden Einfluss entwickelte sie sich zum meistbeachteten Sprachrohr eines betonten, erbitterten Antiliberalismus und eines unverhüllten Fremdenhasses, dem eindeutig faschistische Züge anhaften. Erst später wandte sich Koshinow der russischen Geschichte zu, und da brachte ein Aufsatz nach dem anderen immer sensationellere Auslegungen und Urteile, die sämtlich das gleiche Ziel verfolgten, nämlich, das russische Volk als ständiges Opfer ruchloser westlicher und jüdischer Angriffe hinzustellen. Diesem Bemühen setzte er die Krone auf, als er verkündete, ein schon lange vor dem zweihundertjährigen Tatarenjoch auf Russland lastendes Chasarenjoch entdeckt zu haben – die Chasaren aber waren ein Turkvolk der Wolgasteppen, dessen Oberschicht den mosaischen Glauben angenommen hatte.

Zum Dunstkreis Wadim Koshinows gehört auch eine so paradoxe Figur wie der Germanist und Literaturhistoriker Alexander Michailow. Der Verfasser einiger ausgezeichneter Bücher über die deutsche Klassik, Romantik und Moderne, in denen er Zugeständnisse an die herrschenden Ideologien so gut wie völlig vermeidet, entpuppt sich in seinen Zeitschriftenessays und Vorträgen überraschend als fanatischer Russentümler, der seinem Freund und Lehrmeister auch in nichts nachstehen möchte.

Besonders vielsagend und aufschlussreich sind in dieser Hinsicht aber gerade die iedologischen Wendungen und Windungen mancher Schriftstellerlaufbahnen der letzten Jahrzehnte. Während der auch im Ausland bekannte Valentin Rasputin seine Neigung zu nationalpatriotischem Gedankengut eigentlich nie verhehlt hat, (die Aussage seiner Romane ist weit weniger eindeutig als die seiner Publizistik), hat der gleichfalls vielübersetzte Juri Bondarew eine hübsche Kurve hinter sich gebracht: In frühen Kriegserzählungen und in Romanen wie »Stille« oder »Zwei Menschen« fand die Atmosphäre des sogenannten Chruschtschowschen Tauwetters deutlichen Niederschlag, dann wurde er herausfordernd linientreuer Kommunist, und so fehlte nur noch ein Schritt zur anerkannten Führungsrolle in der faschistischen Literaturclique. Doch als markantestes Beispiel darf hier wohl der Farbwechsel des Romanschriftstellers ANATOLI IWANOW angeführt werden. Er hatte sich mit einer ganzen Serie äußerst umfangreicher und übrigens mehrfach verfilmter Werke einen Namen gemacht, in denen die Schemen des sogenannten sozialistischen Realismus bis zur Lächerlichkeit genau befolgt und die handelnden Personen haarscharf in heldenmütige Mitstreiter und teuflische Gegner der Kommunistischen Partei eingeteilt waren. Dann aber startete er in einer von ihm geleiteten Zeitschrift, der »Jungen Garde«, eine wüste chauvinistische und wiederum demonstrativ antisemitische Kampagne, die bereits Jahre andauert und in steigendem Maße auch den vielgepriesenen »Internationalismus« der Sowjetzeit, ja die marxistische Lehre als solche, ihre russischen Adepten und Parteigänger in den Schmutz zieht. Es wäre erstaunlich, wäre es nicht so typisch.

Moskaus größter Saal, die Manege, beherbergt nun schon seit langem fast jedes Jahr eine neue Ausstellung des zur Zeit mit Abstand populärsten russischen Malers. Er heißt ILJA GLASUNOW. Viele europäischen Berühmtheiten, vom finnischen Präsidenten bis zur italienischen Diva, haben ihm Modell gesessen, denn seine Porträts sind tatsächlich immer höchst beeindruckend. Doch die Hauptattraktion dieser Ausstellungen bilden riesige Schinken, auf denen Persönlichkeiten und Symbole der russischen Geschichte, kunterbunt nebeneinandergereiht und übereinandergetürmt, einen mystikgeladenen Raum füllen, dem eine unklare, übernatürliche Bedeutung innezuwohnen scheint. Tagtäglich stehen lange Schlangen am Eingang der Manege, doch vor den meisterlichen Bildnissen ist es leer: Die Leute strömen zu den gewaltigen chaotischen Kompositionen, und ihre Augen leuchten, denn hier haben ihre Sehnsüchte Anklang gefunden, hier ist die russische Idee in strahlenden Farben verkörpert, hier ist Versprechen der Wiedererstehung eines Ideals. Und dieses Ideal bedeutet, wie ja ILJA GLASUNOW selbst in Dutzenden Fernsehinterviews immer wieder betont, die nationale Erfüllung, die Erfüllung der messianischen Verheißung des Russentums.

Nur gibt es auch ein anderes Russland, ein anderes Russentum, und es ist nur allzu begreiflich, dass eine derart brisante psychopolitische Situation dort als durchaus reale Bedrohung eines ja ebenfalls tausendjährigen Erbes empfunden wird.

Wie es auch begreiflich ist, dass angesichts dieser Bedrohung eine intensive Suche nach neuen Möglichkeiten und Mitteln im Ringen der Ideen, nach neuen massenwirksamen Ideologien einsetzen musste. Eine solche Hektik erscheint berechtigt, wenn man bedenkt, wie sehr die Zeit drängt und was auf dem Spiel steht.

Doch stößt gerade diese Suche auf Schwierigkeiten, wie sie die Gegenseite nicht kannte und nicht kennt.

(004) Wie lebendig ist das Dritte Rom?

Es sind Schwierigkeiten dreierlei Art: Die einen entspringen dem Gesamtzustand der Volkspsyche, die anderen den inneren Widersprüchen des heutigen russischen Westlertums, die dritten dem weitgehenden Unverständnis und Fehlverhalten der westlichen Welt.

In einer Zeit, wo der Zerfall des fünfhundertjährigen Imperiums, die Leugnung der nationalen Größe, die Demütigung des wohlbegründeten Geschichtsstolzes, die Zurücksetzung in der internationalen Gemeinschaft, die Untreue der einstigen Schicksalsgenossen und viele ähnliche Kränkungen tiefe und schlecht verheilende Wunden geschlagen haben, in einer solchen Zeit wird ein Ideal, das nicht durch gerechte Heimzahlung, sondern durch Versöhnung, nicht durch endgültige Distanzierung, sondern allein durch Annäherung und Integration erreicht werden könnte, unmöglich die gleiche emotionelle Wirkung ausüben wie der schöne Traum von blutiger Vergeltung und herrlichem Triumph.

In einer Zeit, wo die materiellen, wirtschaftlichen, häuslichen Interessen den einstigen Leitstern Kultur verdeckt haben, kann ein rein geistiges Ziel, ein erneuertes Bewusstsein geistiger Zugehörigkeit, wie es in der eurorussischen Idee, im klassischen westlerischen Ideal Ausdruck findet, wohl kaum mit der erhebenden Aussicht auf reiche Beute in einem kommenden Eroberungsfeldzug wetteifern. In einer Zeit schließlich, wo die Menschen, von individuellen und kollektiven, sozialen und nationalen Minderwertigkeitsgefühlen geplagt, nach vollgültiger Kompensation verlangen, wird ein so abstraktes Ideal schwerlich den ganz konkreten Plan künftiger beispielloser Machtentfaltung und Selbstanbetung ohne weiteres aus den Köpfen verdrängen können.

Aber noch verheerender wirken die Einstellungen, die das eigentliche eurorussische Ideal in den letzten Jahren durch den Rummel eines vulgären Westlertums erlitten hat. Die Hauptschuld an der gegenwärtigen Entidealisierungswelle liegt bei einem Personenkreis, der sich westlerisch dünkt und von der breiten Öffentlichkeit auch wirklich als westlerisch angesehen wird. Denn mit der Wirtschaftsreform, die den äußeren Anstoß zur derzeitigen chaotischen Entwicklung gegeben hat, hoffte man ja lediglich, Russland zu ›europäisieren‹! Diese Hoffnung beruhte auf der alten marxistischen Vorstellung, dass die sogenannte ökonomische Basis den Charakter des gesamten gesellschaftlichen Überbaus mitsamt allen seinen Idealen und Ideologien bestimme.

Daher die etwas verblüffende Erklärung, man wolle sich durch Einführung einer marktorientierten Wirtschaft der europäischen Zivilisation anschließen. Dabei kennt doch jeder mehr oder minder gebildete Russe die Geschichte der nahezu jahrtausendlangen Konfrontation zwischen eurorussischer und eurasischer Zivilisationswahl, bei der die Wirtschaftsformen schon deshalb keine Rolle spielen konnten, weil keinerlei Unterschiede zwischen den Eigentumsverhältnissen, Sozialsystemen und ökonomischen Gepflo-genheiten der beiden jeweiligen Parteien bestanden! Doch wird gerade durch die Verabsolutierung des Wirtschaftlichen, durch die Missachtung des geistigen Moments, durch die Zerstörung des überlieferten Ideals, der eurorussischen Idee als solcher, das im historischen und moralischen Bewusstsein des Volkes tief verwurzelte Wertgefühl verletzt, und so etwas wird in vielen Fällen nicht verziehen. Wenn die Vulgärwestler ausschließlich an die niederen Schichten der Psyche appellieren, die sich auf den Magen und das Portemonnaie beziehen, so erweckt das den folgenschweren Eindruck, als sei der höhere Bereich der Psyche eben doch dem angeblich geistdurchdrungenen und mit Idealen getragenen russophilen Zukunftsstreben vorbehalten.

Es ist daher eine der vornehmsten Aufgaben des echten Westlertums, im klassischen Sinne des Wortes, sich klar und allgemein sichtbar von der fatalen falschen »Westlerei« des heutigen Reformdenkens abzugrenzen.

Dazu bedarf es einerseits, und das ist vielleicht das Wichtigste, einer im ganzen Volk verbreiteten Überzeugung, dass in jedem Fall, welche schwarzen Zeiten auch über Russland herauf ziehen sollten, eine idealistische Elite eurorussischer Prägung bestehen bleiben wird, und müsste sie in die Katakomben gehen. Andererseits jedoch gilt es, eine pluralistische, weltoffene, für das Eurorussentum organische, dabei aber gemeinverständliche Ideologie zu entwickeln, die sowohl der kommunistisch-faschistischen Verführung des Russophilentums als auch der katastrophalen Oberflächlichkeit pseudowestlerischer Dogmatik erfolgreich entgegenwirken könnte.

Die Bemühungen um eine solche neue Ideologie bilden denn auch den eigentlichen Brennpunkt des Ringens um eine idealistische Renaissance, eines Ringens, dessen Tragweite heute unabsehbar ist.

Ich möchte hier nur einige Beispiele solcher Bemühungen anführen, die von Männern unterschiedlichen Ranges und Rufs stammen und somit von einer sehr breiten Fächerung derartiger Aktivitäten zeugen:

DMITRI LICHATSCHOW, der angesehenste Geisteswissenschaftler und berühmteste Sachwalter der russischen Kultur in unserer Zeit, trat wiederholt mit seinen Vorstellungen von der Eigenart und Bestimmung des Volkes vor die Öffentlichkeit.

Er kennzeichnete das russische historische und geistige Erbe als das gemeinsame Werk und gemeinsame Erbe vieler Völker, er hob als vornehmste Besonderheit der Russen die menschenvereinende Humanität hervor und erklärte die Erhaltung, Erneuerung und Vertiefung dieser Traditionen in einem Zeitalter schwerer Prüfungen zur höchsten nationalen Aufgabe.

Der bedeutende Philosoph WLADIMIR BIBLER baute aufgrund seiner allgemeinen Theorie des ewigen Dialogs der Kulturen eine politische Weltanschauung des dialogbedingten Liberalismus auf, in der

(004) Wie lebendig ist das Dritte Rom?

die vielumstrittene russische Idee ihre Verkörperung in der russischen Sprache findet, mithin in der russischen dialogischen Geistigkeit als Trägerin der Sprache und des gesamten nationalen Daseinssinns, in allen seinen höheren und niederen Formen.

Der weniger bekannte Historiker NIKOLAI KOSSOLAPOW schlug eine, wie er es nennt, integrative Ideologie vor. Sie soll aus sämtlichen Erfahrungen des historischen Bewusstseins eine synthetische, ausgewogene humanistische Zukunftsvision als Zielbild nationalen Handelns herauskristallisieren. Es ist dabei gewiss ein vielsagender Umstand, dass die meistgelesene, zentrale philosophische Zeitschrift ihren Jahrgang 1994 mit diesem Ideologieentwurf eröffnet hat.

Auch andere Versuche, dem nationalpatriotischen Vormarsch in der psychopolitischen Sphäre durch neue Ideologien Einhalt zu gebieten, wurden von vielen Seiten ganz bewusst und gezielt unternommen, so auch von einigen religiösen Denkern, die sich über die in der orthodoxen Kirche leider vorherrschenden Gegensätze und Fehden zu erheben wussten, um auf die heranziehende Gefahr hinzuweisen und neue Maßstäbe zu setzen.

Obwohl in all diesen Fällen der Verzicht auf Revanche doch offenbar mehr als wettgemacht wird und die Manifestation eines berechtigten Nationalstolzes an erster Stelle steht, blieb diesen Bemühungen ein nennenswerter Widerhall, ja jeder echte Anklang versagt. Das Monopol des nationalpatriotischen Ideenkomplexes in den erhitzten und nach Idealen dürstenden Gemütern ist so gut wie unangetastet geblieben. Oft klingen die Mahnrufe wie einsame Stimmen in der Wüste. Und man braucht kein sonderlicher Pessimist zu sein, wenn es einem mitunter erscheint, als könnten die apokalyptischen Voraussagen, mit denen manche politische Abenteurer hausieren gehen, tatsächlich in nicht allzu ferner Zukunft eintreffen. Woraus erklären sich aber ein so offensichtliches Versagen der Leuchtkraft eurorussischer Ideale, ihre weitgehende Verdrängung aus dem Denken und Fühlen der Volksschichten gerade an dieser entscheidenden Schicksalsschwelle? Woraus erklärt sich die so weitverbreitete Identifizierung des Westlertums als historischer Idee mit dem bereits banal wirkenden Ökonomiezentrismus und Marktwirtschaftskult der Vulgärwestler, also auch mit den überaus schmerzhaften und zum Teil unleugbar missglückten Reformen?

Eine gültige Antwort auf diese Fragen ist in Russland längst gegeben, und sie lautet eindeutig: Die fatale Wandlung erklärt sich letztlich aus dem Verhalten des Westens.

Eingangs erwähnte ich den hinlänglich bekannten Erfahrungssatz, dass Voraussagen jeder Art konträre Kräfte in Bewegung setzen, die das angekündete Ereignis entweder zu realisieren oder zu verhindern bestrebt sind. Man sollte meinen, die zahllosen Menetekel und Kassandrarufe der letzten Jahre müssten vor allem im unmittelbar bedrohten Europa größte Unruhe entfachen, den Selbsterhaltungsinstinkt wecken, eine gewaltige Bewegung zur Unterstützung der russischen Westler auslösen. Denn außer einigen links- und rechtsradikalen Marginalgruppen, die den Führern der rot-braunen Front als künftige russische Statthalter vorschweben, kann sicher niemand an einer Erfüllung der düsteren Prophezeiungen interessiert sein. Doch leider werden diese so natürlichen und logischen Erwartungen durchweg enttäuscht, weshalb in Russland sogar das Wort vom »eisernen Selbstmordwillen Europas« aufgekommen ist. Ja, tatsächlich ist die Einstellung maßgebender politischer, ideologischer, meinungsbildender Kräfte in den westlichen Ländern dazu angetan, gerade den extremistisch russophilen Tendenzen ungeahnten Auftrieb zu verleihen.

Früher hatte es den Anschein, als wären solche Handlungsweisen ausschließlich auf eine falsche Beurteilung des Stellenwerts der einzelnen Lebensbereiche in Russland zurückzuführen, so etwa, wenn man im Westen meinte, durch Wirtschaftshilfe wesentlich zur Beruhigung der Gemüter beitragen zu können oder durch politische Verträge einen wichtigen Schritt auf dem Weg zur Integration des Riesenstaates in Europa getan zu haben. Es galt daher eben nur als bedauerlich, wenn sich die Außenwelt nicht zu der Einsicht durchgerungen hatte, dass die Ausstrahlung der geistigen Sphäre weit größeren Einfluss auf die gesamte Volkspsyche und damit auf die Art und Richtung der gesamten Entwicklung ausübte. Nunmehr jedoch gewinnt die Überzeugung an Boden, dass es sich nicht allein um das Unverständnis für die Russland eigentümliche Hierarchie der Werte handelt, sondern auch um etwas anderes: um die aktive Abwehr jedweder potentiellen Einwirkung der eurorussischen Idee, der eurorussischen Mission auf den Westen selbst.

Das will eingehender erklärt sein.

Seitdem in der ersten Hälfte des vorigen Jahrhunderts erstmals Nachrichten von einer russischen Literatur nach Europa drangen, interessierte man sich vorwiegend für das Exotische an diesem seltsamen Phänomen, und das war insofern selbstverständlich, als ja der alte, die gesamte russische Geschichte bestimmende Konflikt zwischen den beiden nationalen Identitäten für die Europäer noch ein Buch mit sieben Siegeln blieb. Die anhaltende Vorliebe des Westens indes für das »eigenständig und unverwechselbar Russische«, mit dem stets das eurasische Element in der russischen Kultur gemeint war, beeinflusste dann auch merklich das Wechselverhältnis von Westlern und späten Slawophilen im ausgehenden 19. Jahrhundert, sollte aber erst mit der äußersten Zuspitzung der Auseinandersetzungen in unserem vielgeplagten Zeitalter historische Dimensionen annehmen. Historische Dimensionen im eigentlichen Sinne des Wortes, denn diese Bevorzugung entwaffnet, entmutigt, beschämt alle westlerischen Bestrebungen, ob sie nun von der geistigen Elite oder vom kulturbewussten Durchschnittsrussen ausgehen. Sie ebnet dem ideologischen wie dem politischen Nationalismus direkt und indirekt den Weg. Doch kam in allerletzter Zeit eine ganze neue, im Grunde vernunftwidrige Erscheinung hinzu: der auffällig rapide Rückgang des öffentlichen Interesses an allem Russischen, ganz besonders an den geistigen Belangen, die geradezu demonstrative Abwendung von den grundlegenden Problemen des russisch-europäischen Wechselverhältnisses, eine Abwendung, die sich auf dem Gebiet der kulturellen Information mitunter zu einer Art Selbstblockade auswächst! Der Widerhall dieser rätselhaften Missachtungswelle, über die berühmte Kulturvermittler ihre Bestürzung äußern, mag zwar je nach der Gesinnung unterschiedlicher Art sein, begünstigt jedoch überall in drastischer Weise die rot-braune Offensive: Während die russophile Grundthese von der einzig möglichen Rettung durch einen russischen Sonderweg unzweideutig bestätigt scheint, wird das Ganze als eklatantes Zeichen westlicher Arroganz angeprangert und erweckt entsprechende Animositäten.

Dabei können die Eurorussen als ja vom Westen selbst verachtete und abgewiesene Liebediener hingestellt werden; unterdessen finden die Vulgärwestler in dieser Haltung des Auslands eine vermeintliche Bestätigung der historischen Richtigkeit und spezifischen Zweckmäßigkeit ihres Weges ...

Wie aber reagiert die am empfindlichsten betroffene Schicht, die westlerische geistige Elite als solche? Wie erklärt man sich die Ursachen einer so merkwürdigen Verirrung hier?

Begreiflicherweise gehen die konkreten Meinungen in mancher Hinsicht auseinander, doch glaubt der Verfasser dieser Zeilen in der folgenden Deutung zumindest die unterschwelligen Gefühle, Vermutungen und Ahnungen der meisten russischen Zeitzeugen zusammengefasst zu haben.

Die Geisteskultur des Westens verliert seit Jahrzehnten zusehends an Intensität, Breitenwirkung und gesellschaftlichem Prestige, während in Russland ähnliche Einbußen erst in den allerletzten Jahren zu verzeichnen sind. Dort haben sich bereits mehrere Generationen an den Vorrang der wirtschaftlichen Interessen, der politischen Tagesprobleme und der Privatsphäre gewöhnt, während in Russland noch so manche unbeirrte und leidenschaftliche Idealisten auf dem Schauplatz bleiben. Eine geistige Renaissance in Russland ist daher kein irrealer Wunschtraum, und es ist nur logisch, dass Menschen, die sich dem Erbe einer gemeinsamen europäischen Kultur und Geistigkeit verschworen haben, bestrebt sein müssen, das Ihre zum Wiedererstehen des geistigen Ethos Europas beizutragen. Das empfinden sie als ihre Mission, als ihre »russische Idee«. Nicht umsonst hat ja seinerzeit kein geringerer als NIKOLAI BERDJAJEW so haarscharf zwischen russischem Missionismus und Messianismus unterschieden. Die Mission der Eurorussen ist es gewiss nicht, Europa in messianischem Sendungswahn dem östlichen Gottesreich mystisch anzugleichen, sehr wohl aber, es zu seiner eigentlichen Wesenheit, zu seinem eigenen Kern zurückzuführen. Gerade dagegen wehrt sich jedoch die vom Gesetz des äußerlichen Fortschritts beherrschte westliche Welt, sie wehrt sich mit der Waffe gleichgültiger Ablehnung, sie wehrt sich gegen die Unterwanderung durch den Geist. Das eurorussische Ideal scheint dem heutigen Europa etwas Fremdes.

Nur bedeutet diese passive Abwehr ihren Auswirkungen nach eben doch Einmischung, aktive Einmischung in den innerrussischen Krieg der Ideale, Einmischung zugunsten der russophilen Seite, der rot-braunen Front.

Nicht etwa, dass die eurorussische Idee dadurch endgültig gebrochen werden könnte. Endgültigkeit würde nur eintreten, sollte der Bürgerkrieg der Ideale in einen Bürgerkrieg der modernen Waffen übergehen. Dies wäre das Ende, und lediglich das Ende hieße Endgültigkeit. Und es würde wohl nicht für Russland allein Endgültigkeit bedeuten.

Wenn es aber, wie zu hoffen ist, nicht zu einer solchen Endgültigkeit kommt, dann wird die eurorussische Idee, sei es im Dunkel, weiterwirken, auch wenn die russophile Verheißung in Erfüllung geht und ihre revanchelüsterne Ideologie im hellen Sonnenlicht Triumphe feiert.

Europa wird noch lange die Wahl bleiben. Die Wahl in einer Alternative, die etwa lautet:

Unterwanderung durch den Geist oder Unterwerfung durch den Ungeist.

(23.1.1995)

Die russische Zivilisation heute
Alternativen, Potenzen, Risiken

Zivilisationen durchlaufen, nach der Auffassung des Geschichtsphilosophen ARNOLD TOYNBEE, einen Lebenszyklus ähnlich dem der Naturorganismen, wobei sie wie diese immer wieder den Herausforderungen der Umwelt und der Zeitsituation gerecht werden müssen – TOYNBEE nannte es »Antwort geben« ...

Die Weltgeschichte kannte gewiss nur wenige Augenblicke, in denen eine solche Antwort eine derartige Herausforderung an die gesamte Menschheit bedeutete, wie es sich heute im Fall der russischen Zivilisation abzeichnet.

Dass sich die russische Zivilisation in allen ihren Erscheinungsformen und Bereichen – im Geist, in der Kultur, im Lebensmodus – nunmehr einer nie dagewesenen Krise gegenübersieht, ist bereits der ganzen Welt mehr oder minder bewusst geworden. Nur sind die Vorstellungen vom Wesen dieser Krise meist allzu vage und oft naiv. Zu einer adäquaten Beantwortung bedarf es indes eines vertieften Eindringens in den Kern der Dinge.

Im Vordergrund steht die Frage nach der Ortsbestimmung innerhalb der Menschheit, eine Frage, um die seit drei Jahrhunderten unausgesetzt, wenn vielleicht auch mit wechselnder Vehemenz, gestritten wird. Das Problem aber wurzelt bereits tief in den Geschicken und Entwicklungen des Mittelalters.

Wieder, wie schon so oft zuvor, geht es um die Entscheidung, ob wir zur europäischen Welt gehören wollen, ob wir uns zum westlerischen, phileuropäischen Erbe des russischen Geistes und der russischen Kultur bekennen. Auch diesmal besteht das Hauptargument, das den eurorussischen Bestrebungen entgegengestellt wird, in der uralten, verbrauchten Idee vom Sonderweg, im Mythos von der Exklusivität des Russentums, von der Einmaligkeit des russischen Weltausblicks und Weltempfindens, der so vielgepriesenen »russischen Seele«. Da dieser Glaubenssatz alteingefleischte nationale wie auch sowjetische Denkgewohnheiten anspricht, dem neuerdings so empfindlich verletzten Geschichtsstolz schmeichelt und sich zudem auf eine unverhohlene Ablehnung des russischen geistigen Westlertums von Seiten des Westens selbst berufen kann, erlangte das Bewusstsein des naturbedingten Gegensatzes zur Außenwelt, des nationalen Ghettos, der belagerten Festung wieder die Herrschaft über eine Mehrzahl der Geister. Dies geschah nach kurzen Jahren eines gewissen Vertrauens in das versprochene »gesamteuropäische Haus«, und die Verflüchtigung dieser Illusion trug ein übriges zur Festigung des Glaubens an die Sonderstellung der russischen Zivilisation bei.

Daneben gewann unterdessen eine andere These an Boden, laut der das Russentum in seiner Eigenschaft als eurasische Zivilisation ein Bindeglied zwischen Ost und West, zwischen den multireligiösen Kulturkreisen Asiens und dem christlichen Europas bilden solle. Auf den ersten Blick scheint eine solche Selbstdeutung schlechtweg phantastisch: Wie denn, Russland eine Brücke zwischen Japan und Amerika? Zwischen der indischen und der englischen Kultur? Zwischen der moslemischen und der judaisch-christlich-humanistischen Welt? So primitiv allerdings darf diese spezifische Gedankenrichtung denn doch nicht ausgelegt werden. Es handelt sich um eine eher mystische Vorstellung. Sie greift weitgehend auf das Ideengut einer Gruppe bedeutender Historiker und Philosophen zurück, die in der Emigration der zwanziger Jahre dem in der Heimat verabsolutierten marxistischen Dogma eine neue Vision entgegenstellte, in der ein, wie es hieß, »der Sonne zugewandtes« Russland die Kulturströme des Ostens und des Westens synthetisch in sich vereint und überhöht. Sie nannten sich selbst »die Eurasier«. Psychologisch gesehen war es vor allem eine schwärmerische Selbsttröstung verzweifelter Patrioten. Auch die gegenwärtige Wiederbelebung der eurasischen Ideologie mag ähnlichen psychologischen Motiven entspringen, nur verflacht sie zusehends und artet meist zur reinen Phraseologie, zum propagandistischen Spiel mit Begriffen aus.

Eine für den eurorussischen Zukunftswillen besonders gefährliche Tendenz besteht in der verbreiteten Leugnung der traditionellen humanistischen und spirituellen Ziele und Werte des russischen Westlertums zugunsten eines modischen Trends der Zeit, der etwas kindischen Bewunderung und Nachahmung eines verklärten Modells der westlichen Lebensweise, das ausschließlich die wirtschaftlichen, politischen und sozialen Aspekte, nie die geistigen, berücksichtigt. Nicht von ungefähr gilt dabei statt des alten historischen Bestimmungsorts, Europa, nunmehr das angeblich wesensverwandte Nordamerika als Vorbild, ja als künftige Schwesterzivilisation. Um zu begreifen, wie bedenklich eine solche Vulgarisierung des klassischen westlerischen Ideals gerade in dieser Umbruchzeit sein kann, muss man sich vergegenwärtigen, in welchem Maße das gesamte Denken des russischen Volkes seit eh und je vom Primat der »höheren« Belange geprägt war und trotz allem wohl im Grunde auch bleibt. Die Sage von der russisch-amerikanischen Wesensähnlichkeit geht übrigens, zumindest teilweise, auf einen Ausspruch STALINS zurück!

Doch wie gewichtig die durch überkommene Widersprüche bedingten Vorgänge in der Mentalität des Volkes auch sein mögen: Für die allgemeine Stimmung ist gerade jetzt der Einfluss entscheidend, den die Reaktionen der Außenwelt auf die Geister ausüben. Die erwähnte desinteressierte, ja mitunter demonstrativ verächtliche Haltung gegenüber der neueren russischen Geistesbewegung, der Geschichtsdeutung, der Literatur westlerischer Prägung wird heutzutage in Dutzenden Zeitschriften und Zeitungen mit Befremden, Unmut oder Schadenfreude eingehend debattiert, und das wiederum strahlt sogar auf Gesellschaftssphären aus, die an und für sich wenig mit der Welt der Intelligenz, mit den geistigen Grundlagen einer Zivilisation zu tun haben. Eben diese Konstellation einander ergänzender und verstärkender Faktoren, und nicht etwa die Absetzung des Verkünders der schönen Parole vom »gesamteuropäischen Haus«, GORBATSCHOW, hat es mit sich gebracht, dass der Traum verflogen ist. Es scheint zuweilen, als solle ARNOLD TOYNBEE recht behalten, wenn er gegen Ende seines Lebens nur noch fünf Zivilsationen auf der heutigen Erde sah – die chinesische, die indische, die islamische, die russische und die abendländische. Bislang war diese Gliederung von russischen Intellektuellen stets mit einer gewissen Belustigung zur Kenntnis genommen worden, da hier zwar die lateinamerikanischen und manche afrikanischen Kulturen, nicht aber die russische Kultur dem westlichen Kreis zugeordnet waren. Vielleicht hat sich TOYNBEE indes als Prophet erwiesen: Noch bleibt alles in der Schwebe, doch will es scheinen, dass der noch unlängst so hoffnungsvolle Dialog zwischen den beiden Teilen des geistigen Europas allmählich abflaut und erlahmt. An den russischen Westlern liegt es gewiss nicht. Sie sind sich im klaren darüber, dass diese russische Alternative – Integration oder Konfrontation – ein globales Zukunftsproblem höchster Brisanz bildet, das globale Problem Nummer eins.

Aufs engste verknüpft mit dieser wiederkehrenden Schicksalsalternative sind jedoch auch manche andere grundlegende Gegensätze, die eine ungemeine Spannung im russischen Leben hervorrufen, von denen die russische Psyche wie die keines anderen Volkes besessen ist.

Jahrhunderte hindurch wurde das Prinzip der Einheit, der absoluten Einheitlichkeit und Gleichartigkeit im Denken, Fühlen, Glauben, Wollen, Urteilen und Handeln dem russischen Menschen als höchstes moralisches Ideal, als geheiligte Lebensgrundlage eingeimpft – von den Predigern der alleinseligmachenden Kirche, den Panegyrikern der alleinherrschenden Krone, schließlich den Propagandisten der alleinheilbringenden Partei. Selbstverständlich gab es immer Andersdenkende und Andersfühlende, ja offene Ketzer und Rebellen, doch änderte das wenig an der Einstellung des Durchschnittsrussen zur metaphysischen und praktischen Antithese Einzigkeit – Vielfalt. Das Abweichende wurde stets als etwas Sündhaftes, die natürliche Ordnung Untergrabendes verurteilt. Als nun nach dem Umschwung von 1985 die Losung des geistigen und politischen Pluralismus lautstark ertönte, kam es keineswegs nur von seiten der altideologischen und eigennützig interessierten Kreise zu Widerständen. Die nationale Mentalität konnte den Ansturm der überraschenden neuen Ideen, Bekenntnisse und Leidenschaften nicht ohne weiteres in sich aufnehmen, und das war zweifellos einer der Gründe, warum eine unverkennbare Entfremdung zwischen der intellektuellen Elite und der noch unlängst so kulturbegeisterten Bevölkerungsmasse eintreten musste. Die fieberhafte geistige Suche der sogenannten Stagnationszeit hatte vor allem in den Trägern des euronussischen Gedankens eine Aufbruchbereitschaft, Erfüllungssehnsucht und Blickweite entwickelt, wie sie nicht jedermann vergönnt sein konnte. Kein Wunder, dass die tatsächlich nur schwer überschaubare Flut von neuen Richtungen dazu beitrug, dass heute immer öfter vom Chaos gesprochen wird, ja dass in gewissen Volksschichten ein trügerisches Gefühl der unausbleiblichen Auflösung der gesamten russischen Zivilisation um sich greift. Dabei wird das unvoraussehbare wirtschaftliche und politische Geschehen in unmittelbaren Zusammenhang gebracht mit dem wirren Nebeneinander und Gegeneinander im Reich der Ideen – das eine gilt als Spiegelbild des anderen. Und wenn sich so mancher nach einer »starken Hand« in Ökonomie und Staat sehnt, so meint er sicher zugleich das »starke Wort« in der Ideologie.

Gerade hier aber liegt das Kernstück der gegenwärtigen Wandlungen im Charakter, in der Struktur und in der Sinngebung der russischen Zivilisation.

Die Sowjetepoche hatte dem Gefüge und Wechselspiel der verschiedenen Kulturschichten eine letztlich unproduktive Konfiguration verliehen. Das in den ersten bolschewistischen Jahren so stürmische Pathos, mit dem die »revolutionären Massen« verherrlicht wurden, flaute zwar bald ab und hinterließ, abgesehen von der urwüchsigen Verskunst MAJAKOWSKIS, kaum eine Spur im kulturellen Gedächtnis der Russen, doch wollte es die leninistische Ideologie, dass die Losung »Die Kultur gehört dem Volke« bis zuletzt als antielitärer Schlachtruf die offizielle Kulturszene beherrschte. Das bedeutete einerseits, dass in Literatur, Kunst und sogar Philosophie alles verpönt war, was nicht allgemeinverständlich zu sein schien, andererseits aber auch, dass sich der Staat als Diener der Partei und ihrer Ideologie verpflichtet sah, die Volksmehrheit durch Schulung und gezielte Beeinflussung empfänglich zu machen für Werke und Traditionen der Hochkultur, soweit diese mit der Ideologie vereinbar waren. So kam es zu einem historischen Paradoxon: Unter der Schirmherrschaft einer extrem geistfeindlichen, gewalttätigen Diktatur stieg nicht nur der Bildungsgrad, sondern auch das Interesse, ja die Leidenschaft für Dinge der Kultur, ganz besonders aber die Lesefreudigkeit breitester Bevölkerungskreise ungemein an – wie vielleicht nirgends sonst auf der Welt! Auf diese Weise bildeten sich gleichsam vier Kulturschichten heraus: Die unterste, die ich als Massenpublikum bezeichnen würde, rezipierte und konsumierte auch Hochkultur, weil die Ehrfurcht vor ihr mit der Muttermilch eingesogen worden war; die zweite, für die ALEXANDER SOLSHENIZYN das spöttische Wort »Bildungsleute« geprägt hat, bemühte sich zwar ernstlich um eine aktive Teilhabe an echten geistigen Werten, wagte sich aber dennoch kaum je über die von der Ideologie gesetzten Grenzen hinaus; die dritte, die eigentliche Intelligenz, wusste sich von den Fesseln der herrschenden

(005) Die russische Zivilisation heute

Denkart zu befreien und außerhalb des staatlich gepflegten Kulturbetriebs dem überlieferten Ethos treu zu bleiben, brachte jedoch selbst nichts wegweisend Neues in das große Ringen mit; an der Spitze der Pyramide schließlich wirkte die geistige Elite, die missionsbewusst, meist im schroffen Gegensatz zu den bestehenden Mächten, im Untergrund, in privaten Zirkeln und Samisdat-Schriften grundlegende Probleme des Lebens und Denkens dieser Zivilisation wie auch der Menschheit aufwarf und durch ihre Ausstrahlung allem zum Trotz die gesamte ideelle Entwicklung der Nation bestimmte, ja darüber hinaus in manchen Richtungen den geistigen Eliten der Welt voranging. Dabei hatte es immer den Anschein, als wäre hierbei die Wechselwirkung zwischen den Schichten etwas Ausschlaggebendes und Bleibendes, als bildete die Pyramide ein organisches Ganzes, als reichten die Wurzeln der Elite bis tief in die Volksseele hinein. Diese Vorstellung nun erwies sich angesichts der umwälzenden Ereignisse der letzten Jahre als fromme Illusion. Zur Enttäuschung nicht allein der Ideologiegläubigen wandten sich die verschiedensten Volksschichten jetzt einer marktschreierischen und kitschigen Massenkultur zu, die ohne Mühe sowohl den ideologischen Einfluss als auch das eigentlich geistige Interesse aus den Köpfen zu verdrängen schien. So entstand statt der bisherigen gestuften Gliederung der russischen Kulturgemeinschaft eine polare Struktur: Zwischen der unbeirrt engagierten, hochproduktiven Elite und der passiven Mitgängermasse hat sich ein jäher Abgrund aufgetan. In der Debatte, ob diese Transformation ein vorübergehendes oder nunmehr unabänderliches Faktum darstellt, ob die russische Zivilisation mithin eine neue innere Form entwickelt hat, vertreten paradoxerweise die eurorussischen Intellektuellen und die sogenannten Nationalpatrioten ähnliche Ansichten, nämlich, dass Russland seine Wesenheit bewahrt, dass es nach dem Abebben der gegenwärtigen Krise eine kulturethische und geisteshistorische Renaissance erleben muss und wird. Darauf weisen allerdings, nüchtern gesehen, nur unklare, unsichere Zeichen hin, und es mag sehr wohl ein Wunschtraum bleiben. Doch nicht hierauf beruft sich die Gegenpartei, der es vor allem darauf ankommt, Russland endgültig in ein, wie es heißt, »normales« Land – gemeint ist, ein konsumgieriges, komfortbesessenes, gelddurstiges Spießbürgerparadies – zu verwandeln.

Für diese Leute ist die Entheiligung des Geistes und die Entgeistigung des Lebens nicht nur ein Leitgedanke und historisches Ziel, es ist ihr erklärtes Programm. Sie sprechen damit eben die Masse an, die sich im Verlauf der Krise mit einer Art Erleichterung von der Hochkultur abkehrte, jedoch unterschwellige Gewissensbisse über den Verrat am eigenen besseren Selbst nicht ganz ersticken konnte. Hier musste gerade die Idealverneinung, die Ideallosigkeit zum Ideal erhoben werden. Dergleichen wird aufgrund einer etwas abstrusen Logik als »Zivilisierung« bezeichnet.

Michail Schaiber-Sokolski

Von den Antithesen Pluralismus wider Uniformismus, Elitedenken wider Gleichmacherei, Missionsbewusstsein wider Normalisierungsmanie ist ein anderer prinzipieller Dualismus nicht zu trennen, der in der russischen Zivilisation wohl nirgends sonst eine schwerwiegende Rolle gespielt hat und spielt. Er bildete den Brennpunkt zahlloser hitziger Polemiken, in denen es um nationale Selbstbesinnung und Selbsterkenntnis ging. Die heute übliche Benennung der beiden Pole lautet: Kollektivismus und Individualismus.

Um sich ein mehr oder minder klares Bild von den Potenzen und Wahlmöglichkeiten zu machen, die Russland in diesem Moment der Entscheidung innewohnen, muss man in erster Linie die vielgestaltigen Zusammenhänge und Wechselwirkungen zwischen diesem Hauptproblem und der gesamten Daseinssituation, der großen historischen Herausforderung ins Auge fassen, der die russische Zivilisation zur Zeit gerecht werden muss. Kollektivismus oder Individualismus – in dieser Alternative liegt der Kern der Herausforderung.

Die Gemeinschaftlichkeit der Russen, ihr Kollektivitätspathos ist von den verschiedensten geschichtsphilosophischen und literarischen Strömungen immer wieder beklagt oder verherrlicht, sicher aber auch maßlos übertrieben worden. Ich möchte daher zunächst das Reale vom Legendären trennen.

Die Glorifizierung des Gemeinschaftssinns als vornehmster Eigenschaft russischer Wesensart erreichte ihren absoluten Höhepunkt in der Mitte des vorigen Jahrhunderts. Damals standen die Slawophilen im Vordergrund des literarischen Lebens. Sie prägten einen Begriff, der für das russische Ohr ungemein feierlich und ehrfürchtig klang, »sobornostj« – ein leider unübersetzbares Wort, das die russische Kollektivität als seelenerhebende Versammlung in einer Kathedrale versinnbildlichte. Aber auch die erklärten Gegner der Slawophilenbewegung, die sogenannten Revolutionären Demokraten und ihre Nachfolger, die Volkstümler, begründeten ihren oft rauschhaften Kult, den der große Philosoph Wladimir Solowjow spöttisch als »Volksvergötterung« bezeichnete, mit jenem einmaligen Gefühl für menschliche Verbundenheit und Solidarität, das sie vor allem in der russischen Bauerngemeinde verkörpert sahen. Kein Wunder, dass dann auch die Bolschewiki, die ja den »proletarischen Kollektivismus« der marxistischen Ideologie auf ihre Fahne geschrieben hatten, auf einen besonderen Zusammengehörigkeitsinstinkt der russischen Proletarier bauten. Ganz anders äußerte sich dazu der bedeutendste Denker der Jahrhundertwende, Nikolai Berdjajew: *»Die menschliche Persönlichkeit geht bei uns in einem urzeitlichen Kollektivismus unter... Es ist völlig gleichgültig, ob dieser alles verschlingende Kollektivismus von der Schwarzen Hundert oder den Bolschewisten ausgeht. Die russische Erde stöhnt unter einer heidnischen Naturgewalt. In dieser Naturgewalt geht jedes Individuum unter, sie ist unvereinbar mit individueller Würde und individueller Verantwortung.«*

(005) Die russische Zivilisation heute

Was hatte es mit alldem auf sich? Es kann ja unmöglich bezweifelt werden, dass die orthodoxe Kirche, deren Einfluss auf die Mentalität des russischen Volkes Jahrhunderte hindurch entscheidend blieb, in weit höherem Maße als die katholische und erst recht die protestantische bemüht war, das Wir-Bewusstsein der Gläubigen zu verstärken, ja zu fanatisieren, und das Ich-Bewusstsein niederzuhalten, zu demütigen, als sündhaft zu verdammen. Das ergab sich sowohl aus der Dogmatik der Ostkirche, die nie von den Bestimmungen früher ökumenischer Konzile abwich, als auch aus verschiedenen spezifischen Gegebenheiten des politischen und wirtschaftlichen Werdegangs der russischen Länder.

Und doch kam in allen geschichtlichen Zeitaltern das ursprüngliche Ich-Gefühl, der menschliche Ich-Wille in tausenderlei Gestalt auch bei den gläubigen Russen zum Durchbruch. In jüngsten Jahren haben gerade Moskauer Autoren viel über das Aufkommen des Persönlichkeitsdenkens innerhalb der Menschheit geschrieben, und das ist wohl kein Zufall – wenn beispielsweise WASSILI LENSKI die Herausbildung des Ichs in eine graue Vorzeit verlegt, so dient ihm das zur Begründung seiner Theorie der russischen Zivilisation, die in ihrem Grundwesen so kollektivistisch gar nicht ist. Der Verfasser dieser Zeilen versuchte 1988 in einem Essay über das altrussische Igorlied nachzuweisen, dass der vorherrschende Begriff von der mittelalterlichen Denkart der Russen, ein Begriff, der ausschließlich auf dem überlieferten Schrifttum fußt, einseitig und irreführend ist, da unzählige Manuskripte jener frühen Kulturepoche einem Kreuzzug der Klöster gegen die Weltlichkeit zum Opfer fielen. Aus dieser und ähnlichen Untersuchungen ließe sich indes auch der Schluss ziehen, dass die gesamte Verherrlichung der kollketivistischen Urmentalität des Ostslawenturns, also auch die Ideologie der Slawophilen, der Volkstümler und der Bolschewiki, von Anfang an auf einem Mythos aufgebaut war. Denn was diese Ideologien als Beweis ihrer Verwurzeltheit in der russischen Volkseigenart heranzogen, bezeugte lediglich eine urewige geistige und moralische Spaltung Russlands. Diese Spaltung bestimmte ja tatsächlich seit eh und je nicht allein die ideellen Antagonismen, sondern darüber hinaus die entgegengesetzten wirtschaftlichen und sozialen Verhaltensweisen, und insbesondere die zahllosen blutigen Auseinandersetzungen der russischen Geschichte.

Das galt voll und ganz auch gerade für die Sowjetperiode, und es gilt selbstverständlich erst recht für den derzeitigen psychologischen Umbruch.

Denn wenn sich schon gegen die massenhaften Enteignungen von Privatbesitz in den Bürgerkriegsjahren 1918-1920 Millionen zur Wehr setzten, die keinesfalls durchweg den wohlhabenden Schichten angehörten, während andere, und nicht unbedingt Habenichtse, dafür in die Schlacht zogen, wenn zehn Jahre später unzählige Bauern gegen die Zwangskollektivierung der Landwirtschaft aufbegehrten, während manche Dorfgenossen frohlockten und eifrig den Parteibeauftragten halfen, so waren die Beweggründe jedesmal nicht so sehr ökonomischen als vielmehr rein seelischen Ursprungs. Als nun Kollektivismus in der geistigen Sphäre gefordert wurde, so traten zwar auch hier linientreue Opportunisten und Schwärmer auf den Plan, doch empörten sich zugleich zahlreiche ehemalige Marxisten, und weder religiöse oder slawophile Prediger der Sobornostj noch volkstümlerische Denker, Dichter und Publizisten begeisterten sich für diese Idee. So dass NIKOLAI BERDJAJEW, von dem die obenzitierte Klage über den »alles verschlingenden urzeitlichen Kollektivismus« und die »heidnische Naturgewalt« stammte, nur einer von vielen Tausenden sein sollte, die entweder – wie er – wegen »geistiger Vergiftung« gewaltsam ins Ausland abgeschoben wurden oder zur Bewahrung ihrer Gedankenfreiheit aus eigenem Antrieb in die Emigration gingen. Als dann die endgültige Kollektivierung des kulturellen Lebens durch straffe organisatorische Zusammenfassung der literarischen, künstlerischen und geisteswissenschaftlichen Kräfte in die Wege geleitet wurde, gab es zwar wiederum Lobreden und Hurrarufe genug, doch eine ständig zunehmende Zahl von Intellektuellen löste sich aus der wohlgeordneten Gemeinschaft, um sich eine eigene, durchaus individuelle Lebensaufgabe zu stellen. Da diese Generation bestenfalls in engsten Freundeskreisen einen gewissen Gedankenaustausch wagen durfte, bildete sie eine Vielzahl an persönlichkeitsgeprägten Weltanschauungen heraus, die allerdings nur zum Teil, und da in geheimen Schriften, systematisch dargelegt werden konnten.

So entstanden in ausgesprochenem Gegensatz zur Ideologie geistige Gebilde, für die ich seit einigen Jahren die Bezeichnung »Ideonomie« einzuführen versuche. Ideonomien sind offene, antidogmatische, entwicklungsfähige, organische Ideenwelten, die allein schon aufgrund ihrer Entstehungsart pluralistischen und individualistischen Charakter tragen müssen. Über die Wirkung und Nachwirkung russischer Ideonomien der Terrorzeit wird oft gestritten, doch kann ihr Wert als geistige Tat unmöglich angefochten werden, und gerade die Tat als solche war von symbolischer Bedeutung für den Fortbestand des typischen Ethos der russischen Zivilisation.

Als dann der Druck des staatsideologischen Kollektivismus abnahm, trugen die verschiedenen weiterlebenden Ideonomien direkt oder indirekt zur Ausformung der neuen geistigen Strömungen bei, die in den fünfziger und sechziger Jahren der gesamten russischen Zivilisation ein im Grunde traditionelles und doch ungewöhnliches Gesicht verliehen. Es war in Russland schon immer so gewesen, dass eine ideonomische Mikrokollektivität den herrschenden ideologischen Makrokollektivismus unterhöhlte und aufweichte, doch nie zuvor hatte dieses Phänomen solche historische Auswirkungen gehabt, nie zuvor war die scheinbar allmächtige Ideologie zu einem solchen ohnmächtigen Schattendasein verurteilt gewesen.

(005) Die russische Zivilisation heute

Eine vielsagende Parallele dazu zeichnete sich in der Wirtschaftssphäre ab. Die gigantische, makrokollektivistisch organisierte, allseitig privilegierte Monopolwirtschaft des Staates musste trotz schärfster polizeilicher Maßnahmen zum Schutz ihrer Alleinherrschaft, doch stets die Existenz eines illegalen, politisch und juristisch verfolgten und dennoch allgegenwärtigen Wirtschaftssystems mit privatem Eigentum und mikrokollektivistischer Struktur hinnehmen.

Diese Gegensätze bildeten schließlich die entscheidende Ursache und Triebkraft der umwälzenden Wandlungen der jüngsten Zeit. Mit dem Abbau und der darauffolgenden Atomisierung der bisherigen Gesellschaftsordnung kam es zu einem äußerst angespannten Ringen der kollektivistischen und individualistischen Tendenzen, einem Ringen, in dem alte Ideologien künstlich neubelebt oder endgültig begraben wurden, aber auch scheinbar vergessene sowie gerade erst entstandene Ideonomien eine gewisse Ausstrahlung erlangten. Die Unübersichtlichkeit dieses Geschehens macht jegliche Vorhersage seines weiteren Verlaufs und erst recht seines Ausgangs sinnlos, doch wage ich eines zu behaupten: Obwohl in den heutigen Generationen manche relevante Gesellschaftsgruppen wirklich an Identität verlieren, gilt das keinesfalls für die russische Zivilisation als Ganzes.

Denn wie stark die überkommenen Vorurteile und psychischen Widerstände auch seien, wie chaotisch sich die gegenwärtigen Prozesse auch darstellen mögen, setzt sich doch zweifellos die Kerntendenz der letzten Jahrhunderte wieder durch, deren generelle Richtung eben »Vielfalt, Weltoffenheit, Persönlichkeit« hieß. Das wiederum bedeutet einen trotz allem überwiegenden, wenn auch durch Massenstimmungen vertuschten und oft durch Denkträgheit behinderten Drang zur europäisch-russischen Reintegration, vor allem im Geistigen. Es ist dies eine objektive, naturgegebene, historisch gesetzmäßige Tendenz, und der Umstand, dass sie auf so viele innere und äußere Hindernisse stößt, sich jedoch gleichwohl Bahn bricht, zeugt von der Lebensfähigkeit, von den unerschöpften Entwicklungspotenzen der russischen Zivilisation.

Bei alldem sieht sich diese Zivilisation auch anderen Herausforderungen gegenüber, die nicht so eng mit der Hauptalternative verknüpft scheinen, aber keineswegs gänzlich von diesem vielgestaltigen Problemkreis loszulösen sind.

Die vielleicht aktuellste dieser Fragen lautet: konzentrische oder polyzentrische Struktur des Zivilsationsorganismus. Die Idee einer polyzentrischen russischen Kultur ist logischerweise unmittelbar mit der politischen Bewegung des Regionalismus verbunden. Nur sollte man sie auf keinen Fall mit der entsprechenden politischen Idee gleichsetzen oder gar, wie es im Ausland oft vorkommt, verwechseln. Während der politische Kampf um die Selbstbestimmung der russischen Regionen nun schon seit Jahrhunderten weitergeht, kann sich das Streben nach kultureller Differenzierung und regionaler Selbstverwirklichung lediglich auf Traditionen stützen, die bereits im Mittelalter durch den Mongoleneinfall, den großfürstlichen Zentralismus und die Moskauer Eroberungen weitgehend zurückgedrängt worden waren. In den Zeiten der moskowitischen Gewaltherrschaft waren sie fast eingegangen, dann erst in der Epoche der bipolaren Moskau-Petersburger Kulturentwicklung konnten sie wieder einige Lebenszeichen von sich geben. Im Sowjetstaat jedoch, wie es der gesamten Politik entsprach, wurden sie gänzlich ausgetilgt. Es mag daher so aussehen, als wäre der Gedanke einer Wiedergeburt regionaler Eigenkulturen im Grunde unnatürlich und bloß erfunden, um den politischen Zwecken der Regionalisten zu dienen. Eine solche Meinung ist aber entschieden ungerecht. Die russische Provinz, die so lange durch den Eisernen Vorhang der Armut vom Kulturleben des Zentrums abgeschnitten war, besitzt ein gewaltiges geistiges und schöpferisches Potential, dem aber infolge der kulturpolitischen Diskriminierung, der wirtschaftlichen Ausplünderung und des Fehlens einer adäquaten kulturellen Infrastruktur die gebührende Geltung wie auch jegliche innere Erfüllung versagt blieben. Somit ist die Sprengung der überlieferten konzentrischen Zivilisationsform für die Verfechter der regionalen Kulturenaissance historischer Selbstzweck, ein Durchbruch, der nicht unbedingt mit der politischen Auflockerung des zentralisierten Staatssystems Hand in Hand gehen muss.

Hinzu kommt ein besonderer Wesenszug gerade des russischen Zivilisationsraums. Die Weltgeschichte hat ja viele polyethnische Zivilisationen gekannt, und wenn die verschiedensten Völker und Völkerschaften, die durch Schicksalsfügung mit den Russen zusammenleben, trotz der Bewahrung eines nationalen Identitätsbewusstseins kulturell völlig assimiliert worden sind, so ist das gewiss keine erwähnenswerte Ausnahmeerscheinung. Anders verhält es sich indes bei Völkern, die sich den Russen in vielerlei Hinsicht angeglichen, ja sich bereits nahtlos in das russische Zivilisationsbild eingeordnet hatten und dennoch organisch einer anderen Zivlsation angehören. Zum eigentlichen Problem ist diese Zwitterstellung allerdings erst in jüngster Zeit geworden. Während die heute so friedlosen Nordkaukasier zwar innerhalb der russischen Staatsgrenzen leben, doch schwerlich dem russischen Zivilisationsbild zugeordnet werden können, ist die Situation der Wolga- und Uralvölker eine andere. Ihr größerer Teil ist seit langer Zeit über das ganze Land verstreut, und trotz ihrer unerschütterten, nahezu durchgängigen ethnischen Identitätsbewusstheit konnte eine weitgehende kulturelle und teilweise auch sprachliche Russifizierung nicht ausbleiben. In einem gewissen Grade trifft das selbst für die ursprünglichen Siedlungsgebiete zu, da die russische Bevölkerung auch dort inzwischen die Mehrheit bildet. Die Geschehnisse der letzten Jahre indes haben zu einer außerordentlichen Verstärkung des Nationalgefühls, mancherorts mit religiösem Einschlag, geführt – denn der islamische, ja sogar fundamentalistische Einfluss, wie er vor allem aus den ehemaligen Sowjetrepubliken Mittelasiens kommt, vermengt sich hier mit dem Streben nach einer neuen Solidarität der Turkvölker. Von besonderem Gewicht sind dabei die Stimmungen innerhalb des zahlenmäßig stärksten und kulturell aktivsten dieser Völker, der Tataren. Falls sich die derzeitige Empfänglichkeit für nationalistische und radikal-religiöse Losungen noch steigern sollte, falls die tatarische Sprache, die tatarische Kultur zur arabischen Schrift zurückkehrt, was nicht nur Geistliche, sondern auch viele Intellektuelle und Literaten befürworten, so geht die russische Zivilisation eines ihrer Kerngebiete verlustig. Wie empfindlich wäre ein solcher Schlag?

Sicher können willkürliche Thesen wie etwa die des Philosophen PERLAMUTROW, laut der die russische Zivilsation an sich heute ein slawisch-turkvölkisches Superethnos darstelle, auf keinen Fall über die kulturellen, psychogenetischen und bevölkerungsdynamischen Vorgänge dreier Jahrhunderte hinwegtäuschen. Es lässt sich voraussehen, dass bei einem eventuell sprunghaften Ausbruch dieser Völker aus dem Zivilisationsganzen, etwa bei einer offiziellen Veränderung der Schrift oder ähnlichen amtlichen Maßnahmen der Tatarenrepublik, der russische Nationalismus selbst vor gewalttätigen Mitteln nicht zurückschrecken würde. Dabei könnte er sich nicht einmal so sehr auf Zivilisationsbesorgtheit als vielmehr auf die weltweite Furcht vor dem moslemischen Fundamentalismus stützen. In seinen extremen Formen geht der russische Nationalismus allerdings schon heute auf etwas anderes aus: Er will, wie es heißt, die russische Zivilisation von fremden Elementen reinigen – gemeint sind neben jüdischen – und deutschen auch tatarische und sonstige Turkeinflüsse. Diese rein rassistische Zielsetzung steht in eklatantem Widerspruch zu jeder Spielart der früheren nationalimperialistischen Zivilisationspolitik, da diese seit eh und je gerade das Gegenteil, nämlich eine restlose Russifizierung und Assimilierung der zahlreichen miteingeschlossenen Kulturen anstrebte. Es liegt auf der Hand, dass eine derart vieldeutige und explosive Situation unabsehbare Konsequenzen haben kann - und dass eben diese Herausforderung die für die russische Zivilisation wohl schwierigste Prüfung darstellt. Deshalb ist die Antwort, die der Regionalismus bietet, in dieser bedrängten Zeit so beachtenswert: Eine Vielfalt russischer Kulturen innerhalb der einen Zivilisation würde beiden Nationalisrnen, dem russischen wie dem antirussischen, die Spitze nehmen und darüber hinaus die allmähliche Heimkehr in die europäische Mutterzivilisation erleichtern. Wenn daher in Russland heutzutage von einer multikulturellen Entwicklung die Rede ist, so sollte dieser Begriff keinesfalls mit dem deutschen verwechselt werden! Gemeint sind nicht nur die ja längst selbstverständliche Einbeziehung fremden Kulturguts, sondern auch die regionale Differenzierung, Identitätsbildung und gegenseitige Bereicherung der eigentlich russischen Kulturen selbst.

Michail Schaiber-Sokolski

Das gegenwärtig so akute Problem des Zusammenlebens unterschiedlicher Weltreligionen wirft wiederum die Frage auf, wieweit die russische Zivilisation in dieser geschichtlichen Phase konfessionell bestimmt ist. Seitdem der militante Atheismus des kommunistischen Staates von der Bildfläche wich und das religiöse Denken und Fühlen frei an den Tag treten konnte, haben sich gleichsam mehrere Sphären und Typen von Religiosität herausgebildet. Die offizielle Orthodoxe Kirche des Moskauer Patriarchats war gewiss die Hauptkraft, die in der zweiten Hälfte der achtziger Jahre ein Wiederaufleben des Glaubens bewirkte, doch hat sie inzwischen viel von der damals wiedergewonnenen Volkstümlichkeit eingebüßt. Und zwar keineswegs nur infolge der Öffnung von Archiven, aus denen sich ergab, dass manche hohe Würdenträger im Dienst des KGB gestanden hatten. Wichtiger ist wohl anderes: Die aufdringliche äußere Prachtenfaltung, die kostspielige Wiederherstellung zerstörter grandioser Prunkbauten entspricht zwar ganz dem Geschmack der plötzlich so glaubenseifrigen Neureichen aus der früheren kommunistischen Nomenklatura, stößt aber die wahrhaft Gläubigen ab, die ja größtenteils eher den unteren Klassen angehören. Hinzu kommt, dass die Kirche ideologisch total zerstritten ist, und das gilt erst recht für ihre Gemeinden. JOHANN, Metropolit von Sankt Petersburg und Verkünder eines rabiaten Antisemitismus, wütet gegen jede Zulassung einer nichtorthodoxen Konfession im Lande, und er darf auf einen stattlichen Anhang, besonders natürlich unter den sogenannten Nationalpatrioten, zählen. Am entgegengesetzten Pol tritt der streitbare Geistliche GLEB JAKUNIN unermüdlich für Toleranz und Demokratie ein, die aus der Katakombenkirche hervorgegangene renommierte Publizistin SOJA KRACHMALNIKOWA kämpft für ein humanes, weltoffenes und aufgeklärtes orthodoxes Christentum, der berühmte religiöse Philosoph und Universalgelehrte SERGEJ AWERINZEW vertritt in tiefsinnigen Schriften ähnliche Grundsätze, und auch zu ihnen stehen zahlreiche Gleichgesinnte. Daneben, im Schatten der kirchlichen Auseinandersetzungen, bleiben aber auch andere Bestrebungen wirksam. So ist die Hinwendung zum Glauben für viele ein verzweifelter Versuch, in dieser moralisch degradierenden Welt einen inneren Halt zu finden. Gerade solche Gottsucher schließen sich nicht selten einer der üppig aus dem Boden geschossenen christlichen oder eher halbchristlichen Sekten an. Es fehlt indes auch nicht an esoterischen Sekten, ja ganzen okkultistischen Bewegungen, was sicher in erster Linie von einem tiefen Unbehagen an der russischen Zivilisation, ihren in Frage gestellten Werten und ihren nebelhaften Perspektiven zeugt. Eine Zeitlang hatten gewisse Gruppen dieser Art Massenzulauf, und ihre Propaganda schlug ausgesprochen hysterische Töne an. Doch hat gerade diese Neurose seit kurzem merklich nachgelassen, und die dafür empfänglichen Gemüter scheinen sich weitgehend beruhigt zu haben. Heute spricht nichts, buchstäblich gar nichts dafür, dass irgendeine Form religiöser Heilsuche, sei es in den traditionellen Glaubensbekenntnissen und Kirchenriten, in den seelenaufrichtenden Verheißungen volkstümlicher Frömmigkeit oder auch in den Prophezeiungen mystischen Aberglaubens auf irgendeine Weise eine wirkliche Massenekstase auslösen und das Gesicht der russischen Zivilisation verändern könnte. Und das ist nicht etwa auf Nachwirkungen der jahrzehntelangen materialistischen Indoktrination zurückzuführen, sondern ausschließlich auf den objektiv und grundlegend gewandelten Lebensmodus der gesamten Gesellschaft.

Doch bedeutet der offensichtliche Verzicht auf jegliche eschatologische und chiliastische Erwartungen, wie sie ja für die verschiedensten Epochen der russischen Geschichte charakteristisch waren, dennoch keine Abwendung von jenem spezifischen Geschichtsdenken, das ich als zukunftszentriert bezeichnen möchte. Diese Sinnesart lag nicht zuletzt auch der Anfälligkeit des Durchschnittsrussen für slawophile Träumereien und marxistische Utopien zugrunde. Obgleich sich die Sorgen und Pläne des heutigen Russen gewiss vor allem auf den heutigen Tag, diesen Monat, das nächste Jahr beziehen, ist er sich doch stets bewusst, in einem Augenblick der fortschreitenden Geschichte zu leben, und dieses Bewusstsein bildet den Eckpfeiler seiner Zivilisationssicht, verleiht ihr einen übergegenwärtigen Sinngehalt. Wenn sich völlig unterschiedliche, ja unvereinbare ideelle Richtungen gleichermaßen auf das Erbe der europäischen wie der russischen Vergangenheit berufen, so wollen sie damit ihre jeweiligen Zukunftsvisionen untermauern, denn sie glauben, Gewicht darauf legen zu müssen, dass diese Visionen in der Geschichte verwurzelt sind.

Das der russischen Mentalität und insbesondere der russischen Geistigkeit eigene Geschichtsethos und Geschichtspathos wirkt sich aber auch unmittelbar auf andere, konkretere Zivilisationsalternativen aus. So auf den Problemkreis Buchkultur oder elektronische Kultur.

Es hieße sehr oberflächlich urteilen, wollte man die betonte Treue zum Buch, die prinzipielle Bevorzugung der Schrift gegenüber dem Bild, der diskursiven gegenüber der visuellen Kommunikation, wie sie von russischen Intellektuellen so ostentativ an den Tag gelegt wird, allein der langjährigen Rückständigkeit im Bereich der elektronischen Medien zuschreiben. Es handelt sich in Wirklichkeit um anderes: Beide Parteien der russischen Geistestradition, die Westler und die Russophilen, sehen es als ihren historischen Auftrag an, die überkommenen Werte der Hochkultur in das neue Zeitalter, die sogenannte Postmoderne, hinüberzuretten – nur wollen es die einen für Russland und die Menschheit, die anderen für ein weltabgesondertes, introvertiertes Russland tun. Diese Werte aber sind vornehmlich im Wort verkörpert, im Buch gespeichert. Und lediglich einige wirtschaftsbesessene Vulgärwestler stellen sich die Zukunft der russischen Zivilisation ohne den Kult des Buches vor. Eine solche, im besten Sinne des Wortes konservative Mission wird sonst allgemein als organisch und unverzichtbar empfunden.

In diesem Kontext muss auch die wohl entscheidende Frage der gegenwärtigen geschichtlichen Herausforderung betrachtet werden – die Frage, ob und wieweit sich die Stellung, Funktion und Bestimmung der russischen Zivilisation, ihr gesamtes Verhältnis zur Menschheit in dieser Krisenzeit wandelt. Das wieder hängt mit der Antwort auf die uralte Streitfrage zusammen: Kommt dem Russentum eine eigene, ganz besondere Aufgabe innerhalb der weltweiten Völkergemeinschaft zu? Man sollte sich die Kontroversen um diesen Punkt keinesfalls als einförmiges Für und Wider zwischen zwei historischen Parteien, etwa zwischen den Westlern und den Russophilen, vorstellen. Es war und ist eher eine spiralenartige ewige Wiederkehr, die Zyklen, Windungen, Spiegelungen und Steigerungen vereinigt. Während sich die Parteien in anderen Auseinandersetzungen polar gegenüberstehen, verläuft die Trennungslinie hier immer wieder quer durch die konventionellen ideologischen Lager. Dabei widersprechen die geopolitischen Bestrebungen oft den messianischen Sehnsüchten, das imperiale Denken dem geistigen Auftragsbewusstsein, der Machtwille dem Selbsterhaltungsinstinkt. Um die heutige psychische Situation, ihre Potenzen und Risiken zu verstehen, sollte man einen kurzen Blick auf das Vorangegangene werfen. Der universale Sendungsanspruch der mittelalterlichen Ostkirche unterschied sich nur unwesentlich von ähnlichen Ansprüchen damaliger Religionsgemeinschaften, doch wirkte er infolge der eigentümlichen geschichtlichen Entwicklung Russlands weitaus stärker auf die gesamte Sinnesart und Weltorientierung des Volkes ein.

Als daher an der Wende zum 16. Jahrhundert der Mönch FILOFEJ die erste klar ausgeprägte messianistische These, die vom Dritten Rom, aufstellte, brachte er zweifellos ein bestimmtes, wenn auch bislang rein emotionelles Moment der russischen Denkweise zum Ausdruck. Nur sandte er sein Schreiben an den Großfürsten IWAN DEN DRITTEN, der es keineswegs auf eine Ausbreitung des Moskauer Kircheneinflusses, sondern lediglich auf Landeroberungen und eigene Machtentfaltung abgesehen hatte. Auch seine Nachfolger hatten dann wenig für eine überpolitische, spirituelle Berufung übrig, betonten jedoch stets ihren volkstümlichen Ehrentitel »Orthodoxer Zar«. Die Hinwendung nach Europa, die unter PETER DEM GROSSEN einen ersten Höhepunkt erreichte und danach das gesamte 18. Jahrhundert bestimmte, brachte ebenfalls keinerlei Anzeichen eines Strebens nach Belehrung und Bekehrung fremder Völker mit sich, doch wurden die Siege über das protestantische Schweden, die islamische Türkei und das katholische Polen auch weiterhin trotz der offenkundigen Verweltlichung des Staates, des Hofes und des Heeres, zumindest gefühlsmäßig von gewissen Volksschichten als gottgewollte Triumphe des rechten Glaubens aufgefasst. Eine neue Welle nationaler und religiöser Mis-

(005) Die russische Zivilisation heute

sionsbegeisterung löste der Krieg gegen NAPOLEON, vor allem aber das sakrale Brandopfer der alten Patriarchenstadt Moskau aus, das die Befreiung Europas von Osten her einleitete. Es war eine Reaktion auf diesen langanhaltenden Begeisterungsrausch, wenn TSCHAADAJEW in seinem erschütternden »Philosophischen Brief« das russische Volkstum als ein warnendes Beispiel für alle Völker der Ökumene hinstellte. Und zwar gerade, weil es einerseits über kein echtes religiöses Gefühl und andererseits über kein echtes historisches Gedächtnis verfüge. Es bedurfte also einer derart eklatanten Zuspitzung der nationalen Selbstkritik, um die große Polemik über Eigenart, Sinn und Bestimmung der russischen Zivilisation zu entfesseln, die seitdem andauert. Damals traf der erste Versuch einer radikalen Selbstverneinung auf eine ebenso radikale Selbstbejahung. Die Hauptargumente und entscheidenden Schlüsse der Slawophilen, wie die im Grunde russophile Strömung sich nannte, wurden in den Schriften der romantischen Denker ALEXEJ CHOMJAKOW, IWAN KIREJEWSKI und namentlich IWAN und KONSTANTIN AKSAKOW zu einer geschlossenen Theorie zusammengefasst, deren eigentliches Kernstück nicht so sehr die Idealvorstellung von der russischen Wesenheit mit ihrer, wie es hieß, »ganzheitlichen Denkart«, ihrem »angeborenen Gemeinschaftssinn« und ihrer »selbstbewussten Demut« war, als vielmehr der Satz von der besonderen weltgeschichtlichen Mission des Russentums. Von diesem Gesichtspunkt gingen dann auch unzählige andere Historiker, Philosophen und Ideologen aus, die sonst kaum Berührungspunkte mit den Slawophilen hatten. Als implizite Voraussetzung, in manchen Fällen aber sogar als expliziten Grundsatz war diese Idee in so unähnlichen Weltanschauungen und Lehren enthalten wie BELINSKIS utopischer Sozialpatriotismus, BAKUNINS und später KROPOTKINS Anarchismus, TSCHERNYSCHEWSKIS und der sogenannten Sechziger heroischer Nihilismus, DOSTOJEWSKIS christlich-antimodernistischer Enlösungstraum, LAWROWS und TKATSCHOWS revolutionär-terroristischer Volkskult, WLADIMIR SOLOWJOWS theokratischer Universalismus, LEW TOLSTOIS radikales Humanitätskredo, schließlich LENINS Verkündigung der Weltrevolution. In der Sowjetepoche erreichte der ideologisch und machtpolitisch motivierte Russozentrismus seine höchste, oft überspannte Steigerung, doch kann unmöglich geleugnet werden, dass die spezifische Entwicklung der russischen Zivilisation gerade in dieser Zeit tatsächlich einen kolossalen Einfluss auf die Weltentwicklung ausübte, einen vielgestaltigen Einfluss, der den Missionsanspruch in mancher Hinsicht zu rechtfertigen schien.

Es wäre daher in einem gewissen Sinn logisch, die gegenwärtige russozentrische Behandlung der Menschheitsperspektiven einfach als Nachwirkung widerlegter sowjetischer Vorstellungen abzutun. Dass die innerrussischen Geschehnisse für viele russische Analytiker heutzutage wirklich Ausgangspunkt weitgreifender, ja weltumfassender Prognosen sind, lässt sich aus zahlreichen Äußerungen ersehen.

So schreibt der Dichter und vielbeachtete Kulturkritiker Jefim Berschin: »*Wir stellen das Modell der zeitgenössischen Welt dar*«, und die Philosophin Lydia Nowikowa erklärt in einer großen Diskussion zu Grundfragen der russischen Identität: »*Russland ist zum Mittelpunkt der allgemeinen Krise einer weiterhin in drei Welten gespaltenen Menschheit geworden.*« Doch ergibt sich diese Betrachtungsweise nicht etwa wie in der Sowjetzeit aus propagandistisch angeschürtem Missionsstolz, sondern im Gegenteil aus echtem Verantwortungsgefühl, aus der Ahnung, welche noch unergründlichen Folgen die Lösung der russischen Zivilisationsalternative für die gesamte Völkergemeinschaft haben muss und wie wenig die Menschheit auf solche Folgen gefasst ist. Heute spricht aus dem Russozentrismus tiefe menschliche Besorgtheit.

Denn wenn von der Lösung dieser Alternativen die Rede ist, müssen sowohl die Potenzen der russischen Zivilisation als auch die ihr innewohnenden Risiken, die von ihr ausgehenden Gefahren berücksichtigt werden.

Um es kurz zusammenzufassen: Das in der russischen Elite und noch unlängst in der gesamten russischen Zivilisation tiefer als im Westen verankerte und intensiver als dort gelebte Kultur- und Geistesethos bildet den natürlichen Nährboden für eine Renaissance, die auch Europa direkt oder indirekt befruchten würde. Eine solche Renaissance wäre untrennbar, faktisch wie gedanklich untrennbar von einer echten und allseitigen russisch-europäischen Integration. Das ist eine beispiellos schicksalsträchtige historische Herausforderung sowohl an die russische als auch an die westliche Zivilisation. Sollte die russische oder die westliche Zivilisation dieser Herausforderung nicht gerecht werden, so könnte Russland, wie die Dinge zur Zeit liegen, allmählich von einem Chaos heimgesucht werden, das früher oder später unweigerlich weite Kreise ziehen, auf andere Länder und Erdteile übergreifen, auf die eine oder andere Weise alle Zivilisationen in Mitleidenschaft ziehen würde...

Die russischen Alternativen sind europäische Alternativen. Die russischen Potenzen sind westliche Potenzen. Die russischen Risiken sind Weltrisiken.

(29.05.1995)

Geheimnisvolle Wahlverwandtschaften.
Psychopolitische Wechselbeziehungen zwischen
Russen und Deutschen

Es mag seltsam erscheinen, doch bedingt allein schon die Sprache eine Sonderstellung der Deutschen im russischen Menschheitsbild. Es handelt sich nämlich um den einzigen Fall im russischen Sprachschatz, wo ein Land und sein Volk völlig unterschiedliche Namen tragen: Deutschland heißt »Germania«, die Deutschen dagegen »nemzy«. Aber nicht nur darum geht es. Die Benennung »nemzy« ist von ganz eigenartiger Herkunft, ein wahres etymologisches Unikum.

Bereits vor tausend Jahren wurde ein Wort, das damals soviel wie »brummender« oder »murmelnder Mensch« bedeutete und nur ganz allgemein auf unverständlich sprechende Nachbarstämme angewandt worden war, immer öfter zur spezifischen Bezeichnung der nordeuropäischen Völkerschaften, vor allem der Germanen. Mit der Zeit aber kam ein dritter, noch engerer Sinn hinzu, nämlich die eigentlichen Deutschen, und so bürgerte sich in der Sprache eine geradezu rätselhafte Parallelität der Bedeutungen ein: Im Laufe von mehreren Jahrhunderten konnte mit dem gleichen Wort entweder ein Deutscher oder generell ein Nordeuropäer oder überhaupt ein Fremdling gemeint sein! Auswirkungen einer derartigen sprachlichen Besonderheit auf die psychopolitischen Reaktionen und Denkgewohnheiten der Sprachträger mussten sich als historisch relevant erweisen. Der Deutsche war eben *der* Fremdling schlechthin. Das verlieh schon den frühen Berührungen einen gewissen Doppelsinn. Denn wo es sich im Grunde um Geschehnisse handelte, die voll und ganz in den Rahmen des typisch mittelalterlichen interethnischen Verkehrs, der damaligen geopolitischen und ökonomischen Bestrebungen hineingehörten, glaubten die östlichen Partner stets an einer Episode der großen, schicksalhaften Auseinandersetzung zwischen dem gottgeweihten Reich des orthodoxen Glaubens und dem fremden, düsteren, unergründlichen Raum der Papstherrschaft teilzuhaben.

Ein wichtiger Wesenszug dieser Begegnungen war es allerdings, dass die Deutschen jahrhundertelang als die aktive Seite auftraten. Das galt einerseits für die Kaufleute, die bald nach der Gründung erster Keimzellen der Hanse in norddeutschen Städten ihren Blick auch schon nach Nowgorod richteten und dort einen Stützpunkt, den Peterhof, aufbauten, dem ihre russischen Zeitgenossen nichts an die Seite zu stellen wussten, es galt ebenso für die Landsknechte, die zu Hunderten in den Heerscharen russischer Fürsten Aufnahme fanden, während von russischen Gefolgsleuten deutscher Feudalherren in keinen Chroniken berichtet wird, und schließlich galt es für die Kreuzritter, die das heidnische Baltikum mit dem Schwert in der Hand christianisierten, während die Ostkirche fast nichts zur Verbreitung der Orthodoxie in diesem Raum unternahm. Demgemäß entstand ein erstes, von den Großfürsten und ihren mongolischen Schutzherren bereits propagandistisch geschickt ausgebeutetes Bild des Deutschen, des Fremdlings, als eines vielgestaltigen, vielerorts tätigen Eindringlings.

Nur war es noch kein echtes Feindbild. In der Epoche zwischen der Völkerwanderung und der Herausbildung eigentlicher Nationalstaaten war ja jegliche geopolitische, wirtschaftliche oder kolonisatorische Expansion etwas völlig Normales, ein ganz natürliches Lebensbedürfnis der wachsenden Volksorganismnen, und wenn es beim Eindringen des einen Organismus in die Lebenssphäre eines anderen zu heftigen Kämpfen kam, so waren es Kämpfe zwischen Volk und Volk, nicht zwischen Gut und Böse. Erst nach dem Mongoleneinfall, als auch in den Abwehrkämpfen der Russen gegen den katholischen Westen das religiöse Motiv vorherrschend wurde, wich die Idee des Lebensraums einer anderen Vorstellung, der mystischen Vorstellung von der Seelenrettung, vom Schutz vor dem Eindringen einer fremden Seele, ja vor der Verdrängung der eigenen, gottgewollten Seele durch eine andere, teufelsgesandte. So entstand gleichzeitig mit dem Aufstieg der neuen, westfeindlichen Großmacht Moskau ein echtes Feindbild der Deutschen, der Fremdlinge – ein Teufelsbild.

Um dieselbe Zeit kam in deutschen Landen erstmalig ein mehr oder minder realistischer Begriff von der immer noch geheimnisvollen Welt im Osten Europas auf, und allmählich verdichtete sich die zunächst verschwommene Vorstellung, die selbst den besten Kennern eigen war, zu zwei recht differenzierten Bildern – dem der »Moskowiter« und dem der »Riußen«, denen bald der so wohlklingende Name »Reußen« zuteil wurde. Die Zweiteilung Russlands im 14. und 15. Jahrhundert konnte nicht unbemerkt geblieben sein. Die parallele Entwicklung der beiden russischen Großmächte Litauen und Moskau, ihr erbittertes Ringen um die Vormachtstellung in Russland und der sich schließlich abzeichnende Sieg Moskaus wurden zwar kaum von jemandem in ihrer ganzen historischen Tragweite erfasst, doch musste die Ausstrahlung dieser Vorgänge bestimmte Emotionen in den europäischen Geistern erwecken, und die Sympathien konnten sich unmöglich auf beide Parteien in gleichem Maße verteilen. Denn während der Name Moskau nunmehr zu einem der Symbolbegriffe wurde, die das ewige Gefühl der Gefahr aus dem Osten verkörperten, war das reußische Litauen nicht bloß ein Schutzwall, der jahrhundertelang den Westdrang Moskaus auffing, es war auch seiner Natur, seinem Geist, seiner innersten Idee und Struktur nach das europäischste aller damaligen Staatswesen Europas, es war dank seiner Weltoffenheit, seinem politischen, geographischen, ideologischen, religiösen und ethnokulturellen Pluralismus Vorbote eines neuzeitlichen Europäertums, zu dem sich der

(006) Geheimnisvolle Wahlverwandtschaften

Westen einst noch lange durchringen musste. Obwohl Litauen einen langwierigen und blutigen Krieg mit dem Deutschen Ritterorden führte, bestanden stets rege Beziehungen zu den verschiedensten Gegenden und Bevölkerungsschichten Deutschlands, das Verhältnis zur Hanse gewann zeitweise lebenswichtige Bedeutsamkeit, und so musste hier auch das Bild des Deutschen ein ganz anderes sein als in der Moskauer Einflusssphäre. Da indes weit öfter Deutsche in Litauen auftauchten als litauische Reußen in Deutschland, war hier die Beschäftigung der Geister mit diesem Phänomen unvergleichlich intensiver als ähnliche Bemühungen unter den Deutschen, und so erhielt auch das Deutschlandbild der Westrussen viel genauere Umrisse und präzisere Wesensmerkmale als das damals auf der anderen Seite gängige Russlandbild.

Kein Wunder, dass die Zweiteilung Russlands, deren *ideelle* Dimension doch in allen Zeitaltern lebendig und wirksam blieb, sich aus deutscher Sicht allmählich verwischte und auflöste.

Einen besonderen Knotenpunkt der gesamten geschichtlichen Entwicklung Russlands, und namentlich auch des russisch-europäischen und russisch-deutschen Wechselverhältnisses, stellte dann die Regierung IWANS DES GROSSEN mit ihren krassen Widersprüchen, ihren vieldeutigen Bestrebungen und ihren oft paradoxen Folgen dar. Nicht von ungefähr hat sich dieser Titel, »der Große«, zwar in der ausländischen Literatur, aber nicht in der russischen Geschichtsschreibung einbürgern können. Denn IWAN zerschlug alle traditionellen Zentren russischer Eigenständigkeit und Weltoffenheit – Wjatka, Twer, Pskow, das älteste Fenster nach Europa Nowgorod, vor allem aber drängte er die litauischen Grenzen weit nach Westen zurück, entrussifizierte damit dieses Reich auf katastrophale Weise und trieb es in die Umarmung Polens. So verwandelte sich Moskau für Europa und in erster Linie gerade für die Deutschen aus einer bisher vagen, undurchschaubaren, mysteriösen Bedrohung aus gespenstischer Ferne in einen ganz konkreten, angriffslustigen, sprungbereiten Landräuber. Doch andererseits vermenschlichte eben der dritte IWAN das Bild der Russen in den Augen des Westens. Und zwar nicht nur, weil er eine in Italien aufgewachsene Prinzessin byzantinischer Herkunft heiratete, die ein riesiges Gefolge von italienischen Edelleuten und Dienerschaften mit sich brachte. Und auch nicht nur, weil er verhältnismäßig lebhafte Beziehungen zu den baltischen Ordensrittern, zum Wiener Hof des Heiligen Römischen Reiches Deutscher Nation und zu manchen anderen katholischen Mächten herzustellen wusste. Die vielleicht folgenreichste, wenn auch etwas rätselhafte Besonderheit seiner Staatsführung bestand in einer beispiellos großzügigen Heranziehung ausländischer Kräfte jeden Ranges und Berufs, vom General bis zum Fußsoldaten, vom Kremlbaumeister bis zum Handwerker, vom großfürstlichen Leibarzt bis zum Apotheker. Das Rätselhafte daran aber war die Bereitwilligkeit, mit der bald Hunderte von Menschen aus aller Herren Länder dem Ruf aus einem Barbarenreich am Rande der Welt folgten, über das die fürchterlichsten Gerüchte im Umlauf waren! Also musste etwas Unerklärliches mit dem Russlandbild der Europäer und insbesondere der Deutschen geschehen sein, denn die Mehrzahl der Neuankömmlinge waren Deutsche ...

Noch unfassbarer auf den ersten Blick, aber bei näherem Hineindenken in die historischen Zusammenhänge wohl dennoch eher begreiflich erscheinen die Zeichen zunehmender gegenseitiger Anziehung in einer Epoche, wo der bloße Name Moskau hätte unsägliches Entsetzen einflößen müssen und wo hier wiederum die Furcht vor allem Fremden nachgerade in Wahnbilder überzugehen schien. In der Epoche des vierten IWANS nämlich, dessen populärer Beiname gewöhnlich mit »DER SCHRECKLICHE« ins Deutsche übersetzt wird. Im Russischen dagegen enthält die Bezeichnung »GROSNY«, die der Volksmund dem Zaren schon zu Lebzeiten zulegte, einige vielsagende Nuancen. In diesem Wort ist nicht nur mystischer Schrecken, sondern auch mystische Ehrfurcht, nicht nur bebende Angst, sondern auch bebende Hingabe ganz deutlich spürbar, ja aus ihm lässt sich geheime Verzückung mit masochistischem Einschlag erraten.

Doch wollte es die Ironie der Geschichte, dass ausgerechnet diese Zeit einen objektiven Beweggrund zur Annäherung von Russen und Deutschen bot trotz der dämonischen Farben des Moskaubildes und trotz der hiesigen unheimlichen Fremdenscheu. Es war dies der gemeinsame Hass von Orthodoxie und Luthertum gegen die katholische Kirche, es war das gemeinsame Feindbild, der Papst. Nicht umsonst heißt es: Der Feind meines Feindes ist mein Freund. Die anderthalb Jahrhunderte des immer engeren orthodox-protestantischen Bündnisses bedingten ein ganz neues Bild des Deutschen im russischen Volksbewusstsein, sonst hätte es unmöglich zu einer solchen Einwanderungswelle und vor allen Dingen zu einer so aktiven Beteiligung der Deutschen an den innerrussischen Ereignissen kommen können, wie sie die Geschichte verzeichnet. Es war indessen nur logisch, dass sich in den deutschen Staaten, je nach Religionszugehörigkeit, das Russlandbild allmählich entwölkte oder endgültig verfinsterte.

Den ersten Höhepunkt bildete das Jahr 1560. IWAN DER SCHRECKLICHE zerschlug in einer seiner wenigen gewonnenen Schlachten den katholischen deutschen Ritterorden in Livland und sicherte damit dem lutherischen Bekenntnis die bis auf den heutigen Tag ungeteilte Herrschaft im Baltikum, zugleich eröffnete er die erste evangelische Kirche in Moskau und berief protestantische Meister zur Ausschmückung orthodoxer Gotteshäuser und der eigenen Zarengemächer im Kreml. Konnte es da wundernehmen, wenn manche im alten Glauben erzogene Moskowiter insgeheim zur neuen, deutschen Lehre übertraten? Es lag eben in der Luft. Für sie war der verhältnismäßig gebildete, verhältnismäßig gepflegte, stets tüchtige Lutheraner zum Leitbild geworden.

(006) Geheimnisvolle Wahlverwandtschaften

Bei alldem ist es dennoch erstaunlich, wie groß die Zahl und wie gewichtig die Rolle der deutschen Söldner sein sollte, die buchstäblich an allen innerrussischen Kriegen und Kämpfen des 16. und 17. Jahrhunderts teilnahmen. Es war bestimmt weder bloße Abenteuerlust noch Raubgier, es war eine Art atmosphärischer Impuls der Zeit, der Hunderte und Aberhunderte in die Ferne trieb.

Und weder die ungeheure Hungersnot von 1601 bis 1604 noch das spürbare Nahen der großen Smuta, der Zeit der verheerenden Wirren, veranlasste die Deutschen, ob Soldaten oder Handwerker oder Mediziner, zur Flucht aus dem Lande. Im Gegenteil. Die meisten überlieferten Augenzeugenberichte von der Smuta und allen ihren Teilkriegen stammen von Ausländern, vorwiegend gerade von Deutschen, und dabei keineswegs nur von Alteingesessenen, sondern zum großen Teil von unlängst Angereisten! Die Moskauer Deutschen fühlten sich eben in ihrem Stadtteil und ihren Siedlungen zu Hause, ihrem Selbstverständnis nach gehörten sie hierher, sie waren ein Teil ihres eigenen Russlandbildes.

Es war gewiss kein Zufall, dass Moskau beim Ansturm der polnischen Heere, die einen katholischen König im Kreml einzusetzen suchten, die Schweden zu Hilfe rief. Und es war fast eine Selbstverständlichkeit, dass Russland im Dreißigjährigen Krieg die protestantische Sache wirksam unterstützte – so wirksam, dass einige russische Historiker vor nunmehr etwa 25 Jahren die natürlich übertriebene Hypothese aufzustellen wagten, der russische Beitrag zum protestantischen Sieg sei damals entscheidend gewesen.

Wie sehr sich der Zarenstaat unterdessen mit dieser Bündnispolitik identifiziert hatte, zeigte in krassester Weise der Fall KULMANN, der in der Weltgeschichte seinesgleichen sucht. Im Jahre 1689 kam da ein religiöser Schwärmer nach Moskau, dessen ekstatische Gedichte und Sprüche bereits seit zwei Jahrzehnten in Deutschland und Holland Aufsehen erregt hatten. Als mystischer Prediger, der im Sinne des JAKOB BÖHME und anderer Chiliasten eine weltweite Jesusmonarchie zu gründen verhieß, die er selbst »Kuhlmannstum« nannte, war er durch die evangelischen Teile Deutschlands und die kalvinistischen Niederlande gezogen, hatte das anglikanische London und das katholische Paris besucht, war nach dem damals so unendlich fernen Istanbul gegangen, um den Sultan und die Mosleme für sich zu gewinnen, hatte zur Bekehrung der Juden eine Reise nach Jerusalem geplant und wollte seine Botschaft jetzt auch den Orthodoxen verkünden. Doch da seine Sprachen, Deutsch und Latein, den Russen ungeläufig waren, erweckten seine Reden vornehmlich in der lutherischen Gemeinde Interesse, und bald erwarb er dort einen gewissen Einfluss auf manche Geister, ja einer seiner Zuhörer wurde fanatischer Anhänger seiner Lehre.

Das musste den Pfarrer alarmieren, denn es schien offener Abfall vom lutherischen Bekenntnis, und er denunzierte den unbequemen

Gast bei der russischen Obrigkeit. Und siehe da, obwohl KULMANN nie den orthodoxen Glauben angetastet hatte (auch nicht der Anzeige zufolge), wurde er festgenommen, fürchterlich gefoltert, für die Zersetzung der evangelischen Gemeinde zum Tode verurteilt und auf eine Weise hingerichtet, die in lutherischen Landen gänzlich unbekannt war: In einer eigens errichteten Holzhütte wurde er öffentlich verbrannt. Als wäre eben das Luthertum Russlands geheiligte Staatsreligion, gegen die er sich vergangen hatte!

Im gleichen Jahr 1689 bestieg ein neuer Zar den Thron. Er hieß PETER, der erste des Namens. Es gab in der europäischen Geschichte wenige Monarchen, über die so viel geschrieben, und wohl keinen, über den so viel gestritten worden ist. Im Mittelpunkt der historischen Kontroversen stand dabei oft gerade sein Verhältnis zu den Deutschen. Nur wurden die psychopolitischen Aspekte und Folgen seiner Regierung, die zum Teil auch über Jahrhunderte hin nicht an Bedeutung verlieren sollten, kaum je genügend berücksichtigt. Ein über und über verbrauchter Aphorismus will wissen, PETER habe erstmals ein Fenster nach Europa aufgestoßen. In einem gewissen Sinn trifft das freilich zu. Denn da er den religiösen Standpunkt entschieden aufgab und sich wirklich wie nie jemand zuvor um die Heranziehung von Fachkräften aus sämtlichen, sowohl protestantischen wie auch katholischen Ländern des Westens bemühte, entstand das Bild eines aufgeschlossenen, zivilisationsbewussten Herrschers, der sein Volk aus mittelalterlicher Düsternis heraus in die europäische Familie führen wollte. Dadurch vermenschlichte und erhellte sich auch das gesamte Russlandbild des Durchschnittseuropäers und nicht zuletzt des Durchschnittsdeutschen. Durch die Errichtung einer neuen Hauptstadt, die einen demonstrativ deutschen Namen tragen sollte, verscheuchte PETER das Gespenst Moskau als Sinnbild des ewig drohenden Ostens aus der europäischen Psyche. Dennoch war eine solche Einschätzung seiner Bestrebungen und Erfolge von Anfang an einseitig. Und zwar nicht nur, weil gerade er das asiatisch-moskauerische Prinzip der Selbstherrschaft auf die Spitze trieb. Auch das Bild des Deutschen, die Einstellung zum Deutschen erhielt nunmehr eine unerwartete Färbung.

Wo das religiös geprägte Wir-Bewusstsein des Volkes bisher eine zwar glaubens- und wesensfremde, aber doch durch Gottes Fügung mystisch zum Freund erwählte Menschengattung gesehen hatte, tauchten jetzt wieder Eindringlinge auf, deren Lebensweise und äußere Gestalt der Zar den rechtgläubigen Russen aufzuzwingen suchte. Das rief schon an und für sich eine instinktive Abwehr, eine verzehnfachte Entfremdung hervor. Hinzu kam ein in dieser Form nie dagewesenes Phänomen, die wirtschaftliche und sogar berufliche Konkurrenz. In manchen Köpfen spukte nunmehr die Vorstellung vom Antichrist, denn das Gefühl religiöser und nationaler Identität war gefährlich verletzt.

(006) Geheimnisvolle Wahlverwandtschaften

Wie sich die Atmosphäre in unterschiedlichen Kreisen mit der Zeit auch gestalten mochte, das Deutschenbild der petrinischen Zeit ließ sich in den diversen neuen Vorstellungen der darauffolgenden Epoche nicht wiederfinden, es war verflogen und vergessen. Doch sollte die ungemein intensive innerrussische geistige Auseinandersetzung und ideologische Polemik, die sich seit fast drei Jahrhunderten immer wieder auf PETERS Werk beruft, obwohl sie in Wirklichkeit die Uridentität und Urspaltung Russlands betrifft, seitdem stets im wechselnden, schillernden Bild des Deutschen neue Nahrung finden.

Das russische 18. Jahrhundert, das im Gedächtnis der Nachkommen als Zeit der Palastrevolutionen, des kulturellen Aufschwungs und der gewaltigen Landeroberungen weiterlebt, war weitgehend von der »deutschen Frage« beherrscht, wie es manche Historiker genannt haben, oder richtiger, von den psychopolitischen Auswirkungen des neuen Wechselverhältnisses.

Wenn beispielsweise die Zarin ANNA IWANOWNA ihrem ehrgeizigen und machthungrigen Günstling, dem Baltendeutschen BIRON, den Hauptteil der Staatsgeschäfte überließ, so spiegelte sich das im Bewusstsein des Volkes wie des Adels als »Deutschenherrschaft«, jetzt ohne jeglichen religiösen Hintergrund, obwohl Deutsche auch zu den entschiedensten Gegnern des Favoriten gehörten. Wenn der Petersburger Akademieprofessor BAYER aus der kurz vorher wiederentdeckten Nestorchronik den ganz augenfälligen Schluss zog, dass die Waräger, die Gründer des ersten russischen Staatswesens, aus Skandinavien kamen, so glaubte der durchaus nicht westfeindliche LOMONOSSOW, der Stammvater der neuzeitlichen russischen Kultur, dies als Zeugnis antislawischer Gesinnung anprangern und den Gelehrten zum Parteigänger BIRONS stempeln zu müssen. Kein Wunder also, dass die neue Zarin ELISABETH nach vollbrachtem Staatsstreich durch ein nationales Pathos mit betont deutschfeindlicher Tendenz Popularität zu gewinnen suchte. Bezeichnend für die psychopolitische Situation war es dann allerdings, dass unter ihrer Regierung die Zahl der deutschen Einwanderer nur weiterhin zunahm! Indes wählte sich die große Patriotin einen Thronnachfolger, der zwar mütterlicherseits ihr Neffe war, aber als Sohn des holsteinischen Herzogs eine deutsche Erziehung erhalten hatte, und schon in ganz jungen Jahren wurde ihm eine Prinzessin aus Anhalt-Zerbst angetraut, deren rein deutsche Abstammung den künftigen Untertanen doch bestimmt ein Dorn im Augen sein musste. Wer konnte damals ahnen, dass sie, diese KATHARINA, lediglich eine lange Reihe deutscher Gemahlinnen auf dem Zarenthron eröffnete! Wieviel musste sich mittlerweile im geistigen Klima Russlands, im Weltbild des russischen Menschen geändert haben, seitdem PETER DER ERSTE als Antichrist heiliges Grausen erweckte!

Die Verschwörung der KATHARINA gegen ihren Gatten, PETER DEN DRITTEN, ist auch im Ausland zu wiederholten Malen eingehend und farbig beschrieben worden. Doch gerade ein ganz wesentliches Merkmal bleibt dabei gewöhnlich unbeachtet: die ungemein zielbewusste psychopolitische Nutzung der russischen Empfindlichkeiten.

Die beiden Massenmedien jener Zeit, die Kanzelpredigt und das Gerücht, wurden in beispielloser Weise aufgeboten, um die für Russland wahrhaft zukunftsweisenden Maßnahmen PETERS zu verzerren und zu verteufeln, und dies wiederum vom Standpunkt ihres angeblich unrussischen, deutschlastigen Charakters. Denn PETER DER DRITTE stellte sich voll und ganz hinter die großen Reformnkonzeptionen seines genialen Ratgebers DMITRI WOLKOW, und er gab nie vor, ein anderer zu sein als er wirklich war: nämlich ein typischer Sohn des Zeitalters der europäischen Aufklärung. KATHARINA dagegen inszenierte ein mehrere Jahre dauerndes Schauspiel, in welchem sie die Rolle einer religiösen Fanatikerin im streng ostkirchlichen Sinn übernahm, stundenlang kniete oder lag sie verzückt auf dem kalten Boden der Petersburger Kathedrale oder floh vor aller Augen in die Einsamkeit einer Kapelle zum andächtigen Gespräch mit Gott oder vergoss öffentlich bittere Tränen über das unglückliche Schicksal des einzig gottestreuen, rechtgläubigen Volkes unter der Fremdherrschaft eines deutschen Zaren mit protestantischen Bestrebungen. Nachdem sie aber den Zaren gestürzt und beseitigt hatte, sah sich KATHARINA in einer äußerst prekären Lage. Sie wollte und musste, ihren innersten Neigungen, ihren Vorstellungen von der eigenen geschichtlichen Berufung zufolge, genau die Linie des ermordeten Gatten fortsetzen. Denn während seinerzeit PETER DER ERSTE Russland zu einer europäischen Macht entwickelt hatte, bestand PETERS DES DRITTEN grundlegendes Ziel darin, es in ein europäisches Land umzuwandeln. Doch KATHARINA durfte nicht vergessen, dass sie den altrussisch denkenden Bevölkerungsmassen und Adelskreisen ursprünglich das Gegenteil versprochen hatte.

Zugleich war es indes für sie lebenswichtig, im Ausland als Vorkämpferin der Aufklärung, als Trägerin einer europäischen Mission Anerkennung zu finden. Als ganz besonders problematisch stellten sich dergleichen Bemühungen in Deutschland dar, denn hier hatte der Mord an dem hoffnungsvollen jungen Zaren die Gemüter am stärksten erregt. Und wie man sich auch zu den angewandten Mitteln verhalten mag, kann nicht geleugnet werden: Dieser äußerst komplizierten Situation wurde KATHARINA als politische Psychologin, Staatskünstlerin und diplomatische Spielerin höchsten Ranges vollauf gerecht, was um so bewundernswerter ist, als sie ihre Entscheidungen stets wirklich selbst traf. So kam es, dass ihre Regierung zwar durch unzählige Widersprüche, Kompromisse, Wendungen und Windungen gekennzeichnet war, jedoch ein Endergebnis zeitigte, das PETER DEM DRITTEN Ehre gemacht hätte. Das war nur in engstem Zusammenhang mit einer Entkrampfung und weitgehenden

Wandlung des gerade hierbei doch so belangvollen deutsch-russischen psychischen, emotionellen Wechselverhältnisses möglich. Tatsächlich wusste sie die zur Zeit der Verschwörung von ihr selbst willkürlich aufgebauschten Probleme und Gegensätze durch eine äußerst vorsichtige Taktik nachhaltig zu entschärfen, ja für die weitere Entwicklung, für das reale Leben, Denken und Fühlen der Nation irrelevant zu machen. Schon nach nicht allzu langer Zeit konnte sie es sich leisten, zur Besiedlung wirtschaftlich wichtiger Gebiete eine große Welle deutscher Einwanderung in die Wege zu leiten, wobei es sich oft ausgerechnet um Angehörige protestantischer Sekten handelte.

Bezeichnend ist, dass diese Bewegung weder von russischer noch von deutscher Seite als ein ungewöhnliches oder gar verfängliches Wagnis empfunden wurde.

In der traditionellen russischen Geschichtsauffassung ist das Wort vom »goldenen Zeitalter KATHARINAS« zur stehenden Redewendung geworden. Der Grund einer solchen Bewertung liegt in der Sphäre des Geisteslebens, denn es war zweifellos das goldene Zeitalter der russischen Aufklärung, in dem die gesamte moderne russische Kultur wurzelt. Nur sollte eines beachtet werden: Die russische Aufklärung überhaupt, die kulturelle Rolle KATHARINAS und ihres Hofes aber insbesondere entsprangen vor allem den Ausstrahlungen französischer Geistigkeit. Im 19. Jahrhundert dagegen sollte das russische Denken vornehmlich auf deutsche Impulse zurückgehen.

Hier lohnt es sich wohl, auf eine Veröffentlichung MICHAIL SCHISCHKINS einzugehen. Der junge Autor klagt, die Klassiker hätten *den* Deutschen verunglimpft, indem sie ihn als schale, fade, spießerische Figur darstellten, die nichts als Spott oder Achselzucken verdiente. Er zitiert dabei mehrere volkstümliche Dichter und meint offenbar, eine solche Darstellungsweise könnte gerade den gegenwärtigen Leser dahingehend beeinflussen, dass er auch deutsche Eigenschaften wie Geschäftstüchtigkeit und Zielstrebigkeit geringschätzt, und dies wieder müsste ihn für die anbrechende Ära der Marktwirtschaft minderbefähigt, wenn nicht gänzlich untauglich machen.

Im Grunde bedauert er nur, dass ein PUSCHKIN oder TOLSTOI diese unsere Gründerzeit nicht vorausgeahnt hatten und daher Menschen bilden wollten, die im höheren Sinn zwar Europäer waren, doch im Konkurrenzkampf einer derartigen Europäisierungsperiode nicht ihren Mann stehen könnten. So will es eine gewisse heutige russische Mode, die Mode der Entliterarisierung und Entidealisierung.

Nur ist das Bild, das SCHISCHKIN vom belletristischen Porträt des Deutschen bei den russischen Klassikern entwirft, zumindest einseitig. Wenn diese Realisten in ihrer Kleinmalerei russischen Alltagslebens auch tatsächlich hin und wieder auf gescheiterte Existenzen deutscher Herkunft stoßen, so ergibt sich dabei ein um so schärferer Kontrast zum geistigen Deutschlandbild, das damals in der russischen Gesellschaft und ihrer Literatur vorherrschte. Für diese Gesellschaft, für diese Literatur war Deutschland die Heimat der Romantik. Und es war das Land der Dichter und Denker *par excellence*. Und es galt als reichlich geschmacklos, wenn etwa Gogol da an einer Stelle den Namen Schiller missbrauchte.

Die Hauptsache indes war doch eben, dass nunmehr den bedeutungsvollsten geistigen, sozialen und namentlich ideologischen Strömungen innerhalb der russischen Eigenentwicklung deutsche Anstöße zugrundelagen, aber auch eine Rückwirkung auf das intellektuelle Geschehen in Deutschland nicht ausblieb.

So setzte mit dem gemeinsamen Sieg über Napoleon ein Wettlauf ganz eigener Art ein, bei dem die romantisch-nationalistischen Tendenzen beider Länder einander ständig durch Übernahme, Steigerung, Zuspitzung und Radikalisierung der jeweils neuesten Leistungen vaterländischen Denkens zu überholen suchten.

Zugleich kam es zu einem ähnlichen Wettlauf in der entgegengesetzten, romantisch-revolutionären oder zumindest romantisch-demokratischen Richtung, bei dem allerdings gewaltige Beschleunigungen im einen oder anderen Land den ursprünglichen Charakter des Rennens von Zeit zu Zeit völlig entstellten. Doch fiel der Gedanke an die Weggenossen im Nachbarland nie gänzlich weg. Ihr Bild wurde zum Vorbild oder Warnbild oder zwielichtigen Zukunftsbild.

Aus so unterschiedlichen und doch auf besondere Weise atmosphärisch verwandten Quellen wie dem Antirationalismus eines Schelling, der Deutschtümelei vergangenheitsberauschter Poeten und der Selbstbewunderung königlich-preußischer Publizisten war unterdessen eine Bewegung entstanden, die zunächst rein stimmungsmäßig auf Russland übergriff, dann aber Auffassungen, Begriffe und sonstige Elemente für ein neues Bekenntnis vermittelte, das eine Loslösung vom kosmopolitisch-französischen Geist der russischen Aufklärung bedeuten wollte und sollte. Sicher stützte sich diese neue Gedankenrichtung auf die alten Denkgewohnheiten des russischen Menschen, wie sie vom Exklusivitätsanspruch der orthodoxen Kirche geprägt waren.

Sicher berief sie sich auch ganz emphatisch auf das nationale Erbe, doch verleugnete sie dabei nie die fremde theoretische, geschichtsideologische Grundlage des eigenen Wirkens. Um die Einmaligkeit der slawischen Geisteswelt, ihre Überlegenheit und ihre menschheitsumfangende Sendung zu erhärten, bezog sich das sogenannte Slawophilentum ausdrücklich auf die analoge deutsche Denkart, und so entstand eine merkwürdige Seelenverwandtschaft, die eine ständige Rivalität und somit unausbleibliche Explosionen offener Feindschaft bedingte.

Bei alldem sollte ein ganz spezifischer Aspekt der Rückwirkung auf Deutschland immer stärker in den Vordergrund treten, ein Aspekt, der das 20. Jahrhundert vorwegnahm. Zu den Hauptideen der Slawophilen gehörte seit eh und je ein messianisches, welterlöserisches Zielbewusstsein, das allmählich mit den russischen imperialen Zielsetzungen und einer zunehmend aggressiven Theorie und Politik des Panslawismus verschmolz. Eine ähnliche Verschmelzung altüberkommener Vorstellungen mit dem beispiellosen Großmachttaumel nach dem siegreichen Feldzug von 1871 und der Reichsgründung brachte die gleiche Mentalität auch in Deutschland zum vollen Tragen, und trotz allen Skandalen der Gründerzeit, allen kosmopolitischen Bestrebungen der geistigen und gesellschaftlichen Elite, allen Erfolgen der Sozialdemokratie fand sie charakteristischen Ausdruck in dem damals so populären Spruch »An deutschem Wesen soll die Welt genesen« – es hätte ebensogut heißen können »Deutsches Wesen soll die Welt erlösen«.

Während in Deutschland der romantisch-revolutionäre Geist bereits 1848 voll auflorderte und sich erschöpfte, fand er in Russland erst in den Geheimzirkeln der siebziger und den Mordanschlägen der achtziger Jahre seine gültige Verkörperung, und das wieder verlieh dem Russlandbild der damaligen Deutschen einen düsteren, unheimlichen, gefahrumwitterten Glanz. Doch zur Jahrhundertwende hin glich sich die Lage auch an dieser Flanke des psychopolitischen Spektrums beider Länder zumindest scheinbar aus, denn an die Stelle der einstigen Romantik, der bisherigen Volksanbetung trat die sich »materialistisch« gerierende Klassenmystik, die angeblich »wissenschaftlich« untermauerte Offenbarung vom nahenden Sieg des Proletariats. Dennoch unterschieden sich Status und Wirkung des marxistischen Welterneuerungstraums hier und dort grundlegend.

In Deutschland beeinträchtigten der nationale und der soziale Erfüllungswille einander. Schon deshalb, weil die marxistische Doktrin unvereinbar war mit der Lebensauffassung des normalen Deutschen, dem die Reformation ein persönlichkeitsgebundenes Arbeits- und Erfolgsethos vermacht hatte, und mochte er selbst auch Katholik sein. Entscheidend indes war, dass der nationale Weltheilungsanspruch hier nicht Dinge wie Wahrheitsbesitz, Gerechtigkeit, Brüderlichkeit oder allumfassende Liebe geltend machte, sondern lediglich kulturelle und wirtschaftliche Leistungen, die vermeintlich einer genetisch bedingten Wesensart zu verdanken seien.

Anders war es in Russland. Der Übergang zur Vorherrschaft einer neuen, sozialpolitischen Ideologie vollzog sich hier schnell und verhältnismäßig widerstandslos. Das eherne Einheitsprinzip in der Welt- und Geschichtsdeutung, die Ethik des Kollektiven, Massenhaften, Gemeinschaftsverbundenen, aber auch die streitbare messianische Verheißung hatten so viel Wesentliches gemein mit dem Ideengut der Slawophilen und letztlich mit dem orthodox-kirchlichen Menschen- und Seinsbild. Beim Sprung von der religiös bestimmten zur sogenannten »einzig wissenschaftlichen Weltanschauung« bedurfte es keiner so schmerzvollen Überwindung des eigenen Innersten, wie dies bei anderen Ideologieverdrängungen der Geschichte der Fall gewesen war. Daher konnten später auch der nationale und der kommunistische Messianismus fast unmerklich ineinander übergehen, miteinander verschmelzen.

Auch im Ersten Weltkrieg ging es für die russische Volksmeinung keineswegs um geopolitische, wirtschaftliche oder ähnliche traditionelle Ziele. Für sie war es tatsächlich zunächst ein »schicksalhaftes Völkerringen«, wie es der damalige deutsche Propagandawortschatz so schön zu formulieren wusste. Ein Ringen, bei dem die Entscheidung über die moralische, kulturelle und spirituelle Vorrangstellung in der modernen Welt fallen sollte, über die Ausgangsstellung für eine messianische Sendung. Doch erkannte ein Mann bald, dass nicht der Sieg, sondern gerade die Niederlage im Krieg eine ideale Ausgangsstellung dafür bedeuten würde. Dieser Mann hieß LENIN.

Es ist eigentlich irrelevant, welcherart Verbindungen LENIN zum deutschen Generalstab hatte. Wenn sich heute so hitzige Diskussionen über diese Frage entspinnen, vergessen alle Parteien meist das eine: Er ließ sich in seinen Handlungen von einem ganz eigentümlichen Patriotismus leiten. Der große Traum seines Lebens war die Weltrevolution. Aber eine Weltrevolution, die von Russland ausging. Unbedingt von Russland. Und er war überzeugt, allein die Niederlage könnte den osteuropäischen Riesen zu jenem »schwächsten Glied in der Kette des Imperialismus« machen, dessen Ausfall die so heißersehnte Zerstörung der gesamten Kette nach sich ziehen würde. Unerträglich war ihm der Gedanke, Deutschland könne den Krieg verlieren und folglich die Initiative der proletarischen Welterlösung an sich reißen. Neben seinem unterschwelligen Patriotismus bewegte ihn dabei die nüchterne Erkenntnis, zur Übernahme einer solchen Mission sei gerade die russische Volksseele durch eine jahrtausendlange Entwicklungsgeschichte prädestiniert.

Es war nur logisch, dass er nach seiner Machtergreifung hingegen ein schnellstmögliches deutsches Debakel erhoffen musste, da er heilig glaubte, dies würde momentan die proletarische Revolution auslösen und somit das neugeborene Sowjetrussland aus seiner totalen Isolierung retten. Nie beschlich ihn auch nur die geringste Ahnung, dass eben in Deutschland nach einer niederschmetternden Katastrophe der unausbleibliche psychische Kompensationsdrang ganz anderen Kräften Vorschub leisten und ganz andere Folgen haben könnte.

Doch auch als die schwärmerischen, für die Bürgerkriegszeit kennzeichnenden Hoffnungen auf die europäischen »Klassenbrüder« enttäuscht waren, auch als neue Führer neue Losungen ausgaben, blieb man dabei, dass Deutschland das Land sei, wo sich LENINS Weissagungen in nächster Zukunft verwirklichen müssten. So kam es, dass die offizielle Ideologie, die Erziehung, Propaganda und Kultur beherrschte, in den zwanziger Jahren ausgesprochen deutschfreundlich war. Statt des als aristokratisch verschrieenen Französi-

(006) Geheimnisvolle Wahlverwandtschaften

schen wurde Deutsch überall als erste Fremdsprache eingeführt, denn man würde sich doch mit der Bevölkerung der neuen Republik verständigen müssen. Diese Geistesverfassung mochte weltfremd oder überspannt anmuten, doch im Grunde entsprang sie einer Verquickung von altrussischer und kommunistischer Utopie, von Muttermilch und Dogma. Und sie blieb nicht ohne Widerhall. Das Russlandbild, das sich viele sogenannte Linke und nicht nur Linke in Deutschland erdacht oder angeeignet hatten, war ebenso utopisch, aber auch in ihm lebte etwas von der eigenartigen Anziehungskraft wieder auf, die Russland ja schon auf die evangelischen Landsknechte und Apotheker des 16. Jahrhunderts ausgeübt hatte.

Weit problematischer stellte sich das psychopolitische Wechselverhältnis in der Zeit vom 30. Januar 1933 bis zum 23. August 1939 dar. Weniger allerdings in Deutschland, wo HITLER in erster Linie als Retter vor dem Bolschewismus figurierte. Die Möglichkeit, zwischen Russland mit seiner als asiatisch hingestellten Mentalität und dem Bolschewismus ein Gleichheitszeichen zu setzen, kam den Nazis sehr gelegen, denn sie wollten als Bollwerk Europas betrachtet werden. STALIN dagegen, für den zunehmend eine neue Art Messianismus zur fixen Idee wurde, in welchem nicht mehr das Volk, sondern die Führerpersönlichkeit die nationale wie auch die marxistische Sendungsidee trug, musste eine entsprechende Elastizität an den Tag legen. In der ersten Hälfte der dreißiger Jahre, als er noch meinte, durch das Wirken der Kommunistischen Internationale und speziell ihrer deutschen Sektion seine Oberherrschaft in ausgedehnten Weltregionen begründen zu können, sah er in den Nazis vor allem eine Kraft, die den bürgerlichen Staat untergrub und dabei auch der Sozialdemokratie vernichtende Verluste beibringen musste. Er glaubte allen Ernstes, wie übrigens die überwältigende Mehrheit der damaligen europäischen und überseeischen Beobachter, HITLER würde sehr bald abgewirtschaftet haben – und dann wäre endgültig seine, STALINS, Stunde gekommen. Demgemäß pflegte er noch nachdrücklicher als zuvor das Bild vom guten, leidenden, sich dem Naziterror aber immer entschiedener widersetzenden deutschen Volk, von der kämpferischen deutschen Arbeiterklasse, die von den Sowjetmenschen durch unentwegten Arbeitsenthusiasmus in Schwerindustrie und Rüstungsbetrieben unterstützt werden müsste.

Ein Umbruch kündigte sich gegen Mitte des Jahrzehnts an. Die Weltwirtschaftskrise war enttäuschend, ohne nennenswerte Erschütterungen ausgegangen, und HITLER hatte seine Macht entscheidend gefestigt.

Das »Versagen« des europäischen und insbesondere des deutschen Proletariats beraubte selbst glühende Kommunisten ihrer Illusionen, konnte aber darüber hinaus zu einer fatalen Ermüdung und Abschwächung der messianischen Impulse im russischen Volk führen. STALINS neues psychopolitisches Konzept bezweckte daher eine

Potenzierung dieser Impulse durch völlige Abkehr von der Idee der Weltrevolution und konsequenten Rückgriff auf das russische imperiale Denken. Das wieder bedingte einen radikalen Bruch mit dem bisherigen Bild des Deutschtums in der sowjetischen Propaganda, offiziellen Literatur und Geschichtswissenschaft. Es galt, nicht nur die letzte Spur der hohen revolutionären Erwartungen von einst zu tilgen, sondern auch das uralte, tiefsitzende Gefühl der Schicksals- und Seelenverwandtschaft auszumerzen. Kennzeichnend für diese Kehrtwendung war das Aufkommen einer ganzen Historikerschule, die sich neben der wahllosen Glorifizierung aller vergangenen russischen Kriege aufs eifrigste mit einem minutiösen Absuchen der Jahrhunderte nach verderblichen deutschen Einmischungen und Einflüssen befasste. Und dann, so schien es, wurde jede Möglichkeit einer Umkehr ein für allemal ausgeschlossen, als die in der Weltgeschichte beispiellose Terrorsintflut von 1936 bis 1938 einen ganz offen und ausdrücklich deutschfeindlichen Charakter erhielt. In den großaufgemachten Schauprozessen wie bei Verhören in verborgenen Kellern der Lubjanka wurde heimlichen Stalingegnern und völlig Unschuldigen gleichermaßen zur Last gelegt, deutsche Verbindungen unterhalten zu haben. Massenerschießungen und Millionenverhaftungen besiegelten, musste man annehmen, tödlichen Hass für immer.

Um so aufschlussreicher und beredter vom psychohistorischen Standpunkt war aber die Reaktion des Landes, als STALIN die Weichen jählings umstellte und auf eine mit HITLER gemeinsame Aufteilung der Welt zusteuerte. Vom Tag der Unterzeichnung des MOLOTOW-RIBBENTROP-Paktes an schienen die emotionsgefärbten Propagandahinweise auf das Erbe einer geschichtlich hundertmal bewährten Seelenverwandschaft wahre Wunder zu wirken: Das Ereignis, dessen Voraussage, nein, bloß Andeutung im Freundeskreis vor wenigen Monaten noch Selbstmord bedeutet hätte, wurde ohne sonderliche Erregung aufgenommen: In einem größeren historischen Zusammenhang erschien es eben natürlich. Und gerade deshalb musste HITLERS wirklich unewarteter, wirklich unprovozierter, wirklich hinterhältiger Überfall statt Panik und Defätismus die weißglühende Empörung eines Volkes hervorrufen, dessen Vertrauen und guter Wille so bestraft worden waren. Der schroffe Wandel im Bild des Deutschen, in der emotionellen Färbung des Wortes »deutsch« an sich, jetzt nahezu eines Synonyms von »heimtückisch« und »räuberisch«, bedurfte keiner künstlichen Aufpeitschung. Im Laufe der Zeit mit dem deutschen Rückzug und der schreckenerregenden Entdeckung immer neuer Greueltaten der Okkupanten steigerte sich der Rachedurst derart, dass die offizielle Propaganda, in Voraussicht der prekären Nachkriegsprobleme, durch häufiges Lob für die angeblich sehr aktiven deutschen Kommunisten und durch die Gründung eines »Nationalkomitees Freies Deutschland« bei

Moskau eine gewisse Differenzierung und damit Mäßigung zu bewirken suchte, nur wurde das im Volk und im Heer als »Selbsttröstung« aufgefasst.

Dies änderte sich mit einem Schlag am 20. Juli 1944. Die Nachrichten vom Attentat und dann von der weitverzweigten Verschwörung rückten die Vorstellungen vom Feind in ein neues Licht. Damit begann das allmähliche Abebben des großen Hasses, ja eine gewisse Entschematisierung und Wiedervermenschlichung des Deutschlandbildes. Sicher hätte ohne diese Wende der spätere Einmarsch ins Feindesland ganz andere Folgen nach sich gezogen.

Die menschen- und blumenüberschwemmten Straßen von Bukarest und Sofia, Belgrad und Prag schienen dann dem Siegesvolk Erfüllung. Reale messianische Erfüllung. Russland hatte die slawischen und die anderen Völker der Region erlöst, eben erlöst. In der buchstäblichen und doch auch vergeistigten Bedeutung des Wortes. Es hatte den Wettlauf der Verheißungen gewonnen.

Erfüllung eines Traumes im Traum. Denn es war ein Traum, der trog.

Buchstäblich nach wenigen Wochen hatten zwei Eiserne Vorhänge das noch euphorisch gestimmte Volk und die Träger seiner Mission vom Schauplatz der großen Erfüllung abgeschnitten. Die langersehnten mystischen Früchte so vieler schwerer Opfer waren geraubt.

Aber der Plan, die Geister vollständig propagandahörig zu machen, sollte scheitern. Das galt auch für die Vorstellungen von Deutschland und den Deutschen.

Die krasse Engel-und-Teufel-Scheidung, die überhaupt für die gesamte Sowjetideologie typisch war, nahm in bezug auf die deutsche Geistesgeschichte, auf die politische Situation in der Nachkriegszeit und dann natürlich erst recht auf die beiden deutschen Staaten außergewöhnlich drastische Formen an. Inzwischen gestaltete sich jedoch das Deutschlandbild in den Köpfen der Intellektuellen, der Jugendlichen, aber auch der Durchschnittsrussen weitaus variantenreicher, unvergleichlich farbiger. Die Propaganda erwies sich als machtlos gegen Einflüsse der Literatur, der Kultur und nicht zuletzt der Tradition, der geschichtlichen Erinnerung.

Und umgekehrt. Als in den späten fünfziger, sechziger und namentlich siebziger Jahren der Verkehr und Austausch mit dem östlichen Teil Deutschlands beträchtliche Ausmaße erreichte, fühlten sich viele Russen immer wieder peinlich berührt durch die naive Idealisierung der Sowjetgesellschaft und des Sowjetmenschen von seiten ideologiegläubiger DDR-Bürger.

Die seelischen, nur selten an die Oberfläche tretenden Spannungen, die einer solchen Konstellation von Vorstellungen und Bildern entspringen mussten, haben schließlich auch eine erkennbare Rolle gespielt in den geistigen und emotionellen Prozessen, die dann zur sogenannten Perestrojka führten. Denn ein entscheidendes Moment war auch bei dieser Wende das tief eingenistete, nie gänzlich abgestorbene und nunmehr wiedererwachende Verlangen der Volkspsyche nach einem höheren nationalen Daseinssinn.

Die Jahre, die seit der Perestroika vergangen sind, haben dieses Verlangen weitgehend enttäuscht – doch sicher nicht endgültig ausgelöscht. Wie es sich aber psychisch und psychopolitisch auswirken und die nächste Zukunft mitgestalten wird, hängt unstreitig auch vom vorherrschenden Bild Deutschlands und der Deutschen ab. Es deutet sich nämlich ganz offensichtlich eine Tendenz an, und zwar in sehr unterschiedlichen Gesellschaftsgruppen und Gesinnungslagern, dieses Bild als Leitbild, als Vorbild, als Musterbild anzuerkennen. Doch sind gerade die unterschiedlichen Deutungen des Leitbilds zusätzlicher und hochbrisanter Zündstoff.

(20.03.1995)

Das neue russische Westlertum
Tendenzen, Thesen, Theorien

In jedem Volk, jeder Zivilisation, jeder Epoche gab es seit eh und je unzählige innere Gegensätze, die weittragende Konsequenzen für den Lauf der Geschichte hatten. Dennoch wage ich die Behauptung, dass der jahrtausendlange innerrussische Widerstreit zweier Weltauffassungen, Denkstrukturen, Identitäten keine vergleichbaren Phänomene in der Menschheitsgeschichte kennt. Dieser Widerstreit hat indes gerade jetzt eine Schärfe und Reichweite erlangt wie vielleicht nie zuvor. Und wenn seine direkten und indirekten Auswirkungen schon früher, und zwar in ständig zunehmendem Maße, weit über die Grenzen des Landes hinaus unverkennbare Spuren hinterließen, ja oft bedeutungsschwere Folgen nach sich zogen, so ist sich im heutigen Russland buchstäblich jedermann bewusst, dass diese vehementen Auseinandersetzungen das Schicksal der ganzen Welt einbeziehen.

Spricht man von den gegenwärtig miteinander ringenden geistigen Parteien, so werden meist nach wie vor die alten, gängigen Bezeichnungen Russophilen und Westler angewendet. Obwohl diese Wortprägungen, insbesondere die letztere, geschichtlich und geschichtsphilosophisch nicht gerade exakt sind, haben sie sich derart eingebürgert, dass sie dem gesamten Ton der Polemik ihren Stempel aufdrücken. Deshalb will auch ich sie hier gebrauchen, sei es auch mit Vorbehalten.

In erster Linie gilt es, die Frage zu beantworten: Worin bestand und worin besteht die westlerische Idee, das westlerische Bekenntnis, das Westlertum als historische Kraft und historische Mission?

Zunächst sollte man sich darüber im klaren sein, dass es sich um einen ganzen Komplex von Grundsätzen, Einstellungen und Bestrebungen handelt, die durchweg tief in der Geschichte verankert sind, um einen Komplex, der sämtliche Sphären des gemeinschaftlichen und persönlichen Lebens, der nationalen Mentalität, der sozialen Ideologie und des individuellen Weltbilds umfasst. Dabei mag es dem heutigen Europäer wohl seltsam vorkommen, dass sich ausgerechnet in einer Zeit innenpolitischer Spannung und bedrohlichen Gärens die aktivsten intellektuellen Kräfte des Landes mit der Neuausdeutung von Ereignissen einer fernen Vorzeit beschäftigen. Aber gerade dieses Zurückgehen auf die Anfänge ist das entscheidende Moment – die Beantwortung der überkommenen Fragen aus neuer Sicht, die Klärung und Begründung des Zusammenhangs aktuellen westlerischen Denkens in den verschiedensten Geistesformen und Lebensbereichen, die Erarbeitung neuer, zeitgemäßer Standpunkte und Argumente in der ewigen Kontroverse sind *nur* auf *dieser* Grundlage möglich. Gerade dadurch unterscheiden sich die neuen Westler auch von den meisten Vorgängern.

Michail Schaiber-Sokolski

Das Wort Westler in seiner überlieferten Bedeutung, als polemischer, streitbarer Begriff, war ursprünglich nichts als die Selbstbenennung eines kleinen Moskauer Intellektuellenzirkels, der sich seit Mitte der dreißiger Jahre des vorigen Jahrhunderts um den Studenten NIKOLAI STANKEWITSCH versammelt hatte, um über Probleme der zeitgenössischen Kultur zu diskutieren, dann aber einer soeben aufgekommenen literarischen Richtung entgegentrat, die sich den Namen Slawophilen zugelegt hatte. Während die Slawophilen eine mystische Lehre von der Einmaligkeit und Ganzheitlichkeit der slawischen Seele, der slawischen Wesensart und Denkweise aufbauten und dementsprechend die seit anderthalb Jahrhunderten, seit den Reformen PETERS DES GROSSEN voranschreitende Europäisierung verdammten, bejahten die Westler diese Reformen, da sie die slawischen Völker überhaupt und die russische Nation insbesondere als ebenbürtige Mitglieder in die europäische Familie eingereiht sehen wollten. Freilich wären diese Wortgefechte wohl kaum in die russische Geschichte eingegangen, hätten sie nicht auch höchst wesentliche, ja schicksalsträchtige politische und ideologische Früchte gezeitigt. Einerseits gehörten dem Stankewitsch Zirkel mehrere junge Männer an, die das spontane Westlertum ihrer Generation allmählich zu einer universalen Weltanschauung mit zahlreichen philosophischen Schattierungen ausbauen sollten. Zu nennen wären da vor allem TIMOFEJ GRANOWSKI, Begründer der vergleichenden Geschichtsforschung in Russland und Vater des politischen Liberalismus, WISSARION BELINSKI, alsbald Hauptfigur des literarischen Lebens und wegweisender Vorkämpfer einer weltoffenen russischen Literatur, ALEXANDER HERZEN, als Publizist und Philosoph russischer und gesamteuropäischer Wortführer des politischen Radikalismus im 19. Jahrhundert, und MICHAIL BAKUNIN, Apostel des Anarchismus in aller Welt. Im Keim bestand eine solche geistige Vielgestaltgkeit sicher schon damals, als sie alle rings um den kleinen Teetisch unweit der Universität saßen, doch zunächst galt ihr Augenmerk eben vornehmlich der theoretischen Widerlegung des slawophilen Gedankensystems. Indirekt aber trug ihr Wirken, ihre geheime Ausstrahlung bereits zum Aufkommen eines Neuerungsdrangs bei, der allmählich nahezu die gesamte russische Gesellschaft erfasste und nach 1855 in dem epochalen Reformwerk ALEXANDERS DES ZWEITEN gipfelte. Hatte der so heiß umstrittene PETER DER GROSSE Russland zu einem europäischen *Staat* machen wollen, so sollte es nunmehr, wie man glaubte, ein europäisches *Land* werden. Andererseits indes bildeten die Ideen der Slawophilenbewegung, wenn auch ungewollt, eine der Hauptquellen des aggressiven Panslawismus der zweiten Jahrhunderthälfte. Ja, einen gewissen Einfluss übten sie unleugbar sogar im Westen aus. Denn zu jener Zeit wurde Russland dort zu einem Brennpunkt des öffentlichen Interesses. Während liberale Kreise die neuen politischen Institutionen und wirtschaftlichen Regelungen begrüßten, radikale Fanatiker für den romantischen Glorienschein der revolutionären Terroristen schwärmten, die Kulturbegeisterten aller Länder den soeben erst entdeckten großen Schriftstellern höchste Bewunderung zollten und besorgte Glaubenseiferer das intensive religiöse Leben des Volkes beneideten, bot das Ideengemenge der späten Slawophilen den seelenverwandten nationalextremistischen, präfaschistischen Strömungen reichlich Nahrung – so waren russische Einflüsse bei MAURICE BARRÈS und HOUSTON STEWART CHAMBERLAIN, bei PAUL ANTON DE LAGARDE und später sogar ALFRED ROSENBERG unverkennbar. Doch trotz der geistigen Flachheit, sozialen Zeitfremdheit und historischen Mehrdeutigkeit des reißerischen Slawophilentums der letzten Jahrzehnte vor dem ersten Weltkrieg blieb ihm, gerade ihm eine ungeheure direkte und indirekte Wirkung beschieden, eine Wirkung, die den gesamten Verlauf der russischen Geschichte bis auf den heutigen Tag weitgehend bestimmte.

Davon soll im folgenden noch ausführlich die Rede sein, doch erhebt sich sogleich die unvermeidliche Frage: Warum?

Alle Erfahrungen der vergangenen Epoche weisen auf die eine schlüssige Antwort hin: Die Slawophilen beriefen sich ständig auf die angebliche Urwesenheit des russischen Volkes, auf die aus frühster Zeit ererbten Charaktereigenschaften und Gedankenrichtungen, auf den einzig wahren orthodoxen Glauben und die von ihm untrennbaren Lebensformen und Sinnesarten wie Gemeinschaftsgeist, Ehrfurcht vor den göttlichen und weltlichen Mächten, Bewusstsein der nationalen Zusammengehörigkeit und Auserwähltheit mit Folgeerscheinungen wie Abwehrstellung gegen die fremde äußere Welt, imperiales Denken und national-messianische Verheißung. Damit glaubten die Slawophilen die gesamte russische Geschichte für sich in Anspruch nehmen zu dürfen. Tatsächlich gelang es ihnen, in breiten Schichten eine bestimmte psychische Disposition herauszubilden, die dann sowohl in den Exzessen der Schwarzen Hundert wie auch im Bolschewismus, in der stalinistischen Schreckensherrschaft wie auch in der epidemieartigen Verbreitung des Neoslawophilentums der sechziger und siebziger Jahre zweifellos eine erhebliche Rolle spielte. Die damaligen Westler hingegen begnügten sich im Grunde mit einer auf PETER DEN GROSSEN zurückgehenden Selbstbewertung und dadurch bedingten Einstellung gegenüber Europa, einer spezifischen Einstellung, die in dem Begriff *Lernen* zusammengefasst werden kann. Dieses Lernen allerdings mochte sehr unterschiedliche Dinge einschließen, so etwa die durchaus eigenständige Analyse und Interpretation philosophischer Systeme und die sklavische Nachahmung fremder Moden und Bräuche, die Übernahme technischer Fertigkeiten und die Vernachlässigung eigener kultureller Traditionen. In jedem Fall aber erwies sich die westlerische Idee in *dieser* Form ganz offensichtlich außerstande, die Masse des Volkes anzusprechen, geschweige denn mitzureißen. Sie wirkte allzu oberflächlich.

Als nun in der zweiten Hälfte unseres Jahrhunderts die sowjetische Ideologie und die von ihr erzeugte Ersatzidentität immer spürbarer an Boden verlor, sahen sich beide Lager des ewigen russischen Widerstreits mit der Notwendigkeit konfrontiert, neue Ideale auf neuer Grundlage zu entwickeln.

Damals begann denn auch innerhalb der geistigen Elite die Erarbeitung von Prinzipien und theoretischen Ausgangspositionen eines neuen Westlertums.

Nur handelte es sich dabei, wie die Dinge nun einmal standen, natürlich nicht um öffentliche Diskussionen und gedruckte Stellungnahmen, sondern lediglich um streng private Erörterungen und heimlich verbreitete Manuskripte – deshalb generell auch nicht um abgestimmte, aufeinander Bezug nehmende, einander ergänzende Bemühungen, sondern eher um ein paralleles Neudurchdenken, Neuausdeuten und Neubewerten von Vergangenheit und Gegenwart, um eine *parallele* Suche nach rettenden Zukunftswegen. Und wenn ich in diesem Zusammenhang von der geistigen Elite spreche, so meine ich damit keineswegs allein Berühmtheiten, denn die Hoffnung auf eine westlerische Renaissance mit neuen Voraussetzungen, Zielrichtungen und Visionen wurde von zahlreichen Intellektuellen geteilt, und viele suchten das Ihre beizutragen. Während in der zensurpflichtigen Presse höchstens eine Autorität wie der Altmeister der russischen Kultur- und Literaturforschung Dmitri Lichatschow andeutungsweise westlerische Standpunkte vertreten durfte, richtete sich gerade infolge des Wütens der Zensur die unterirdische oder, wie man es nannte, die »Küchenpolemik« ganz eindeutig, ja fast ausschließlich gegen die kommunistisch-russophile Front und ihre verschiedenen Ableger. Das bedeutete Rebellion. Geistige Rebellion, aber in letzter Instanz nicht nur geistige. Und dabei hätte doch eigentlich der springende Punkt des gesamten neuwestlerischen Gedankengebäudes, die These von der *europäischen Urwesenheit* des russischen Volkes, in keiner Weise staatsgefährdend erscheinen sollen!

Ja, eben diese These nämlich war entscheidend für jeden Versuch eines westlerischen Neubeginns, sie musste zwangsläufig den Ausgangspunkt aller parallelen Arbeiten bilden.

Das galt auch für zwei meines Erachtens wichtige Theorien über den Ursprung der russischen Identitätsspaltung, die damals einiges Aufsehen erregten, aber erst viel später im Druck erscheinen konnten, und auf die ich hier näher eingehen will. Die eine stammt von dem bekannten Historiker, Philosophen und Romanschriftsteller Wladimir Kantor, die andere vom Verfasser dieser Zeilen.

Kantor führt den gesamten Entwicklungsweg Russlands und des Russentums auf vier Grundtatsachen des frühen Mittelalters zurück: die Berufung der Warägerfüsten, die Taufe der Kiewer Rus', die Einflüsse der Steppe, die mongolisch-tatarische Eroberung. Zwei phileuropäische und zwei antieuropäische Faktoren.

(007) Das neue russische Westlertum

Wenn er hinsichtlich der ja für die russische Geschichtsschreibung so traditionellen Warägerfrage vor allem betont, dass nicht das Problem »Herbeirufung oder Eroberung« wesentlich sei, sondern der Umstand, dass die Waräger keinen Tribut eintrieben, sondern blieben und sich rasch slawisierten, so schließt er sich damit eigentlich nur einer alten Historikerschule an; weit relevanter dagegen sind seine Thesen über die Religionswahl: Byzanz, von dem Kiew Glaubenssätze und Ritus übernahm, sei damals der zivilisierteste, der europäischste Teil der Welt gewesen, in dem sich das Erbe von Jerusalem, Hellas und Rom vereinigt hatte, die frührussische Kirche indes habe sich überhaupt nicht auf den Konflikt zwischen Orthodoxie und Katholizismus eingelassen, da dieser ja erst später, im Schisma, realen Ausdruck finden sollte, daher verband diese Wahl Russland nur um so enger mit Europa – ein Standpunkt, der den Denkmustern der ersten Westler und besonders ihres Lehrmeisters PJOTR TSCHAADAJEW, krass widerspricht. Doch noch aufschlussreicher ist der Hinweis auf die Steppe und die Nomadeneinbrüche als identitätsbildendes Moment: Die Russen mussten sich schon damals als Vorposten Europas empfinden, und obwohl sie ständig den Einwirkungen Asiens ausgesetzt waren, obwohl sie genetisch, kulturell und psychisch von der Steppe beeinflusst wurden, entwickelten sie eine städtische, typisch europäische Lebensweise. Das große Unglück ihrer Geschichte jedoch, die Unterwerfung durch die mongolische Goldene Horde, habe die gesamte weitere Entwicklung mitbestimmt. Besonderes Gewicht legt KANTOR dabei auf das sogenannte mongolische Bodenrecht, das den *privaten Landbesitz* ausschloss. Dies habe die russische Staats-, Gesellschafts- und Kulturgeschichte bis auf den heutigen Tag geprägt und die russische Mentalität der europäischen weitgehend entfremdet. Hinzu käme, dass die Eroberer aus den Steppen durch Verleihung von Bodennutzrechten und sonstige Förderung die *Kirche* als psychologisches Instrument mit Polizeifunktion hätten einsetzen können. Wenn auch in KANTORS Geschichtsschema die Überbetonung der Eigentumsverhältnisse auffällt, die vielleicht auf marxistische Denkgewohnheiten zurückgeht, so war doch sein Hinweis auf die Urwurzeln aller späteren historischen Tendenzen gerade für das neue Westlertum von Belang. Und das galt erst recht für seine Ausführungen, die STALIN als gesetzmäßigen Geisteserben und Rechtsnachfolger der mongolischen Horde charakterisierten. Weniger treffend dagegen war wohl seine Zusammenfassung der Prinzipien des heutigen Westlertums in der dreifaltigen Losung »Demokratie, Privateigentum, Freiheit«, da sie den geistigen und psychogenetischen Kern des Ganzen ignoriert, wenn nicht der völlig abstrakte und verschwommene Begriff »Freiheit« in diesem Sinn gemeint sein sollte.

Wenn ich in mehreren Schriften immer wieder eine andere Triade – »Individualismus, Pluralismus, Dynamismus« – aufstellte, so geschah dies jedoch keinesfalls in polemischer Absicht. Ich wollte nur die Ideale zur Geltung bringen, die meiner Ansicht nach dem gesamten jahrtausendlangen, wesenseigenen Streben nach einer europäischen Identität, oder wie ich es nenne, dem *Eurorussentum* entsprechen. Die ihr zugrunde liegende Geschichtsbetrachtung habe ich im Laufe der Jahrzehnte in zahlreichen historischen Abhandlungen und publizistischen Aufsätzen dargelegt. Hier nun möchte ich sie erstmalig zusammenhängend resümieren.

Es liegt auf der Hand, dass die ostslawischen Stämme nicht nur rein geographisch, nein, auch ihrem gesamten prähistorischen und präkulturellen Kern, ihrer Stammesgeschichte nach von Beginn an zur europäischen Welt gehörten. Wenn die skandinavischen Waräger das erste russische Staatswesen gründeten, so handelte es sich weder um eine gewaltsame Unterwerfung noch um eine freiwillige Fürsteneinsetzung, wie die Streitfrage stets lautete, sondern um das bewusste Bündnis zweier europäischer Stämmegruppen zur Abwehr der von Osten andringenden Steppenwelt. Als mit der Zeit die Tuchfühlung zum europäischen Raum verlorenzugehen drohte, folgte Kiew dem natürlichen Instinkt, indem es durch Annahme des Christentums versuchte, zu seinen Wurzeln zurückzukehren. Die Wahl des byzantinischen Bekenntnisses erklärte sich dabei vorwiegend aus der gleichgearteten geopolitischen und psychopolitischen Abwehrstellung gegenüber dem Osten, keineswegs aus einer Entfremdung gegenüber dem Westen.

Nicht umsonst hob die frühe russische Geistlichkeit gerade die westlichen Elemente im orthodoxen Dogma und Ritus, die hellenistischen Züge in der Ästhetik und Ethik der Ostkirche hervor – eine radikale Wandlung trat erst weit später ein: Russlands älteste Wortkunst war in vielerlei Hinsicht der zeitgenössischen europäischen Dichtung, dem Schrifttum des europäischen Mittelalters verwandt, was mindestens zum Teil von *bewusster Anlehnung*, vielleicht aber auch von *gegenseitiger* Beeinflussung zeugt. Die städtischen Demokratien des russischen Mittelalters stellten den krassesten Gegensatz zu jeder asiatischen Staatsform dar und hätten in diesem Sinn selbst den europäischen Kommunen der Epoche als Vorbild dienen können. Der Widerstand ungezählter russischer Städte und Landschaften, der den großen Mongolensturm auffing und schließlich zurückschlug, wurde von vielen Generationen ganz eindeutig als Verteidigung der europäischen Identität, als Kampf für Europa empfunden. Doch gerade zur Zeit des Mongoleneinfalls betrat ein Mann die historische Szene, den ich als ersten Antieuropäer, als Wegbereiter der Steppe, als Zerstörer der frühen russischen Freiheit, als Verfälscher der eigentlichen russischen Identität und Wesenheit anzuprangern wage. Noch hatte ich damit allerdings wenig Erfolg. Obgleich mein Traktat über diesen Mann, den Nationalhelden und Nationalheiligen ALEXANDER NEWSKI, bereits 1978 lebhafte Diskussionen unter Samisdat-Lesern hervorrief und nach der Drucklegung 1990 mehrere Würdigungen in vielgelesenen Monats- und Wochenschriften verzeichnen durfte, blieb meiner Darstellung bis auf den heutigen Tag leider jeder wirkliche Einfuß auf das überlieferte Geschichtsbild der Russen, auf den Klang des seit alters verklärten Namens im Bewusstsein der absoluten Mehrheit versagt. Dieses Gewohnheitsdenken aber bedeutet meiner Meinung nach ein sehr empfindliches Handikap des ganzen neuen Westlertums. Denn ALEXANDER NEWSKI, die entscheidende Gestalt der russischen Vergangenheit, war stets ein Symbol der Europafeindschaft, in dieser Feindschaft lag der Sinn aller seiner Siege, Mutproben und Schandtaten. Der Verzicht auf die Umwertung dieses Symbols ist im Grunde gleichbedeutend mit dem Verzicht auf eine gültige Anerkennung des beispiellosen Kampf- und Leidensweges des Eurorussentums in den wechselnden Zeitaltern, des verzweifelten geistigen, psychologischen, politischen und kriegerischen Ringens um die europäischen Werte der heranreifenden Neuzeit, um das Recht des Menschen auf Individualität, auf eine selbstgwählte Gesinnung, auf Entfaltung und Erfüllung von Persönlichkeit *und* Gesellschaft, also eben um das grundlegende Dreierprinzip »Individualismus, Pluralismus, Dynamismus«. Wenn ich immer wieder voller Bewunderung den beharrlichen, oft heldenmütigen Kampf des alten Nowgorod und des Russisch-Litauischen Reiches, der judaisierenden Ketzer und des ersten Emigranten ANDREJ KURBSKI, der Parteigänger des FALSCHEN DEMETRIUS und IWAN BOLOTNIKOWS, der südrussischen Aufklärer und des Petersburger Staatsmanns DMITRI WOLKOW, schließlich der streitbaren Gegner des Bolschewismus und der unterirdischen Ankläger STALINS zu umreißen suche, so geht es mir dabei stets um den Willen zur Wiedergewinnung der natürlichen Stellung innerhalb der Menschheit, zur Abschüttelung der verhängnisvollen Erbschaft ALEXANDER NEWSKIS. Welche Gefahren ein naives Westlertum birgt, das keine solche Rückerinnerung an die Ursprünge und an das geistige Heimweh nach Europa kennt, sollten die Geschehnisse seit der Wende von 1985 nur allzu klar zeigen.

Gewiss traten auch in dieser Periode mehrere Autoren mit bedeutsamen geschichtsphilosophischen und kulturtheoretischen Begründungen eines neuartigen, rein geistigen Westlertums hervor, und ich werde auf sie noch zurückkommen. Doch die überwiegenden Tendenzen der Zeit waren anderer Art.

Auf den ersten Blick mag es ja scheinen, als hätten sich gerade jetzt in allen Lebenssphären endlich westlerische Ideale durchgesetzt. Gehörten doch zu diesen Idealen stets auch Dinge, die tatsächlich im gegenwärtigen Russland Geltung erlangt haben und eine gar nicht geringe Rolle spielen, so etwa Bürgerrechte wie Meinungsfreiheit, Privatinitiative, Freizügigkeit, demokratische Einrichtungen wie Parlamentarismus, Mehrparteiensystem, Informationspluralismus, schließlich die vielgepriesene, häufig als Grundlage der gesamten westlichen Zivilisation bezeichnete Marktwirtschaft. Und doch kann all das nicht darüber hinwegtäuschen, dass von den missglückten

Reformen gerade das klassische eurorussische Ideal am stärksten in Mitleidenschaft gezogen worden ist.

Und zwar keinesfalls bloß, weil die Wirtschaftsmanie der marxistisch erzogenen Reformer jeden Idealismus als solchen ins Abseits drängt, und auch nicht bloß, weil statt der geistigen Elite der Massenmensch das kulturelle und psychopolitische Gepräge der Zeit bestimmt, ja nicht einmal bloß, weil neben der westlerischen nunmehr auch eine extreme, unverhohlen faschistisch gefärbte russophile Strömung wachsenden Zulauf und bedrohlichen Einfluss erlangen konnte. Ausschlaggebend ist, dass die westlerische Idee an und für sich weitgehend ausgehöhlt, verzerrt und verstümmelt wurde.

Als GORBATSCHOW zu Beginn seiner sogenannten Perestroika die schöne Losung vom »gesamteuropäischen Haus« ausgab, stimulierte er damit nicht allein bewusste oder gefühlsmäßige Träger der eurorussischen Denktradition. Der effektvolle Wahlspruch löste auch eine Welle ideologischer Modewestlerei aus, die insbesondere in der doch noch unlängst so großspurig patriotischen Presse vulgär wirken musste. Oft nahm dieser Trend geradezu groteske Formen an: Die prahlsüchtigsten der Journalisten wetteiferten plötzlich miteinander in einer masochistischen Geißelung und Besudelung des eigenen Volkes, die keinerlei positive Bestrebungen, keinerlei positive Erwartungen mehr erkennen ließ. Das mochte freilich einerseits dem gewöhnlichen Trieb der Mittelmäßigkeit entspringen, sich anzupassen, mitzumachen und dabei zu übertreiben. Andererseits war es vielleicht aber auch eine krankhafte und dennoch verständliche Kompensation für die vorangegangene lebenslange Selbsterniedrigung, den dauernden Zwang, wider besseres Wissen die bestehenden Zustände zu verherrlichen, das eigene Ich zu verleugnen und zu zertreten. Herausgestellt wurde allerdings immer die Absicht, endlich mit der altanerzogenen nationalen Überheblichkeit und Selbstidealisierung abzurechnen, um dem Volk, wie es meist hieß, den Weg in ein zivilisiertes Leben zu bahnen. Doch stieß gerade dieses klägliche Schauspiel, das dem Mann auf der Straße als Inbegriff radikalen Westlertums präsentiert wurde, die allermeisten von einer Ideenrichtung ab, die sie ja nur vom Hörensagen kannten und die ihnen jetzt unvereinbar mit jeder Selbstachtung erscheinen musste. So verlieh die Vulgärwestlerei, wie sich bald erwies, ausgerechnet den extrem nationalistischen Stimmungen Auftrieb.

Zugleich wurde immer offenkundiger, dass auch die Zielsetzungen des alten, naiven Westlertums, des Westlertums der Nachahmung und Angleichung, keine realen Perspektiven mehr eröffnen konnten, keine reale Anziehungskraft mehr besaßen. Denn Hand in Hand mit der Unterschätzung des, wie ich es nenne, *psychohistorischen* Faktors, der ja auch für das Denken des *heutigen* Russen so kennzeichnend ist, ging zwangsläufig eine Unterschätzung der Einwirkungskraft erebter Sehnsüchte und Idealvorstellungen, die jedoch das emotionelle Leben des

Volkes nach wie vor prägen. Diese Sehnsüchte, diese Ideale wurden verflacht und vergröbert, durch rein politische oder wirtschaftliche Wunschbilder verdrängt, mitunter durch primitive Allgemeinheiten ersetzt. Statt des genetischen Codes wurde der Magen angesprochen. Und das sollte sich rächen.

Die verhängnisvolle Fehlbewertung der verschiedenen Komponenten und Triebkräfte russischen Zukunftsstrebens bestimmte auch den gängigen Sprachgebrauch der konventionellen Westler. Hier nur ein anschauliches Beispiel: Der äußerst vieldeutige Begriff »Zivilisation« ist inzwischen zum beliebtesten aller Schlagwörter geworden. Aber in welchem Sinn? Tatsächlich läuft ja das Zentralproblem des gesamten jahrhundertealten Widerstreits auf die Alternative »Eigenständige Zivilisation oder Zugehörigkeit zur Zivilisation Europas« hinaus – doch nicht in dieser Bedeutung wird das Wort jetzt am häufigsten gebraucht. Allzu selten sind auch die für diesen Fragenkomplex eigentlich wirklich relevanten Gegenüberstellungen von »Kultur« und »Zivilisation«, wie sie der deutschen Geschichtsphilosophie entspringen. Ob nun eine solche Antithese im Sinne ALFRED WEBERS als Nebeneinander von Geist und Technik, von Lebenserfüllung und Lebensweise oder im Sinne OSWALD SPENGLERS als Nacheinander von Aufstieg und Niedergang ausgedeutet wäre – in beiden Fällen könnte sie aufschlussreich sein für das Wechselverhältnis Russland-Europa, denn gerade im Reich der Kultur kann und will Russland, nach Ansicht des neuen Westlertums, Europa sein, Europa verteidigen, Europa befruchten. Doch ist das Kennwort »Zivilisation« bei den altwestlerischen Journalisten leider in einer ganz anderen Konnotation üblich, nämlich ausschließlich als Gegensatz zu »Wildheit, Ungepflegtheit, Rückständigkeit«. Das ließe sich vielleicht als eine besondere Art rückhaltloser nationaler Selbstkritik auffassen, nur fühlt man gewöhnlich aus jedem Satz unzweideutig heraus, dass im Grunde doch etwas anderes gemeint ist, und zwar »Zivilisation« als Antonym von »Armut«. Ja, diese Art Zivilisationssehnsucht ist eigentlich nichts als eine Sublimierung des recht alltäglichen Verlangens nach einem, wie es unlängst einer der populären Journalisten formulierte, »gewöhnlichen, wohlhabenden, gesunden und gesicherten Leben«. Doch kann ein solcher natürlicher Herzenswunsch unmöglich, und gerade in Russland am wenigsten, das geschichtstragende, identitätsbegründende Motiv einer Nation darstellen! Kein Wunder, dass die Bemühungen dieses eindimensionalen Westlertums, eine Mehrheit des Volkes für sich zu gewinnen, auch in dieser Hinsicht völlig danebengegangen sind.

Die Erkenntnis, dass ein neues Westlertum nur dann folgerichtig konzipiert werden kann und seine historische Aufgabe nur dann zu erfüllen vermag, wenn es über die bisherigen Tendenzen hinausführt und ungeahnte Horizonte eröffnet, hängt aufs engste zusammen mit der klaren Einsicht, dass es hierbei an drei Fronten zu kämpfen gilt:

Erstens natürlich gegen die Prediger des Sonderwegs, der nationalen Exklusivität und des ideologischen Ghettos, gegen die Erbschaft der Steppe, kleide sie sich nun in russophile, eurasische, kommunistische, faschistische, rot-braune oder sonstige Trachten und Uniformen; der Kampf gegen diese Partei des ewigen Widerstreits ist heute besonders erschwert durch die politische und psychische Nachwirkung einer siebzigjährigen totalitären Herrschaft, durch die ungemeine Verstärkung dunkler, meist irrationaler, aber doch an bestimmte primitive Glaubenssätze gebundener antieuropäischer und antiamerikanischer Stimmungen als Folge einer jahrzehntelangen ungehemmten nationalistischen Propaganda, durch das verletzte Selbstbewusstsein und das Kompensationsbedürfnis eines staatstragenden Volkes, dessen Staat buchstäblich über Nacht zerfallen ist, durch das eklatante Fiasko der äußerst schmerzhaften und dabei westlerisch gemeinten Wirtschaftsreform, nicht zuletzt aber auch durch das gesamte Verhalten des Auslands, wo die russischen Vorgänge und ihre eventuellen Auswirkungen verharmlost, die Bestrebungen des neuen Westlertums meist mit Gleichgültigkeit aufgenommen, ja oft auf demütigende Weise zurückgewiesen werden. Um so bewundernswerter ist die Entschlossenheit, mit der so viele Vertreter der eurorussischen Geisteselite ihren angespannten Kampf an dieser entscheidenden Front weiterführen.

Zugleich gilt es aber, gegen den vulgärwestlerischen Moderummel mit seinen geistfeindlichen Untertönen, gespielten Minderwertigkeitskomplexen und masochistischen Auswüchsen anzutreten, und zwar keineswegs nur, weil dieses abschreckende Beispiel den ideologischen Antipoden Vorschub leistet, sondern vor allem, weil gerade das zentrale Moment, die nationale Selbstmissachtung sämtlichen historischen und weltanschaulichen Vorstellungen des neuen Westlertums aufs krasseste widerspricht.

Nicht weniger belangvoll, obwohl vielleicht weniger augenfällig, ist der entschiedene, unmissverständliche Trennungsstrich, der selbst zu den besten und klarsichtigsten Exponenten des traditionellen Westlertums gezogen werden muss. Ausschlaggebend ist dabei nicht etwa der allerdings empfindliche Prestigeverlust durch das Scheitern des großangelegten Neuerungsversuchs der letzten zehn Jahre. Es handelt sich um etwas ganz anderes. Wenn an die Stelle des Politischen, des Sozialen, des Ökonomischen das Geistige, das Menschliche, das Bleibende treten soll, so hat das nichts mit Erfolgen oder Misserfolgen, ja überhaupt nichts mit dem Zeitgeschehen zu tun. Deshalb wird auch der Kampf hier in der Regel nicht mit publizistischen Mitteln, nicht unmittelbar polemisch geführt. Die Thesen und Theorien neuwestlerischer Denker sind an und für sich, in ihrer rein positiven Form, eine Negation des alten Westlertums.

In dieser Hinsicht unterscheiden sich auch die erst nach 1985 abgeschlossenen geschichtsphilosophischen Systeme kaum von denen der Samisdat-Epoche. Wenn ich im folgenden einige Lehrmeinungen und Ideenkomplexe der neuesten Zeit kurz umreißen möchte, so soll dies in erster Linie dazu dienen, eine Vorstellung von der Vielfalt der konkreten Gesichtspunkte und der Intensität des auch heute sehr vielgestaltigen geistigen Strebens zu vermitteln.

Eine umfassende Lehre vom sogenannten Dialog der Kulturen hat der prominente Philosoph und Kulturtheoretiker WLADIMIR BIBLER aufgestellt. Dieser ewige Dialog als Hauptphänomen jeglicher menschlicher Entwicklung lag nach BIBLER auch der Herausbildung des europäischen Typs zugrunde. Tatsächlich waren ja die westliche wie die russische Zivilisation aus dem Dialog der *gleichen* Kulturen entstanden, vor allem der judaisch-christlichen und der griechischen, mancherorts mit deutlichem Einschlag nordisch-heidnischer Formen, und diese Urverwandtschaft gewann später auch eine zeitliche Dimension, denn im Grunde brach der Dialog nie ab. Und das bleibt entscheidend. BIBLERS Dialog der Kulturen ist *eben* als universaler, raum- und zeitumfangender, das individuelle, das nationale und das gesamt-menschheitliche Dasein durchziehender Prozess gedacht. Als ein Prozess, der auch heute und in aller Zukunft die *einzig gültige* Basis einer humanistischen Gestaltung des Menschenlebens und einer humanistischen Erziehung des Menschen darstellen kann. Nicht von ungefähr schuf BIBLER mit ausgesprochen westlerischer Zielsetzung ein eigenes System »dialogischer Pädagogik« sowie ein dementsprechendes Netz von Schulen, für die ein ständiger »Dialog der Kulturen« grundlegendes Prinzip und unverzichtbarer Leitgedanke sein sollte. Leider haben sich viele dieser Schulen inzwischen den gewöhnlichen Programmen angepasst, doch war ihr Einfluss auf die pädagogische Atmosphäre des Landes keineswegs gering, und das äußert sich nach wie vor in der Entwicklung des Erziehungswesens. Noch nachhaltiger indes wirkte BIBLERS Anliegen auf die verschiedensten Bereiche intellektueller Tätigkeit ein. Um hier nur einige beachtliche Erscheinungen des russischen Geisteslebens anzuführen, die zumindest teilweise auf BIBLERS Gedankengänge zurückgehen:

Das Motiv eines Dialogs der Religionen und ihrer Kulturen ist bei so gut wie allen religiösen Philosophen unserer Zeit unverkennbar, ob sie sich nun lediglich auf die christlichen Konfessionen, ihre Doktrinen und ihr Ethos beziehen oder einen weiteren Kreis einbegreifen. Gerade in dieser Zeit höchster Brisanz des permanenten Gegensatzes von eurorussischen und russophilen Tendenzen kommt der Religionsphilosophie eine außergewöhnliche Bedeutung zu, denn die nationalistische, europafeindliche Partei sucht sich in ihren ideologischen und psychopolitischen Feldzügen stets auch auf die orthodoxe Gläubigkeit zu stützen, und angesichts des merklichen Rückgangs der rein religiösen Ausstrahlung der Kirche sehen viele ihrer Würdenträger in einer solchen gemeinsamen Frontstellung gegen die Außenwelt eine Möglichkeit neuen Aufschwungs, neuer Einflussnahme auf die Volkspsyche. Nicht etwa, dass die Philosophen eine mit der offiziellen Kirche vergleichbare Geltung erlangt hätten. Doch lässt sich die unterschwellige, unwägbare Einwirkung ihrer Botschaft auf das religiöse Denken und Fühlen nicht verleugnen. Und dies ist eine Botschaft im Sinne des Dialogs. Wenn bereits die klassischen Religionsphilosophen Russlands, namentlich der größte unter ihnen, Wladimir Solowjow, energisch gegen die slawophile Ghettopredigt, gegen die Selbstausgrenzung aus der Menschheit in die Schranken getreten waren, so haben ihre derzeitigen, unstreitig bedeutenden Nachfolger wie Sergej Awerinzew, Jewgeni Barabanow, Wladimir Bibichin oder Sergej Ljosow, welch unterschiedliche Ansichten sie sonst auch vertreten, ganz ausdrücklich den Dialog als Prinzip und Motto auf ihre Fahne geschrieben. Wie Bibler es auffasst, steht dialogisches Denken in diesem Sinn höher als ökumenisches Denken, denn Dialog, gerade Dialog setzt immer Individualität voraus, und Individualität ist die Grundlage der europäischen Zivilisation, der Schwerpunkt europäischer Identität.

Auch in der Geschichtsforschung hat sich der Blickwinkel Dialog als fruchtbar erwiesen. Und zwar keineswegs nur bei der Ausdeutung realer russisch-europäischer Wechselbeziehungen der Vergangenheit, sondern in nicht geringerem Maße auch bei der Entschlüsselung mancher Wendungen und Zäsuren der russischen Eigenentwicklung, die sich nie wirklich aus immanenten Wesenszügen und Gesetzmäßigkeiten, aus dem Spiel der inneren Kräfte allein erklären ließen. Wenn beispielsweise die Kultur des altrussischen Igorlieds, die Blütezeit der mittelalterlichen Teilfürstentümer oder der frühe politische, ethnische, kulturelle und religiöse Pluralismus im westrussisch-litauischen Staat von mir als Folgeerscheinungen eines ursprünglichen gesamteuropäischen Dialogs interpretiert wurden, so kam darin gewiss auch die von Bibler übernommene Grundvorstellung zum Ausdruck. Das wiederum trug zur allmählichen Verbreitung einer Geschichtsbetrachtung aus eurorussischer, neuwestlerischer Sicht bei.

Wladimir Biblers publizistisches und pädagogisches Wirken fiel vorwiegend in die Jahre hochgespannter Erwartungen zwischen 1985 und 1992, obwohl die wichtigsten Projekte und Theorien selbstverständlich schon früher, zur gleichen Zeit wie seine philosophischen Hauptwerke, entstanden waren. Die Enttäuschungen der letzten Jahre nun haben ihn zwar allem Anschein nach entmutigt, zum Verzicht auf öffentliche Aktivitäten bewogen und seine Rückkehr zur reinen Philosophie bedingt, doch bedeutet das auf keinen Fall endgültige Resignation – denn auch die unbestreitbaren Rückschläge, die das neue Westlertum durch die innerrussischen Vorgänge und die Indifferenz des ahnungslosen Auslands erfahren hat, werden ebensowenig wie die Notlagen aller vorangegangenen Jahrhunderte eine Kapitulation der eurorussischen Partei zur Folge haben!

(007) Das neue russische Westlertum

Dafür bürgen nicht zuletzt auch die Bemühungen einiger Autoren, die vorläufig selbst in Russland noch keinen echten Anklang gefunden haben, doch meiner Ansicht nach in einer nicht allzu ferner Zufunft eine wesentliche Rolle in den nie abflauenden geistigen Auseinandersetzungen spielen müssten.

Deshalb möchte ich hier näher auf die Gedankengänge Wassili Lenskis eingehen, eines bekannten Mathematikers, dessen überraschende geschichtsphilosophische Konzeptionen ich seit einiger Zeit im Westen zu propagieren suche, um auf diesem Umweg, wieweit möglich, auch die Aufmerksamkeit einer heimischen Leserschaft auf sie zu lenken.[7]

Zur Erklärung der Identitätsspaltung in der russischen Welt vertieft sich Lenski in eine graue Vorzeit. Schon das Aufkommen menschlichen Bewusstseins musste seiner Auffassung nach für den Urmenschen über unzählige Generationen hinweg ein Fluch gewesen sein, da nunmehr seine Beziehungen zur Umwelt auf Entfremdung und dauernder Furcht beruhten und da die mechanischen, von der Evolution erarbeiteten Verhaltensstereotypen immer wieder gestört wurden – es war der Verlust eines Paradieses. Die Anpassung menschlichen Verhaltens an die Bewusstseinsprozesse nahm mehrere Jahrtausende in Anspruch, konnte aber die Sehnsucht nach jenem Paradies nie ganz verdrängen – daher die historischen Triumphzüge der verschiedensten Rauschmittel, von den uralten Orgiasmen und Herdenekstasen über die ideologischen Massenhysterien neuerer Zeiten bis zu den modernsten pflanzlichen und chemischen Stoffen. Das war jedoch aufs engste verbunden mit der Struktur des frühen Bewusstseins, denn in ihm dominierten die verschiedensten Archetypen (im Sinne des von Lenski vielzitierten Carl Gustav Jung), vor allem die des »absolut Bösen«, der »magischen Gewalt« und der von einem mystischen Totemismus geschützten »Zusammengehörigkeit«, dieses Urbilds der Kollektivität. Doch schließlich wurde das alte Bewusstsein von innen gesprengt – durch das Auftreten einer schicksalsschweren Abwandlung, des Ich-Bewusstseins. Der Ich-Mensch war für jene Zeitenwende gleichsam ein Übermensch. Und damit begann das ewige Ringen zweier Menschentypen, deren divergierende psychische Entwicklung bedingt war durch den Gegensatz von Archetypen und, wie Lenski es nennt, Neotypen, durch den Gegensatz der damit verbundenen Menschenbilder, Weltinterpretationen und Verhaltensweisen. Die Menschen des neuen Typs werden von Lenski als Prometheiden bezeichnet, obwohl er, was in diesem Zusammenhang vielsagend ist, stattdessen dann immer öfter vom europäischen Typ spricht. Allerdings unterstreicht er, dass auf keinen Fall irgendwelche Rasseneigenschaften gemeint sind und dass gerade innerhalb Europas die Verschwörung der Archetypen gegen den Europäismus, gegen die Neotypen, gegen das Prometheidentum bis in die allerneueste Zeit hinein mitunter die erschreckendsten Formen annahm.

Im Kontext der russischen Geschichte aber stehen sich demgemäß *die* Kräfte gegenüber, die einerseits als Eurorussen, andererseits in ihren verschiedenen historischen Abarten, von den frühen Nomaden bis zu den heutigen Rot-Braunen, symbolisch als die Steppe bezeichnet weden können. Hier aber liegt der springende Punkt des gesamten Gedankengebäudes Wassili Lenskis. In den eigentlichen, von der Steppe psychisch nicht unterworfenen, wurzelbewussten Russen sieht er ausgeprägte Träger der drei fundamentalen *Neo*typen, nämlich des »heroischen«, des »ethischen« und des »gnoseologischen«. Dabei kommt es ihm auf den Nachweis an, dass dies eine historisch wirksame, ja historisch entscheidende Tatsache war, *ist* und *sein wird*. Als »ethischen« Neotyp bezeichnet er die Wertvorstellungen Menschlichkeit, Gerechtigkeit, Arbeit, und wenn er an die biblischen Gebote und das Arbeitsethos bei Hesiod erinnert, so will er zeigen, dass auch die *Ethik* der frühen Russen aus einer Verschmelzung judaisch-christlicher und griechischer Elemente hervorgegangen war. Aus den gleichen Quellen kamen die Vorstellungen von der Erkenntnis als unbedingtem und höchstem Streben und vom Einsatz des Lebens als höchster Manifestation der Persönlichkeit. Dabei betont Lenski, dass gerade der Neotyp des »Heroischen« bestimmend war für die jahrtausendlange Verteidigung Europas, die den roten Faden der gesamten russischen, oder richtiger eurorussischen, Geschichte bildet.

Eines haben indes die Überlegungen aller von mir erwähnten Autoren gemein: Sie greifen in so ferne Zeitalter zurück, um sowohl den heutigen als auch den kommenden Russen zu einem eurorussischen Selbstverständnis, sowohl den heutigen als auch den kommenden Europäern zum Verständnis des Eurorussentums, seiner Wesenheit, seiner Potenzen und Impulse, seines geschichtlichen Auftrags zu verhelfen. An erster Stelle steht hier nicht die Mehrung von Wissen oder die Anregung akademischer Diskussionen. Die klare Erkenntnis, um was es hier wirklich geht, ist nicht allein für Russland lebenswichtig. Geht es doch um nichts geringeres als die Wiederherstellung Europas. Der entscheidende Leitsatz, mit dem sich die neuen Westler an die Menschen des Westens wenden, lautet: Unsere Zukunft heißt Heimkehr, unsere Heimkehr heißt Zukunft. Denn es kann nur eine gemeinsame Zukunft geben. Sonst die Steppe. Oder die ewige Wüste.

(15.04.1996)

Der Geist und die Geister
Russland, Europa und das Slawophilentum –
gestern, heute, morgen

Es gibt in diesen gewitterschwülen Jahren zahllose Menschen, vor allem in Russland, die immer wieder von einem unklaren Gefühl heimgesucht werden, dass im Osten Europas eine nie dagewesene Katastrophe naht, die unabsehbare Folgen für die gesamte Menschheit haben kann.

Es ist ein unklares und doch logisch durchaus gerechtfertigtes Gefühl. Denn wer immer die Besonderheiten, Triebkräfte und Auswirkungen der früheren und gegenwärtigen Entwicklung dieses gewaltigen Landes und seines vielgeprüften Volkes zu enträtseln sucht, ohne sich an altgewohnte Denkschemata zu klammern, wird sich der Einsicht nicht verschließen können, dass jetzt, gerade jetzt, alle inneren Spannungen, alle geistigen Antinomien, alle geopolitischen Sehnsüchte ihre historisch größte, explosionsgefährlichste Steigerung erlangen mussten und erlangt haben.

Was aber ist hier mit »altgewohnten Denkschemata« gemeint? Die Antwort auf diese Frage ist lebenswichtig. Einerseits handelt es sich um gewisse eingefleischte Vorstellungen, die gerade den westlichen Menschen allzu oft blind machen für die eigentlichen Wurzeln jener realen psychischen und politischen Prozesse, die zu den großen Tragödien der Geschichte führen. Selbst in traditionell geistigen, bürgerlich-humanistischen, von der marxistischen Ideologie unberührten Kreisen ist ja die Auffassung gang und gäbe, dass stets ökonomische Faktoren den Ausschlag geben, wenn die Geschicke von Nationen aus dem Gleichgewicht geraten. Daher die Selbsttäuschung, man könne durch Wirtschaftshilfe, Begünstigungen auf dem internationalen Markt oder finanzielle Darlehen die verhängnisvollen Gewalten, die hier im Spiel sind, bannen.

Doch noch weit gewichtiger sind andererseits die vorherrschenden spezifischen Ansichten betreffs der russischen Verhältnisse, der entscheidenden Momente russischen sozialen und psychopolitischen Lebens. Denn wenn die Überschätzung rein zeitbedingter, rein materieller Aspekte überhaupt irreführt, so gilt das in besonderem Maße für Russland.

Beeindruckende Tatsachen und die verschiedensten, oft wiederkehrenden Stimmungen zeugen von einem ungemein tiefliegenden und empfindlichen Geschichtsbewusstsein des russischen Volkes, einem Geschichtsbewusstsein, das selbst Leuten eigen ist, die den faktischen Verlauf der Geschichte bestenfalls oberflächlich kennen, ja die vielleicht von den bedeutsamsten Ereignissen und Persönlichkeiten der Vergangenheit außer den ringsum tausendfach wiederholten Namen so gut wie nichts wissen. Aber jeder von ihnen fühlt, dass auch die heutige angespannte Atmosphäre, das heutige Ringen um Russlands Zukunft ganz im Zeichen einstiger Auseinandersetzungen steht, dass diese Zukunft unausbleiblich von jahrhundertealten Tendenzen geprägt sein wird. Der Durchschnittsbürger versteht sich selbst als Objekt und zugleich als Subjekt geschichtlicher Entwicklung, wie nichtig sein eigener Beitrag auch sein mag.

Es kann den Europäern unmöglich gleichgültig sein, wie die derzeitigen innerrussischen Kämpfe ausgehen, denn letztendlich ist es eine Schicksalsfrage für Europa selbst. Man sollte meinen, dass die Menschen dieses Erdteils, und vor allem die am unmittelbarsten betroffenen Deutschen, in diesem bedeutungsschweren Augenblick die Partei des Friedens, die westlerische, eurorussische Seite auf jede erdenkliche Weise, emotionell und intellektuell, psychopolitisch und propagandistisch unterstützen würden. Wenn dies nicht der Fall ist, so erklärt es sich unzweifelhaft in erster Linie aus Vorurteilen, die seit alter Zeit überall im Abendland, vornehmlich aber gerade in Deutschland, das russische Wesen als solches, die russische Zivilisation, den geschichtlichen Weg Russlands in ein falsches Licht rückten.

Wie wurde dieser Weg gewöhnlich dargestellt? Eine eigentümliche, exotische Welt sei es gewesen, die sich seit jeher durch Religion, kulturelle Spezifik, geopolitische Bestrebungen und Zusammensetzung der Bevölkerung von den Lebensbereichen der anderen weißen Völker grundlegend unterschieden hätte, zu Beginn des 18. Jahrhunderts jedoch infolge der Willküraktes eines Herrschers namens PETER I. aus den ursprünglichen, naturgegebenen Bahnen herausgerissen worden sei, worauf allmählich gewisse ideelle und materielle Werte der westlichen Neuzeit in die höheren Kreise der Gesellschaft eindrangen, so dass dieses merkwürdige Land und sein Volk einen Sonderweg zwischen Europa und Asien einschlug. Ein solches Russlandbild herrschte, wohlgemerkt, auch in der ersten Hälfte des 19. Jahrhunderts vor.

Dieser Umstand muss unterstrichen werden, denn er sollte sich als bedeutungsvoll, wenn nicht ausschlaggebend, für das Aufkommen einer russischen geistigen Bewegung erweisen, die seitdem – in verschiedenen Formen und Abwandlungen – eine wesentliche, meist verhängnisvolle Rolle im Wechselverhältnis Russlands und Europas, aber auch in allen inneren Auseinandersetzungen gespielt hat. Damals wurde diese Bewegung etwas sonderbar benannt – »die Slawophilen«.

Sonderbar an dieser Benennung war, dass es sich eigentlich um Schriftsteller und andere Intellektuelle handelte, die ausschließlich die russische Vergangenheit, das vorpetrinische Heimatland verherrlichten und sich gegenüber den sonstigen slawischen Völkern mehr oder minder gleichgültig, wenn nicht, wie im Fall Polen, sogar eher feindlich verhielten. Die Quelle aber, aus der diese nostalgischen Geister vorwiegend schöpften, war eigentlich nicht das altrussische

Erbe, sondern die zeitgenössische europäische Philosophie und Literatur. Nur wandten sie die damals im Westen populären Gesichtspunkte und Gedankengänge auf ihre eigene Weise zu ihren eigenen Zwecken an. Sie alle, ALEXEJ CHOMJAKOW und ALEXANDER KOSCHELJOW, die Brüder KONSTANTIN und IWAN AKSAKOW, die Brüder IWAN und PJOTR KIREJEWSKI, die gewöhnlich als die »frühen Slawophilen« bezeichnet werden, beherrschten nicht nur perfekt die wichtigsten Sprachen Westeuropas, kannten sich nicht nur gründlich in den geistigen Strömungen der Zeit aus – sie kamen bei ihren Reisen auch mit so manchen Vertretern dieser Strömungen in enge persönliche Berührung und tauschten mit ihnen eifrig Gedanken aus. Zwar gilt es als unzweifelhaft, dass ihr kämpferisches Engagement ursprünglich eine Reaktion auf die antiorthodoxen, radikal-westlerischen, prokatholischen Betrachtungen des berühmten »Ersten Philosophischen Briefs« ihres Zeitgenossen und Landsmanns PJOTR TSCHAADAJEW gewesen war, doch in einem gewissen Maße widerspiegelten ihre Ansichten eben das altüberkommene naive und einseitige Russlandbild, das der romantischen Mittelalterverehrung ihrer westeuropäischen Partner entsprach. Diese uneingestandene Geistesverwandtschaft hatte eine paradoxe Seite: Die deutschen und sonstigen Romantiker hatten in der Regel tatsächlich kaum eine genauere Vorstellung von den Ereignissen der russischen Frühzeit, wogegen die Slawophilen, denen sich alsbald auch ein Historiker von hohem Rang, ein Vorläufer der klassichen Epoche russischer Geschichtsschreibung, MICHAIL POGODIN, anschloss, sehr wohl wussten, welche Bedeutung für ganz Europa die Abwehrkämpfe der Ostslawen gegen die raub- und eroberungslustigen Steppennomaden, insbesondere die Polowzer und Petschenegen, bereits im 9. Jahrhundert gehabt hatten, wie der Kiewer Fürst JAROSLAW DER WEISE, der die größte Bibliothek des europäischen Mittelalters zusammengetragen und eine erste umfassende Gesetzessammlung angelegt hatte, schon zu Beginn des zweiten Jahrtausends der christlichen Zeitrechnung um ein Ziel bemüht gewesen war, das am Ende dieses Jahrtausends noch immer nicht erreicht ist – die Vereinigung Europas, mit welcher Standhaftigkeit und Opferbereitschaft sich mehrere russische Städte und Fürstentümer jahrhundertelang dem Andrang der mongolischen Goldenen Horde und ihrer einheimischen Diener widersetzten, wie sich im 14. Jahrhundert das vorwiegend von Russen bevölkerte Großfürstentum Litauen zum offensten, tolerantesten, freiesten Staat der damaligen Welt, zum europäischsten aller europäischen Länder entwickelte. Doch widersprachen all diese und ähnliche historische Fakten der gesamten antieuropäischen Weltanschauung des Slawophilentums, und so scheute man keine Mühe, um sie psychologisch in den Hintergrund zu drängen, umzudeuten, der eigenen Lehre und dem eigenen Geschichtsbild anzupassen.

Grundlage des slawophilen Antieuropäismus waren in jener Anfangszeit einerseits die religiösen Belange, die Verherrlichung der ostkirchlichen Orthodoxie im Gegensatz zum Katholizismus und Protestantismus, und andererseits die pathetische Herausstellung vermeintlicher einzigartiger Wesensmerkmale des russischen Volkstums.

Was den ersten Themenkreis betraf, so durften sich engagierte Historiker wie CHOMJAKOW, POGODIN, SAMARIN und andere nicht mit abstrakten Vergleichen der kirchlichen Lehren und Riten begnügen, sondern mussten sich unweigerlich auch der Geschichte zuwenden, und hier konnten sie auf Überlieferungen zurückgreifen, die den wirklichen Verlauf des Geschehens seit eh und je entstellt hatten, die aber in der westlichen Geschichtsliteratur ebenso unangefochten geblieben waren wie in der offiziellen russischen. Nicht nur wurde die Wahl des byzantinischen Christentums, die seinerzeit doch vom heiligen Fürsten WLADIMIR erst nach langem Zögern und Zaudern getroffen worden war, als eine Art spontaner Willensäußerung der gesamten ostslawischen Welt hingestellt – auch ein so entscheidender Wendepunkt wie der Ansturm der Mongolenhorden, der von dem gleichfalls heiliggesprochenen Fürsten ALEXANDER NEWSKI und dessen Vater auf verräterische Weise unterstützt worden war, erschien jetzt in einer geradezu verzauberten historischen Konstellation: Während das gesamte, aus jenen Zeiten überkommene Schrifttum bezeugte, dass damals überall im Volk die von der Kirche verkündete düstere Botschaft, dies sei Gottes Strafe für schwankenden Glauben, nichts als tiefgehende Zerknirschung hervorrief und den Widerstandswillen erstickte – weshalb denn auch die Horde, die alsbald den Islam annahm, nahezu 200 Jahre lang vorwiegend die Machtstellung der Kirche zu untermauern und auszubauen half –, suchten die Slawophilen jetzt, gerade dem alleinrettenden orthodoxen Glauben, gerade den Kirchenhäuptern in Kiew, Wladimir und Moskau das entscheidende Verdienst an der seelischen Aufrichtung, am zähen Befreiungskampf des russischen Volkes zuzuschreiben.

Doch begnügte man sich keineswegs mit der Verklärung jener frühen, zum großen Teil gewaltsamen Loslösung des Russentums von seinen europäischen Wurzeln. Auch jedes weitere Ereignis, das zur Entfremdung von der Mutterzivilisation führte, wurde als natürlicher und heilbringender Schritt gepriesen. In erster Linie galt das für die Eroberungszüge Moskaus, das ja schließlich ganz Russland unterwarf und sich in einem gefahrvollen Zeitalter zu einer der ernsten Bedrohungen Europas entwickeln sollte. Was indes PETER DEN GROSSEN betraf, so wurde er nicht nur und nicht so sehr für seine Neuerungen in Politik, Verwaltung, Bildungswesen und Kleidungsstil verabscheut, als vielmehr für die Gründung einer neuen Hauptstadt, die das heilige Moskau ersetzt hatte und darüber hinaus den fremdsprachigen Namen Sankt Petersburg trug.

Die Gegenüberstellung der beiden Städte bildete das eigentliche

Kernstück der Geschichtsphilosophie, ja des gesamten Weltausblicks dieser ersten Generation slawophiler Schwärmer. Moskau wurde mit dem Glorienschein eines ewigen nationalen Symbols, einer mythischen Verkörperung alles echt Russischen umgeben. Mit außergewöhnlichem Nachdruck wurde zugleich aber auch das konkrete historische Wirken, die konkrete geopolitische und psychopolitische Strategie dieser Stadt und ihres Staates in verschiedenen Epochen der fernen und näheren Vergangenheit hochgehalten: War es doch Moskau gewesen, das seit Beginn des 14. Jahrhunderts die russischen Länder, wie es in der späteren Historiographie so schön hieß, »sammelte«, um eine einheitliche Ghettomauer nach Westen hin errichten zu können, wie die mongolische Horde sie brauchte und wie es der Vater der Dynastie, der fanatische Feind alles Europäischen, ALEXANDER NEWSKI, vermacht hatte. War es doch Moskau gewesen, das im 15. Jahrhundert den mittelalterlichen Wunderstaat Litauen mit seiner hochzivilisierten russischen Bevölkerung immer brutaler zurückdrängte und schließlich in die Arme Polens trieb. War es doch Moskau gewesen, das am Ende jenes Jahrhunderts die einzige russische Hansestadt, Nowgorod, nach unendlichen blutigen Kämpfen schließlich in die Knie zwang. War es doch Moskau gewesen, das an der Schwelle zum 16. Jahrhundert die Verheißung vom Dritten und letzten Rom als messianisches Gelöbnis über Russlands Grenzen hinaus verkündete. War es doch Moskau gewesen, das im 16. Jahrhundert, um die Berührung des Volkes mit westlichen Einflüssen zu mindern, seine Eroberungsbestrebungen ostwärts wandte: Nicht etwa, um das einstige Territorium des zerfallenen Mongolenreiches zu europäisieren, sondern – wie der slawophile Dichter und Historiker CHOMJAKOW besonders betonte – im Gegenteil, um sich nach dem Wegfall der schützenden Hand dieses Reiches desto fester an Asien zu klammern.

Und ganz im Einklang mit dieser Mission stand ja auch das denkwürdige Ereignis, das einige der Slawophilen in ihrer Kindheit hatten miterleben dürfen – der Brand von Moskau 1812, der eigentlich nicht NAPOLEON vertreiben, sondern den Glanz von St. Petersburg verdunkeln sollte (der Franzosenkaiser wich ja mit seinem Großen Heer erst aus der Stadt, als die letzte Flamme schon seit einem Monat erloschen war, und er führte es in eine Schneewüste hinaus – denn er hatte das russische 18. Jahrhundert versäumt, und es sollte die Enttäuschung seines Lebens sein, dass der Zar in St. Petersburg keineswegs eiligst Verhandlungen mit dem Eroberer von Moskau anzuknüpfen suchte). Für die Slawophilen aber verhundertfachte dieser Brand, dieser Selbstaufopferungsakt der fast menschenleeren Stadt die historische Ausstrahlung des Symbols Moskau, und tatsächlich verstärkte er in unabschätzbarer Weise die Ausstrahlung ihrer eigenen Thesen und Theorien, nicht zuletzt auch im Ausland.

Es ist charakteristisch, dass die Mehrzahl der europäischen Geister Rußland schon zuvor, schon seit PETER DEM GROSSEN, eher als einen Fremdkörper in der abendländischen Zivilisation, als einen exotischen Eindringling aufgefaßt hatte. Bereits PETER selbst erhielt einmal den Ratschlag eines wohlmeinenden Freundes, er solle versuchen, China zum Christentum zu bekehren! Und dieser Freund war nicht etwa ein Verrückter oder ein halbgebildeter Phantast, nein, er hieß LEIBNIZ!

Bezeichnend für die Beeinflussbarkeit der westlichen, und wiederum gerade der deutschen Geschichtsschreibung war die Darstellung der kurzen, nur wenige Monate dauernden Regierungszeit PETERS III. im Frühling des Jahres 1762, die einen beispiellosen Wendepunkt in Rußlands Schicksal darstellte. Der aus Kiel stammende, für seine künftigen Aufgaben als Zar begeisterte Enkel PETERS DES GOSSEN hatte die einzigartigen, vom Geist der Aufklärung getragenen Reformentwürfe seines genialen Geheimsekretärs DMITRI WOLKOW für alle Sphären der Staatsverwaltung, des Justizwesens, der Wirtschaft, der Kultur, der Bürgerrechte, insbesondere aber seine unzweideutig pazifistische Friedenserklärung schon früh gebilligt und sogleich nach dem eigenen Machtantritt feierlich unterzeichnet. Damit schien eine ganz neue Epoche angebrochen, und die europäischen Geister des Zeitalters der Vernunft, allen voran VOLTAIRE, begrüßten diese Erlasse begeistert. Erst recht galt das für Preußen, das ja den Frieden dringend brauchte, und um so mehr natürlich für PETERS holsteinische Heimat. Als der Zar jedoch bald darauf von seiner Gemahlin KATHARINA gestürzt und beseitigt wurde – wohlgemerkt, nicht aus politischen, sondern aus rein persönlichen, erotisch-emotionellen Gründen –, war die Empörung im Westen allgemein, und die Autoren deutscher Bücher zur Zeitgeschichte konnten der neuen Zarin noch jahrzehntelang die Vernichtung des hoffnungsvollen jungen Gatten und seines Frühlings von 1762 nicht verzeihen, obwohl im Grunde die von DMITRI WOLKOW vorgezeichneten großen Neuerungen von ihr konsequent fortgesetzt wurden. Mit der Zeit indes ließen sich sogar die vaterländisch gesinnten deutschen Historiker von der russischen offiziellen Propaganda derart beeinflussen, dass im 19. Jahrhundert der einst so bewunderte Zar des Friedens und der Reformen allmählich die Züge eines geistig minderwertigen, ausschweifenden, für seine monarchischen Obliegenheiten völlig untauglichen Flegels annahm, vor dessen Exzessen die Große KATHARINA ihr Reich gerettet hatte. Diese Auffassung passte durchaus in das geschichtliche Konzept der Slawophilen.

Wenn die europafeindliche Weltanschauung des frühen Slawophilentums ganz im Einklang stand mit europäischen populären Denkmustern, mit europäischen philosophischen Systemen, mit dem üblichen europäischen Russlandbild, so heißt das aber keinesfalls, dass ihre Postulate überhaupt unangefochten blieben. Nur erhoben sich die Gegenstimmen nicht im angegriffenen Europa, sondern im gefeierten Moskau selbst, im geheiligten Russland. Die Gegenpartei bezeichnete sich selbst als »Westler«. Allerdings war sie nicht etwa als einheitliche Partei mit gemeingültigem Credo anzusehen. Zu ihr gehörten sowohl Männer, die das ureuropäische Wesen der Ostslawen, ihre Rolle als Schutzwall der gesamteuropäischen Zivilisation in ältesten Zeit zu würdigen wussten, wie auch gegenwartsgebundene Denker, die das kulturelle Erbe des 18. Jahrhunderts, der russischen Aufklärung und insbesondere PUSCHKINS als echten Nationaldichters in einer neuen, liberaleren Epoche fortsetzen und aufs engste mit der Geistesbewegung des zeitgenössischen Westens verknüpfen wollten, aber auch einige rebellische Geister, die an eine demokratische oder sogar sozialistische Zukunft Europas glaubten und auch von radikalen Umwälzungen in Russland träumten.

Das Eigentümliche an diesen Zusammenstößen von unvereinbaren Weltanschauungen und diametral entgegengesetzten Entwicklungsvisionen war aber, dass sie zwischen Persönlichkeiten vonstatten gingen, die zu den gleichen Gesellschaftskreisen gehörten, oft gute Bekannte waren und nach den hitzigen Diskussionen nicht selten auch weiterhin freundschaftliche Beziehungen unterhielten. Ihre Bemühungen nämlich galten gleichermaßen dem russischen Geist. Noch waren es rein geschichtsphilosophische Auseinandersetzungen, die lediglich in der allgemeinen Atmosphäre eine gewisse Spur hinterließen und keinesfalls, wie manche mißtrauische Beamtenseelen in der Umgebung des despotischen Zaren NIKOLAUS I. befürchteten, die Staatsmacht untergraben konnten. Die wenigen wirklich zu revolutionären Bestrebungen geneigten Teilnehmer, wie ALEXANDER HERZEN, NIKOLAI OGARJOW oder MICHAIL BAKUNIN, entfalteten ihre politische Tätigkeit erst später im Ausland.

Die frühen, idealistischen, in historischen Phantasiebildern schwelgenden Slawophilen der vierziger Jahre ließen noch nichts vom künftigen Werdegang ihrer geistigen Strömung und erst recht nichts von den ideologischen Auswirkungen und Metamorphosen ihrer abstrakten Gedankengänge in darauffolgenden Epochen ahnen, und sie ahnten auch selbst kaum je, welche Wendungen und Windungen diese ihre Ideenwelt einst erleben könnte.

Allerdings sollte der damals Jüngste unter ihnen, IWAN AKSAKOW, der dann immerhin 62 Jahre alt wurde, noch intensiv an den Aktionen der nächsten Slawophilengeneration, der sogenannten Neoslawophilen, in den siebziger und achtziger Jahren jenes Jahrhunderts teilnehmen, doch obgleich seine Ansichten inzwischen weitaus radikaler geworden waren, galt er innerhalb dieser neuen Welle als politisch sehr gemäßigt, allzu gemäßigt. Denn die Neoslawophilen bildeten durchaus keine rein geistige, keine wirklich idealistische Gemeinschaft mehr. Ihre unverhohlene ideologische Aggressivität ging Hand in Hand mit den verschiedensten außen- und innenpolitischen Zielsetzungen, die den regierenden Kreisen als seelenverwandte Bekräftigung ihrer imperialen Politik, wenn nicht als eine Art moralischer Rettungsanker erschienen: Die große Losung nämlich war jetzt der Panslawismus. Diese Losung fand weitgehend Widerhall, und zwar nicht bloß in moskautreuen patriotischen Geistern, für die sie vornehmlich bestimmt war, aber auch nicht allein in Kreisen süd- und westslawischer Nationalisten, die das habsburgische oder türkische Regiment abzuwerfen strebten und ihre höchsten Hoffnungen auf die russische imperiale Expansion setzten – auch für westliche politische, insbesondere aber rassenmythologische Autoren war der Panslawismus ein Musterbeispiel, rückte er doch das Merkmal Rasse in den Vordergrund des Weltgeschehens. Denn die Lehre von den kulturhistorischen Typen, die der extremste Verfechter dieses von der geistigen in die geopolitische Sphäre versetzten Slawophilentums, Nikolai Danilewski, deklarierte, war im Grunde eine Rassentheorie. Dieser Autor, der den Gegensatz zwischen Europa und der slawischen Welt wie kein anderer zuspitzte und verabsolutierte, hatte, was besonders bezeichnend ist, sein Leben lang nicht etwa Philosophie und Kulturgeschichte, sondern ausschließlich Biologie studiert, und seine Forschungen auf diesem Gebiet fanden bei den Zeitgenossen verdiente Beachtung. Sein zweibändiges Werk über den Darwinismus beispielsweise wurde sogar von Wladimir Solowjow, Russlands größtem, ökumenisch gesinnten Philosophen und daher Danilewskis erbittertem Gegner in der Europa-Polemik, in einer entsprechenden Rezension eigens »gewürdigt«. Damals steckte die Genetik als Wissenschaft noch in den Kinderschuhen, in Russland wusste man überhaupt nichts von ihr, aber überall, wo Danilewski in seinem berühmt-berüchtigten Buch »Russland und Europa« die beiden Pole gegenüberstellt, ist der heutige Leser versucht, das Wort »Gene« einzufügen – übrigens gab es zu jener Zeit einen gleichwertigen Begriff: »Blut«. Nicht Sprachverwandtschaft, sondern Blutsverwandtschaft der slawischen Völkerschaften vom Mittelmeer bis hin zum Polarozean postulierte Danilewski, und dies allein galt ihm als Grundlage seiner scharfen Abtrennung von der germanischen und romanischen Welt. Das angebliche Versiegen der intellektuellen Kräfte des Westens, das ein Chomjakow seinerzeit auf die Überlebtheit der religiösen und sonstigen geistigen Prinzipien zurückgeführt hatte, wurde nunmehr dem rassischen Niedergang der europäischen Völker, sozusagen ihrer Altersschwäche, zugeschrieben. Sowohl jene Überlebtheit als auch diese Altersschwäche aber galten als Folge zweier spezifisch westlicher Eigenheiten – des Individualismus und des Rationalismus. Dem Individualismus wurde das angeborene slawische Gemeinschaftsbewusstsein entgegengehalten, und zwar in der Form eines besonderen, in keine andere Sprache übersetzbaren Begriffs – »sobornostj«, was sowohl schlicht »Sammlung« und »Gemeinsamkeit« bedeutete als auch »erhebendes Einheitsgefühl im Gottesdienst« und zugleich »kollektive

Entscheidung über alle gemeinschaftlichen Belange«. Wenn also die Befreiung der Slawenseele vom Druck westlichen Eigennutzes und Spießertums sogar mit Waffengewalt vorangetrieben werden sollte, so sahen die Neoslawophilen dies als Rettung echten Menschentums überhaupt an. Aber noch tiefliegender, noch rassenbedingter war für sie das Verhältnis des ganzheitlichen, wesenhaften, organischen Denkens und Fühlens des typischen Slawen zur analytisch-zerspalterischen, kalt-abstrakten, skeptischen Sinnesart westlicher Menschen, die nicht von ungefähr dem, wie es hieß, »despotischen Rationalismus« der römischen Kirche oder dem »anarchischen Rationalismus« der Reformation verfallen waren. Die innerliche, in der Denkweise verkörperte Überlegenheit des slawischen Typs schien dieser militanten Strömung das natürliche Recht zu geben, nicht nur die staatliche Vereinigung der gesamten Slawenheit mit allen verfügbaren politischen und kriegerischen Mitteln zu fordern, sondern auch für sich selbst eine messianische Sendung in Anspruch zu nehmen, die der Menschheit als Ganzem galt.

Wenn nun NIKOLAI DANILEWSKI zweifellos als Prophet des Neo-slawophilentums angesehen werden darf, so besagt das keinesfalls, dass nicht auch andere, in vielerlei Hinsicht bedeutendere Geister der von ihm eingeschlagenen Richtung folgten. Zu nennen wären der damals hochgeschätzte Philosoph, Literaturkritiker und enge Freund LEW TOLSTOIS, NIKOLAI STRACHOW, der Literarhistoriker mit dem nicht gerade russischen Namen OREST MILLER, der paradoxerweise für die Befreiung aller europäischen Nationalitäten durch den russischen Staat und die mit ihm verbündeten Slawen plädierte, der mitunter als »russischer NIETZSCHE« bezeichnete Apostel des slawischen Herrenmenschentums KONSTANTIN LEONTJEW, darüber hinaus aber in einem gewissen Sinn auch der große Lyriker FJODOR TJUTSCHEW und, was das Entscheidende war, FJODOR DOSTOJEWSKI. DOSTOJEWSKIS »Tagebuch eines Schriftstellers« zeugte unstreitig von einer sehr ähnlichen Einstellung zu den grundlegenden geistigen, ideologischen und psychopolitischen Problemen der Zeit, und wenn DOSTOJEWSKI auch noch kurz vor seinem Tod in seiner vielzitierten Rede zu Ehren PUSCHKINS einen anderen Ton anschlug, so wog das auf keinen Fall den Sinngehalt so vieler seiner früheren Schriften auf. Am exaktesten legte wohl der (in Odessa geborene) schweizerische Literarhistoriker VON SCHELTING das Wechselverhältnis von DOSTOJEWSKI und DANILEWSKI dar: »*Die beiden Gestalten stehen zeitlich nebeneinander und berühren sich vielfach auch geistig. Was Danilewski unter Aufwand von Gelehrsamkeit und in einer sich um größte Strenge und Lückenlosigkeit bemühenden logischen Gedankenführung zu begründen sucht, wird von Dostojewski aus intuitiver Schau und als prophetische Vision vorgetragen. Beide sind die wirksamsten Träger eines vollentwickelten panslawistisch-panorthodoxen Messianismus in der zweiten Hälfte des Jahrhunderts.*«

Es konnte nicht anders sein: Der Mann, der die Ereignisse der

Zeit einzig, wie er selbst unterstrich, aus »Europas instinktivem Hass gegen Russland« erklärte, musste von seiten verschiedener westlerischer, internationalistischer Kräfte, an denen es in Russland nicht fehlte, geistig widerlegt und öffentlich angeprangert werden. Hierbei aber kam es – und das war nur logisch – zu einer Radikalisierung an den äußersten Enden des politischen Spektrums, die für Russland verhängnisvoll werden sollte. Während sich die Großen des Geistes, unter ihnen der Schriftsteller IWAN TURGENEW, der eminente Rechtswissenschaftler, Philosoph und Historiker BORIS TSCHITSCHERIN, schließlich Russlands größter und umfassendster Denker, WLADIMIR SOLOWJOW, um eine adäquate Klärung der fundamentalen wie auch der zeitbedingten Verflechtungen und Entfremdungen Russlands und Europas bemühten, entstand innerhalb der Intelligenzija, und vor allem in der Studentenschaft, eine mächtige Bewegung, die sich das Ziel setzte, durch den Sturz der Zarenregierung alle Probleme mit einem Schlag zu lösen, darunter auch das der Stellung des Russen- und Slawentums in der europäischen Zivilisation. Zu diesem Zweck bildete sich ein harter Kern heraus, der die bestehende Ordnung durch großangelegte Terrorakte und einzelne Attentate zu zerstören suchte. Dieser historisch beispiellosen Verschwörung fiel wenige Tage nach DOSTOJEWSKIS Tod auch der liberale Reformzar ALEXANDER II. zum Opfer. Das ebnete dem entgegengesetzten Extrem den Weg. Unter ALEXANDER III. wurde nicht nur der Panslawismus zur Richtlinie der gesamten Außenpolitik, nicht nur kamen überall in der neoslawophilen Öffentlichkeit, die jetzt zunehmend an Boden gewann, DANILEWSKIS Schlagwörter in Umlauf, die da lauteten, der »europäische Kultureinfluss« sei »die Wurzel aller russischen Übel« und insbesondere eine »tödliche Gefahr für die russische Eigenkultur« — es begannen auch gewaltsame Ausschreitungen, vor allem Judenpogrome, denn die allgemein bekannte Europafreundschaft und Europanostalgie der im Westen und Süden des Landes ziemlich dicht siedelnden jüdischen Bevölkerung wirkte gerade auf den Pöbel sadistisch aufreizend. Somit trug die slawophile Propaganda der zweiten Jahrhunderthälfte – zumindest indirekt – zum Aufkommen und Erstarken von polar entgegengesetzten, aber gleichermaßen folgenschweren extremistischen Bewegungen bei, was mit der Zeit zur Gründung einerseits der berüchtigten Schwarzen Hundert, andererseits der Sozialrevolutionären Partei und späterhin der Bolschewiki führte. Und damit ist wohl alles gesagt.

Doch drängt sich die Frage auf: Wie reagierte Europa auf diese fanatische Feindschaft – das geistige und das politische Europa, das Europa der Ideologien und der religiösen Konfessionen, das romantisch angehauchte und das moderne Europa? Man sollte meinen, eine so entschiedene Kampfansage, eine so entschiedene Behauptung der eigenen Überlegenheit von seiten einer seit langem entfremdeten Glaubensrichtung, einer sich für fremd erklärenden Zivilisation, ja einer angeblich fremden Rasse hätte bei den Europäern zumindest auf kalte Ablehnung stoßen müssen. Doch in einem der europäischen Länder fanden DANILEWSKIS Thesen einen günstigen psychopolitischen Boden vor. In Deutschland. Im deutschen Sprachraum als Ganzem.

WLADIMIR SOLOWJOW glaubte sogar feststellen zu können, dass DANILEWSKI sein theoretisches Schema direkt einem Werk des zeitgenössischen deutschen Geschichtswissenschaftlers HEINRICH RÜCKERT entnommen hätte. Allerdings wurde dies von späteren Forschern angezweifelt. Wie dem aber auch sei, das rassistische Element, das in allen seinen Ausführungen mehr oder minder spürbar war, wies gewiss manche Übereinstimmungen mit ähnlichen Tendenzen auf, die bereits damals bei einigen deutschen Autoren zutage traten. Aber nicht nur um Übereinstimmungen ging es. Obwohl DANILEWSKIS schon 1869 in St. Petersburg erschienenes Werk erst 1920 ins Deutsche übersetzt wurde, kam es zweifellos auch zu bestimmten Beeinflussungen seinerseits – dazu konnten Rezensionen, Zeitungsberichte und sogar Briefe beitragen. Nicht von ungefähr erlangte ja auch DOSTOJEWSKI gerade in Deutschland allgemeine Beachtung, ehe sein Ruhm in die sonstigen Länder des Westens gedrungen war. Das Mystische, Fremdartige, Völkerentfremdende übte hierbei eine weit größere Anziehungskraft aus als alle psychologischen Feinheiten, als alle Tiefenforschungen in der menschlichen und insbesondere natürlich der russischen Seele.

Ich bin sicher, dass DANILEWSKIS Lehre von den kulturhistorischen Typen nicht nur auf einen so bedeutenden Geschichtsphilosophen wie OSWALD SPENGLER, sondern auch auf weit geringere Geister – wie die germanophilen Fanatiker PAUL ANTON DE LAGARDE, HOUSTON STEWART CHAMBERLAIN oder der des Russischen mächtige ALFRED ROSENBERG –, zumindest mittelbar, einwirkte. Eine der Konsequenzen der neoslawophilen Propaganda, die antisemitische Welle, fiel zeitlich fast zusammen mit verwandten Erscheinungen in Deutschland und Österreich-Ungarn, während beispielsweise in Frankreich die Ideologie der Dreyfus-Affäre erst Fuß fasste, als in der russischen Kultur bereits das Silberne Zeitalter begann. Die rein politischen Terrororganisationen, die trotz der kosmopolitischen Geistesblüte das russische öffentliche Leben noch bis zum ersten Weltkrieg mit antisemitischen Losungen und Gewalttaten in dauernde Unruhe versetzten, hatten kaum noch etwas mit der slawophilen Bewegung gemein, und nicht umsonst zählte die Führung des »Bundes des Erzengels Michael« so viele deutsche Namen.

Die Balkanwirren und erst recht das darauffolgende große Völkerschlachten konnten schon wegen der lebenswichtigen Allianzen, der diplomatischen Kombinationen und des schwerwiegenden Umstands, dass ausgerechnet Bulgarien im feindlichen Lager mitkämpfte, unmöglich im Zeichen des unverfälschten Slawophilentums stehen. Dann aber kam die bolschewistische Revolution.

In diesen Wirren tat sich eine für das Slawentum und seine humanistischen Strömungen bedeutende und richtunggebende Erscheinung hervor. Als Philosoph und Publizist, als Kritiker Danilewskis und entschiedener Gegner des imperialen Neoslawophilentums, als Vereweiger von slawischem und europäischem Geist hatte dieser Mann sich seit Jahrzehnten einen Namen gemacht. Jetzt, mitten in den Bürgerkriegswirren, erreichte er sein großes politisches Ziel. Hier in Russland gründete er die Tschechoslowakische Republik. Eine Tat, die sowohl gegen die reaktionären Nachfolger der Schwarzen Hundert als auch gegen die Bolschewiken gerichtet war. Im slawischen Denken ist und bleibt der Name Tomáš G. Masaryk bis auf den heutigen Tag ein Begriff. Ein Begriff des Humanismus.

Im Jahre 1922 – kaum waren in Russland die Bürgerkriegswirren abgeflaut – schrieb Thomas Mann, der neben Rilke wohl tiefsinnigste deutsche Kenner der damaligen russischen Wesensart: »*Aller westlich-marxistische Einschlag, den die große Umwälzung im Lande Tolstois an den Tag legt – an jenen Tag, der die Oberfläche der Dinge bescheint –, hindert uns nicht, in der bolschewistischen Umwälzung das Ende der Epoche Peters, der westlich-liberalisierenden, der europäischen Epoche Russlands zu sehen, welches mit dieser Revolution sein Angesicht wieder nach Osten wendet.*« Es war eine Prophetie, die zweierlei – scheinbar verfeindete – Ideologien vorwegnahm, Ideologien, die in den nächsten Jahren das slawophile Erbe auf jeweils eigene, auf scheinbar eigene Weise fortsetzen sollten.

In der antibolschewistischen Emigration nämlich bildete sich gerade um diese Zeit eine Gruppe hochaktiver Geschichtsphilosophen, Sprachwissenschaftler und Politologen, die ganz in der Tradition ihrer slawophilen Vorgänger die totale Abkehr vom Westen, die »Hinwendung zur Sonne«, wie sie es nannten, zum obersten Prinzip aller russischen geopolitischen und geistigen Bestrebungen erhoben. Sie wollten zunächst nicht wahrhaben, dass sie damit, wie ja Thomas Mann erkannt hatte, in dieselbe Richtung wie die Bolschewiken wiesen. Doch blieben sie, nachdem sie sich selbst den Namen »Eurasier« zugelegt hatten, nicht ohne Unterstützung in der westlichen, und wiederum vor allem in der deutschen Gelehrtengemeinde. Und zwar keinesfalls unter den damals ziemlich zahlreichen Intellektuellen, die mit der bolschewistischen Revolution sympathisierten – nein, vorwiegend gerade in den Kreisen deutsch-national oder eng-europäisch eingestellter Bildungsbürger, für die Russland nun einmal seinen Wurzeln nach zu Asien gehörte. Sie wussten wie einst Leibniz die zivilisatorische Mission des Zarenreiches im Fernen Osten zu schätzen, und als natürlichster Impuls, den russische Landeroberer je kannten, galt ihnen die Osterweiterung, die Unterwerfung Sibiriens, ja das Untertauchen des russischen Volkstums in Asien, in seinem, wie es hieß, ureigensten Element. Diese spezifische Abwendung der bolschewistischen Gefahr von Europa hätte aber, wie wir sehen werden, unter Umständen zur »Weltrevolution«, wenn nicht zu einer Weltexplosion führen können ...

Eine derartige Entstellung der historischen Sicht mochte bei den humanistisch gesinnten Bürgern tatsächlich nichts als eine fromme Selbsttäuschung gewesen sein, die das Gespenst der blutigen, von den Bolschewiken verkündeten Weltrevolution abwandte, und sei es rein psychologisch. Für die »Eurasier« hingegen war es die todernsteste Rechtfertigung einer bestimmten Linie in der jahrhundertlangen russischen Identitätssuche.

Doch währenddessen ging in Moskau, im Kreml selbst, ein Prozess vor sich, der diese geschichtsphilosophischen Visionen auf ganz andere Art, von einem ganz anderen Standpunkt aus, mit ganz anderem Endziel zu verwirklichen drohte. In der sowjetischen Führung stieg ein Mann unaufhaltsam zu höchsten Machtpositionen auf, der um seiner persönlichen Herrschaftsansprüche willen gern bereit war, die Phantasien von der Weltrevolution aufzugeben: STALIN. Obwohl er nie gänzlich auf die marxistische Phraseologie als propagandistisches Machtinstrument verzichtete, beschritt er doch strategische Wege und taktische Pfade, die unmittelbar von der neoslawophilen oder der eurasischen Ideologie vorgezeichnet sein konnten. Vorerst handelte es sich um eine noch marxistisch verkleidete Losung — »Sozialismus in einem einzelnen Land«, doch dann kamen andere psychopolitische Schliche, geopolitische Zielsetzungen und machtpolitische Manöver hinzu. Seit der endgültigen Festigung seiner uneingeschränkten Diktatur vollzog sich eine radikale Wende in Ideologie und Propaganda des Sowjetregimes. Er begann mit der restlosen Vernichtung des freien Geistes, aller seiner Formen und Äußerungsweisen, und in erster Linie gerade des westlerischen Denkens. Zugleich baute er mit großem Lärmaufwand eine nie dagewesene Rüstungsindustrie auf, die nur als unmittelbare Bedrohung des Westens verstanden werden konnte. Diese Bedrohung sollte sich bei den zahlreichen deutschen Wahlen des Jahres 1932 als entscheidender Trumpf HITLERS erweisen. Aber STALIN begünstigte auch sonst HITLER mit allen erdenklichen Mitteln – vor allem durch Angriffe gegen die Sozialdemokratie als sogenannten »Hauptfeind des kämpfenden Proletariats«. In Russland ist in den letzten Jahren viel darüber diskutiert worden, was STALIN mit dieser Politik bezweckte. Die Version, er habe in dem Naziführer eine Art »Eisbrecher« gesehen, der die demokratischen Regierungssysteme Westeuropas zerschlagen, dann selbst Schiffbruch erleiden und dadurch ihm, STALIN, den Weg zur Herrschaft über den ganzen Kontinent freilegen würde, ist neuerdings auf wohlbegründete Ablehnung gestoßen. Heute unterliegt es keinem Zweifel mehr, dass STALIN – ohne THOMAS MANN gelesen zu haben – die wesenhafte Verwandtschaft von Bolschewismus und Faschismus klar erkannt hatte. Daher strebte er eine Aufteilung der Welt unter den beiden Diktaturen an, weshalb er denn auch im August 1939 den berüchtigten Pakt mit dem von ihm falsch eingeschätzten, in Wirklichkeit völlig realitätsfremden und bis zum Irrsinn fanatischen Naziführer in die Wege leitete. Nur tauchen dabei einige Fragen auf: Worin bestand die Wesensverwandtschaft gerade der Stalinschen Variante des Bolschewismus mit dem Hitlerfaschismus? Und auf welche Weise wollte STALIN die Welt aufteilen?

Neben der offensichtlichen Ähnlichkeit des totalen Terrors und der totalen Unterdrückung jeden selbständigen Denkens war gerade das ausschlaggebend, was STALIN von den Neoslawophilen übernommen und HITLER von deren deutsch-nationalen und germanophilen Gesinnungsgenossen geerbt hatte – Rassismus, vaterländische Mythologie, imperiales Eroberungs- und Revanchestreben, Militarismus und Kriegsbegierde. Dementsprechend glaubte STALIN, in Osteuropa die einstigen Besitzungen des Zarenreiches sowie die slawisch sprechenden Völker, in Asien aber wer weiß welche ausgedehnte Regionen in seine Gewalt bringen zu können. Was ihm von diesen Plänen gelang, ist allgemein bekannt – HITLER dagegen hatte nicht nur STALIN missverstanden, er verfiel in seinem wirren Hirn auf eine vollkommen falsche Vorstellung von der allgemeinen Denkweise, vom aktiven Geschichtsbewusstsein wie auch von der realen Widerstandskraft des russischen Volkes. Bezeichnend ist, dass beispielsweise RIBBENTROP die Dinge ganz anders sah. Aber von einer geistigen Auseinandersetzung über die historischen Belange, wie sie zuvor immer wieder aufgeflammt war, konnte zu Lebzeiten der beiden Diktatoren natürlich keine Rede sein.

In Russland blieb die offizielle Ideologie nach STALINS Tod zumindest an der Oberfläche unverändert. Doch in gewissen Kreisen der Intellektuellen bildeten sich insgeheim, hinter verschlossenen Türen, wieder zwei entgegengesetzte Lager heraus – die alten Lager der Westler und der Slawophilen. Doch hatten sich die Konstellationen in der äußeren Welt wie in den geschichtlichen Erfahrungen und Wertungen der gebildeten Russen grundlegend verändert. Die Westlergeneration der zweiten Jahrhunderthälfte verblieb zunächst in der Haltung des lernbegierigen Schülers, der bereit war, die Wunder des Westens, des blühenden Westens, in Gesellschaftsleben und Wirtschaft, Staatsaufbau und Rechtswesen, darüber hinaus aber auch in so gut wie allen Sphären des Wissens und geistigen Schaffens in sich aufzunehmen. Mit der Zeit allerdings bildete sich eine ungemein starke, durchaus eigenständige und zudem hochproduktive neue Generation der geistigen Elite westlerischer, oder genauer, eurorussischer Prägung, die im Samisdat, der unterirdischen Manuskriptliteratur, eine wahre Renaissance schöpferischen Denkens und Forschens einleitete. Während sie aber ständig vor den staatlichen ideologischen Instanzen und der politischen Polizei auf der Hut sein

(008) Russland, Europa und das Slawophilentum

musste, konnte sich parallel eine slawophile – oder, wie sie sich jetzt nannte, russophile – literarische Bewegung frei entfalten, die in eklatantem Widerspruch zur angeblich alleinherrschenden marxistischen Ideologie stand, zugleich aber den verborgenen oder halbverborgenen Ansichten so mancher hoher und höchster Funktionäre im kommunistischen Parteiapparat angemessen war. Die Schriftsteller, Kritiker und Literaturtheoretiker, die sich in den fünfziger und besonders sechziger Jahren zu einer sogenannten »nationalen Vorhut« innerhalb des legalen literarischen Lebens zusammenschlossen, konnten trotz ihrer zunehmend offenen faschistischen Agitationstätigkeit immer mit der Rückenstärkung von seiten der ideologischen Ämter und sogar des allmächtigen Politbüros rechnen. Zu einem beredten Vorfall kam es 1973. ALEXANDER JAKOWLEW, damals stellvertretender Leiter der Ideologischen Abteilung des Zentralkommitees, hielt die nationalistisch-russophile Offensive nicht mehr aus und schickte eine wohlbegründete, ausführliche Gegenerklärung an die »Literaturzeitung«. Die Redaktion konnte angesichts der hohen Position des Einsenders keinen Augenblick zögern und veröffentlichte den Artikel in der nächsten Nummer. Doch da zeigte sich, wes Geistes Kind der oberste Führer, Generalsekretär BRESHNEW, war. JAKOWLEW wurde unverzüglich seines Postens enthoben und, damit er nicht wieder irgendwelche weltanschauliche Auseinandersetzungen initiieren konnte, als Botschafter nach Kanada versetzt. Erst unter GORBATSCHOW sollte er wieder eine wesentliche Rolle spielen.

Dieses Begebnis ermutigte die sich mehrenden russophilen Gruppen erst recht. In der Belletristik und in der Poesie, in der Publizistik und in der Philosophie, vor allem aber in der Geschichtsschreibung und Geschichtsdeutung verstärkten sich die antisemitischen, antieuropäischen und insbesondere antiamerikanischen Ausfälle, namentlich aber die Angriffe auf alles, was in der russischen Vergangenheit und Gegenwart als wesensfremd, westlerisch-liberal, antinational verschrieen war. Aggressiv russophile Zeitschriften wie »Unser Zeitgenosse« [Nasch sowremennik], »Moskau« und etwas später »Die junge Garde« [Molodaja gwardija] fanden einen immer breiteren Leserkreis. Autoren wie WASSILI BELOW, ANATOLI IWANOW, STANISLAW KUNJAJEW, WADIM KOSHINOW machten sich einen Namen wie kaum je zuvor. Bald darauf schloss sich ihnen der schon als Samisdat-Verfasser bekannte Igor SCHAFAREWITSCH an. Doch einen wahren Durchbruch erlangte die endgültig »eurasische«, »national-patriotische« und faschistisch gefärbte, zum Extrem verschärfte russophile Gedankenwelt in den Schriften des LEW GUMILJOW, eines Historikers und Ethnologen, der in den achtziger Jahren Millionenauflagen erreichte, fast täglich im Fernsehen zu sehen und zu hören war und zweifellos einen geradezu beherrschenden Einfluss auf die Riesenmassen der empfänglichen Geister ausübte. Damit schien sich ein erneutes hartes Ringen der beiden russischen Identitätsgefühle anzubahnen, denn der womöglich noch öfter im Fernsehen auftretende GORBATSCHOW sprach in jener Zeit gern und überzeugt vom »gesamteuropäischen Haus«.

Leider war die europäische Öffentlichkeit keineswegs gewillt, einen so exotischen Bewohner wie Russland in ihrem Haus aufzunehmen. Gerade weil die russische, oder richtiger, eurorussische geistige Elite in schwersten Zeiten die Mission auf sich genommen hatte, Europas Urwerte, die Werte jahrtausendealten Schöpfertums und humanistischer Geistigkeit, zu wahren, zu mehren, zu erneuern, konnten abendländisch-moderne Geister sich nicht mit dem Gedanken befreunden, Europas eigentliche Grenzen bis an den Stillen Ozean zu verlegen. Ein kleines Gebirge an einem kleinen Flüßchen schien ihnen besser geeignet, die Erdteile zu trennen. Deshalb fanden hier die Phantasmagorien der rabiatesten Europafeinde unter den Russophilen oft weit mehr Anklang, denn sie brachten vermeintlich das Echte, urwüchsig Russische zum Ausdruck. Das war einer der Gründe, warum weder GORBATSCHOW noch JELZIN, erst recht aber nicht die großen russischen Intellektuellen, die anfänglich gesetzten Ziele erreichen konnten. Doch war, und ist erst recht jetzt, das festgefügte Russlandbild, dem viele europäische und so gut wie alle neuere deutsche Zivilisationstheorien huldigen, auch deshalb für die menschliche Zukunft verhängnisvoll, weil es den militanten Ausbreitungswillen, der dem heutigen Russophilentum innewohnt, als naturgemäß auffasst und dagegen das ewige geistige Heimweh nach Europa schlechthin verachtet. Jenes geistige Heimweh, das auf eine so lange Geschichte zurückblickt, das schon dem 10. und 11. Jahrhundert bis zum Tode JAROSLAWS DES WEISEN und dann dem 18., 19. und angehenden 20. Jahrhundert bis zur Oktoberrevolution den Stempel aufdrückte, aber auch zu allen anderen Zeiten die höchste Triebkraft der wahren, der humanistischen geistigen Elite Russlands gewesen ist. Gegenwärtig bietet das Verhältnis zwischen dem aggressiven, alle Vorgänger an Kampfwut weit übertreffenden Russophilentum und dem Europäismus inner- und außerhalb Russlands ein wahrhaft erschreckendes Bild.

Die Schüler und Verehrer des inzwischen verstorbenen, aber nach wie vor hochpopulären LEW GUMILJOW, der den großen Zusammenprall des Weltostens und des Weltwestens als Kulmination der Menschheitsgeschichte herbeisehnte, stehen ihrem Lehrmeister in nichts nach. Hier sei als Beispiel eine Reihe von Sentenzen aus einem 1998 erschienenen Buch mit dem Titel »Die russisch-slawische Zivilisation« zitiert, zu dessen Autoren mehrere Professoren der Universität Moskau gehören: »*Der Westen verübt an den Slawen einen richtiggehenden Völkermord*«, »*durch die unaufhörliche Expansion des Katholizismus*«, »*durch zahllose Aktionen des Vatikans, die das Heilige Russland gefährden*«, »*durch den traditionellen, tausendjährigen Drang nach Osten*«, »*durch Genozid in den Ländern, die den Kalten Krieg verloren haben*« ... oder an einer anderen Stelle: »*Es gibt hinterlistige Wörter –*

(008) Russland, Europa und das Slawophilentum

Menschenrechte, Demokratie, Pluralismus –, die den slawischen Geist verderben.« »Die Kraft und Haupteigenschaft der slawischen Zivilisation besteht in der Blutsgemeinschaft. Wer das verneint, ist ein ethnischer Eunuch ... Gerade hierin besteht die Überlegenheit der Slawen gegenüber anderen, vom ethnischen Standpunkt heterogenen Zivilisationen«; »Die Stimme des Blutes wird am Ende entscheiden«; »Die große Dreieinigkeit der Slawen lautet: Blut – Sprache – Boden«; »Nur ein mächtiger Staat und nicht eine Pseudodemokratie sichert die Voraussetzungen für die slawische Willensstärke, slawische Initiative, slawische Selbstaufopferung«; »Ideologie der Wiedergeburt muss der Nationalismus sein, Leitbild die Ethnokratie auf russischem Boden, Instrument der Wiedergeburt – die Eugenik«. Doch wenden sich die Autoren auch dem Ursprung des Slawentums zu: »*Höchst aktuell sind die Aussagen über die arische Herkunft der russischen Nation, über die geistigen Werte Indiens, den Buddhismus und den Hinduismus. Denn die indische Zivilisation kann zur Verbündeten der ostkirchlich-slawischen im gegenwärtigen Widerstreit der Zivilisationen werden«; »Unsere Kultur geht ihrem Gehalt nach auf den persisch-indischen Kosmismus zurück, der später in das russisch-orthodoxe Christentum überging und ihm seine Spezifik verlieh«; »Die Rigweda entstand am Ufer des Dnepr«.* Mit besonderem Stolz weisen die Autoren auf das altrussische Gemeindewesen hin: »*Hierin liegt das Wesen, der Kern slawischer Geistigkeit.*« Aus diesen Feststellungen folgen denn auch erstaunliche Offenbarungen: »*Die sozialistische Zivilisation kann in einem bestimmten Sinn als eine slawische bezeichnet werden. (...) Es konnte nie bewiesen werden, dass der Sozialismus weniger human oder weniger produktiv als der Kapitalismus ist. Ihrem Wesen entsprechend waren die Slawen Verkünder der sozialistischen Ära. China, Nordkorea und Kuba haben dieses große Beginnen weitergeführt.*« Aber auch gegen die eurorussische Intelligenz wird gewettert: »*Die fremdwütigen Freunde des Westens zersetzen das russische Volkstum«, »diese Speichellecker verherrlichen alles, was es im Westen gibt«, »die Väter der Reformen haben Russland Zyankali verschrieben.« »Die Aufgabe der Vollstrecker des Völkermordgedankens westeuropäischer regierender Eliten wurde dadurch erleichtert, dass sie bei den wesensverwandten und oft blutsverwandten russischen Kollegen Verständnis und Unterstützung fanden.*« Doch suchen die Autoren auch nach Bundesgenossen: »*Im Raum der ehemaligen Sowjetunion existieren lediglich zwei Kräfte, die eine absolute, wirksame Opposition gegen den kosmopolitischen, atheistischen und materialistischen Westen bilden: der Islam, dessen Ideologie eindeutig gegen Amerika und die amerikanische Lebensweise gerichtet ist, sowie die russische Orthodoxie, die der westlichen Zivilisation ebenso unvereinbar und absolut fremd gegenübersteht ... Die Geschichte zeigt unzweideutig, dass im Laufe von tausend Jahren Großrussland und die Große Turkwelt mystisch miteinander verwachsen sind.*«

Diese paradoxe Beschwörungsformel trifft den innersten Sinn, den Kernpunkt des heutigen Russophilentums – des Russophilentums als unversöhnlichen Gegensatz zur eurorussischen Uridentität, als Absage an die gesamte Geschichte des Jahrtausends der Kämpfe gegen die Steppenwildnis, der Unbeugsamkeit gegen die Goldene Horde und ihre Diener, den Großfürsten ALEXANDER NEWSKI und die Bischöfe von Moskau, des allmählichen Aufstiegs einer eurorussischen Kulturblüte von JAROSLAW DEM WEISEN und dem Igorlied bis zu ALEXANDER PUSCHKIN, zum Silbernen Zeitalter, zur Aufbruchgeneration der zweiten Jahrhunderthälfte – jenes hartnäckigen Aufstiegs, der Russland wieder fest wie in der Urzeit an Europa band.

Die Beschwörungsformel bezieht sich aber nur bedingt auf den Islam.

Es ist eine Tatsache, dass europäische Denkgewohnheiten und insbesondere deutsche Ausgrenzungen die russische Kultur sogar zu solchen Zeiten immer wieder aus dem Zivilisationsbild Europas ausgeschlossen haben und ausschließen, wenn diese Kultur einmalige Höhen erreicht hat.

Die europäische Zivilisationsgeschichte folgt DANILEWSKI. Nur, dass sie dort, wo er »erlesenes Blut« sah, »niederes Blut« (oder im modernen Sprachgebrauch »Gene«) vermutet. Die europäische und vor allem die deutsche Kulturphilosophie ordnet Russland den exotischen Zivilisationen zu. So ergab sich die mystische Parallele zum Islam gleichsam von selbst. Es ist eine Parallele, die in jeder Hinsicht – und vor allem gerade hier – gegen die eurorussische Identität, gegen das eurorussische Wesen, gegen Urrussland gerichtet ist. Eine Parallelität der slawophil-russophilen Rassenlehre (und damit des stalinistischen Bolschewismus) einerseits und des scheinbar entgegengesetzten zentraleuropäischen Kulturhochmuts andererseits: Alles, was dabei eurorussische Geistigkeit ausschließt, ist eben nur dem äußeren Schein nach entgegengesetzt.

Es liegt auf der Hand, dass die begeisterten Leser eines LEW GUMILJOW sich nicht mit dem Lesegenuss begnügen. Sie streben den verschiedensten nationalistisch-russophilen, meist offen faschistischen und kommunistischen Bewegungen zu. Dieser Zustrom macht das kommuno-faschistische Gespenst, das Gespenst des Europahasses, zu einer bedrohlich aufsteigenden, realen politischen und ideologischen Kraft des heutigen Russland. Zu einer Kraft, die sich auf alteingefleischte und trotz allen Umwälzungen nach wie vor lebendige Vorstellungen und Denkgewohnheiten eines großen Teiles des Volksganzen stützt: auf ein eurasisches Geschichtsbild und Geschichtsgefühl, auf Verachtung des westlichen Rationalismus, auf einen ererbten und dauernd angeheizten Antisemitismus, auf die Verehrung historischer Vorläufer des nach Asien blickenden Nationalpatriotismus wie ALEXANDER NEWSKI oder IWAN DER SCHRECKLICHE, aber auch einfach auf den instinktiven Drang des Pöbels, Pöbel zu sein. Wenn die Zahl der Gegner dieser Bewegung auch keineswegs gering ist, einen Bürgerkrieg in einem derart mit veralteten Atommeilern gespickten Land werden sie gewiss nicht riskieren. Die draufgängerischen Scharen eines BARKASCHOW dagegen, die ihrem Führer mit dem hakenkreuzgeschmückten, zum römischen Gruß erhobenen Arm huldigen, sind zu jedem rasenden Gewaltakt bereit, welche Gefahren er auch über die Menschheit heraufbeschwören mag. Doch neben den Tausenden und aber Tausenden der Barkaschow-Bewegung agieren unzählige weit kleinere, indes ebenso zügellose faschistische und nationalpatriotische Gruppen. Und sie suchen die Geister mit Dutzenden hetzerischen Tageszeitungen und Wochenschriften zu vergiften. In einer solchen Situation können die Träger und Trägerinnen des wahren, humanistischen russischen Geistes nur die eine Waffe einsetzen – das Wort. Tatsächlich bemühen sich viele Vertreter der geistigen Elite um eine tiefgehende Wandlung der Weltsicht und vor allem des Geschichtsbewusstseins ihrer Landsleute, ihres Volkes, der russischen Welt überhaupt. Eine bedeutsame Rolle spielt dabei die Aufklärung über das eigentliche Wesen und Wirken gewisser historischer Gestalten, die jahrhundertelang zu Nationalheroen hochstilisiert wurden, wie der bereits mehrmals genannte ALEXANDER NEWSKI, über das Wesen und die psychopolitischen Auswirkungen des frühen philosophisch-poetischen Slawophilentums und erst recht des politischen Neoslawophilentums des vorigen Jahrhunderts, über die Geistesverwandtschaft der extremistischen eurasischen Sekte der zwanziger Jahre mit dem Stalinismus und dem Hitlerfaschismus und schließlich über die ernsten, nicht nur geistigen Gefahren für unseren Erdteil, die von den so vielbeachteten geschichtsverfälschenden Schriften eines LEW GUMILJOW ausgehen. In diesem Zusammenhang möchte ich die tiefschürfenden Werke und streitbaren Aufsätze so bedeutender Historiker und Publizisten wie JURI AFANASSJEW, WLADIMIR KANTOR, WALERI SENDEROW, LEONID BATKIN und anderer hervorheben und auch meine Bücher »Falsches Gedächtnis« und »Die tausendjährige Spaltung« nennen.

Inwiefern diese verzweifelten Aufklärungsbemühungen effektiv sein sollten, kann erst die Zukunft zeigen.

Doch darf bei alldem ein unheilschwangeres Hindernis nicht unerwähnt bleiben: Wie schon in früheren Zeiten, klammert sich die Mehrzahl der westlichen Russlandexperten und, was noch wichtiger ist, die Mehrzahl der Medien an jene altgewohnten Denkschemata, die schon so viele Fehleinschätzungen und Fehlschritte verursacht, ja das 20. Jahrhundert zu einer der tragischsten Epochen der Menschheitsgeschichte gemacht haben. Denn nach wie vor wollen solche Geister, die sich für einzig europäisch halten, nichts vom wirklichen russischen, vom eurorussischen Geist wissen, nach wie vor sehen sie die russische Geschichte durch die Brille der Slawophilen, der Eurasier, der Russophilen, mithin der heutigen Nationalpatrioten. Alles Antieuropäische in Russland ist ihnen aus dem Herzen gesprochen, denn es scheint ihnen naturgegeben und bestätigt ihre eigenen Ansichten.

Als Illustration will ich hier nur ganz kurz die Besprechung eines meiner Bücher, »Die tausendjährige Spaltung«, durch einen Bonner Professor [Dittmar Dahlmann]⁸ erwähnen: Er richtet seinen ganzen Zorn auf mich, weil ich ALEXANDER NEWSKI für dessen Verrat an Russland, für dessen Treue zu den Mongolenhorden getadelt habe, weil ich den Bestsellerautor LEW GUMILJOW, den er komischerweise »apokryph« nennt, für seinen hemmungslosen Antisemitismus und Europahass kritisierte, vor allem aber, weil ich die westlichen Einflüsse auf Russland als wesensnah und fruchtbar hervorhob, die aus dem damals noch wilden Osten dagegen als wesensfremd und abträglich darzustellen wagte. Für den Bonner Professor ist Russland eben Asien, und es darf keinen Anspruch auf Teilnahme an der europäischen Geistestradition erheben. Eine solche, wie ich unterstreichen möchte, typische Einstellung zieht indes psychologische Folgen nach sich, die die westlichen Asiatisierer Russlands, sei es wegen der Entfernung oder wegen der Vorurteile, offenbar nicht wahrnehmen, die aber leicht aus der psychologischen Sphäre in eine ganz andere umschlagen können.

Denn das Minderwertigkeitsgefühl, das solche »Experten« in Anführungsstrichen den Russen einzuflößen suchen, verlangt nach Kompensation, nein, nach Überkompensation, und da eben kann die Katastrophe eintreten, deren Vorgefühl so allgegenwärtig ist – die Katastrophe, die in der Luft liegt, welche Formen sie in dieser Welt der widerstreitenden, sich ergänzenden und sich schließlich verbündenden Fundamentalismen auch annehmen mag.

(08/2000)

Macht des Geistes wider Allmacht der Macht
Zur Geschichte der Samisdat-Literatur

Als in Deutschland 1933 das gesamte Kultur- und Geistesleben gewaltsam gleichgeschaltet wurde, machten bei weitem nicht alle Intellektuellen mit. Bald sprach man im Ausland, vor allem aber in der deutschen Exilliteratur, von den »Stillen im Lande« als einer Erscheinung, die den Alleinherrschaftsanspruch der Naziideologie Lügen strafte. Tatsächlich retteten die unauffälligen Autoren geheimer Schriften durch ihren unermüdlichen, opferwilligen Dienst an der Zukunft, die Ehre des deutschen Geistes.

Ein in vielerlei Hinsicht ähnliches Regime herrschte im Laufe von nahezu sieben Jahrzehnten auch über Russland. Hier entwickelte sich ebenfalls eine oppositionelle, verborgene, den offiziellen Ideologiebetrieb missachtende Literatur, die indes auch eine unmittelbare historische Wirkung zeitigte. Eine solche reale Wirksamkeit ergab sich aus gewissen grundlegenden Eigenheiten der gesellschaftlichen Tradition und des psychologischen Werdegangs des russischen Volkes. Es handelte sich um altüberkommene, tief eingewurzelte Wesenszüge und Denkgewohnheiten, die sich seit eh und je allen zeitgebundenen Tendenzen und Faktoren zum Trotz durchsetzten. Die Erkenntnis dieser spezifischen Eigenheiten ist daher vielleicht entscheidend für ein gültiges Verständnis nicht nur des bisherigen geschichtlichen Weges Russlands, sondern auch seiner gegenwärtigen wechselvollen Entwicklungen und Bestrebungen.

Die eigentliche Quelle sämtlicher Krisen der russischen Vergangenheit lag in einem bereits aus dem frühen Mittelalter stammenden Gegensatz zweier unvereinbarer Denkweisen, in die sich der Urkern der ethnischen Mentalität gespalten hatte und die wiederum eine tiefgehende Spaltung des gesamten nationalen Daseins, aller russischen Staatswesen, Gesellschaftsstrukturen und Kulturen in ihrer jahrtausendlangen historischen Evolution bedingte.

Man kann die beiden widerstreitenden Wesenheiten auf bestimmte Antithesen, auf einige polar entgegengesetzte Prinzipien reduzieren, so etwa: Kollektivismus wider Individualismus, Einheitlichkeit wider Vielfalt, Traditionalismus wider Dynamik, Ghettodenken wider Weltoffenheit, Staatsanbetung wider Humanismus, Gleichheitssucht wider Elitebewusstsein, Ideologie wider Pluralismus, oder als spezifische Zivilisationsalternative Russlands: Eurasiertum wider Europäismus. Doch ist gerade für unser Problem eine Konfrontation ausschlaggebend, die zwar in der Geschichte so gut wie aller Völker eine unverkennbare Rolle gespielt hat, doch kaum irgendwo und irgendwann eine Intensität und Brisanz erreichen sollte, wie dies in Russland immer wieder der Fall gewesen ist. Dieses Gegeneinander lautet: Macht wider Geist. Aber auch: Geist wider Macht. Oder genauer: Macht des Geistes wider Allmacht der Macht.

Die russische geistige Resistenz griff dabei zu einem ganz eigenen Instrument – der Manuskriptliteratur. Die Handschrift war im immerwährenden Ringen von Geist und Macht schon seit alters zu einem normalen und vollwertigen Medium geistiger Äußerung geworden, und im Grunde wurde sie von allen Seiten – den Autoren, den Adressaten, aber auch den Vertretern der Macht – stets als ein solches anerkannt. Die russische Manuskriptliteratur durfte daher bereits auf eine lange, ereignisreiche und in breitesten Kreisen bekannte Geschichte zurückblicken, als in den zwanziger Jahren die eiserne Faust der ideologischen Diktatur ihre ersten harten Schläge gegen Meinungs- und Geistesfreiheit, vor allem aber gegen das freie Verlagswesen führte. Wenn also die geistige Fronde der Sowjetzeit und ihre Medien weitgehend auf den Gang der psychopolitischen, sozialen und ideologischen Prozesse einwirken konnten, so in erster Linie deshalb, weil sie als organische Fortsetzung einer historisch ererbten Tradition aufgefasst, nie als Fremdkörper empfunden, nie als zweitrangig betrachtet wurden. Um zu begreifen, warum und inwiefern die russische Gesellschaft und insbesondere die russische Intelligenz psychologisch auf die Herausbildung einer derartigen Literatur vorbereitet war, sollte man sich die wesentlichsten Phasen der bewegten Vorgeschichte vergegenwärtigen.

Bereits das 15. Jahrhundert hatte einen regelrechten Krieg der Chroniken gesehen:

Die Moskauer Großfürsten und Metropoliten bauten Schritt für Schritt eine großangelegte Institution zur Anfertigung und handschriftlichen Vervielfältigung stark propagandagefärbter Annalen auf, zugleich aber auch zur Erfassung, Auslese, Bearbeitung und Kopierung oder gegebenenfalls Aussonderung und Vernichtung zahlloser historischer Berichte, wie sie in den verschiedensten russischen Städten und Klöstern im Laufe der Zeiten entstanden waren. Besonders tat sich in dieser Hinsicht der mächtige Großfürst IWAN DER DRITTE hervor, dessen Sinn für Propaganda wahrhaftig an viel spätere Epochen erinnert. Dem aggressiven Einbruch der Moskauer Zensoren setzten die um ihre Freiheit ringenden Städte einerseits eine noch intensivere Arbeit der eigenen Chronisten und Kopisten, andererseits vielfältige Bemühungen um die Bergung, Sicherung und Bewahrung, vor allem aber die maximale Verbreitung ihres chronikalischen Erbes entgegen. Auf diese Weise sind nicht wenige echte Abschriften auf die Nachwelt gekommen, insbesondere wichtige Werke aus Nowgorod, obzwar allerdings der russische Forscher [N.N.] JÄNISCH[9] bereits im vorigen Jahrhundert bewiesen hat, dass es sich dabei nur um einen Bruchteil der großen Nowgoroder Sammlung handeln konnte. Nicht umsonst ist ja IWANS DES DRITTEN Annalenwerkstatt mit einem staatlichen Monopolverlag der Sowjetzeit verglichen worden – die Ähnlichkeit der Situation ist frappant und vielsagend.

Doch auch im 16. Jahrhundert, als sich in Westeuropa die Buchdruckerkunst bereits überall eingebürgert hatte, tobten im Moskauer Reich weitere Handschriftenschlachten.

Um nur einige zu nennen, die auch in breitesten Volksschichten bekannt wurden und die Gemüter tief erregten: die vehementen Kontroversen zwischen dem erzkonservativen Verfechter der sogenannten begüterten Kirche Iossif Wolozki und seinen zahlreichen, oft auch miteinander verfeindeten Gegnern; die Auseinandersetzungen des eingekerkerten Mönchs Maxim des Griechen mit den geistlichen und weltlichen Mächten der Zeit; schließlich die erbitterte, in mancher Hinsicht kuriose Polemik zwischen Iwan dem Schrecklichen und dem emigrierten Fürsten Kurbski. All das wirkte sich entscheidend auf die gesamte Mentalität aus und ist bis heute unvergessen. Ja, selbst in den gewaltigen Konvulsionen, von denen Russland im 17. Jahrhundert heimgesucht wurde, zu einer Zeit, als doch das gedruckte Buch, aus dem Westen kommend, keine Seltenheit mehr war, spielte gerade die Manuskriptliteratur eine ganz unmittelbare historische Rolle. So war der unbeugsame Führer der Altgläubigen im großen Religionskrieg, der Protopope Awwakum, zugleich wohl Russlands bedeutendster Schriftsteller in den Jahrhunderten vor Puschkin. Seine erschütternde Autobiographie und 50 weitere Werke wurden von Glaubensgenossen und ehrfürchtigen Bewunderern in immer neuen Abschriften gelesen, bis sie erst in einem weit späteren Zeitalter im Druck erscheinen konnten.

Ein besonders charakteristisches und psychologisch folgenreiches Stadium des Prozesses, den man als Evolution der Medien bezeichnen könnte, begann mit der Regierung Peters des Grossen.

In Moskau und St. Petersburg, ja sogar in manchen kleineren Städten wurden zahlreiche neue Druckereien gegründet, und einige von ihnen konnten mit der Zeit recht beeindruckende Titelreihen und Auflagenhöhen vorweisen, wobei das Angebot an literarischen Zeitschriften geradezu atemberaubende Ausmaße erreichte. Trotzdem erfuhr die Manuskriptliteratur nicht den geringsten Rückgang, und das war wohl kaum allein auf die Strenge der Zensur zurückzuführen, vielmehr erklärte es sich nicht zuletzt eben aus der Gewohnheit, aus der bereits historisch verankerten Tradition. So sah der berühmteste Satiriker der russischen Aufklärung, Antioch Kantemir, von seinen in allen Gesellschaftskreisen ungemein beliebten und vielgelesenen Spott- und Lehrgedichten keine einzige Zeile zu Lebzeiten im Druck.

Auch die Memoiren Katharinas der Zweiten, die längst in Dutzenden handschriftlichen Exemplaren Verbreitung gefunden hatten, warteten an die hundert Jahre auf ihre Drucklegung. Der Ruhm Michail Lermontows – neben Puschkin Russlands großer Nationaldichter – beruht vorwiegend auf postum veröffentlichten, aber nicht etwa zuvor wenig bekannten Werken. Von Alexander Gribojedows klassischer Komödie »Verstand schafft Leiden« sollen seinerzeit, wie berichtet wird, 40.000 – ich wiederhole: 40.000 – Abschriften angefertigt worden sein.diese Eigentümlichkeit der russischen Literaturgeschichte und Geisteswelt war in ihren Auswirkungen auf die Bewusstseinsformung und Selbsterkenntnis der Nation ein weit bedeutsamerer historischer Faktor als die meisten politischen, wirtschaftlichen oder gesellschaftlichen Geschehnisse. Denn sie bestimmte weitgehend das Verhältnis zu Geist und Macht.

Wer einen Text nicht im nächsten Buchladen gekauft oder per Post bestellt, sondern sich mit Mühe besorgt oder als Zeichen des Vertrauens von Freunden geliehen hat, den überkommt, wenn auch rein unterbewusst, das Gefühl, eingeweiht zu werden in einen besonderen, vielleicht geheimen Gedankenkreis, und damit einer besonderen, vielleicht geheimen Gemeinde von Adepten oder Mitdenkern anzugehören, und sicher wird solch ein Leser geneigt sein, sich wirklich ernsthaft, ja mit einer gewissen Ehrfurcht in die Ideenwelt des Verfassers zu vertiefen. Diese intime und ausnehmend intensive Beziehung zwischen Text und Leser bildete eines der wesentlichen Elemente, aus denen das unverwechselbare Ethos der russischen geistigen Elite entstand. Der Wille zur restlosen Hingabe an die Werte des Geistes musste um so zwingender Hand in Hand gehen mit einem Aufbegehren gegen die Macht, oder richtiger gegen die Allmacht der politischen Macht, als ja schon die Manuskriptliteratur an und für sich eine Herausforderung an diese Allmacht darstellte. Hinzu kam, dass ein Autor, der seine Schrift nicht für den Druck, sondern gerade für die handschriftliche Vervielfältigung und vertrauliche Weitergabe bestimmt, meist bestrebt sein muss, besondere gedankliche Entschiedenheit und Ausdrucksschärfe an den Tag zu legen. Dies wieder steigerte die rein atmosphärische Spannung, die das Medium Manuskript ja von Haus aus umgab.

Es konnte nicht ausbleiben, dass die stark ausgeprägten Bestrebungen und Verhaltensweisen der geistig Engagierten auch einen erheblichen Einfluss auf breitere Volkskreise ausübten, ja immer mehr Menschen der verschiedensten Schichten und Bildungsstufen unmittelbar in ihren Bann zogen. So kam eine Ehrfurcht vor dem Geist auf, die in der Volksseele ständig mit der angeborenen Ehrfurcht vor der Macht rang, und dies wurde zu einem der ausschlaggebenden Motive in den Entwicklungen und Wirbeln eines gefahrvollen Zeitalters.

Als die bolschewistische Gewaltherrschaft über Russland hereinbrach, verfügte die russische intellektuelle Opposition schon im voraus über eine altbewährte Waffe, die nicht nur den neuen Lebens- – und Tätigkeitsbedingungen, sondern auch den Erwartungen der Menschen entsprach.

Denn gerade für ein Machtsystem, das voll und ganz auf einer absolutistischen Ideologie fußte, bedeutete jegliche geistige Regung ein heimtückisches Gift. Geist zersetzt Ideologie – dessen waren sich die

(009) Zur Geschichte der Samisdat-Literatur

bolschewistischen Führer sehr wohl bewusst. Und durchaus logisch war eigentlich der Schritt, der dem Obersten dieser Führer, LENIN, im heutigen Russland besonders verübelt wird: Im Jahre 1922 nämlich ließ er sämtliche geistige Größen, die nicht schon während des Bürgerkrieges ins Ausland geflohen oder in der Folgezeit emigriert waren, zwangsweise nach Petrograd holen, gewaltsam auf einen Frachtdampfer verladen und unter Aberkennung der Staatsbürgerschaft nach Deutschland abschieben. Es waren tatsächlich die glanzvollsten Namen der russischen humanistischen Kultur und Wissenschaft, die damals aus dem Geistesleben des Landes gestrichen wurden, doch im Grunde bewies LENIN durch diesen Akt nur seinen gesunden Diktatoreninstinkt, nur seinen Spürsinn für potentielle echte Gefahren, die seine fragwürdige Staatsschöpfung unterhöhlen würden.

Dennoch hatte er sich verrechnet.

Seine gesamte Weltsicht beruhte auf einer Reihe eherner Dogmen, die ihm einen weitgehend phantastischen Begriff von den in der Geschichte wirkenden Kräften einflößten. Er konnte sich den weiteren Verlauf des Weltgeschehens nur als eine trotz sämtlichen Widerständen, Angriffen und Unterwühlungen fortdauernde, unweigerliche Bestätigung dieser Dogmen, als unausbleibliche Erfüllung aller darauf gegründeten Prophezeiungen vorstellen. Deshalb glaubte er durch die Enthauptung einer Generation von Geistesschaffenden dem unumstößlichen Gesetz der Geschichte zum Durchbruch verholfen zu haben, und er war sicher, dass sich die neue, aus Arbeiter- und Bauernkindern herangebildete Intelligenz, unbedingt und rückhaltlos mit seiner Ideologie identifizieren würde.

Tatsächlich war ein keinesfalls geringer Teil der damaligen geistig interessierten, künstlerisch oder wissenschaftlich aktiven Jugend in den Bannkreis einer ideologischen Schwärmerei geraten, die in der bolschewistischen Revolution den Anbruch einer völlig neuen, von allen Makeln der bisherigen Menschheit freien Ära sehen wollte. In den Kommunen und Zirkeln dieser Jugendlichen entstand gleichfalls eine Manuskriptliteratur, wenn auch nunmehr zumeist getippt, und scheinbar gingen ihre visionären Ergüsse voll und ganz mit der herrschenden Ideologie konform. Scheinbar. In Wirklichkeit konnte indes der Staat als solcher unmöglich auf einer Utopie fußen, seine Ideologie musste unter dem utopischen Schleier auch einen realen psychopolitischen Kern entwickeln, und so konnte die Kollision zwischen idealistischem Traumdenken und materialistischem Machtdenken, mochte sich beides auch auf die gleichen Ziele berufen, nicht ausbleiben.

Gleichzeitig entstanden selbstverständlich auch Schriften ganz anderer Art, anderen Niveaus, anderer geistiger Färbung, anderen historischen Bewusstseins. Sie konnten grundverschiedene Gedankenrichtungen vertreten – die einen hingen nostalgisch vergangenen Zeiten nach, andere bemühten sich um neue, nie dagewesene Ideale, dritte forschten unvoreingenommen über die Probleme und Möglichkeiten des Landes, vierte polemisierten unverhohlen mit den in Staat, Gesellschaft und Kultur überhandnehmenden Tendenzen – in jedem Fall aber mussten sie als offene, entschiedene, ja subversive Opposition empfunden werden. Das galt nicht allein für philosophische, wissenschaftliche oder essayistische Texte, sondern auch und erst recht, für schöngeistige und dichterische Werke, die ein viel breiteres Publikum ansprachen.

Hier erhebt sich nun die Frage: Wie laut waren die Stimmen dieser »Stillen im Lande«?

Um eine mehr oder minder adäquate Vorstellung von der Verbreitung, Bedeutung und Wirksamkeit der Manuskriptliteratur unter den ganz spezifischen Verhältnissen der russischen zwanziger Jahre gewinnen zu können, muss man sich über einige wesentliche Besonderheiten dieser Zeit im klaren sein: Es gab eine längere Atempause, in der die ideologische Zensur bei weitem nicht so rabiat wütete, wie es sonst für die bolschewistische Epoche kennzeichnend war – das erklärte sich einerseits aus den Notwendigkeiten der sogenannten neuen ökonomischen Politik, da ja folgerichtigerweise auch private und genossenschaftliche Verlage zugelassen werden mussten, andererseits aber auch, und das war gewiss der ausschlaggebende Beweggrund, aus einer unterschwelligen Furcht der gesamten regierenden Kaste vor dem unmittelbaren Einfluss wie auch der indirekten Ausstrahlung des ungreifbaren Mediums Manuskript. Wenn sogar Memoiren weißgardistischer Bürgerkriegsgeneräle in ansehnlichen Auflagen erschienen, so sollte das vor allen Dingen ablenken – ablenken wovon? Die Antwort lag auf der Hand. Und es ist nicht zu leugnen, dass dieser psychologische Kunstgriff einigen Erfolg hatte. Die öffentlichen geistigen Bewegungen der zwanziger Jahre waren Zeugnisse einer kulturellen Blütezeit, ein kongenialer Epilog des russischen Silbernen Zeitalters. Diese Bewegungen aber fanden ihr Sprachrohr größtenteils doch in der gedruckten, staatlich genehmigten Literatur.

Eine andere Besonderheit bestand in den verhälnismäßig noch durchaus erträglichen Bedingungen des Auslandsverkehrs. Nicht nur konnten sowjetische Intellektuelle relativ leicht westliche Kulturzentren besuchen und mit den Geistesgrößen der Zeit in persönliche Berührung kommen – es war damals auch kein allzu großes Wagnis, sogenannte «bourgeoise» Bücher und Zeitschriften, darunter manche aus russischen Emigrantenverlagen, über die Grenze zu schmuggeln.

Hinzu kam eine für autoritäre Herrschaftssysteme so ungewöhnliche, paradoxe Besonderheit, wie es die unverhüllte, öffentliche Austragung von skrupellosen Machtkämpfen an der Staats- und Parteispitze war, in deren Verlauf fortwährend sensationelle Erklärungen und militante Stellungnahmen in der Tagespresse erschienen, in stürmischen Massenversammlungen propagandistisch ausgeschlachtet wurden und Thema zahlosen vehementer Diskussionen waren. Solche

Ereignisse mussten zwangsläufig die allgemeine Aufmerksamkeit auf sich ziehen.

Wenn die Manuskriptliteratur trotzdem nichts an ihrer Beliebtheit und Wirkung einbüßte, so beweist das eben, wie tief verwurzelt und verinnerlicht das Bedürfnis an einem solchen Mittel geistiger Kommunikation war, welche Lebenskraft der Tradition innewohnte. Bezeichnend war dabei, dass sich drei Typen dieser Art Schrifttum, die aus früheren Zeiten überliefert waren, noch gleichermaßen weiterentwickeln konnten:

Originale Gedichte, Prosawerke, Abhandlungen, Aufsätze zu den verschiedensten Themen wurden in zahlreichen Kopien unter die Leute gebracht (in späteren Zeiten erhielt dieser Typ die generelle Bezeichnung »Samisdat« – ein Begriff, der aus dem russischen Wort »sam« – selbst und einer Abkürzung des Wortes «isdatelstwo» – Verlag zusammengesetzt ist); zugleich wurden eingeschmuggelte Bücher in der Urfassung oder in einer zweckentsprechend überarbeiteten Form mit der Schreibmaschine vervielfältigt und einem lesebegierigen Untergrundpublikum zugänglich gemacht (dieser Typ sollte später als »Tamisdat« bekannt werden – das Wort »tam« bedeutet »dort, drüben«); schließlich wurden Texte jeglicher Art eigens für geschlossene Freundeskreise oder begrenzte Interessengruppen verfasst und in einer angebrachten Zahl von Exemplaren kopiert; um dann innerhalb dieser Gruppen besprochen und gegebenenfalls zum Ausgangspunkt weiterer Überlegungen und Diskurse gemacht zu werden (für diesen Typ sucht der Verfasser dieser Zeilen seit geraumer Zeit die Bezeichnung »Namisdat« einzubürgern – »nam« heißt »uns, für uns«).

Die geistigen Bestrebungen, die in dieser Literatur zum Ausdruck kamen, sollten keinesfalls spurlos verschwinden, wenn auch die meisten Manuskripte und Kopien den Stürmen der Zeit, dem Wüten der Inquisitoren oder den Ängsten der Verwahrer zum Opfer gefallen sind. Allerdings ist zu hoffen, dass doch noch ein gewisser Teil des Verlorengeglaubten aus der Versenkung auftaucht, wenn die Samisdat-Forschung einmal in den Geschichts- und Geisteswissenschaften den Stellenwert erringt, der ihr naturgemäß zukommt. Doch die eigentliche Nachwirkung der damaligen Manuskript–Renaissance bestand in anderen, weniger greifbaren Dingen:

Schon die unmittelbaren Erben des Silbernen Zeitalters fühlten, wenn sie sich mit jedem Wort, jedem Bild, jeder abstrakten Idee der sogenannten proletarischen Kultur widersetzten und deren draufgängerischen Aposteln den Kampf ansagten, stets den rückenstärkenden Einfluss der unterirdischen Gedankenströmungen, und nicht von ungefähr wandten sich dann gerade manche der Bedeutendsten auch selbst dieser Form geistiger Äußerung und Selbstverwirklichung zu. Viele Gesichtspunkte und Konzeptionen, die erstmalig in derartigen Manuskripten aufgetreten waren, fanden auch in der zeitgenössischen großen Literatur Widerhall und Fortsetzung, wurden Gemeingut des russischen Denkens und der russischen Kultur und lebten weiter, auch wenn die Originale vernichtet, der ursprüngliche Sinnzusammenhang und Zeitkontext verloren waren.

Mit dem Beginn der STALIN-Diktatur um 1928, die zunächst eine konsequente und radikale Rebolschewisierung des gesamten Gesellschafts-, Wirtschafts- und Kulturlebens bedeutete, änderten sich die Wirkungsmöglichkeiten der Manuskriptliteratur in kurzer Zeit aufs empfindlichste. Die Niederschrift, das Abtippen und die Weitergabe jeglicher unzensierter Texte galt nunmehr als Verbrechen, und alsbald erschienen auch entsprechende Gesetze und amtliche Verordnungen.

Gleichzeitig erfolgte eine durchgreifende Säuberungsaktion im gesamten öffentlichen Kulturbereich, bei der sämtliche humanistische und geistig eigenständige Tendenzen zugunsten eines ideologisch uniformierten, politisch gleichgeschalteten, parteidisziplinierten Literaturbetriebs rigoros zurückgedrängt wurden. Dieser Wendepunkt musste sich als entscheidende Prüfung für Russlands Geistigkeit überhaupt und ihre inoffiziellen, antioffiziellen Träger insbesondere erweisen. Von der Bewertung der historischen Widerstandskraft, die damals von der verfemten Sphäre freien Denkens an den Tag gelegt wurde, hängt überhaupt die Beurteilung der Tiefe und Tragweite des Wirkens unabhängiger Geister in der russischen Geschichte maßgeblich ab. Denn eigentlich bildete diese Epoche einen Brennpunkt, in dem Altüberkommenes seine extremste Form erreichte.

Ich möchte nun hier im Gegensatz zur landläufigen Meinung ganz entschieden feststellen: Der gar nicht so geringe Teil der Intelligenz, der sich nicht gleichschalten ließ, bestand diese Prüfung in einer bewundernswerten, ehrfurchtgebietenden Weise. Seine Einwirkung auf die Volkspsyche blieb eher unterschwellig und indirekt, doch in bestimmten, moralisch und intellektuell höherstehenden Schichten fielen sowohl die Beispiele persönlicher Opferbereitschaft und echten Bekennermuts als auch die Botschaften der trotz allem weiterlebenden Manuskriptliteratur auf fruchtbaren Boden.

Dabei darf allerdings der Stalinismus nicht als eine absolut geradlinige, sich stets in allem gleichbleibende Struktur angesehen werden.

In den ersten Jahren kam es innerhalb kurzer Zeit zu mehreren geräuschvollen Feldzügen gegen verschiedene Richtungen des Geisteslebens, bei denen die gedruckte wie die getippte Literatur gleichermaßen in Mitleidenschaft gezogen wurde. Um nur einige dieser Richtungen zu nennen: Die Bauernkultur, die an und für sich mit der zwangsläufigen Kollektivierung und Monopolisierung der Landwirtschaft zugrunde gehen musste, wurde zusätzlich propagandistisch scharf angegriffen und sogar polizeilich verfolgt – so hatte der prominente Bauerndichter николай Kljuew die Verbreitung mehrerer

Gedichtzyklen im Samisdat mit vielen Jahren Haft und schließlich mit dem Tode zu büßen. Die traditionelle humanistische Geschichtsbetrachtung und Kulturdeutung, schon längst als »bürgerlich« oder »idealistisch« verpönt, wurde Gegenstand einer zielbewussten Verunglimpfungskampagne, Denker und Forscher von höchstem Rang wie ALEXEJ LOSSEW, MICHAIL BACHTIN oder der noch ganz junge DMITRI LICHATSCHOW verschwanden für Jahre im Konzentrationslager und in der Verbannung. Daher waren auch die meisten Autoren dieser Sinnesart genötigt, auf Publikationen zu verzichten und ihre Schriften auf anderen Wegen in das Geistesleben der Gesellschaft einzuschalten, vor allem durch Herumgabe im weiteren Freundeskreis, durch »Samisdat« also.

Den heftigsten Anfeindungen und schonungslosesten Verfolgungen indes waren die religiösen Philosophen und Dichter ausgesetzt. Hier stieg die Zahl der Opfer ständig. So beschritt PAWEL FLORENSKI, Begründer einer neuen Metaphysik, Kunsttheoretiker und Mathematiker, einen langen Leidensweg, der mit dem Tode im Lager endete. Trotzdem und trotz der weitgehenden Gleichschaltung des offiziellen Klerus, entstand in der frühen Katakombenkirche eine durchaus eigenständige, vielgestaltige Untergrundliteratur.

Die Hetze gegen derart unterschiedliche Strömungen zeugte von einem klaren Bewusstsein der grundlegenden, wesenheitlichen Unvereinbarkeit des Stalinismus mit jeglichen ideologiefremden Denkansätzen, mit dem Geist als solchem. Denn man sollte nicht vergessen: Damals griffen die Sicherheitsdienste noch nicht, wie es dann in der zweiten Hälfte der dreißiger Jahre Gewohnheit wurde, zu wahllosen, blindwütigen Verhaftungen, nein, jede Festnahme eines Intellektuellen war gezielt, jede galt in ihrer Endkonsequenz der russischen Geistigkeit als solcher, als historischer Entität.

Leider verzichtet heute die Samsidat-Forschung fast durchgehend auf eine systematische Sammlung und umfassende Untersuchung des Manuskripterbes der dreißiger Jahre. Es heißt, dieses Erbe sei in seiner Gesamtheit schon ursprünglich gering gewesen, in der Folgezeit beinahe vollständig vernichtet worden und geistesgeschichtlich so gut wie einflusslos geblieben. Eine solche Einstellung scheint mir unvertretbar.

Tatsächlich musste der eigentliche Samisdat angesichts der tödlichen Gefahr für jeden Beitragenden und Mitwirkenden seinen früheren Stellenwert in den geistigen Prozessen einbüßen. Ein letzter Aufschrei war eher rein politischer Herkunft und Prägung, als nämlich der Parteifunktionär RJUTIN seine aufsehenerregende Streitschrift gegen STALIN in zahlreichen Kopien auch über die unmittelbar interessierten Kreise hinaus in Umlauf setzen ließ.

Dagegen sollte die größtenteils anspruchsvollere Manuskriptliteratur des Samisdat, die in engeren Zirkeln gelesen und erörtert wurde, ihren Status bewahren. Gerade dies wird aber heutzutage oft bestritten, deshalb möchte ich zum Beweis ein persönliches Erlebnis anführen.

Im Herbst 1941 geriet ich, gebürtiger Moskauer, durch Schicksalsfügung in das belagerte Leningrad. Mir wurde eine Wohngelegenheit in einem der vornehmen Viertel am Ufer der Newa zugewiesen. Der Hausherr war allem Anschein nach umgekommen, und ich richtete mich nicht ohne Scheu in seinem bis an die Decke mit Büchern vollgepfropften Studierzimmer ein. So kam es, dass ich schon wenige Tage später auf ein größeres Fach stieß, in dem zahlreiche längliche braune Einbände nebeneinandergereiht standen. Sehr bald begriff ich, dass es sich um eine Sammlung zensurfreier Schriften handelte, die mein toter Gastgeber unter unsäglichen Mühen zusammengetragen haben musste. Denn es waren Aufsätze und Abhandlungen zu grundverschiedenen Themen, die völlig unterschiedliche Gesinnungen und Lebensauffassungen verrieten. An manchen Stellen war eindeutig zu erkennen, dass die jeweiligen Schriften nur in den dreißiger Jahren entstanden sein konnten. Dabei zeugten nicht allein Wortwahl, Niveau und Stil, sondern mitunter auch ein unverkennbares eigenes Ethos davon, dass besondere Gruppen von Eingeweihten und Sachkundigen angesprochen werden sollten – in einigen Fällen war das sogar aus bestimmten konkreten Bemerkungen zu ersehen.

Das beklemmend Unnatürliche an dieser Literatur, eine unausbleibliche Folge ihres Wesens und ihrer Existenzbedingungen, bestand im Fehlen jeder Wechselwirkung, jeder gegenseitigen Bezugnahme, jeden Disputs und Dialogs zwischen den verschiedenen Gedankenrichtungen. Westler und Slawophile, Christen und Voltairianer, Liberalsozialisten und Nietzscheaner lebten ihr eigenes, von der schrecklichen Außenwelt isoliertes, sektenartiges Leben. Doch das eine hatten sie gemein: Sie waren frei von nennenswerten Einflüssen der herrschenden Ideologie und damit schon an und für sich lebendige Zeichen geistiger Opposition.

Ich kann mich nur an wenige Texte mit aktueller politischer Färbung erinnern. Großen Eindruck machten auf mich etliche tiefgründige, ausgewogene Überlegungen betreffs der eventuellen Entwicklungswege, Probleme und Prioritäten eines künftigen liberalen Russlands.

Es gab auch gewisse halbdurchsichtige Andeutungen und Anspielungen auf die Wesensähnlichkeit STALINS und HITLERS, die zu einer Zeit gemacht sein mussten, als noch niemand die Möglichkeit eines Bündnisses zwischen den beiden Diktatoren ahnte.

Nein, der Geist war nicht auszutilgen und nicht in die Knie zu zwingen. Trotzdem lässt sich nicht leugnen, dass dies wohl die nach außen hin wirkungsschwächste Periode in der Geschichte der russischen Manuskriptliteratur blieb. Aber eben doch nur nach außen hin. Gerade dadurch, dass die Macht unfähig war, die geistigen Bestrebungen als solche auszulöschen, büßte sie ihr Selbstgefühl als etwas Absolutes, als Allmacht ein, und das musste früher oder später das gesamte Machtgebäude entscheidend unterhöhlen. Die Ohnmacht des Geistes erwies sich letztlich als eine ephemere Erscheinung, die Ohnmacht der Macht dagegen als wesensbedingt und historisch ausschlaggebend.

Eine Grenzlinie besonderer Art bedeutete der Kriegsbeginn, durch den auch psychologisch die meisten Relationen und Proportionen grundlegend verändert wurden. Die natürlichen Folgen der Kriegswirren und Kniegsnöte – Wegfall der gewohnten Kommunikationswege, Auflösung der alten Freundeskreise und Zirkel, Verlust der erprobten Vervielfältigungsmöglichkeiten und ähnliches – gingen Hand in Hand mit einer ebenso natürlichen Wandlung mancher Gesichtspunkte, Interessen und Einstellungen wie auch der gesamten psycho-politischen Atmosphäre.

Die geistigen Auseinandersetzungen mit der Zeit, die trotz allem in vielen Fällen auch zu Papier gebracht wurden, blieben jetzt in den Schubläden der Schreibtische liegen.

In mancherlei Hinsicht griffen diese Kriegsfolgen auch auf die erste Friedenszeit über. Es konnte unmöglich leichtfallen, traditionelle Verbindungen wiederherzustellen, aufgegebene Gepflogenheiten neu zu beleben, vergangene Bestrebungen zu aktualisieren. Was keineswegs besagen soll, dass die geistigen Impulse erlahmt wären. Im Gegenteil verlangten die soeben durchlebten und durchlittenen Jahre erst recht nach geistiger Bewältigung, und das verlieh dem Ringen um Wahrheit und den verschiedensten Ausdeutungen der neuesten wie der älteren Geschichte, gewaltigen Auftrieb. Allerdings lag der Samisdat infolge des nunmehr noch lückenloseren, noch schärferen polizeistaatlichen Terrors nach wie vor darnieder. Wenn damals etwa Studenten der Moskauer Universität eine Sammlung ideologisch verfänglicher Songs austeilten oder ein Unbekannter eines schönen Tages auf dem Moskauer Tschinski-Markt mehrere getippte Exemplare einer politisch bedenklichen Anekdotensammlung verkaufte, so zeugte das gewiss von erstaunlicher Verwegenheit. Aber mit geistigen Wagnissen hatten die beiden überlieferten Fälle doch nichts zu tun.

Und dennoch gab es ein unzweideutiges Anzeichen, dass die stille Ausstrahlung des verborgenen Geisteslebens so ganz wirkungslos nicht blieb – nämlich die äußerst empfindlichen Reaktionen des ideologischen Propagandaapparats und STALINS persönlich. Die berüchtigten Hetzaktionen »gegen die Anbetung des Westens in der Wissenschaft«, »gegen den Weismannismus-Mendelismus-Morganismus«, »gegen den Kosmopolitismus« und so weiter, hatten zwei Ebenen von Ursachen und zwei Ebenen von Zielen. Einerseits bildete diese in ihrer Gehässigkeit beispiellose Offensive tatsächlich den Höhepunkt in der jahrhundertelangen Verfemung russischen Europäertums, auf den es die Urheber ihrem Programm gemäß abgesehen hatten. Es war eine im Grunde durchaus voraussehbare krampfhafte Rückbewegung nach einem notgedrungenen psychopolitischen Zwischenspiel, nämlich dem Bündnis mit dem Westen im Krieg gegen den so seelenverwandten Hitler. Es bedeutete die ideologische Widerrufung der Schlacht von Stalingrad. Andererseits aber ging es doch auch um die endgültige Abwürgung jeder eigentlichen Geistigkeit als eines Grundphänomens menschlicher Entwicklung. Indes war in den öffentlichen Kommunikationsmitteln, in den zensierten Druckerzeugnissen und beaufsichtigten Foren längst keine Äußerung selbständigen Denkens mehr möglich, und die großen Anstrengungen der stalinistischen Propaganda erklärten sich letzten Endes gewiss aus der Empfindung oder Ahnung, dass es in unzugänglichen, ungreifbaren Sphären des russischen Lebens doch ständig zu erneuten geistigen Regungen und damit zur Unterwühlung der Macht kam. Nicht nur den westlerischen Geist – auch den Geist schlechthin erkannte Stalin mit sicherem Instinkt als seinen Todfeind. Der Stalinismus starb dann auch am Geist.

Jeder, der damals in Russland einiges Gefühl für die historisch wirkenden, historisch ausschlaggebenden Kräfte besaß, war sich bewusst, dass die schroffe Wende im gesellschaftlichen Klima, die sofort nach Stalins Tod eintrat, keinesfalls auf den guten Willen der altersprobten Generation kommunistischer Führer zurückzuführen sein konnte. Nein, sie war das unausbleibliche Ergebnis eines jahrzehntelangen unmeßbaren, aber ständig gegenwärtigen Drucks aus der Tiefe, einer diskreten, unsichtbaren, aber schließlich doch zur Geltung kommenden Emanation des in Hunderten Formen weiterlebenden Geistes.

Die darauffolgende Periode ist unter der einst sehr populären Bezeichnung «Tauwetter» in die Geschichte eingegangen. Doch traf diese Bezeichnung bestenfalls für die Erscheinungen der Oberfläche zu, für das allgemeine, publike Literatur- und Kulturleben, für die öffentliche Meinungsmaschinerie. Hier wehte in der Tat ein lauer Wind, und man konnte eine für jene Zeit sensationelle Gedankenkühnheit an den Tag legen. Nur gab es für diese Kühnheit einen Rahmen, der nicht überschritten werden durfte. Dieser Rahmen hieß Ideologie.

Dennoch eröffnete die Neuorientierung gerade durch ihre Halbheit eine Zeit der Strukturwandlung in der russischen Geisteswelt. Die damals entstandene Struktur sollte bis in die zweite Hälfte der achtziger Jahre hinein, ungeachtet der zahlreichen politischen Wendungen, so gut wie unverändert bleiben.

Neben der öffentlichen Literatur und Kultur, die wohl oder übel der ideologischen Konjunktur, wie sie ja für den Zensor maßgeblich war, Rechnung tragen musste und daher ein vielgestaltiges System der Selbstzensur entwickelte, bildeten sich mehrere Schichten zensurloser Medien heraus. In ihnen ging die eigentliche geistige, weltanschauliche und psychopolitische Evolution Russlands vor sich.

(009) Zur Geschichte der Samisdat-Literatur

Eine Zwischenschicht, deren Vertreter alles andere als »Stille im Lande« waren, riss vorwiegend die Jugendlichen mit. Ihr entscheidendes Instrument war die in Russland seit eh und je ungemein wirkungsstarke, einflussreiche und geachtete Lyrik. Außer gefeierten Dichtern, die in den größten Sälen, in Stadien und Sportpalästen rezitierten, wo berittene Polizei den Publikumsandrang dämmen musste, machte bereits eine neue Generation ernster Lyriker von sich reden, deren Verse in Manuskriptform breiteste Kreise im ganzen Riesenland erreichten. Gerade damals wurde das Wort Samisdat zu einem allgemeinverständlichen, aktuellen Begriff. Ein ganz besonderes Phänomen stellte die sogenannte Bewegung der Barden dar, die sich bald als eine mentalitätbildende, moralformende Kraft ohnegleichen erweisen sollte. Ihr vornehmliches Medium war das zensurfreie Tonband, gleichsam ein Sonderfall des zensurfreien Manuskripts, mit dem sich, was Popularität und Einfluss betraf, die machtabhängigen und ideologiehörigen Massenmedien auch nicht im entferntesten messen konnten.

Die wuchtigsten Gestalten dieser Bewegung, wie etwa GALITSCH, WYSSOZKI, OKUDSHAWA, erlangten eine bleibende Volkstümlichkeit von geradezu historischer Dimension.

Dennoch blieb auch in diesen Jahrzehnten die geheime Geistigkeit, wie sie in der philosophischen, theologischen, geschichtswissenschaftlichen, gesellschaftstheoretischen, kulturkritischen und verwandten Literatur des Samisdat und Namisdat ihren Ausdruck fand, stets das eigentlich tragende Element der gesamten innerrussischen Entwicklung. Und obwohl jeder geistig Interessierte, mochte er selbst vielleicht auch kein Samisdat-Leser sein, doch bestimmt um die Existenz dieser Literatur wusste und zumindest indirekt ihrer Einwirkung unterworfen war, traf für sie auch weiterhin das Wort »geheim« in einem gewissen Sinne zu. Und zwar nicht nur, weil sie im offiziellen, ideologisch verklärten Bild der sowjetischen Gesellschaft mit dem dichten Schleier eines Staatsgeheimnisses umhüllt war, sondern auch, weil sie von der jetzt recht turbulenten öffentlichen Kulturszene und der konventionellen Wissenschaft, soweit irgend möglich, geflissentlich ignoriert wurde. Was allerdings manche Prominente nicht hinderte, sich zugleich einen Namen im Samisdat machen zu wollen.

So entstand eine ganz eigenartige Struktur, die in den sechziger, siebziger und frühen achtziger Jahren auch das Russlandbild des größeren Teils der Menschheit prägte.

Vor allem aber stimulierte sie jene psychogenetischen und sozialen Prozesse, denen schließlich als zwangsläufige Folge die große Wende der späteren achtziger Jahre, die sogenannte Perestrojka, entspringen sollte.

Zunächst allerdings konzentrierte sich das Augenmerk eines breiten Publikums auf Schriften, die, ursprünglich mit anderem Ziel verfasst, nunmehr auf unergründlichen Schleichwegen die Zensur passierten und in die legale Presse gelangten. Sie wurden als Sensationen empfunden und von Beauftragten der ideologischen Instanzen aufs heftigste angegriffen, was ihre Wirkung noch gewaltig steigerte. Dies wieder verzehnfachte einerseits die Wachsamkeit der Zensoren, ermutigte andererseits aber auch einige unerschrockene Zeitschriftenredakteure, namentlich den berühmten ALEXANDER TWARDOWSKI, typische Samisdat-Texte zu veröffentlichen. Die Grenzlinie zwischen geheimem Manuskript und Massenauflage, zwischen Stille im Lande und offener Herausforderung war plötzlich, zumindest stellenweise, eine fließende geworden.

Noch weitaus größeres Aufsehen erregten indes Werke, die versteckt in den Westen gebracht, dort gedruckt, als Buch wieder eingeschmuggelt und hier erneut in Manuskriptform vervielfältigt wurden – wie bereits erwähnt, nannte man diese Art geheimer Literatur Tamisdat. Ihre besondere Schlagkraft beruhte vor allem auf der natürlichen Rückwirkung einer oft weltweiten Resonanz, die zudem durch unausbleibliche Schimpfkampagnen der höchst ungeschickt reagierenden Propagandamaschine zusätzlich verstärkt wurde. So mussten Namen wie PASTERNAK, SOLZHENIZYN oder SACHAROW bald auch dem Durchschnittsrussen zum Begriff werden.

Doch dürfen diese hervorstechenden Beispiele keinesfalls darüber hinwegtäuschen, dass die Hauptmasse der damaligen Samisdat-Schriften nie ins Ausland gelangte und ihre Verbreitung größtenteils sogar innerhalb des Landes geographisch mehr oder minder beschränkt blieb. Insbesondere galten dafür die Provinzstädte, wo eine praktisch unübersehbare, vielgestaltige Manuskriptliteratur entstand, deren Wirkungsbereich jedoch zumeist, wie die Dinge standen, regionalen Charakter tragen musste.

Die Existenz dreier russischer Zivilisationen in Moskau, in St. Petersburg und in der Provinz, stellte schon an und für sich einen historischen Faktor von hoher Brisanz dar. Doch gerade die zunehmende geistige Isolation und Erniedrigung der Provinz in der Sowjetzeit bildete und bildet einen psychologischen Zündstoff, dessen Potential wohl selbst nach Jahrzehnten nicht erschöpft sein wird. Das betraf auch die Manuskriptliteratur, die, wenn sie aus kleineren Orten stammte, in den beiden Hauptstädten kaum je berücksichtigt wurde. Die unsichtbare Scheidenwand ließ in den Intellektuellenkreisen der Regionen einen Samisdat und erst recht Namisdat entstehen, der die Grundprobleme Russlands in mancher Hinsicht tiefschürfender behandelte, als dies in den Hauptstädten möglich war, da die fundamentalen innerrussischen Spannungen hier unvergleichlich intensiver erlebt und durchdacht wurden. Dabei muss betont werden, dass dieses Schrifttum auch heute noch in keiner Weise erschlossen ist, ja dass sich allem Anschein nach kaum jemand ernstlich bemüht, mit einer umfassenden Erforschung zu beginnen. Das ist ein sprechender Beweis für die Zählebigkeit alter Vorurteile, denn eine landesumspannende Erfassung des Gesamterbes ist allerdings nach wie vor nur von Moskau aus vorstellbar.

Gerade die Geschichte der regionalen Opposition und ihrer geheimen Literatur ist aufschlussreich und charakteristisch für die Evolution des russischen Geisteslebens in einer Epoche, die wie keine andere alternativenreich war.

Die objektiven Umstände und die ganze Lebensweise bedingten, dass sich hier früher als in den großen Zentren eine neue Generation entschlossen und opferbereit aus der verknöcherten Gesellschaft zurückzog, deren längst als verlogen erkannte Ideologie ein für allemal zurückwies, ihre Gepflogenheiten und Einrichtungen boykottierte und sich eine eigene Geisteswelt aufbaute. Mit der Zeit sollte diese »Generation der Wächter« – so genannt, weil sie zum Broterwerb bewusst die geringsten Stellungen bevorzugte – eines der relevanten und tragenden Elemente in der Gesamtstruktur der russischen geistigen Bewegung werden.

Aber auch die polizeilichen Verfolgungen setzten in den leichter überschaubaren und überwachbaren Provinzstädten erheblich früher ein. Nur blieben die zahlreichen Verhaftungen und Einweisungen in Irrenhäuser, die bald nach dem Nachtantritt Breshnews begannen, außerhalb der jeweiligen Gegend, ja oft außerhalb des jeweiligen engeren Kreises so gut wie unbeachtet.

Um so größere Bewunderung verdient das unbeirrte, selbstlose, unverzagte Wirken dieser Stillen im Lande, das heute leider fast durchweg vergessen ist.

Trotz der zunehmenden Verschärfung der geistfeindlichen Maßnahmen, Regelungen und Drohungen waren die siebziger und achtziger Jahre auf keinen Fall auch nur annähernd mit der Stalinzeit zu vergleichen. Die Aktionen der Partei, der Staatsmacht und der Sicherheitsdienste zeichneten sich durch eine Inkonsequenz und Nervosität aus, die ein längst verunsichertes, ausgehöhltes Ideologiebewusstsein verrieten.

Um nur ein Beispiel anzuführen: Ich selbst war fast zwei Jahrzehnte lang Samisdat- und Namisdat-Autor, der heikle Grundfragen der russischen Geschichte und Philosophie behandelte, und nahm mehr oder minder regelmäßig an privaten Zirkeln und Seminaren in ganz Moskau teil. Ich bin aber auch kein einziges Mal von irgendeiner Instanz zur Rede gestellt worden! Ja, dass die vermeintlich herrschende Ideologie nicht mehr lebensfähig war, empfand ein jeder.

Das innerste Bedürfnis der geistigen Elite im weitesten Sinne dieses Wortes, bestand daher in der Erarbeitung neuer Ideale.

So kam es zu einer nie dagewesenen Blütezeit der geheimen Geistigkeit Russlands in allen ihren Erscheinungsformen. Dabei war diese Sphäre jetzt der hauptsächliche Schauplatz intellektuellen Lebens, denn es trat klar wie noch nie zutage, dass die offizielle, ideologisierte Kultur und Wissenschaft nichts als ein Reich von Phantomen darstellte. Auf diesem Schauplatz aber wurden erneut die Urprobleme Russlands, die von einer servilen Literatur ein halbes Jahrhundert lang geleugnet worden waren, leidenschaftlich umstritten, oft mit äußerster Erbitterung umkämpft. In privaten Wohnhäusern, Arbeitszimmern und besonders häufig Küchen bildeten sich in nächtelangen Diskussionen die weltanschaulichen Strömungen, kulturpolitischen Parteien und literarischen Ringe heraus, die mit der Zeit, in einigen mächtigen Bewegungen konzentriert, auf das gesamte Denken und Fühlen des Volkes entscheidenen Einfluss nehmen sollten. Es handelte sich hierbei im Grunde um die uralten, traditionellen und doch ewig aktuellen Fronten der Westler und der Russophilen, der Eurorussen und den Eurasier, nur dass sie in einer durch gewisse neue, zeitgbundene Standpunkte modifizierten und modernisierten Form auftraten.

Allen diesen Diskussionen lagen Ideen zugrunde, die in älteren oder soeben entstandenen Manuskripten formuliert und begründet waren, und solche Manuskripte fanden auch über die unmittelbar angesprochenen Kreise hinaus Verbreitung, sie wurden Samisdat. Dazu trug nicht zuletzt die neue Technik bei, denn obwohl sämtliche Xerographiegeräte im Lande von der Geheimpolizei fast wie Atomsprengkörper bewacht wurden, fehlte es nie an mysteriösen Kopiermöglichkeiten.

Ein Zeichen für die Bedeutsamkeit dieser Entwicklungen war es wohl, dass der Begriff Samisdat auch ins Ausland drang und von fremden Sprachen, darunter der deutschen, als eine Art Schlagwort übernommen wurde.

Es sollte nicht das letzte russische Schlagwort in den Weltsprachen bleiben.

Samisdat kann als Glasnost im Untergrund bezeichnet werden. Es war aber mehr als das.

Das Schlagwort Glasnost, von GORBATSCHOW bald nach seinem Amtsantritt als politische Tageslosung ausgegeben, sollte anfänglich weniger bedeuten und weniger bewirken, als es in der Folgezeit tatsächlich bedeutete und bewirkte. Denn die ungeheure geistige Explosivkraft, die sich im Untergrund angesammelt hatte, konnte unmöglich in den von GORBATSCHOW gesetzten Grenzen – er sprach nämlich von »sozialistischem Pluralismus« – aufgefangen werden. Samisdat als historisches Phänomen erzwang volle Gedankenfreiheit, und so wurde die unausmerzbare geheime Geistigkeit zur eigentlichen Mutter der absoluten Meinungsfreiheit, die im Augenblick wirklich in Russland herrscht.

Wenn nun die letzten Jahre Zeugen empfindlicher Enttäuschungen und dramatischer Fehlentwicklungen in vielen Bereichen des gesellschaftlichen Lebens waren, so ist das in erster Linie auf eine verhängnisvolle Missdeutung der relativen Gewichtigkeit verschiedener Motive und Faktoren in der Geschichte, in den psychologischen und psychogenetischen Prozessen der Zeit zurückzuführen. Während in den Massenmedien wie in den neuaufkommenden Ideologien jederzeit Politik und Wirtschaft im Vordergrund stehen, wird die natürliche Einwirkung des eigentlichen Geisteslebens auf die Volkspsyche krass unterschätzt. Daraus ergibt sich eine eigenartige Spirale, die in einen tragischen Abgrund führen kann.

Die Verkündigung der Glasnost brachte einen beispiellosen Boom philosophischer, historischer, sozialpolitischer und ähnlicher Publizistik von hohem Niveau mit sich, bei dem sich sowohl Träger großer Namen wie DMITRI LICHATSCHOW oder JEWGENI JEWTUSCHENKO als auch solche Denker hervortaten, die, wie GRIGORI POMERANZ oder MICHAIL GEFTER, vorwiegend im Samisdat Ruhm erworben hatten.

Doch schon damals gab es beunruhigende Symptome – das gewaltige Massiv der Manuskriptliteratur blieb nach wie vor unveröffentlicht und kaum ausgewertet. So zerfiel die Kontinuität des Geisteslebens. Im Bewusstsein des weniger gebildeten, geschichtsfremden Massenmenschen fand das eine primitive, aber im Grunde logische Widerspiegelung. Die von der Staatspropaganda lancierte Deutung der Perestroika als einer »Revolution von oben«, die lediglich dem guten Willen der Parteispitze zu verdanken sei, schien nunmehr durchaus einleuchtend. Diese Vorstellung wieder raubte dem geistigen Ringen seine geschichtsformende Bedeutung und seinen Teilnehmern den bisherigen Rang. Der Boom flaute zusehends ab, die noch immer vielgelesene Publizistik verlor nach und nach ihre glanzvollen Namen, ihr Niveau, ihren Einfluss, vor allem aber ihre geistige Ausstrahlung. Allmählich büßten die für Russland so traditionellen dicken Literaturzeitschriften den größeren Teil ihrer Leserschaft ein. All das bereitete den Boden für neue geist-feindliche Ideologien, mochten sie kommunistischen, faschistischen, fundamentalistisch-religiösen, okkultistischen oder einfach fanatisch-abergläubischen Charakter tragen. Die Resignation der gestern noch so hoffnungsbeflügelten Geistesgrößen wurde und wird als Eingeständnis der allgemeinen Ohnmacht des Geistes interpretiert. Das wieder erweckt in breiten Volksschichten einen verzweifelten Willen zur Entgeistigung. Letztlich wirkt es sich auch fatal auf die gesamte politische Entwicklung aus.

Die Wiederherstellung einer Kontinuität des Geisteslebens ist heute durch mehrere gravierende Momente erschwert: Viele Prominente der öffentlichen wie auch der geheimen geistigen Bewegung haben inzwischen das Land verlassen. Anders als früher, kann angesichts einer so turbulenten Situation der Generationenwechsel in Kultur, Wissenschaft und Literatur keine gesellschaftliche Signifikanz erlangen. Für die Manuskriptliteratur wird ein dadurch bedingter krasser Interessenschwund zur empfindlichsten Schwierigkeit. In Moskau haben sich die meisten Zirkel und Diskussionsgruppen der Untergrundzeit, aus welchen Gründen immer, allmählich aufgelöst. Die Enttäuschung regionaler Eliten über die Unmöglichkeit einer wirklichen Erschließung ihres Manuskripterbes führt zu einer weitgehenden Entfremdung selbst gleichgesinnten Kreise im Zentrum und in den Provinzen. Die völlige Teilnahmslosigkeit des Auslands gegenüber den geistigen Vorgängen in Russland entmutigt vor allem das russische Westlertum, wirkt sich aber auch in unheilschwangerer Weise auf die Mentalität des gesamten Volkes aus.

Dennoch bedeutet die gigantische Krise dieser Monate keineswegs einen unaufhaltsamen Niedergang des russischen Geisteslebens. Ein solcher Eindruck wäre grundfalsch. Um nur ein schlagendes Beispiel anzuführen: Während im Laufe mehrerer Jahrzehnte lediglich drei philosophische Zeitschriften regelmäßig erschienen, sind es jetzt mehr als zwanzig.

Wenn sie jeweils auch eine unvergleichlich geringere Lesergemeinde ansprechen, will das manches besagen.

Dagegen mag die Frage berechtigt erscheinen, ob Russlands geheime Geistigkeit endgültig der Vergangenheit angehört, ob die Stillen im Lande ihre historische Rolle ausgespielt haben.

Ich sage: Nein!

Und zwar nicht etwa nur, weil eine neue Periode autoritärer Herrschaft mit ideologischer Untermauerung keinesfalls auszuschließen ist. Und auch nicht nur, weil technische, materielle, finanzielle und ähnliche Schwierigkeiten das Druckereiwesen jeden Augenblick lahmlegen können.

Der entscheidende Grund ist ein anderer.

Diese Tradition gehört als organischer, unabdingbarer Bestandteil zur russischen Geschichte. Sie war bei jeder großen Krise eigentliche Trägerin der Selbstbesinnung. Nicht umsonst stützte sich die Fortsetzung und Erneuerung des nationalen Lebens immer wieder auf eine Identitätssuche, für die das unsichtbare Ringen geistiger Eliten fern von der breiten Öffentlichkeit, fern von jeder Glasnost ausschlaggebend war.

Sicher hat sich jetzt etliches geändert. Die Form der Untergrunddiskussion, der Manuskriptliteratur, der Erschließung des Erbes vorangegangener Generationen wird infolge der informationstechnischen wie auch der politischen Entwicklungen wohl eine andere sein. Aber eben die Form. Das Wesen, dessen bin ich gewiss, wird auch in dieser Umbruchzeit auf historischer Kontinuität beruhen und somit die Werte der russischen geheimen Geistigkeit, die Tradition als solche über alle Gefahren und Wirren hin retten.

Russland braucht diese Kontinuität, um Russland zu bleiben.

(16.5.1994)

Ich schreibe Samisdat

Seite 1-3

Написано самому

Michail Schaiber-Sokolski

Ich schreibe Samisdat

Dieses Buch ist ein Bekenntnis zu mir selbst, aber auch zu hunderten Weggefährten. Und es ist eine Botschaft. Eine Botschaft, wie ich zu hoffen wage an alle Menschen guten Willens. Meine Texte sind Zeugnis von wehmütiger Erinnerung und kalter Enttäuschung, von eisigem Ahnen und Zweifeln, von heutiger Nostalgie und Erbitterung, doch wollen sie vor allem Aufruf sein, Aufruf zur „Rückkehr in die Zukunft", zur Wiederbelebung einer zukunftsträchtigen Vergangenheit.

In den siebziger Jahren, den Jahren der unheimlichen Hoffnungen mehrerer russischer Generationen, der unausgesprochenen Reifungen, der geheimen Renaissance in meiner Heimat erlebte ich, der ich bereits das 50. Lebensjahr überschritten hatte, meine geistige Jugendzeit.

Allerdings war dies zum Teil eine Folge eigentümlicher persönlicher Gedanken, doch im Grunde entsprang es einer vielgestaltigen, historisch signifikanten Bewegung – objektiver – zeitbedingter und traditioneller, äußerlicher und wesenseigener, politischer und geistiger Besonderheiten und Tendenzen, die das ideelle Leben Rußlands jener Epoche prägten. Diese Struktur bestimmte – davon zweifelte kaum jemand – auch die weitere Entwicklung von Land und Volk, zumindest in ihren Grundzügen. Es ist eine quälvolle Frage, die ich mir oft stelle – und in diesem Buch wiederholt stellen werde – ob manchmal zu skeptische Gedanken in dieser

Die Macht des Wortes.
Wie Russlands Literatur auf die historischen Geschicke des Volkes einwirkte

Viele Völker kennen in den Anfängen ihrer Geschichte kämpferische Dichter, die mit donnernden Worten zur Schlacht aufrufen und die Kriegerscharen singend zum Ansturm auf den Feind begeistern. In Russland dagegen hat es keinen legendenumwobenen Sänger dieser Art gegeben.

Doch sollte gerade die russische Dichtung, die russische Literatur überhaupt im Laufe fast eines Jahrtausends eine stärkere und direktere Wirkung auf die politischen Schlachten, auf die gesamte historische Entwicklung des Volkes ausüben, als dies den Literaturen anderer Länder je vergönnt war. Diese Tatsache ist allgemein anerkannt, doch tauchen hierbei zwei Fragen auf: Wie und warum kam es dazu? Und hat sich auch heute, am Ende dieses so kampferfüllten Jahrtausends, nichts daran geändert?

Der psychopolitische Einfluss der Literatur auf die Gesellschaft, auf das Volksganze und damit auf den Lauf der Geschichte kann auf unterschiedlichen Wegen erfolgen, kann unterschiedliche Formen annehmen. In nicht wenigen Fällen suchen literarische Werke neue soziale und politische Ideen zu entwickeln und zu verbreiten, sei es offen und eindeutig oder in verhüllter, lediglich andeutender Weise. In anderen Fällen schaffen Dichter und Schriftsteller mit ihren Schöpfungen eine psychische Atmosphäre in der Öffentlichkeit oder zumindest in politisch aktiven Leserkreisen, was mitunter weitreichende historische Folgen haben kann. Schließlich kommt es bekanntlich nur allzu oft vor, dass literarische Schriften in den Kämpfen der Zeit direkt und unverhohlen einer bestimmten Partei dienen, zu ihrem Sprachrohr werden, Propaganda für sie leisten.

Ehe nun zu Beginn des 11. Jahrhunderts in Russland eine Literatur im eigentlichen Sinne des Wortes entstand, tauchte eine eigenartige Gattung, die sogenannten Bylinen, auf, rhythmische Erzählungen von phantastischen Helden, Erzählungen, die in der heutigen Literaturwissenschaft als Folklore gelten, aber in jener Frühzeit sonderbarerweise durchweg voller Verehrung, ja geradezu Anbetung um die »herrliche Sonne Wladimir« kreisten. Diese herrliche Sonne indes war der Fürst von Kiew, der nach jahrelangen Versuchen, seine Untertanen durch riesige Götzenfiguren zu beeindrucken, zu demselben Zweck Vertreter der verschiedenen religiösen Konfessionen zu sich in die Hügelstadt am Dnepr berief, sich von ihnen umwerben ließ und nach langem Hin und Her letztlich das byzantinische Christentum als Staatsreligion einführte – weshalb er allerdings seine fünf offiziellen Frauen und seine 800 Konkubinen verstoßen musste. All das hatte ihm wenig Liebe von seiten seines Volkes eingebracht, und als er dann vielen Familien zwangsweise die Söhne nahm, um sie in der Heiligen Schrift unterrichten zu lassen, weinten, wie die Chronik berichtet, die Mütter um sie wie um Tote. Wohl in keinem anderen Teil der Ökumene gab es eine so scharf ausgeprägte Trennung, ja in mancher Hinsicht Polarität der spontanen, unterschwelligen, langwierigen Christianisierung des Volkes einerseits und der offiziellen, fürstlich verordneten Einführung einer Staatskirche, einer Staatsreligion andererseits. Da die mangelnde Popularität des Fürsten den großen historischen Schritt, die staatliche Christianisierung der ostslawischen Stämme nämlich, riskant erscheinen ließ, musste sich Wiadimir um Selbstverklärung bemühen, und in diesem Sinn lassen sich schon die frühen Bylinen als eine Art bestellte Propaganda auffassen.

Doch hatte eine der nunmehr verstoßenen Frauen dem Fürsten einen Sohn geboren, dem wahrhaft Großes bevorstand. Man kann ihn mit gutem Recht als Begründer der russischen Literatur und als Ahnherrn der russischen Zivilisation bezeichnen. Er hieß JAROSLAW. Es gab im russischen Mittelalter Dutzende, wenn nicht Hunderte Fürsten mit diesem Namen. Doch einer ist in die Geschichte als JAROSLAW DER WEISE eingegangen, und diese Wortverbindung kennt in Russland jeder Schüler. Nur will das nicht besagen, dass sich jeder der Rolle bewusst ist, die das ungemein vielseitige Wirken dieses Mannes in der gesamten historischen Entwicklung Russlands gespielt hat. Von seiner Tätigkeit als Städtebauer künden bis auf den heutigen Tag die Heilige Sophia und das Goldene Tor in Kiew, die größten Kirchen des alten Nowgorod und der von ihm gegründeten neuen Städte. Diese Prachtbauten sind im Gedächtnis des Volkes mit seinem Namen verbunden. Allgemein bekannt ist auch, dass er als erster in Russland eine reichhaltige und kostbare Bibliothek geschaffen hat, in der er zahllose Übersetzer – vor allem aber aus dem Griechischen – und geübte Schreiber beschäftigte – wahrscheinlich die größte Manuskriptsammlung im damaligen Europa. Diese Bibliothek, aus der er gegen Ende seines Lebens vieles an die unzähligen von ihm gestifteten Klöster verschenkte, ist jedoch bereits im Mittelalter auf ungeklärte Weise verschollen, und dieses Rätsel lässt den Forschern auch heute keine Ruhe. Doch dabei wird in der Regel den entscheidenden Momenten in JAROSLAWS historischem Wirken allzu wenig Beachtung geschenkt, gerade jenen Momenten, die ihn zu einer so überragenden Figur in der russischen Geschichte machen. Die Übersetzungen, die er nicht nur anhäufte, sondern selbst, wie die Chronik berichtet, »Tage und Nächte hindurch« las, aber auch unter der geistigen Elite, die er um sich gesammelt hatte, leihweise verbreitete, gaben den Anstoß zu einem eigenen, selbständigen russischen Schrifttum, das schon zu seinen Lebzeiten, unter seiner Schirmherrschaft, Ansätze von bleibender historischer Bedeutsamkeit zeitigte. Die eigentliche Großtat JAROSLAWS in dieser Sphäre bestand darin, dass er eine Literaturgattung aus der Taufe hob, die in Russland alsbald eine Blüte wie wohl sonst nirgends in der Welt erleben sollte, eine literarische Gattung, die das russische Mittelalter in allen seinen kulturellen und politischen Erscheinungsformen mitgeprägt hat – das chronikalische Schrifttum.

Zunächst unterstützten die Annalen und ausführlichen Geschichtsschreibungen, die in den neugegründeten Klöstern, in manchen Städten und wahrscheinlich auch in JAROSLAWS eigener Bibliothek entstanden, begreiflicherweise seine Politik. Seine grandiosen Pläne liefen auf eine Vision hinaus, die man im heutigen Russland als »gesamteuropäisches Haus« zu bezeichnen pflegt. Einerseits suchte er durch wohldurchdachte Eheschließungen eine Art gesamteuropäische Dynastie zu begründen, wenn seine Kinder und nächsten Verwandten in das deutsche und das byzantinische Kaiserhaus, in die königlichen Familien von Frankreich, Norwegen, Ungarn, Polen, Dänemark und in einige italienische Herrschergeschlechter einheirateten, andererseits indes waren seine kirchenpolitischen Bemühungen, seine intensiven diplomatischen Verbindungen zu Rom auf die Verhinderung einer Kirchenspaltung, auf die religiöse Einheit Europas gerichtet, was allerdings sehr bald fehlschlug – schon im Jahre seines Todes, 1054, kam es zum verhängnisvollen Schisma zwischen Rom und Konstantinopel. Nach JAROSLAWS Hinscheiden aber begann die Zeit der großen fürstlichen Fehden innerhalb Russlands, als der Bruder gegen den Bruder, der Sohn gegen den Vater die Waffen erhob und oft die wilden Steppenvölker, die Polowzer und Petschenegen, tief ins Innere des Landes eindrangen. Jetzt wurden die Chroniken zu regelrechten Streitschriften, die in den Kämpfen der Zeit Partei ergriffen, als propagandistische Waffen aktiv in diesen Kämpfen eingesetzt. Der Stil, der ganze Aufbau, die Art der Abwandlung älterer Texte, die gesamte Zielrichtung solcher Schriften bezeugen eindeutig, dass es den Verfassern, Nacherzählern oder Redakteuren nicht so sehr darum zu tun war, kommende Generationen über die größeren und kleineren Ereignisse der jeweiligen Jahre zu unterrichten, als vielmehr, die eigenen Zeitgenossen durch eine bestimmte Auslegung des Geschehens für die eine oder andere Seite, für den einen oder anderen Rivalen zu gewinnen. Mit dem Mongolensturm um die Mitte des 13. Jahrhunderts nahmen freilich der allgemeine Inhalt und Ton dieses spezifischen Schrifttums neue Schattierungen an. Jetzt kam es gerade in der Kirche, insbesondere natürlich in den Klöstern, wo der Großteil der kirchlichen Literatur entstand, zu einer beispiellosen Radikalisierung der bereits im vorangegangenen Jahrhundert allmählich aufgekommenen pessimistischen, weltfeindlichen, apokalyptischen Stimmungen. Denn die höhere Geistlichkeit, die von den Mongolen zielbewusst begünstigt wurde, hatte eine Atmosphäre der Zerknirschung und Selbstgeißelung zu schaffen gewusst, in der die schreckliche Heimsuchung tatsächlich von der Be-

(010) Die Macht des Wortes

völkerungsmehrheit als Strafe Gottes für ungenügende Glaubenstiefe, für allzu weltliche Gedanken und Bestrebungen aufgefasst wurde. Dementsprechend gingen auch die Chronisten in den Klöstern darauf aus, den Zorn des Volkes, der den fremden Eindringlingen galt, durch ein Gefühl der Sündhaftigkeit vor Gott zu ersetzen. Doch an einigen Fürstenhöfen und vor allem in mehreren Städten wehte eine andere Luft. Denn gewisse geistige Erben JAROSLAWS DES WEISEN hatten auch im Laufe des ganzen düsteren Jahrhunderts, das auf seinen Tod und den Zusammenbruch seiner Vorhaben folgte, eine seinem Vermächtnis treue Kultur, eine diesem Geist gemäße Dichtkunst und chronikalische Literatur gepflegt, deren gültige Denkmäler, das Igorlied und die sogenannte Nestorchronik, auch heute im Gedächtnis des Volkes weiterleben. Kein Wunder, dass einer dieser Fürsten, DANIIL VON GALITSCH, nunmehr als Vorkämpfer einer Befreiungsbewegung gegen das asiatische Joch Anerkennung in allen russischen Landen fand und dass die in seinem Herrschaftsbereich entstandenen Chroniken den Widerstandswillen des Volkes zu stärken suchten. Doch vielleicht noch wirksamer waren in diesem Sinn verschiedene Schriften, die in der nordrussischen Hochburg des Abwehrkampfes, in der um ihre demokratischen Freiheiten ringenden Hansestadt Nowgorod, unter die Leute kamen. Die Nowgoroder Chroniken stellten ein ganz außergewöhnliches Phänomen dar. Sie wurden in großer Anzahl, von Autoren mit unterschiedlichen Ideen und Idealen, von unterschiedlichen Blickpunkten aus aufgezeichnet, brachten aber stets das Nowgoroder Identitätsbewusstsein unzweideutig zum Ausdruck. Als im 15. Jahrhundert der Moskauer Großfürst IWAN III. nach der Eroberung Nowgorods und Dutzender anderer Städte sein ganzes Reich nach verdächtigen Chroniken durchsuchen ließ, um sie in einer eigens unmittelbar neben dem Kreml eingerichteten Zensur-Lesestube zu Propagandazwecken zurechtzustutzen und zu verfälschen, wo dies aber unmöglich war, ohne weiteres zu verbrennen – da erwies es sich mit der Zeit, dass seine Häscher gerade in Nowgorod nur eines geringen Teils der Annalen hatten habhaft werden können. Unzählige Chroniken waren von der Bevölkerung gerettet worden und konnten in späteren Zeiten im Urtext und in neurussischer Übersetzung veröffentlicht werden, sehr viele indes liegen bis auf den heutigen Tag in einem geheimen Moskauer Archiv versteckt. Schon in der zweiten Hälfte des 13. Jahrhunderts hatte ein literarisches Werk beträchtliche Verbreitung gefunden, das zumindest indirekt die Mongolenherrschaft unterstützen wollte. Es war ein Heiligenleben über den Fürsten ALEXANDER NEWSKI, der im Grunde sein ganzes Leben dem treuen Dienst an der mongolischen Goldenen Horde gewidmet hatte. Ein Heiligenleben, wahrscheinlich entstanden aus einer weltlichen Selbstverherrlichung, die der Fürst zu Lebzeiten persönlich diktiert haben musste. Diese Vita des ALEXANDER NEWSKI gehörte zwar lange Zeit zu den populärsten

Büchern des russischen Mittelalters, doch waren die dauernden Raubzüge der Mongolen, die man jetzt als »Tataren« bezeichnete, eine so unerträgliche Plage geworden, dass kein literarisches Werk den Hass der Russen gegen die Eindringlinge auch nur im geringsten mindern konnte, ja dass selbst die Kirche, die nicht von ungefähr gerade diesen Fürsten heiliggesprochen hatte, außerstande war, die anfängliche Selbstdemütigung und Selbstgeißelung des Volkes aufrechtzuerhalten.

Bei all dem aber kann kaum bezweifelt werden, dass der Einfluss des geschriebenen Wortes auf die Geister im 14. und 15. Jahrhundert allmählich abnahm. Vielleicht, weil angesichts des beginnenden Machtkampfes zweier innerrussischer Konkurrenten, Moskaus und Litauens, auch das Hauptelement der Kultur, der Dialog, dem blinden ideologischen, politischen und militärischen Widerstreit weichen musste. Die moskowitische Propaganda, die, unterstützt von der Kirche, allmählich die Oberhand zu gewinnen vermochte, verlegte sich hauptsächlich auf das mündliche Wort, auf geschickt verbreitete Gerüchte, die später einmal witzig als »großfürstliche Folklore« bezeichnet worden sind. Sogar noch im 16. Jahrhundert, als im Großfürstentum Litauen bereits zahlreiche russische Bücher gedruckt wurden, begnügte sich Moskau mit dem Alten – damals kam erstmalig ein gelernter Drucker, Iwan Fjodorow, auch hierher, aber vergeblich, denn bald wurde die neue Kunst als Teufelswerk verfemt, und der arme Mann musste mit all seinen Gehilfen wieder gen Westen fliehen.

Doch war es zu Beginn des 16. Jahrhunderts indessen zu ganz neuartigen schriftlichen Kontroversen gekommen, die weitreichende historische Auswirkungen haben sollten. Es begann mit der Herausbildung einer ketzerischen Gemeinde in Nowgorod, die von ihren Gegnern als die »Judaisierenden« gebrandmarkt wurde. Allerdings enthielt ihr Bekenntnis im Grunde keinerlei Spuren jüdischer, sei es alttestamentlicher oder talmudistischer Einflüsse, und spätere Forscher schrieben diese Benennung deshalb einer alten Legende zu, laut der die Sekte von einem vielleicht getauften litauischen Juden gegründet worden sei. Jedenfalls aber erwachte jetzt erneut, zumindest in und um Nowgorod und Moskau, ein Interesse an gewissen geistigen Auseinandersetzungen, wenn sie auch diesmal ausschließlich innerreligiöse Fragen betrafen. Der Abt eines unweit von Moskau gelegenen Kloster– er hieß Iossif Wolozki – stellte allgemeine Prinzipien und konkrete Satzungen auf, die dann Jahrhunderte hindurch in der russischen Kirche gültig bleiben sollten. Aber als religiöse Schriftsteller noch weit fruchtbarer waren Jossifs geistige Gegner, deren Ideen und Ideale sich in der Kirche zwar nicht durchsetzen konnten, doch auf breite Kreise der Gesellschaft, von den Bojaren am Moskauer Hof bis zu den Kaufleuten und Geistlichen in vielen größeren und kleineren Städten, eine bleibende Wirkung ausübten. Einer dieser Schriftsteller, N*il* S*orski*, lebte mit Gleichgesinnten in einer Eremitengemeinde jenseits der Wolga, der andere, ein Grieche namens M*axim*, war eigens nach Moskau gerufen worden, um die Übersetzungen griechischer liturgischer Bücher zu korrigieren. Die Polemik der beiden gegen J*ossif* W*olozkis* Schüler und Parteigänger wühlte an sich schon die Gemüter auf, aber M*axim des* G*riechen* spätere Streitschriften gegen die weltlichen Mächte eröffneten eine ganz neue Linie in der russischen Literatur, eine Linie, die dann in der politischen Geschichte des Landes immer wieder eine bedeutende Rolle spielte – bis in unsere Zeit hinein. Kein Wunder, dass M*axim* den größeren Teil seines Russlandaufenthaltes in einem Klosterkerker verbringen musste.

Zu einer literarisch-politischen Auseinandersetzung ganz eigener Art kam es schon wenige Jahre nach M*axims* Tod. Diesmal war der Zar selbst, I*wan der* S*chreckliche*, eine der polemisierenden Parteien. Sein Opponent, Fürst A*ndrej* K*urbski*, hatte in jungen Jahren zum engsten Vertrauten- und Beraterkreis des Zaren gehört, war als Heerführer an mehreren Feldzügen beteiligt gewesen, doch dann, als die Massenhinrichtungen begannen, nach Litauen geflohen. Hier aber entpuppte er sich mit seinen »Episteln an den Zaren und Moskauer Großfürsten« und der darauffolgenden »Geschichte vom Moskauer Großfürsten« nicht nur als Schriftsteller von Rang und konsequenter geistiger Kämpfer – er legte als erster Russe ein echtes staatsbürgerliches Bewusstsein an den Tag, und man kann wohl sagen, dass mit ihm ein so charakteristisches Phänomen wie die russische politische Emigration begann. Wenn sich I*wan* bewogen fühlte, die Schreiben seines geflüchteten einstigen Feldherrn mit »Botschaften an das ganze Russische Reich«, wie er sie nannte, zu beantworten, so bedeutete dies, dass er befürchten musste, K*urbskis* Schriften würden in diesem Reich eine ernstzunehmende Erregung hervorrufen. Wie dem auch sei, es lassen sich manche psychopolitischen Entwicklungen, die bei den großen Wirren zu Beginn des 17. Jahrhunderts tatsächlich von Belang sein sollten, auf K*urbskis* Einfluss zurückführen. So zum Beispiel wurden sich die Russen in Litauen, das durch die moskowitische Offensive in die Arme Polens getrieben worden war, wieder ihrer Herkunft und Mission bewusst, und nur deshalb konnte gerade in ihrer Mitte eine charismatische Persönlichkeit wie der F*alsche* D*emetrius* heranwachsen. Auch das Wiederaufleben des antimoskowitischen Widerstands der russischen Randgebiete war teilweise eine Folge der propagandistischen und literarischen Tätigkeit K*urbskis*, der ja auch selbst dem entmachteten Geschlecht der Fürsten von Jaroslawl entstammte.

Die Zeit der großen Wirren wiederum brachte zwei Historiker hervor, deren Werke nicht mehr als Chroniken im alten Sinne des Wortes bezeichnet werden konnten, die aber ebenfalls zur Herausbildung einer bestimmten sozialen und politischen Atmosphäre beitrugen. Doch während Awraami Palizyn im Laufe mehrerer Jahrzehnte, obwohl Mönch, aktiv an der hohen Politik teilnahm, wobei er mehrmals die Seite wechselte, blieb Iwan Timofejew, der Aufträge im Dienste verschiedener Machthaber und Würdenträger übernahm, ein aufmerksamer Beobachter, der aber zugleich über alle Ereignisse seine philosophischen Gedanken anstellte.

In der Atmosphäre nach den großen Wirren, die durch die Wahl des ersten Romanow zum Zaren beruhigt und konsolidiert erschien, mussten in Wirklichkeit immer neue Krisen entstehen, die das 17. Jahrhundert zu einem der brisantesten in der russischen Geschichte machten. Denn die grundlegenden Probleme der sozialen und kulturgeographischen Struktur des Landes waren keinesfalls gelöst. Als größter und vielleicht blutigster Konflikt von allen erwies sich der Religionskrieg der Jahrhundertmitte, die Kirchenspaltung, bekannt als »Raskol«. Der Führer einer Partei, Awwakum, der als anerkanntes Haupt der Altgläubigen schon mit seinen öffentlichen Predigten und Schmähreden einmalige Beispiele ausdrucksstarker Rhetorik geliefert hatte, wurde, nachdem man ihn mit seiner Familie und einigen Getreuen in einem großen Erdloch im sibirischen Frostboden gefangengesetzt hatte, wo er bis zu seinem Feuertod fünfzehn Jahre verbringen musste, zum bedeutendsten Schriftsteller der Epoche. Er schrieb in diesem Erdloch zahllose theologische Abhandlungen, Belehrungen und Sendbriefe an seine Anhänger, vor allem eine Autobiographie, die zu den klassischen Werken der russischen Literatur gehört. Seine Sprachgewalt wurde später von so unterschiedlichen Stilisten wie Turgenew und Dostojewski, Lew und Alexej Tolstoi, Maxim Gorki und Boris Pasternak mit größter Bewunderung hervorgehoben.

Die Zeiten wechselten, und ein Jahrhundert darauf, im Zeitalter der Aufklärung, gestalteten sich die literarischen Kämpfe immer wieder zu Brennpunkten des politischen und sozialen Ringens. Einerseits vertraten mehrere namhafte Literaten ausgesprochen oppositionelle, antifeudale Standpunkte, wie etwa der Journalist, satirische Schriftsteller und Großverleger Nowikow oder der Odendichter und Autor der anonym herausgegebenen, aufrührerischen »Reise von Petersburg nach Moskau« Radischtschew, ja der Dramatiker Knjashnin bekundete sogar eindeutig republikanische Bestrebungen. Andererseits setzten sich die meisten Dichter zwar gleichfalls für die Ideen und Ideale der neuesten französischen, deutschen und englischen Geistesströmungen ein, verteidigten aber zugleich die überkommenen Grundlagen des russischen Gesellschaftslebens, so der bedeutende Lyriker Dershawin, der ungemein vielseitige Vers-, Prosa- und Bühnendichter Sumarokow und auch höchstselbst die Zarin Katharina die Grosse, die allerdings überwiegend französisch schrieb. Doch während die Anlehnung an westliches Gedankengut ein allgemeines Zeichen der Epoche blieb, sollte sich die spezifische politische Einstellung der beiden Parteien tiefgehend auf die nähere Zukunft, aber auch auf die unruhige Atmosphäre des Landes über mehrere Generationen auswirken. Als in Paris die Revolution ausbrach, begriff KATHARINA sogleich, dass diese Atmosphäre der französischen in mancher Hinsicht ähnelte. Eine Art Panik überkam sie, und sie griff zu, gelinde gesagt, außerliterarischen Mitteln, um den Gefahren zuvorzukommen: So ließ sie RADISCHTSCHEW zu zehnjähriger Verbannung nach Sibirien, dann NOWIKOW zu fünfzehnjähriger Festungshaft verurteilen, und KNJASHNIN starb auf rätselhafte Weise nach einem Verhör in der Geheimkanzlei. Wenn NOWIKOW und RADISCHTSCHEW auch wenige Jahre später, nach KATHARINAS Tod, freigesetzt wurden, war doch ihr Kampfgeist nunmehr gebrochen.

Die meisten Zeitgenossen dieser vieldeutigen Auseinandersetzungen waren noch am Leben, als PUSCHKIN, Russlands Nationaldichter, seine ersten Verse schrieb. Um PUSCHKINS Rolle im historischen Geschehen ist in der Literaturwissenschaft viel gestritten worden. Das eine jedoch ist nicht zu bezweifeln: Er blieb nicht immer der Gleiche, seine Einstellung zu Russlands Vergangenheit, Gegenwart und Perspektiven durchlief eine Entwicklung. Nur muss hierbei die Frage beantwortet werden: Was wirkte stärker auf die reale Geschichte ein, sein jugendlicher Enthusiasmus für die kommende radikale Erneuerung oder sein betonter Patriotismus und seine innenpolitische Zurückhaltung in reiferen Jahren? Lange bevor sein Freund TSCHAADAJEW die zentrale Figur eines neuen russischen Westlertums wurde, widmete PUSCHKIN ihm diese Zeilen:

Freund, glaube mir: Einst weicht die Nacht
dem Frührot ungeahnten Glückes,
da Russland aus dem Schlaf erwacht!
Und stolz mit unsern Namen schmückt es
das Trümmermal der Zarenmacht!

Es wäre naiv anzunehmen, dass dieses und ähnliche ungedruckte Gedichte nur vom Adressaten und dessen engsten Freunden gelesen wurden. Nein, PUSCHKINS Poesie fand schon früh breiten Anklang. Und sie stärkte nicht nur die radikalen Tendenzen in den Geheimbünden des Adels, die damals bereits den Aufstand vom Dezember 1825 vorbereiteten, sie schuf auch eine eigene Atmosphäre in den Kreisen poetischer Schwärmer, die ihn, den anerkannten Genius, von jung auf umgaben, und nicht von ungefähr beteiligten sich dann so viele seiner literarischen Freunde und dichtenden Altersgenossen an jener denkwürdigen Verschwörung oder unterstützten deren liberale Ziele zumindest mit ihren Schriften. Unter den fünf gehenkten Verschwörern befand sich neben vier Militärs auch ein Zivilist – der Dichter RYLEJEW. Die spätere, patriotische Linie in PUSCHKINS lyrischem und epischem Werk dagegen konnte kaum einen wirklichen Einfluss auf die Stimmungen der Gesellschaft gewinnen. Jetzt konzentrierte sich das geistige Pro und Contra auf andere Belange. PUSCHKINS Jugendfreund TSCHAADAJEW hatte inzwischen in französischer Sprache acht sogenannte »philosophische Briefe« abgefasst, in denen er die gesamte historische Entwicklung Russlands und insbesondere die bereits mehr als 800 Jahre zurückliegende Wahl des byzantischen Fürstentums als verfehlt und unheilschwanger darstellte. In einem gewissen Sinn war das eine entschiedenere Herausforderung an die Staatsmacht und ihre Ideologie als selbst der so blutig niedergeschlagene Dekabristenaufstand im Dezember 1825. Als die Moskauer Zeitschrift »Teleskop« den ersten »Philosophischen Brief« in russischer Übersetzung veröffentlicht hatte, griff die Regierung mit aller Schärfe ein: Die Zeitschrift wurde verboten, ihr Redakteur NADESHDIN verbannt und TSCHAADAJEW offiziell zum Geisteskranken erklärt. Aber es war zu spät: Die Bombe war explodiert, und in den darauf folgenden zwanzig Jahren bildete der Widerstreit zwischen den Westlern, die TSCHAADAJEWS Bestrebungen, wenn auch nicht alle seine Ideen teilten, und den Slawophilen, die im Gegensatz dazu alles Altrussische verherrlichten und selbst die Reformen PETERS DES GROSSEN verdammten, den Schwerpunkt nicht nur aller geistigen Prozesse, sondern auch des gesellschaftlichen Lebens überhaupt. Das untergrub allmählich die Wirkungskraft einer dritten Ideologie, nämlich der offiziellen Propaganda und ihres Leitsatzes »Orthodoxie-Selbstherrschaft-Volkstum«, eines scheinbar ganz auf das russische Gemüt zugeschnittenen Leitsatzes, der von dem gleichfalls literarisch aktiv tätigen Minister UWAROW aufgestellt und zum obersten Prinzip erhoben worden war.

Als der despotische und willensstarke Zar NIKOLAUS I. im Jahre 1855 starb, war es offensichtlich, dass es in Staat und Gesellschaft so nicht weitergehen konnte. Doch derartig umfassende und tiefgehende Reformen, wie sie dann der neue Monarch, ALEXANDER II., in die Wege leitete, hatte kaum jemand erwartet. Sie übertrafen in mancher Hinsicht sogar die Forderungen der liberalen Westler. Man sah, dass sie nicht allein durch die objektiven Notwendigkeiten, nicht allein durch die psychopolitische Entwicklung im Lande bedingt waren, sondern zum großen Teil den persönlichen Vorstellungen und Wünschen des Herrschers entsprangen. Und da erinnerten sich viele, von wem ALEXANDER in seiner Kindheit und Jugend beeinflusst worden war. Sein Erzieher, SHUKOWSKI, galt nicht umsonst als bedeutendster Dichter Russlands neben PUSCHKIN, ja als dessen Lehrmeister und Wegweiser im Reich der Poesie. Und es war nicht das erste Mal, dass ein russischer Reformer seine geistige Bildung einem Meister des gereimten Wortes verdankte. Die grundlegenden Umgestaltungen an der Wende zum 18. Jahrhundert waren eigentlich nicht von PETER DEM GROSSEN, sondern von seinem Vorgänger, seinem früh verstorbenen Bruder FJODOR, begonnen worden, und dieser war damals gerade erst der Obhut seines Lehrers SIMEON POLOZKI entwachsen, des einzigen ernsthaften russischen Dichters jener Zeit!

Doch solche historischen Erinnerungen bewegten die Literaten der sechziger Jahre des vorigen Jahrhundert sehr wenig. Es war eine der tragischen Folgen des stockreaktionären Regimes des ersten NIKOLAUS, dass sich die Denkweisen und politischen Einstellungen innerhalb einer gewissen Schicht der Intellektuellen, und vor allem bei einer größeren Gruppe von Literaten, aufs äußerste radikalisiert hatten. Es gibt im Russischen einen auch heute noch allgemeinverständlichen Begriff, der soviel heißt wie »Leute der Sechziger Jahre«, der aber etwas ganz anderes meint – eine bestimmte Anzahl nicht unbedingt hervorragender, aber kampfentschlossener Geister jener Zeit, denen die großen Reformen nicht genügten, die einen vollkommenen Wandel der sozialen Verhältnisse anstrebten. Die entscheidenden Impulse dieser Bewegung gingen von einer Literaturzeitschrift aus. Sie hieß »Der Zeitgenosse«, und ihr Chefredakteur war der Dichter NEKRASSOW, dessen Verse als unverhohlener Aufruf zur Revolution empfunden wurden. Seitdem NEKRASSOW die Zeitschrift übernommen hatte, schlug sie eine so extreme politische Richtung ein, dass einige ihrer besten Autoren, darunter LEW TOLSTOI, TURGENEW und GONTSCHAROW, demonstrativ auf jede weitere Teilnahme verzichteten. An ihre Stelle traten Schriftsteller von weit geringerer Bedeutung und Aussagekraft, die aber der aufkommenden fanatischen Strömung sogenannter Volkstümler angehörten oder nahestanden. Ein merklich höheres Niveau erreichten allerdings die literaturtheoretischen, kritischen und soziologischen Aufsätze der ständigen Mitarbeiter TSCHERNYSCHEWSKI und DOBROLJUBOW, und ihre psychopolitische Wirkung erwies sich tatsächlich als durchschlagend. Allmählich entstand dank der Ausstrahlung einer scheinbar rein literarischen Zeitschrift ein ganz eigenartiges Phänomen – eine Manie, die der große Philosoph WLADIMIR SOLOWJOW dann als »Volksanbetung« bezeichnete. Dieser Manie verfielen damals die unterschiedlichsten Kreise: Zahlreiche jugendliche Verehrer NEKRASSOWS und TSCHERNYSCHEWSKIS wandten sich einem nihilistischen Anarchismus zu und versuchten, durch Aufwiegelung der Bauern und vor allem durch Attentate auf hochgestellte Persönlichkeiten eine revolutionäre Situation zu schaffen, wobei ausgerechnet der große Reformer auf dem Thron zum meistgehassten und meistverfolgten Ziel der Mörder wurde, so dass es kaum noch überraschte, als er nach langer Jagd wirklich einem ihrer Anschläge zum Opfer fiel; doch zur gleichen Zeit ergriff die Exaltation der »Volksanbetung« auch ganz andere Gesinnungsgruppen, nicht zuletzt die Slawophilen, deren Sprachrohr nunmehr einer der berühmtesten Schriftsteller geworden war – DOSTOJEWSKI. DOSTOJEWSKIS Lebenslauf, seine weltanschaulichen Wandlungen und sein Einfluss auf verschiedene Momente der russischen Geschichte sind ein Kapitel für sich. Was aber seine Haltung in den sechziger Jahren betrifft, so waren sie von den spezifischen Eindrücken geprägt, die er während seiner vierjährigen Festungshaft in den letzten Regierungsjahren NIKOLAUS I. gesammelt hatte. Er glaubte, aus ihnen schließen zu können, dass die Masse des Volkes von einem tiefen Mißtrauen gegen die gesamte gebildete Minderheit durchdrungen war und dass es nur einen Weg zur Überwindung dieses Mißtrauens gab, nämlich die entschiedene Absage an die bürgerliche Zivilisation des Westens, die Rückkehr zu den patriarchalischen, religiösen Idealen des alten Russland, wie sie von der modernen Intelligenzija verworfen wurden, und die gottergebene Anerkennung der Schuld aller Menschen an den Mißständen und Übeln der gegenwärtigen Welt. Doch konnte DOSTOJEWSKI mit einer solchen Darstellung der angebeteten Volksseele die revolutionsdurstige Jugend nicht im geringsten beeindrucken. Und auch als er einen Roman schrieb, der eigens gegen die konspirative Bewegung gerichtet war und den vielsagenden Titel »Die Dämonen« trug, blieb jeglicher Widerhall in den Kreisen der revolutionären Schwärmer aus. Im Gegenteil, die Polemik des bereits weltweit geschätzten Schriftstellers verschärfte nur noch zusätzlich die politischen Antagonismen in Russland, und das war Wasser auf die Mühle der Umstürzler, da die Aktionen der Staatsmacht, insbesondere nach der Thronbesteigung des unfähigen und unpopulären Zaren ALEXANDER III., auch den Protest vieler Gemäßigter hervorriefen. Ja, man darf wohl behaupten, dass der Extremismus der sogenannten Neoslawophilen, die sich sehr gern und nicht immer zu Unrecht auf den erst kürzlich verstorbenen DOSTOJEWSKI beriefen, eigentlich schon präfaschistische Züge trug, und das musste die liberale öffentliche Meinung im In- und Ausland entsprechend beeinflussen.

Kennzeichnend für diese Situation war beispielsweise die Haltung eines anderen großen Schriftstellers, TURGENEWS, der größtenteils im Ausland lebte und sowohl dort wie in der Heimat als rechtmäßiger Vertreter einer organisch ausgewogenen Linie in der kulturellen wie auch in der politischen Entwicklung Russlands Anerkennung genoß. Er, der mit DOSTOJEWSKI, aber auch mit den führenden Geistern der radikalen Opposition, mit HERZEN, BAKUNIN, SALTYKOW-SCHTSCHEDRIN beste Beziehungen unterhielt, warnte immer wieder vor beiden Extremen. Eine solche Einstellung bildete in der geistigen Elite jener Zeit keineswegs die Ausname. Im Grunde wurde sie, trotz allen weltanschaulichen Differenzen, auch von LEW TOLSTOI geteilt. TOLSTOI, der in den stürmischen sechziger Jahren vorwiegend mit dem titanischen Romanwerk »Krieg und Frieden« und mit Problemen der Pädagogik und Volksbildung beschäftigt gewesen war, trat in den letzten zwanzig Jahren des Jahrhunderts vor allem als Mahner, Zeitkritiker und Lebenslehrer hervor, dem es darum ging, die gesellschaftliche Entwicklung nicht durch revolutionäre Gewalttaten, sondern durch eine moralische Umkehr und Umgestaltung im Zeichen eines außerkirchlichen, undogmatischen Christentums in neue Bahnen zu lenken. Angesichts der vielgestaltigen extremistischen, allein auf Gewalt bauenden Kräfte, die sich in Russland damals gegenüberstanden, war das gewiss eine reine Utopie. Doch bedeutet das keineswegs, dass TOLSTOIS humanistisch geprägtes Zukunftsdenken gänzlich ins Leere ging. In den verschiedensten sozialen Schichten und politischen Lagern fanden sich Menschen, die bereit waren, seinem Ruf zu folgen. Aber friedliche Mittel konnten sich eben in jener Schicksalszeit nicht durchsetzen, und TOLSTOI sollte noch die großen Wirren von 1905 bis 1907 miterleben, die nur allzu klar zeigten, was über Russland heraufzuziehen drohte.

Von ganz anderer Art war der Einfluss, den die Novellen und Romane zweier Schriftsteller ausübten, denen es darum ging, sowohl der Einseitigkeit des revolutionären Sektierertums als auch der Friedfertigkeit und dem Anpassungswillen der von ihnen verachteten und verspotteten Kleinbürger den heroischen Tatendrang geistig freier Persönlichkeiten gegenüberzustellen und damit den Weg in eine heroische, geistig freie Zukunft für alle zu weisen. Hierin bestand das Ideal KOROLENKOS, hierin bestand auch, zumindest in der Frühzeit, das Ideal seines Schülers und Schützlings MAXIM GORKI. Freilich sind GORKIS Werke oft aus rein politischen Gründen falsch ausgedeutet worden. Die Kommunisten nahmen ihn ganz für sich in Anspruch, und deshalb verleumden ihn manche heutige Literarhistoriker in Russland. Allerdings lässt sich nicht bestreiten, dass sein Roman »Die Mutter« – er entstand 1905, bald nach dem sogenannten Blutsonntag, der sinnlosen Niederschießung einer friedlichen Manifestation auf Befehl des Zaren – wirklich ein durch und durch tendenziöses, propagandistisches Buch ist, das gerade LENIN gefallen musste, den GORKI um diese Zeit persönlich kennenlernte. Aber sein Schaffen als Ganzes, sein öffentliches Wirken vor und nach der Revolution sollte auf keinen Fall so oberflächlich, so parteiisch ausgelegt werden. GORKI gehörte als Mensch und als Dichter dem Silbernen Zeitalter an, fast alle seine damaligen Werke trugen unzweideutig den Stempel dieser Glanzepoche russischer Geistigkeit und Kunst, auch seine Gottessuche entsprach durchaus der Atmosphäre jener Zeit, und er war es dann, der nach dem Oktoberumsturz seine Stimme am entschiedensten gegen den bolschewistischen Terror erhob, sich am intensivsten um die Rettung kultureller Werte bemühte, sich am energischsten für verfolgte Schriftsteller und Künstler einsetzte. Nicht von ungefähr wurde er bereits 1921 faktisch des Landes verwiesen – früher als die große Gruppe von Philosophen und Literaten, die offiziell als »reaktionär« und »volksfeindlich« galten. In Berlin gründete er eine Emigrantenzeitschrift, »Das Zwiegespräch«. Und auch als er 1932 in die Heimat zurückkehrte, trauten ihm die Machthaber nie, obwohl er mit erheblichem Propagandaaufwand zum Haupt und Lehrmeister der Sowjetliteratur erklärt wurde. Es unterliegt jetzt keinem ernsthaften Zweifel mehr, dass er auf Weisung STALINS einem Giftmord zum Opfer fiel.

In jüngster Zeit sind innerhalb und außerhalb Russlands immer wieder Stimmen laut geworden, nach denen die ungewöhnlich starke Wirkung, die die Literatur seit einem Jahrhundert auf die Geister ausgeübt hatte, der, wie man es heute nennt, »Literaturzentrismus«, zum Untergang der alten Gesellschaftsordnung und zur Machtergreifung durch die Bolschewiki geführt habe. Diese These kann aber nur teilweise als treffend angesehen werden, denn die Zarenmacht und das entsprechende Staats- und Gesellschaftsgefüge waren tatsächlich nicht zuletzt durch pathetische Anklagen und satirische Hiebe von Seiten vieler Dichter untergraben worden, doch von einer psychopolitischen Vorbereitung gerade der bolschewistischen Revolution konnte unmöglich die Rede sein. Schließlich war der Oktoberumsturz 1917 ja im Grunde nichts anderes als eine Verneinung der demokratischen Februarrevolution, und eine solche Verneinung hatte gewiss nicht das geringste Recht, irgendeine Strömung in der russischen Literatur, von der Epoche der Aufklärung bis hin zum Silbernen Zeitalter, als ihre eigene Vorgängerin zu bezeichnen. Doch hielten es die Ideologen des Bolschewismus für vorteilhaft, stets das Anrecht auf eine so glänzende Ahnenlinie geltend zu machen. Deshalb suchten sie sich nicht nur GORKI, sondern auch PUSCHKIN, NEKRASSOW, ja sogar LEW TOLSTOI anzueignen, den LENIN als »Spiegel der russischen Revolution« bezeichnete. Immerhin bewies all das einen gesunden Instinkt: In Russland wurde die Literatur ja tatsächlich wie nirgends sonst auf der Welt geehrt, und es musste einer herrschenden Partei von großem Nutzen sein, sich auf ihre Klassiker berufen zu dürfen.

Doch ging es nicht nur um die Klassiker. Schon im ersten Jahrzehnt ihrer Diktatur wussten sich die ideologischen Instanzen der Partei mit einer Garde sogenannter »proletarischer Schriftsteller« zu umgeben, von denen manche unleugbar hohe propagandistisch-künstlerische Fähigkeiten aufwiesen. Die einen sollten vor allem die im Lande verbliebenen Intellektuellen, aber auch ein ausländisches Publikum ansprechen, andere wiederum mussten den »Massen«, wie das Lieblingswort der Bolschewiki lautete, verständlich und seelenverwandt sein. Um nur ein Beispiel anzuführen: Unter den Dichtern wurden ständig zwei Namen hervorgehoben – der des sprachgewaltigen, vers- und stiltechnisch virtuosen, pathetisch-revolutionsbegeisterten MAJAKOWSKI, der weit über die sowjetischen Grenzen hinaus berühmt wurde, und der des nicht gerade gedankentiefen, gereimte politische Losungen aneinanderreihenden DEMJAN BEDNY. Ähnliche Gegenüberstellungen ergaben sich wie von selbst auch in der erzählenden Prosa, in der Dramatik, in der Publizistik usw. Bemerkenswert aber ist, dass beide Gruppen auch wirklich der von ihnen akzeptierten historischen

Aufgabe gerecht wurden, dass sie zweifellos zur Festigung des Regimes beitrugen.

Mit der Machtergreifung STALINS erhielt das Verhältnis von Literatur und Politik eine neue Dimension. Während es den Ideologiefunktionären vorher allein darauf angekommen war, die objektive geschichtliche Wirklichkeit, das Sowjetsystem als solches von den Dichtern idealisieren zu lassen, wurde nunmehr der Kult des neuen Führers zum Hauptfaktor der gesamten offiziellen Weltanschauung und damit zum entscheidenden Thema aller Dichtung. Hatten früher immerhin die Stimmungen im In- und Ausland Gewicht gehabt, so durfte jetzt nichts Zeitgebundenes mehr gelten – selbst hinter der geringsten Episode, hinter dem flüchtigsten Wort wollte man nur das eine und ewige, die Führervergötterung entdecken und hervorheben oder anderenfalls ihre Abwesenheit entlarven. Es ist eine geradezu unglaubliche, aber zweifelsfrei belegte Tatsache, dass STALIN selbst sämtliche Literaturzeitschriften aufmerksam durchlas, um eventuelle Abweichungen von seinen Direktiven und Zielsetzungen herauszufinden oder hineinzudeuten und die überführten Frevler – Autoren, Redakteure, Zensoren – aufs unbarmherzigste zu bestrafen. Die gewaltige Bedeutung, die er der Literatur beimaß, war aber keine bloße Autosuggestion, er hatte aus den Erfahrungen der russischen Geschichte gelernt, und er verhehlte das nie. Dem entsprach auch die allmähliche Entstehung des traurig berühmten Eisernen Vorhangs.

Bis tief in die dreißiger Jahre hinein war der Personenverkehr zwischen der Sowjetunion und dem Ausland keineswegs übermäßig erschwert, aber Bücher unerwünschten Inhalts, insbesondere Schriften russischer Emigranten, durften auf keinen Fall die Grenze passieren. Selbstverständlich durften auch beliebige Werke fremdsprachiger Autoren nur dann ins Russische übersetzt werden, wenn sie voll und ganz den ideologischen Anforderungen des Stalinismus und STALINS derzeitiger Politik entsprachen, ja auch in der Originalsprache sollten sie bald zu regelrechten Schmuggelobjekten werden. Doch auch später, als der Eiserne Vorhang gerade den Personenverkehr zum Stillstand brachte, änderte sich nichts an den literarischen Belangen – Bücher, die der Stalinschen Psychopolitik nutzen konnten, wurden nach wie vor ohne weiteres übersetzt und in oft hohen Auflagen herausgegeben. Das galt sogar für die Jahre des großen Terrors 1937-1938.

Unterdessen wuchs die Zahl der russischen Schriftsteller, die dem Terror zum Opfer fielen. Und es waren fast durchweg Autoren, die sich stets bemüht hatten, das Menschenmögliche zum Triumph des Kommunismus beizutragen. Einige von ihnen, wie BABEL, PILNJAK, TRETJAKOW oder KOLZOW, hatten als echte, ja militante Vertreter der Sowjetliteratur internationalen Ruhm erlangt. Wenn dagegen bedeutende Dichter, die man als innere Emigranten hätte bezeichnen können, wie ANNA ACHMATOWA, PLATONOW, BULGAKOW oder PASTERNAK, zwar unablässig gedemütigt, kaum je gedruckt und bisweilen schwer verfolgt, aber schließlich doch nicht eingekerkert wurden, so schien das wohl ein Paradox zu sein, so ganz unlogisch indes war es nicht. Denn STALIN hatte den Terror entfacht, um jedem ernsthaften Widerstand gegen sein geplantes Bündnis mit Hitler vorzubeugen. Und es war nur natürlich, dass er, vielleicht sogar in erster Linie, den Widerstand von seiten der sowjetischen Literatur fürchtete. Tatsächlich sah es in den zwei Jahren zwischen dem Vertrag MOLOTOW-RIBBENTROP und HITLERS Überfall auf die Sowjetunion so aus, als wäre seine Rechnung, auch in bezug auf die Literatur, voll und ganz aufgegangen. Es hätte eigentlich sonderbar erscheinen müssen: Dichter und Publizisten, die noch vor einer Woche zum tausendsten Mal altgewohnte antifaschistische Parolen und entsprechende Darstellungen wiederholt hatten, priesen, als wäre nichts Sonderliches geschehen, die nie versagende Weisheit des »Vaters der Völker«. Aber die Mehrheit des Volkes hielt solche Unterwürfigkeit für selbstverständlich, denn man wusste: Wollte ein Literat demonstrativ schweigen, so würde er sich verdächtig machen und sein Leben riskieren. Merkwürdig war aber doch, dass nach einer derartigen politischen Kehrtwendung das Land als Ganzes völlig ruhig, man könnte fast sagen, unbeeindruckt blieb. War da nicht mit Sicherheit anzunehmen, dass gerade ein in Russland so schwerwiegender Faktor wie die Literatur hierbei eine wesentliche, wenn nicht die entscheidende Rolle gespielt hatte?

Dann kam der 22. Juni 1941. Da die Literatur längst nicht mehr auf eine Ideologie, sondern einzig auf den Kult des »Großen Führers« eingeschworen war, kehrte sie ohne Schwierigkeit zurück zu militantem Antifaschismus, und es gab hinsichtlich der Windungen und Wendungen der vergangenen Jahre keinerlei Gewissensbisse. Dass dies auch bei Schriftstellern von hohem Rang der Fall sein konnte, zeigte das Beispiel ALEXEJ TOLSTOIS, ganz besonders aber ILJA EHRENBURGS. EHRENBURG war in seiner frühen Jugend Bolschewik, dann in Paris romantischer Ästhet, nach der Revolution »innerer Emigrant« gewesen, hatte inzwischen Gedichte, Romane und Reiseberichte der verschiedensten politischen Schattierungen und stilistischen Tönungen veröffentlicht, um sich ausgerechnet nach STALINS Machtübernahme mit zwei sogenannten Produktionsromanen, in denen er die Zwangsindustrialisierung verherrlichte, der eigentlichen Sowjetliteratur und ihrem Dogma, dem sozialistischen Realismus, anzuschließen. Noch kurz vor dem deutschen Angriff hatte er einen Roman »Der Fall von Paris« mit zweideutiger politischer Tendenz herausgebracht. Mit dem 22. Juni aber wurde EHRENBURG zu einer wahrhaft historischen Persönlichkeit.

Wie stark der Einfluss der russischen Literatur auf die Volkspsyche und damit auf das nationale und internationale Geschehen zu verschiedenen Zeiten auch gewesen sein mochte, eine Wirkung wie die Zeitungsartikel EHRENBURGS in den vier Kriegsjahren hatten keine patriotischen oder revolutionären Dichtungen, Aufrufe, Kampflieder je erzielt. Sie waren wohl der schlagendste Beweis für die schicksalsentscheidende Macht des Wortes, den die russische Geschichte geliefert hat. Und es war keine Übertreibung, wenn ein Dichter dann sagte: Flammende Worte entschieden den Ausgang der Schlachten. Nach dem Krieg verstand es EHRENBURG in mehreren Fällen, STALINS antisemitische Kampagnen durch offenen Widerspruch zumindest abzuschwächen. Bald nach dem Tode des Diktators eröffnete seine Erzählung »Tauwetter« eine neue Phase in der kulturellen Entwicklung, einen Wandel in der gesellschaftlichen und politischen Atmosphäre, eine besondere Periode des Volkslebens, die dann nach dem Titel dieser Erzählung benannt wurde.

Kennzeichnend für die Tauwetter-Periode sollte das Hervortreten einer neuen Dichtergeneration sein, die durch ihren Freiheitsdrang, ihr jugendliches Aufbruchspathos, ihre oft hinreißende Innerlichkeit eine beispiellose Popularität erlangte und weitgehend auf die Stimmungen, ja auf die gesamte Mentalität ihrer Zeit, vor allem aber auf die Weltanschauung ihrer Altersgenossen einwirkte. Wenn BELLA ACHMADULINA, JEWTUSCHENKO oder WOSNESSENSKI auf dem Moskauer Majakowski-Platz oder im Sportpalast Gedichte vortrugen, so bedeutete das jedes Mal einen Zusammenbruch des städtischen Verkehrs, und deshalb protestierte niemand, wenn der Publikumsandrang durch Sonderaufgebote berittener Polizei eingedämmt wurde. Zur gleichen Zeit erregten aber auch manche Prosawerke größtes Aufsehen. So kam es beispielsweise in Moskau und in anderen Städten anläßlich des Erscheinens eines Romans von DUDINZEW, »Der Mensch lebt nicht vom Brot allein«, zu mächtigen Demonstrationen und Massenversammlungen. Bald darauf entstand auch die Bewegung der sogenannten Barden, einer besonderen Art Bänkelsänger, deren Hauptvertreter, OKUDSHAWA, GALITSCH und WYSSOZKI, mit ihren beeindruckenden Veranstaltungen, vor allem aber mit millionenfach vervielfältigten, zensurfreien Tonbandaufnahmen, den regierungshörigen Massenmedien unstreitig den Rang abliefen. Wohl nie zuvor hatte der für Russland charakteristische »Literaturzentrismus« eine derartige Ausprägung erreicht. Es war nicht zu verwundern, dass sich diese einmalige psychopolitische Konstellation auch nach dem Machtwechsel von 1964 und dem endgültigen Abbruch der offiziellen Tauwetter-Politik nicht mehr beseitigen ließ, dass sie nur andere Ausdrucksformen annahm. Die Erbschaft des Tauwetters traten zwei geistesverwandte Bewegungen an – die sogenannten Dissidenten, deren Ziel eine politische Wende und deren Waffe der öffentliche Protest waren, und die Samisdat-Literatur, deren getippte oder – seltener – xerokopierte Manuskripte die Traditionen russischer Geistigkeit fortsetzten und dank ihrer oft bahnbrechenden Ideen und scharfen Polemiken eine äußerst ernste Gefahr für die herrschende Ideologie darstellten. Hinzu kam, dass sich ein paar Jahre lang auch noch die oppositionelle Zeitschrift »Nowy mir« (»Die neue Welt«) halten konnte, die einen Schriftsteller wie SOLSHENIZYN lancierte. Und es unterliegt keinem Zweifel, dass dessen später im Samisdat verbreitete Werke entscheidend zu einem spannungserfüllten geistigen Klima beitrugen, das schließlich unausbleiblich zu dem Umbruch vom April 1985 führen musste. Dieser Umbruch warf seit der ersten Stunde zwei russische Wörter als hochtönende Losungen in die Welt: Sie lauteten »Perestroika« und »Glasnost«, und damals, in der zweiten Hälfte der achtziger Jahre, verstand sie jeder Zeitungsleser in so gut wie allen Ländern. »Perestroika« bedeutete »Umbau«, »Glasnost« soviel wie »Gedankenfreiheit«. Während jedoch der versprochene Umbau der gesellschaftlichen Verhältnisse alsbald zu dem Witz Anlass gab, es handele sich um einen Umbau von Luftschlössern, setzte sich die Gedankenfreiheit tatsächlich allmählich durch. Nur sollte man bei ihrer Ausdeutung und Bewertung nicht Ursache und Wirkung verwechseln. Ich möchte hierzu JEWTUSCHENKO zitieren, den Dichter, der damals vor allem als Publizist von sich reden machte: »*Die russische Glasnost darf man nicht als ein Gottes- oder Regierungsgeschenk verstehen, das gnädigerweise vom Himmel fiel. Glasnost ist das – allerdings noch nicht endgültige – Ergebnis eines fortgesetzten Kampfes gegen die verfluchten Traditionen der Sklaverei in unserer Gesellschaft ... Gerade darin besteht die wahre Heldentat unserer Literatur, und damit auch der Dichtung, dass trotz all jener Jahre vor- und nachrevolutionärer Zensur in den Herzen unserer Schriftsteller die von Puschkin besungene ›heimliche Freiheit‹ bewahrt blieb. Niemand anders als Puschkin war der Vater der russischen Glasnost, indem er Dichtung auf das moralische Niveau eines Volksgewissens hob Die Dichtung unserer Generation wurde dann zur Wiege von Glasnost. Wir zerstörten mit bloßen Händen den verrosteten, aber noch vorhandenen Eisernen Vorhang, zerbrachen ideologische Schlagbäume ... Wer sind die wichtigsten Männer der Perestrojka, die jetzt am Steuerrad des Staatsschiffes stehen? Das sind größtenteils Menschen unserer Generation, die sich damals, während ihrer Studentenzeit, auf die Galerien drängten, dass ihnen die Knöpfe abgerissen wurden, um die Verse zu hören, die zu Glasnost aufriefen. Die Verse drangen ins Innere der Menschen, formten ihre Psyche, und im Inneren dieser Menschen reifte die Notwendigkeit der Perestrojka heran.*« Diese Zeilen schrieb JEWTUSCHENKO 1989. Und entsprechend den Besonderheiten jenes Augenblicks musste er nach einigen Seiten feststellen: »*Die junge Dichtung hat es in gewisser Weise schwerer als wir damals. Die Dichtung hat heute in der glänzenden Journalistik eine riesige Konkurrenz, weil dieses Genre, nachdem es endlich die Möglichkeit freier Kritik erhalten hat, durch seinen Sensationscharakter weit mehr Leser anzieht als die Dichtung.*« Dieser Satz bedarf freilich einiger Richtigstellungen. Es handelte sich nicht um Journalistik überhaupt, sondern um Publizistik von oft hohem geschichtsphilosophischen Gehalt, von zeitgeschichtlichem und zeitkritischem Tiefblick wie auch von einer stilistischen Vollendung, die viele solche Beiträge zu literarischen Schöpfungen in der besten Tradition russischer Gedankenprosa machte. Und nicht ihr

Sensationscharakter, sondern ihr geistiger Elan und mitunter ihr rein sprachkünstierischer Wert zogen denn auch weit mehr Leser an als die zeitgenössische Dichtung. Tatsächlich hatte eine nie dagewesene Glanzzeit der Publizistik ihren Höhepunkt erreicht, die Auflagen der Zeitschriften stiegen nicht umsonst in die hohen Millionen, und den meisten schien es, dass dieses literarische Phänomen entscheidend auf die Zukunft des Landes einwirken müsste. Davon gingen, nach dem Ton und Inhalt ihrer Aufsätze zu urteilen, auch manche der bedeutendsten Autoren aus, und das erwartete gewiss die Mehrheit der geistigen Elite. Die Namen der aktivsten Publizisten waren damals in aller Munde – JEWTUSCHENKO und MARK SACHAROW, AWERINZEW und ANNINSKI, POPOW und SCHMELJOW, BURLAZKI und RADSICHOWSKI, LARISSA PIJASCHEWA und LJUDMILA SARASKINA und so manche andere. Die Welle des historischen Optimismus, die sich aufgrund eines solchen Ideenreichtums erhob, schien alle Zweifel und bösen Ahnungen hinwegzuspülen.

Ich war deshalb, offen gestanden, zutiefst beeindruckt und erstaunt, als ich die unlängst veröffentlichten Briefe des 1996 auf offener Straße ermordeten Dichters und Philosophen OLEG TSCHERTOW aus der sibirischen Stadt Omsk las. In jenem hoffnungstrunkenen Jahr 1989 war er ganz erfüllt von apokalyptischen Visionen, vom Vorgefühl einer nahenden Katastrophe Russlands, und eine innere Stimme sprach ihm ständig vom Tod – und zwar nicht nur und nicht so sehr von seinem eigenen –, er glaubte das tragische Ende des mehr als zweihundertjährigen Entwicklungsgangs russischer Geistigkeit, russischer Dichtung, russischer Kultur voraussagen zu können ... Und er sollte das Eintreffen seiner Prophezeiungen noch miterleben.

Denn die verhängnisvolle Kette von Ereignissen, die den Stellenwert und die Wirkung der Literatur, der Geistigkeit, des humanistischen Denkens in Russland auf ein Minimum hinabdrücken sollte, nahm an der Wende zum Jahr 1992 ihren Anfang, und gerade damals schlugen auch die allgemeinen Stimmungen und die an so viele Epochen anknüpfenden Erwartungen um.

Es geschah nämlich Folgendes: Eine Regierung, die sich westlerisch dünkte und europäische Lebensstrukturen einzuführen hoffte, dabei aber eigentlich ganz vom marxistischen Ökonomiezentrismus, vom marxistischen Dogma der alleinseligmachenden Rolle der Wirtschaft durchdrungen war, begann ihre radikalen Reformen unter Missachtung der für die russische Psyche doch seit eh und je ausschlaggebenden atmosphärischen Einflüsse, unter Missachtung der geistigen Belange, ja ließ sich auf eine direkte Kampagne gegen den »Literaturzentrismus« ein, der verächtlich und lächerlich gemacht werden sollte. Doch gerade eine solche Politik trug die Ansätze des großen Fiaskos in sich. Denn während bei früheren katastrophalen Wirtschaftskrisen, Hungersnöten und Massenverelendungen, von denen die russische und dann die sowjetische Geschichte immer wieder voll war, allein die ideelle, die geistige Komponente das Volksganze aufrechterhielt – einschließlich der an und für sich geistfernen Schichten –, wurde jetzt alles darangesetzt, solchen Firlefanz auszuschalten, um das Interesse der Bevölkerung voll und ganz auf die wirtschaftlichen Umgestaltungen zu konzentrieren. Diese dem klassischen Westlertum schroff entgegengesetzte Vulgärwestlerei konnte aber nur zu verheerenden Wandlungen in der Volkspsyche und dabei auch im Wirtschaftsverhaltem der Masse führen. Das hatte in erster Linie fatale Folgen für die Reformen selbst. Aber noch unheilvoller sind für Russland die Veränderungen, die dieser Seher aus Sibirien vor Jahren mit solchem Schmerz vorausgesagt hatte. Tatsächlich ist es um Russlands nach wie vor intensiv arbeitende intellektuelle Elite still geworden, selbst die weitreichendsten Ideen finden kaum noch öffentlichen Widerhall; die Dichtung hat sich sogar von ihrem traditionellen Publikum abgesondert, denn in ihr erlangt die esoterische Schule der sogenannten Postmodernisten die Vorherrschaft; die seriöse Belletristik verliert nicht nur ihren Einfluss auf die psychopolitische Entwicklung, auf die historischen Vorgänge als solche, sie wird von einer nie dagewesenen Flut niedrigster Schundliteratur überschwemmt.

Es gibt daher nur die eine Hoffnung, dass, wenn die Gegenwart auch OLEG TSCHERTOWS Ängste rechtfertigt, eine nicht allzu ferne Zukunft doch die alte Macht des Geistes wiedererstehen lässt. Sonst ist Russlands Schicksal besiegelt.

(18.01.1999)

Geschichte und Propaganda.
Der historische Film in Russland

Ganz gewiss gehörte der Führer der bolschewistischen Revolution, LENIN, nicht zu den Kennern und Förderern der schönen Künste. Er erhob auch nie darauf Anspruch. Dennoch stammte von ihm ein Satz, der jahrzehntelang innerhalb und außerhalb aller Lichtspielhäuser der Sowjetunion in riesigen weißen Lettern auf rotem Tuch prangte und buchstäblich jedem Kind im Lande geläufig war. Er lautete:

»Die wichtigste von allen Künsten ist für uns der Film.«

Nur wollte LENIN damit keinesfalls einen Beitrag zur relativen Wertung der verschiedenen Kunstarten leisten, etwa in dem Sinn, dass der Film als Gesamtkunstwerk den weniger universalen Gattungen überlegen sei. Den Schwerpunkt des Satzes bildeten nämlich die beiden kleinen Wörtchen »für uns«. Das sollte besagen: »für unsere politischen Ziele«, »für unsere Einwirkung auf die Volksmenge«, »für unsere Propaganda«. Die Kunst überhaupt wurde nicht als Eigenwert, sondern lediglich als Mittel zum Zweck, nicht als geistige Funktion, sondern als ideologisches Instrument betrachtet, gerade die Filmkunst aber galt dank ihrer Anschaulichkeit und inneren Dynamik als bestgeeignetes Werkzeug der Massenbeeinflussung.

Doch setzt auch eine derart primitive Kunstauffassung immerhin eine gewisse Stufung wenn nicht von Werten, so doch von Ansprechebenen voraus. Das galt auch für die Eigenart, die Evolution und die Ausstrahlung der russischen, der sowjetischen Filmkunst.

Auf der untersten Ebene wurde ganz einfach bezweckt, die Zuschauer für die aktuellen Belange und Losungen der Tagespolitik zu gewinnen. In den frühen Jahren des Bolschewismus war dies zweifellos die vorherrschende Zielsetzung, die den gesamten Kunstbetrieb bestimmte – und gerade die Filmkunst konnte infolge ihrer technischen Abhängigkeit bereits zu einer Zeit total kontrolliert und lückenlos zensiert werden, als in den anderen Künsten noch einiger Spielraum blieb. Indes wurden Filme einer so elementaren Art schon damals weit und breit mit dem verächtlichen Wort *Agitka* abgetan, das soviel wie Agitationsquatsch bedeutet. Diese gängige Bezeichnung sollte derartigen Filmprodukten dann über Jahrzehnte hinaus anhaften und ihre Wirksamkeit auf völlig ungebildete Bevölkerungsgruppen beschränken.

Doch mag LENIN mit seinem Ausspruch vielleicht schon zum Teil die folgende Stufe gemeint haben, wo nicht bloß direkte Werbung für die jeweils neuesten Beschlüsse des Zentralkomitees und der Regierung auf der Tagesordnung stand, sondern künstlerisch mehr oder minder verhüllte, verbrämte, vermittelte Indoktrination, weltanschauliche, ideologische Beeinflussung durch die Vorführung zweckentsprechend geprägter Gestalten, Schicksale und Sinnbilder. Allerdings entstanden die ersten Propagandafilme dieser Spielart erst nach LENINS Tod. Um dieselbe Zeit kam es zu einem bösen Erwachen aus ideologischen Träumen: Die seinerzeit schon von KARL MARX verheißene Erhebung des Weltproletariats war ausgeblieben, und auch der Mythos von der geistigen Überlegenheit der Arbeiterklasse, von der durch LENIN sprichwörtlich gewordenen »Berufung des Küchenmädchens« zur Leitung des Staates, hatte sich als absurd erwiesen. Zur Erledigung unabdingbarer Staatsgeschäfte und erst recht zur Wiedererrichtung der Wirtschaft, zum Aufbau einer modernen Industrie, zur Belebung und Erneuerung der Kultur bedurfte es der Heranziehung intellektueller Kräfte aus sogenannten klassenfremden Kreisen, und dabei nicht mehr einer gewaltsamen Heranziehung, wie sie bereits in den ersten Revolutionsjahren praktiziert worden war, sondern, wie es damals hieß, der grundlegenden Umformung des gesamten Weltausblicks der ehemals bürgerlichen Intelligenz, die bewusst in den Dienst des neuen Gesellschaftssystems treten sollte. Der Leiter des bolschewistischen Kultur- und Propagandawesens, ANATOLI LUNATSCHARSKI, verwies sofort auf den springenden Punkt eines solchen Vorhabens: Das wunde, überaus empfindliche und tief verwurzelte Geschichtsbewusstsein der russischen Intelligenz, das für alle ihre Bestrebungen ausschlaggebend blieb, musste eine neue, konforme, »zeitgerechte« Richtung erhalten.

Ursprünglich sollte der bolschewistische Umsturz, nach Ansicht der Revolutionäre, einen totalen Bruch mit der vorangegangenen geistigen, sozialen und psychopolitischen Entwicklung, einen endgültigen Abschied von der »alten Welt«, mithin von der gesamten historischen Problematik Russlands bedeuten.

Nachdem sich nun diese Ansicht als Selbsttäuschung entpuppt hatte, mussten um so intensivere Versuche einer durchgehenden Umdeutung dieser Problematik, einer Neubeleuchtung so gut wie aller Tatsachen der geschichtlichen Vergangenheit unternommen werden. Es war nur logisch, dass diese Umdeutung, diese Neubeleuchtung zunächst vom Standpunkt einer konsequenten Idealisierung und Heroisierung der revolutionären oder zumindest rebellischen Tendenzen in der Geschichte und einer ebenso konsequenten Verfemung und Verteufelung der sozialen und politischen Strukturen früherer Zeiten geschah. Damals ahnte noch niemand, wie gründlich sich das offizielle Geschichtsbild schon im nächsten Jahrzehnt ändern würde!

Gerade ANATOLI LUNATSCHARSKI sah indessen, wie vielleicht niemand sonst in Russland, die Relevanz des Films für die ideologische Beherrschung des Geschichtsbewusstseins nicht nur der Intelligenz, sondern auch des ganzen Volkes, insbesondere aber der kommenden

(011) Geschichte und Propaganda. Der historische Film

Generationen voraus. Daher gab er den Anstoß zu einem neuen Genre, dem historisch verkleideten Propagandafilm. Zunächst musste sich dieses Genre begreiflicherweise unmittelbar auf die Revolutionsgeschichte konzentrieren. Aber schon damit stellte es im Vergleich zum politisierten Gegenwartsfilm eine höhere Stufe tendenziöser Kunst dar, denn das ungleich stärker ausgeprägte metaphorische Element eröffnete Denkperspektiven, die unweigerlich weit über die Zielbestimmungen der Auftraggeber, ja oft sogar über die Intentionen der Künstler hinaus führten.

So entstand eine lange Reihe von Werken unterschiedlicher Aussagekraft und ästhetischer Qualität, deren ganz besonderer Wert für uns Heutige darin besteht, dass an ihnen anschaulich und lebendig wie kaum anderswo die Wandlungen im Selbstverständnis und Menschheitsbild einerseits der Kremlführung und andererseits breiter Kreise geistig Interessierter abzulesen sind. Während Geschichtsdeutung zweifellos den psychopolitischen Zwecken der Zeit dienen sollte, wirkte sie sich auf das gesamte Denken und Fühlen des Volkes in einer Weise aus, die für spätere, unvorausgesehene Mentalitätskrisen, ungeahnte ideologische Auseinandersetzungen und atemberaubende zeitgeschichtliche Wenden ausschlaggebend werden musste. Diese widersprüchliche Wirkung lag im Wesen der Dinge.

Somit erwies sich das Aufkommen des historischen Genres in der sowjetischen Filmkunst als ein an und für sich historischer Faktor ganz eigener Art.

Zu der Zeit, als die beiden Großen dieses Genres, Sergej Eisenstein und Wsewolod Pudowkin, ihre ersten revolutionsgeschichtlichen Streifen drehten, verfügte der historische Kostümfilm wie auch der Mythenfilm im Westen bereits über eine gewisse Tradition. Dennoch gelang es ihnen, das Genre, das dem sogenannten »sozialen Auftrag« nach eine Mischung von Mythos und Historie bieten musste, zu einer neuen, scheinbar ganz selbständigen Richtung in der Filmkunst zu gestalten, die weit über die Grenzen der damaligen Sowjetunion hinaus Aufsehen erregte. Zu diesem Erfolg verhalfen ihnen zwei grundverschiedene Momente, die jedoch von den Zeitgenossen meist als organisch miteinander verbunden aufgefasst wurden: Verblüffend neue Stilmittel in Schnitt und Bildaufbau, namentlich bei Eisenstein, galten als Ausdruck revolutionären Geistes, obgleich sie mit Sicherheit auch ohne jede politische Revolution früher oder später zur Anwendung gekommen wären; das kämpferische Pathos wieder traf eine im In-und Ausland weitverbreitete Stimmung und wurde somit zum wichtigsten stilistischen Kennzeichen des gesamten Genres. So kam es, dass die Erstlinge der neuen Gattung, Eisensteins »Panzerkreuzer 'Potjomkin'« und Pudowkins »Mutter«, der gesamten Filmkunst des bolschewistischen Russland internationale Geltung verschaffen und den beiden Künstlern Weltruhm bringen konnten.

Die Namen Sergej Eisenstein und Wsewolod Pudowkin werden bis auf den heutigen Tag sehr oft nebeneinander erwähnt. Tatsächlich sind die Ähnlichkeiten ihres Lebenswegs und Schaffens in mancher Beziehung auffallend. Sie waren beide vom enthusiastischen Welterneuerungsplan mitgerissen worden, der in den ersten Revolutionsjahren einen Teil der Jugend ergriffen hatte, und glaubten, der Film sei, im Gegensatz zu so veralteten Kunstformen wie Dichtung und Theater, allein geeignet, das Wesen der künftigen Menschheit zu verkörpern. Wenn sie nunmehr den sogenannten »sozialen Auftrag« übernahmen, so spielte dabei bestimmt keine Anpassungsfähigkeit mit – sie meinten es durchaus ehrlich!

Beide legten ihre theoretischen und kunstphilosophischen Betrachtungen zu Problemen der Ästhetik, des Sinngehalts und der Wirkungspotenzen des Films in zahlreichen Abhandlungen, Essays und Büchern dar, so dass nach ihrem Tode vielbändige Ausgaben ihrer gesammelten Schriften erscheinen konnten. Was aber besonders wichtig ist: Nachdem sich beide in den zwanziger Jahren mit je drei revolutionsgeschichtlichen Filmen hervorgetan hatten, bestellte Stalin in der zweiten Hälfte der Dreißiger ausgerechnet bei ihnen einige seinem Geschmack und seinen Absichten entsprechende Kolossalschinken über entscheidende Gestalten der russischen Geschichte, Gestalten, mit denen er sich selbst und seine neue, alles andere als revolutionäre Politik identifizierte. Beide übernahmen diese Bestellungen nicht ganz unfreiwillig, führten sie aber auf sehr unterschiedliche Weise aus. Die Frage, inwiefern sie dabei ihre Jugendträume verrieten, ist ein Kapitel für sich.

Vorläufig erfüllten indes die Erstlingswerke der beiden berühmten Regisseure ihre psychopolitische Mission mit erstaunlichem Effekt. Während die Wirkung innerhalb des Landes zwar groß war, aber vor dem Hintergrund einer Flut von literarischen, musikalischen, theatralischen, bildnerischen Bekenntnissen zur Revolution einerseits und eines erbitterten Machtkampfes an der Führungsspitze andererseits doch keine so beispiellose Durchschlagskraft erlangte, wie es die Propheten des Films als Universalmedium der Zukunft erträumt hatten, überstieg der Erfolg im Westen selbst die allerkühnsten Erwartungen.

Vom rauschenden Beifall, der die Vorführungen des »Panzerkreuzers 'Potjomkin'« zum Beispiel in Deutschland begleitete, berichteten so unterschiedliche Autoren wie Alfred Kerr, Lion Feuchtwanger, Hermann Kesten und nicht ohne offensichtlichen Neid Joseph Goebbels, ja der russische Schriftsteller Ilja Ehrenburg wusste von einer »wahren revolutionären Begeisterung des großbürgerlichen Publikums am Kurfürstendamm« zu erzählen. Kein Wunder, dass die bald darauf anlaufenden Filme gleicher Art, so Eisensteins »Streik« und »Oktober«, Pudowkins »Ende von St. Petersburg«, »Sturm über Asien« oder die bereits erwähnte »Mutter«,

(011) Geschichte und Propaganda. Der historische Film

in unzähligen Ländern zu regelrechten Kassenmagneten wurden. Diese heute kaum nachvollziehbare Rezeption entsprang nicht etwa reiner Sensationslust, sie zeugte tatsächlich von einer bestimmten Disposition der Geister, die in einer Krisenzeit wie der damaligen, leicht vom hohen Pathos solcher Filme angesprochen wurden.

Wie sehr sich dann die politischen Verhältnisse und Stimmungen innerhalb wie außerhalb des Landes auch wandelten, war der Ruf des revolutionsgeschichtlichen Films als Propagandamittel ein für allemal begründet, und so suchten die verschiedenen Herrschaftsgruppen und ideologischen Richtungen, die einander in den langen Jahrzehnten bis zum Zusammenbruch des kommunistischen Regimes im Kreml ablösten, auch diese Kunstgattung ihren Zwecken dienstbar zu machen. Die Filmautoren verstanden es in der Tat, durch weitgehende Neudeutungen der Ereignisse, neue Akzentsetzungen und neue Darstellungsweisen den Bedürfnissen der jeweils vorherrschenden politischen Tendenz mehr oder minder gerecht zu werden, dabei aber auch ihre eigenen Auffassungen, Geschichtspunkte und Ideen unmerklich einzuschleusen. Das Publikum hatte sich längst daran gewöhnt, zwischen den Zeilen zu lesen, zwischen den Bildern zu sehen und zwischen den Worten zu hören. Aber dergleichen kam erst später.

Zunächst handelte es sich eher um eine rein stilistische Anpassung der Filmsprache an den Geschmack des neuen Staats- und Parteioberhaupts STALIN, einen Geschmack, der zwischen Biedermeier und bombastischem Klassizismus schwankte, was sich inhaltlich und atmosphärisch aber nur indirekt auf die Filme auswirkte. Denn vorerst wollte STALIN durchaus als konsequenter Verfechter der Revolutionsidee angesehen werden, und so fasste er das gesamte Genre als Huldigung auf, die ihm selber galt. Mit der Zeit sah er sich alle in der Sowjetunion neu gedrehten Filme persönlich an, ehe sie in den öffentlichen Kinos laufen durften. Das machte den Film zu einem Medium, dem nicht nur, wie allen anderen Künsten auch, die ideologische Zensur engste Grenzen zog, sondern zudem der Diktator selbst seinen ganz subjektiven Stempel aufdrückte. In erster Linie sorgte er dafür, dass nicht allein in Russland, sondern auch in den anderen Republiken seines Herrschaftsbereichs eine solche Tradition Fuß fasste. Sein spezielles Augenmerk galt dabei seiner georgischen Heimat, da er offenbar bereits damals plante, in einer Serie von Filmlobliedern, sein eigenes Leben verklären zu lassen.

So entstanden schon sehr früh die Heldenfilme des georgischen Regisseurs NIKOLAI SCHENGELAJA »Elisso« und »Die sechsundzwanzig Kommissare«. Mit einem ähnlichen heroisierenden Werk, »Arsenal«, trat zur gleichen Zeit der Ukrainer ALEXANDER DOWSHENKO hervor.

Doch mit den ersten Ungeheuerlichkeiten des STALIN-Regimes, die selbst vielen begeisterten Anhängern der bolschewistischen Idee Entsetzen einflößten, änderte sich auch hier einiges. Die beiden anerkannten Meister verstanden es, ohne sonderlichen Eklat die Themen zu wechseln, ja EISENSTEIN konnte mit einigen Kollegen und Assistenten für mehrere Jahre nach Hollywood und Mexiko gehen. Später sagte er einmal zu seinem Vertrauten VIKTOR GOROCHOW: »*Warum bin ich nur aus Mexiko zurückgekommen!*« Nicht etwa, dass er in den Jahren des großen Terrors persönlich verfolgt worden wäre. Aber als Künstler konnte er sich selbst nicht treu bleiben. Er durfte weder seinen in zahlreichen Schriften manifestierten und in mehreren Filmen verkörperten ästhetischen Prinzipien, noch seiner vor Freunden nie verheimlichten humanistischen Gesinnung folgen.

Unterdessen baute STALIN als unabdingbare Stütze seines Weltmachtstrebens eine neue Psychopolitik auf. Zu ihren wichtigsten Aspekten gehörte auch eine zweckentsprechend abgewandelte Filmpolitik.

In seinen großangelegten Expansionsplänen spielte dabei nach wie vor die im In- wie im Ausland noch lebendige Anziehungskraft der marxistischen, insbesondere der russisch-kommunistischen, der leninistischen Idee eine erhebliche Rolle. Zugleich betrachtete er sich jedoch als rechtmäßigen Fortsetzer der imperialen Traditionen russischer Selbstherrscher und Landeroberer. Demgemäß führte er in seiner Ideologie und Propaganda, wie paradox es auch anmutete, beide Linien nachdrücklich weiter, und das galt selbstverständlich auch für die Filmkunst. Neben der Revolutionsgeschichte wurde die Imperialgeschichte zum bevorzugten, von oben anbefohlenen Stoff, und diese zweideutige, widersprüchliche Konstellation der Themen bestimmte weitgehend das gesamte Bild, das eigentliche Wesen des damaligen sowjetischen Films.

Den Auftakt zu dieser merkwürdigen Wende bildete ein großaufgezogener, in der Filmgeschichte vielleicht einmaliger Werbefeldzug für einen ansonsten eher mittelmäßigen Abenteuerstreifen aus der Bürgerkriegszeit, »Tschapajew«. Der Titelheld, ein gefallener roter Divisionskommandeur, war zwar schon zuvor durch einen Roman aus der Feder seines eigenen Stellvertreters mehr oder minder populär geworden, doch jetzt sollte sein Name in beispielloser Weise von allen Massenmedien zum Symbol einer Epoche erhoben werden. Und das zog tatsächlich Hunderttausende Zuschauer in die Lichtspielhäuser, was wiederum den übereifrigen Zeitungsleuten das scheinbar unanfechtbare Recht gab, von der Volkstümlichkeit eines langerwarteten, unübertrefflichen Meisterwerks zu schwärmen. Monatelang standen endlose Schlangen vor den Kassen der Kinos, ganze Betriebsbelegschaften zogen durch die Städte mit Transparenten, auf denen zu lesen war: »Wir gehen zum 'Tschapajew'«– selbstverständlich wuden derartige Umzüge von den Parteikomitees organisiert, aber die Leute wollten den vielgepriesenen Film auch wirklich sehen. Wenn STALINS Leiborgan, die »Prawda«, eines Tages mit der riesigen Schlagzeile erschien »Das ganze Land

(011) Geschichte und Propaganda. Der historische Film

sieht den 'Tschapajew'«, so war das zwar eine der üblichen hochtönenden Triumphmeldungen, gelogen indes war es nicht.

Hier erhebt sich die Frage: Was mochte den Kremlherrn bewogen haben, eine so ungewöhnliche Kampagne in Szene zu setzen? Es gibt da wohl nur eine plausible Erklärung: Er wollte in der, wie doch LENIN einst sagte, »für uns wichtigsten aller Künste« eben das Genre beliebt machen, in dem er selbst bald als Held und genialer Stratege auftreten würde. So verstanden es auch die Autoren des Films, zwei ehrgeizige junge Leute, die beide den weitverbreiteten Nachnamen WASSILJEW trugen und deshalb gern als Brüder figurierten: In ihren späteren, thematisch durchweg verwandten Streifen war STALIN zumindest geistig allgegenwärtig, und ein Film, »Die Verteidigung von Zarizyn«, handelte ausschließlich von seiner überragenden historischen Rolle. Doch sollten sie bei weitem nicht die einzigen bleiben, die sich auf eine so vielversprechende Goldader stürzten. Im Laufe der nächsten zwanzig Jahre folgte ein Film dieser Art dem anderen, so dass schließlich sämtliche wirkliche oder von der Propaganda erdichtete Episoden aus der Revolutions- und Bürgerkriegszeit, bei denen der künftige Diktator mitgewirkt hatte, zu wahren Filmepen hochstilisiert wurden. Der Schauspieler MICHAIL GELOWANI, der sich mit allerhöchster Genehmigung auf diese Partie spezialisierte, war buchstäblich Tag und Nacht beschäftigt. Ja, die Leute hatten sich mit der Zeit so daran gewöhnt, GELOWANI auf der Leinwand zu sehen, dass eine Wochenschau oder ein Dokumentarfilm, in denen aus irgendeinem Grunde der echte STALIN aufgenommen worden war, gewöhnlich nur allgemeinen Schrecken auslöste: Wie konnte er plötzlich so gealtert sein? Übrigens hat wohl ein Gerücht recht, das dem routinierten GELOWANI auch viele, wenn nicht die meisten späteren STALIN-Auftritte im sogenannten Dokumentarfilm zuschreibt – für einen Fall zumindest, die berühmte Rede auf dem Roten Platz am 07. November 1941, ist dieser Rollentausch so gut wie verbürgt.

Dennoch beschränkte sich der revolutionsgeschichtliche Film der dreißiger Jahre nicht auf die Führer-Biographie allein. STALIN meinte nämlich, seinen Herrschaftsaufstieg durch die These legitimieren zu können, er sei der engste Freund und Mitstreiter LENINS gewesen. So kam es, dass zu einer Zeit, wo imperiale Ideologie und Russentümelei bereits jedes revolutionäre Pathos verdrängt hatten und STALIN bei Regisseuren wie EISENSTEIN und PUDOWKIN Filme über die Heldentaten mittelalterlicher Fürsten und zaristischer Feldherren in Auftrag gab, doch zugleich auch eine Serie von quasi-historischen Filmen gedreht wurde, deren Titel beredt genug waren – »Lenin im Oktober«, »Lenin im Jahre 1918«, »Der Mann mit der Waffe«, und hinzu kamen zahlreiche Streifen, in denen der Revolutionsführer vielleicht nicht die tragende Figur war, jedoch im Mittelpunkt der entscheidenden Szenen stand.

Im Grunde widersprachen sich aber die beiden Linien des stalinistischen historischen Films nur scheinbar. Die Verherrlichung LE-NINS diente, und der Durchschnittsrusse verstand das sehr wohl, eigentlich vor allem der Verherrlichung STALINS – der heutige Führer identifizierte sich nicht nur selbst mit dem Verstorbenen, er wurde auch tatsächlich von der Mehrheit sowjetischer Menschen indirekt mit ihm identifiziert, und es hätte nicht einmal der obligaten Stalinszenen in den Leninfilmen bedurft, um den Zuschauern diese Identität bewusst zu machen. Genauso dienten EISENSTEINS »Alexander Newski«, PUDOWKINS »Minin und Posharski«, »Suworow«, »Admiral Nachimow« oder WLADIMIR PETROWS »Peter der Erste« und »Kutusow« in Wirklichkeit der Verherrlichung STALINS, seiner neuen, imperialen Machtpolitik. STALIN identifizierte sich mit den Begründern der russischen Reichsgröße vergangener Jahrhunderte, und auch diesen Identitätswillen fühlten und verstanden die Kinobesucher vollauf. Allein unter einem solchen Gesichtspunkt lassen sich mithin die Zielsetzungen, Hintergedanken, beabsichtigten und unbeabsichtigten Untertöne in der Geschichtsdarstellung dieser Filmreihe sinngemäß erfassen und richtig beurteilen. PUDOWKINS kurz vor und nach dem Polenfeldzug von 1939 gedrehte Filme über die beiden Anführer einer antipolnischen Erhebung zu Beginn des 17. und den Eroberer Warschaus im 18. Jahrhundert waren in ihrer geopolitischen Orientierung und propagandistischen Aussage eindeutig genug. Kein Wunder, dass um die gleiche Zeit auch in den ukrainischen und weißrussischen Studios Filme ähnlicher Richtung entstanden. Hatte doch STALIN schon zwei Jahre zuvor die Kommunistische Partei Polens auflösen lassen und damit unmissverständlich seine Absicht kundgegeben, dieses Land, wenn die Zeit kommt, mit rein militärischen Mitteln in seinen Machtbereich einzugliedern. Es war nur logisch, dass Filme dieser Art weit unter dem einstigen künstlerischen Niveau eines PUDOWKIN gemacht sein mussten. Übrigens erwies sich sogar der Publikumserfolg als recht gering, und das in einer Zeit, wo die Zahl der neuen Filme das Bedürfnis nach Unterhaltung, nach Ablenkung von der düsteren Wirklichkeit durchaus nicht befriedigte, ausländische Streifen aber fast gänzlich aus den Kinos verbannt waren.

Als ein Werk ganz anderer Tragweite sollte sich dagegen PETROWS »Peter der Erste« erweisen. Der Zar, dessen Gestalt und Leistung seit mehr als zwei Jahrhunderten den Trennpunkt aller Schulen russischer Geschichtsdeutung, den Knotenpunkt des nie abflauenden Streits über Russlands Ortsbestimmung innerhalb der Menschheit bildete, erschien hier vor allem als Verkörperung einer, wie es hieß, grandiosen inneren Spannkraft, des unbändigen Expansionswillens und der draufgängerischen Natur des Russentums – eines Russentuins, wie STALIN es wollte und brauchte. Mit diesem Zaren durfte sich der kommunistische Diktator nicht ganz zu Unrecht identifizieren. Hier glaubte er sein Postulat von der absoluten

(011) Geschichte und Propaganda. Der historische Film

Priorität des Staates gegenüber den Menschen anschaulich und sinnfällig bestätigt – und auch seine Untertanen glaubten es. Hier sah er alle Bluttaten eines Staatsoberhaupts durch die höheren nationalen Belange gerechtfertigt – und auch seine Untertanen sahen es. Hier wusste er die kriegerischei Bestrebungen eines ruhmreichen Vorgängers von Erfolg gekrönt, unc das schien zur Nachahmung herauszufordern – und so schien es auch seinen Untertanen. Dennoch war der Vergleich des Herrschers auf der Leinwand mit dem im Kreml gar nicht so eindeutig und unverfänglich, wenn es die allermeisten auch nur unbewusst, unterschwellig empfanden. Und das nicht etwa, weil Peter als ungemein kraftvolle, energiegeladene, weltoffene Persönlichkeit auftrat – die Zuschauer, denen ja eigentlich nur Gelowani gegenwärtig war, hielten meist auch Stalin für einen höchst dynamischen und aufgeschlossenen Menschen. Wichtiger war etwas anderes: Die Filmautoren konnten nicht umhin, Peters vielumstrittene Europaträumerei und Europanachahmung in den Vordergrund zu rücken, ja das bekannte Wort, er habe »ein Fenster nach Europa geöffnet«, war in einer außergewöhnlich effektvollen Szene ganz buchstäblich veranschaulicht worden. Der Kontrast zur Politik der belagerten Festung, zur panischen Angst vor allem Westlichen, wie sie für den Stalinismus kennzeichnend war, musste selbst den historisch unbewanderten Zuschauer frappieren.

Es erschien daher etwas rätselhaft, warum Stalin diesen Film nicht nur in allen Kinos des Riesenlandes aufführen ließ, sondern ihn sogar in Dutzenden vorausbestellter Zeitungs- und Zeitschriftenrezensionen zu einem Meisterwerk des sozialistischen Realismus erklärte. Offenbar wollte er, der Russland rechtlich, geistig und menschlich ins tiefe Mittelalter zurückgeworfen hatte, dennoch als Reformator und Freund alles Neuen gelten – ja, manche seiner Verhaltensweisen und Äußerungen zeugten sogar von einer derartigen treuherzigen Selbsttäuschung! Doch sollten die psychopolitischen Auswirkungen des überaus populären Films im spezifischen Kontext jener unheilschwangeren Epoche letzten Endes von sehr widersprüchlicher Art sein. Einerseits lässt sich mit gutem Grund annehmen, dass der latente Einfluss dieser historischen Parallele mit im Spiel war, wenn der scheinbar so unglaubliche Entschluss Stalins, mit Hitler zu paktieren, im Volk keine allzu große Erregung hervorrief. Andererseits jedoch dürfte der neuaufgekommene Kult Peters dazu beigetragen haben, dass während des Krieges die allgemeine Überzeugung Fuß fasste, Stalin würde nach dem Sieg nicht nur das Bündnis mit den demokratischen Westmächten aufrechterhalten, sondern auch die Tore des russischen Ghettos weit aufstoßen, engere Beziehungen zu sämtlichen Ländern knüpfen und einen regen geistigen, kulturellen und wirtschaftlichen Austausch mit aller Welt in die Wege leiten. Wenn statt dessen der Eiserne Vorhang das Land vollkommen wie nie zuvor von der äußeren Menschheit absonderte, so musste das eine Enttäuschung auslösen, die sich in den verschiedensten Erscheinungsformen äußerte und das Regime psychopolitisch weitgehend unterhöhlte. Von den Unzufriedenen wurde damals immer wieder der Name PETERS ins Feld geführt, und es schien gar nicht unlogisch, wenn der einst so gefeierte Film in den letzten sechs Lebensjahren STALINS verboten war und nicht einmal zu Lehrzwecken gezeigt werden durfte. Wie dicht indes der Eiserne Vorhang zu dieser Zeit auch sein mochte, er hatte paradoxerweise doch eine kleine Öffnung, und zwar ausgerechnet im Bereich des Films – aber das ist ein Kapitel für sich, von dem noch die Rede sein wird.

»Peter der Erste« wurde in zwei Teilen gedreht und aufgeführt, 1937 und 1939. Dazwischen aber lief in den sowjetischen Kinos ein historischer Film, der in mancherlei Hinsicht noch bedeutungsreicher und in seinem Verhältnis zu Zeit und Geschichte problematischer war, EISENSTEINS »Alexander Newski«. Zu verschiedenen Zeiten ist in Deutschland bereits manches über die eigentümliche Darstellung der Kreuzritter in diesem Film geäußert worden. Tatsächlich gab EISENSTEIN, der übrigens selbst väterlicherseits baltendeutscher Herkunft war, eine symbolische Vision des deutschen Ostdrangs wieder, die sich in vielen Generationen russischer Geister durch wechselnde historische Geschicke eingewurzelt hatte. Doch war vielleicht nicht nur deutsches Wesen gemeint. Diese Vision, die einmal ganz kurz in den Worten ausgedrückt worden ist: »Rationalität als Wahnsinn«, hätte ebensogut auf den Westen überhaupt gemünzt sein können.

Denn wenn die Kreuzritter eher wie waffentragende Roboter anmuteten, die kein menschliches Gesicht brauchten (weshalb ihre Gesichter anderthalb Stunden lang vom Visier verdeckt blieben), wenn das Mechanische ihrer Bewegungen, das Unmenschlich-Eiserne ihrer rasselnden Rüstungen noch durch eine entsprechende Musik von SERGEJ PROKOFJEW unterstrichen wurde, so stimmte das ganz mit dem alten slawophilen Bild einer seelenlosen westlichen Welt überein, in der die Menschen zu Automaten herabgewürdigt waren. Die Deutschen wirkten hier in einem gewissen Sinn als Vortrupp des gegen Russland verschworenen katholischen Westens, und nicht von ungefähr wurde ihr Wahrzeichen, das Kreuz, mit einer solchen Stetigkeit in den Vordergrund des meisterhaft komponierten Filmbildes gerückt. Es ist bezeichnend, dass um etwa die gleiche Zeit wie EISENSTEINS Werk auch ein anderer, ausdrücklich von STALIN inspirierter Film das Thema »Deutschland als Stoßkraft der feindlichen Welt«, diesmal allerdings in bezug auf die Gegenwart, aufgriff – der Streifen hieß »Wenn morgen Krieg ist« und stammte von JEFIM DSIGAN –, und dass er gleichfalls den sicheren Sieg idealbegeisterter echter Menschen über den Kadavergehorsam stumpfsinniger Träger einer kalten Kriegsmaschine demonstrierte. Dass die Geschichte hier wie

(011) Geschichte und Propaganda. Der historische Film

schon so oft der aktuellen Politik dienen sollte, liegt auf der Hand, nur ist zu beachten, dass sich STALIN bereits mit dem Gedanken an das bevorstehende Bündnis mit Hitlerdeutschland getragen haben musste. Man kann sich daher den tagespolitischen Sinn, den er solchen Filmen beilegte, etwa als Warnung vorstellen, seine ausgestreckte Hand ja nicht zurückzuweisen.

Doch wäre es falsch, die ideologische Botschaft des Eisensteinfilms auf das Verhältnis zu den Deutschen und erst recht auf tagespolitische Belange beschränken zu wollen. Unvergleichlich weittragender war die Verklärung des Titelhelden, des mittelalterlichen Großfürsten ALEXANDER NEWSKI. Dieser von der russisch-orthodoxen Kirche heiliggesprochene Krieger hatte in seiner frühen Jugend eine an der Newa aufgetauchte schwedische Truppe und zwei Jahre darauf eine Heerschar der Kreuzritter auf dem Eis des Peipussees geschlagen, sein ganzes weiteres Leben aber damit verbracht, die russischen Städte und Länder den mongolischen und tatarischen Eindringlingen gefügig zu machen. So wurde er zur Symbolfigur der Asiatisierung Russlands, nur blieb infolge der kirchlichen Tradition jede historische Kritik an seinem Wirken jahrhundertelang erschwert, wenn nicht völlig ausgeschlossen. Mit der Revolution fiel zwar die kirchliche Unantastbarkeit weg, doch galt nunmehr die geschichtliche Rolle von Fürsten überhaupt als zweitrangig. Und dann kam der Film. Der durch die Macht des Bildes tief ins Bewusstsein des Volkes gedrungene Begriff von einem heroischen Höhepunkt russischer Geschichte heiligte jetzt nicht mehr allein die übermenschliche Gestalt des Siegers, sondern indirekt und rein emotionell auch sein Werk, die Lostrennung Russlands von Europa. Es musste ein halbes Jahrhundert vergehen, ehe in einem Buch des Verfassers dieser Zeilen die Dinge beim rechten Namen genannt werden konnten. Leider lässt sich jedoch der Einfluss eines solchen Buches, trotz begeisterter Rezensionen, auch nicht annähernd vergleichen mit der über Generationen nachwirkenden Ausstrahlung eines klassischen Films. ALEXANDER NEWSKI ist nach wie vor ein volkstümlicher Heros. Und sicher werden auch Hunderte Abhandlungen nicht den Glorienschein auslöschen können, der das Haupt des Schauspielers NIKOLAI TSCHERKASSOW umgab.

Typisch für die Unterordnung von Kultur und Wissenschaft, für die notgedrungene Wendigkeit von Künstlern und Literaten im totalitären Staat, war die schlagartige Wandlung der gesamten Geschichtsauslegung, die mit dem Abschluss des sogenannten MOLOTOW-RIBBENTROP-Vertrags am 23. August 1939 in der Sowjetunion eintrat. Doch was in den meisten Sphären, wo Geschichte theoretisch, psychologisch, publizistisch oder künstlerisch gedeutet wurde, ohne sonderliche Schwierigkeiten ablief, konnte im Film nicht ebenso abrupt geschehen, da ja die technischen Voraussetzungen anderer Art waren. Es verstand sich von selbst, dass sämtliche

Streifen, darunter auch manche historischen und revolutionsgeschichtlichen Inhalts, die mit der neuen Politik nicht in vollem Einklang standen, sofort aus dem Verleih gezogen wurden, und in erster Linie natürlich der »Alexander Newski«. Wenn diese Filmgattungen nicht gänzlich in der Versenkung verschwanden, dann nur, weil sich in den Studios von Moskau und Kiew einige polenfeindliche Filme in Vorbereitung befanden, wie »Bogdan Chmelnizki« oder »Suworow«.

Ansonsten wurden in jenen zwei Jahren nur möglichst unverfängliche Lustspiel- und Märchenfilme gedreht, die STALIN, heißt es, immer mit sonderbarem Vergnügen sah.

Dass sich mit Kriegsbeginn die Situation momentan und grundlegend ändern musste, war klar. Neben propaganda-notwendigen Filmen über Frontereignisse und Partisanenkämpfe liefen höchstens ein paar pathetische Historiengemälde an, wie sie bekanntermaßen dem Geschmack des obersten Kriegsherrn entsprachen. Doch gerade in dieser Zeit entstand auch ein Filmwerk, das eine tiefe Spur im Geschichtsbewustsein des Volkes hinterlassen sollte. »Iwan der Schreckliche«. Wieder führte SERGEJ EISENSTEIN Regie, diesmal nach eigenem Drehbuch, doch die ursprüngliche Idee und der unmittelbare Anstoß kamen zweifellos von STALIN persönlich. Denn seinem inneren Sinn und äußeren Kontext nach konnte dieses Werk lediglich eine Art Bildnis sein, mit dem sich der jetzige Herrscher identifizierte. Und hier liegt die weittragende Problematik dieses Films, sein Rätsel.

IWAN DER VIERTE von Moskau war nie zuvor von irgendeiner Strömung des russischen Geschichtsdenkens, von irgendeiner Historikerschule auch nur teilweise gerechtfertigt worden. Seine Regierung blieb nicht bloß durch Massenhinrichtungen und beispiellose, oft wahnsinnige Exzesse, sondern auch durch eine nie dagewesene Verwüstung des ganzen Landes auf fürchterliche Weise sprichwörtlich.

Er verursachte eine materielle, demographische, moralische und kulturelle Katastrophe, wie sie sich bis zu STALINS Zeiten nicht mehr wiederholen sollte. Allerdings forderte STALINS Terror gewiss eine weit größere Anzahl von Opfern, und das sogar prozentmäßig, doch erlaubten es moderne polizeiliche und verwaltungstechnische Mittel, vor allem aber die Massenmedien, Wesen und Ausmaß der Katastrophe zu verschleiern, ja breiten Kreisen im In- und Ausland den Glauben an einen rapiden Aufschwung des Landes im Zeichen eines sogenannten »sozialistischen Humanismus« einzuflößen. Vor diesem Hintergrund scheint es unerklärlich, warum sich der sonst so kaltblütig berechnende Diktator durch seine Seelenverwandtschaft mit dem fernen Vorgänger anscheinend innerlich gezwungen fühlte, diese propagandistisch bestimmt unzweckmäßige und ideologisch unvertretbare Selbstidentifizierung aller Welt kundzutun, ja zur Richtschnur für die ihm hörige Literatur zu machen und nun den Kult des Schrecklichen sogar durch einen großangelegten, zwei

(011) Geschichte und Propaganda. Der historische Film

Abende füllenden Film volkstümlich werden zu lassen. Dieses psychologische Rätsel erhält eine besondere, mystische Nuance durch den Umstand, dass hier im Gegensatz zu den klischeehaften, schematisierten, auf Sofortwirkung abzielenden Filmen der Kriegszeit unbedingt ein Kunstwerk von höchstem Rang und bleibender Bedeutung entstehen sollte. Von amtlicher Seite wurde alles getan, um das zu ermöglichen. Tatsächlich übertraf EISENSTEIN in manchen Szenen sich selbst, und der berühmte Tanz der Opritschniki im zweiten Teil des Films gilt mit Fug und Recht als ein künstlerischer Glanzpunkt der internationalen Filmgeschichte.

Um so symptomatischer war dann die Reaktion des Auftraggebers:

Nachdem die Vorführung des ersten Teils knapp vor Kriegsende den Anlass zu enthusiastischen Lobgesängen in der Presse gegeben hatte, Lobgesängen, die nur scheinbar den Regisseur, in Wirklichkeit natürlich STALIN selbst meinten – was bewies, dass dieser auch jetzt, im Augenblick seines höchsten historischen Triumphes, die Wesensähnlichkeit mit dem verrufensten aller Zaren keineswegs leugnen wollte – erwartete den zweiten Teil ein ganz anderes Schicksal. EISENSTEIN hatte ihn bereits 1946 so gut wie vollendet, doch schoben die Leiter des Studios und deren unmittelbare Vorgesetzte die offizielle Vorstellung immer wieder hinaus – wie sich erweisen sollte, nicht ohne guten Grund. Auf den Meister wirkten diese Verzögerungen niederdrückend, sie verursachten schließlich eine besorgniserregende Herzkrankheit, und als es endlich – man schrieb bereits das Jahr 1948 – soweit war, dass STALIN den Film anforderte, musste die Unruhe in den beteiligten Kreisen groß gewesen sein. An jenem Tag besuchte EISENSTEIN das Moskauer »Haus des Kinos«. Wie Augenzeugen berichten, erlitt er den Herzschlag, ehe die Nachricht vom Verbot des Films eingetroffen war. Er starb zwei Wochen nach seinem 50. Geburtstag. Niemand kann wissen, was STALIN bewog, den Bann auszusprechen, die weitestverbreitete Erklärung indes lautet, es müsse der unheimliche Tanz der Opritschniki mitsamt der darauffolgenden dämonisch-wahnsinnigen Zerknirschung IWANS gewesen sein.

Wie dem auch sei, beeinflussten die wechselnden Geschicke dieses Films in ganz erheblichem Maße auch die im Volk verbreiteten historischen Ansichten und Wertschätzungen, und das betraf keinesfalls allein IWAN, sondern die russische Vergangenheit überhaupt. Erst seit 1958, als der zweite Teil freigegeben wurde und unter großem Publikumsandrang in Tausenden Kinos lief, verschwand der von STALIN so mysteriös begründete Kult allmählich aus der Literatur, aus dem Schulunterricht, vor allem aber aus den Denkgewohnheiten der Menschen. Das trug auf unüberschätzbare Weise zu einem tiefgehenden Wandel im gesamten geschichtlichen und politischen Bewusstsein bei, wo die Machtanbetung zusehends dem Selbstwertgefühl, der Primat des Staates dem des Menschen wich.

Währenddessen war die Zeit zwischen Kriegsende und STALINS Tod im März 1953 eine Periode äußerster Dürre für den sowjetischen Film überhaupt und den historischen Film erst recht gewesen. Erst recht – weil der oberste Zensor einzig mit Streifen voll patriotischem Schwulst zufrieden war, so etwa, wenn der Urheber der berühmten Lenin-Filmserie, MICHAIL ROMM, jetzt in seinem »Admiral Uschakow« und »Schiffe stürmen Bastionen« die Glorie einstiger zaristischer Kriege feierte. Doch wie unglaublich es scheinen mag, sollten gerade diese dürren Jahre eine Zeit nie dagewesenen Überflusses in den Lichtspielhäusern sein! Es war ein Paradoxon, wie man es sich phantastischer nicht ausdenken konnte:

Der Eiserne Vorhang isolierte das Land buchstäblich luftdicht von der Außenwelt, die geringste Äußerung irgendeines Interesses für den Westen, für moderne westliche Kultur und Lebensweise, wurde aufs unerbittlichste, oft mit Konzentrationslager, zumindest mit Arbeitsentlassung bestraft – und in einer solchen Zeit konnten sich die Filmvorführer kaum retten vor der Flut von Beutestreifen amerikanischer, deutscher, französischer, italienischer, britischer Herkunft aus den verschiedensten Jahrzehnten, darunter sogar nicht wenige deutsche Filme der Kriegszeit! Ich erinnere mich noch gut, wie ich damals immer wieder von einem Kino zum anderen eilte und mir trotz ermüdendem Schlangestehen oft zwei, wenn nicht gar drei Filme am Tage ansah!

In nur wenigen Bereichen des Volkslebens brachte der Tod des Diktators so markante Veränderungen mit sich wie in der Filmkunst. Sowohl dem Inhalt wie auch der Gestaltung, dem Blickwinkel, der Darstellungsweise nach, wurde der Film menschlicher, realitätsnäher. Im historischen, ja auch im revolutionsgeschichtlichen Genre bewirkte die größere Deutungsfreiheit, die Möglichkeit persönlicher Farbgebung, der Wegfall vieler Tabus eine weitgehende Humanisierung und Entdogmatisierung. Nicht etwa, dass die nach wie vor allmächtige Kommunistische Partei ihre schwere Hand zurückgezogen hätte – was nicht in ihren ideologischen Rahmen passte, musste weiterhin im Untergrund bleiben, nur war der Rahmen selbst dehnbarer und mitunter lockerer geworden.

Bei alldem ließen sich die revolutionsgeschichtlichen Filme der Folgezeit ziemlich klar und eindeutig in zwei Kategorien einteilen: Hier Produkte eines sozusagen »aufgeklärten Kommunismus«, dort psychologisch verspielte und verfeinerte Abenteuer- oder Liebesfilme mit starkem romantischem Einschlag, die wahre, legendäre oder frei erdichtete Ereignisse der Vergangenheit zum Stoff, wenn nicht zum bloßen Hintergrund wählten. In der ersten Reihe nahmen wiederum die Lenin-Filme kein Ende – ich könnte zumindest zwanzig aufzählen, die ausschließlich von verschiedenen Episoden aus dem Leben dieses Mannes handelten, während die Zahl der Filme, wo er lediglich in einzelnen Szenen auftrat, Legion war – denn für

(011) Geschichte und Propaganda. Der historische Film

die Partei blieb er stets die Symbolfigur. Dagegen zeigte die zweite Reihe nicht wenige Werke von echter Künstlerverve, Seelenkenntnis und Menschenliebe, die in den qualvollen und opferreichen Begebenheiten des jahrhundertelangen revolutionären Dramas immer wieder dem Äußeren, Fanatischen das Innere, zutiefst Persönliche, entgegenzusetzen wussten. Zu nennen wären hier so bedeutende Leistungen wie der mehrteilige »Stern verlockenden Glücks« von WLADIMIR MOTYL über die Dekabristenbewegung oder »Die Flucht« von ALEXANDER ALOW und WLADIMIR NAUMOW nach einem Stück des bereits klassischen Schriftstellers MICHAIL BULGAKOW über die Bürgerkriegszeit. Der Bürgerkrieg diente auch einer Filmgattung als ständiges Thema, die den charakteristischen Namen »Eastern« in Anspielung auf den amerikanischen Western erhielt, obwohl in ihr weit mehr Wert auf psychologische Motivierung gelegt wurde als in den meisten Hollywoodstreifen solcher Art.

Zu den bemerkenswertesten Filmen dieser Richtung gehörten die poesieerfüllten »Keine Furt im Feuer« von GLEB PANFILOW und »Leuchte, leuchte, mein Stern« von ALEXANDER MITTA, der wild abenteuerliche »Freund bei Feinden, Feind bei Freunden« von NIKITA MICHALKOW und der beklemmende »Es dienten zwei Kameraden« des früh verstorbenen JEWGENI KARELOW. Die ideologischen Andeutungen waren in derartigen Filmen nichts als Pflichtübung.

Die Entwicklung im eigentlichen historischen Film trug unterdessen doch etwas andere Züge. In dieser Gattung betätigten sich vorwiegend Vertreter der alten Schule oder ihre Epigonen. Sie hatten den in der Stalinzeit so lautstark verkündigten Patriotismus in die neue Epoche herübergerettet, allerdings durften sie ihn jetzt von den damaligen sozialen oder sogar sozialistischen Beimischungen und Tarnungen reinigen. Dieser eher traditionelle und vergleichsweise weniger prahlerische Patriotismus durchzog als roter Faden die berühmtesten Exempel derartiger Geschichtsdarstellung, so SERGEJ BONDARTSCHUKS »Krieg und Frieden« nach TOLSTOI und seinem in Italien produzierten Kolossalfilm »Waterloo« oder SERGEJ GERASSIMOWS »Peters Jugend« und »Am Anfang der Ruhmestaten«. Freilich gab es auch jetzt noch Streifen, die mit lächerlichem Pathos die kriegerische Überlegenheit der eigenen Vorfahren proklamierten, so vor allem die in der Ukraine gedrehten Kitschfilme über die mittelalterliche Kiewer Rus, doch wurden sie kaum beachtet und verhältnismäßig schlecht besucht.

Dennoch brachte gerade der historische Film dieser zwiespältigen Zeit den vielleicht gewichtigsten Beitrag Russlands zur Weltfilmkunst – und zugleich den entscheidenden Beitrag der Filmkunst zur geistigen Evolution Russlands. ANDREJ TARKOWSKIS leider bis auf den heutigen Tag unterschätztes Meisterwerk »Andrej Rubljow« war durch seine gewaltigen geschichtsphilosophischen Horizonte, durch seine einmalige ästhetische Suggestivkraft, vor allem aber durch seine tiefgehende Erschließung der ewigen Lebensquellen, Bewegkräfte und Bestrebungen der Volksseele zu einem eigenständigen Faktor geworden, dessen atmosphärische, psychopolitische Wirkung weit über den Bereich der Kultur oder der Tagesprobleme hinausging. Ein Film deutete vergangene Geschichte und machte damit künftige Geschichte – in einer solchen Ausgeprägtheit hatten es die Annalen der Kunst noch nie gekannt. Der 1971 entstandene »Andrej Rubljow« sollte zweifellos zu den geistigen Fermenten gehören, denen Russland die Wende von 1985 verdankt. In diesem Sinn darf der Name TARKOWSKI mit gutem Recht neben Namen wie SACHAROW und SOLSHENIZYN stehen.

Als nach 1985 viele bislang verbotene oder von der Zensur verunstaltete Filme in vollständiger Form auf der Leinwand erscheinen konnten, erregte auch ein erschütterndes Bürgerkriegsdrama, ASKOLDOWS »Kommissarin«, allgemeines Aufsehen. Doch wie seltsam es scheinen mochte, klang damit die Epoche des großen historischen Films aus.

Während in den ersten Jahren der sogenannten Glasnost die Lichtspieltheater aus begreiflichen Gründen satirische Filme über die soeben ausgegangene Zeit gesellschaftlicher Fäulnis und Stagnation bevorzugten, die damals ein zahlreiches und dankbares Publikum fanden, kam es seit etwa 1989 zu schlechterdings unerklärlichen Vorgängen. Ich würde mich hüten, hier das Wort »unerklärlich« zu gebrauchen, würde ich es nicht immer wieder in Fachzeitschriften, in Aufsätzen aus berufener Feder finden. Denn was in der russischen Filmindustrie der letzten Jahre geschieht, übersteigt menschliche Einbildungskraft und Analysefähigkeit bei weitem. Da die Verleihfirmen amerikanische Fabrikate allerniedrigster Qualität zu wahren Spottpreisen einkaufen, kommen kaum noch einheimische Filme in die Kinos. Kein Wunder, dass die Zuschauerzahl seitdem auf weniger als ein Zehntel gesunken ist. Um ganz exakt zu sein: 1993 machte die Zahl der verkauften Eintrittskarten sage und schreibe 7,9 Prozent der von 1986 aus. Die Kinos halten sich über Wasser, indem sie den größeren Teil ihrer Räumlichkeiten an Geschäftsstellen und Büros jeder Art vermieten. Das Unfaßbare, Unglaubliche an der ganzen Situation aber ist, dass indessen von Jahr zu Jahr immer mehr neue Filme gedreht werden, die niemand außer den guten Bekannten der Regisseure sieht – und es fehlt dabei auch nicht an kostspiligen Ausstattungsstreifen! Ja, es schießen immer neue Filmstudios aus dem Boden! Die Filme wurden und werden zwar nie wirklich gezeigt, aber doch oft gekauft, und wenn nicht gekauft, so doch stets finanziert.

Kann es da wundernehmen, dass hier die erfahrensten Wirtschaftsanalytiker versagen? In allerletzter Zeit ging die Produktion freilich doch etwas zurück.

Von den 330 russischen Filmen, die 1992 entstanden, sollen mindestens vierzig historischen Inhalts gewesen sein. Unter den 178 des

(011) Geschichte und Propaganda. Der historische Film

Jahres 1993 waren es schon weniger, auch prozentmäßig. Um die völlige Wirrnis zu illustrieren, die hierbei herrscht, zum Abschluss ein Beispiel: Innerhalb von wenigen Monaten wurde neuerdings der »Fürst Serebrjany«, ein historischer Roman des berühmten Dichters des vorigen Jahrhunderts ALEXEJ TOLSTOI, von drei verschiedenen Regisseuren dreimal in großer Aufmachung verfilmt!

(26.12.1994)

Kriegsbeginn 1941.
Geschichtsphilosophischer Kommentar zu einem russischen Streit

Es mag seltsam anmuten, wenn russische Schriftsteller und Historiker, Publizisten und sogar Zeitungsjournalisten ausgerechnet in dieser explosiven, schicksalsschwangeren Krisenzeit mit beispielloser Hitzigkeit über ein Thema diskutieren, das scheinbar nicht die geringste Beziehung zu den heutigen Problemen des Landes erkennen lässt. Nämlich über die Frage, wer die Hauptschuld am Ausbruch des deutsch-sowjetischen Krieges im Juni 1941 trug. Ein oberflächlicher Beobachter könnte vielleicht zu dem Schluss kommen, es handle sich um einen Versuch, die Geister gerade von den beunruhigenden Problemen des Tages abzulenken, die fiebernden Gemüter zu beschwichtigen. Das wäre indes eine grundfalsche Einschätzung. Denn in Wirklichkeit wird gerade hier ein auch für die Gegenwart und die gesamte voraussehbare Zukunft bedeutungsschwerer, wunder Punkt der Geschichte berührt, dessen Klärung eben deshalb ein durchaus aktuelles, ja lebenswichtiges Anliegen darstellt. Und zwar nicht allein für Russland.

Den unmittelbaren Anstoß zu den Kontroversen gab ein vor wenigen Jahren erschienenes Buch, das sogleich großes Aufsehen erregte. Es hieß »Der Eisbrecher« und stammte von einem gewissen Viktor Suworow. Wie sich bald herausstellen sollte, war das ein Pseudonym, hinter dem sich ein ehemaliger Agent des sowjetischen Geheimdienstes verbarg, der sich im Westen freiwillig gestellt hatte.

Das Buch war mit dem Pathos eines Entdeckers von Ungeahntem geschrieben, was schon an sich zu entschiedenen Erwiderungen von seiten der professionellen Historiker herausforderte. Doch den eigentlichen Gegenstand der Polemik bildeten nicht der Ton und nicht so sehr die angeführten Tatsachen, als vielmehr die Schlussfolgerungen, zu denen der Autor gelangte. Diese Schlussfolgerungen waren zwar, allgemein gesehen, von sehr unterschiedlichem Neuigkeitswert, mussten aber dem in der sowjetischen Tradition erzogenen Leser, ebenso wie dem Verfasser selbst, überraschend, ja sensationell erscheinen.

Die geschichtlichen Ausführungen Suworows lassen sich in drei Grundthesen zusammenfassen: Erstens – Stalin hatte den Nazis zur Machtergreifung in Deutschland verholfen, damit sie ihm durch die Zerstörung der bürgerlichen Zivilisation und des europäischen Staatensystems den Weg zur entscheidenden Ausbreitung seines Machtbereichs und schließlich zur Weltherrschaft bahnten – daher das Bild des Eisbrechers im Buchtitel; zweitens – Stalin hatte den Pakt mit Hitler geschlossen und dadurch den Zweiten Weltkrieg heraufbeschworen, um nach der Ausblutung beider Seiten, der faschistischen

(012) Kriegsbeginn 1941

wie der demokratischen, seinen Siegeszug durch Europa anzutreten; drittens – STALIN bereitete für den 6. Juli 1941 einen Überfall auf Hitlerdeutschland vor, dem der Naziführer am 22. Juni durch seinen Angriff zuvorkam. Dem belesenen Europäer wird folgender Unterschied gewiss auffallen:

Die beiden erstgenannten Thesen sind bereits wiederholt von westlichen Autoren eindeutig genug formuliert und mehr oder minder beweiskräftig untermauert worden, wogegen die dritte zwar seinerzeit von HITLER zur Begründung seines Gewaltstreichs angeführt worden war, übrigens auch das ohne sonderlichen Nachdruck und ohne Nennung eines genauen Datums, das später jedoch selbst von der Nazipropaganda kaum weiter aufrechterhalten und genutzt wurde. Doch gerade diese Ungleichwertigkeit musste SUWOROWS Lesern, und teilweise auch seinen Kritikern, entgehen, denn alle drei Behauptungen widersprachen gleichermaßen dem gewohnten Denkschema.

Die Diskussion hätte, dem Sinn der Probleme nach, auf drei Ebenen ausgetragen werden können: auf der konkret-faktischen, der psychologischen, oder richtiger psychopolitischen, und der geschichtsphilosophischen. Es ist jedoch so, dass sich in den heute vielgelesenen geschichtswissenschaftlichen und publizistischen Aufsätzen sowohl das Für als auch das Wider meist allein auf nackte Aufzählungen von Tatsachen und Ziffern konzentriert, während die psychologischen Motive, denen damals wie vielleicht sonst nie in der Weltgeschichte eine tragende Rolle zukam, vorwiegend der schönen Literatur, dem historischen Roman überlassen bleiben. Eine allgemeinere, geschichtsphilosophische Deutung aber kommt in der Presse überhaupt kaum zu Wort, was indes keinesfalls besagen soll, dass nicht doch fern vom Lärm der öffentlichen Auseinandersetzungen, in verschiedenen intellektuellen Freundeskreisen und Studierzimmern, immer wieder eine Beleuchtung dieser bis auf den heutigen Tag schmerzhaften Vorgänge aus höherer Sicht gewagt wird.

Auch dabei allerdings, und dessen sind sich die Autoren geschichtsphilosophischer Theorien sehr wohl bewusst, ist der psychologische Standpunkt nie außer acht zu lassen. Waren doch die historischen Kräfte in ihren beiden Hauptträgern personifiziert, ja diesen identisch.

Die lange Reihe politischer Schachzüge und ideologischer Manipulationen STALINS, die beim Aufstieg HITLERS zur Macht eine so ausschlaggebende Rolle spielten, kann bei einer unbefangenen Beschäftigung mit jener tragischen Epoche unmöglich ignoriert oder geleugnet werden. Neben einer rücksichtslosen Rebolschewisierung des Landes durch Erdrosselung der liberalen Neuen Ökonomischen Politik, durch Zwangskollektivierung der Landwirtschaft, durch Errichtung einer nie dagewesenen Gewaltherrschaft der politischen Polizei, neben einer unverhohlenen, ja prahlerisch verkündeten Aufrüstung und ständigen Androhung eines baldigen »Befreiungsfeld-Zuges« – lauter Dingen, die dem als »Bollwerk gegen den Bolschewismus« figurierenden Nationalsozialismus ungeheuren Auftrieb verliehen und Zulauf aus den verschiedensten Volksschichten brachten –, fehlte es auch nicht an direkter Schützenhilfe für den Vormarsch der Nazis. So wurden sämtliche Versuche einer wirklich antifaschistischen Politik, die von einzelnen Persönlichkeiten in der deutschen kommunistischen Bewegung ausgingen, durch die stalintreue Parteiführung rigoros unterbunden, und zum Hauptfeind wurden statt der Nazis die Sozialdemokraten erklärt. Diese Verhaltensart blieb schon damals nicht unbeantwortet.

Außer sozialdemokratischen und liberalen Politikern und Publizisten innerhalb und außerhalb Deutschlands, wiesen auch zahlreiche russische Emigranten voller Empörung auf die unausbleiblich verheerenden Folgen hin, und eine ähnliche, wenngleich notgedrungen geheime, stillschweigende Reaktion konnte auch in der Sowjetunion selbst nicht ausbleiben. Erst recht galt das für spätere, tieferschürfende Untersuchungen und Sinnauslegungen des Geschehens. Allerdings tauchten nunmehr entgegengesetzte Meinungen über die Frage auf, wer eigentlich für wen Eisbrecherdienste leistete. Zu der Zeit aber, als SUWOROW in den Jahren 1968 bis 1982 sein Buch schrieb, schien es den meisten endgültig und unzweifelhaft klar, dass STALIN seinen Gegenpart historisch übertrumpft hatte. Wer konnte damals das Kommende ahnen?

Doch blieb bei alldem stets eine gewisse Illusion hinsichtlich des rein ideologischen Inhalts der großen Konfrontation bestehen. Man hatte sich so sehr in die Vorstellung vom Ringen zweier unvereinbarer, von den beiden Diktatoren verfochtener, aber auch an sich militanter Weltanschauungen eingelebt, dass man alle Ereignisse der Zeit an dieser Vorstellung maß. Dabei verkannte man größtenteils die psychologischen Besonderheiten, die in der unterschiedlichen Selbsttäuschung der beiden, in der keinesfalls eindeutigen Beziehung zwischen ihren individuellen Seelenwelten und ihren Weltanschauungen Ausdruck fanden. Indes sollten gerade diese Besonderheiten eine weittragende Bedeutung für die geschichtlichen Entwicklungen, und namentlich für das Eisbrecherverhältnis, erlangen.

Ideologie ist ja vor allem Werkzeug und Waffe der Machtausübung, und deshalb kommt es eigentlich nie auf ihren Wahrheitsgehalt, sondern stets auf ihre Wirkung an. Dessen waren sich sowohl HITLER als auch STALIN, nicht aber die meisten Zeitgenossen bewusst.

STALIN hatte sich die marxistische Utopie und die ganze damit zusammenhängende Lehre angeeignet, um darauf systematisch eine eigene, allein seinen Hass- und Machtinstinkten dienende, seine Weltherrschaftsbestrebungen unterstützende Ideologie aufzubauen, die er aber stets nüchtern und bedenkenlos abzuändern oder umzufunktionieren bereit war, wenn dies seinen Zwecken entsprach. Es zeugte sicher von Naivität, ja von einer gewissen Denkträgheit, wenn sowjetische, besonders aber westliche Intellektuelle der dreißiger Jahre, ob links oder rechts gerichtet, den ideologischen Kunstgriffen des Kremlherrn Glauben schenkten und ihn als den reinen Marxisten auffassten, für den er sich ausgab. Bezeichnenderweise schwand diese Gutgläubigkeit im Ausland auch dann kaum, als STALIN um die Mitte des Jahrzehnts eine ganz unverhohlene Kehrtwendung in seiner politischen Strategie und seiner Propaganda unternahm. Eine Kehrtwendung, deren Grund späteren Betrachtern, nicht zuletzt natürlich auch SUWOROW und den heutigen Diskutanten, völlig klar sein musste: Die Eisbrechervision war durch den Lauf der Geschichte enttäuscht worden. Vom revolutionären verlegte sich STALIN ganz auf das imperiale Pathos.

Der ideologische und politische Zynismus dieses eigentümlichen Opportunisten und Wendehalses, der in Wirklichkeit keiner war, ist in der russischen Literatur, vor allen Dingen in der Belletristik, bereits ausgiebig, obwohl meines Erachtens stets etwas oberflächlich, dargestellt worden. Das gilt sowohl für ALEXANDER SOLSHENIZYNS »Im ersten Kreis der Hölle« und ANATOLI RYBAKOWS vielbeachtete Romantrilogie als auch für DMITRI WOLKOGONOWS biographisches Werk, erst recht für weniger anspruchsvolle Arbeiten. Wertvoll ist hier die psychologische, psychopolitische und psychogenetische Analyse, die durch das Äußerlich-Faktische hindurchzustrahlen sucht. Doch werden dabei die großen, ursprünglichen historischen Zusammenhänge kaum wirklich erfasst.

Weniger präzise wird in all diesen Diskussionsbeiträgen begreiflicherweise die psychopolitische Situation HITLERS umrissen. Aber gerade ihre Aufschlüsselung und Deutung aus dogmenfreier russischer Sicht wäre ungemein aufschlussreich. Denn hierbei ergibt sich logisch zwingend sogleich ein Berührungspunkt mit der geschichtsphilosophischen Ebene.

Was HITLER seine Weltanschauung nannte, war im Grunde ein widerspruchsvolles und wirres Gemisch von schlagwortartigen, willkürlich zusammengewürfelten Ideen, dem er jedoch durch einen zum Wahn gesteigerten innerlichen Fanatismus eine erschreckende Überzeugungskraft zu verleihen wusste. HITLER hatte zeit seines Lebens einen völlig wirklichkeitsfremden, abwegigen, phantastischen Begriff vom eigenen Wesen, von der eigenen Stellung in der Welt.

Er glaubte einerseits tatsächlich an die Eroberung von sogenanntem Lebensraum im slawischen Osten, wo nach der Unterwerfung gewaltiger, bisher von vermeintlichen »Halbmenschen« bewohnter Landstrecken deutsche Siedler eine neue germanische Zivilisation errichten sollten. Das war eine fixe Idee, die ihn, wenn auch in wechselnder Form, buchstäblich in sämtlichen Lebensperioden beherrschte. Dabei kamen ihm offenbar nie die unmittelbaren und entfernten Gefahren in den Sinn, die eine solche Eroberung, selbst wenn sie geglückt wäre, über das Deutschtum als solches heraufbeschwören würde. Denn Russland hatte in einer wechselvollen Vergangenheit schon viele Völkerzüge, von wo sie auch kamen und welches Ziel sie auch anstrebten, in sich aufgenommen, absorbiert, buchstäblich verschlungen. Noch weitaus konkreter wäre ein anderes Risiko gewesen, die Verlagerung des Schwergewichts der nationalen Entwicklung in den Osten, die Entwestlichung, eine geopolitische und kulturelle Verschiebung, die ja schon infolge der zahlenmäßigen Verhältnisse so gut wie unvermeidlich sein musste. Bezeichnend war andererseits, dass diese Manie Hitlers untrennbar war von seinem Wahnkomplex, gegen die Juden und damit gegen den Marxismus, gegen den Bolschewismus und zugleich gegen die Geldherrschaft zu Felde zu ziehen. Wie krankhaft seine Vorstellungen von alldem auch waren, sollten zwei Tatsachen nicht übersehen werden: Erstens – die Identifizierung der revolutionären Ideologien mit dem Judentum kam ursprünglich aus russischen Quellen und war gerade in gewissen russischen Geistern besonders tief verwurzelt; und zweitens – wiederholte Äußerungen Hitlers bezeugten unmissverständlich, dass er sich trotz allem seiner Wahlverwandtschaft mit STALIN deutlich genug bewusst war. Über die irren Assoziationen, von denen HITLERS Weltanschauung wimmelt, war schon im Russland der dreißiger Jahre viel, und oft treffend, geschrieben worden. Doch da eine Erhellung des Gegensatzes zwischen marxistischem Dogma und jüdischem Denken, zwischen bolschewistischem Charaktertyp und jüdischer Eigenart damals als antisemitisch verfemt worden wäre, blieb ausgerechnet diese über und über abgenutzte Gleichsetzung im Grunde unangetastet. Erst vor wenigen Jahren, da sich der auflebende russische Faschismus die alten Phrasen und Feindbilder wieder zu eigen machte, versuchte der Verfasser dieser Zeilen in seiner Schrift »Konfrontation der Wesenheiten«, die in gekürzter Fassung übrigens auch deutsch (in der Zeitschrift »Kontinent Ost-West-Forum«) erschienen ist, nicht nur den jüdischen Widerstand gegen den Bolschewismus zu würdigen, sondern auch die Unvereinbarkeit der beiden Geisteswelten aufzuzeigen.

Dagegen war sich STALIN nicht bloß in Augenblicken der Erleuchtung sehr wohl im klaren darüber, was ihn innerlich, wesenhaft und äußerlich, schicksalhaft mit HITLER verband. Diese Klarheit war einerseits bedingt durch seine eigene individuelle Veranlagung, andererseits durch seine ideologische Schulung, nicht zuletzt jedoch auch durch seine spezifische historische Position. Über die erstgenannten Merkmale ist sowohl in der russischen wissenschaftlichen und essayistischen Literatur wie auch in der Belletristik, ja sogar in der Lyrik bereits viel Geistreiches und Tiefsinniges, aber auch ziemlich viel Banales und Oberflächliches gesagt worden. Anders verhält es sich mit der Deutung universalgeschichtlicher Zusammenhänge. Hier sind die Vorstöße, wie bereits erwähnt, auf engere Zirkel angewiesen und daher zahlen- und wirkungsmäßig beschränkt (auf eine der umfassenden Theorien dieser Art, die von dem Mathematiker und Psychologen WASSILI LENSKI stammt, werde ich im weiteren noch ausführlicher zu sprechen kommen). Eine solche Zurückhaltung der professionellen Geschichtsphilosophie erklärt sich wohl kaum aus einem Mangel an Interesse für diesen Problemkreis und ganz bestimmt nicht aus unzureichendem geistigem Eros und geistigem Potential. Jeder Ideenreichtum ist im heutigen Russland willkommen, aber nicht jede Idee. Und gerade die Eisbrecherfrage, sei sie auch ausschließlich auf STALIN gemünzt, berührt unweigerlich empfindliche Punkte des gesamten nationalen Geschichtsbewusstseins. Engagement heißt hier Wagemut.

Gewiss: STALIN war im frappanten Gegensatz zu HITLER ein stark introvertierter, emotionenarmer Mensch, dem die Geheimhaltesucht zur zweiten Natur geworden war, der selbst im Verkehr mit seinen nächsten Vertrauten seine eigentlichen Gedanken so gut wie nie preisgab, der unter keinen Umständen plötzlichen Intuitionen folgte, sondern im nächtlichen Arbeitszimmer stillschweigend, oft jahrelang, finstere Pläne schmiedete, die er mit unheimlicher Konsequenz und eiserner Entschlossenheit ausführte, ohne dabei die abruptesten Schwankungen zu scheuen, denn schließlich waren alle Pläne auf ein Hauptziel gerichtet, das Weltreich.

STALIN verstand es im Gegensatz zu HITLER, mit einer aus dem orthodox-christlichen Katechismus und den marxistischen Glaubensartikeln übernommenen dialektischen Logik seinen jeweiligen taktischen Manövern den Schein einer objektiven politischen Notwendigkeit zu verleihen und dadurch seine eigentliche Strategie zu verhüllen. Entscheidend jedoch war etwas anderes: Sicher täuschte sich auch STALIN über manche Wesenszüge und Potenzen seiner eigenen Person, so war beispielsweise sein in der Geschichte wohl einmaliger Kult, der ihn zum Universalgenie ohnegleichen erhob, zwar vor allem zu Propagandazwecken, zu Zwecken der Volksverdummung derart groß aufgezogen worden, doch bezeugen seine Entscheidungen in mehreren kritischen Momenten seines Lebens, dass er tatsächlich glaubte, übermenschliche geistige Fähigkeiten und außergewöhnliche Persönlichkeitsqualitäten zu besitzen; zudem war er geneigt, sein schrankenloses Machtbewusstsein für Willensstärke zu halten und das Grausen, das er einflößte, mit Ehrfurcht zu verwechseln. Doch in einer Hinsicht täuschte er sich nie. Er wusste genau, wo sein eigentlicher geschichtlicher Standort lag und welche Rolle er im Schicksal der Menschheit wirklich spielte und spielen wollte. Also wusste er auch, dass er keinesfalls HITLERS prinzipieller Gegner, sondern lediglich sein Rivale war, der die Spitzenstellung im großen Vernichtungszug gegen die europäische Zivilisation beanspruchte. Ein solches Stalinbild ergibt sich sowohl aus einer allgemeinen geschichtsphilosophischen Deutung des Phänomens wie auch aus einer ideologiefreien Beurteilung unzähliger hinlänglich bekannter Fakten, die bei jeder anderen Erklärung und Wertung als Ausfluss eines völlig unzurechnungsfähigen Hirns erscheinen müssten.

In der bereits erwähnten anthropogenetischen, psychoevolutionären und welthistorischen Konzeption WASSILI LENSKIS wird das Geschehen der zwanziger und dreißiger Jahre als Episode eines Jahrtausende andauernden Ringens zweier in grauer Urzeit entstandener Menschentypen aufgefasst, zweier Kategorien, deren divergierende geistige Entwicklung durch Ungleichzeitigkeit im Aufkommen des Ich-Denkens, des Persönlichkeitsbewusstseins und der damit verbundenen Menschenbilder, Weltinterpretationen und Verhaltensweisen bedingt war. Diese Divergenz äußerte sich vor allem in der jeweiligen Dominanz von Archetypen (im Sinne CARL GUSTAV JUNGS) oder, wie LENSKI es nennt, Neotypen in den psychischen Vorgängen und Reaktionen. LENSKI bezeichnet die beiden Kategorien als Prometheiden und Lithoiden – letzteres soll dabei nicht so sehr auf eine Versteinerung des Geistes als vielmehr auf das psychische Erbe der Steinzeit hinweisen. In seiner universalgeschichtlichen Übersicht wird die europäische Zivilisation, aufgebaut auf dem griechischen Logos, der judaisch-christlichen Ethik und der römischen Justitia, nicht nur als ursprüngliche Heimat, sondern auch als ewige Brutstätte des Prometheismus zum Brennpunkt des eigentlich entscheidenden Prozesses in der Menschheitsentwicklung erklärt, was nichts mit dem naiven Europazentrismus älterer Historiker zu tun haben soll. Deshalb nahm die Auflehnung des lithoiden Elements innerhalb Europas, die Verschwörung, wie LENSKI es nennt, der Archetypen gegen den Europäismus, so vielfältige Formen an.

Im 19. Jahrhundert bildeten sich zwei antieuropäistische Hauptströmungen heraus, der Marxismus und der Nationalismus, die einander feindlich gegenüberstanden und einander dennoch in ihrem Kampf ergänzten und im Grunde immer wieder das Rückgrat steiften. Als organische, wenn auch nicht immer eindeutige Komponente beider Denkarten trat charakteristischerweise ein neuartiger, nicht mehr religiös bestimmter Antisemitismus hervor. Die von WASSILI LENSKI betonte Gesetzmäßigkeit des historischen Zusammenspiels lässt sich besonders anschaulich eben an diesem Grundzug der beiden nur scheinbar ganz heterogenen Strömungen erkennen.

KARL MARX hatte seine so folgenschwere Tätigkeit mit einer Schrift unter dem Titel »Zur Judenfrage« begonnen, in der es hieß, die wahre Emanzipation der Menschheit bestehe in ihrer Emanzipation vom Juden. Doch hätte es dieses vielsagenden Satzes gar nicht bedurft, um den unüberbrückbaren Gegensatz zwischen der neuen Lehre und dem Denken und Fühlen der europäischen Juden zu belegen. Die gewaltige Explosion geistiger Energie, die den jüdischen Ausbruch aus dem Ghetto und Eintritt in die bürgerliche Gesellschaft, den Übergang vom nationalreligiösen Denken zum Universalismus ermöglichte, machte gerade die Juden zu den konsequentesten, zu den besten Europäern in einer Zeit, da die »klassischen« europäischen Völker im Bann der nationalen Euphorie standen. Der Jude verkörperte in maximaler, wenn nicht gar extremer Ausprägung den Typ des westlichen Menschen der Neuzeit, den Träger einer Mentalität und Lebensweise, die in der dreieinigen Formel zusammengefasst werden kann: Individualismus, Pluralismus, Dynamismus.

MARX nun spürte mit einer geradezu genialen Intuition, dass dieser Europäer par excellence schon seiner innersten Natur nach entschiedenster und grundsätzlichster Gegner jener Verneinung und Vernichtung aller überkommenen westlichen Werte sein musste, die MARX predigte, jener Ideologie, in deren Ausarbeitung und Verbreitung er, MARX, den Sinn seines ganzen Lebens sah. Genauso klar musste die immanente Unvereinbarkeit ihres Credos mit dem jüdischen Europabild und Europagefühl von Aposteln eines radikalen Nationalismus sein, die in der zweiten Hälfte des vorigen Jahrhunderts namentlich in Russland und Deutsch-Österreich lärmend auf die politische Szene drangen.

Somit waren schon die Vorläufer des Bolschewismus und des Nationalsozialismus einander in mancher Hinsicht wesensverwandt. Die Konvergenz wurde dann noch weitaus vielgestaltiger, als LENIN seinen typisch russischen, oder richtiger, russisch-messianischen Marxismus der gesamten kommunistischen Weltbewegung aufzwang, während HITLER seinen hysterischen Nationalextremismus mit einer Kampfansage an die angeblich jüdische Geldherrschaft, an das angeblich unproduktive Finanzkapital marxistisch anreicherte. Doch erst STALIN gelangte zu der vernunftmäßigen, exakten Einsicht der natürlichen und, was noch wichtiger war, historischen Gleichartigkeit nicht allein der beiden diktatorischen Regime an sich, sondern auch ihrer ideologischen Grundlagen und ihrer weltgeschichtlichen Stellung.

Allerdings wäre es verfehlt, einzig ihm unter allen Zeitgenossen diese Erkenntnis zuschreiben zu wollen. Wenn beispielsweise emigrierte deutsche Schriftsteller und Denker wie THOMAS MANN und HEINRICH MANN, LUDWIG MARCUSE und LEOPOLD SCHWARZSCHILD die Hitlerherrschaft wiederholt als »Bolschewismus« bezeichneten, so meinten sie freilich in erster Linie das Offenkundige – den Terror, die Geistfeindschaft, die Unterdrückung des freien Wortes und so weiter –, doch zeigen Ton und Kontext mancher Stellen, dass auch eine tiefere, über die aktuellen Tatsachen hinausgehende Analogie angedeutet wurde. Hier ein markantes Beispiel: Ende Juni 1941, wohlgemerkt wenige Tage nach HITLERS Angriff auf Russland, nannte THOMAS MANN in einer Rundfunkrede den Naziführer die »einzige Verkörperung des Bolschewismus« auf Erden, und kennzeichnend ist, dass er diese Worte bei der späteren Drucklegung seiner Rede durch Kursivschrift hervorhob. Ähnliche Stimmen ertönten auch in der russischen Emigration. Dort gab es einen Mann, der eine solche Identifizierung zum Kernstück seiner gesamten politischen Doktrin und Propaganda machte, sie in Dutzenden Büchern und Artikeln begründete und popularisierte, und nicht von ungefähr wird er von manchen heutigen Diskussionsteilnehmern immer wieder aufs ausführlichste zitiert. Dieser Mann hieß Leo Trotzki.

Bei alldem kann weder Viktor Suworow selbst in seinem »Eisbrecher« noch irgendeiner der Diskutanten eine gültige Antwort auf die Frage geben, wann sich Stalin mit dem Gedanken zu befassen begann, seine geheimen Einsichten in praktische Politik umzusetzen und einen Pakt mit seinem Rivalen zu schließen.

Eine solche Antwort aber wäre durchaus wesentlich, denn sie hängt unmittelbar mit der Beantwortung der anderen, grundlegenden Frage zusammen, ob der Paktabschluss von seiten des Kreml eine strategische Entscheidung oder ein taktisches Manöver war. Als taktisches Manöver stellt denn auch Suworow diesen Schritt dar, und er ist hierin gewiss alles andere als originell, die Zahl seiner Vorgänger ist Legion. Und doch ruft gerade diese Behauptung besonders viele und vehemente Entgegnungen hervor. Da ja nicht nur die sowjetische Geschichtsschreibung stets bemüht war, der Stalinschen Außenpolitik in den dreißiger Jahren einen ausschließlich defensiven Charakter zuzuschreiben, da ja diese Politik angesichts der offenkundig aggressiven Bestrebungen Hitlerdeutschlands tatsächlich ganz wie reine Notwehr aussah, mutet Suworows These, Stalin habe seinen Partner durch diese Falle in einen Krieg mit den Westmächten bis zur völligen Erschöpfung beider Seiten hineinlocken wollen – also wiederum die Eisbrechertheorie –, wirklich eher wie ein Paradoxon an. Suworows Opponenten haben hier leichtes Spiel:

Sie können unzählige Fakten anführen, die darauf hinweisen, dass Hitler auch ohne den Pakt keineswegs vor einem Krieg zurückgeschreckt wäre. Dagegen trumpfen die Anhänger Suworows mit der Überlegung auf, dass eine solche Taktik durchaus zeitgerecht und vielversprechend gewesen sei und dass man sie einem so listenreichen politischen Intriganten wie Stalin sehr wohl zutrauen kann. Als Kronzeugen ziehen sie dessen nächsten Vertrauten, Molotow, heran. Molotow nämlich soll in der Nacht vom 2. zum 3. Juli 1940 dem litauischen Botschafter folgendes gesagt haben:

»Wir sind jetzt mehr als je überzeugt, dass sich der geniale Lenin nicht irrte, als er uns versicherte, ein zweiter Weltkrieg würde es ermöglichen, die Macht in ganz Europa zu erobern, wie der erste Weltkrieg uns die Machtergreifung in Russland ermöglicht hat. Heute unterstützen wir Deutschland, doch nur begrenzt, um es so lange von der Annahme jeglicher Friedensangebote abzuhalten, bis die hungernden Massen der kriegführenden Nationen ihre Illusionen aufgeben und sich gegen ihre Führer erheben.

(012) Kriegsbeginn 1941

Dann wird sich die deutsche Bourgeoisie mit ihrer Feindin, der Bourgeoisie der alliierten Länder, versöhnen, um mit vereinten Kräften das rebellierende Proletariat niederzuwerfen. In diesem Augenblick aber kommen wir ihm zu Hilfe, mit frischen Kräften, bestens vorbereitet, und dann findet auf dem Boden Westeuropas die Entscheidungsschlacht zwischen dem Proletariat und der verrottenden Bourgeoisie statt. Damit wird das Schicksal Europas für immer entschieden sein.«

Die himmelschreiende Naivität und der haarsträubende Zynismus dieser Ausführungen, die unglaubliche Vorstellung, der Außenminister eines Riesenreiches könne dergleichen dem Botschafter eines winzigen Nachbarlandes anvertrauen, das zudem wenige Wochen später von ihm einverleibt werden soll, die totale Unkenntnis der Kriegslage, die hieraus spricht, denn HITLER oder, wenn man will, die »deutsche Bourgeoisie« hatte ihre »Feindin« in Westeuropa bereits völlig zerschlagen, und Friedensangebote gingen zu diesem Zeitpunkt keineswegs von den Alliierten aus, während von hungernden Massen nichts zu hören war und das Proletariat – ein Wort übrigens, das im damaligen Russland längst von niemandem mehr gebraucht wurde – nirgends rebellierte, wobei der vor kurzem beendete Krieg mit Finnland eindeutig gezeigt hatte, dass die Sowjetunion durchaus nicht mit »frischen Kräften« und «bester Vorbereitung« prahlen konnte – all das macht dieses einzigartige Beweisstück der Suworow-Fans zu einem wahren Kuriosum, dessen Auftischung schon an und für sich Bände spricht, und zwar zu ungunsten der Eisbrecher-Konjektur. Bisher war eine solche Auslegung der Gründe und Motive, die STALIN zum Paktabschluss bewogen hatten, stets von Verehrern des Kremlführers ausgegangen, denn man wollte darin seine unübertreffliche strategische Klugheit und sein taktisches Genie dokumentiert sehen. Wenn nun ein so entschiedener Stalingegner wie der Verfasser des »Eisbrechers« dieselbe Meinung vertritt, so müsste das im Grunde aufhorchen lassen – wenn nur nicht die Argumente SUWOROWS und seiner Parteigänger derart haltlos wären.

Ich glaube, dieser scheinbar so abrupte Wendepunkt sowjetischer Politik müsste unter einem ganz anderen Gesichtspunkt gedeutet werden. Eine solche Deutung würde auch über gewisse Geschehnisse der dreißiger Jahre Aufschluss geben, die sich sonst höchstens aus einer Geistesstörung, aus völliger Unzurechnungsfähigkeit STALINS erklären ließen. Er war jedoch erwiesenermaßen nie unfähig zu logischem Denken. Es ist allgemein bekannt, mit welcher Ruchlosigkeit er stets seine Ziele verfolgte, welche Vernichtungsfeldzüge er gegen die russische Bauernschaft, die ukrainische Provinzbevölkerung, die unkonformistischen Intellektuellen, die Opposition und die Schwankenden in der eigenen Partei, die Gläubigen verschiedener Konfessionen und andere soziale, ethnische und politische Gruppen führte, doch sicher genügt der Hinweis auf seine

Grausamkeit nicht, um auch das Schicksal von Millionen und aber Millionen seiner treuen Anhänger und rechtschaffenen Untertanen zu begreifen, deren Verfolgung und Ausmerzung um die Mitte jenes Jahrzehnts begann, 1937 ihren Höhepunkt erreichte und dann mit nur leicht abgeschwächter Intensität bis tief in das Jahr 1939 hinein fortwährte. Ich kann nur eine mehr oder minder einleuchtende Erklärung finden: Seit STALINS großer Enttäuschung durch den unerwarteten Ausgang der Weltwirtschaftskrise, die ihm keinerlei Machtzuwachs gebracht hatte, trug er sich in den Tiefen seiner Seele dauernd mit dem Gedanken, der doch seit langem klar erkannten historischen Verwandtschaft mit HITLER realpolitische Formen zu verleihen und dadurch machtpolitische Vorteile zu gewinnen. Diesen Zweck im Auge, wollte er den unausbleiblichen geheimen und offenen Widerstand all derer, denen ein solcher Frontwechsel ein Greuel sein musste, im vorhinein aus dem Weg räumen. Nicht umsonst traten ja um dieselbe Zeit auch die ersten Anzeichen eines staatlichen Antisemitismus klar zutage. Und wenn trotzdem sene Propaganda nach wie vor die antifaschistische, überwiegend aber die russisch-patriotische, deutschfeindliche Trommel schlug, so vor allen Dingen, um den Preis des Umschwungs in den Augen des künftigen Bundesgenossen zu erhöhen. Es bleibt natürlich ein Rätsel, wann STALIN ursprünglich diesen Vorsatz fasste, doch wird in der gegenwärtigen Diskussion nicht von ungefähr immer wieder ein verhängnisvolles Datum erwähnt:

Am 1. Dezember 1934 ließ der Diktator seinen eigenen Statthalter in Leningrad, den populären SERGEJ KIROW, meuchlings umbringen. Dieser Mord sollte sowohl als Warnung gegen jegliche altkommunistische, internationalistische Tendenz innerhalb der Partei selbst wie auch als Vorwand für die bald darauf einsetzenden Massenverfolgungen dienen.

Somit war die Aktion vom 23. August 1939 psychopolitisch auf lange Sicht vorbereitet. Und sie rief in der Sowjetunion auch wirklich nicht das geringste Brodeln, keinerlei spürbare Unruhe oder böse Ahnung hervor. Die strategische Zielrichtung lag für STALIN nunmehr fest: Angesichts der eklatanten Verstärkung des militärischen und politischen Potentials seines Rivalen hatte er die Eisbrechervision endgültig aufgegeben und strebte jetzt eine Aufteilung der Welt an – mit Hitler und dessen Verbündeten. Dies war zweifellos einer der unheilschwangersten Augenblicke der Menschheitsgeschichte: Wäre es nach STALIN gegangen, so hätten die diktatorischen oder, um mit THOMAS MANN zu sprechen, »bolschewistischen« Regime aller Voraussicht nach die Oberhand behalten und die gesamte humanistische Entwicklung der Völker, namentlich der europäischen, rückgängig gemacht. Ja, wollte man den Standpunkt WASSILI LENSKIS beziehen, so könnte man sagen: Die erfolggekrönte Verschwörung gegen den Prometheismus aller Zivilisationen hätte zu einer tiefgehenden Krise, wenn nicht Degeneration des menschlichen Bewusstseins überhaupt geführt.

Bei alldem waren STALIN indes zwei Fehleinschätzungen unterlaufen, eine geopolitische und eine rein psychologische. Gerade die letztere aber sollte alle seine Vorsätze zunichte machen. Es war nur logisch, dass er nach dem Verzicht auf die vom Marxismus verheißene Welteroberung seine imperiale Machtausbreitung in Bahnen lenken wollte, die der naturbedingten und traditionellen Geopolitik des Russischen Reiches entsprachen. Nach der Einverleibung Ostpolens musste das nächste Ziel die Reannexion Finnlands und des Baltikums sein, dann wieder musste sich sein Augenmerk auf den Balkan und nicht zuletzt auf die türkischen Meerengen und Konstantinopel richten. Das nun stand im evidenten Widerspruch zu Deutschlands kriegsstrategischen und wirtschaftlichen Interessen, zu HITLERS erklärten Absichten und geheimen Plänen, und es war nicht zu verwundern, dass sich insbesondere im erdölreichen Rumänien ein Zusammenprall der Bestrebungen ankündigte. Bezeichnend war, dass der Naziführer noch im November 1940 seinem Besucher MOLOTOW verlockende Einmarschrichtungen nach Persien und Indien vorzeichnete. Doch unvergleichlich folgenschwerer sollte die für den sonst so mißtrauischen STALIN ungewöhnliche, aber dennoch charakteristische Fehleinschätzung HITLERS als Persönlichkeit sein. Eine Fehleinschätzung, die er übrigens mit vielen durchaus hochintelligenten Zeitgenossen teilte: Wenn der Mann, dessen Herrschaft durch unzählige barbarische Gewalttakte, wahnwitzige Rassentheorien und Rassenverfolgungen, geistfeindliche Verhetzung und dergleichen gekennzeichnet war, von seiner »europäischen Mission«, von der »Abwehr mongolischer Steppenhorden«, vom »Endkampf gegen asiatisches Untermenschentum« sprach, so hielten das die meisten für pure Demagogie. Doch wie paradox es sein mochte, HITLER meinte in seiner maßlosen Verblendung genau das, was er sagte. Gewiss, manche von denen, die seine Propagandalosungen als demagogische Zauberformeln entlarvten, ahnten dennoch zugleich etwas von seinem »fatalen Seelenleben«, wie THOMAS MANN es nannte. Und gerade THOMAS MANN hat in seinen Schriften und Vorträgen zahlreiche Beispiele einer solchen doppelten Deutung der Hitlerideologie hinterlassen. STALIN dagegen konnte es nicht glauben, dass der bislang so erfolgreiche deutsche Rivale seine phantastischen Vorstellungen und wüsten Verheißungen selbst vollkommen ernst nahm, dass er die offensichtliche, tiefwurzelnde geschichtliche Affinität der beiden nicht begriff, dass er das politische Muss ihres Bundes verkannte. Er wollte es auch dann nicht wahrhaben, als bereits tausend Anzeichen bezeugten, dass der Andere entschlossen war, die historische Logik mit Füßen zu treten, die von STALIN erträumten grandiosen Aussichten zu missachten und sich dadurch einen Dolchstoß in den eigenen Rücken zu versetzen.

Und diese seltsame Konstellation bildet nun den Anhaltspunkt für Viktor Suworows meistumstrittene, abenteuerliche dritte These, Stalin habe Hitler am 6. Juli angreifen wollen.

Ich möchte von Anfang an die Motive ins rechte Licht rücken, die Suworow nach seinen eigenen, seitdem veröffentlichten Aussagen dazu bewogen hatten, sich derart radikal gegen die ja keinesfalls nur in der sowjetischen Geschichtsschreibung anerkannte Version des Kriegsbeginns von 1941 zu wenden.

Als er 1968 sein Buch begann, hatte der Stalinkult, nachdem er während des sogenannten Chruschtschowschen Tauwetters erheblich abgeflaut war, einen neuen, von der Parteispitze geplanten und organisierten Auftrieb erfahren. Mit seinem »Eisbrecher« wollte der Verfasser nicht so sehr die Geschichtsschreibung an sich als vielmehr ihren Einfluss auf die Gegenwart grundlegend transformieren. Dazu bedurfte es nun einmal wirkungsstarker Mittel. Als ein solches Mittel diente ihm wohl auch das merkwürdige Pseudonym, das er sich aussuchte, denn Suworow hieß der volkstümlichste aller russischen Feldherrn der Vergangenheit, und sein Name auf diesem Einband nimmt sich so aus, als wenn ein deutscher Autor namens Müller oder Schneider für sein erstes Buch das Pseudonym »von Moltke« gewählt hätte. Es ist Viktor Suworows erklärtes Ziel, dem für Russland so verhängnisvollen Tyrannen endgültig das Brandmal des Verbrechers aufzudrücken. Deshalb will er die Schuld, von der selbst das offizielle Geschichtsschema Stalin nicht reinwäscht, nämlich das Versagen als Politiker und Staatsmann angesichts des nahenden Krieges, durch eine andere, die Schuld an diesem Krieg als solchem, ersetzen. Und es darf auf keinen Fall geleugnet werden, dass sein Buch, vor allem durch die ausgelöste große Polemik, in dieser Hinsicht manches erreicht hat. Anders steht es natürlich um die unmittelbare Streitfrage. Um die Tatsachen der Geschichte.

Es ist ja wirklich so, dass schon die Beweisführung Suworows, erst recht aber die seiner Anhänger und Verteidiger in dieser Streitfrage, bereits auf der faktischen Ebene mehr als anfechtbar erscheint, denn sie stellt durchgehend eine Mischung von scheinbar gewichtigen Überlegungen und völlig unerheblichen, mühelos widerlegbaren oder in sich widersprüchlichen Angaben dar. Seine Kritiker haben um so leichteres Spiel, als sie auch mit Fug und Recht auf eine umfangreiche deutsche Memoirenliteratur hinweisen können, die der russischen Leserschaft in der Sowjetzeit aus ideologischen Gründen vorenthalten blieb. Da hierbei Hitlers Kriegsplanung von unmittelbar Beteiligten, oft anhand lückenloser Dokumentationen, objektiv und eingehend dargestellt ist, müssten eigentlich die Auseinandersetzungen über die dritte These damit beendet sein. Doch sucht die Suworow-Gemeinde dem durch Argumente entgegenzuwirken, die sich auf einzelne freigegebene Archivstücke aus den Beständen des sowjetischen Generalstabs zu stützen scheinen. So will ein besonders eifriger Advokat dieser These, der sonst kaum bekannte Historiker MELTJUCHOW, mit einem zufällig erhalten gebliebenen, undatierten und unterzeichneten Rohentwurf beeindrucken, in dem irgendein Stabsoffizier gegen Ende der dreißiger oder Anfang der vierziger Jahre einen phantastischen Plan zur Eroberung von Prag und Wien aus dem Raum Kattowitz heraus entwickelt hatte. In einer der großen Tageszeitungen trumpft ein gewisser SUKOLOW damit auf, dass in einem unlängst gefundenen Papier die Aufstellung eines polnisch sprechenden Truppenteils innerhalb des in Polen stationierten Heer es empfohlen wurde, was angeblich den bevorstehenden Überfall auf Hitlerdeutschland beweisen soll. Von derartigen, oft geradezu albernen Dingen wimmelt es in so gut wie allen Pressebeiträgen, die sich um eine Aufrechterhaltung der These bemühen.

Dem stehen ausführliche, meist tiefgehende Schilderungen der machtpolitischen, militärpolitischen und vor allem psychopolitischen Situation von 1941 gegenüber, die in den Essays, Erinnerungsbüchern und Romanen so bedeutender Autoren wie VIKTOR ASTAFJEW, GRIGORI BAKLANOW, WASSIL BYKAU oder die unlängst verstorbenen ALES ADAMOWITSCH und WJATSCHESLAW KONDRATJEW, in den Untersuchungen General PAWLENKOS enthalten sind und anschaulich genug demonstrieren, dass ein Angriff STALINS in jenem Sommer schon rein atmosphärisch, rein stimmungsmäßig nicht in Frage kam. Zudem wäre es ja völlig widersinnig gewesen, ausgerechnet in einem Augenblick anzugreifen, wo HITLER keine Widersacher auf dem europäischen Kontinent mehr hatten.

Doch immer wieder wird in diesem Zusammenhang das Hauptargument SUWOROWS ins Feld geführt, das schon in seinem Buch durch detaillierte, oft peinlich genaue Beweisführung ostentativ darauf abzielte, jede mögliche Entgegnung im vorhinein auszustechen. Es kann nämlich wirklich kein Zweifel daran bestehen, dass die Staffelung der sowjetischen Streitkräfte am Vorabend des Krieges nicht defensiven, sondern ausgesprochen offensiven Charakter trug. Nur lassen sich die Folgerungen, die aus diesem Umstand gezogen werden, sehr wohl bestreiten.

Nicht von ungefähr lautet das erste Gegenargument, das begreiflicherweise ständig angeführt wird: Eine solche Staffelung war durch die ein für allemal festgesetzte sowjetische Militärdoktrin bedingt.

Und das stimmt. Bloß lag der eigentliche Grund, der den doch sonst taktisch so flexiblen, weder auf Traditionen noch Regeln achtenden STALIN diesmal zwang, die Militärdoktrin derart treu zu befolgen, in seiner persönlichen, ganz spezifischen Denkart. Aggression war sein Prinzip, sein Glaubensbekenntnis, seine Natur. Und er schätzte auch an HITLER namentlich die Aggressivität als Prinzip, als Glaubensbekenntnis, als Natur. Er war überzeugt, dass dieser ebenso fühlte und dass er STALIN sowohl als Bundesgenossen wie auch als Rivalen lediglich verachten würde, sollte der Kremlherr plötzlich zu einer Defensivpolitik übergehen. Die Staffelung der Armee, an sämtlichen Grenzen die gleiche, war mithin eine stillschweigende, indirekte Aufforderung zur gemeinsamen Aggression. Zur Aggression gegen die europäische und europäisierte Welt, gegen die bürgerliche Zivilisation, gegen das prometheische Menschentum.

Die Klarheit dieser geschichtsphilosophischen Vision drängte in STALINS Geist alle anderen Gesichtspunkte, jeglichen etwaigen Zweifel zurück. Es ist hinlänglich bekannt, dass er die zahlreichen Warnungen, die ihn erreichten, in den Wind schlug, ob sie von CHURCHILL, dem Superspion RICHARD SORGE oder deutschen und polnischen Überläufern kamen. Diese und ähnliche Quellen verdächtigte er, ihn von seinen Zielen abbringen zu wollen. Doch beschreibt SUWOROW in seinem Buch auch Gespräche STALINS mit einem Mann, dem er volles Vertrauen schenkte. Mit dem Chef des militärischen Aufklärungsdienstes General GOLIKOW.

Nachdem der General, heißt es, im Laufe von sechs Monaten ständig über die Konzentration deutscher Truppen an der Grenze berichtet hatte, dabei aber stets bereit gewesen war, entsprechend STALINS Wünschen die unmittelbaren Kriegsvorbereitungen HITLERS zu leugnen, wurde er am 21. Juni, wenige Stunden vor Kriegsbeginn, zu einer Sitzung des Politbüro geladen, und hier referierte er ausführlich über HITLERS »Unternehmen Barbarossa«, über den gewaltigen deutschen Aufmarsch, die Umgruppierung der Luftwaffe, die Zahl der Divisionen und die Namen vieler Kommandeure, nicht zuletzt auch über die Aufstellung der Verbände. Dann aber, als STALIN ihn fragte, ob es sich um eine direkte Vorbereitung zum Angriff handle, lenkte GOLIKOW ein und erklärte, dies sei wohl nicht der Fall. SUWOROW nun interpretiert diese unheimliche Episode auf ganz eigentümliche Weise: Er meint, STALIN und GOLIKOW hätten an einen Überfall HITLERS nicht glauben können, weil die deutschen Truppen weder mit Schafspelzen für den russischen Winter noch mit frostbeständigem Öl für ihre Gewehre versorgt gewesen seien. Man mag sagen, eine so lächerliche Erklärung bedürfe überhaupt keines Kommentars. Doch wäre hier bloßes Achselzucken gewiss unangebracht.

Denn die ganze Sache ist, ob sie wahr sein sollte oder nicht, keinesfalls so belanglos, wie es auf den ersten Blick aussehen mag. Den springenden Punkt bildet eine logisch wie psychopolitisch fragwürdige Wandlung der Werturteile: Während STALIN gewiss als eine der düstersten und blutigsten Gestalten der Geschichte neben HITLER steht, als geschichtsphilosophischer Denker und Deuter aber noch über dem Naziführer stehen muss, weist diese Erzählung ihm als Politiker und Staatsmann einen Platz tief unter dem immerhin nicht so realitätsfremden Rivalen zu. Das aber hat bestimmte psychologische Folgen für die heutige Situation in Russland.

Die Entlarvung STALINS als Kriegstreiber, als Träger der Hauptschuld an den Ereignissen von 1941 vertieft nämlich, wenn sie für ihn ungünstige Vergleiche ausgerechnet mit HITLER einschließt, das ohnehin kritische Chaos im Geschichtsbewusstsein breitester Kreise und verleiht direkt oder indirekt auch der zur Zeit ungemein aktiven faschistischen Propaganda zusätzlichen Auftrieb. Nicht etwa, dass SUWOROW je eine solche Wirkung beabsichtigt hätte, aber durch die um sein Buch entbrannten Kontroversen wird gerade STALIN allmählich zum Eisbrecher für ein neues Hitlertum. Zugleich gewinnt die alte Legende wieder an Boden, nach der STALIN ein eifriger, wenn auch oft irregehender Verfechter der marxistischen Utopie gewesen sein soll und seine Kriegspolitik vor allem dem Dienst an den entsprechenden utopischen Zielen gegolten hätte. So ergibt sich in manchen Geistern eine Neuauflage der doch scheinbar längst abgelebten Vorstellung von den zwei unversöhnlichen totalitaristischen Extremen. Die Mehrzahl allerdings bleibt davon trotz allem unbeeindruckt, sie glaubt nicht an SUWOROWS dritte These, und zwar keinesfalls nur, weil überlieferte Tatsachen und die Darstellungen populärer Schriftsteller dagegen sprechen, sondern auch, weil innerhalb des Durcheinanders von Ideen und Meinungen ein gewisser geschichtsphilosophischer Instinkt lebendig geblieben ist.

Ich möchte in diesem Zusammenhang das merkwürdige Erlebnis eines mir bekannten Fernseh-Kameramanns im vorigen Sommer erzählen. Er war zu einer Großkundgebung der sogenannten Nationalpatrioten auf dem Moskauer Revolutionsplatz entsandt worden, und da gelang es ihm, aus der dichten Menschenmenge eine nicht ganz gewöhnliche Gestalt herauszuangeln: Ein bebrillter junger Mann mit dem Hakenkreuz am Ärmel hielt ein Paradebildnis STALINS mit den Schulterstücken des Generalissimus und sämtlichen Orden über den Köpfen empor. Mein Freund glaubte, einen guten, ja sensationellen Fang gemacht zu haben und seine Kollegen und Vorgesetzten mit dem vielsagenden Bildstreifen überraschen zu können. Er hatte sich aber geirrt. Seine Reportage wurde mit größter Gleichgültigkeit aufgenommen, entgegen jeder Erwartung in der Tagesschau und in einem darauffolgenden Dokumentarfilm auf keine Weise kommentiert und, was das erstaunlichste war, nicht von einem einzigen der immer so schreiblustigen Zuschauer in irgendeinem Brief irgendwie beanstandet!

Sicher gibt es im Lande trotzdem noch eine bestimmte Zahl antifaschistisch gesinnter alter Stalinverehrer. Aber in tiefster Seele wissen sie eben doch, dass sie einem Trugbild huldigen.

(26.6.1995)

Russische Geschichtsschreibung
Ihre Bedeutung für Russland und für Europa

Zu den entscheidenden Problemen der Zeit, mit denen sich der russische Geist auseinandersetzen muss, gehört eine umfassende Vergangenheitsbewältigung.

Doch welche Vergangenheit ist gemeint, was soll bewältigt werden? Die Antwort auf diese Frage scheint auf der Hand zu liegen: der Bolschewismus, vor allem seine stalinistische Form, darüber hinaus die Sowjetperiode als solche. Je mehr sich indes das Ringen um diese Problematik zuspitzt, desto einleuchtender tritt die Erkenntnis zutage, dass eine solche Antwort keineswegs ausreicht, um das Wesen dieser in mancher Hinsicht schmerzhaften Vorgänge zu definieren.

Denn klarer als je zuvor erscheint eines: Die bolschewistische Katastrophe war kein zufälliger, unerklärlicher Bruch im historischen Entwicklungsgang, sie ergab sich aus manchen Besonderheiten des vorangegangenen geschichtlichen Weges, sie wurzelte tief in uralten, zementierten Denkstrukturen breitester Schichten.

Es wäre jedoch eine Irreführung, wollte man die Entstehung dieser Denkstrukturen einzig auf die unmittelbare Wirkung der staatlichen Evolution, des politischen Geschehens, der wirtschaftlichen Tendenzen, der sozialen Wandlungen und dergleichen zurückführen. Einen ausschlaggebenden Faktor im gesamten Weltausblick des Russen stellt nämlich das ungemein rege, empfindliche und motivierende Geschichtsbewusstsein dar. Dieses Geschichtsbewusstsein aber entspringt einem bestimmten Geschichtsbild, das von einem Jahrtausend russischer Geschichtsdeutung geprägt ist.

Mit diesem Geschichtsbild nun hat es eine ganz eigentümliche Bewandtnis. Während sich durch die gesamte Vergangenheit Russlands wie ein roter Faden der ewige Widerstreit zwischen zwei fundamentalen Auffassungen vom Wesen und Daseinssinn des Volkes zog, der Widerstreit zwischen Eurorussen und Eurasiern, Westlern und Slawophilen, kam es gerade in der Geschichtsschreibung zu einer Sonderentwicklung: über viele wechselnde Epochen hin herrschten in ihr solche Wertungen der historischen Prozesse und entscheidenden Gestalten der russischen Geschichte vor, die im Grunde der slawophilen, eurasischen Ideologie Vorschub leisteten. Der allgemeine Hintergrund, der das bewirkte, ist evident: Anders als in Europa, wo Jahrhunderte hindurch erbitterte Machtkämpfe zwischen geistlichen und weltlichen Fürsten den Lauf der Geschichte bestimmten und dann eine pluralistische Gesellschaft aufkam, hatte in Russland zunächst die Kirche, später die Staatsmacht und schließlich eine Partei die weitgehend unangefochtene Herrschaft inne. Zwar gab es immer auch selbständig Denkende und Deutende, besonders in der verhältnismäßig liberalen Zeit seit der

(013) Russische Geschichtsschreibung

Mitte des vorigen Jahrhunderts bis zur bolschewistischen Revolution, dennoch aber ist die Vergangenheitsbewältigung sogar heute und gerade heute durch dieses psychologische Erbe stark behindert. So kommt es, dass die Haupttriebkraft der Selbsterforschung eines Volkes, die historische Polemik, auch in dieser so streitfreudigen Zeit nicht zur vollen Entfaltung kommt, an der Oberfläche bleibt, in den meisten Fällen lediglich politische Ziele verfolgt.

Ein Kapitel für sich ist die Rückwirkung der im Westen akzeptierten Vorstellungen von russischer Geschichte auf die Geister in Russland. Westliche Historiker, die sich mit dieser scheinbar so rätselhaften Welt im Osten Europas beschäftigt haben, waren stets dem Einfluss sowohl der russischen Tradition als auch des üblichen exotisierenden Russlandbilds ausgesetzt und sind es teilweise auch heute noch. Deshalb ist es nicht zu verwundern, dass sie in ihren Wertungen mit wenigen Ausnahmen den konventionellen, also den eher slawophilen Urteilen folgen. Ich möchte hier zur Verdeutlichung einen besonders krassen Fall anführen.

Als im Jahre 1762 der junge Zar Peter III. ein grandioses, von seinem genialen Berater Dmitri Wolkow entworfenes Reformwerk in die Wege leitete, pries ihn das aufgeklärte Europa überschwenglich, Voltaire persönlich sandte ihm einen begeisterten Brief, und namentlich in Deutschland wurde dem gebürtigen Holsteiner Ehre und Ruhm zuteil. Als dann seine Gemahlin Katharina durch einen Staatsstreich die Macht an sich riss und ihren Gatten ermorden ließ, kannte die Empörung in den Journalen wie in den Salons des Westens keine Grenzen. Bücher zur Zeitgeschichte, die in der zweiten Jahrhunderthälfte in deutschen Landen erschienen, verliehen der Enttäuschung über das so ruchlos zunichte gemachte große Vorhaben gebührenden Ausdruck. Unterdessen scheute Katharinas Propaganda keine Mühen, um den gestürzten Reformer als lasterhaften und geistig minderwertigen Nichtsnutz hinzustellen. Die russische Geschichtsschreibung musste dieses Zerrbild wohl oder übel übernehmen, es wurde mit der Zeit zu einem erstarrten Klischee, und sogar die klassischen russischen Historiker des 19. Jahrhunderts wichen kaum von der gängigen Darstellungsweise ab, um so weniger, als sie durchweg vom Glanz des Katharinischen Zeitalters geblendet waren. Bezeichnend ist nun, dass sich die westeuropäischen und vor allem gerade die deutschen Studien zur russischen Geschichte allmählich dieser Verunglimpfung anpassten und sogar geflissentlich die bescheidenen Berichtigungsversuche liberaler russischer Autoren der Jahrhundertwende übersahen, so dass Peter beispielsweise in deutschen Enzyklopädien bis auf den heutigen Tag als eine Art Halbidiot figuriert. Kann es da wundernehmen, wenn die Bemühungen russischer Historiker der letzten Jahrzehnte um eine Würdigung des epochalen Unterfangens von 1762 und seiner bis jetzt fortdauernden Nachwirkung von der westlichen Geschichtswissenschaft völlig ignoriert werden?

Immer wieder wird den Eurorussen, den russischen Westlern eben diese Tatsache von der Gegenseite als Beweis einer schmählichen Verachtung seitens des Westens für die Denkweise und Geschichtsauffassung seiner, wie es so schön heißt, russischen »Liebediener« ins Gesicht geschleudert. Es handelt sich hierbei also durchaus um brennende Streitfragen, die in den heutigen geistigen Wirren eine gewichtige Rolle spielen. Die Bewertung verflossener Zeiten und einstiger Taten hängt aufs engste zusammen mit den Idealvorstellungen und damit dem gesamten Wollen und Streben eines Volkes. Diese Bewertungen sind nicht loszulösen von einem gewaltigen Ringen um die Ortsbestimmung in der Menschheit, um die Zivilisationswahl, um die nationale Identität, einem Ringen, das der russischen Geschichte seit eh und je ihr Gepräge verleiht, doch gerade jetzt, jetzt wie nie sonst, einen schicksalhaften Höhepunkt erreicht hat. Die Auslegung der russischen Vergangenheit von seiten Europas bestimmt mithin indirekt auch Europas Zukunft!

Kennzeichnend ist dabei allein, dass zwar viele Geschichten Russlands und Geschichtsforschungen über Russland in westlichen Sprachen erschienen sind, aber kaum je – und das gilt insbesondere für Deutschland – die Schriften der entscheidenden russischen Historiker und Geschichtsphilosophen, weder der klassischen noch der heutigen. Daher ist es nicht nur von Belang, die Standpunkte zu klären, sondern auch, die Eigenart dieser Geschichtsschreibung, vor allem aber die Besonderheiten ihrer Einwirkung auf diese Gesellschaft, auf die Mentalität des Volkes, und somit auf die reale Geschichte, zu erkennen...

Schon die mittelalterlichen Chroniken, auf denen auch die spätere Darstellung der russischen Frühzeit beruht, waren im Grunde regelrechte Kampfschriften. So gut wie jede Chronikensammlung – und es waren ihrer Hunderte in den Klöstern und Fürstentümern, in größeren und kleineren Städten des damaligen Russland – wies mit der Zeit Dutzende Fassungen auf, die wiederum in Hunderten Abschriften mehr oder minder erheblich variierten. Selbstverständlich gingen die verschiedenen Abweichungen keinesfalls auf zufällige Launen der Schreiber zurück, jede Textänderung zeugte von einer bestimmten Vorliebe oder Abneigung gegenüber Personen, Parteien und Phänomenen – aber es war nicht nur dies. Mit der Zuspitzung der innerrussischen Auseinandersetzungen zwischen den zentralistischen und den zentrifugalen Kräften, dem Ghettogeist und den weltoffenen Bestrebungen, der europäischen und der eurasischen Ausrichtung bildeten sich auch in der Welt der Chroniken richtiggehende Fronten heraus. Das beweist, dass diese Art Schrifttum nicht bloß deshalb so eifrig von Landesherren, Äbten, Stadthäuptern und Gemeindevorstehern gefördert wurde, weil man bei den Nachkommen auf ein dankbares Gedächtnis hoffte, – nein, allen Anzeichen nach wirkten die Chroniken auf eine heute nicht mehr klar durchschaubare Weise auch unmittelbar auf die Geister der Zeitgenossen ein, sie dienten mit Sicherheit den allgemeinen politischen Zielsetzungen und oft wohl sogar den augenblicklichen Zwecken der Auftraggeber, sie waren in einem gewissen Sinn Propaganda.

Diese Funktion lässt sich ganz eindeutig nachweisen.

Nicht von ungefähr bemühten sich ja bereits die ersten südrussischen Chronisten mit so erstaunlicher Beharrlichkeit um logische, dichterische und dokumentarische Argumente, die einen legitimen Anspruch der Kiewer Fürsten auf die Herrschaft über ganz Russland untermauern sollten. Denn dieses angeblich ererbte Anrecht wurde in den meisten Landschaften des Nordens, ja auch in manchen angrenzenden Siedlungsgebieten der Ostslawen aufs heftigste zurückgewiesen, und sicher kam es zu kriegerischen Konflikten von größter Härte und beträchtlichen Ausmaßen, die von der Kiewer Chronik nach Möglichkeit heruntergespielt wurden. Daher die Einfügung zahlreicher Textstücke, die sonst gewiss nicht in eine Chronik hineingehörten, etwa legedenartiger Berichte über die Berufung der normannischen Waräger (wie war eine solche Berufung von Seiten einer Vielzahl von Stämmen denn praktisch überhaupt ausführbar?), diplomatischer Verträge mit fremden Mächten im vollen Wortlaut, ganzer juristischer Abhandlungen und ganzer, wenn auch primitiver Gesetzbücher, schließlich sogar einer kurzen Weltgeschichte, die eigens darauf angelegt war, die Thronbesteigung und Herrschaft des Kiewer Hauses als gottgewollt zu verklären. Ebenso tendenziös waren die Chroniken der Städte, die sich damals allen Vorstößen der großfürstlichen Gewalt widersetzten und dann über viele Jahrhunderte ihre Freiheit zu bewahren wussten. Das gilt namentlich für die Hochburg des städtischen Widerstands und der frührussischen städtischen Demokratie, Nowgorod. Hier entstanden unzählige große und kleine Chroniken, von denen die einen dem Grundbestand der späteren Sammlungen zugerechnet wurden, während viele andere bislang nie im Druck veröffentlicht worden sind. Doch wie verschiedenartig die Texte auch sein mochten, das eine hatten sie durchweg gemein: Sie bekannten Farbe, sie waren parteiisch, engagiert, streitbar. Wie sehr schon in der Kiewer Zeit die Herrscher und ihre Ideologen den Einfluss der oppositionellen Chroniken fürchteten, zeigte der »Krieg der Manuskripte« (wie ich in einem 1990 erschienen Aufsatz den Vernichtungszug der südrussischen geistlichen und weltlichen Mächte gegen die Kultursphäre des Igorliedes benannt habe). Es kann wohl kaum bezweifelt werden, dass sich im Umfeld der Igorlied-Kultur auch ein chronikalisches Schrifttum entwickelt haben musste, doch fiel dieses restlos der Verbrennungswut der damaligen russischen Inquisition zum Opfer, und keine Spur von ihm kam auf die Nachwelt. Erst recht jedoch musste die Unvereinbarkeit der offiziellen und der freien Chroniken eine spürbare Rolle in den Kämpfen zwischen Zentralisation und örtlicher Eigenständigkeit spielen, wie sie in der Susdaler und dann ganz besonders in der Moskauer Epoche entbrannten. Die Moskauer Landeroberer boten alle Mittel auf, um diese hintergründige Waffe ihrer Gegner durch Zerstörung oder am liebsten Verfälschung auszuschalten. Den einmaligen Höhepunkt derartiger Bemühungen bildete die Regierungszeit IWANS DES DRITTEN, der, nach einem Vierteljahrtausend unbeugsamen Widerstandes der Stadt gegen alle russischen und fremden Angriffe, Nowgorod unterwarf und dabei einen Teil der berühmten Chroniken erbeuten konnte. Dieser Großfürst, dessen Propagandainstinkt an Politiker und Volksanführer weit späterer Zeit erinnert, richtete direkt an der Kremlmauer eine große Schreiberwerkstatt unter der Leitung eines vertrauten Bojaren namens BRADATY ein, dem es oblag, sämtliche in den eroberten Städten auffindbare Chroniken zu sammeln, sie einer strengen politischen Zensur zu unterziehen und die neuen, den Moskauer Propagandazielen angepassten Fassungen in möglichst vielen Abschriften zu zweckentsprechenden Sammlungen zu vereinen. So entstand ein geschlossenes, offiziell anerkanntes Corpus russischer Chroniken, dessen Echtheitsgrad und Glaubwürdigkeit nun schon für viele Generationen russischer Wissenschaftler eines der wichtigsten und empfindlichsten Forschungsprobleme darstellt. Als IWAN im Jahre 1505 starb, hatte er das Land nicht nur politisch auf einen Nenner gebracht, sondern auch ideologisch scheinbar gänzlich unifiziert, und das galt namentlich für die Deutung der entscheidenden Ereignisse und Persönlichkeiten der Vergangenheit, als deren Erbe beziehungsweise Antipode er selbst in die Geschichte einzugehen gedachte. Selbstverständlich konnte auch ein so gewaltiger Herrscher die ewigen Widersprüche und Gegensätze, die den Entwicklungsweg des Volkes kennzeichneten, unmöglich aus der Welt schaffen. Kein Wunder also, dass trotz der gründlichen Arbeit, die seine Spürhunde geleistet hatten, doch noch eine ansehnliche Zahl alter Handschriften erhalten blieb, die wahrscheinlich wohlüberlegt in geheime Verstecke gebracht worden waren. Wenn bei alldem bis auf den heutigen Tag die Wertung so ausschlaggebender Momente der nationalen Geschichte wie die Gründung des Kiewer Reiches, die Annahme des byzantinischen Glaubensbekenntnisses, die Aktivitäten ALEXANDER NEWSKIS, der Mongoleneinfall, der Aufstieg Moskaus und die litauisch-moskowitische Rivalität gleichwohl im vorherrschenden, routinemäßigen Geschichtsdenken auf einer so zweifelhaften Grundlage fußt, so erklärt sich das vor allem aus der Tatsache, dass diese Deutung stets den allerverschiedensten Machtgruppen, Strömungen und Gesellschaftskreisen zusagte, die sich seitdem an der Spitze des russischen Staates, des russischen Geisteslebens ablösten. In diesem Sinn lebt IWAN DER DRITTE auch heute weiter, und Vergangenheitsbewältigung bedeutet nicht zuletzt Bewältigung seines historischen Vermächtnisses.

Doch bis zum Aufkommen der professionellen Geschichtsschreibung und Geschichtsdeutung sollten noch zweihundert Jahre vergehen. Im 16. und sogar 17. Jahrhundert wurden zwar mancherorts weiterhin Chroniken abgefasst, doch ging ihr Einfluss auf die Geister in dieser ungeheuer turbulenten Zeit zusehends zurück. Nunmehr traten andere Propagandaträger an ihre Stelle – offizielle und rebellische Sendschreiben und Flugblätter, fahrende Prediger und Hetzredner, politisierende Possenreißer und Narren in Christo. Aber auch als Quellen für die historische Forschung sind die Chroniken dieser Epoche eher zweitrangig, denn aus beiden Jahrhunderten sind bereits zahllose Urkunden, Akten, Streit- und Denkschriften, Protokolle, Erlasse und dergleichen im Original überliefert. Eine besondere Gattung stellen die historischen Erinnerungen und Autobiographien dar, von denen eine, die Lebensbeschreibung des Protopopen AWWAKUM, des Führers der Altgläubigen im großen Religionskrieg, zu den herausragenden Werken der russischen Nationalliteratur gehört.

Hinzu kommt eine Fülle von Berichten ausländischer Reisender und Diplomaten.

Als nun zu Beginn des 18. Jahrhunderts der erste wirkliche Historiker, WASSILI TATISCHTSCHEW, an sein Hauptwerk, die »Russische Geschichte seit ältesten Zeiten«, heranging, musste er sich mit dem chronikalischen und dokumentarischen Erbe in allen seinen Formen und Dimensionen auseinandersetzen, und tatsächlich gab er erstmalig zahlreiche altrussische juristische Texte, Kriegsbeschreibungen und ähnliche Quellen mit ausführlichem Kommentar heraus. Doch konnte er unmöglich als unbefangener Wissenschaftler auftreten, denn vor allem war er ein radikal-monarchistischer Staatsmann, der bereits in seiner Jugend unter PETER DEM GROSSEN als militärischer und diplomatischer Agent im Westen eine extrem aggressive Politik befürwortet hatte, dann als Beauftragter für das Hütten- und Bergwesen im Ural die Privatunternehmer, selbst die größten, der Zentralgewalt hörig zu machen suchte und schließlich bei der Thronbesteigung der ANNA IWANOWNA 1730 den ersten Versuch einer Begrenzung der Zarenmacht entschieden zunichte machte. Es konnte daher nicht verwundern, wenn er der Begründer der ideologischen Historikerschule wurde. Er teilte die russische Geschichte in drei vielsagende Perioden ein: Von den legendären Anfängen bis zur Auflösung des Kiewer Einheitsstaates im Jahre 1132 sah er eine unübertroffene Blütezeit; die darauffolgenden Jahrhunderte der freien Städte und des russisch-litauischen Dialogs mit Europa waren ihm eine Phase des Niedergangs, während gerade mit dem Regierungsantritt IWANS DES DRITTEN erneut eine Ära des dauernden Aufschwungs begann, obwohl doch in diesen Zeitraum immerhin die Herrschaft IWANS DES SCHRECKLICHEN, die große Smuta – die Zeit der mörderischen Wirren, der verheerende Religionskrieg und schließlich der blutige Kosakenaufstand STENKA RASINS gefallen waren. Aber damit nicht genug, fügte TATISCHTSCHEW zur Erhärtung seiner Theorien nicht selten Angaben und historische Schilderungen ein, die er aus inzwischen verlorengegangenen Quellen geschöpft haben wollte – und bis jetzt fehlt es nicht an patriotischen Autoren, die das Abhandenkommen so wichtiger Schriftstücke aus TATISCHTSCHEWS wohlgesichertem Palast für durchaus möglich erklärten. All das war um so belangvoller, als dennoch niemand je umhin konnte, diesem Mann Bewunderung zu zollen, denn sein Werk war tatsächlich eine für jenes Zeitalter grandiose Leistung, und noch vieles andere kam in seinem Leben hinzu – so gründete er Jekaterinburg, heute eine Millionenstadt, verfasste das erste russische Lexikon, stellte erstmalig in Russland historische Landkarten zusammen und dergleichen mehr.

Als unmittelbarer Nachfolger TATISCHTSCHEWS erscheint in verschiedenerlei Hinsicht ein anderer Universalgelehrter des 18. Jahrhunderts, MICHAIL LOMONOSSOW. Der erste russische Sprachtheoretiker, Urheber einer neuen Verskunst und Begründer der Universität Moskau, der in Russland darüber hinaus als Vater der modernen Chemie gefeiert wird, beschäftigte sich nicht zuletzt mit der Geschichte Russlands. Hier aber steigerte er das patriotische Pathos ins Dithyrambische, wie es TATISCHTSCHEW nie gewagt hätte. Er, der sich auf Dutzenden Wissensgebieten, von der Philologie bis zur Mechanik, von der Astronomie bis zur Porzellan- und Mosaiktechnik, stets um präzise Methoden bemühte, meinte, die vom Hof bestellte »Altrussische Geschichte« im Tonfall eines Heldenepos abhandeln oder eigentlich dichten zu müssen. Dabei berief er sich nicht einmal wie TATISCHTSCHEW auf sonst unbekannte Quellen, die angeblich seitdem verschwunden wären, sondern verkündete geradeheraus, die russischen Heroen der Vergangenheit zwecks »Erziehung des Volkes« verklären zu wollen. Eine besondere Note erhielt diese Einstellung durch seine polemischen Auseinandersetzungen, vor allem mit einigen deutschen Mitgliedern der Sankt Petersburger Akademie, um Fragen, die allem Anschein nach lediglich ganz abstrakte Bedeutung haben konnten, die er jedoch zu einem Problem von geschichtsphilosophischer Tragweite hochstilisierte, nämlich: ob die von den Chroniken als Gründer der Kiewer Staates angeführten Warägerfürsten tatsächlich von den Slawenstämmen gerufen wurden und ob ihre Staatsgründung tatsächlich die erste im Siedlungsareal der Ostslawen gewesen sei. Die Nachrichten sämtlicher Chroniken, wie sie TATISCHTSCHEW soeben veröffentlicht hatte, waren allerdings in dieser Hinsicht völlig eindeutig. Doch ging LOMONOSSOW an das Thema von einem Standpunkt ideologischer Notwendigkeit heran. Derartiges war seiner Meinung nach der russischen Ehre abträglich. Ja, selbst die objektive Einsicht, dass es sich wirklich nicht um eine Berufung, nicht um eine freiwillige Unterwerfung, sondern eher um die Duldung einer fremden Eroberung gehandelt haben musste, und selbst die Erkenntnis des kurz zuvor aus Königsberg an die Petersburger Akademie gekommenen Orientalisten BAYER, dass schon die skythischen und sarmatischen Vorfahren staatsähnliche Strukturen gebildet hatten, konnten dem patriotischen Eifer LOMONOSSOWS nicht Genüge tun. Er stellte deshalb eine Theorie auf, laut der die vorgeblichen Warägerfürsten slawischer Herkunft gewesen wären. Eine solche Sorge um die genetische Reinheit halblegendärer Ahnen entsprang zwar sicher der herrschenden imperialen Ideologie, doch für spätere Generationen ist hier eine Art rassistischer Anhauch unverkennbar. Bezeichnend ist, dass LOMONOSSOWS sogenannter »Antinormannismus« fast zwei Jahrhunderte lang kaum bedeutende Anhänger unter den russischen Historikern fand, in der Stalinzeit jedoch zum offiziellen Leitsatz und unantastbaren Dogma für jegliche geschichtliche Darstellungen erhoben wurde. Nicht weniger charakteristisch für LOMONOSSOWS überstiegene Vaterlandsliebe war bald darauf seine Reaktion auf GERHARD FRIEDRICH MÜLLERS Buch »Versuch einer neueren Geschichte Russlands«. Er schrieb: »*Müller befasst sich wohlweislich mit dem düstersten Abschnitt der russischen Geschichte, um den Ausländern üble Vorstellungen von unserer ruhmreichen Vergangenheit zu vermitteln.*« Nach solchen Kritiken verzichtete Müller darauf, dieses Werk, das vorläufig mit dem Tode BORIS GODUNOWS endete, dem Titel entsprechend fortzusetzen.

Das sollte bei weitem nicht LOMONOSSOWS einziger Zusammenstoß mit GERHARD FRIEDRICH MÜLLER sein. Wer aber war MÜLLER?

Es ist im Grunde sonderbar: Dieser gebürtige Deutsche, der wie kein anderer Fremder die Geschichtsauffasung und damit das Identitätsbewusstsein der Russen beeinflusst hat, blieb in seiner ursprünglichen Heimat so gut wie völlig unbekannt. Heute sucht man in deutschen Enzyklopädien vergeblich nach seinem Namen. Vielleicht deshalb, weil sein Leben und Werk tatsächlich voll und ganz seiner Wahlheimat gehörte. Indes wird seine eigentliche Rolle und Bedeutung auch in Russland oft verkannt. Höchste Anerkennung wird ihm gezollt als dem ersten Sammler und Bearbeiter von russischen, insbesondere sibirischen Akten und Quellen, denn hier war seine Leistung ganz einzigartig, als dem eigentlichen Begründer des wissenschaftlichen Archivwesens in Russland, wo bis dahin sämtliche Urkunden genauso stur geheimgehalten wurden wie später einmal in der Sowjetzeit, als dem Herausgeber des Geschichtswerks und der sonstigen Schriften TATISCHTSCHEWS, der die Drucklegung nicht hatte erleben sollen, daneben vielleicht noch als erfolgreichem Betreuer angehender Forscher und als episodischem Ratgeber der Zarin, KATHARINA DER ZWEITEN. Doch liegt meines Erachtens sein Hauptverdienst in einem ganz anderen Tätigkeitsbereich, nämlich in seinen eigenen Büchern und Aufsätzen, die sogar zu seinen Lebzeiten allzu wenig beachtet und nie nach Gebühr gewürdigt worden sind. Dabei zeichneten sie sich keineswegs nur durch die sorgfältige Analyse neuartiger dokumentarischer Unterlagen aus. Sie trugen ungewohnte Gesichtspunkte und Maßstäbe in die Geschichtsbetrachtung hinein, wie sie teilweise selbst in der zeitgenössischen europäischen Wissenschaft noch kaum Fuß gefasst hatten, in Russland jedoch einer grundlegenden Umwälzung des historischen Weltbilds gleichkommen mussten. Er dezentralisierte gleichsam die Vergangenheit auf geographischer, sozialer, kutureller, machtpolitischer, vor allem aber psychologischer Ebene, er versuchte, verschiedene Wechselwirkungen nicht allein auf der großen geschichtlichen Bühne, sondern auch in den Tiefen des Volkslebens aufzuzeigen, er wagte es, nicht nur unpathetische, nüchterne, sondern sogar werturteilsfreie Beschreibungen historischer Vorgänge zu liefern. Schon der Titel seines Buches »Sibirische Geschichte« war damals eine Herausforderung, knüpfte er doch indirekt an die scheinbar längst ausgelöschte Vorstellung von einem Eigenleben der russischen Provinzen an, eine Vorstellung, die doch bereits IWAN DER DRITTE zweieinhalb Jahrhunderte zuvor aus dem massenhaften Geschichtsbewusstsein getilgt hatte. Und jetzt kam da plötzlich ein Historiker und sprach von einer sibirischen Geschichte – es hätte ja ebensogut Nowgoroder Geschichte heißen können!

Gleichwohl spielten die Konflikte zwischen MÜLLER und LOMONOSSOW, die, wie es schien, stets auf Meinungsverschiedenheiten über konkrete Fragen zurückgingen, strenggenommen in einer anderen, höheren Dimension – denn MÜLLER brachte ein für jene Zeit bahnbrechendes und daher verfängliches Prinzip zur Geltung, das Prinzip des Antiideologismus. Der ideologischen Geschichtsdeutung, die im Russland der ersten Jahrhunderthälfte voll und ganz dem Zeitgeist entsprochen hatte, setzte er eine neue, ich würde sagen, humanistische Vision entgegen. Damit wurde er zum geistigen Vater der richtungsweisenden Linie im russischen Geschichtsdenken, einer Linie, die selbst durch die Zensurrepressalien der Sowjetepoche nur zeitweilig, und zwar lediglich im parteigelenkten Wissenschaftsbetrieb, unterbrochen werden konnte.

Allein unter diesem Blickwinkel lässt sich auch das Wirken eines ungemein populären Historikers richtig erfassen, dessen Hauptwerk – es trug den programmatischen Titel »Geschichte des Russischen Staates« – seitdem einen ganz spezifischen Einfluss auf die russische Gesellschaft ausgeübt hat. Er hieß NIKOLAI KARAMSIN und war zunächst ein vielgelesener Reiseschriftsteller, sentimentaler Novellist, schwärmerischer Lyriker und unermüdlicher Herausgeber literarischer Zeitschriften. Im Jahre 1809 veröffentlichte er eine historische Erzählung »Marfa die Stadtmutter«, in der die volkstümliche Heldin des Nowgoroder Widerstandes gegen den moskowitischen Eroberungsdrang in einem schicksalhaften Augenblick ihres Kampfes auftritt. Und siehe da, ausgerechnet im selben Jahr berief der damals noch junge und recht liberal gesinnte Zar ALEXANDER DER ERSTE den geschätzten Dichter zum »kaiserlichen Historiographen«, mit dem ausdrücklichen Auftrag, eine Geschichte Russlands von den Anfängen bis zu den Sternstunden des jetzigen Zarenhauses zu verfassen, eine Geschichte, die in überzeugender Weise den gottgewollten und glorreichen Weg zur europäischen Großmacht als Ergebnis der segenbringenden Selbstherrschaft der Moskauer und dann Petersburger Monarchen darstellen sollte. KARAMSIN entledigte sich seiner

Mission aufs glänzendste. Bereits 1816 legte er acht umfangreiche Bände vor, denen später vier weitere folgten. Der Erfolg war atemberaubend. Es bedurfte in kurzer Zeit mehrerer Neuauflagen, um dem Lesedurst einigermaßen gerecht zu werden, ein für das damalige Russland ganz ungewöhnliches Phänomen. Doch zu verwundern war es kaum. KARAMSIN, der eigentliche Schöpfer der modernen russischen Literatursprache, hatte seinen nicht immer einfachen Stoff in einem so flüssigen, doch ausgesucht eleganten Stil dargelegt, so dass sich geübte Leser mit Genuss in sein Buch vertieften, weniger gebildete zumindest auf keine Schwierigkeiten stießen, die Kenner früherer russischer Geschichtswerke aber erleichtert aufatmeten. Hinzu kam eine reife Meisterschaft im Umreißen psychologischer Bildnisse der verschiedensten historischen Persönlichkeiten. Er hatte auch, was die Quellen betraf, eine viel günstigere Ausgangsposition als sämtliche Vorgänger, denn nach den Leistungen TATISCHTSCHEWS, MÜLLERS und namentlich des eminenten Wortführers der russischen Aufklärung NIKOLAI NOWIKOW, der in seiner berühmten Serie »Altrussische Bibliothek« eine große Anzahl neuentdeckter wichtiger Handschriften veröffentlicht hatte, konnte KARAMSIN aus einer Flut von bereits unanfechtbaren Unterlagen jedesmal das wählen, was seiner Gesamtkonzeption am besten entsprach. Allerdings sicherte auch die Stimmung der Zeit seinem Werk eine begeisterte Aufnahme, hatte doch Russland kurz zuvor, nach siegreichen Kriegen gegen Schweden und die Türkei, in einem wahrhaften Volkskrieg den noch nie bezwungenen NAPOLEON überwältigt, vertrieben und bis nach Paris verfolgt! Der enthusiastische Widerhall, den ein solches Buch in einer solchen Situation begreiflicherweise fand, strahlte indes auch auf seine Rezeption in späteren Generationen aus, und bis tief ins 20. Jahrhundert hinein galt es als klassisch. Symptomatisch war dabei seine schwankende Beurteilung von seiten der ideologischen Instanzen der Stalinzeit: Nachdem die frühsowjetische Historiographie diese sogenannte »Nachtigall des Zarismus und der Leibeigenschaft« selbstredend verworfen hatte, machte die imperiale Propaganda der dreißiger Jahre das Werk zu einer Fundgrube für hochfliegende Vergleiche der heroischen Gegenwart mit einer verklärten Vergangenheit, jedoch wurde auf eine Neuauflage bis zuletzt verzichtet. In der poststalinistischen Ära mussten zwar die patriotischen Impulse, die von KARAMSINS Geschichtsdeutung ausgingen, entsprechend geschätzt werden, doch berief man sich jetzt wieder öfter auf die revolutionären Traditionen, und da gab es bei KARAMSIN eben allzu viele Dissonanzen. Was nun aber seit 1985 vor sich geht, kann wohl mit Fug und Recht als Renaissance des »kaiserlichen Historiographen« bezeichnet werden, und das ist meiner Meinung nach für ein adäquates Verständnis der heutigen psychopolitischen Vorgänge in höchstem Grade aufschlussreich: Schon in den ersten Jahren der Glasnost-Periode druckten zwei literarische Zeitschriften das Riesenwerk als Beilage ab, und inzwischen haben vierzehn Verlage in verschiedenen großen und kleineren Städten Neuauflagen herausgebracht, während zehn weitere gekürzte Fassungen oder eine Auswahl anboten. Als Karamsin des Zaren Auftrag übernahm, musste er aus Zeitmangel die Leitung seiner beliebtesten Zeitschrift, des »Boten Europas«, aufgeben, und an seine Stelle trat ein gewisser Michail Katschenowski.

Während Namen wie Lomonossow oder Karamsin auch im heutigen Russland jedem Dorfkind geläufig sind, kennen bestenfalls Studenten fortgeschrittener Semester der Historischen Fakultät den Namen Katschenowski. Doch war sein wirklicher Einfluss auf das Geschichtsbewusstsein der Nation weitaus nachhaltiger als sein relativ geringes Prestige in der Nachwelt vermuten lässt. Wie seinerzeit die ersten russischen Historiker, war auch er ungemein vielseitig. So las er an der Universität Moskau zunächst Kunsttheorie, dann Archäologie, weiterhin theoretische Statistik, russische Geschichte und Geographie, Universalgeschichte, russische Literatur und übernahm schließlich den Lehrstuhl für slawische Sprachgeschichte. Indes war ausschließlich sein Beitrag zur Entwicklung der Geschichtswissenschaft von bleibender Bedeutung. Er begründete eine Richtung, die, bekannt als die »skeptische Schule«, durch radikale Kritik an dem scheinbar Feststehenden und prinzipielle Ablehnung jeglicher ideologischer Schlussfolgerungen eine Wende in der Behandlung und Deutung aller überlieferten geschichtlichen Erkenntnisse herbeiführte und damit den Klassikern der russischen Historiographie im 19. Jahrhundert erst den Weg bahnte. Aufgrund seiner Forschungen über das Ledergeld der Kiewer Zeit und die Einführung der Münze im hanseatischen Nowgorod wies er erstmalig auf die Unmöglichkeit so mancher in den frühsten Chroniken enthaltener Einzelheiten hin. Daraus glaubte er die Behauptung herleiten zu dürfen, dass sogar die von allen Abschreibfehlern, willkürlichen Änderungen, Eingriffen großfürstlicher Redakteure und so weiter gereinigte Chronik doch lauter Erfindungen, Phantasiegebilde und Wunschvorstellungen zum Inhalt hätte. Katschenowskis Schüler zeigten dann freilich, dass es sich hierbei nicht etwa um absichtliches Blendwerk und leere Hirngespinste gehandelt haben musste, sondern um Mythen und Legenden von der Art, wie sie in der Kindheit aller Völker entstehen und in abgewandelter Gestalt eine bestimmte Realität widerspiegeln. Das Wesentliche an Katschenowskis These war jedoch nicht ihr Wahrheitsgrad, sondern ihre Wirkung. Sie untergrub die illusorischen Ideen von der ursprünglichen Größe und Herrlichkeit des Kiewer Reiches, dieser Wiege russischer imperialer Verheißung, und diese Illusion bildete ja gerade damals einen Grundpfeiler der von Nikolaus dem Ersten verkündeten Staatsideologie, wie sie in der offiziellen Formel »Orthodoxie, Selbstherrschaft, Volkstum« ihren gültigen Ausdruck fand. Zugleich hob Katschenowski zielbewusst die Bedeutung der regionalen und lokalen Geschichte, Kultur, Mentalität für das Volksganze hervor. Eine Konsequenz, die ihm die zeitgenössischen und späteren Ideologen zentralstaatlicher Machtentfaltung nie verziehen haben. KATSCHENOWSKI war indirekt auch Wegbereiter jener militanten Westler, die sich in den vierziger Jahren sowohl gegen die offizielle Ideologie als auch gegen das romantische Geschichtsbild der sogenannten Slawophilen wandten. Die Konfrontation von Slawophilen und Westlern ist in der russischen Publizistik auch jetzt noch geradezu sprichwörtlich. Doch hatten sie eigentlich manches gemein. Und zwar vor allem die Opposition gegen die von KARAMSIN erhärtete Geschichtsauffassung, gegen die Lehre von der tief verwurzelten nationalen Bodengebundenheit des bestehenden Staats- und Gesellschaftssystems. Der slawophile Bodenmythos nämlich fußte auf einer ganz anderen historischen Sicht. Als Grundlage russischen Volkstums wurde hier das Gemeindewesen in allen seinen ländlichen und städtischen Formen gefeiert. Wobei paradoxerweise nicht allein die Frühzeit oder die Ära der selbständigen Städte mit ihrer freien Fürstenwahl oder auch die russisch-litauische Epoche politischer und kultureller Vielgestaltigkeit, sondern vornehmlich die Moskauer Jahrhunderte mitsamt der damals aufkommenden Leibeigenschaft als Ideal galten! Als Ideal, das vermeintlich von PETER DEM GROßEN zerstört worden sei. Die Westler wieder glaubten an eine Synthese russischen Gemeindesinns mit europäischer liberaler Menschlichkeit und individueller Selbstbestimmung. Die gesamte Diskussion beschränkte sich dabei auf rein geschichtsphilosophische Probleme. Was die konkrete Deutung historischer Fakten betraf, so beriefen sich beide Seiten in erster Linie auf die Untersuchungen des Göttinger Professors AUGUST LUDWIG VON SCHLÖZER über die russischen Chroniken, auf die damit verbundene Betrachtungsweise der russsichen Eigenart und Entwicklung. Die künftigen klassischen Geschichtsschreiber dagegen waren noch zu jung, um an den berühmten Debatten teilzunehmen. Doch sollte ihr Werk unverkennbar im Zeichen dieser Auseinandersetzungen stehen.

Wenn ich von einer klassischen Zeit der russischen Historiographie spreche, so meine ich damit die sechziger und siebziger Jahre des 19. Jahrhunderts, in denen die großen Reformen ALEXANDERS DES ZWEITEN ein intensives Interesse für die schicksalhaften Wendepunkte der Vergangenheit erweckt hatten und zugleich Männer wie SERGEJ SOLOWJOW, NIKOLAI KOSTOMAROW, BORIS TSCHITSCHERIN und WASSILI KLJUTSCHEWSKI ihre volle Reife erreichten. SERGEJ SOLOWJOWS neunundzwanzigbändige Geschichte Russlands, deren erster Teil bereits 1851 erschienen war, wurde jetzt zum Ausgangspunkt und tragenden Element einer Selbstbewusstwerdung, die nichts mehr mit der früheren, ideologisch bedingten Selbstbewunderung gemein hatte. Die beispiellose Fülle an sorgfältig kommentiertem Material machte dieses Werk zum Anhalt für geistige Auseinandersetzungen, die nicht mehr in engen Zirkeln der Hochintellektuellen, sondern in einer fieberhaft beteiligten Öffentlichkeit ausgetragen wurden. SOLOWJOW unterstützte voll und ganz die liberalen Bestrebungen der Zeit und vertrat generell westlerische Ansichten, doch betonte er stets einen vermeintlich grundlegenden Unterschied zwischen der russischen und der westeuropäischen Geschichtsstruktur, einen Unterschied, der seines Erachtens die vollgültige Integration der beiden Teile Europas in eine entfernte Zukunft rückte: Während in den westlichen Ländern, so SOLOWJOW, innergesellschaftliche, spontane, mitunter sogar unartikulierte ideologische, kulturelle, wirtschaftliche und soziale Faktoren die gesamte politische Evolution entscheidend prägten, sei in Russland allein der Staat seit eh und je die geschichtsformende Kraft gewesen. Diese Vorstellung barg unterschiedliche Potenzen. Ein Prominenter beispielsweise, der sie teilte, der Philosoph, Rechtswissenschaftler und vielseitige Historiker BORIS TSCHITSCHERIN, verwies dennoch auf eine in der russischen Gesellschaft aufkommende und durch die Reformen begünstigte Tendenz, der Allmacht des Staates ein System der Selbstverwaltung und regionalen Initiative entgegenzustellen, und er glaubte, dieser Tendenz mit geistigen Mitteln zum Durchbruch verhelfen und mithin den definitiven Anschluss an Europa zumindest psychologisch vorbereiten zu können. Er ging auch praktisch als einflussreicher Förderer der autonomen Semstwo-Organisation und als eigenwilliges Stadtoberhaupt von Moskau mit gutem Beispiel voran. Doch andererseits fehlte es nicht an solchen Exponenten der gleichen Richtung, der sogenannten »Staatsschule« in der Geschichtsdeutung, die eine diametral entgegengesetzte Logik verfochten. Sie gingen von der Überzeugung aus, dass es Russlands weltgeschichtliche Aufgabe sei, Europa, wenn nicht die ganze Menschheit vor den Versuchungen des Krämerzeitalters zu retten, weshalb der echte russische Geist, das russische Wesen, verkörpert in der Idee der Selbstherrschaft und des »irdischen Allvaters« Staat, eine messianische Sendung auf sich nehmen müsse. Diese Ideologie fand ihren konkreten Ausdruck zunächst in geopolitischer, rassenmythischer, imperialer Form, untermauerte sie doch die Expansionsbestrebungen des Panslawismus, den man als machtstrategischen Vorläufer des Bolschewismus und insbesondere STALINS bezeichnen darf. Doch bald soll ihr Einfluss auch über die Grenzen des Landes hinaus spürbar werden. Die fanatische Staatsanbetung, die in Russland zum Nährboden der Schwarzen Hundert, dann der Sowjetordnung und namentlich des Stalinismus wurde, trug im Westen maßgeblich zur Herausbildung der präfaschistischen und faschistischen Strömungen jeglicher Schattierung bei.

Nur lag die Schuld gewiss nicht bei SOLOWJOW und TSCHITSCHERIN. Dennoch wurde es allgemein wie eine Art Neubeginn empfunden, als der Moskauer Professor WASSILI KLJUTSCHEWSKI mit der bis dahin maßgebenden Geschichtsauffassung brach und in seinem umfangreichen »Lehrgang der Geschichte Russlands« zum ersten Mal eine pluralistische Erklärung der historischen Prozesse zu vertreten wagte. Er interpretierte die nationale Entwicklung als Ergebnis des Wechselspiels unzähliger Faktoren. Und das zu einer Zeit, da nicht allein in Russland die von Kirche, Obrigkeit und Erziehungseinrichtungen, ja auch von Literatur und Wissenschaft gepflegte monistische Weltsicht längst eingefleischte Denkgewohnheit geworden war – auch im aufgeklärten Europa fanden ja schmalspurige monistische Dogmen wie der ökonomische Determinismus eines MARX oder der geographische Determinismus eines FRIEDRICH RATZEL weiteste Verbreitung. KLJUTSCHEWSKIS Pluralismus hat nicht nur das Geschichtsbewusstsein der Russen von alten Fesseln befreit, sondern auch die Bereitschaft zu neuem, unvoreingenommenem, ideologielosem Denken erweckt. Das war eine der Voraussetzungen für die beispiellose geistige Renaissance der Jahrhundertwende, die als das russische Silberne Zeitalter in die Kulturgeschichte eingegangen ist.

Während jedoch KLJUTSCHEWSKI, bei aller Originalität des Denkens, in seinen Wertungen der konkreten Institutionen, Geschehnisse und Persönlichkeiten der Vergangenheit kaum von den anerkannten Schemata abwich, trat zur gleichen Zeit ein Historiker hervor, der durch eine Reihe nüchterner Urteile manche gewohnten Schablonen in ein ungewohntes Licht rückte. NIKOLAI KOSTOMAROW dokumentierte eindrucksvoll wie niemand zuvor die demokratischen Strukturen der nordrussischen Städtewesen im Mittelalter, er wusste die Besonderheiten des ukrainischen Volkscharakters und die Eigengesetzlichkeit ukrainischer Geschichte und Kultur erstmalig gültig nachzuweisen, er demonstrierte auf unwiderlegbare Weise die Rolle des Fürstentums Moskau im 14. Jahrhundert als Vorhut der mongolischen Horde, wodurch die gesamte Zentralisierung ihres Glorienscheins beraubt war, und dabei schreckte er nicht einmal davor zurück, einen sakrosankten Nationalhelden wie den Moskauer Großfürsten DMITRI DONSKOI unter die kritische Lupe zu nehmen.

Doch trotz vielversprechender Vorstöße kam es in der klassischen Periode und in den darauffolgenden Jahrzehnten zu keiner tiefgehenden Umwertung der Werte. Der Grund lag wohl in der beispiellosen Politisierung des öffentlichen Lebens und Radikalisierung der politischen Strömungen, die schon im ausgehenden Jahrhundert auf eine weitere Zuspitzung hinwiesen. Einerseits war nunmehr jede historische Neudeutung Wasser auf die Mühle einer bestimmten Partei, und das machte die Wissenschaftler vorsichtig, andererseits aber beteiligten sich gerade die bedeutendsten Historiker führend an den Kämpfen der Zeit. So wurde PAWEL MILJUKOW allgemein anerkanntes Haupt der liberalen Bewegung, MICHAILO HRUSCHEWSKI zentrale Persönlichkeit des ukrainischen Nationalismus, MICHAIL POKROWSKI leitender Funktionär der Sozialdemokratischen Partei. Dann aber kam das Jahr 1917.

Mit der bolschewistischen Revolution brach die Geschichtsforschung im eigentlichen, geistigen Sinn des Wortes ab. Wie der gesamten Forschung, wurde auch ihr die Aufgabe zugewiesen, die ideologischen Ansprüche der Kremlpolitik mit jeweils passenden Argumenten auszuschmücken und in ein entsprechendes wissenschaftliches Gewand zu kleiden. Die meisten Vertreter der alten Schulen flohen in den Westen, und bald entstand in der Emigration eine neue Geschichtsschreibung, die jedoch innerhalb des Landes kaum Einfluss ausübte. Von selbständiger Bedeutung sollte vor allem die Gruppe der sogenannten Eurasier sein, deren Hauptsitz Prag war.

Unterdessen beherrschte in Moskau POKROWSKI mit einer vulgärmarxistischen Geschichtsdeutung die Szene, die schließlich sogar von der Kommunistischen Partei als Verflachung ihres eigenen dogmatischen Schemas abgelehnt werden musste. Doch eine unerwartete Wende trat um die Mitte der dreißiger Jahre ein.

STALIN ging damals in seinen Expansionsplänen vom revolutionären Messianismus zur traditionellen Geopolitik über, und da hatte die Geschichtsdarstellung seine imperialistischen Postulate zu untermauern. Er durfte sich ja auch mit Fug und Recht als Erben der altmoskowitischen Eroberer und Gewaltherrscher betrachten, und nicht von ungefähr griffen die neuen Geschichtsbücher immer wieder auf LOMONOSSOW und KARAMSIN zurück, nur dass die positiven oder negativen Wertungen jetzt durchweg mit den im Marxismus üblichen Prädikaten, vor allem natürlich »fortschrittlich« oder »reaktionär«, ausgedrückt wurden. So erfuhr man nicht ohne Staunen, dass IWAN DER SCHRECKLICHE schrecklich progressiv, das Volk von Nowgorod dagegen schrecklich volksfeindlich gewesen sei. Die alte Frage nach der normannischen oder slawischen Herkunft der ersten Kiewer Fürsten wurde wieder zum Brennpunkt des sowjetpatriotischen Glaubensbekenntnisses gemacht. In einer solchen Atmosphäre zeugte es schon von Mannesmut, wenn manche Gelehrte unbeirrt ihren Forschungen nachgingen, ohne ideologisch gefärbte Werturteile zu fällen, so in verschiedenen Generationen SERGEJ PLATONOW, JURI GOTJE, DMITRI LICHATSCHOW, ALEXANDER SIMIN[10].

Mit der Zeit wurde indes die Geschichtsdeutung und -wertung auch in der unterirdischen Manuskriptliteratur, im sogenannten Samisdat, zu einem der thematischen Knotenpunkte. In den Blütejahren dieses Mediums, die gegen 1960 begannen, tat sich hier eine Anzahl seriöser Autoren hervor. Doch den größten Publikumserfolg verzeichnete unstreitig der Verfasser einer Reihe von Schriften, in denen die Grundthesen der Eurasier, verbunden mit einem eigenartigen Ethnopatriotismus, zu einer letztendlich aggressiv antieuropäischen Theorie zusammengeflochten waren. Der Mann hieß LEW GUMILJOW. Er konnte seine Bücher in den kurzen sieben Jahren von 1986 bis zu seinem Tode im vollen Umfang veröffentlichen. Weniger günstig gestaltete sich die Verlagssituation für andere Samisdat-Autoren, namentlich in den Provinzstädten. Eine systematische Erforschung dieser gewaltigen Literaturbestände hat leider noch nicht begonnen. Ich möchte daher nur auf einige Veröffentlichungen der Glasnost-Zeit hinweisen, die eine GUMILJOW entgegengesetzte Tendenz vertreten und trotz der verzögerten Drucklegung gerade jetzt, im Zeichen der Vergangenheitsbewältigung, eine ausnehmende Aktualität erlangt haben.

Auf höchster geschichtsphilosophischer Ebene bewegt sich in seinen zahlreichen Aufsätzen und Traktaten, erst recht aber in seinem fundamentalen Werk »Russland: Kritik der historischen Erfahrung« ALEXANDER ACHIJESER[11]. Dieser Denker versucht mit Hilfe einer durchdringenden Dialektik, die ewigen russischen Spaltungen und soziokulturellen Konflikte geistig auszuschöpfen, ideell zu überwinden und dadurch eine Klärung der geschichtlichen Zusammenhänge und der Entwicklungsmöglichkeiten zu erzielen.

Dagegen geht es dem Verfasser dieser Zeilen in seinen meist gegenwartsbezogenen historischen Essays, in dem polemischen Buch »Falsches Gedächtnis«, in einem umfangreichen Werk über die moskowitische Eroberung und den russischen Widerstand wie auch in anderen Schriften um eine Wandlung des ererbten Geschichtsbewusstseins des Volkes durch Verinnerlichung des eurorussischen Ideals, vor allem aber durch die Revision unzähliger altüberkommener Werturteile betreffs entscheidender Vorgänge, Alternativen und Gestalten in vielen Epochen.

Der auch als zeitkritischer Publizist hochgeschätzte MICHAIL GEFTER konnte noch kurz vor seinem Ableben zu Beginn des Jahres 1995 eine siebenbändige Werkausgabe besorgen, deren Inhalt und geistiges Ethos geeignet sind, einen Wendepunkt im historischen Selbstverständnis der verschiedensten Volksgruppen und -schichten mit sich zu bringen...

Noch hat Vergangenheitsbewältigung kaum begonnen. Noch lässt sich nicht voraussagen, welche Kreise sie ziehen, welche Ausstrahlung sie haben mag. Eines aber steht fest: Ihre Einwirkung auf die Zielbilder, auf die Rollenwahl Russlands in der kommenden Welt, wird von nicht geringer Tragweite sein.

(16.10.1995)

Bekenntnis und Botschaft
Über die russische Autobiographie

In der ersten Hälfte unseres Jahrhunderts schuf der Marburger und Göttinger Professor Georg Misch ein mehrere Bände umfassendes Werk, die »Geschichte der Autobiographie«. Es kann kein Zweifel daran bestehen, dass es ihm um eine möglichst vollständige Erfassung seines Stoffes zu tun war. Dabei unternahm er ausgedehnte Streifzüge in die Literaturen fast aller Erdteile. Um so erstaunlicher schien es, dass er Russland und dessen in Jahrhunderten entstandenes umfangreiches autobiographisches Schrifttum in keiner Weise berücksichtigte. Es war aber auch symptomatisch – in dem Sinn, dass die tief verwurzelte Vorstellung von der Unterentwicklung des rein Individuellen, rein Ich-Bezogenen im russischen Menschen ein gewisses Vorurteil mit sich gebracht hatte. Es hieß nämlich, literarische Selbstdarstellungen könnten hier nur Darstellungen eines ungleichen Wechselverhältnisses von Innenwelt und Umwelt sein, wo gerade die Umwelt als das Primäre, Ausschlaggebende, allein Interessante gelte. Georg Misch indes wollte in seinem Werk anhand des Werdegangs der Literaturgattung Autobiographie vor allem die Herausbildung der eigenständigen Persönlichkeit in den verschiedenen Zeitaltern, mithin die Wandlung der Innenwelt verfolgen.

Doch ist eine derartige Auffassung von der russischen Wesenheit einseitig und eine derartige Beurteilung des Charakters russischer Lebensberichte verfehlt.

Selbstredend gibt es auch hier wie in sämtlichen Literaturen, in sämtlichen Sprachen der Welt unzählige Erinnerungsbücher, die nichts anderes sein wollen als ein Beitrag zur politischen Geschichte, Kulturgeschichte oder Sittengeschichte. Miterlebte Vergangenheit bildet eben den Stoff für allgemeinere, umfassendere, wissenschaftliche Geschichtsbetrachtung. Es liegt auf der Hand, dass Memoiren dieser Art nur mit Vorbehalt als Autobiographien im eigentlichen, strengeren Sinne des Wortes angesehen werden können.

Doch da gerade in Russland wie wohl nirgends in Europa das Ringen der Persönlichkeit um freie Entfaltung, um Selbstdurchsetzung, um das Recht auf Selbstsein, Selbstwertung und Selbstausdeutung eine so ungeheure psychische Intensität und historische Tragweite erreichen sollte, mussten hier auch immer wieder Lebensbilder entstehen, in denen sich die Verfasser mit der eigenen, individuellen Rolle in ihrer Zeit und Welt aufs gründlichste auseinandersetzten. Ja, die besondere Sensibilität für die Wechselwirkungen von Persönlichkeit und Gesellschaft, Innenwelt und Umwelt verleiht solchen Schilderungen oft eine ganz ungewöhnliche Aussagekraft. Bekenntnisse werden Bekenntnis zu sich selbst, dadurch aber auch Botschaft – Botschaft an den Volksgeist.

(014) Über die russische Autobiographie

Diese Wesenszüge wirken sich in markanter Weise auf das tatsächlich in mancher Hinsicht spezifische Gepräge der klassischen russischen Autobiographie aus. Wenn ich hier das Wort »klassisch« gebrauche, so meine ich damit vor allem, dass es sich um Schriften handelt, die das Ethos und Anliegen dieser Gattung in höchster Reinheit verkörpern. Worin unterscheidet sich nun aber dieses Ethos, dieses Anliegen von gleichartigen Bestrebungen in anderen Kulturen?

Man könnte die Motive, die der Niederschrift autobiographischer Berichte zugrunde liegen, etwa folgendermaßen zusammenfassen: Der Autor will in erster Linie sich selbst, seinen Zeitgenossen und vielleicht späteren Generationen die Herausbildung seiner Denkart und Lebensanschauung aufgrund seiner Erfahrungen und Erlebnisse darlegen, darüber hinaus eine Bilanz seines Weges ziehen und oft durch die Verklärung dieses Weges in nostalgisch gefärbter Erinnerung seinem ganzen Leben einen bestimmten Glanz und höheren Sinn zulegen; solche Impulse erhalten in der russischen autobiographischen Literatur eine besondere Schattierung, findet die Neigung des russischen Geistes Niederschlag, aus den verschiedensten Gegebenheiten und Auffassungen direkt oder unterschwellig Lehren für menschliches Verhalten, Denken und Hoffen zu gewinnen – die Autobiographie zeigt nicht nur, wie es war, sondern nicht zuletzt auch, wie es hätte kommen können und wie es hätte sein sollen, sie will durch das Beispiel eines Lebens Lebensweisheit spenden, sie will trösten, aber auch warnen – deshalb ist die Reue in ihr ein so häufiges Thema, deshalb ist die Autobiographie immer wieder Medium der Einkehr, der Sebstbesinnung, der qualvollen Selbsterkenntnis. Begreiflicherweise zeugen russische Selbstdarstellungen in der Regel von einer besonderen, Empfindlichkeit für das Verhältnis der Persönlichkeit zur Gemeinschaft, zur Gesellschaft, zur Kultur, zur Nation, zum Staat, zu den herrschenden Ideologien, Denkgewohnheiten und Werten. Doch von anderen Literaturgattungen unterschied sich die Autobiographie seit eh und je nicht allein durch die selbstverständliche Ich-Bezogenheit des gesamten Geschehens, sondern gerade durch den vom Wort getragenen und ausgefochtenen Kampf um Individualität als zentralen menschlichen Wert, und das war tatsächlich, ob gewollt oder ungewollt, eine Auflehnung gegen den Kollektiv- oder richtiger Herdengeist, wie er stets von den jeweils obwaltenden Mächten gepredigt, eingepflanzt, aufrechterhalten wurde.

Das galt voll und ganz für eine Schrift des 12. Jahrhunderts, die als Vorläuferin der Autobiographie betrachtet werden kann, obwohl sie keinen eigentlichen Lebensbericht, sondern nur ein momentanes Selbstbildnis des Verfassers enthält – so dass sich die Wissenschaftler nicht einmal über dessen soziale und regionale Herkunft einig sind. Das nicht gerade umfangreiche Schriftdenkmal, das unter dem Titel »Schreiben Daniils des Kerkerinsassen« bereits im Mittelalter in zwei unterschiedlichen Fassungen und zahlreichen Abschriften im Umlauf war, ist ein einziger rebellischer Aufschrei des geistig und seelisch seiner Umwelt überlegenen, seinen Zeitgenossen an Bildung und Weltkenntnis weit vorauseilenden Individuums, eine Rebellion gegen die von der Gesellschaft auferlegten Fesseln. Nicht umsonst sind manche Literaturhistoriker der Ansicht, dass sich DANIIL in Wirklichkeit gar nicht in Haft befand, sondern eben das gesamte Leben seiner Zeit als Kerker empfand, als Kerker, aus dem er durch diesen leidenschaftlichen, an einen Fürsten gerichteten Appell auszubrechen versuchte.

Die erste eigentliche Autobiographie indes stammte von einem Mann ganz anderer Art, ganz anderer Weltanschauung und ganz anderer Stellung im Gesellschaftsgefüge. Zwar wurde die Vita des heiligen ALEXANDER NEWSKI möglicherweise erst nach dem Tode dieses Herrschers von seinem Privatsekretär zusammengestellt, doch lassen viele Einzelheiten darauf schließen, dass dem überlieferten Heiligenleben eine durchaus weltliche Autobiographie vorangegangen war, die der Großfürst persönlich diktiert haben musste, die aber leider verlorengegangen ist. Einerseits stellte diese scheinbar präzise und sehr ausführliche Lebensbeschreibung eine gezielte, propagandistisch zweckbewusste und daher streckenweise ganz verlogene Selbstverherrlichung des Mannes dar, der das russische Volk seiner natürlichen Wurzeln beraubte, aus der europäischen Völkerwelt herausriss und einer mehr als zweihundertjährigen Mongolenherrschaft unterwarf. Da war beispielsweise ein so folgenreiches historisches Ereignis wie seine in allen Chroniken beschriebene große Reise nach der Mongolenhauptstadt Karakorum auch nicht mit einem einzigen Wort erwähnt, dagegen sein geglückter Überfall auf das Lager einer kleinen schwedischen Kriegerschar zur heroischen Gottesschlacht hochstilisiert! Doch andererseits sollte auf keinen Fall übersehen werden, dass es sich hierbei um die russische Selbstdarstellung handelte, die erstmalig das Recht der Persönlichkeit auf freie Entscheidung und freie Tat verkündete, die eigenständige Bedeutung des individuellen Denkens und Wollens betonte und damit zur Vorläuferin und in mancher Hinsicht Wegbereiterin der klassischen Autobiographie wurde. Denn noch nach Jahrhunderten gehörte die Vita des ALEXANDER NEWSKI zu den meistgelesenen russischen Heiligenleben.

Indessen brachte das Mongolenjoch psychopolitische Vorgänge mit sich, die im ganzen Volk einen Verlust an Persönlichkeit und Ich-Erleben wie nie zuvor bewirkten. Erst im 15. Jahrhundert konnten wieder Aufzeichnungen entstehen, in denen die Gestalt des Verfassers individuelle Züge erhielt und den Mittelpunkt des Geschehens bildete. Allerdings handelte es sich auch jetzt noch nicht um zusammenhängende Darstellungen ganzer Lebensläufe, die Aufschluss über die geistige Entwicklung von Menschen innerhalb der Epoche und der spezifischen Verhältnisse des Landes hätten geben können, sondern eher um mehr oder minder eingehende Beschreibungen von Lebensabschnitten, in denen außergewöhnliche Ereignisse dem Leser auch Interesse und vielleicht Bewunderung für den dabei aktiv mitwirkenden Erzähler einflößen konnten.

Das charakteristischste und wohl bekannteste Werk dieser Art ist des Kaufmanns AFANASSI NIKITIN exotische Reisebeschreibung »Fahrt über drei Meere«, wo farbige Skizzen aus Persien und Indien, die damals, Jahrzehnte vor VASCO DA GAMAS Seereisen, dem Europäer wie Wunderbilder einer fremden Welt erscheinen mussten, dennoch nie die Anwesenheit des Autors als einer denkenden, forschenden und urteilenden Person vergessen lieben. Die emotionelle Schilderung der verschiedensten überstandenen Schwierigkeiten und Abenteuer, kurze Hinweise auf heimatliche Belange, auf die eigene Herkunft, auf das eigene Identitätsbewusstsein, vor allem aber direkt an den Leser gerichtete Bemerkungen und Urteile verliehen dem Ganzen fast den Tonfall eines intimen Gesprächs, mitunter aber auch einer lyrisch gefärbten Beichte. In dieser Hinsicht bedeutete das Buch einen solchen Vorstoß in ungeahnte Denkweisen und Gefühlslagen, dass sicher Zweifel an seiner Echtheit aufgekommen wären, würde der schon damals in die Moskauer Staatschronik eingefügte Text nicht Hunderte unstreitig authentische lokale Fakten und Einzelheiten enthalten.

Anderthalb Jahrhunderte flohen dahin...

Weniger populär und heute nahezu vergessen sind die Erinnerungen des Mönches und Diplomaten AWRAAMI PALIZYN an die große Smuta, die Zeit der Wirren. Doch taucht hier eine ganz neue Nuance auf. Aus der Schilderung der sechzehn Monate andauernden Belagerung des Troize-Sergijew-Klosters durch die Polen ist nämlich eine unausgesprochene, unterbewusste, aber um so qualvollere Ungewissheit des Autors herauszuspüren, ob er selbst sich in jenem Krieg bewährt oder aber versagt habe, eine Ungewissheit, die durch eine kompensatorische, an Prahlerei grenzende Herausstellung der eigenen Verdienste in anderen Episoden vertuscht, oder aufgewogen, werden soll. Eine durchaus menschliche Note, die da anklingt.

Doch sollte noch ein weiteres halbes Jahrhundert vergehen, ehe die Bestimmung der Autobiographie als Bekenntnis und Botschaft ihre vollgültige Erfüllung in einem Werk einmaliger Aussagegewalt erlangte. Hier trafen mehrere bedeutsame Faktoren zusammen: eine historisch prominente und ungemein starke Persönlichkeit, ein beispiellos ereignisreiches Leben, eine unzähmbare Leidenschaftlichkeit und nicht zuletzt ein sprachliches Ausdrucksvermögen von seltener Prägnanz, Wucht und Vielseitigkeit. Der Titel, »Vita des Protopopen Awwakum, von ihm selbst geschrieben«, mag dem Europäer kaum etwas sagen, doch war dieser AWWAKUM anerkanntes Haupt einer der beiden feindlichen Parteien, der Altgläubigen, im einzigen großen Religionskrieg, den Russland je gekannt hat. Von dieser Glaubensgemeinde, die auch in der Geschichte der letzten 300 Jahre immer wieder eine nicht unwesentliche Rolle spielte, wird er bis auf den heutigen Tag als Begründer ihrer Konfession, als Hüter der allein echten orthodoxen Riten und Lehrsätze verehrt. Doch – ging seine Rolle auch über die rein religiöse Sphäre hinaus. Er gehörte zu den historischen Figuren, die als Gegengewicht gegen den absoluten Herrschaftsanspruch Moskaus über ganz Russland wirkten, indem sie entscheidende Spannungen des ideologischen und politischen Lebens in die Provinz verlegten und, ob sie es wissentlich anstrebten oder nicht, dem Volksdenken eine dezentralisierte Struktur verliehen. Wie deutlich das auch heute noch empfunden wird, lässt sich vielleicht an einem kleinen Beispiel erkennen: Seitdem 1934 der Academia-Verlag eine wissenschaftliche Edition herausbrachte, erlebte die »Vita« zwar sechs neue Ausgaben in 25 Jahren, jedoch immer in kleineren Provinzstädten – bei der extremen Konzentration des russischen Verlagswesens eine verblüffende Tatsache, eine Art indirekter Protest! Awwakum machte schon früh als Eiferer für Glaubensreinheit und streng christliche Lebensweise von sich reden. Da er sowohl die Ausschweifungen der Obrigkeit wie auch die Laster und Lüste der Durchschnittsmenschen lautstark anprangerte, wurde er immer wieder aus seinen Kirchensprengeln verjagt und mehrmals halbtot geschlagen. So kam er notgedrungen nach Moskau. Doch da er auch hier nicht klein beigab, nahmen die Verfolgungen erschreckende Formen an. Von diesen Leiden erzählt der streitbare Schwärmer mit einer Vehemenz, die selbst den Leser viel späterer Zeiten erschüttert. Als dann aber der Patriarch von Moskau, Nikon, eine Reform des Ritus und eine Revision der Gebetbücher in die Wege leitete, setzte ihm Awwakum einen so erbitterten Widerstand entgegen, dass ihn die Massen der Gleichgesinnten sogleich als ihren berufenen Führer anerkannten. Er wurde auf Befehl des Zaren in Ketten geschlagen, unsäglichen Demütigungen ausgesetzt und im Laufe mehrerer Jahre nach immer entfernteren sibirischen Orten verbannt, wo seine beiden Söhne Hungers starben. Da er unbeugsam blieb, wurde er für fünfzehn Jahre in ein Erdloch gesperrt, wo man in seiner Gegenwart Freunden die Zunge abschnitt und die Hände abhackte. In diesem Loch schrieb er die Vita und eine Reihe anderer überlieferter Texte, von hier führte man ihn schließlich auf den Scheiterhaufen. Ich möchte nur einige Äußerungen eminenter russischer Dichter über die sprachliche Substanz der Vita anführen. Turgenew: ». . . *eine lebendige Rede, eine Ausdrucksweise, die jeder Schriftsteller studieren muss*«; Dostojewski: »*Keine Übersetzung in eine fremde Sprache wird je imstande sein, die urwüchsige Sprachkraft der Vita wiederzugeben*«; Maxim Gorki: »*Sprache und Stil der Briefe und der Vita des Protopopen Awwakum bleiben ein unübertroffenes Beispiel leidenschaftlicher, flammender Beredsamkeit eines Kämpfers*«; Alexej Tolstoi: »*Die le-*

bensechte, volkstümliche, kraftstrotzende Stimme des unbändigen Rebellen macht seine Vita und seine Sendschreiben zu wahrhaft genialen Werken«.

Dem konnte das ausgehende 17., ja im Grunde auch das 18. Jahrhundert nichts Gleichwertiges an die Seite stellen. Im Zeitalter der Aufklärung glich sich die individuelle Entwicklung der russischen Adligen, die nunmehr die entscheidenden Träger und Schöpfer einer nationalen Kultur waren, weitgehend dem europäischen Vorbild an. So entstand ein neuer, weniger robuster, weniger erdverbundener, weniger stark ausgeprägter Persönlichkeitstyp, dem aber um so mehr Selbstgefühl und Selbsterfüllungswille eigen sein sollte. Das musste sich auch auf den Charakter der Memoirenliteratur auswirken. Doch ehe so berühmte und auch heute noch vielzitierte Autobiographien wie die Aufzeichnungen der Zarin KATHARINA DER ZWEITEN oder die Lebenserinnerungen des vielseitigen und hochgebildeten Gutsherrn ANDREJ BOLOTOW in der Einsamkeit stilgerecht ausgestatteter Studierzimmer niedergeschrieben wurden, legte eine höchst zwielichtige Figur im dunkelsten Milieu Moskaus einen Lebensbericht ganz merkwürdiger Art vor, der eine gewisse Zeit lang in Dutzenden Abschriften unter Lesekundigen in den niederen Bevölkerungsschichten umlief, jedoch bald auch als Buch im Druck erschien. Der Titel versprach »*die echte Geschichte des berühmten russischen Diebes, Räubers und späteren Moskauer Detektivs Wanjka Kain nebst allen seinen Ermittlungen und Fahndungen, seiner verrückten Hochzeit, seinen verschiedenen spaßigen Liedern und seinem Bildnis«.* Allerdings war das ursprüngliche Manuskript vom Herausgeber erheblich umgearbeitet worden, doch die Essenz blieb erhalten. Der entlaufene leibeigene Bauer IWAN ÓSSIPOW, der sich selbst den vulgären Spitznamen WANJKA KAIN zugelegt hatte, war nach jahrelangen Umtrieben in der kriminellen Unterwelt und gefürchteten Wegelagererbanden zur damals noch sehr primitiven Geheimpolizei gestoßen, hatte aber seine früheren Beschäftigungen keinesfalls aufgegeben. Die Erzählung von seinen geradezu unglaublichen Abenteuern, die indes in den Akten einer eigens aus St. Petersburg entsandten Untersuchungskommission dokumentarisch belegt sind, zeichnet sich durch eine Fülle lebendiger Details aus und ist gespickt mit sprichwörtlichen Sentenzen, Scherzen im volkstümlichen Ton und sinnvoll eingefügten romantischen Liedern. Kein Wunder, dass sie bis tief ins vorige Jahrhundert hinein zu den populärsten Schmökern gehörte und unzählige Male neuaufgelegt wurde. Als Gegenstück zur sorgsam geformten und methodisch kultivierten aristokratischen Persönlichkeit der Epoche erscheint dieses eigentümliche Menschenexemplar wohl auch jetzt nicht ganz uninteressant!

ANDREJ BOLOTOW hingegen berichtete im gepflegtesten literarischen Russisch von bunten Erlebnissen im Siebenjährigen Krieg, beim Staatsstreich der KATHARINA, als Student der Universität Königsberg, als oberster Verwalter der Krongüter, bei der Niederwerfung und Hinrichtung des Rebellenführers PUGATSCHOW, dann als

Herausgeber der ersten russischen ökonomischen und landwirtschaftlichen Zeitschriften sowie in zahlreichen anderen Situationen und Funktionen. Dieser Mann hat in vier immer wieder nachgedruckten und fünfundzwanzig bis heute unveröffentlichten Bänden ein beeindruckendes Sittengemälde der Zeit hinterlassen, dabei aber stets das eigene Denken und Fühlen, die eigene Sicht und Deutung in den Mittelpunkt gerückt. Es ging ihm nicht zuletzt um den Nachweis, dass man als pflichtbewusster Staatsdiener und treuer Untertan der Zarin doch eine scharf profilierte Individualität bewahren kann. Wie dem auch sei, er wurde mit seinem autobiographischen Werk zu einem der Begründer des Goldenen Zeitalters der russischen Literatur, und manche charakteristische Besonderheiten der Menschendarstellung haben die Klassiker vielleicht von ihm ererbt.

Mitunter bergen Memoiren aber regelrechte psychologische Rätsel. In gewisser Hinsicht gilt das auch für mehrere französische Manuskripte, die unter dem Titel »Autobiographische Aufzeichnungen Katharinas der Zweiten« zum Teil immerhin 70 Jahre nach dem Tode der großen Zarin, im vollen Umfang jedoch erst nach weiteren 40 Jahren in russischer Übersetzung erscheinen konnten. Den Grundstock bildeten vier unterschiedliche, in groben Zeitabständen verfasste Varianten des gleichen Berichts. Und man kann nur staunen, wie hier die Beurteilung mancher Ereignisse und Personen mehrmals in krasser und oft unerklärlicher Weise wechselt, ja ins Gegenteil umschlägt. Das betrifft nicht nur KATHARINAS eigene Mutter, verschiedene russische Staatsmänner und den ALTEN FRITZ, sondern vor allem auch den von ihr gestürzten, auf ihren Befehl hin ermordeten Gatten, PETER DEN DRITTEN. Aus zwei Manuskripten, in denen sie den Toten hemmungslos verunglimpft, schöpft seitdem eine traditionelle Geschichtsschreibung angebliche Tatsachen und vermeintliche Charakterzüge des allzu liberal gesinnten und deshalb unliebsamen Herrschers, wogegen die beiden anderen Varianten, die den gleichen Mann weitaus objektiver darstellen, kaum Beachtung finden. Bei alldem besteht der bleibende Wert dieser Aufzeichnungen in einer zutiefst persönlichen Note, in der wohldurchdachten Selbstinterpretation einer Schlüsselfigur der Weltgeschichte.

Allmählich kam unterdessen eine für Russland neue Art des Memoirenschreibens auf. Sie wollte nicht so sehr den Werdegang des Verfassers darstellen und erklären, als vielmehr dessen mehr oder minder namhafte Freunde und Bekannte für eine interessierte Leserschaft porträtieren. Es gab dafür durchaus einleuchtende Gründe. Das geistige und literarische Leben des Landes hatte eine spezifische Struktur entwickelt, die dann bis in die neueste Zeit hinein bestehen blieb, und das in so ausgeprägter Form wie wohl nirgends sonst auf der Welt: Zum tragenden Element nämlich wurden nunmehr die berühmten Diskussionsgruppen von Gesinnungsgenossen. Deshalb waren die Schilderungen von Vorgängen innerhalb solcher Zirkel,

(014) Über die russische Autobiographie

von Auftritten, Verhaltensweisen und Stellungnahmen ihrer aktiven und prominenten Mitglieder keinesfalls nur dazu angetan, die Neugier intelligenter Außenseiter zu befriedigen, nein, sie suchten und vermochten auch oft, dem gesellschaftlichen Geschehen der Zeit, vor allem den ideologischen Auseinandersetzungen neue Konturen zu verleihen und bestimmte Richtungen zu weisen. Manche dieser Bücher gelten nicht umsonst nach wie vor als wichtige historische Quellen und kulturgeschichtliche Dokumente, so etwa die Memoiren Iwan Panajews und die seiner Gattin Awdotja, die des Liberalen Pawel Annenkow und die des Erzkonservativen Nikolai Gretsch.

Einen tragischen Sonderfall stellen die Erinnerungen der Karolina Pawlowa dar. Diese hochbegabte Lyrikerin, die gedankenreiche und formvollendete Balladen, Elegien und philosophische Verse in russischer wie in deutscher Sprache schrieb, mit einem bedeutenden Roman, »Das doppelte Leben«, eine neue psychologische Tönung in die russische Literatur hineintrug und mit teilweise bis auf den heutigen Tag unübertroffenen deutschen Nachdichtungen russischer lyrischer, epischer und dramatischer Dichtung einen wesentlichen Beitrag zur Annäherung der beiden Kulturen leistete, gehörte zur Stammbesucherschaft der Moskauer literarischen Versammlungen: in den vierziger Jahren war ihr eigener Salon einer der Hauptanziehungspunkte des intellektuellen Lebens, und sie pflegte mit so gut wie allen Geistesgrößen des damaligen Russland vertrauten Umgang. Denoch wollte sie in ihren Memoiren, an denen sie Jahrzehnte hindurch arbeitete, vorwiegend gerade den geistigen und seelischen Weg einer feinsinnigen und schöpferisch veranlagten Frau im Wirbel einer zwiespältigen, umbruchträchtigen Zeit veranschaulichen. Es hätte ihr Hauptwerk sein sollen. Ein Kapitel erschien 1875 in der allgemein geschätzten geschichtswissenschaftlichen Zeitschrift »Russisches Archiv«, doch kam der weitaus größere Teil abhanden. Auch nachdem die Dichterin im Alter von 51 Jahren Moskau verlassen und den kleinen Ort Chlosterwitz bei Dresden zur Heimstatt gewählt hatte, setzte sie die Arbeit daran eifrig fort. In den 35 Jahren, die ihr noch vergönnt waren, musste dieses Spätwerk weit gediehen sein, doch wurde es von einem bösen Schicksal verfolgt: Sie vermachte es einem Enkelsohn, und seitdem verlieren sich seine Spuren. Es steht nicht einmal genau fest, in welcher Sprache die letzten Teile verfasst waren.

Aus der gleichen Zeit stammt indessen eine große Autobiographie, die sofort in mehreren europäischen Ländern, später auch in anderen Erdteilen übersetzt wurde und die jetzt in Russland zum obligaten Pensum selbst der Mittelschüler gehört. Der Verfasser, er hieß Alexander Herzen, war in erster Linie eine der entscheidenden *politischen* Gestalten des vorigen Jahrhunderts, zugleich aber auch Philosoph, Romanschriftsteller und Novellist, Kulturkritiker und sozialwissenschaftlicher Publizist von hohem Rang. Sein Buch »Erlebtes und Gedachtes«

ist nicht bloß die weitaus berühmteste, sondern auch die zweifellos folgenreichste, historisch wirksamste aller russischen Autobiographien. So drängt sich die Frage auf, in welchem Verhältnis diese objektive Bedeutsamkeit, dieser Generationen überdauernde Einfluss zum inneren Wert, zur rein menschlichen Substanz des imposanten Werkes steht. Eine Frage, die schon an und für sich für die Wertung der Autobiographie als Gattung von Belang ist, in diesem Fall jedoch eine außergewöhnliche geistesgeschichtliche Relevanz erlangt. Zunächst möchte ich einigen Vorwürfen entgegentreten, die in jüngster Zeit den Trägern radikaler Bestrebungen des vorigen Jahrhunderts und namentlich gerade ALEXANDER HERZEN gemacht werden. Es heißt, sie seien Wegbereiter des Bolschewismus gewesen, Und tatsächlich berief sich ja LENIN des öfteren auf HERZEN als seinen rechtmäßigen Vorläufer. Doch beruht diese Vorstellung auf Täuschungen und Selbsttäuschungen. In Wirklichkeit war der Bolschewismus – und diese Feststellung ist gewiss nicht neu – in strukturpolitischer und machtpolitischer Hinsicht nichts als eine verschärfte, ins Maßlose gesteigerte Neuauflage jener zaristischen Selbstherrschaft, die unter NIKOLAUS DEM ERSTEN ihre extreme Ausprägung erreicht hatte. Die entscheidende Verwandtschaft der beiden Systeme lag aber gerade im human-politischen Bereich, denn als Hauptfeind galt in beiden Fällen die eigenständige, von Haus aus unlenkbare *Individualität*, die dem Ideal der allgemeinen und absoluten Gleichschaltung trotzte. Eben gegen dieses autokratisch-bürokratische Ideal empörten sich indes HERZEN und seine legitimen Nachfolger in der Zaren- *und* in der Sowjetzeit. Die Schilderungen der Sitten und Gepflogenheiten des Staatsapparats, die einen so wesentlichen Teil in HERZENS Memoiren bilden, hätten sehr wohl von einem Dissidenten der siebziger Jahre unseres Jahrhunderts stammen können. Wollen wir diese Lebensgeschichte wirklich als Bekenntnis und Botschaft bewerten, so dürfen wir sie auf keinen Fall unter dem Blickwinkel einer historischen Schuld betrachten. Es lässt sich nun einmal nicht leugnen, dass sich dieser Mann als Politiker wie als Schriftsteller vor allen Dingen gegen die Unterdrückung der *Persönlichkeit* auflehnte, ob diese nun dem Hochadel, der Intelligenz oder der leibeigenen Bauernschaft angehörte. Hierin lag das Hauptmotiv seines Schaffens wie seines Kampfes – und damit seines Bekenntnisses zu sich selbst wie auch seiner Botschaft an die Welt. Bekenntnis zu sich selbst bedeutete für ihn nicht allein Einsatz für ein geistiges und politisches Credo, sondern in erster Linie, und er war sich dessen vollauf bewusst, ureigensten Selbsterfüllungswillen. Und Botschaft an die Welt hieß für ihn nicht allein Verkündigung eines geschichtlichen Prinzips, sondern vornehmlich Selbstmitteilung, seelisch notwendige Offenlegung, wie es ja schon der Titel des Buches versprach, des von ihm Gedachten als organische Konsequenz des von ihm Erlebten.

Wenn somit ALEXANDER HERZENS Memoiren durchaus dem ursprünglichen Sinn der Autobiographie als solcher gerecht wurden, so

(014) Über die russische Autobiographie

möchte ich dennoch auf gewisse Momente hinweisen, die meist übersehen oder vertuscht werden. Diesem Hauptwerk eines Philosophen gebricht es an philosophischer Tiefe, an Bemühung um philosophische Selbsterkenntnis. Selbst rein philosophische Streitgespräche wirken eher wie belletristische Szenen. Hinzu kommt bisweilen ein unverkennbar demagogischer Unterton. Um nur ein fast lächerliches Beispiel anzuführen: Er, der Sohn eines steinreichen Aristokraten, in einer Atmosphäre raffinierter Hochkultur aufgewachsen, schon zu Lebzeiten Träger eines Namens, der sowohl in der Heimat wie auch in ganz Europa für jedermann ein Begriff war, biedert sich dem Leser mit den Worten an »unsereins, der gewöhnliche Mensch«!

Während sich HERZEN buchstäblich sein Leben lang mit dieser eingehenden Selbstdarstellung befasste – seine erste autobiographische Erzählung entstand, als er kaum 25 Jahre zählte, und erschien drei Jahre darauf in der angesehensten Literaturzeitschrift! –, suchten andere herausragende Prsönlichkeiten der Epoche ihre Erfahrungen und geistigen Entscheidungen erst in einem vorgeschrittenen Alter zusammenzufassen, um desto nachhaltiger auf die Menschen jener Krisenzeit und vor allem die jüngeren Generationen einzuwirken.

Doch begann das Ganze mit einem Rätsel. Die erste radikale Bewegung in Russland – nämlich die Verschwörung der sogenannten Dekabristen, setzte sich ausschließlich aus Adligen, darunter Fürsten und höheren Offizieren, zusammen. Es wäre doch nur natürlich gewesen, wenn diese durchweg literarisch versierten Männer versucht hätten, ihren Weg zu demokratischen und teilweise sogar extrem demokratischen Ansichten in ausführlichen Lebensberichten zu beleuchten. Doch liegen sonderbarerweise keinerlei Schriften aus diesem Kreis vor, die man als Autobiographien im tieferen Sinne des Wortes bezeichnen könnte. Selbst der später ungemein populäre Romanautor ALEXANDER BESTUSHEW bemühte sich in seinen Erinnerungen nicht etwa um eine psychologische Ergründung und Begründung seines Werdegangs zum republikanischen Aufrührer, sondern umgab lediglich die Verschwörung als solche, als historische Episode, mit einem romantischen Glorienschein. Ich möchte hier erstmalig eine umfassende Erklärung dieser scheinbar so rätselhaften Zurückhaltung wagen: Der Anschluss einer solchen Zahl Hochprivilegierter an geheime Gesellschaften, die sich die Abschaffung aller Privilegien zum Ziel setzten, ging keinesfalls auf eigene Erlebnisse und Erwägungen, keinesfalls auf eine jeweils sorgfältig durchdachte Entscheidung zurück, es gab gar kein inneres, persönliches Ringen, von dem berichtet werden könnte, es handelte sich bei alldem um eine Art geistige und emotionelle Epidemie, die unter dem Einfluss verwandter Bestrebungen in mehreren europäischen Ländern entstanden war und durch immer neue Nachrichten von ähnlichen verwegenen Unternehmungen in aller Welt zusätzliche Nahrung erhielt. Das lässt sich nicht nur aus der gesamten Atmosphäre ersehen, wie sie in der historischen Literatur hundertmal wiedererweckt worden ist, sondern auch aus späteren Aufzeichnungen mancher Teilnehmer.

Besonders anschaulich tritt dieser Einfluss in den Schriften zweier Brüder des soeben erwähnten ALEXANDER BESTUSHEW, NIKOLAI und MICHAIL, zutage, wo die auch jetzt noch von allen Russen verehrte Dekabristenbewegung im Grunde als gesetzmäßige Echoerscheinung einer weltweiten Tendenz dargestellt ist.

Genauso epidemieartig war aber auch die Verbreitung revolutionären Gedankenguts in mehreren daraufffolgenden Generationen, die sich bereits auf ALEXANDER HERZEN beriefen. Hier kam es zu einem ständigen Widerstreit individualistischer und kollektivistischer Momente, einem Widerstreit, der sich größtenteils unausgesprochen, unterbewusst, unbemerkt abspielte, jedoch die Psyche der zumeist jugendlichen Revolutionäre maßgeblich mitformte. Deshalb konnte sich die Persönlichkeit hier nur bedingt entfalten, und das musste die Selbstschau, die Selbsterkundung, wie sie ja der autobiographischen Wesensdeutung zugrunde liegt, stark beeinträchtigen. Es gab zwar einige beachtliche Ansätze, doch konnten vollgültige Lebensberichte erst entstehen, als die Kämpfer schon sehr alt, die Zeiten gewandelt und die Geschehnisse von einst im Gedächtnis erstarrt waren. Die bekanntesten Selbstdarstellungen legendenumwobener Helden jener Epoch erschienen erst im 20. Jahrhundert. Um nur einige zu nennen: NIKOLAI MOROSOW, Lyriker, vielseitiger Wissenschaftler und führender Kopf der Terroristenorganisation »Volkswille«, schrieb seine Erinnerungen nicht während seiner fast dreißigjährigen Gefängnishaft nieder, sondern mitten im Weltkrieg, und als er sie schließlich veröffentlichen konnte, wurden sie von den inzwischen allmächtigen bolschewistischen Ideologen, die sich ja gern auf Rebellen früherer Zeiten beriefen, zu ihren fragwürdigen Zwecken missbraucht; Fürst PJOTR KROPOTKIN, gleichfalls Universalgelehrter und Hauptdenker des internationalen Anarchismus, verfasste seine »Aufzeichnungen eines Revolutionärs« um etwa dieselbe Zeit, und es kann kaum verwundern, dass auch dieses Buch den Bolschewisten als Vorwand dienen sollte, die eigene Vergangenheit mit fremdem Lorbeer zu schmücken – nicht von ungefähr nahmen sie den Fürsten offiziell für sich in Anspruch, indem sie nach ihm Straßen, Plätze und ganze Städte benannten; doch den wohl charakteristischsten Fall ergab die merkwürdige Lebensgeschichte der VERA FIGNER, die seinerzeit in einer völlig hoffnungslosen Situation alles darangesetzt hatte, den »Volkswillen« wiederaufzubauen, nach dem selbstverständlichen Todesurteil zu lebenslänglichem Zuchthaus und dann nach zwanzig Jahren Kerker, zu ewiger Verbannung begnadigt worden war, darauf längere Zeit in der Emigration lebte, aber ausgerechnet 1915 nach Russland zurückkehrte, um hier ihre Memoiren zu schreiben und mit 70 Jahren veröffentlichen zu lassen – die neuen Machthaber sorgten diesmal für einen beispiellosen Re-

(014) Über die russische Autobiographie

klametumult, der weit über die Grenzen des Landes hinausging, und mit sowjetischer Unterstützung kamen bald vollständige oder gekürzte Übersetzungen in Dutzenden Sprachen heraus, auch eine deutsche unter dem Titel »Nacht über Russland«. Dabei passten doch diese offenherzigen, keineswegs das Ich verleugnenden Bücher ganz und gar nicht in die sowjetische Atmosphäre! Es war eben Verhängnis.

Doch noch eigentümlicher gestaltete sich das Schicksal der allerdings unvollendeten Lebensbeichte des bedeutendsten *liberalen* Denkers des vorigen Jahrhunderts. BORIS TSCHITSCHERIN war im Laufe eines der wichtigsten Abschnitte russischer Geistesgeschichte Mittelpunkt der theoretischen Dispute und ideologischen Auseinandersetzungen gewesen und hatte sich im Alter eigens zurückgezogen, um in Ruhe ein umfassendes Bild seiner menschlichen und intellektuellen Erfahrung entwerfen zu können. Als er 1904 starb, zweifelte gewiss niemand daran, dass demnächst eine sorgfältige Ausgabe im Druck erscheinen würde. Doch ergaben sich einige rechtliche Schwierigkeiten – warum sie nicht bald überwunden werden konnten, ist nicht ganz klar. Schließlich kam es zu einem traurigen Kuriosum: Die erste wissenschaftlich einwandfreie Edition wurde nämlich in den späten zwanziger Jahren, bereits nach STALINS Machtantritt, besorgt, und bis 1934 erschienen vier schön gestaltete Bände. Was darin stand, widersprach natürlich in eklatanter Weise dem stalinistischen Persönlichkeitsbegriff und dem gesamten marxistischen Geschichtsbild. In der damaligen Situation aber musste dem Werk leider jede Einwirkung auf die Mehrheit der Geister versagt bleiben.

Während BORIS TSCHITSCHERINS humanistisch-liberales Anliegen den äußeren Umständen zum Opfer fiel, war den Bekenntnissen und Botschaften der Propheten des Slawophilentums und der orthodox-kirchlichen Heilsverkündung eine ganz andere Ausstrahlung vergönnt. Allerdings erlangten die meisterlich erzählten Kindheits- und Jugenderinnerungen SERGEJ AKSAKOWS, des Vaters des Slawophilenbewegung, eigentlich nur innerliterarische Geltung. Zwei Schriftsteller dagegen verstanden es, mit immenser Ausdruckskraft entscheidende Wenden in ihrem Leben zu erschließen und dadurch eine gewisse Neuorientierung zumindest eines Teils der russischen Öffentlichkeit und nicht zuletzt der so unruhigen Intelligenzija zu bewirken. FJODOR DOSTOJEWSKI mit seinen »Aufzeichnungen aus einem Totenhaus« die wichtigste Periode in seinem Schaffen, die ihn zur mystischen Hauptfigur in der sogenannten »bodenständigen« Richtung des russischen Geisteslebens der zweiten Jahrhunderthälfte machte. Dieser philosophische Tatsachenbericht, den man nicht umsonst mit der Vita des Protopopen AWWAKUM verglich, erschütterte die Gemüter sogar weit tiefer und nachhaltiger als bald darauf die großen Romane. Ein im Ausland weniger bekannter, aber im Russland jener Zeit höchst einflussreicher Denker und politischer Publizist, KONSTANTIN LEONTJEW, wusste durch den autobiographischen Essay »Meine Bekehrung und mein Leben auf dem heiligen Athosberg« einer von ihm wachgerufenen religiösen, traditionalistischen, scharf antidemokratischen und kompromisslos antiwestlerischen Gesinnungsart auch den notwendigen emotionellen Hintergrund zu verleihen.

Ein derart unterschiedliches Geschick der Selbstdarstellungen tonangebender Repräsentanten entgegengesetzter Strömungen – einerseits der liberalen, andererseits der revolutionären und der restaurativen – trug sicher mit Schuld an jener verhängnisvollen Polarisierung und Radikalisierung der russischen Gesellschaftskräfte im ausgehenden 19. und angehenden 20. Jahrhundert, die zur Voraussetzung des großen Zusammenpralls und letztendlich der bolschewistischen Katastrophe wurde. Die Chancen des Liberalismus waren propagandistisch verspielt.

Kurz vor und nach dem ersten Weltkrieg entstanden die autobiographischen Werke zweier damals bereits weltberühmter Schriftsteller, die einen besonderen russischen Typ verkörperten, den ich als »Volksanbeter wider besseres Wissen« bezeichnen möchte. WLADIMIR KOROLENKO und MAXIM GORKI hatten nicht nur die in ihrer Jugendzeit grassierende und später als »Volksanbetung« verrufene und belächelte Manie der sogenannten »reumütigen Gebildeten« gemein; sie waren schon in zahlreichen Novellen und Romanen als begeisterte, mitunter ekstatische Vorboten einer, wie es hieß, »revolutionären Emanzipation der Persönlichkeit«, als Schöpfer ungewöhnlicher, alle Zwänge und Schranken brechender, übermenschlicher Gestalten hervorgetreten. Der Widerspruch zwischen der Nichtigkeit und geistigen Armut des Volksdaseins und den hohen Erwartungen, die sie und ihresgleichen in das Volk setzten, durchzog wie ein roter Faden ihr ganzes Leben. Das musste sich auch auf die Rezeption ihrer eigenen, von diesem Zwiespalt gekennzeichneten Entwicklungsbilder auswirken. Obzwar GORKI noch aktiver als KOROLENKO an radikalen und vor allem sozialistischen Bewegungen teilnahm, ja in verschiedenen Perioden gemeinsame Sache mit LENIN und seiner Partei machte, blieb auch er immer und in jeder Wesensäußerung eine ausgeprägte Individualität. Daher war es gewiss kein Zufall, dass sich beide gerade während der abschließenden Arbeit an ihren Erinnerungen so entschieden gegen die bolschewistische Terrorherrschaft wandten – wie es nicht nur ihre denkwürdigen publizistischen Stellungnahmen, sondern erst recht die unlängst in Russland veröffentlichten Briefe KOROLENKOS an LUNATSCHARSKI und GORKIS an LENIN bezeugen.

Die Oktoberrevolution zerriss die russische Literatur, und mit ihr die Memoirenliteratur, nicht nur in zwei Teile, eine sowjetische und eine vertriebene. Denn neben der äußeren gab es auch eine innere Emigration, unter dieser wiederum eine bewusste und eine eher faktische. Kein Wunder, dass die Erinnerungen an geistig wie gesell-

(014) Über die russische Autobiographie

schaftlich und politisch derart aufgewühlte Zeiten aufs krasseste divergierten. Keinem Memoirenschreiber konnte da ein gültiges, geschweige denn umfassendes Bild der Epoche gelingen, und doch elektrisierten die Ereignisse den Menschen in einem Maße, dass auch eine Konzentration auf sich selbst, auf das eigene Werden, das eigene Denken und Empfinden wie nie zuvor erschwert war. Das bestimmte den Ausblick und Tonfall so gut wie aller autobiographischen Schriften, die innerhalb der Sowjetunion entstanden, und einen sehr großen Teil derer, die damals aus Emigrantenfedern flossen: Fast immer wollte die vermeintliche Selbstdarstellung in erster Linie ein Beitrag zur Auslegung und Bewertung, oder richtiger Abstempelung, verschiedener Vorgänge, Aktionen und agierender Personen der Epoche sein.

Eine Ausnahme stellten die schmerzerfüllten, für das russische Seelenleben so typischen, tragisch-nostalgischen Erinnerungen an die verlorene Heimat dar, die weder das gestrige noch das heutige, sondern das »ewige« Russland elegisch verherrlichten. Schon 1920 veröffentlichte der nur für kurze Zeit emigrierte, bald heimgekehrte und später zum stalinistischen Lobhudler verkümmerte ALEXEJ NIKOLAJEWITSCH TOLSTOI einen autobiographischen Roman dieser Art, aus dem ein ästhetisiertes unbändiges Heimweh sprach. IWAN BUNINS gleichfalls als Roman verkleidete Autobiographie »Arsenjews Leben« trug entscheidend dazu bei, dass dem Verfasser der Nobelpreis zugesprochen wurde, denn wohl in keiner anderen Dichtung war die Tiefe seines Leids an Russland in so ergreifender Weise wiedergegeben. Noch in den fünfziger Jahren brachte der längst zur englischen Sprache übergegangene russische klassische Schriftsteller VLADIMIR NABOKOV in einem Buch mit dem symbolischen Titel »Speak, memory« seine nie abgeklungene, unstillbare Sehnsucht nach der Welt seiner Kindheit und frühen Jugend zum Ausdruck. Als er es dann unter dem Titel »Andere Ufer« ins Russische übersetzte, wurde es nicht selten von heimkehrenden sowjetischen Auslandsreisenden trotz drohender Gefahr als geistige Kostbarkeit über die Grenze geschmuggelt.

Gleichfalls in zwei Sprachen, russisch und deutsch, schrieb um diese Zeit der Philosoph FJODOR STEPUN seine Erinnerungen »Vergangenes und Unvergängliches«. Und auch bei ihm ist eine nostalgische Note unverkennbar, obwohl er im Vorwort zur russischen Fassung eigens betonte: »*Feinde meiner Arbeit waren ideologische Beschränktheit, publizistischer Hochmut und ästhetisch-amorphe Schriftstellerei... Eingenommen für das Frühere und ungerecht gegen das Heutige, zersetzt Erinnerung die Seele unausbleiblich durch sentimentale Träumerei und versteinert das Denken.*«

Gegen die gleichen »Feinde« mussten erst recht alle aufrichtigen oder Aufrichtigkeit anstrebenden Memoirenverfasser im Russland der Zwischenkriegszeit kämpfen, die »Zersetzung durch sentimentale Träumerei« indes drohte ihnen in diesem Sinn gewiss nicht. Das wirkte sich spürbar auf das gesamte Kolorit, auf den Ideengehalt und die Aussagekraft dieser spezifischen Literatur in dieser ganz spezifischen Periode aus, da die gesellschaftliche Atmosphäre unvereinbar war mit echter Individualität. Sogar Schriftsteller von hohem Rang konnten dagegen nicht ankommen. Das galt sowohl für den bedeutenden realistischen Erzähler Vikenti Weressajew als auch für den sonst so gedankentiefen und gefühlsstarken, schon zu jener Zeit weltbekannten Lyriker Boris Pasternak. Ein besonders krasses Beispiel aber bot der große symbolistische Dichter und visionäre Philosoph Andrej Bely. Seine drei Erinnerungsbücher sind merkwürdig inhaltsarm, ja mitunter einfach langweilig.

Der zweite Weltkrieg brachte eine Sintflut an Memoiren der verschiedensten Heerführer, Propagandaleiter, Diplomaten, Helden des Partisanenkampfes und so weiter, die besonders nach Stalins Tod in großer Zahl im Druck erscheinen, konnten. Unter den Literaten blühte das Autobiographienschreiben für prominente Funktionäre und Zeitgrößen als höchst lukrativer Modeberuf.

Vor diesem Hintergrund wurden die wenigen originären, von Männern und Frauen des Geistes stammenden, wirklich persönlichkeitsgetragenen Lebensbilder zu hervorstechenden Ereignissen in der kulturellen und ideellen Evolution des Landes. Zu nennen wären hier vor allem der vielseitige Schriftsteller Ilja Ehrenburg mit seinem allerdings nicht immer ganz freimütigen Buch »Menschen, Jahre, Leben«, der Literaturwissenschaftler Viktor Schklowski mit »Es war einmal« und die Lyrikerin Olga Bergholz mit ihren »Tagessternen«.

Um die Mitte der sechziger Jahre kam es dann zu einem empfindlichen politischen Rückschlag, der aber durchaus keinen Rückschlag im Menschlichen bedeutete. Ganz im Gegenteil. Viele Opfer der Stalinzeit, die sich im sogenannten Tauwetter-Jahrzehnt allzu schönen Hoffnungen hingegeben hatten, sich nunmehr als Individualitäten von echtem Schrot und Korn bewähren. Nicht umsonst beantwortete damals Alexander Solshenizyn die Frage, wodurch sich Russland positiv vom Westen unterscheide, mit dem einen Wort: »Charaktere.« Es war denn auch die Zeit der autobiographischen Besinnung, obwohl die meisten Schriften dieser Art lediglich im Untergrund vervielfältigt oder im Ausland gedruckt werden konnten. Eine beträchtliche Anzahl bleibt leider bis heute unerschlossen. Den stärksten Eindruck auf breiteste Kreise machten die aufwühlenden Berichte langjähriger Gulag-Häftlinge. Neben den Erinnerungsbüchern von Jewgenija Ginsburg oder Lew Rasgon sollten namentlich die in Tausenden und aber Tausenden Kopien verbreiteten, in Hunderten stillen Zirkeln gelesenen Lageraufzeichnungen Warlam Schalamows eine überwältigende Wirkung auf die Gemüter ausüben. Der Satz stammt von einem berufenen Zeithistoriker: »*Ohne Schalamow kein Gorbatschow.*«

(014) Über die russische Autobiographie

Begreiflicherweise erreichte in der Glasnost-Periode eine Vielzahl bislang zurückgehaltener Memoiren die Öffentlichkeit. Oft bilden sie den Schwerpunkt der angesehensten Literaturzeitschriften. Großen Anklang fanden die Lebensgeschichten so überragender Persönlichkeiten wie ANDREJ SACHAROW und seine Frau, JELENA BONNER. Doch allmählich entartete das Ganze zu einer Inflation von Selbstanpreisungen führender und abgedankter Politiker, rollenbewusster und gescheiterter Diplomaten, zwielichtiger und übergelaufener Geheimdienstler und dergleichen mehr. Diese Sensationswelle hat es vor allem auf den Westen abgesehen, wo die Ergüsse und Enthüllungen aktiver Teilnehmer am Zeitgeschehen eine stets zugkräftige Ware bleiben.

Dennoch entstehen gerade jetzt wieder an verschiedenen Orten in aller Stille autobiographische Werke, die Bekenntnis und Botschaft im besten, echtesten, tiefsten Sinne des Wortes sein wollen. In einem Sinn, dem in jüngsten Jahren, die Selbstanalysen des Philosophen- und Publizisten GRIGORI POMERANZ gerecht geworden sind. Für die eigentlichen, menschlichen, geistigen Geschicke dieses unseres leidgeprüften Zeitalters und Landes werden solche Bekenntnisse das einzig gültige Zeugnis bleiben. Die Botschaft dieser Autobiographien aber soll bewirken, dass es kommenden Generationen an einem Gefühl geschichtlicher Seelenverwandtschaft nicht fehlt...

(13.05.1996)

Poetische Pilgerfahrten
Russische Dichter strebten nach Deutschland

Es ist heute nicht so leicht, sich in vollem Umfang zu vergegenwärtigen, welche kulturellen Entdeckungen, Sehnsüchte und Einflüsse einst, in der zweiten Hälfte des 18. Jahrhunderts, den Grundstein legten zu einem geschichtlichen Phänomen, das man als Europas geistige Selbstidentifizierung bezeichnen könnte.

Es war eine Zeit des Suchens und Ahnens, des Erkennens und Deutens in allen Wirkungsbereichen und allen geographischen Teilen der abendländischen Zivilisation, eine Zeit der Begeisterung und Überraschungen, der Wagnisse und Herausforderungen, der Wanderungen und Pilgerfahrten...

Aber vielleicht tiefer als irgendwo sonst wühlte dieser Prozess die Gemüter in den dichtbesiedelten Kerngebieten Russlands auf.

Und zwar vor allem viele empfängliche Gemüter in den weitverstreuten Sitzen des Hoch- und Kleinadels, wo man das Erwachen ungeahnter Kräfte fühlte, nach ihrer gültigen Entfaltung und Erfüllung strebte und die Rückkehr in die Mutterzivilisation, die Heimkehr nach Europa als unmittelbares, reales historisches Ziel der Nation und ihrer Elite betrachten zu dürfen glaubte. Denn nachdem bereits Zar PETER DER ERSTE zu Beginn des Jahrhunderts eine weitgehende Modernisierung des Staates, der Verwaltung und der Wirtschaft in die Wege geleitet hatte, wurde 1762 durch das große Reformwerk PETERS DES DRITTEN und seines genialen Ministers DMITRI WOLKOW, insbesondere durch den Erlass »*Über die Freiheit des russischen Adels*«, der Eiserne Vorhang, der Russland seit mehr als 500 Jahren von Europa getrennt hatte, politisch und juristisch, namentlich aber emotional und kulturell, völlig beseitigt.

Reisen in den Westen wurden nunmehr für die gebildeten Kreise der russischen Gesellschaft zur Regel, zur Gewohnheit, ja zur Mode. Doch allmählich zeichnete sich dabei eine eigentümliche Tendenz ab. Während die Herren vom Hof, die großen Militärs, die reichen Grundbesitzer und ihre brillantengeschmückten Damen vor allem das glänzende Paris, damals Metropole der europäischen Aufklärung, und hernach vielleicht noch das vielverheißende Wien besuchten, bevorzugten die aufgeweckten, oft schwärmerischen Geister einer jüngeren Generation deutsche Städte und Landschaften. Es war eine unbestimmbare, meist unterschwellige, geradezu magische Anziehung, die da wirkte. Doch blieb sie nicht im rein Instinktmäßigen haften. Sie gewann zunehmend den Charakter einer geschichtsbewussten, weil geschichtsbedingten, Bewegkraft.

Denn die Gründe dieser Anziehung lagen auf der Hand. Schon in grauer Vorzeit hatte das Schicksal die ostslawische und die germanische Welt in engste Berührung gebracht, die Stämme weitgehend vermischt, die geistige Wesenheit stark angeglichen, und gerade den jungen Männern aus den russischen Adelsnestern, denen die neuesten Erkenntnisse der Geschichtswissenschaft über die Ursprünge Russlands und Europas aktuelles und lebendiges Gedankengut waren, musste das als Leitstern dienen. Aber auch eigentlich menschliche Kontakte wurden hier erheblich leichter geknüpft, da es bereits seit mehreren Jahrhunderten in Russland selbst, durch den wachsenden Zustrom deutscher Einwanderer, zu einer gewissen psychischen Anpassung und Annäherung gekommen war – durch einen Zustrom, der bis auf IWAN DEN SCHRECKLICHEN zurückging, dem ja seinerzeit eine gemeinsame Front von Orthodoxen und Protestanten gegen den Katholizismus vorschwebte! Hinzu kamen einige strukturelle Ähnlichkeiten des Volkslebens, die sich ebenfalls auf feinfühlige Geister entsprechend auswirken mussten. Das galt beispielsweise für den Stellenwert lokaler Traditionen, der in Deutschland durch die staatliche Vielfalt, in Russland durch die kulturelle Bedeutung der Adelsgüter und die geistige Spannung zwischen den beiden Hauptstädten bedingt war und einen eigenständigen Faktor nationaler Entwicklung bildete. Doch entscheidend sollte, bei alldem, etwas anderes, etwas rein Atmosphärisches sein.

Was gerade die Seelen träumerischer junger Russen für Deutschland einnahm, war die stimmungsverwandte, poetische Lebensauffassung, die sie bei so vielen ihrer dortigen Zeit- und Altersgenossen antrafen. Es konnte anders nicht kommen: Sie wurden tief berührt, angeregt, mitgerissen von der kraftgenialischen Periode des Sturm und Drang, von LAVATER, von der Poesie der Empfindsamkeit, ob religiös oder weltlich, vom Göttinger Hainbund und von der frühen Weimarer Klassik. Lange vor dem Aufkommen der romantischen Schule als solcher war da ein präromantisches, gefühlsbetontes, oft exaltiertes Welt- und Menschenbild zum Kennzeichen aufstrebender Jugend geworden, und das entsprach ganz den Einstellungen und Erwartungen der Neuankömmlinge aus dem Osten.

Aber aufs engste verbunden damit blieb dennoch ein alter Wesenszug des Russentums, den die mongolischen und moskowitischen Jahrhunderte hinterlassen hatten und der jetzt, im Zeitalter der Aufklärung, nur allmählich zu schwinden begann – nämlich die Hintansetzung des Individuellen gegenüber dem Allgemeinen, der Persönlichkeit gegenüber den gesellschaftlichen Mächten, des Ich gegenüber dem Wir und vor allem dem Es. In Europa dagegen, und nicht zuletzt gerade in Deutschland, hatte das neuzeitliche, humanistische Persönlichkeitsdenken bereits in so gut wie allen Lebensbereichen volle Geltung erlangt, und das fand in einer besonderen Literaturgattung klaren Ausdruck: im lyrischen Gedicht.

Kein Wunder, dass für jene Aufbruchgeneration des neuen Russland eben die Lyrik das Herzstück des gesamten aus Europa, aus Deutschland übernommenen Ideen- und Kulturschatzes bildete.

Damit begann für Russlands Geistigkeit ein Zeitalter leidenschaftlicher Selbsterforschung und Selbsterfüllung, deren gültiges Medium die Dichtung, in erster Linie aber die lyrische Dichtung, sein sollte. Dieses Zeitalter umfasste dann *zwei* stürmische Jahrhunderte. Dass die so sensiblen Jünglinge von damals eine zumindest intuitive Vorstellung von der historischen Tragweite ihrer Bemühungen hatten, beweist das ganz spezifische Ethos und Pathos ihrer Schriften.

Mochten sich manche als große und bleibende, andere als nicht gerade erstklassige Wortkünstler entpuppen, sie trugen alle das Ihre bei zur Heimkehr des russischen Geistes nach Europa – als Menschen und doch auch als lyrische Dichter, welchen Ranges immer.

Allerdings hatte ein russischer Deutschlandfahrer lange vor der Wende von 1762, in den Herrschaftsjahren der Zarin ANNA und der betont westfeindlichen ELISABETH, Pionierarbeit geleistet. Nach eingehendem Studium der damaligen deutschen Poetik hatte er eine entsprechende Theorie für die russische Verskunst erarbeitet, sie in einem speziellen Aufsatz dargelegt und mitsamt der ersten russischen Ode aus Marburg an der Lahn nach St. Petersburg geschickt. Diese bahnbrechende Tat gilt bis heute als Taufakt der neueren russischen Literatur. Freilich wird der Mann, er hieß MICHAIL LOMONOSSOW, keineswegs nur deshalb von den Russen als größter Geistesheld verehrt. Er war tatsächlich Vater der russischen Wissenschaft und modernen Bildung überhaupt. Doch unterschied ihn so manches von den romantischen Visionären der folgenden Generation. In allem, was er tat, dachte und schrieb, trat das Vernunftmäßige, Objektive, Allgemeingültige in den Vordergrund, und er verfasste demgemäß Oden, Lehrgedichte und philosophische Betrachtungen in Versen, keinesfalls aber echte Lyrik – was ja auch angesichts des Entwicklungsstands gerade der deutschen schönen Literatur, an der er sich maß und aus der er schöpfte, durchaus natürlich war.

Nicht von ungefähr trafen dann solche scheinbar ganz unterschiedlichen Dinge zeitlich zusammen wie die große Reiselust, das Aufkommen eines für Russland neuen Typs, des adligen Privatgelehrten, die Verbreitung der Freimaurerei, die Mode der literarischen Korrespondenz mit dem In- und Ausland und das erste Aufblühen lyrischer Dichtung – all das waren eindeutige und logisch zusammenhängende Erscheinungen des gleichen geistigen Umbruchs.

Im Zeichen dieses Umbruchs also strebten Hunderte auf ihren Reisen die Überwindung eines halben Jahrtausends Entfremdung an, und gewiss stimmte eine solche kulturelle Wiederverschmelzung in mancher Hinsicht mit den Idealen der europäischen Aufklärung überein. Wenn dennoch derartige Bemühungen von vielen Deutschen mit einer gewissen Skepsis betrachtet wurden, so konnte das nicht verwundern – es hatte noch nichts mit der späteren hartnäckigen Exotisierung Russlands, mit dem hartnäckigen Ausschluss der russischen Kultur und Geistigkeit aus dem europäischen Gesamtbild zu tun. Denn vorläufig war der Hintergrund der Besucher ja in einem bestimmten Sinn tatsächlich exotisch, und sie begnügten sich durchweg mit der Nachahmung westlicher Vorbilder, mit der Aneignung westlicher Denkweisen. Doch auch die deutsche Literatur hatte sich ja erst vor wenigen Jahrzehnten vom beherrschenden französischen Einfluss befreit, auf Nachahmung und epigonenhafte Aneignung verzichtet!

In den späten sechziger Jahren verbrachte damals ein junger Russe namens IPPOLIT BOGDANOWITSCH drei Jahre in Dresden. Schon zuvor, mit kaum zwanzig, hatte er in Moskau eine eigene literarische Zeitschrift herausgebracht, die ganz im Bann der neuesten französischen Philosophie stand und mit Vorliebe poetische und prosaische Übersetzungen des Herausgebers aus VOLTAIRE und verwandten Schriftstellern veröffentlichte. Der Aufenthalt in Sachsen nun bewirkte eine gewisse Neuorientierung in seinen Bestrebungen, und nach Russland zurückgekehrt, pflegte er in zahlreichen Gedichten einen leichteren, ironiegefärbten, spielerischen Ton, der sichtbar an WIELAND erinnerte und für die damalige russische Poesie ein neues Wort bedeutete. Sein Meisterwerk in diesem Stil war ein Poem, »Das Seelchen«, das ganz im Geiste WIELANDS französische galante Neckerei mit volkstümlichen Märchenmotiven verband. Damit begeisterte BOGDANOWITSCH die Zeitgenossen und sicherte sich einen, wenn vielleicht auch bescheidenen, Platz in der Literaturgeschichte. Heute allerdings findet er kaum noch Leser, und selbst in den russischen Schulbüchern wird sein Name eher flüchtig erwähnt.

Dagegen ist ein anderer Name aus der gleichen Zeit jedem Russen ein Begriff. ALEXANDER RADISCHTSCHEW war nämlich von den Ideologen der Sowjetmacht von Anfang an als eine Art Gesinnungsgenosse hingestellt worden, und im Laufe von 70 Jahren wurde er auf jede erdenkliche Weise und mit allen erdenklichen Mitteln, von den Massenmedien bis hin zu gelehrten Schriften, als angeblicher Vorläufer der bolschewistischen Revolution gefeiert. Es ist daher wohl an der Zeit, Werk und Wirkung dieses Mannes ins rechte Licht zu rükken. RADISCHTSCHEW, der genau drei Tage nach GOETHE zur Welt kam, studierte zur gleichen Zeit wie der deutsche Dichter das gleiche Fach, Jura, an der gleichen Universität, Leipzig. Freilich ist nichts von irgendeiner persönlichen Berührung der beiden überliefert, doch atmeten sie dieselbe Luft, in der unsichtbar bereits Funken des Sturm und Drang schwebten. Während GOETHE die Universität vorzeitig verließ und bald darauf die erste Fassung des »Götz von Berlichingen« niederschrieb, schloss RADISCHTSCHEW zwar sein Studium ordnungsgemäß ab, wurde aber selbst in Leipzig unmittelbarer Teilnehmer an Geschehnissen, die den Stoff zu einem echten Sturm-und-Drang-Drama hätten liefern können. Sein verehrter älterer Freund FJODOR USCHAKOW, eine wahre, trotzige Sturm-und-Drang-Gestalt, hatte eine regelrechte Rebellion erhoben gegen die Tyrannei, die ein Beauftragter der Zarin über die russischen Studenten ausübte, und war in der Folge schließlich umgekommen. Wie RADISCHTSCHEW später in seiner »Vita des Fjodor Uschakow« erklärte, blieb ihm dieser unbeugsame, leidenschaftliche Charakter zeit seines Lebens Vorbild und Ideal. An ihn dachte RADISCHTSCHEW, als er seine berühmte, durchaus lyrische, durchaus persönlich gehaltene, die Eigenständigkeit des Menschen verherrlichende »Ode an die Freiheit« dichtete, in der er den Kampf der Vereinigten Staaten von Amerika gegen die britische Krone besang und anderen Völkern als Beispiel hinstellte. Es hat etwas Groteskes an sich, wenn ausgerechnet erklärte Feinde des bürgerlichen Freiheitsgedankens überhaupt und des amerikanischen Weges insbesondere, wie es die russischen Kommunisten nun einmal waren und sind, dieses klassische Gedicht für sich in Anspruch nahmen! Nicht weniger grotesk musste es erscheinen, wenn sich auf RADISCHTSCHEWS späteres, gegen die Leibeigenschaft der Bauern gerichtetes Buch »Reise von Petersburg nach Moskau« die gleichen Ideologen beriefen, die gerade in der sowjetischen Landwirtschaft einen neuartigen Feudalismus eingeführt hatten! Indirekt wollten sie sich damit auch als rechtmäßige Erben des Sturm und Drang aufspielen, und sie verhehlten das nie, solange es in ihr politisches Schema passte.

Doch lag eine gewisse Affinität des Sturm und Drang mit russischem Geist und russischen Bestrebungen wohl im Wesen der Dinge. Nur daraus lässt sich die Tatsache erklären, dass die neben GOETHE und SCHILLER bedeutendsten Träger dieser Literaturepoche, KLINGER und LENZ, fast gleichzeitig Russland zur zweiten Heimat wählten. KLINGER, der hier eine glanzvolle Karriere machte, schrieb allerdings weiterhin ausschließlich für deutsche Leser Romane, Dramen und Essays, von denen sogar das interessierte russische Publikum kaum je erfuhr, wiewohl diese Werke unverkennbar etwas von der russischen Atmosphäre in sich trugen. LENZ hingegen, der hier ein materiell kümmerliches Leben führen sollte, näherte sich von Anfang an den geistig aktivsten Kreisen der russischen Gesellschaft. Und so kam er in engste Fühlung mit den Freimaurern.

Im Russland des 18. Jahrhunderts fiel dem Freimaurertum eine ganz eigene kulturelle Rolle zu, die weit über das Wirken der Bruderverbände in anderen Ländern hinausging. Es ist wohl keine Übertreibung, wenn ich sage: Die innere Spannung, die das gesamte Geistesleben im Zeitalter der russischen Aufklärung bestimmte, war die zwischen der höfischen und der freimaurerischen Literaturpartei. Unter der geradezu unglaublichen Anzahl literarischer Zeitschriften, die damals erschienen, ließen sich nur ganz wenige nennen, die weder zum einen noch zum anderen Lager gehört hätten. Nun war es aber so, dass sich die Hofpartei zur *französischen* Aufklärung bekannte, allen voran die literarisch ungemein produktive, zwar deutschstämmige, aber vorwiegend französisch und sonst russisch schreibende Zarin KATHARINA DIE GROSSE, während die Freimaurer den *deutschen* Einfluss nie verleugneten. Diese Haltung erklärte sich sowohl aus der rein geistigen Ausstrahlung berühmter Bundesbrüder wie LESSING, GOETHE, WIELAND und HERDER, wie vor allem auch aus einer bewussten Hinneigung zu den Ideen und Zielen des Illuminatenordens. Dem widersprach auf keinen Fall der Umstand, dass gerade RADISCHTSCHEW die amerikanische Freimaurerei bewunderte und insbesondere BENJAMIN FRANKLIN verehrte, während die prominentesten Vertreter der Bewegung wie NOWIKOW, CHERASKOW oder MAIKOW gar keine Deutschlandreisen unternommen hatten. Vermittler waren andere, literarisch weniger fruchtbare Exponenten derselben Geistesrichtung gewesen, unter denen ganz besonders der Direktor der Moskauer Universität IWAN TURGENEW hervorragte, dessen Söhne ANDREJ, ALEXANDER und NIKOLAI dann zu den profiliertesten Persönlichkeiten der jüngeren Aufklärung gehören sollten. Sie hatten durchweg lebhafte Beziehungen zu Deutschland und deutschen Freimaurerlogen gehabt. Ein bevorzugter deutsch-russischer Treffpunkt war damals Göttingen. Hier studierte ALEXANDER, und hier konnte der vertrauteste Freund dieser weit über die Freimaurerkreise hinaus geschätzten Familie, der Dichter und Publizist ANDREJ KAISSAROW, unter der Anleitung eines berühmten Historikers, AUGUST VON SCHLÖZER, russische Geschichte studieren, über Leibeigenschaft in Russland und die Notwendigkeit ihrer Abschaffung promovieren und inzwischen auch eine »Slawische Mythologie« in deutscher Sprache herausbringen.

Es war vor zwei Jahrhunderten... Heute mag ein weniger gebildeter Durchschnittsrusse die meisten dieser Namen gar nicht kennen oder seit seiner Schulzeit vollends vergessen haben. Ganz bestimmt aber ist ihm der Name einer poetischen Gestalt geläufig, in der die typischen Züge und charakteristischen Eigenheiten jener Generation markante Verkörperung gefunden haben – dieser Name lautet WLADIMIR LENSKI, und Russlands Nationaldichter ALEXANDER PUSCHKIN legte ihn in seinem Hauptwerk, dem Versroman »Eugen Onegin«, einem Jüngling zu, von dem es heißt, er sei ein »*Poet mit geradezu Göttingener Seele*«, ein »*Verehrer Kants*«, der »*aus dem nebligen Deutschland die Früchte der Gelehrsamkeit mitgebracht*« habe, und zwar an erster Stelle »*Freiheitsträume*«, doch sei »*unter dem Himmel Schillers und Goethes*« seine Seele nicht nur »*vom Feuer der Poesie*« ergriffen worden, sondern auch von Visionen, die man als freimaurerisch bezeichnen könnte – er glaubte an »*heilige Menschenfreunde*«, deren »*unsterbliche Familie uns einst erleuchtet und die Welt in Seligkeit verklärt*«. Diese romantische Figur »*mit schwarzem Haar bis auf die Schultern*« bedeutete den Abschied von der schönen Zeit kindisch-naiver Weltentdeckung und damit den Übergang zu ernstem, selbstbewusstem Europäertum.

Jene Jahrhundertwende stellte die Scheidelinie dar, an der es hieß: Ist Russland Europa? Ist Russlands ideelles Ringen Teil der europäischen Geistesbewegung? Hatten die mit den Geistesgrößen vieler Länder korrespondierenden russischen Privatgelehrten, die Freimaurer, die Dichter recht, wenn sie sich nunmehr als hundertprozentige, vollgültige Europäer ansahen, oder urteilten doch die westlichen Skeptiker objektiver und stichhaltiger, wenn sie Russlands tiefgehende Wandlung nicht wahrhaben wollten? Es waren schicksalsschwere Fragen, und die jeweiligen Antworten sollten in der Folgezeit ausschlaggebend sein für viele historische Alternativen, Wendungen und Entscheidungen, ja für den Lauf der Geschichte überhaupt. Im Russland von damals aber war das Gefühl der wiedererlangten europäischen Identität allgemein und unbestritten.

In der Vorstellung der Russen stand – und steht auch heute – *ein* Name für die geistesgeschichtliche Ebenbürtigkeit, für die russischeuropäische Kongenialität: PUSCHKIN. Und das will im Grunde besagen: die Dichtung.

Aber gerade die Dichtkunst war ja der Boden, den die Gäste Deutschlands, ob Studenten oder Bildungsreisende, jahrzehntelang so ausgiebig befruchtet und bereichert hatten. Und diese Tatsache musste auch für die gegenseitige Bewertung, für das gesamte Wechselverhältnis der beiden Nationen von Belang sein.

PUSCHKIN selbst allerdings hatte die Grenzen des russischen Machtbereichs nie überquert. Doch war für seine engste literarische Umgebung der deutsche Einfluss, das Bekenntnis zur deutschen Klassik und Romantik durchaus kennzeichnend. Und das galt nicht nur für seine Busenfreunde DELWIG und KÜCHELBECKER, die baltischdeutscher Herkunft waren, sondern in vielleicht noch höherem Maße für drei ältere Vertraute, die nicht umsonst als Eckpfeiler der zeitgenössischen Literatur bezeichnet worden sind – KARAMSIN, SHUKOWSKI und WJASEMSKI. Es ist gewiss bemerkenswert, dass der noch völlig unbekannte KÜCHELBECKER in seiner Jugend mehrere Gespräche mit GOETHE hatte und dass er später, in der Verbannung, tuberkulosekrank und fast erblindet, Tragödien in der Tradition SCHILLERS schrieb, die jedoch erst nach etwa hundert Jahren im Druck erscheinen konnten. Doch weit folgenreicher für die Entwicklungsweise und Wesensart der neuen russischen Geistigkeit sollten die Wege und Werke jener drei Koryphäen sein.

Gewiss waren es Menschen und Schriftsteller von sehr unterschiedlicher Individualität und oft divergierender Gedankenrichtung. KARAMSIN führte mit seinen versonnenen Versen, bewegten Reiseberichten, recht rührseligen Liebesgeschichten und düsteren historischen Novellen eine neue literarische Strömung ein, die er selbst als Sentimentalismus bezeichnete, SHUKOWSKIS Balladen, Elegien, epische Dichtungen und zahllose Übersetzungen standen ganz im Zeichen der Romantik, während die intime und philosophierende Lyrik WJASEMSKIS eine Synthese verschiedener Schulen und Stile bot; hinzu kam, dass bei KARAMSIN und WJASEMSKI neben den vorherrschenden deutschen auch französische, bei SHUKOWSKI dagegen englische Einflüsse klar hervortraten. Doch weitaus wesentlicher war, was sie einte. Nicht etwa, wie manche Literarhistoriker meinen, die große Karriere am Zarenhof – freilich war KARAMSIN tatsächlich kaiserlicher Historiograph, SHUKOWSKI Erzieher des Thronfolgers und WJASEMSKI hoher Beamter, paradoxerweise sogar zeitweilig Chef der Staatsbank und dann der Zensurbehörde, – nein, es handelte sich um anderes, gewichtigeres: um ihre geistesgeschichtliche Rolle. Aus den Säften und Kräften europäischer Geistesepochen gespeist, bildete sich in ihrem Schaffen ein neuer, eigenständiger, eigenwertiger, aus Eigenem schöpfender Geist heraus. Ein eurorussischer Geist, eine eurorussische Kultur neuer Prägung. Der Geist und die Kultur PUSCHKINS.

Sicher hätte eine gewisse Bereitschaft des damaligen Westens, diesen neuen Geist als echten, organischen, vollwertigen Bestandteil der europäischen Zivilisation aufzunehmen und anzuerkennen, tiefgehende, in vielerlei Hinsicht positive, heilbringende Wandlungen bis in späte Zeite hinein bewirkt. Denn die geistige Verschmelzung hätte unausbleiblich eine psychische, eine psychopolitische Verschmelzung zur Folge gehabt, und man kann nur raten und mutmaßen, wie sich angesichts dessen die weiteren Geschicke Europas gestaltet hätten. Aber sogar das zu jener Zeit so weltoffene Deutschland sah in der russischen Kultur nichts als ein rätselhaftes exotisches Phänomen. Auch noch um die Mitte des Jahrhunderts fanden beispielsweise BODENSTEDTS Nachdichtungen aus den Werken PUSCHKINS und LERMONTOWS kein wirkliches Verständnis. Ähnlich inadäquat war in Frankreich das Echo, das ein so hochangesehener Autor wie MÉRIMÉE mit seinen Puschkin-Übertragungen und Essays auszulösen vermochte.

Eine solche Missinterpretation der russischen Bestrebungen, des Stellenwerts der Dichtung im russischen Nationalbewusstsein, namentlich aber des uralten und jetzt wiedererstarkten Identitätsgefühls, des natürlichen Zugehörigkeitsgefühls der europäisch gebildeten Russen musste sich rächen.

Einerseits kam es gerade bei so überzeugten Eurorussen wie SHUKOWSKI und WJASEMSKI zu Zweifeln, ja zur Resignation. Wenn SHUKOWSKI in früheren Jahren, als er mit der Zarenfamilie reiste, doch Zeit fand, um das literarische Deutschland aus nächster Nähe kennenzulernen und mit GOETHE, TIECK, UHLAND und anderen deutschen Dichtern Umgang zu pflegen, so verzichtete er in seinen letzten zwölf Lebensjahren, die er ausschließlich in Deutschland verbrachte, auf jegliche Kontakte dieser Art und widmete sich ganz seinen Nachdichtungen, die vom Thema her nichts mit der ihn umgebenden Welt zu tun hatten: Er übersetzte die »Odyssee« und einen Teil von FERDOUSIS »Schah-name«, und als er dann in Baden-Baden verschied, lag eine halbfertige »Ilias« auf seinem Schreibtisch, obwohl schon zuvor eine sehr gute russische Übersetzung dieses Epos bekannt war. Auch Wjasemski starb in Baden-Baden, nachdem er zwanzig Jahre in der Fremde verlebt hatte, und in dieser langen Zeit schrieb er neben wehmütiger Lyrik vor allem nostalgische Erinnerungen und Essays über das alte Moskau.

Anders, und viel folgenschwerer, reagierten indes gewisse Gruppen jüngerer Intellektueller auf eine so gleichgültige, wenn nicht ablehnende Haltung des Westens.

Eben unter den dichtenden Studenten und Absolventen deutscher Universitäten fasste, aus Frustration und Empörung geboren, die slawophile Bewegung Fuß, jene Bewegung, der mit der Zeit die so aggressiven, für Russland, und nicht nur für Russland so verhängnisvollen Ideologien des Panslawismus, des nationalen Messianismus und in letzter Konsequenz des Stalinismus entspringen sollten.

Symptomatisch war in dieser Hinsicht der Lebensweg eines der ersten Slawophilen, Iwan Kirejewski. Gemeinsam mit seinem Bruder Pjotr, dem später berühmten Sammler russischer Volkslieder, wurde er als Kind von Shukowski erzogen, beide gingen sie an die Universität München und unterhielten dort auch persönliche Beziehungen zu einem ihrer Professoren, dem von der gesamten russischen Intelligenz zutiefst verehrten Philosophen Schelling. Heimgekehrt, gab Iwan eine eigene Zeitschrift mit dem vielsagenden Titel »Der Europäer« heraus. Doch schien ein derartiger Name der Regierung verdächtig, und sie verbot das weitere Erscheinen der Hefte. Wie seltsam es aber scheinen mag – die enttäuschten Erwartungen des Deutschlandaufenthalts, die Bestürzung über den so ganz unpoetischen Formalismus, Rationalismus, Materialismus des westlichen Alltagslebens und über die Unzugänglichkeit des philiströsen Durchschnittsdeutschen für russische geistige Bestebungen trieben den empfindlichen Kirejewski allmählich immer weiter in die entgegengesetzte Richtung, und er wurde schließlich zum Wortführer eines entschiedenen, ja extremen Abgrenzungs- und Konfrontationswillens mit besonders starken deutschfeindlichen Akzenten. Dabei unterlag es doch keinem Zweifel, dass der Anspruch auf nationale Exklusivität seinen eigentlichen Ursprung in einer bestimmten *deutschen* ideologischen Strömung hatte.

Zur gleichen Zeit lebte in München ein russischer Lyriker von höchstem Rang, der ähnliche geschichtsphilosophische und politische Positionen in etwas milderer Form vertrat. Er hieß Fjodor Tjutschew und war 15 Jahre lang Sekretär der Russischen Botschaft in Bayern. Um nur einige Beispiele seiner politischen Stellungnahmen anzuführen: 1830 und erst recht 1848 propagierte er den Zusammenschluss aller slawischen und osteuropäischen Länder um Russland, um der revolutionären Welle im Westen Herr zu werden; in mehreren Zeitungsartikeln rief er zur Eroberung Konstantinopels auf; immer wieder warb er für seine Idee eines Griechisch-Russischen

Großreiches usw. Doch für sein ganz spezifisches Verhältnis zu Deutschland und zur deutschen Geistigkeit waren einige widersprüchliche, vielleicht sogar rätselhafte, in ihrer Rätselhaftigkeit aber beredte und aufschlussreiche Entschlüsse kennzeichnend, die seinen weiteren Weg bestimmten: Nachdem er zwei Jahre als geschäftsführender Gesandter in Turin gewirkt hatte, wurde er wegen einer Fahrlässigkeit aus dem diplomatischen Dienst entlassen, und da wählte er als Privatmann, jetzt schon aus eigenem Antrieb, wieder München zum ständigen Wohnsitz; hier verkehrte er im Künstlermilieu und in den schöngeistigen Salons, sprach oft bei SCHELLING vor und machte die Bekanntschaft HEINES; seine Briefe und die Erinnerungen von Zeitgenosen bezeugen gleichermaßen, dass er die deutsche Sprache vollendet beherrschte, und dennoch... Als tiefsinniger Lyriker fühlte er mitunter das Bedürfnis, seine Stimmungen und Gedanken mit variierenden Schattierungen in einem fremden Idiom wiederzugeben, und da schrieb er nicht etwa deutsche, sondern französische Verse: und wenn er sich mit politischen Aufsätzen an den Westen wandte, so auf französisch – das galt auch für seine aufsehenerregenden Artikel »Russland und Deutschland«, »Russland und die Revolution«, »Das Papsttum und die römische Frage«. Es sah so aus, als hätte er in manchen Fällen eine Idiosynkrasie gegen das Deutsche. Sonderbar...

Ähnliche Emotionen schienen dann auch einen Schriftsteller zu bewegen, der sich sonst, was Lebenslauf, Weltausblick und literarische Eigenart betraf, von TJUTSCHEW bis ins Kleinste unterschied: DOSTOJEWSKI. Auch ihn zog es wiederholt nach Deutschland, und seine seelischen Erlebnisse in Dresden und Baden-Baden wurden wichtige Quellen seines Schaffens, was ihn aber nicht hinderte, immer wieder die tiefinnerste Fremdheit gegenüber allem Westlichen, und insbesondere Deutschem, mit Nachdruck herauszustellen...

Um so höher zu bewerten. ist die Klarsicht anderer, zahlenmäßig keineswegs geringer Kreise der damaligen russischen Intellektuellen, die sich nie durch die Vorurteile und Engstirnigkeit des westlichen Spießertums beirren ließen und nach wie vor die für Russland gesetzmäßige, naturgegebene, originäre Geisteseinheit mit Europa verfochten. Diese politisch größtenteils liberale Strömung trug den nicht ganz treffenden Namen »Westler« (es hätte prägnanter »Eurorussen« heißen sollen, da es nicht eigentlich um den Angleichungs- und Anschlusswillen ging, sondern um das klare Bewusstsein einer organischen Zugehörigkeit). In der gesamten Literatur, nicht zuletzt auch in der Lyrik, war eine solche Gedankenrichtung gültig vertreten.

Der erste Zirkel, auf den die Entstehung dieser historisch bedeutsamsten Bewegung zurückging, war an der Moskauer Universität von einer außergewöhnlichen Persönlichkeit gegründet worden, dem Literatur- und Philosophiestudenten und hochbegabten Dichter und Ästhetiker STANKEWITSCH. Er, der schon früh zum anerkannten

Führer einer Gemeinde engagierter Geister geworden war, von denen manche für immer in die Geschichte Russlands eingehen sollten, und der sein Studium mit offizieller Auszeichnung und einem akademischen Titel glänzend beendet hatte, ging daraufhin doch eigens nach Berlin, um Vorlesungen an der dortigen Universität zu hören und bei dem Hegelschüler Professor WERDER Privatunterricht in neuester Philosophie zu nehmen. Hier traf er mit zwei gleichgesinnten Russen zusammen, die ebenfalls daheim das Universitätsstudium bereits abgeschlossen hatten und sich in Berlin weiterbilden wollten. Der eine hieß GRANOWSKI und wurde später zu einem Klassiker der russischen Geschichtswissenschaft, der andere schrieb zunächst farbenreiche und formvollendete Lyrik, entwickelte sich aber dann zu einem klassischen Romanschriftsteller – er hieß TURGENEW. Nach einiger Zeit allerdings ging STANKEWITSCH auf ärztliches Anraten nach Italien, wo er, begleitet von TURGENEW, die Kunstschätze und die Atmosphäre von Rom und Florenz genoss, seine Gesundheit jedoch nicht wiederherstellen konnte und schließlich in einer ligurischen Kleinstadt starb. Nach Berlin zurückgekehrt, benachrichtigte TURGENEW alle Freunde in der Heimat von dem schmerzlichen Verlust, setzte aber seine Studien in der preußischen Hauptstadt fort.

Indes hatte es mit dem Verhältnis TURGENEWS zu Deutschland und Deutschland zu TURGENEW eine eigene Bewandtnis. Zweifellos darf er als erster russischer Schriftsteller angesehen werden, dem es gelang, eine breitere deutsche Leserschaft zu gewinnen und dieser Leserschaft ein neues, nicht ganz so exotisches Russlandbild nahezubringen. Ebenso steht außer Zweifel, dass er sein Leben lang reges Interesse für die ältere wie auch neuste deutsche Literatur, für das deutsche Geistesleben, die deutschen sozialen und psychopolitischen Tendenzen seiner Zeit an den Tag legte. Und doch lässt sich ein vielsagender Vergleich nicht vermeiden: In reiferen Jahren lebte TURGENEW meist im Ausland, in Paris und Baden-Baden. Von den Prominenten der französischen Literatur, von FLAUBERT und ZOLA, DAUDET und MAUPASSANT, wurde er als europäische Größe, ja oft als bewunderter Lehrmeister empfangen und gefeiert. In Deutschland dagegen konnte er keinen rechten Kontakt zur literarischen Welt finden, höchstens war einmal THEODOR STORM zu Besuch, und ein paar eher flüchtige Begegnungen mit PAUL HEYSE kamen zustande. Das musste sich indirekt auch auf seine gesamte Einschätzung der Potenzen und Perspektiven des deutsch-russischen geistigen Dialogs auswirken.

Somit hatte die Baden-Badener Periode der russischen Dichtung in Deutschland, die Zeit SHUKOWSKIS und WJASEMSKIS, DOSTOJEWSKIS und TURGENEWS, kaum noch etwas gemein mit der Entdeckungslust und dem Überschwang der poesietrunkenen und freiheitsbegeisterten Göttinger Jünglinge des vorangegangenen Jahrhunderts.

Nicht von ungefähr verfasste TURGENEW einen Roman mit dem bezeichnenden Titel »Rauch«, der die vielen in Heidelberg und

Baden-Baden gelandeten russischen Idealisten und revolutionären Schwärmer bitter verhöhnte. Er wollte seinem einstigen Namensvetter, dem Freimaurer und Direktor der Moskauer Universität, in der Einschätzung solcher Bestrebungen nicht Folge leisten!

Hier eine kurze Anmerkung. Als entfernte Verwandte trugen die zwei denselben Vor- und Nachnamen. Im Russischen wird die Unterscheidung in solchen Fällen meist durch ein drittes Glied ermöglicht, den Vaternamen. Bei den TURGENEWS freilich erübrigt sich dies gewöhnlich, da der Nachruhm der beiden unvergleichbar ist: Meint man den Freimaurer, so muss man das schon speziell betonen und präzisieren. Anders verhält es sich indes bei zwei Dichtern, die ich im weiteren erwähnen werde und die man in der Regel gerade durch Nennung des Vaternamens auseinanderhält. Doch für deutsche Hörer wäre dergleichen eine Zumutung. Deshalb will ich lieber vom ersten und vom zweiten ALEXEJ TOLSTOI sprechen – was um so sinnvoller erscheint, als sie nicht nur durch einen erheblichen Zeitraum, sondern auch durch gewaltige Ereignisse voneinander getrennt waren...

Als THOMAS MANN seinen Essay über GOETHE und LEW TOLSTOI begann, forschte er nach, ob es nicht jemanden gegeben habe, der die beiden Titanen des Jahrhunderts persönlich gesprochen hatte. Und er entdeckte eine solche Person – einen Weimarer Lehrer dessen Begegnung mit GOETHE allerdings lächerlich flüchtig gewesen war. Dabei entging ihm ein weitaus bedeutenderer Mann, der sich weitaus bedeutenderer Begegnungen und Zwiegespräche rühmen konnte. Im Jahre 1829 nämlich besuchte der russische Märchendichter und romantische Erzähler POGORELSKI mehrmals den alten GOETHE, und mindestens einmal nahm er auch seinen Neffen ALEXEJ mit. Als nun GOETHE hörte, der Zwölfjährige wolle sich unbedingt der Dichtkunst widmen, streichelte er den Knaben und ermunterte ihn, worauf dieser in fließendem Deutsch eine kleine Dankrede hielt. Fünfundzwanzig Jahre später gehörte ALEXEJ TOLSTOI ebenso wie der um elf Jahre jüngere LEO aus dem gleichen Grafengeschlecht zu den ständigen Autoren der Zeitschrift »Sowremennik« [Der Zeitgenosse]. In der Redaktion war es nicht ganz ruhig: Bei zahlreichen Zusammenkünften gab es bereits prinzipielle Auseinandersetzungen zwischen einer liberalen und einer radikalen Richtung, was bald darauf zum offenen Bruch führen sollte. Sowohl ALEXEJ wie LEW TOLSTOI gehörten der liberalen Partei an, und es konnte nicht ausbleiben, dass sie sich mit Gleichgesinnten, TURGENEW, GONTSCHAROW und anderen, über Grundsatzfragen berieten.

Als Künstler jedoch waren sie sich nicht im geringsten ähnlich. Und gewiss erwies sich hierbei der deutsche Einfluss auf ALEXEJ K. TOLSTOIS Werk als entscheidendes Moment.

Denn im Grunde erfasste dieser Dichter, der in buchstäblich allen Gattungen der Lyrik, Dramatik und Belletristik Bleibendes schuf, das russische Leben, die russische Geschichte, die russische Wesenheit fast genauso tiefschürfend wie sein großer Namensvetter. Nur trug die Form seiner Dichtungen stets den unverkennbaren Stempel nicht etwa der Nachahmung, aber eben doch des Wetteiferns mit deutschen Vorbildern. Dass gerade ALEXEJ K. TOLSTOI den Traum der einstigen Göttinger erfüllte und den deutschen Idealismus, die deutsche Romantik nach Russland verpflanzte, in Russland heimisch machte, russisch machte, zeigt vielleicht am eindrucksvollsten die Rezeption seiner Werke im gegenwärtigen Russland.

Seine an HEINE erinnernde, meist melancholische Liebes- und Landschaftslyrik wird, neben den stimmungsverwandten klassischen Gedichten TJUTSCHEWS und des aus Darmstadt stammenden FET [FOETH], gern und oft zitiert als poetischer Kontrast zu jener gefühllosen Geschäftigkeit, die heutzutage, wie betont wird, aus dem veränderten, ideallosen Westen kommend, auch Russland ansteckt. Seine an UHLAND anklingende Balladendichtung behandelt durchweg russische, größtenteils historische Stoffe, und da sie auch im Schulunterricht immer wieder verwertet wird, formt sie in einem gewissen Grad auch das Geschichtsbild der Bevölkerungsmasse mit. Manche seiner romantischen Lieder sind seit langem volkstümlich und werden von den meisten gutgläubig als echte Volkslieder angesehen. Seine berühmte, ganz offenkundig von SCHILLERS »Wallenstein« angeregte Dramentrilogie gehört zum ständigen Repertoire der größten Theater, und hervorragende Aufführungen werden mitunter selbst vom Ersten Moskauer Fernsehen übertragen. Nicht ganz so populär ist vielleicht seine erzählende Prosa, besonders die von Hoffmann beeinflussten, sogenannten »gotischen« Schauergeschichten, doch immerhin wurde sein historischer Roman »Fürst Serebrjany« allein in den letzten Jahren dreimal verfilmt. Was ihn aber sogar in bereitesten Schichten ewig beliebt und ewig aktuell macht, sind die an HEINE geschulten Satiren in Vers und Prosa: »Popows Traum«, eine beißende Verhöhnung der unaustilgbaren und unwandelbaren russischen Bürokratie, die »Geschichte des Russischen Staates« in klangvollen Reimen, die gerade jetzt eine scharfe Waffe für die erwachende russische Provinz darstellt, da sie den zentralisierten Staat geißelt, dem ALEXEJ TOLSTOI stets die lose Struktur des Landes und freie Entwicklung des Volkslebens in der vormoskowitischen Zeit gegenüberstellte. Doch den Höhepunkt seiner Satire bildete die komische Figur des KOSMA PRUTKOW, dessen Aphorismen auch heute buchstäblich jedem Russen als ironische Sprichwörter geläufig sind.

Viele Gedichte und mehrere Dramen ALEXEJ K. TOLSTOIS wurden sofort nach ihrem Entstehen ins Deutsche übersetzt, und zwar von einer hochtatentierten Frau, deren Bekanntschaft er bezeichnenderweise erst mit 42 Jahren in Dresden machte, obwohl bereits lange zuvor ihr Moskauer Salon Hauptanziehungspunkt der intellektuellen Elite gewesen war und sie selbst zur Stammbesucherschaft der bekanntesten literarischen Zirkel gehört hatte. Sie hieß Karolina Pawlowa, geborene Jänisch, und hatte sich mit ihrer gedankenreichen, formvollendeten Lyrik in russischer und deutscher Sprache sowie mit hervorragenden Nachdichtungen aus Puschkin und Baratynski, Schiller und Eichendorff einen Namen gemacht. Von Anfang an war es jedoch ihr eigentliches, entscheidendes Anliegen gewesen, *Deutschland* mit der *russischen* Dichtkunst, mit russischer Kultur und Geistigkeit vertraut zu machen, und das war bahnbrechende Arbeit im genausten Sinne dieses Wortes, während sie ja mit ihren Übersetzungen aus dem Deutschen ins Russische lediglich eine von sehr vielen war, eine kaum vernehmbare Stimme. Es fragt sich freilich, ob sie die damalige deutsche Voreingenommenheit gegen russisches Europäertum wirklich, sei es auch nur im geringsten Maße, aufzuweichen vermochte...

In den siebziger und achtziger Jahren des vorigen Jahrhunderts ging sowohl in Russland wie in Deutschland das Interesse an der Dichtkunst, ihr Niveau und ihr Stellenwert im Geistesleben merklich zurück. Weder hier noch dort waren bedeutende Namen zu nennen. Als eine Art Bindeglied zwischen der großen klassischen und romantischen Epoche und dem kommenden grandiosen Aufschwung der Jahrhundertwende lässt sich in Russland bestenfalls eine Persönlichkeit herausheben – Slutschewski. Aber auch dieser eigenwillig originelle Lyriker und vielseitige Essayist hatte keineswegs den Ehrgeiz, im Wettstreit mit Lew Tolstoi und Dostojewski dem Westen ein neues, anderes Russlandbild zu vermitteln, nein, seine Bemühungen konzentrierten sich einzig auf das Geistesleben des Inlands. Und dies, obwohl er in Heidelberg studiert, promoviert und sich in Philosophie habilitiert hatte!

Eine nie dagewesene übernationale Blütezeit, eine Zeit des kulturellen, künstlerischen, literarischen Kosmopolitismus und Universalismus, des weltumspannenden Dialogs der geistigen Eliten begann mit den neunziger Jahren. Für die russisch-deutschen Anziehungen und Gemeinsamkeiten sollte es eine Zeit der Erfüllung sein, zugleich aber ein Schwanengesang. Ein Schwanengesang, wenn auch von einmaliger Schönheit und Reichhaltigkeit.

Die glänzende Generation russischer Dichter und Denker, die damals hervortrat, knüpfte zielbewusst an die Bestrebungen und Botschaften ihrer fernen wie auch unmittelbaren Vorgänger an. Reisen in den Westen – und namentlich nach Deutschland – waren nunmehr etwas derart Gewöhnliches, dass es aus heutiger Sicht schier unmöglich ist, die dauernden Aufenthaltswechsel berühmter Männer und Frauen nachzuverfolgen. Eines aber war allen solchen Reisen gemein: das Ethos der geistigen Mission, des geschichtlichen, genauer, *identitätsgeschichtlichen* Auftrags. Dieses Ethos war entscheidend, alles andere, und mochten es auch noch so belangvolle kreative Momente sein, blieb eben doch auf einen bestimmten Wirkungskreis beschränkt und mithin zweitrangig.

Es handelte sich also um ein bei aller Vielgestaltigkeit einheitliches Phänomen, in dem der individuelle Beitrag eines jeden der berufenen Wortführer dieser eurorussischen Renaissance letztlich nichts als einen Baustein darstellte. Zu solchen berufenen Wortführern, die bis zum ersten Weltkrieg immer wieder den deutschen Kulturraum aufsuchten, gehörten Denker wie WLADIMIR SOLOWJOW, BERDJAJEW, SCHESTOW, FRANK, SPET, STEPUN, Dichter wie MERESHKOWSKI, SINAIDA GIPPIUS, BRJUSSOW, BELY, BLOK, WOLOSCHIN, aber auch schon Vertreter einer jüngeren Welle wie PASTERNAK, MARINA ZWETAJEWA oder der zweite ALEXEJ TOLSTOJ.

Welche gewaltige psychopolitische Wirkung dieser Grundeinstellung innewohnte, zeigte sich, als die drei Kaiser und ihre Umgebung den selbstmörderischen Krieg entfachten. Es mochte zutreffen, dass, wie es ja die ideologisierte Geschichtsschreibung grundverschiedener Parteien behauptet, die Vaterlandsbegeisterung der unteren Volksklassen Russlands zunächst durch eine oft demagogische sozialistische Propaganda erschüttert wurde, was schließlich zur Revolution führte. Doch für die Intelligenz und die von ihr beeinflussten Kreise war das neuentwickelte *Identitätsgefühl* maßgebend, und auch das führte zu einem allmählichen Stimmungswechsel in immer breiteren Gesellschaftsschichten, im Hinterland wie an der Front. Unterdessen war das Verständnis größerer Gruppen gebildeter und humanistisch gesinnter Deutscher für die russischen Belange und Bestrebungen keinesfalls nur, wie es ihnen meist selber schien, durch die Lektüre von DOSTOJEWSKI und LEW TOLSTOI, TURGENEW und TSCHECHOW bedingt, sondern vor allem gerade durch die persönliche und geistige Ausstrahlung einer europäisch denkenden und europäisch engagierten russischen Elite in den vorangegangenen zwanzig Jahren.

Wie wenig die Angehörigen dieser Elite vom patriotischen Rausch mitgerissen wurden, zeigen folgende Beispiele: Mitten im Weltkrieg propagierten ANDREJ BELY und MAXIMILIAN WOLOSCHIN aufs eifrigste deutsche mystische Lehren jener Zeit, namentlich RUDOLF STEINERS Anthroposophie; im Dezember 1914 reichte MARINA ZWETAJEWA unter Freunden ein Gedicht herum, in dem der Ausruf »Deutschland, meine Liebe!« den Kernpunkt bildete; ALEXEJ TOLSTOI war derart deprimiert und verstört, dass er nahezu vier Jahre lang nichts mehr schrieb.

Kein Wunder, dass nach der Katastrophe, nach Revolution und Bürgerkrieg die Mehrzahl der geflohenen und ausgewiesenen Dichter, Philosophen und anderen Geistesschaffenden Deutschland als Zufluchtsort wählte. Das literarische Leben der russischen Emigration fand jetzt ein neues Zentrum – Berlin. Hier wurden Verlage, Zeitschriften und Akademien gegründet. Hierher zog es sogar manche im Lande verbliebene Schriftsteller, denn noch gab es den Eisernen Vorhang nicht, noch waren Auslandsreisen kein Privileg ganz weniger Auserwählter. Kennzeichnend für die magnetische Wirkung des damaligen russischen Berlin war wohl der Fall SIRIN: Dieser eminente russische Lyriker und Erzähler, der später unter seinem eigentlichen Namen NABOKOV einer der meistgenannten und meistgelesenen Romanautoren Amerikas wurde, verbrachte fünfzehn lange Jahre in der deutschen Hauptstadt, obwohl er, der das Französische perfekt und das Englische wie kaum ein anderer virtuoser Stilist beherrschte, mit dem Deutschen erhebliche Schwierigkeiten hatte.

Die einzige Ausnahme sollte kläglich enden: ALEXEJ N. TOLSTOI, der in der ersten Nachkriegszeit seine wohl besten Werke geschrieben hatte, entschloss sich nach einigen Jahren, Berlin zu verlassen und in die Heimat zurückzukehren; hier wurde er von der ideologischen Maschinerie zunehmend unter Druck gesetzt, das wirkte sich immer empfindlicher auf Inhalt und Form seiner Bücher aus, und schließlich befleckte er sich mit einem schändlichen Machwerk, einem Roman, der STALIN beweihräucherte.

Dann aber kam der eigentliche Zusammenbruch. Der Machtantritt STALINS, der Machtantritt HITLERS. Das Erbe zweier Jahrhunderte, die Bemühungen vieler Generationen Klarsichtiger und Klardenkender beiderseits der nationalen Trennungslinie – mit einem Schlag waren sie vernichtet. So ging eine bedeutsame, eine denkwürdige Zeit zu Ende, die das Antlitz Europas schon weitgehend verändert hatte.

Was sich unter STALIN und HITLER noch Dichtung nennen durfte, artete zwangsläufig zur Verzierung der ideologischen Propaganda aus. Was seit eh und je die echteste Selbstäußerung der Völker gewesen war, schien endgültig verfälscht und ins Gegenteil umfunktioniert. Doch gerade in Russland geschah dann etwas Unerwartetes: Wenige Jahre nach STALINS Tod kam es zu einer Neubelebung des scheinbar Erstickten. Nur war dieses Wunder kein Wunder. Denn im Grunde ging es auch diesmal um die ewige Sehnsucht nach Europa. Die Träger der Wiedergeburt – sowohl die Dichter als auch ihr Publikum – idealisierten den modernen Westen. Sie wollten wie die Deutschlandfahrer und Goetheschwärmer des 18. Jahrhunderts die gemeinsame Mutterzivilisation mit allen ihren geistigen Werten wiederherstellen, nur dass jetzt der Osten das Seine, Schwerwiegende beitragen würde. Es war reines Wunschdenken. Eine erste Enttäuschung sollte es schon sein, als die Resonanz im Westen der wirklichen Rangordnung innerhalb der russischen Dichtkunst krass widersprach: So fand eine Bewegung ausdrucksstarker Deklamatoren mit JEWTUSCHENKO an der Spitze, die vornehmlich psychopolitische Ziele verfolgte, immerhin eine gewisse, wenn auch erstaunte Anerkennung, und in der DDR erweckte sie sogar manche vage Hoffnungen bei den Nicht-Konformisten, während die Schule der Bänkelsänger um GALITSCH, OKUDSHAWA und WYSSOZKI, deren Popularität in Russland geradezu phantastisch war, wohl mancherorts Interesse in engeren Kreisen auslöste, was aber mit keinem echten

Verstandnis für die Tragweite dieser Kunst einherging, wogegen die eigentliche Lyrik, die kulturgestaltende und identitätsformende Poesie eines Arseni Tarkowski, eines Tschitschibabin, eines Trjapkin völlig unbeachtet blieb. Das nahm man in Russland hin. Erst nach vielen weiteren Frustrationen trat endgültig Ernüchterung ein, und da erkannte man klar: Im Westen war in dieser hektischen Zeit der Vermassung, der Mechanisierung des gesellschaftlichen Lebens und der weitgehenden Standardisierung der Denkmodelle das zutiefst persönlichkeitsgeprägte und persönlichkeitsprägende lyrische Erlebnis zu einer Marginalerscheinung geworden, und die Lyrik hatte ihre einstige Wirkung, ihr einstiges Prestige eingebüßt.

Das verführte eine bestimmte Gruppe von Vulgärwestlern zu der lautstark vertretenen Ansicht, Lyrik sei nun einmal unzeitgemäß und müsse auch im russischen Geistesleben weit in den Hintergrund gerückt werden. Es lässt sich nicht leugnen, dass Behauptungen dieser Art die Intensität der Lyrikrezeption mit der Zeit immer stärker beeinträchtigten, was wiederum viele, wenn nicht die meisten jüngeren Dichter veranlasste, mit Sinn und Diktion ihrer Verse ganz bewusst eine Außenseiterstellung einzunehmen. So ergab sich eine verhängnisvolle Spirale...

Im Vergleich zum Westler aber, und auch zu Deutschland, ist die Wertschätzung des gebundenen Wortes auch im heutigen Russland noch nicht ganz so tief gesunken. Denn man weiß: Als Ausdruck latenter gesellschaftlicher Stimmungen verzeichnet die Dichtkunst wie kein anderes Medium die noch unbewussten, rein emotionellen Motive, Tendenzen und Regungen, denen in der historischen Entwicklung ein oft weit größeres Gewicht zukommt als den rationalen Beweggründen und Belangen. Und doch ist auch hier der Idealismus dieser zwei Jahrhunderte geschwunden. Eine traurige Wiederidentifizierung mit einem anderen Europa!

All das sollte den identitätsbewussten Europäer nachdenklich, elegisch, nostalgisch stimmen.

Aber vielleicht kann Erinnerung an Vergangenes auch Einkehr und Umkehr bedeuten, und damit Hoffnung?

(12.05.1997)

Erschließung einer Welt
Deutsche Dichter und das russische Rätsel

Es kommt in unserem Jahrhundert sehr selten vor, dass eine Verszeile zur landläufigen Sentenz, ja sogar zum volkstümlichen Sprichwort wird. Das geschah aber mit dem stolzen Spruch von JEWGENI JEWTUSCHENKO: »*In Russland ist der Dichter mehr als ein Dichter.*«

Dieser Satz wurde deshalb so populär, weil er ganz den Vorstellungen breiter Schichten von einer besonderen Mission der Dichtkunst entsprach, einer Mission, die weit über den Rahmen des gewöhnlichen Kunstschaffens und Kunstgenusses hinausgeht. Poesie, glaubte man, ist gültigster Ausdruck der bewussten wie auch der unterschwelligen Stimmungen, Bestrebungen und Hoffnungen – oder, wie es im Russischen so gern heißt, der Seele – eines Volkes, sie ist aber auch berufen, diese Stimmungen, Bestrebungen und Hoffnungen, diese Seele zu prägen.

Daher die Überzeugung, dass allein dieses Medium die tiefere Ergründung, die Enträtselung, ja die eigentliche Entdeckung der Seele eines Volkes von seiten Fremder, von seiten ausländischer Kulturen und Zivilisationen wirklich ermöglicht.

Nicht von ungefähr waren die Russen stets sehr empfindlich, wenn es um die Deutung russischen Wesens in der Dichtung, und namentlich in der Lyrik anderer Völker ging.

Dabei bildete gerade die Erkenntnis und Wiedergabe der russischen Welt, der russischen Volksseele durch *deutsche* Dichter seit eh und je einen Schwerpunkt, wenn nicht *den* Schwerpunkt dieses bedeutsamen Phänomens.

Und zweifellos stellte das von der Dichtung geschaffene Russlandbild eines der wichtigsten und aufschlussreichsten Kapitel in der Geschichte des so vielgestaltigen, oft schicksalsschweren Wechselverhältnisses der beiden Völker dar. In einer jahrtausendlangen Geschichte, die noch manches Unklares, ja Unerklärliches birgt...

Schon in frühsten deutschen Dichtungen werden die »Riuzen« als ein in geheimnisvoller Ferne lebendes, rätselhaftes Volk erwähnt, das dennoch den Europäern verwandt ist. So kennzeichnet sie beispielsweise das im ausgehenden 11. Jahrhundert entstandene Arnolied, so hundert Jahre später das Nibelungenlied, so auch einer der berühmtesten mittelhochdeutschen Epiker und Minnesänger, HARTMANN VON AUE. Merkwürdig ist dabei, dass ein solches im Grunde exotisches Russlandbild zu einer Zeit aufkam, als zwischen Mitteleuropa und dem ostslawischen Raum noch recht lebhafte Beziehungen bestanden, die verschiedensten Fürstenhöfe feierliche Gesandschaften und vertrauliche Botschaften austauschten, der Heilige Stuhl in Rom sich immer wieder mit Bullen und Sendschreiben um die Überwindung der Kirchenspaltung bemühte, und die größte, reichste, kulturstolzeste russische Stadtrepublik, Nowgorod, aufs engste mit der Hanse verbunden war. Erst um 1237 – längst war das Nibelungenlied vollendet und HARTMANN VON AUE seit mehr als zwanzig Jahren tot – vermochte der westfeindliche Fürst ALEXANDER NEWSKI mit Hilfe mongolischer Heere sein Land und Volk für lange Zeit von der europäischen Mutterzivilisation abzuschneiden.

Die russischen Dichtungen jener Frühzeit aber zeugen im Gegenteil von einem vielseitigen westlichen Einfluss, und im bedeutendsten uns überkommenen Werk, dem Igorlied, sind gerade Anklänge an die nordische Sagenwelt und die ritterliche Heldenepik unverkennbar.

Woher die sonderbare Ignoranz der deutschen Dichter?

Woher eine so ungleiche Rezeption geistiger Ausstrahlungen innerhalb des doch noch einheitlichen europäischen Kulturkreises?7

Und woher – was besonders paradox ist – die wiederholte Bezeichnung der Riuzen als »Heiden«? Mit dem Heidentum assoziierte man ja barbarische Sitten, ein barbarisches Geistesniveau, barbarische zwischenmenschliche Beziehungen.

Um nur zwei charakteristische Beispiele zu nennen: Die Kämpfe der Deutschen Ordensritter gegen ALEXANDER NEWSKI wurden in der gereimten Livländischen Chronik nicht als Zusammenprall zweier geopolitischer Mächte und auch nicht als Ringen des Weltwestens mit dem Weltosten dargestellt, sondern einzig als bewaffnete Auseinandersetzung gläubiger Christen und unverbesserlicher Anhänger einer heidnischen Irrlehre. Und auch noch nach anderthalb Jahrhunderten beschrieb der Dichter PETER SUCHENWIRT eine Heerfahrt Herzog ALBRECHTS ganz im selben Ton, obgleich hier die Russen des Großfürstentums Litauen, die eine ausnehmend hohe Kultur entwickket hatten, als Gegner auftraten.

Gewiss, in den unergründlichen Tiefen des schier endlosen Landes, in dunklen Wäldern, an wilden Strömen und versteckten Seen lebten heidnische Mythen, Kulte und Bräuche noch sehr lange weiter, und es war durchaus möglich, dass Besucher aus der Fremde über ihre Dolmetscher und Begleiter einiges davon erfuhren. Aber weit lebendiger mussten doch die Eindrücke sein, die sie in den russischen Städten mit ihren zahlreichen kreuzgeschmückten, goldkuppeligen Kirchen und andächtigen Gemeinden oder unterwegs in den über das ganze Land verstreuten Klöstern, Wallfahrtsorten und Bethäusern gewannen. Und gerade solche Eindrücke müssten doch eigentlich für die Dichter besonders anziehend und überzeugend gewesen sein.

Wenn die mittelhochdeutsche Dichtung ein ganz anderes Bild bot, so lag dem vielleicht schon damals ein spontanes Bedürfnis zugrunde, durch Schilderungen des Fremdartigen, Geheimnisumwitterten die Neugier der Leser oder Hörer zu erwecken. Die orientalische Exotik hatte ja durch die arabischen Eroberungszüge manches von ihrem poetischen Zauber eingebüßt – und so umgab der Schleier des Mysteriösen die ostslawischen Stämme. Für Russland selbst war das noch völlig harmlos, da ja hier niemand etwas von diesen Dichtungen wusste.

Das sollte sich mit der Zeit ändern. Einerseits wurde das innere Ringen zweier russischer Selbstdeutungen und Selbstbestimmungen, der eurorussischen und der eurasischen, immer erbitterter – ein Ringen, das seit jeher den Hauptinhalt der russischen Geschichte und des russischen Geisteslebens bildete. Andererseits nahm im Laufe der Jahrhunderte die Rückwirkung westlicher Urteile und Vorurteile auf die Geister im Lande ständig zu. Da aber die exotische Vorstellung von russischer Wesensart allmählich zum gängigen Klischee erstarrte, war das stets Wasser auf die Mühle der eurasischen, europafeindlichen Partei. Man könnte sagen: Aus dem angeblichen Heiden des mittelalterlichen deutschen Epos wurde im 19. Jahrhundert der vermeintlich echt nationale Charakter in der russischen slawophilen Belletristik, dessen eigentlicher Daseinssinn eben darin bestand, einen absoluten Gegensatz zum abendländischen Menschen darzustellen.

Indessen kam es um die Wende des 14. Jahrhunderts zu einem für jene Zeit geradezu phantastischen Zwischenspiel. Ein Mann reiste ostwärts und entdeckte dabei ein anderes Russland, ein Russland, das sich trotz anderthalb Jahrhunderten weitgehender Isolation als europäisches Land entpuppte. Und dieser Kolumbus Russlands war – ein deutscher Dichter! Oswald von Wolkenstein war die überragende deutsche Dichterpersönlichkeit des Zeitalters.

Allerdings besuchte dieser urwüchsige Renaissancemensch keineswegs bloß russische Länder wie das Großfürstentum Litauen, Nowgorod, Moskowien und andere – seine abenteuerlichen, wildbewegten Wanderungen führten ihn aus der tirolischen Heimat an die Ostsee und ans Schwarze Meer, wo er Schiffbruch erlitt, durch byzantinisches und islamisches Gebiet hin nach Syrien und Palästina, dann nach Frankreich und Italien, nach Spanien und Portugal, im Orient war er Rossknecht und Ruderer, Koch und Spielmann, dann in Wien und Konstanz vertrauter Berater des Königs und künftigen Kaisers – und in all dieser Zeit dichtete und komponierte er Minnegesänge, frisch-fröhliche Trink-, Tanz- und Liebeslieder, schrieb derbe buhlerische Verse, aber auch von Jenseitsgedanken erfüllte geistliche Dichtungen und lyrische Lebensbeichten. Doch trotz dieser Vielfalt mutet sein Verständnis für das eigentliche Russland fast wie ein Wunder an, verstand er es doch, zwischen dem Ursprünglichen, Menschlichen, Natürlichen und dem von zweihundert Jahren Knechtschaft Aufgetragenen zu unterscheiden, und das zu einer Zeit, da man in Europa buchstäblich nichts von den Zuständen und Vorgängen im Osten des eigenen Erdteils ahnte. Oswald zählte viele

Michail Schaiber-Sokolski

Sprachen auf, die er kannte, und selbstverständlich lassen sich nur Vermutungen anstellen, in welchem Maß er sie tatsächlich beherrschte. Er muss das Russische wirklich zumindest so erlernt haben, dass er einerseits gewisse nicht ganz alltägliche Wörter verstand und andererseits nicht allzu stark als ein Fremdling auffiel. Und das will schon einiges besagen, denn Russisch gehörte ja, gelinde gesagt, keineswegs zu den ersten Sprachen der Epoche. Doch sollte Oswalds Reise und ihre poetische Darstellung auf die Zeitgenossen nicht zündend wirken und erst recht brachte sie keine Wende im Wechselverhältnis der russischen und der europäischen Kultur und Geistigkeit, sie blieb lediglich ein Zwischenspiel.

Dann kamen zwei Jahrhunderte einer seltsamen Gleichgültigkeit. Der mächtige Großfürst Moskowiens, Iwan der Dritte, der sich als erster den Titel eines Zaren zuzulegen wagte, brachte damals zwar der Wiege des russischen Humanismus, dem Großfürstentum Litauen, schwere Verluste bei, andererseits aber lud gerade er auch erstmals westliche Baumeister, Künstler, Ärzte und andere Studierte in sein Land ein, und als er eine nach Rom verschlagene byzantinische Prinzessin zur Gattin nahm, kamen in ihrem Gefolge zahlreiche italienische Edelleute nach Moskau, die bereits den Geist der hohen Renaissance in sich trugen. Hinzu kam, dass seine unzähligen Eroberungen das Moskowitische Reich zu einem der flächenmäßig größten in der Welt machten, und das konnte selbstredend auch in Europa nicht unbemerkt bleiben. Dennoch zeigten deutsche Dichtungen dieser Periode keinerlei Neigung, zu einem offenbar doch so bedeutsamen Geschehen einen Gedanken, eine poetische Intuition, vielleicht eine bange Ahnung zu äußern. Das änderte sich auch nicht, als im angehenden 16. Jahrhundert bereits erste ausführliche Reisebeschreibungen in deutscher Sprache im Druck erschienen, als dann deutsche Zeitungen und Flugblätter erschütternde Nachrichten von den Greueltaten eines anderen Iwan brachten, dem der Volksmund wie auch die Geschichte den Beinamen »der Schreckliche« zulegen sollten, als in Moskau selbst ein deutscher Stadtteil mit eigener Verwaltung, eigener evangelischer Kirche und eigenen kulturellen Bestrebungen entstand, ein Stadtteil, dessen Bewohner Zeugen wahrhaft gewaltiger, beispielloser Ereignisse wurden... Ja, sogar als Russland die Große Smuta, die blutige Zeit der Wirren, erlebte, fand das in zeitgenössischen deutschen Dichtungen keinen echten Niederschlag. Obwohl die anerkannt besten, noch heute, nach fast vierhundert Jahren, gültigsten Quellen aus der Feder deutscher Beteiligter stammen – und obwohl sogar im fernen Spanien ein Lope de Vega den Stoff sofort aufgriff und zu einem aktuellen, wenn auch phantasieüberladenen Bühnenstück verarbeitete. Erst nachdem Schiller in seinem letzten, unvollendeten Trauerspiel eine der Hauptgestalten der Großen Smuta, den Falschen Demetrius, zum tragischen Helden gewählt hatte, wandten sich auch deutsche Dichter dieser Episode russischer Vergangenheit zu, die eine Fülle an psychologischen und geschichtsphilosophischen Problemen, an dramatischen und lyrischen Motiven barg.

Der Großen Smuta aber folgte eine ruhige und recht farblose Zeit, da MICHAIL, der im Jahre 1613 zum Zaren gewählte erste ROMANOW, ein kränklicher und hilfloser Mann, die oberste Staatsgewalt innehatte. In Deutschland dagegen waren es Jahre stürmischer Auseinandersetzungen, die schließlich im Dreißigjährigen Krieg gipfelten.

Doch, wie paradox es auch scheinen mag, gerade die drei großen Dichter dieser vom Krieg heimgesuchten Generation legten bemerkenswertes Interesse und Verständnis für die russischen Belange an den Tag! Und wie verschieden ihre Stellungnahmen und emotionellen Äußerungen auch sein mochten, das eine hatten MARTIN OPITZ, SIMON DACH und PAUL FLEMING gemein: Sie sahen Russland nicht als außereuropäische, ihrem Wesen und Sinn nach fremde Erscheinung, im Gegenteil unterstützten sie – jeder auf seine eigene Weise – die politischen Bestrebungen und psychologischen Ansätze einer Wiederannäherung der russischen Welt an den Westen, die offenen und weniger offenen Bekundungen einer eurorussischen Identität.

MARTIN OPITZ, der Begründer der neuzeitlichen deutschen Literatur, war ein politisch ungemein engagierter Mann, und zudem galt sein ganz besonderes Augenmerk dem europäischen Osten. Kein Wunder, dass er auch über russische Vorgänge und Tendenzen stets im Kontext der osteuropäischen Gesamtentwicklung urteilte. Doch sollte man bei einer Analyse seiner zeitpolitischen Ansichten und Gedankengänge nie außer acht lassen, dass er vor allem eine Dichterpersönlichkeit war, ein Geist von großer kulturhistorischer Sichtweite, und mithin seine Äußerungen zu konkreten Tagesproblemen doch von einem höheren, verallgemeinernden Standpunkt ausgingen. Dieser Standpunkt aber lautete: Russland ist Europa, Russland muss Europa sein.

Eine in mancher Beziehung ähnliche Position vertrat auch SIMON DACH, das Haupt der zu jener Zeit hochgeschätzten Königsberger Dichterschule. Auch für ihn war die Hinwendung zum Osten gleichsam naturbedingt, da er, im Memelland geboren, fast sein ganzes Leben in der ostpreußischen Hauptstadt verbrachte. Stand OPITZ vor allem über eine protestantische Sekte mit Russland in Fühlung, die bereits den FALSCHEN DEMETRIUS aktiv unterstützt hatte, so war für DACH die unmittelbare Nähe zu Litauen entscheidend, wo trotz der historischen Bedrängnisse, die fünfzig Jahre vordem zur Vereinigung mit Polen geführt hatten, die Erinnerungen und Traditionen, die das Land mit der russischen Welt vereinten, nach Jahrhunderten der Gemeinsamkeit unmöglich erloschen sein konnten – und wenn der deutsche Dichter sich zu russischen Angelegenheiten äußerte, so meinte er im Grunde Rückkehr, eine Rückkehr nicht etwa des eurorussischen Staates, der einst Litauen hieß, sondern des eurorussischen Geistes, der in diesem Staat gelebt hatte, der diesen Staat getragen hatte. Gerade der eurorussische Geist, fühlte er, bot Schutz gegen die aus dem Osten drohenden Gefahren.

Ein Kapitel für sich war PAUL FLEMING[12]. Anders als OPITZ und DACH, bereiste er Russland persönlich. Wenn man bedenkt, dass ihm nur dreißig Lebensjahre vergönnt waren, so kann man wohl sagen, dass seine Teilnahme an einer Gesandtschaft in den Osten, bei der er zwei Jahre in russischen Städten und auf russischen Landstraßen verbrachte, einen entscheidenden Abschnitt seines Lebens bedeutete. Seine Sonette über Moskau, aus denen eine erwartungsvolle, weltoffene Bereitschaft zum Verständnis und zur Verinnerlichung des Fremden spricht, waren die ersten lyrischen Beschreibungen dieser Stadt überhaupt. Doch noch beeindruckender sind in mancher Hinsicht die geradezu idyllischen Darstellungen des russischen Bauernlebens, die während seines fünfmonatigen Aufenthalts in Nowgorod entstanden. Zwanzig Jahre waren seit der Großen Smuta vergangen, bei der auch das Gebiet von Nowgorod, nach den Verheerungen durch IWAN DEN SCHRECKLICHEN aufs neue schwer in Mitleidenschaft gezogen worden war. Natürlich standen die Desaster des Dreißigjährigen Krieges ständig *vor* FLEMINGS innerem Auge, und er verglich immer wieder die friedliche Arbeit auf den umgebenden Feldern mit dem mörderischen Treiben in der Heimat. Und dennoch ist klar, dass er stark idealisierte. Warum? Ich weiß nur die eine Antwort, und ich glaube sie auch aus seinen Versen herauszuhören: Er musste sich der Geschichte dieser Region und dieser Stadt bewusst gewesen sein, der Geschichte eines Jahrhunderte über Jahrhunderte währenden Kampfes um Sebstbewahrung, Selbstbestimmungsrecht, eurorussische Selbstbehauptung gegenüber endlosen mongolischen, tatarischen, ostrussischen und moskowitischen Attacken, eines Kampfes, der auch nach der scheinbar endgültigen Unterwerfung nicht abbrach, der, was Zähigkeit und Ausdauer betraf, in der Weltgeschichte seinesgleichen suchte. Es war nicht bloß Sympathie, es war eine besondere Art Seelenverwandtschaft, die PAUL FLEMING empfunden haben musste. Und als sein Freund, der Gesandtschaftsleiter OLEARIUS, nach dem Tode des Dichters dessen Werk herausgab, vermittelte er den deutschen Lesern – wie übrigens auch in seiner eigenen Reisebeschreibung – gewisse unwägbare Ausstrahlungen eurorussischen Denkens und Fühlens. Und das musste eine, wenn auch vorläufig nicht offensichtliche, Wirkung auf das allgemeine Russlandbild ausüben.

1689 aber – ausgerechnet in dem Jahr, da der so weltlich gesinnte und europabesessene Reformer PETER DER ERSTE die Regierung antrat – kam ein religiöser Schwärmer nach Moskau, dessen ekstatische Gedichte und Sprüche in Europa schon seit gut zwei Jahrzehnten Aufsehen erregten. Er hieß KUHLMANN, QUIRINUS KUHLMANN. Nach ausgedehnten Wanderungen durch das evangelische Norddeutschland und das kalvinistische Holland, hin nach dem katholischen Paris, dem anglikanischen London, dem moslemischen Istanbul, glaubte er, einzig im mystisch verklärten, zivilisationsfernen Moskau würde sein Traum von einer neuen »Jesusmonarchie«, dem »Kuhlmannstum«, bereitwillige Aufnahme und schließlich Verwirklichung finden. Er war vom alten, exotisierenden Russlandbegriff irregeführt worden. Nicht nur waren seine Sprache, Deutsch und Latein, den hiesigen Menschen fremd, auch seine Ideen und Visionen konnten weder den eurorussischen noch den eurasischen Geistern zusagen. Deshalb fanden seine gefühls- und ausdrucksstarken Verse – genau wie die überstiegenen, flammenden Reden – nur in der Deutschen Vorstadt Gehör und mitunter Anklang. Doch stießen sie begreiflicherweise auf den Unwillen des Pastors, und dieser denunzierte den dichtenden Fanatiker bei den Behörden. KUHLMANN wurde festgenommen und nach unsäglichen Folterungen in einer eigens errichteten Holzhütte verbrannt. Er sollte nicht der letzte sein, der den Glauben an ein Trugbild, das als Russland bezeichnet wurde, mit dem Leben bezahlen musste.

In diesem Zusammenhang fällt auf, dass damals wie auch im folgenden 18. Jahrhundert die ständig anwachsende deutsche Kolonie in Russland so gut wie keine Vermittlerrolle übernahm. Das änderte sich erst im angehenden 19. Jahrhundert, und zu den Vorläufern gehörte ein geniales Mädchen, das gleichfalls, wie es der Zufall wollte, den Namen KULMANN trug. ELISABETH KULMANN. Mit 17 Jahren kam sie infolge der Petersburger Überschwemmung von 1825 ums Leben. GOETHE, dem man ein Jahr zuvor ihre deutschen Verse gezeigt hatte, prophezeite ihr einen Ehrenplatz in der Weltliteratur. Obwohl sie vierzehn Sprachen beherrschte und auch eine italienische Gedichtsammlung veröffentlichte, bildeten die deutschen und russischen Dichtungen den Kern ihres Schaffens, und hier blieb sie stets dem Geist der russischen Aufklärung verpflichtet – jenem Geist, in dem das Eurorussentum seine klarste Ausprägung erlangt hatte. Vielleicht hätte sie, wäre ihr ein längeres Leben vergönnt gewesen, doch auch in Deutschland eine reale Vorstellung von den in der russischen Volksseele wirkenden Kräften zur Geltung gebracht. Wer weiß…

Indessen war im Zeitalter der europäischen Aufklärung das Interesse an fernen, exotischen Zivilisationen ungemein gestiegen, und es gehörte sogar bei den Halbgebildeten zum guten Ton, Moden wie die chinesische oder die persische mitzumachen. Das Verhältnis zur russischen Kultur und Geistigkeit jedoch konnte unmöglich ganz von der gleichen, meist oberflächlichen, auf Stil und Form beschränkten Natur sein. Allzu rege waren die persönlichen Verbindungen, der gesellschaftliche Verkehr, die wissenschaftlichen Beziehungen und Einflüsse, vor allem aber auch die politischen Wechselwirkungen und Abhängigkeiten geworden. Es bestand demgemäß ein objektives historisches Bedürfnis, die Wesenheit und organische Struktur des russischen Denkens, der russischen Zivilisation als solcher, wirklich zu erkennen.

Damals trugen namhafte deutsche Historiker wie AUGUST VON SCHLÖZER und GERHARD FRIEDRICH MÜLLER entscheidend zur Erforschung der russischen Vergangenheit bei, deutsche Literaten und Philosophen suchten - bereits seit GOTTSCHED – neues Gedankengut zu vermitteln, Publizisten jeder Gesinnung schrieben viel Negatives oder nicht weniger Positives über das gar nicht mehr so geheimnisvolle Zarenreich. Vor diesem Hintergrund erscheint die Zurückhaltung mancher deutscher Dichter, deren Lebensgeschichte sie in engste Berührung mit russischer Kultur und Denkweise gebracht hatten, doch merkwürdig, ja nachgerade rätselhaft.

Ich habe viel über das eigentümliche Los zweier scheinbar geistesverwandter und dennoch zutiefst unähnlicher Schlüsselfiguren der deutschen Literatur des 18. Jahrhunderts nachgedacht und auch einiges über sie geschrieben. Doch kann ich mich nicht rühmen, ihr so unterschiedliches Verhalten in Russland je umfassend und einleuchtend erklärt zu haben. Ich glaube, es ist auch niemandem sonst gelungen.

FRIEDRICH MAXIMILIAN KLINGER, der ein Jahr jünger war als JAKOB MICHAEL REINHOLD LENZ, kam um kaum ein Jahr früher als dieser nach St. Petersburg. Man könnte also durchaus von zeitlichem Zusammentreffen reden. Freilich handelte es sich von Anfang an um zwei in vielerlei Hinsicht ungleiche Persönlichkeiten. KLINGER war ein typisches Kraftgenie mit selbstbewusstem, wenn nicht dreistem Auftreten, wogegen LENZ zwei psychische Zusammenbrüche erlitten hatte und von sehr schwächlicher Gesundheit zu sein schien. Doch gerade LENZ, der Moskau als seinen Wohnort wählte, sollte alsbald Anschluss an Kreise finden, in denen die russische Aufklärung ihren spezifischen Ideengehalt und ihre spezifische Form erhielt. Er gehörte dem Zirkel NIKOLAI NOWIKOWS an, eines Mannes, der nicht nur als Begründer des russischen Journalismus, als größter russischer Verleger des Jahrhunderts, als satirischer Schriftsteller und als gesellschaftskritischer Publizist Außergewöhnliches leistete, sondern auch den anerkannten Mittelpunkt der fortschrittlichen sozialen, literarischen und intellektuellen Bewegung der Zeit bildete. Später wohnte Lenz im selben Haus wie der damals noch junge, aber schon profilierte Dichter und Übersetzer NIKOLAI KARAMSIN, der mit der Zeit als Novellist, Literaturtheoretiker, Reiseschriftsteller und vor allem Historiker eine überragende Rolle im russischen Kulturleben spielen sollte, und es unterliegt keinem Zweifel, dass die beiden zumindest hin und wieder Gedanken austauschten und freundlichen Umgang pflegten. Obzwar LENZ sehr unter seinen schwierigen wirtschaftlichen Lebensbedingungen litt, ist es doch eigentlich sonderbar, dass er sich nicht berufen fühlte, die deutsche literarische Welt über die bedeutungsschweren geistigen und psychopolitischen Vorgänge zu unterrichten, deren unmittelbarer Zeuge er war.

Aber noch unerklärlicher scheint mir die Verhaltensweise KLINGERS in dieser Hinsicht. In einem Land, wo er immerhin 51 Jahre verbrachte, versuchte er kaum, mehr oder minder enge Kontakte zu den Kreisen der Hochintelligenz herzustellen, ja er interessierte sich offenbar recht wenig für die gerade zu jener Zeit äußerst stürmische Evolution des russischen Geisteslebens. Er führte eine Art Doppeldasein: Einerseits machte er eine glänzende Karriere im Dienste mehrerer aufeinanderfolgender russischer Monarchen, wurde Direktor des 1. Kadettenkorps in St. Petersburg, dann Kurator des Schulwesens einer Region und stieg zum Generalleutnant auf, andererseits aber setzte er seine schriftstellerische Tätigkeit unermüdlich fort und verfasste für deutsche Verleger zahlreiche Dramen und Lustspiele, vor allem aber eine neun Bände umfassende Reihe historischer und philosophischer Romane, die indes thematisch nichts mit seinen Russlanderfahrungen gemein hatten, wiewohl eine rein atmosphärische Einwirkung gewiss spürbar war – doch in Russland selbst blieb dieses Schaffen so gut wie unbemerkt. Übrigens veröffentlichte er in seinen letzten 26 Lebensjahren auch in deutschen Verlagen keine einzige Zeile mehr, obgleich er bis ins hohe Alter hinein geistig wie körperlich durchaus rüstig blieb! Als er mit 79 Jahren starb, erweckte die Nachricht weder in der alten noch in der neuen Heimat die geringste öffentliche Anteilnahme.

Inzwischen war eine Generation russischer Dichter herangewachsen, die den seelischen Entwicklungsweg des Volkes mit ungewöhnlicher Klarheit und Feinfühligkeit zu spiegeln wusste und den entscheidenden Tendenzen und Perspektiven dieser Entwicklung prägnanten Ausdruck verlieh. Späterhin bezeichnete man diese Gruppe als die Puschkinsche Plejade. Jetzt ergab sich für Europa, und auch für Deutschland, eine neue Möglichkeit, das rätselhafte russische Phänomen in seinen verborgenen Tiefen zu erkunden. Eine solche Möglichkeit bot die Nachdichtung. Die vollwertige, geistesverwandte Nachdichtung.

Fast um die gleiche Zeit wie die so früh umgekommene ELISABETH KULMANN war ein Mädchen geboren worden, das ihr in mancherlei Hinsicht ähneln sollte. Nur waren der KAROLINA JÄNISCH [PAWLOWA] dann 86 Jahre beschieden. Sie dichtete ebenfalls in drei Sprachen – russisch, deutsch und französisch – und beherrschte viele andere. Nachdem eine Jugendliebe zu dem polnischen Nationaldichter MICKIEWICZ infolge des Neins ihrer Eltern zerbrochen war, übersetzte sie das epische Gedicht des Geliebten »Konrad Wallenrod« ins Deutsche, und als MICKIEWICZ einmal GOETHE besuchte, zollte dieser der Nachdichtung uneingeschränktes Lob. Bald darauf heiratete sie den damals populären Novellisten und Publizisten PAWLOW, und sie ist denn auch als KAROLINA PAWLOWA in die Literaturgeschichte eingegangen. In ihrem Werk stellten die Übertragungen lyrischer, epischer und dramatischer Dichtung aus dem Russischen ins Deutsche und Französische und aus dem Deutschen ins Russische eine wesentliche, nicht wegzudenkende Komponente dar. Und obwohl sie selbst in späteren Jahren vorwiegend russisch schrieb, gab sie das »heilige Handwerk des Nachdichtens«, wie sie es nannte, nie auf. Ausschlaggebend war bei alldem, dass sie sich der völkerverbindenden, den Volksgeist erschließenden, die beiderseitigen Identitäten klärenden Mission des Nachdichters stets bewusst war und dieses Bewusstsein auch zum bleibenden Motto der russischen Übersetzerschule machte.

Ihr erstes Buch mit Gedichten PUSCHKINS und BARATYNSKIS sowie russischen Volksliedern – es hieß »Das Nordlicht« – war 1833 erschienen, und genau zehn Jahre später brachte ein noch junger Mann sein erstes Bändchen mit verdeutschter Lyrik von PUSCHKIN, LERMONTOW und KOSLOW heraus, ein junger Mann, der mit der Zeit zu einem bedeutenden geistigen Brückenbauer werden sollte. Leider wird heutzutage die Rolle, die FRIEDRICH BODENSTEDT seinerzeit spielte, sowohl in Russland wie auch in Deutschland stark unterschätzt. Dabei beschränkten sich seine Bemühungen um die Bereicherung der deutschen Kultur mit geistigen Werten anderer Völker und anderer Zivilisationen keineswegs auf russische Dichtung allein, er war der wohl fruchtbarste und feinsinnigste Nachdichter aus der persischen Klassik und auch ein eminenter Erforscher, Deuter und Übersetzer SHAKESPEARES, doch gerade als Entdecker des poetischen Kontinents Russland leistete er Überragendes. Ich will nur einige konkrete Verdienste BODENSTEDTS erwähnen: MICHAIL LERMONTOW, neben PUSCHKIN der volkstümlichste, bis auf den heutigen Tag meistgelesene und meistzitierte russische Dichter, war einem Duell zum Opfer gefallen, ehe die meisten seiner lyrischen und mehrere seiner bedeutenden epischen Gedichte im Druck erscheinen konnten – BODENSTEDT aber wählte schon für seine erste Sammlung auch Verse, die bis dahin lediglich in handgeschriebenen Heften Verbreitung gefunden hatten, und dann stellte er ein zweibändiges Werk unter dem Titel »Lermontows poetischer Nachlass« zusammen, das bereits deutsche Übersetzungen von Texten enthielt, deren russische Originale bislang kaum jemandem bekannt gewesen waren und danach noch längere Zeit auf die Veröffentlichung warten mussten! Vielleicht noch wichtiger für die Lermontow-Forschung, für die Bestimmung der eigentlichen Bedeutung dieses Dichters war indes BODENSTEDTS Nachwort, das einen tiefen Eindruck auf die deutsche Leserschaft machte und zweifellos eine immense Steigerung des Interesses für russische Dichtkunst, für den russischen Geist überhaupt herbeiführte, zugleich aber auch die Neubewertung Lermontows, die sich in der *russischen* Literaturkritik angebahnt hatte, mit wesentlichen Einsichten und Argumenten untermauerte. Als erster suchte BODENSTEDT das gebildete deutsche Publikum mit der Eigenart ukrainischer Volksdichtung vertraut zu machen – und dies zu einer Zeit, da die nationale Identität der Ukrainer vom offiziellen Russland geleugnet wurde und in der Vorstellung der allermeisten Europäer nicht der geringste Unterschied zwischen Russen und Kleinrussen, wie man die Ukrainer nannte, existierte. Als BODENSTEDTs Buch »Die poetische Ukraine« erschien, hatte der einzige damals in Russland anerkannte ukrainische Dichter, TARAS SCHEWTSCHENKO, seinen Weg erst gerade begonnen, und sicher war selbst sein Name nie über die russische Grenze gedrungen.

Ein Kapitel für sich aber bildete BODENSTEDTs Wirken im Kaukasus, dessen geopolitische Angliederung an Russland seit 50 Jahren betrieben wurde und noch keinesfalls beendet war, der aber kulturell einer ganz anderen Zivilisation angehörte. Kaum heimgekehrt, veröffentlichte BODENSTEDT eine historische Abhandlung mit dem beredten Titel »Die Völker des Kaukasus und ihre Freiheitskämpfe gegen die Russen«. Doch das wichtigste Ergebnis seines zweijährigen Tbiliser Aufenthalts sollte eine Gedichtsammlung sein, in der die Atmosphäre der Begegnung von Morgenland und Abendland, von Persien, Georgien und Russland, in volltönenden Farben eingefangen war: »Die Lieder des Mirza Schaffy«. Zuerst bezeichnete der Dichter sie als Übersetzungen, zwanzig Jahre später erklärte er sie für Originaltexte, und in der Sowjetzeit entspann sich dann eine ganze philologische Diskussion darüber – doch der eigentliche Sinn des Buches bestand ja eben in der Wiedergabe des Wechselspiels orientalischer Tradition und jenes europäischen Zeitgeists, dessen Träger sowohl das gewaltsam eindringende Russland als auch der deutsche Besucher waren, und das betonte östliche Kolorit eines jeden Gedichts, einer jeden Zeile musste im Grunde als Protest gegen diesen fremden Zeitgeist empfunden werden – BODENSTEDT brachte, auch wenn er die Metaphern und Gleichnisse selbst wählte, stets wirklich die Ideenwelt, die Lebensphilosophie und die Stimmungen seines gelehrten Tbiliser Freundes zum Ausdruck!

Im Laufe vieler Jahrzehnte blieb dann die Nachdichtung eine der Hauptquellen geistiger Erschließung Russlands. Ihre besondere Bedeutung erlangte sie vor dem Hintergrund der so vehementen Auseinandersetzungen russischer Westler und Slawophilen, die um die Jahrhundertmitte entbrannten und das Gesicht der Epoche prägten. Wie schon immer, waren europäische Intellektuelle und Literaten zum größeren Teil geneigt, die Selbstexotisierung des Russentums, worauf die slawophilen Theorien ja hinausliefen, zu akzeptieren und zu begrüßen, um so mehr, als ein weltberühmter Schriftsteller wie DOSTOJEWSKI sie darin bekräftigte. Hier aber wirkte die Nachdichtung als Gegengift. Denn die großen Lyriker seit PUSCHKIN waren in ihrem Identitätsempfinden und ihrer eigentlichen Aussage durchweg Eurorussen gewesen – sogar dort, wo sie sich, wie im Fall TJUTSCHEW, rein vernunftmäßig zu slawophilen Grundsätzen bekannten. Und da man im vorigen Jahrhundert auch in Deutschland noch ziemlich viel Lyrik las, konnte dieses Gegengift seine Wirkung nicht gänzlich verfehlen.

Dank den Nachdichtungen in der Folge der Pawlowa und Bodenstedts begann sich in vielen deutschen Geistern tatsächlich ein neues Russlandbild abzuzeichnen, und hätte es sich bis zum ersten Weltkrieg im vollen Umfang durchsetzen können, so wären manche Ereignisse und Entwicklungen dieses Jahrhunderts vielleicht anders verlaufen.

Die Annalen dieser völkerverbindenden Kunst weisen nicht wenige Namen auf, denen in der Geschichte der deutschsprachigen Literatur ein Ehrenplatz zukommt. Zugleich verzeichnen sie freilich auch einige geradezu rätselhafte Momente...

Wenn ich von deutschen Dichtern spreche, die eng mit. Russland verbunden waren, möchte ich an erster Stelle zwei Namen nennen: Friedrich Fiedler und Henry von Heiseler.

Der eine, geboren am Vorabend der großen liberalen Reformen Alexanders des Zweiten und gestorben in der Nacht, da in seiner Heimatstadt St. Petersburg die Februarrevolution ausbrach, die den letzten Zaren stürzte, widmete sein ganzes Leben mit einer Zielstrebigkeit wie kein anderer vor oder nach ihm dem einen historischen Anliegen: der Eröffnung des geistigen Reichtums Russlands als organischen Bestandteils der abendländischen Zivilisation, eines Reichtums, der in der Dichtkunst seine vornehmste Verkörperung fand – und damit verlieh er indirekt den immer entschiedeneren Bestrebungen der gesamten liberalen, fortschrittlichen, eurorussischen Öffentlichkeit zusätzlichen Auftrieb. Kein Wunder, dass er sowohl bei der freisinnigen Intelligenz des ausgehenden Jahrhunderts wie auch in den literarischen, philosophischen und künstlerischen Kreisen des Silbernen Zeitalters hohes Ansehen genoß und mit den bedeutendsten Persönlichkeiten des russischen Geisteslebens vertrauten Umgang pflegen konnte. So entstand auch seine berühmte Sammlung literarhistorischer Erinnerungsstücke, Dokumente, Handschriften und Raritäten, die nach seinem Tode ein eigenes Museum bildete, bis sie in den dreißiger Jahren der Zentralen Forschungsstelle für Literaturgeschichte, dem Puschkin-Haus in Leningrad, einverleibt wurde.

Doch während Fiedrich Fiedler lyrische, dramatische und epische Dichtungen so gut wie aller hinlänglich bekannter russischer Autoren verdeutschte, ging Henry von Heiseler bei der Wahl von Texten weit anspruchsvoller vor. Ihm kam es bei dieser Wahl, wie es scheinen mochte, einzig auf hohen ästhetischen Wert, geistigen Elan und Gedankenreichtum an. Doch in Wirklichkeit blieb auch hier die Russlandentdeckung, die Russlandoffenbarung eigentliches Hauptmotiv. Das trat in seinen Originalwerken besonders klar zutage, und zwar nicht nur in ihrer Thematik – denn er bevorzugte stets russische historische und religiöse Stoffe –, sondern vor allem in dem Bestreben, die für russische Geistigkeit spezifischen Wesenszüge und Aussageformen zur Geltung zu bringen. Allerdings sollte er noch die Katastrophe Russlands miterleben – er starb erst 1928 –, ja die paradoxen Wendungen des Schicksals wollten es, dass er zwangsweise als Soldat der Roten Armee am Bürgerkrieg teilnehmen musste, bis er 1922 unter Lebensgefahr nach Deutschland floh. Um so kennzeichnender aber ist, dass er bis an sein Lebensende den Glauben an Russland nicht verlor.

Unter den Zeitgenossen FRIEDRICH FIEDLERS und HENRY VON HEISELERS, die sich mit Nachdichtungen aus dem Russischen hervortaten, sind manche auch heute noch mit einzelnen nach wie vor unübertroffenen Arbeiten in Sammelbänden und Anthologien vertreten. Zu nennen wären da DOROTHEA HILLER VON GAERTRINGEN, ARTHUR LUTHER, WOLFGANG GROEGER und der außerordenlich produktive, mitunter jedoch allzu flüchtige und oberflächliche JOHANNES VON GUENTHER.

Ein Phänomen ganz eigener Art stellen indes die Übersetzungen des berühmtesten und umfangreichsten Werks PUSCHKINS, des größten russischen Dichters, dar. Man sollte meinen, die Nachdichtung seines monumentalen Versromans »Eugen Onegin« sei ein Unterfangen, an das sich nur Berufene nach reiflicher Überlegung, nach Abwägung aller Möglichkeiten und Schwierigkeiten mit der gehörigen Ehrfurcht heranwagen würden. Es könnten in den vergangenen 160 Jahren wohl bloß ganz wenige gewesen sein, und nach dem Erscheinen einer meisterhaften, wirklich originalgerechten Übertragung müsste es wohl kaum zu neuen verwegenen Versuchen gekommen sein. Doch weit gefehlt! Die Zahl allein der von soliden Verlagen herausgebrachten Onegin-Übersetzungen geht in die Dutzende, und was besonders verwundert, sie mehrt sich auch noch heutzutage, in einer Zeit, da doch das Interesse an der Dichtkunst in deutschen Landen stark zurückgegangen ist. Aber dieses psychologische Rätsel ist nicht das einzige in der bunten Geschichte der deutschen Onegin-Varianten! Das klassische Werk liegt nämlich seit langem in einer wahrhaft klassischen Nachdichtung vor! Diese Nachdichtung, die kurz vor dem ersten Weltkrieg entstanden sein muss und seitdem als hervorragendes Beispiel adäquater und niveauvoller Wiedergabe eines fremden Textes hätte unangetastet bleiben müssen, stammte von einem gewissen THEODOR COMMICHAU. Von einem gewissen – denn hier beginnt ein neues Rätsel. Wer war THEODOR COMMICHAU? Sein Name ist in keinem Lexikon, in keinem Nachschlagewerk welcher Art immer verzeichnet. Kein anderer Vers scheint von ihm überliefert zu sein. Sein ganzes Schaffen, ja vielleicht sein ganzes Leben galt dem »Eugen Onegin«. Darin, allein darin trat sein Genie in vollem Ausmaß zutage. Mir scheint es ungerecht, dass ihm kein Nachruhm beschieden ist.[13]

Doch wie zahlreich und oft virtuos die Nachdichtungen auch waren, das Russlandbild der Durchschnittsdeutschen beeinflussten sie kaum. Selbst die Gebildeten hielten sich meist für gut unterrichtet, wenn sie exotikfreudige Romane, Novellen und Reiseberichte lasen – um so mehr, als sie darüber den gewaltigen Schatten Dostojewskis zu sehen glaubten. Da aber trat um die Jahrhundertwende einer der größten deutschen Dichter mit einer durchaus eigenständigen Russlanddeutung hervor – und das ließ aufhorchen.

Rainer Maria Rilke sagte einmal, Russland sei die Grundlage seines Erlebens und Empfangens. Wenn er in rascher Folge, im Frühjahr 1899 und im Sommer 1900, zwei längere Russlandfahrten unternahm, so war es ganz gewiss nicht aus purer Neugier, aber auch keineswegs nur, um neue Eindrücke zu gewinnen, die er in seinen Dichtungen verwerten könnte. Es waren zutiefst weltanschaulich bedingte Besuche, in einem gewissen Sinn Pilgerfahrten. Einerseits Pilgerfahrten in der buchstäblichen Bedeutung des Wortes, denn in dem Land, wo der christliche Glaube tiefer im Denken und Leben der Volksmasse verwurzelt war, oder zumindest schien, als sonst irgendwo im europäischen Raum, suchte er selbst nach einer Art religiöser Erleuchtung, nach einer besonderen, rein philosophischen Art Zwiesprache mit Gott, und das erhielt gerade in seinem dichterischen Schaffen eine ganz eigene, völlig undogmatische Verkörperung – nämlich im Stunden-Buch, einem seiner Hauptwerke. Da alle drei Teile dieses Werks, namentlich aber das »Buch vom mönchischen Leben«, unzweideutig als Ergebnis seiner Reisen aufgefasst wurden, übten sie auf die dafür empfänglichen Geister einen bestimmten Einfluss als Russland-Botschaften und Russland-Bekenntnisse aus. Hierin aber bestand der Kern des Rilkeschen Beitrags zur Deutung des Russentums im damaligen Westen – denn die Gedanken, die der Dichter einem ostkirchlichen Geistlichen zuschrieb, waren rein metaphysischer und dabei durch und durch europäischer, spezifisch europäischer Natur, sie hätten nur in einem vollkommen, bis in die letzte Tiefe hinein eurorussisch geprägten Intellekt entstehen können. Die Russland-Botschaft des Stunden-Buches lautete also, wenn man sie prosaisch nüchtern, extrem irdisch entschlüsseln wollte: Auch dort drüben ist Europa.

Nicht von ungefähr wählte Rilke eine Frau zur Reisegefährtin, die als Repräsentantin eurorussischer Geistigkeit von einmaliger Ausstrahlung angesprochen werden darf. Lou Andreas-Salomé, in St. Petersburg als Tochter eines russischen Generals hugenottisch-deutscher Abstammung geboren, war schon mit 21 Jahren in engen geistigen und freundschaftlichen Verkehr mit Friedrich Nietzsche getreten und hatte ihn nachhaltig beeindruckt – die mehrhaft geäußerte Hochachtung des Philosophen für Russlands kulturelle Elite und ihre Potenzen beruhte nicht so sehr auf seiner Lektüre als vielmehr auf den Kontakten mit dieser jungen Frau. Obgleich sie ihre eigenen Bücher deutsch schrieb, wurde sie in literarischen Kreisen, so auch von ihren häufigen Gesprächspartnern GERHART HAUPTMANN, FRANK WEDEKIND und ARTHUR SCHNITZLER, stets als Vertreterin der russischen Geisteswelt betrachtet. Lediglich später, bei ihrem jahrzehntelangen regen mündlichen und schriftlichen Gedankenaustausch mit SIGMUND FREUD, scheint ihre russische Herkunft keine wesentliche Rolle mehr gespielt zu haben. Für RILKE war sie die ideale Begleiterin. Er hatte nicht nur eine denkwürdige Begegnung mit LEW TOLSTOI in Jasnaja Poljana, auch den Bauerndichter DROSHSHIN besuchte er in einem kleinen Dorf bei Twer, und er übertrug mehrere seiner volksliedhaften Gedichte voll tragischer Ahnung und bitterer Seelenqual ins Deutsche. Doch dichtete er dann auch ein Werk nach, das als gültigstes Zeugnis eines ursprünglichen, naturbedingten, schöpferischen Eurorussentums angesehen werden muss – das mittelalterliche *Igorlied*. Den gleichen, in Russland empfangenen Impulsen entsprang auch seine ständige Aufgeschlossenheit, sein intensives Einfühlungsstreben im Briefwechsel und persönlichen Verkehr mit weitaus jüngeren russischen Dichtern wie MARINA ZWETAJEWA und BORIS PASTERNAK. Als echter Europäer brauchte er Russland.

Doch die welterschütternden Geschehnisse von 1917, mit den zwei grundverschiedenen Revolutionen, und 1918, mit der Wiedererhebung des mythenumwobenen Moskau zur Hauptstadt und dem Beginn der großen Wirren, eines Bürgerkrieges mit starker ausländischer Beteiligung, mussten im Westen, wie es schien, einen jähen Umbruch in der gesamten Russlandrezeption, in allen ihren politischen und geschichtsbezogenen, philosophischen und poetischen, rationalen und emotionalen Dimensionen mit sich bringen. Und tatsächlich schieden sich die europäischen Geister sofort in zwei unversöhnliche, ideologisch verfeindete Lager, in Gegner und Freunde dieser totalen Umwälzungen. Doch so einfach und eindeutig war die Sache nicht. Denn es handelte sich psychohistorisch um ein vielschichtiges und vielgestaltiges Phänomen, das in widersprüchlichen Potenzen der Volksseele wurzelte und gleichsam widersprüchliche Erbanlagen in sich trug. Doch waren es eben Potenzen und Erbanlagen derselben, seit eh und je gespaltenen Volksseele.

Weder Gegner noch Freunde wollten damals wahrhaben, dass der marxistische Messianismus, den das neue Regime für sich in Anspruch nahm, trotz entgegengesetzter Thesen und Theorien dem ostkirchlichen oder slawophilen Messianismus stets verwandt blieb, dass er sehr ähnliche, wenn nicht im Grunde identische apokalyptische und chiliastische Botschaften verkündete – nämlich die Zerstörung der bürgerlichen Zivilisation Europas und die letztendliche Errichtung eines weltweiten tausendjährigen Reiches der Einheit und Brüderlichkeit. Aber auch der neue Mensch sollte ganz den slawophilen Idealen entsprechen. Seine Haupteigenschaften wären: Kollektivismus im Sinne eines prinzipiellen Antiindividualismus, einer tiefgehenden Missachtung des Persönlichen und Privaten, zugleich ein konsequenter Ideologismus, und dies sollte vor allem heißen, allgegenwärtige Einheit und Unterschiedslosigkeit im Denken und Fühlen, Wollen und Hoffen, nicht zuletzt auch Einheit im Glauben an eine Vorsehung, mag sie von Gott ausgehen oder der Geschichte immanent sein.

Es liegt auf der Hand: Wenn sich Europäer zu dieser neuen Form russischen Sendungsbewusstseins bekannten, so begaben sie sich damit ihres natürlichen geistigen Standorts, und sie konnten demgemäß russisches Wesen, russisches Seelenleben nicht mehr wirklich von außen her erfassen, nicht mehr überzeugend nach außen hin erschließen. Wenn etwa gewisse deutsche Dichter überschwenglich den neuen Russen besangen, so trieben sie damit einfach kommunistische Propaganda, nichts sonst. Sie wollten auch nicht erschließen, sie wollten werben. Dass es dabei zu krassestem Qualitätsverlust kam, war eine unausbleibliche Folge, doch noch weit wichtiger war der Identitätsverlust. Das wohl frappanteste Beispiel einer solchen absteigenden Evolution bot die literarische Tätigkeit des von Haus aus zweifellos hochtalentierten Lyrikers JOHANNES R. BECHER.

Doch genauso abwegig als Deutung von Russland und Russentum waren die gleichfalls meist rein propagandistischen Dichtungen, die auf der Gegenseite entstanden. Es genügt, hier EDWIN ERICH DWINGERS Romantrilogie »Die deutsche Passion« (1929-1932) zu nennen, deren falsches Pathos verhängnisvolle psychopolitische Auswirkungen hatte, die weit über die literarische Sphäre hinausgingen.

Aber gerade diese durchgängige Ideologisierung des Russlandbildes, diese aus messianischer Verheißung und apokalyptischer Ahnung erwachsene innere Zerrissenheit und Ruhelosigkeit bedingte, dass die Notwendigkeit einer unbefangenen, tiefblickenden Neuerforschung und Neuerklärung des gesamten Phänomens Russland von den ideologiefreien Geistern um so intensiver und deutlicher empfunden wurde. Schon 1921 – noch waren innerhalb des Landes die bewaffneten Auseinandersetzungen nicht beendet – schrieb kein Geringerer als THOMAS MANN das Vorwort zu einer russischen Anthologie, in welchem er besonderen Wert legte auf die *europäische* Ausstrahlung nicht nur der im Westen als typisch russisch geltenden Giganten des vorigen Jahrhunderts, wie GOGOL, DOSTOJEWSKI und LEW TOLSTOI, sondern gerade auch der westlerischen, eurorussischen, unzweideutig liberal gesinnten Klassiker und Zeitgenossen. Unter den damals lebenden Schriftstellern hatte er für den Sammelband nur solche empfohlen, die man unmöglich einer der Bürgerkriegsparteien zurechnen konnte, die aber dennoch, oder erst recht, eine ganze russische Epoche, eine wesentliche Entwicklungsphase des eigentlichen russischen Geistes repräsentierten. Die einen, wie SOLOGUB und KUSMIN, waren im Lande verblieben, gehörten aber dort einer unpolitischen inneren Emigration an, andere schwebten zwischen den beiden Welten. Damals konnte ja niemand voraussehen, dass einer von den Vorgeschlagenen, Graf ALEXEJ TOLSTOI, mit der Zeit zum Sprecher der stalinistischen Ideologie werden würde. Doch änderte auch dieser zufällige Fehlgriff nichts am Sinn, Ton und Anliegen der Sammlung und des Vorworts,, und nicht von ungefähr schloss THOMAS MANN mit den Worten: »*Russland und Deutschland müssen einander besser und besser kennen. Sie sollen Hand in Hand in die Zukunft gehen.*«

Dieser Wunsch betraf weder das alte noch das neue Russland, er betraf Russland als solches, als historische, kulturelle und geistige Entität. Kennzeichnend war dabei, dass THOMAS MANN – wohlgemerkt, man schrieb 1921 – mit keinem Wort Revolution und Bürgerkrieg erwähnte und höchstens an einer Stelle kurz fallen ließ, dass der Dichter MERESHKOWSKI vor der Bolschewistenherrschaft geflohen war. Für ihn blieb eben Russland Russland, und die russische Literatur – die »heilige« russische Literatur, wie er sie nannte – galt ihm als einzig berufene Interpretin der ewigen, ungewandelten Volksseele.

THOMAS MANN stand keinesfalls auf verlorenem Posten. Die deutsche Literatur der zwanziger Jahre kannte ungewöhnlich viele ernste und unvoreingenommene Versuche, die geschichtlichen, vor allem aber geistesgeschichtlichen und ideologiegeschichtlichen Probleme Russlands in belletristischer oder essayistischer Form zu erhellen. Das Wechselspiel der dabei geäußerten Ideen und Urteile wirkte ungemein anregend und befruchtend, und vielleicht hätte sich THOMAS MANNS Wunsch zumindest in der Welt des Geistes erfüllen können, wäre es nicht zu den unheilvollen politischen Ereignissen der nächsten Jahre gekommen.

Es erübrigt sich wohl, hier auf die fatalen Folgen des Machtantritts STALINS und HITLERS näher einzugehen. Doch möchte ich eine Verblendung erwähnen, die sich damals ganz besonders negativ auf die wechselseitige Betrachtung und Bewertung selbst der geistigen Eliten, und erst recht natürlich breitester Kreise beider Völker, auswirkte. Man sah die frappante Wesensverwandtschaft der beiden Diktaturen nicht, man hielt sie sogar für polar entgegengesetzte, im Kern antagonistische Kräfte, und das entstellte auch weitgehend die altüberlieferten wie die neugewonnenen Vorstellungen von der gesamten psychischen Welt der anderen Seite. So ging vieles früher mühsam Erkannte, Enträtselte, Durchdachte wieder verloren. Als HITLER, von ganz phantastischen Auffassungen und historischen Zielsetzungen ausgehend, seinen Krieg gegen die Sowjetunion begann, glaubte die absolute Mehrheit der Deutschen tatsächlich den Propagandaschemen, die STALIN, den Bolschewismus und Russland gleichermaßen als asiatische, Europa bedrohende Mächte, HITLER dagegen als Beschützer der Zivilisation hinstellten. Eine solche Propagandagläubigkeit wäre ohne die jahrhundertealte Exotisierung Russlands undenkbar gewesen.

Einen entscheidenden Beitrag zum landläufigen Trugbild, dass STALIN und HITLER als absolute Antipoden erscheinen ließ, leistete unterdessen auch die kommunistische Propaganda. Und da spielte eine Gruppe deutscher Schriftsteller eine gewisse Rolle, die nach dem Januar 1933 Moskau als Zufluchtsort gewählt hatten. Bei weitem nicht alle linken und linksextremen Literaten der Weimarer Zeit waren so arglos gewesen, die allermeisten hatten westliche und sogar Überseeländer bevorzugt, manche, wie beispielsweise BRECHT, trotz wiederholter Einladungen und großzügiger Versprechen von Seiten sowjetischer Instanzen. Doch blieben die poetischen und publizistischen Bemühungen der Moskauer nicht ohne Wirkung auf die deutsche antifaschistische Emigration, wohin sie auch immer verstreut war. Nicht einmal solide Repräsentanten der humanistischen Kultur wie HEINRICH MANN oder STEFAN ZWEIG waren gefeit gegen diesen Einfluss, und LION FEUCHTWANGER ließ sich ausgerechnet im düstersten Terrorjahr 1937 zu einem Besuch im Kreml und einer höchst wohlwollenden Beschreibung seines Interviews mit dem Diktator verleiten.

Trotzdem steuerte die Moskauer Gruppe auch einiges zur Herausbildung eines weniger ideologisierten Russlandbildes bei. Vor allem durch Nachdichtungen. Die beiden bedeutendsten Nachdichter kamen aus Österreich, und ihnen blieb die Bekanntschaft mit STALINS Kerkern und Konzentrationslagern nicht erspart. Allerdings verbrachte HUGO HUPPERT nur anderthalb Jahre hinter Gittern, BORIS BRAININ (Pseudonym SEPP ÖSTERREICHER) dagegen die »volle Frist«, wie man in Russland die Jahre von 1937 bis 1954 nennt. Bei der Beurteilung des Werts damaliger Moskauer Übersetzungen für ein tieferes Verständnis russischer Wesensart müssen einige Nuancen berücksichtigt werden. Es durften einzig Verse übertragen werden, die der herrschenden Ideologie nicht zu widersprechen schienen. Doch diese Ideologie war alles andere als unwandelbar und unverrückbar – nur die sprachlichen Formeln blieben stets die gleichen, nicht aber ihre Semantik, nicht ihr menschlicher Sinn. Und so kam es. dass selbst politische Gedichte, die, wie man sich auszudrücken pflegte, dem »sozialen Auftrag« entsprachen. doch unterschwelhg oppositionell klingen konnten. Einen besonderen, markanten Fall stellte in diesem Sinn der Dichter dar, dessen umfangreiches Gesamtwerk gerade HUGO HUPPERT im Laufe mehrerer Jahrzehnte nachdichtete – WLADIMIR MAJAKOWSKI. Offiziell galt und gilt er als der Hymnensänger des Bolschewismus. Doch war die übersprudelnde, tosende Sprachgewalt nicht nur seiner frühen, rebellisch-individualistischen Verse, sondern auch die seiner scheinbar so ideologietrunkenen Dichtungen der Folgezeit schlechtweg unvereinbar mit dem Phrasendenken der Parteipropagandisten. STALINS »vaterländische« und militaristische Ummünzung der Ideologie aber entfremdete den Eurorussen und Kosmopoliten endgültig. Er beging Selbstmord.

(016) Deutsche Dichter und das russische Rätsel

Fünf Jahre lang waren seine Werke dann verpönt, und das schien nur natürlich. Kein Wunder, dass eine Gesamtausgabe, die von Freunden in Angriff genommen wurde, auf den zähen Widerstand des Literaturpapstes Bucharin stieß. Doch da geschah etwas Unerwartetes, Stalin, dem Bucharin seit jeher ein Dorn im Auge gewesen war – zwei Jahre darauf ließ er ihn hinrichten – gab, um den verhassten Konkurrenten moralisch zu vernichten, eine öffentliche Erklärung ab, laut der Majakowski stets der größte Dichter der Sowjetepoche bleiben werde. Damit war dieser Name geheiligt, die eigenwilligen Schöpfungen des unlenksamen »Schreihalses«, wie er sich selbst genannt hatte, erschienen in Millionenauflagen, und auch Huppert hatte somit leichtes Spiel.

Weit ausgiebiger indes als von der Moskauer Nachdichtergruppe konnte die Möglichkeit, durch Übertragungen sowjetrussischer Poesie die sowjetische und sowjetisch inspirierte Propaganda zu entkräften, immer wieder von bewusst oder rein instinktiv oppositionellen Verskünstlern in der DDR genutzt werden. Dort war allein die Literatur der russischen Emigration geächtet, während alles, was innerhalb der Sowjetunion jemals von der Zensur freigegeben worden war, auch übersetzt werden durfte. So kam es, dass Dichterinnen und Dichter wie Anna Achmatowa und Bella Achmadulina, Sergej Jessenin, Osip Mandelstam und Boris Pasternak, Jewgeni Jewtuschenko, Robert Roshdestwenski und Andrej Wosnessenski, Alexander Galitsch, Bulat Okudschawa und Wladimir Wyssozki, ja auch die erst kurz vor ihrem Freitod aus der Emigration heimgekehrte Marina Zwetajewa und der 1921 von den Bolschewisten erschossene Nikolai Gumiljow – die sämtlich zur geistigen Fronde gehörten und das Dogmengebäude der DDR-Staatsideologie emotionell untergraben mussten, von staatlichen Verlagen in schönem Deutsch herausgegeben wurden. Für einen künftigen Literaturhistoriker würde es sich vielleicht lohnen, die psychopolitische Wirkung dieser Nachdichtungen eingehender zu untersuchen und entsprechend zu würdigen.

In der Zeit des Kalten Krieges musste die deutsche Russlandliteratur, welcher Gattung immer, zwangsläufig einen politischen Unterton erhalten, wenn sie nicht offen tendenziös war. Um so höher sollte man einzelne echte, wirklich persönlichkeitsgeprägte Dichtungen bewerten, aus denen der bewusste Unterton nur mittelbar, situationsbedingt, eher willkürlich herausgelesen wurde. Hier wäre vor allem ein kleines Bändchen des damals in der DDR ansässigen Johannes Bobrowski zu nennen – »Sarmatische Zeit«. Diese in zwanzig langen Jahren entstandene, nicht gerade umfangreiche Sammlung, geboren aus dem Erlebnis des Krieges, der russischen Landschaft und einer vierjährigen Kriegsgefangenschaft, zeugte von unvoreingenommener, aus uralten Erfahrungen schöpfender, selbstloser Vertiefung in die Geschichte des europäischen Ostens. Jenes *europäischen* Ostens, dessen organischer, ja entscheidender Bestandteil Russland war.

Um eine gewisse Gesamtdeutung des so wechselvollen und doch eigentlich beständigen russischen Entwicklungsganges bemühten sich indessen auch einige Verfasser historischer Romane, Novellen und Dramen. Ich möchte hier nur zwei bedeutende deutsche Autoren erwähnen, deren Lebensweg eng mit einem für die russische Geistesgeschichte ungemein belangreichen Ort, Baden-Baden, verknüpft war.

WERNER BERGENGRUEN, der übrigens auch als Übersetzer russischer Klassiker Bedeutendes geleistet hatte und schon in seiner Frühzeit mit einer Komödie »Der Retter des Zaren«, einem Roman »Der Starost« und einer Novellensammlung »Der Teufel im Winterpalais« hervorgetreten war, rang in seinem wichtigsten Roman der Nachkriegszeit, »Pelageja«, und in der Altersnovelle »Vater Jewgenij« sehr ernsthaft um ein gültiges Verständnis jener osteuropäischen Welt. Sein Freund und Gesinnungsgenosse REINHOLD SCHNEIDER strebte schon 1939 in der Erzählung »Elisabeth Tarakanowa«, 1946 in der Novelle »Taganrog« und schließlich 1951 in seinem geschichtsphilosophischen Drama »Zar Alexander« eine ähnliche Vertiefung des Russlandbildes an.

Dennoch bestimmte die allgemeine psychopolitische Situation jahrzehntelang auch das literarische Geschehen.

Es ist deshalb nicht zu verwundern, dass die Wende von 1985 für das geistige Deutschland völlig überraschend eintrat und zu einer im Grunde geschichtsfremden Euphorie führte. Die jähen Wandlungen in Politik, Ideologie und Bürgerrechten riefen allerorts größtes Interesse und meist aufrichtige Begeisterung hervor, doch ging dies nicht Hand in Hand mit einer adäquaten Suche nach den historischen Gründen und Hintergründen, und so kam es zu folgenreichen Fehldeutungen. Man war geneigt, den verschiedenen Richtungen, Wirkungssphären und Zielen des großen Neubeginns einen falschen Stellenwert beizumessen. Das betraf nicht nur die Unterbewertung der geistigen Faktoren, des Geschichts- und Identitätsbewusstseins im Vergleich zu wirtschaftlichen und staatspolitischen Belangen, sondern auch die Mißinterpretation der bedeutungsschweren Auseinandersetzungen zwischen den europhilen, eurorussischen und den europafeindlichen, eurasischen Kräften in Kultur und Geistigkeit als eine vermeintliche Polemik zwischen Vorwärtsstrebenden und Rückwärtsblickenden. In Wirklichkeit aber handelte es sich um ein Ringen, das sich zwingend aus der tausendjährigen Spaltung russischer Mentalität, russischer Ortsbestimmung in der Menschheit ergab. Um ein Ringen. das in der deutschen Dichtung, im Denken vorangegangener Generationen bereits eine bestimmte Widerspiegelung, eine mehr oder minder tiefschürfende Ausdeutung erfahren hatte. Jetzt aber...

Nur allzu verständlich war die Enttäuschung, die Russlands Entwicklung in jüngsten Jahren ausgelöst hat. Doch wo Enttäuschung

(016) Deutsche Dichter und das russische Rätsel

zu geistiger Abkehr, zu Gleichgültigkeit und Apathie führt, da lauert Unheil.

Unabsehbares Unheil, das verhütet werden kann. Doch sollte eine zeitbezogene Ergründung des russischen Phänomens nicht so sehr Sache der Journalisten als vielmehr wie eh und je Mission der Denker und Dichter sein.

Hier ist der Fall gegeben, wo Dichter mehr sein müssten als Dichter. Und nicht allein in Russland ...

(17.07.1996)

Eine unüberhörbare Stimme
Die jüdische Linie in der russischen Kultur und Geistigkeit

Heute, da Russlands Geisteswelt, Russlands Kultur, ja die russische Zivilisation als Ganzes eine beispiellose Krise mit völlig ungewissem Ausgang durchlebt, erwacht vielerorts ein akutes Bedürfnis, sich ernstlich mit dem zurückgelegten Weg, mit allen seinen echten und vermeintlichen Wesenszügen und Besonderheiten auseinanderzusetzen. Oft erscheint dabei die Vergangenheit in einem verklärenden Licht, und nostalgische Sehnsucht ersetzt nüchterne Analyse. Doch wie dem auch sei, ein solches Bilanzziehen ist lebensnotwendig zur Selbstbesinnung, Selbsterkenntnis, Selbstaufrichtung.

Von ähnlicher und doch eigentümlicher Art sind die Erinnerungen an das Mitwirken *jüdischer* Denker, Geisteswissenschaftler, Dichter und Künstler an der Entwicklung, Formung und Ausstrahlung des russischen Geisteslebens. Solche Rückblicke liefern oft ungemein wertvolle Aufschlüsse über den Charakter und die Evolution der *russischen* Kultur selbst, aber auch über die allgemeinen Gesetzmäßigkeiten des geistigen Dialogs unterschiedlicher und doch historisch miteinander eng verbundener Völker.

Die Geschichte des russisch-jüdischen Zusammenlebens, und insbesondere der gegenseitigen ideellen und psychogenetischen Einwirkungen, ist überaus vielgestaltig und vieldeutig. Bereitwillige Rezeption und Entfremdung, Stigmatisierung und Toleranz, weitgehende Assimilation und scharfe Differenzierung, Zeiten der Verfolgungen und des friedlichen Miteinanders bildeten den wechselnden Hintergrund einer trotz allen Rückschlägen fruchtbaren Gemeinsamkeit. Denn wie ungleichartig die historischen Geschicke der beiden Völker auch sein mochten, wie unähnlich äußeres Gepräge auch war, bestand zwischen ihnen in mancher Hinsicht eine Art Wahlverwandtschaft, die in gewissen Eigenheiten des Denkens und Fühlens zum Ausdruck kam. Genauer gesagt, diese Eigenheiten entsprachen gerade bei den *Eurorussen*, den Trägern der ursprünglichen russischen Selbst- und Weltdeutung, in vielerlei Beziehung dem Denken und Fühlen des neuzeitlichen Judentums.

Im Vordergrund nämlich stand in beiden Fällen das Ringen mit einer durch historische Fügung entstandenen, in Jahrhunderten eingewurzelten Ghettomentalität. Es ist ja bekannt: Während das Dreistufenschema der europäischen Zivilisation in der Formel Antike – Mittelalter – Neuzeit oder vielleicht, nach marxistischem Muster, Sklavenhalterei – Feudalismus – Kapitalismus zusammengefasst werden kann, galten für die jüdische Geschichte andere Stadien, nämlich Stammland – Diaspora – neue Heimatländer, und mithin Staatlichkeit – Ghetto – bürgerliche Gesellschaft. Weit weniger be-

(017) Die jüdische Linie in der russischen Kultur

kannt, oder richtiger, weniger beachtet ist dagegen der Umstand, dass sich auch die Russen in etlichen Phasen ihres Werdegangs Konstellationen gegenübersahen, die eher an den jüdischen als an den europäischen Entwicklungsweg erinnerten. Bereits in der ersten Hälfte des 13. Jahrhunderts gelang es den mongolischen Eroberern, mit Hilfe ihrer russischen Bundesgenossen – der extrem antikatholischen Kreise in der orthodoxen Kirche, des Großfürsten ALEXANDER NEWSKI und später des Fürstentums Moskau – die normale Ausformung des ost-slawischen Staatengebildes zu unterbrechen, eine regelrechte Ghettomauer zwischen der russischen und der europäischen Welt zu errichten und dadurch allmählich entsprechende Denkgewohnheiten im Volk herauszubilden. Von seiten der europäischen Juden bedurfte es einer gewaltigen, in Jahrhunderten akkumulierten geistigen Energie, um aus dem psychischen Ghetto auszubrechen und sich vollgültig in die neueuropäische, bürgerliche Zivilisation einzufügen. Aber auch von seiten der Eurorussen war eine historische Offensive von immenser geistiger Intensität vonnöten, um die Schranken, die durch eine so langandauernde Isolation entstanden waren, zu durchstoßen. Es war jener kolossalen geistigen Explosion zu verdanken, dass gerade die europäischen Juden die konsequentesten, besten Europäer wurden zu einer Zeit, da die eigentlichen, »klassischen« europäischen Völker noch ganz im Bann der nationalen Euphorie standen. Ebenso war es auf die ungemeine Spannkraft eurorussischen Strebens zurückzuführen, wenn die sogenannten Westler des vorigen Jahrhunderts dem erstarkenden nationalstaatlichen Wir-Bewusstsein einen grundsätz1ichen und folgerichtigen Kosmopolitismus entgegensetzen konnten wie sonst kaum eine andere Menschengruppe in der damaligen Welt. Es war nur natürlich, dass die russischen Juden, und vor allem die Intellektuellen, stets das Eurorussentum, die westlerischen Strömungen in ihrer Heimat unterstützten. Ja, sie erwiesen sich oft als besonders entschlossene, zielbewusste, beispielgebende Verfechter einer europäischen Wegwahl Russlands.

Auch das entsprach voll und ganz der innersten Logik der Dinge, und es wurde denn auch von allen ideologischen, politischen und geistigen Parteien des Landes als eine Selbstverständlichkeit aufgefasst.

Der erste direkte Einfluss jüdischen Geistes auf russisches Denken lässt sich vom ausgehenden 15. Jahrhundert datieren. Dem waren mehrere Jahrhunderte eines heroischen Kampfes der Hansestadt Nowgorod um die Bewahrung ihrer uralten verbrieften Freiheiten, ihrer politischen und wirtschaftlichen Unabhängigkeit, ihrer inneren demokratischen Traditionen, ihrer kulturellen Eigenständigkeit vorangegangen. Doch allzu groß war die Moskauer Übermacht, und 1473 wurde die Republik von IWAN DEM DRITTEN unterworfen. Auch ein verzweifelter Aufstand des Nowgoroder Volkes nach anderthalb Jahren Fremdherrschaft konnte nichts mehr ändern. Und da rächte sich Nowgorod mit der Waffe des Geistes. Plötzlich trat eine mächtige Sekte hervor, die von Freund und Feind als die »judaisierende« bezeichnet wurde. Was hatte es damit auf sich?

Wie die damaligen Hauptgegner der Sekte, der moskautreue Erzbischof Gennadi und der Kirchenpolitiker Iossif Wolozki die Sache darstellten, war seinerzeit ein Jude namens Scharia als Mitglied einer litauischen Gesandtschaft nach Nowgorod gekommen und hatte zwei einflussreiche Geistliche der Stadt, Alexej und Denis, derart mit der mosaischen Glaubenslehre beeindruckt, dass sie sich, wie es hieß, nicht nur selbst vom einzig wahren orthodoxen Bekenntnis abwandten, sondern mit ihrer teuflischen Häresie auch viele Gläubige vergifteten, ja eigens nach Moskau kamen, um Anhänger am Hof des Großfürsten zu gewinnen. So sei es zum heimlichen Glaubenswechsel des mächtigen Ministers Fjodor Kurizyn gekommen, und sogar Iwan der Dritte höchstselbst hätte den Predigten der beiden Abtrünnigen ein allzu geneigtes Ohr geschenkt. Nicht von ungefähr wären ja beide in Moskau zu hohen kirchlichen Würden gelangt. Erst die hartnäckige Einwirkung Iossif Wolozkis konnte die Ketzer dann auf den Scheiterhaufen bringen.

Spätere Historiker indes zweifelten diese Darstellung oft an. Sie wiesen darauf hin, dass die Doktrin und Ideologie der Nowgoroder Ketzer eigentlich kaum wirklich judaistische Komponenten enthielt, dass sie eher eine Verflechtung westlicher antidogmatischer, rationalistischer und frühhumanistischer Ideen mit mystischen, meist altbyzantinischen, äußerliche Riten verwerfenden Lehrmeinungen bildete, wie sie damals auf dem heiligen Athosberg Fuß fassten.

Daher wurde auch die ganze Geschichte mit dem litauischen Juden Scharia als Erfindung der Gegner bezeichnet, die angeblich auf diese Weise die Sekte diffamieren wollten. Doch beweist eine solche Interpretation nur Unverständnis für die Geisteshaltung der doch besonders im litauischen Russland zahlreichen Juden mit europäischer Bildung und Denkweise, von denen bereits zu jener Zeit ein gewisser westlerischer – ich betone, westlerischer und nicht etwa judaisierender – Einfluss ausging. Was aber die Diffamierung betrifft, so hätten die orthodoxen Eiferer ja ihre Gegner gewiss lieber einer »katholisierenden« oder, wie es damals hieß, »latinisierenden« Glaubensverfälschung bezichtigt, wäre nicht die Rolle Scharias weithin bekannt gewesen. Denn noch wussten im Moskauer Reich die wenigsten etwas von Juden, während die »lateinische Gefahr« buchstäblich zu einer Art Massenwahn geworden war.

Aber nicht nur die geistige Vergeltung der eurorussischen Märtyrerstadt Nowgorod und der eurorussischen Großmacht Litauen, des freisten Landes der mittelalterlichen Welt, sollte Scharias bleibendes Werk sein. Er gab den ursprünglichen Anstoß zu einem ganz eigenartigen geschichtlichen Phänomen, den russischen Häresien. Diese religiösen Strömungen unterschieden sich von ähnlichen Bewegungen

(017) Die jüdische Linie in der russischen Kultur

im Westen durch ihren philosophischen Radikalismus, ihr vernunftgetragenes Missionsbewusstsein, ihre ungemein tiefgehende Kritik an der vorherrschenden Welt- und Lebensanschauung, und das sollte für die russische Geschichte weittragende Folgen haben. Der bedeutendste Adept SCHARIAS aber, der Moskauer Minister und Diplomat FJODOR KURIZYN, wurde zum ersten Verkünder eines humanistischen Ideals, eines geistzentrierten Weltbilds, eines ethischen Christentums in Russland. Er wurde zum eigentlichen Vordenker der Hauptlinie russischen Denkens. Wenn also das Ideengebäude der Nowgoroder und Moskauer Ketzer auch wirklich kaum judaistische Elemente enthielt, so bedeutet das keineswegs, dass diese Blutzeugen freien christlichen Glaubens nicht doch jüdischen geistigen Einflüssen folgten. In diesem Sinn darf SCHARIA, den das Schicksal gleichfalls nicht schonte, als Märtyrer des Geistes bezeichnet werden.

Und gerade dieser Wesenszug sollte für ein halbes Jahrtausend charakteristisch bleiben: Russische Theologen und Religionsphilosophen jüdischer Herkunft versuchten nie, die alttestamentarischen Elemente im orthodoxen Bekenntnis zu verstärken oder auch nur hervorzuheben. Ihre Bemühungen galten anderem: Sie trugen allen Widerständen und Gefahren zum Trotz ein *eurorussisches*, im weitesten Sinne des Wortes *humanistisches* Ethos in Glaubenslehre und Glaubenswelt hinein.

Ich möchte in diesem Zusammenhang fünf Jahrhunderte überspringen, um hier den bedeutendsten Exegeten, Kirchenlehrer und Prediger unserer Zeit zu nennen. Er hieß ALEXANDER MENJ, und er verleugnete nie seine Abstammung. Im Laufe vieler Jahre konnten seine zahlreichen theologischen Schriften nur im Ausland erscheinen, da die Zensur, die sonst bei rein religiösen Publikationen ein Auge zudrückte, in diesem Fall die idealistische Botschaft und das bekennerische Pathos nicht übersehen konnte. Als sich nach 1985 die Dinge wendeten, entfaltete Vater ALEXANDER eine vielseitige Tätigkeit, die ihn bald zum populärsten orthodoxen Geistlichen des Landes machte. Doch gab es innerhalb und außerhalb der Kirche Kreise, denen sein gegen Engstirnigkeit und Fanatismus gerichtetes, im Grunde ökumenisches Anliegen ein Dorn im Auge sein musste. Im September 1990 starb ALEXANDER MENJ den Märtyrertod: Er wurde auf dem Weg zum Gottesdienst auf geheimnisvolle Art ermordet. Bis heute ist dieses Verbrechen ungeklärt, und das nimmt niemanden wunder. Denn der Täter wurde paradoxerweise ausschließlich in der kriminellen Unterwelt gesucht. Wo es um uralte Feindseligkeiten und düstere Überlieferungen ging, wollten die Fahnder nichts als einen ordinären Straßenüberfall sehen! Eine vielsagende Seltsamkeit...

Die Geschichte des jüdischen Beitrags zur weltlichen russischen Kultur beginnt dagegen erst mit dem 19. Jahrhundert. Durch die drei Teilungen Polens war eine zahlenmäßig beträchtliche jüdische Bevölkerung mit sehr unterschiedlichem kulturellem Hintergrund an das

Russische Reich gefallen. Neben der noch ganz im mittelalterlichen Ghettomythos versunkenen Welt der kleinen Städtchen und Siedlungen hatte sich in den größeren Städten bereits eine modern denkende, zum Teil europäisch gebildete, von der Aufklärung beeinflusste Schicht herausgebildet, die durchaus willig war, sich sozial und kulturell in die neue Umgebung einzugliedern und auch das Russische zur Schrift- und Umgangssprache. der eigenen Volksgruppe zu machen. Trotz allen rechtlichen, wirtschaftlichen und gesellschaftlichen Behinderungen wussten diese Menschen sowohl zum russischen wie auch zum westlichen geistigen Geschehen Brücken zu schlagen. So kam es, dass Gelehrte und Schriftsteller jüdischer Herkunft mit der Zeit eine nicht unerhebliche Rolle als Mittler zwischen Ost und West, insbesondere zwischen dem aufstrebenden literarischen Russland und dem Deutschland der Dichter und Denker, spielen sollten.

Um hier nur ein markantes Beispiel anzuführen: Der aus der Südukraine nach Mittelrussland und dann nach St. Petersburg gekommene Lyriker, Nachdichter, Literaturwissenschaftler, Essayist, Pädagoge und Zeitschriftenherausgeber PJOTR WEINBERG, der seine romantischen und satirischen Gedichte nicht von ungefähr unter dem beredten Pseudonym »Heine aus Tambow« veröffentlichte, machte nie ein Hehl aus seinen militant-westlerischen Überzeugungen als logischer Konsequenz seines Judentums. Das trat nicht nur in seinen Traktaten über HEINE und BÖRNE, in seinen zahllosen Aufsätzen zur älteren und zeitgenössischen europäischen Literatur eindeutig zutage, sondern auch in seiner unermüdlichen Übersetzertätigkeit. Neben zwölf Bänden HEINE übertrug er Werke der unterschiedlichsten deutschen und englischen Klassiker ins Russische, so zehn Dramen SHAKESPEARES und fast die gesamte Lyrik GOETHES, und doch war er stets bestrebt, seine westlerische Tendenz mit dem jüdischen Thema zu verknüpfen. Daher die bis heute noch nicht übertroffenen Nachdichtungen von LESSINGS »Nathan dem Weisen« und GUTZKOWS »Uriel Acosta«, die Übersetzungen aus BERTHOLD AUERBACH und KARL LUDWIG BÖRNE, aus den Ghetto-Novellen polnischer und vor allem österreichischer Schriftsteller. Was aber gerade für das Selbstverständnis der neuen russischen Juden dieses Typs kennzeichnend war: PJOTR WEINBERG, der zeit seines Lebens auch viel in der jüdischen Gemeindepresse publizierte, war schon früh zum Christentum übergetreten. Worauf es ihm und den Gleichgesinnten ankam, war nicht der Kult, sondern die Kultur.

Freilich diente ein solcher Religionswechsel nicht zuletzt auch rein praktischen Zwecken. Andernfalls hätte WEINBERG ja selbst unter dem liberalen Zaren ALEXANDER DEM ZWEITEN weder Professor für Russische Literatur an der Universität Warschau noch Präsident des Petersburger Literaturfonds und Ehrenmitglied der Russischen Akademie werden können. Und doch hatte WEINBERGS Generation hoffen dürfen, Russland werde auch weiterhin ohne Stockungen und Rückschläge auf dem Weg nach Europa voranschreiten.

(017) Die jüdische Linie in der russischen Kultur

Indes sollte seit dem Türkenkrieg von 1877, vor allem aber nach der Ermordung ALEXANDERS DES ZWEITEN durch revolutionäre Verschwörer, ein jäher Umschwung in den Stimmungen der Öffentlichkeit und in der Politik des Hofes den nationalistisch-russophilen Tendenzen Auftrieb verleihen, was auch zu einem hemmungslosen Antisemitismus in gewissen Kreisen führte. Es kam zu Pogromen, zur Gründung judenfeindlicher Organisationen, zu weiteren rechtlichen Einschränkungen, zu einer massenhaften Emigration:

Kein Wunder, dass die schmerzliche Enttäuschung der fortschnittsgläubigen Jugend und der eurorussischen Intelligenz gerade bei jüdischen Dichtern ihren ergreifendsten Ausdruck fand. In den späten siebziger und frühen achtziger Jahren schwärmte man in ganz Russland für die elegischen Verse des schwerkranken SEMJON NADSON, der schon mit 16 ein gefeierter Sänger der Schwermut und Verzweiflung war und mit 24 Jahren starb. Um jene Zeit stand ihm ein Lyriker zur Seite, der die gleichen Gefühle bekundete, aber dann eine innere Wandlung erlebte und einer ganz neuen Epoche im russischen Geistesleben den Weg bereitete. Er hieß NIKOLAI MINSKI.

In der russischen Literaturgeschichte wird MINSKIS Wandlung gewöhnlich als rein persönliches geistiges Abenteuer ausgelegt. Dadurch entsteht ein verflachtes Bild dieses folgenreichen Ereignisses. Die Bekehrung des sozial engagierten, den gestrigen Hoffnungen nachtrauernden Tendenzdichters zum lebensberauschten, schönheitstrunkenen Individualisten war durchaus kein Zufall. Sowohl innerhalb wie auch außerhalb Russlands, besonders aber im jüdischen Weltempfinden, entstanden zur gleichen Zeit verwandte Strömungen und Stimmungen, und MINSKIS Neubeginn erscheint in diesem Kontext eher als Beweis einer besonderen Einfühlungsgabe und Klarsicht.

Die Abkehr vom erzwungenen Kollektivismus des Ghettomilieus, das Bewusstwerden des Eigenwerts der Persönlichkeit hatte damals auch in Russland bereits jenen Juden der Moderne hervorgebracht, für den das Verlangen nach echter Selbstverwirklichung, nach allseitiger menschlicher Erfüllung, nach persönlichem Einsatz, persönlichem Schaffen und persönlichem Erfolg zu einem mächtigen Stimulus rastloser Arbeit und unermüdlicher gesellschaftlicher Aktivität werden musste. Diese Lebenseinstellung aber entsprach voll und ganz eben dem erstarkenden eurorussischen Ethos, war doch in beiden Fällen das gleiche Streben entscheidend: der Wille zum Anschluss an die bürgerliche Zivilisation, zur Übernahme ihres Weltausblicks, ihrer geistigen Tradition, ihres Menschenbildes.

Es war also keineswegs ein Paradoxon, wenn die große russische Kulturepoche, die später als Silbernes Zeitalter in die Geschichte einging, von einem jüdischen Dichter eröffnet wurde. Gewöhnlich allerdings werden in diesem Zusammenhang die Namen MINSKI und MERESHKOWSKI nebeneinander genannt. Nur sollte man bedenken, dass zwischen den berühmten Symbolismus-Manifesten der beiden immerhin ein Jahrzehnt lag.

Das Silberne Zeitalter, dem im heutigen Russland die nostalgische Erinnerung, die enthusiastische Huldigung und die Anknüpfungsversuche so gut wie aller geistigen Richtungen und literarischen Schulen gelten, war in buchstäblich jeder Hinsicht *der* Augenblick einer vollständigen Integration des russischen Kulturschaffens in die kulturelle Entwicklung des Abendlandes. Die gegenseitige Beeinflussung war hierbei enorm, doch noch weit bedeutsamer sollte in diesem Sinn der aus Eigenem schöpfende Beitrag des *eurorussischen* Geistes zum gesamteuropäischen Aufbruch sein, ein Beitrag, der von innerster Wesensverwandtschaft zeugte. Diese einmalige Glanzperiode erreichte ihren Höhepunkt in den vielversprechenden Jahren zwischen den Wirren von 1905 und dem Weltkrieg, ihre Wirkung indes war so stark, dass sie auch nach der bolschewistischen Revolution, ja selbst nach der Massenausweisung und Ächtung der prominentesten Intellektuellen einen nicht unbeachtlichen Epilog bis in die frühen dreißiger Jahre hinein erleben konnte. Und in jeder Phase, in so gut wie jeder Sphäre kreativer Tätigkeit war die jüdische Mitwirkung von Belang, mitunter wegweisend.

Zu den bedeutsamsten Phänomenen russischen Denkens gehörte in dieser Zeit die Lehre LEW SCHESTOWS. Sie stellte einen wesentlichen Schritt zur Herausbildung der philosophischen Hauptströmung im Europa dieses Jahrhunderts, des Existenzialismus, dar. Charakteristisch war bei SCHESTOW die Gegenüberstellung der Symbolbegriffe »Athen« und »Jerusalem«, womit, wie er schrieb, anstelle der »allgemeingültigen Gesetze und Normen szientistischer Welterklärung« ein personalistisches Credo zur Geltung kommen sollte, das er auf die Offenbarung des Alten Testaments zurückführen zu können glaubte. Auch ein anderer russisch-jüdischer Denker, der Religionstheoretiker ostkirchlichen Bekenntnisses SEMJON FRANK, erlangte damals Weltruf und erheblichen Einfluss auf bestimmte theologische, ethische und philosophische Gedankenrichtungen des Westens.

Dagegen blieb dem ungemein vielseitigen AKIM WOLYNSKI der verdiente internationale Nachruhm versagt. Es lohnt sich daher wohl, hier etwas näher auf Werk und Wirken dieses Mannes einzugehen. Nach frühen tiefschürfenden Schriften, deren Themenkreis aus den Titeln erhellt – »Das jüdische Theater«, »Die theologisch-politische Lehre Spinozas«, »Die Bibel in der russischen Dichtung«, »Ein Chronist des russischen Judentums« und ähnliches –, wandte er sich einer ganz anderen Aufgabe zu, der Begründung einer für Russland neuen, betont ästhetischen, idealistischen Kunstbetrachtung und Lebensauffassung. Schon 1896 erregte sein Buch »Die russischen Kritiker«, in dem er die vorherrschende ideologisch-utilitaristische Tradition in der Literaturkritik scharf angriff, weit über die Fachkreise hinaus Aufsehen. Es folgten »Der Kampf für den Idealismus«, »Das Reich der Karamasows«,

(017) Die jüdische Linie in der russischen Kultur

»Das Buch des großen Zornes«. All dies machte ihn zum geistigen Brennpunkt der Generation des Silbernen Zeitalters, so dass die Marxisten PLECHANOW und LENIN nicht mit wütenden Entgegnungen sparten. Unterdessen erhielt WOLYNSKI für sein grundlegendes Werk »Leonardo da Vinci« die Ehrenbürgerschaft der Stadt Mailand, und im dortigen Städtischen Museum wurde sein Name mit goldenen Lettern in die Wand gemeißelt. Doch lag das eigentliche Schwergewicht seiner Tätigkeit in einem anderen Bereich. Er wurde zum anerkannten Lehrmeister und Gesetzgeber des russischen Balletts, und zwar gerade in der Zeit höchster Blüte dieser Kunst. Jeder seiner Aufsätze, und erst recht sein bis heute unvergessenes »Buch der Begeisterungen«, galt und gilt nicht von ungefähr als Meilenstein in der Entwicklung einer selbständigen Theorie des Balletts. Gegen Ende seines Lebens wurde ihm die Leitung der Petrograder Ballettschule übertragen, die sich dann als die beste in der Welt erwies. Mit seinen Essays über klassische Schriftsteller und Geistesgrößen wie DOSTOJEWSKI, LESKOW, WLADIMIR SOLOWJOW und andere eröffnete er eine neue Ära in der russischen Literaturforschung und -deutung, eine Ära, da die Interpretation als solche zur Kunst erhoben wurde. Und es ist gewiss kennzeichnend, dass sich in den folgenden Jahrzehnten zahlreiche Autoren jüdischer Herkunft auf diesem Gebiet hervortaten.

Um hier nur einige Namen zu nennen, die auch heute für jeden gebildeten Russen ein Begriff sind: MICHAIL GERSCHENSON, Begründer der psychologischen Schule in der Geistesgeschichte und einer der bedeutendsten liberalen Publizisten seiner Zeit; JULI AICHENWALD, Meister des impressionistischen literarhistorischen Feuilletons; BORIS EICHENBAUM, eminenter Forscher über Sprache undl Stil der klassischen und neueren Literatur; etwas später NATAN EIDELMAN, vielgelesener und hochge schätzter Historiker der Aufklärung und Romantik; LIDIA GINSBURG, feinsinnige, metaphorisch denkende Kritikerin und Essayistin; oder der erst vor kurzem verstorbene JURI LOTMAN, den jeder Leser und Fernsehteilnehmer als außergewöhnlich kenntnisreichen, gedankentiefen und originellen Vermittler und Ausleger russischer Kulturtradition kannte, der sich aber zugleich als Haupt einer strukturalistischen und semiotischen Fachrichtung dem ideologisierten sowjetischen Wissenschaftsbetrieb entgegenstellte; schließlich einige noch heute lebende Erben und Fortsetzer der gleichen Schule, so etwa die renommierten Gelehrten JEFIM ETKIND in Paris und SEMJON WAIMAN in Moskau.

In der Geschichte dieser Schule gab es einen dramatischen Moment, der die gesamte Weltöffentlichkeit aufrüttelte. Im Jahre 1949 nämlich entfachte STALIN eine Hetzkampagne ohnegleichen gegen jüdische Literaten, Geisteswissenschaftler und Kulturschaffende. Es war nur natürlich, dass die Opfer diesen scheinbar rein willkürlichen, rassistisch gefärbten Vernichtungsfeldzug einem irrationalen, paranoischen Wesenszug des Diktators zuschrieben, und tatsächlich ist ja STALINS Antisemitismus nicht umsonst Gegenstand zahlreicher psychoanalytischer Untersuchungen gewesen. Doch erscheint diese naheliegende Erklärung etwas oberflächlich, wenn man bedenkt, dass vor allem die rechtmäßigen Nachfolger jener unvergessenen, aus dem Silbernen Zeitalter stammenden Geistesgemeinschaft angegriffen wurden und dass dabei die gängige Beschuldigung auf »Kosmopolitismus« lautete – ein Wort, das die allermeisten Russen gar nicht kannten und für eine grobe Schmähung hielten. Doch objektiv gesehen, war ja die Grundhaltung dieser hochkultivierten, idealistischen Geister wirklich unvereinbar mit dem Stalinismus und allen seinen ideologischen Auswüchsen, und wirklich waren sie ja im schönsten und tiefsten Sinn des Wortes Kosmopoliten! Und wenn vorwiegend gerade Juden die Erbschaft einer großen Epoche russischen Denkens antraten, so lag das im Wesen der Dinge, und der Instinkt des Kremlherrn führte ihn eigentlich gar nicht so irre.

Aber auch in vielen Gattungen der Kunst und Dichtung traten im Silbernen Zeitalter bedeutende Persönlichkeiten jüdischer Herkunft hervor, und immer war die eurorussische Substanz ihres Werks klar erkennbar.

Im ausgehenden 19. Jahrhundert wurden die Landschaftsgemälde des ISAAK LEWITAN als gültiger Ausdruck echt russischen Seelenlebens gepriesen. Dieser Name ist auch heute wahrhaft volkstümlich, und wohl deshalb legen die sogenannten Nationalpatrioten, die russischen Faschisten, solchen Wert darauf, den jüdischen Künstler für die eigene, die russophile Tradition in Anspruch zu nehmen. Ein Paradoxon. Aber sie wollen eben nicht wahrhaben, dass LEWITANS Weg vom betrachtsamen, versonnenen Realismus zu einer Art hektischem Impressionismus der Weg einer *eurorussisch* geprägten *Individualität*, ein Weg ins Silberne Zeitalter war. Denn dieser Maler wurde zum geistigen Vorgänger der damals entscheidenden Stilrichtung – sie nannte sich »Welt der Kunst« –, einer Schwester der Wiener Sezession und des Jugendstils. In dieser wieder tat sich durch sein virtuoses Können und seine idealistische Kunstauffassung der Maler, Graphiker und Bühnenbildner LEW BAKST hervor, der auch in vielen Ländern des Westens hohes Ansehen genoß. Von BAKST führte die ästhetische Evolution durchaus logisch zu einer Persönlichkeit, bei der die jüdische, die russische und die moderne europäische Weltsicht zu einer synthetischen, mystischen, hochsuggestiven Ganzheit verschmolzen. Dieser Meister hieß MARC CHAGALL.

Unter den russisch-jüdischen Lyrikern, die in dieser Zeit begannen, sticht OSSIP MANDELSTAM auf eine Weise hervor, die ich tragisch nennen möchte. Das Tragische bezog sich nicht allein auf sein persönliches Leben, in dem die bolschewistische Revolution, die ideologische und politische Bedrohung, mehrere Verhaftungen und Verbannungen, schließlich der Tod im stalinistischen Vernichtungslager eine entsetzliche Kette bildeten. Und es bezog sich auch nicht bloß auf die Widerspiegelung zahlloser menschlicher Heimsuchungen im dichterischen und publizistischen Werk. Eigentliche Quelle dieser Tragik war die Erwürgung jeglichen Eurorussentumns in STALINS westfeindlichem und geistfeindlichem Imperium. Das aber bedeutete die Erwürgung jener innersten Wesenheit des russischen Juden, mit der sich MANDELSTAM sein Leben lang bewusst identifizierte.

Um die gleiche Zeit wie MANDELSTAMS erstes Bändchen erschien die erste Gedichtsammlung eines Mannes, dessen Lebensweg allerdings viele Wendungen und Windungen aufweisen sollte, der jedoch von der Nachwelt zuweilen ungerecht beurteilt wird, da man nicht seine unbeirrte geistige Grundhaltung berücksichtigt, die allen wechselnden Bestrebungen doch letzten Endes einen einheitlichen Sinn verlieh. Diesem Mann, ILJA EHRENBURG, war eine viele Jahrzehnte umfassende literarische Tätigkeit vergönnt, auf die die gigantischen, weltgefährdenden Ereignisse der Zeit entscheidend einwirken mussten. So, dass er kein reiner Lyriker und Essayist blieb, sondern sich dem satirischen und politischen Roman, dann vor allem der aktuellen Publizistik und der Reisebeschreibung zuwandte. Das Bekenntnis aber, von dem er nie abwich, war das zu Europa. Ausgehend von seiner Frühzeit im Literaten- und Künstlermilieu von Paris, dessen Stimmungen er in farbigen, klangvollen russischen Versen wiedergab, über die Auflehnung gegen den Bolschewismus, die zunächst in Dichtungen wie dem »Gebet für Russland«, später in den bissig-traurigen Romanen der zwanziger Jahre zur Geltung kam, über das unruhige Leben als Auslandsreporter, der vom bedrohlichen Heraufziehen des Faschismus berichten musste und während des Spanischen Bürgerkrieges als Augenzeuge vielbeachtete Artikel für die Weltpresse schrieb, über den journalistischen Einsatz im Zweiten Weltkrieg, als seine glühenden Anklagen gegen die Hitlerbarbarei stärker auf die Bevölkerung und die kämpfende Truppe wirkten als jede sonstige Propaganda, wobei er anders als diese Propaganda nie STALINS Größe verherrlichte, um so mehr aber den Widerstand und Siegeswillen der westlichen Nationen, über seine Nachkriegsaktivitäten für Völkerverständigung und Bündnistreue schließlich geriet er allmählich in eine Zwangslage. Angesichts der geschichtlichen Gegebenheiten und der eigenen Lebensumstände war er genötigt, sich in seiner Tätigkeit nach den Weisungen der Moskauer Instanzen zu richten. So kam es, dass er zwei würdelose und schlecht geschriebene Romane zustande brachte, die ganz dem ideologischen Schema des sogenannten sozialistischen Realismus entsprachen, und das ausgerechnet zu einer Zeit, da der offizielle Antisemitismus der Kremlführung seine üppigsten Blüten trieb und STALIN insgeheim schon die Aussiedlung der noch verbliebenen jüdischen Bevölkerung nach Sibirien plante. Doch gleich nach dem Tode des Herrschers ging EHRENBURG an die Niederschrift des Kurzromans »Tauwetter«, der weit über die Grenzen des Landes hinaus Aufsehen erregte und dessen

Titel zur historischen Bezeichnung einer ganzen Epoche wurde. Bald darauf begann er sein umfangreiches Memoirenbuch »Menschen, Jahre, Leben«, aus dem das ungebrochene Engagement eines bewussten Westlers sprach, obwohl er seine antibolschewistischen Stellungnahmen von einst eher vertuschte. Hinzu kam bald eine Reihe ungemein gehaltvoller Abhandlungen über TSCHECHOW, die französische und die japanische Kultur, die gleichfalls von einem bekennerischen Kosmopolitismus durchdrungen waren. So zog er das Fazit eines schwierigen und sturmgeschüttelten, doch letztendlich sich selbst treuen Lebens.

Zur gleichen Generation gehörte auch BORIS PASTERNAK. Schon durch seine auf Assimilation bedachte jüdische Familie – der Vater war ein berühmter Maler, die Mutter eine erstklassige Pianistin – tiefer als MANDELSTAM oder EHRENBURG im russischen Kulturleben der Zeit verwurzelt, beschäftigte er sich doch immer wieder, ob ausdrücklich oder unterschwellig, mit dem Problem der jüdischen Situation in einer zerbrechenden Welt. Was seine assoziativ-symbolischen Verse und seine glasklare Prosa, seine Auseinandersetzung mit 1905 und mit 1917 zu einer Ganzheit verschmolz, war gerade diese auf sich bezogene Suche nach einer neuen Identität, nach einer Identität, die das ewig Jüdische, das ewig Eurorussische, das ewig Kosmopolitische in ein bleibend *humanistisches* Selbstverständnis hinüberretten würde.

Humanismus war für die Zeitgenossen indes nicht nur der Kern eines rettenden Selbstverständnisses. Man wollte in ihm das rettende Prinzip einer Epoche sehen. So wurde der Begriff sogar von den Bolschewisten gern gebraucht und missbraucht: Bei ihnen hieß es, ein sogenannter proletarischer Humanismus solle selbst den letzten Dutzendmenschen durch Teilnahme an einer harmonischen und schaffensfreudigen Kollektivität zu einer ausgeprägten Persönlichkeit umbilden. Wie offensichtlich unlogisch eine solche Devise auch war, gewann sie dank ihrem betont romantischen Pathos doch viele Herzen, und dies vor allem unter idealistisch gesinnten Jugendlichen. Demgemäß entstand neben den Erben des Silbernen Zeitalters eine neue Generation von schöpferisch veranlagten Schwärmern, die sich für die Schönheit der revolutionären Phrasen begeisterten. Und auch nicht wenige Juden ließen sich von den hohen Verheißungen dieses streitbaren Quasi-Humanismus hinreißen.

Am Schicksal der herausragenden Figuren dieser Generation lässt sich die Unvereinbarkeit der jüdischen und der bolschewistischen Wesenheit besonders klar erkennen. Das galt für die jahrelang qualvoll mit ihrer Enttäuschung ringenden Lyriker PAWEL ANTOKOLSKI und EDUARD BAGRIZKI, für die scheinbar eindeutig marxistischen Literaturtheoretiker MICHAIL LIFSCHITZ und LEONID GROSSMAN, für die modernistischen bildenden Künstler NATAN ALTMAN und LASAR LISSIZKI, deren revolutionärer Elan stets von der Parteipropaganda geleugnet wurde, für viele andere mehr. Um hier nur auf ein hervorstechendes Beispiel einzugehen: ISAAK BABEL, der Autor mehrerer bahnbrechender Novellensammlungen, die nach ihrem Erscheinen sogleich in fast alle europäischen Sprachen übersetzt wurden, hatte in der Roten Reiterarmee am Bürgerkrieg teilgenommen, kurze Zeit sogar bei der terroristischen Lebensmitteleintreibung mitgemacht und dann für eine kommunistische Zeitung gearbeitet, trotzdem wurde er von den »echten« Sowjetpatrioten als unliebsamer Fremdkörper empfunden, und im Grunde war er es ja auch. Schon die ersten prägnanten Kurzgeschichten aus dem später berühmten Zyklus »Reiterarmee« stießen auf erboste Ablehnung von seiten der ideologischen Literaturkritik, ihnen wurde »Naturalismus«, das heißt ungeschminkte Wahrheitstreue, vorgeworfen. Noch farbenreicher indes sollten bald darauf seine auch heute noch vielzitierten, immer wieder neuaufgelegten und mehrfach verfilmten »Odessaer Erzählungen« sein. Sie handeln vom jüdischen Leben vor der Revolution in der legendenumwobenen Schwarzmeerstadt, wo neben der Hauptfigur, dem warmherzigen und humorvollen Räuber Benja Krik bereits die Träger einer eigentümlichen russisch-jüdischen Kultur neuer Art zu Wort kommen. Tatsächlich sollten die meisten Vertreter der nächsten Generation dieser Kultur nicht von ungefähr aus Odessa stammen. Vor allem, weil dies Russlands größter Außenhandelshafen war, in dem die Lüfte der ganzen Welt wehten. ISAAK BABEL fiel bald der stalinistischen Schreckensherrschaft zum Opfer, doch er hatte Schule gemacht.

Die einmalige Atmosphäre des damaligen Odessa fand ihren Niederschlag in zwei satirischen Romanen, die wohl als die in Russland populärsten Bücher dieses Jahrhunderts bezeichnet werden dürfen. Sie heißen »Zwölf Stühle« und »Das goldene Kalb«, und auch die Namen des Verfasserpaars, ILF und PETROW, sind buchstäblich jedem Mann von der Straße geläufig. Das Kolorit des Odessa von einst lebt hier in Hunderten bunten Episoden weiter, und mit ihm die untergegangene Welt des südrussischen Judentums, obwohl die meisten Gestalten keine Juden sind – und übrigens ja auch nur einer der beiden Verfasser Jude war. Aber es kommt dabei nicht so sehr auf die Abstammung als vielmehr auf den Geist an!

Während die Romane und Hunderte kleinere Erzählungen und Skizzen von ILF und PETROW zum Vorbild der gesamten – legalen und illegalen – russischen satirischen Literatur der Folgezeit wurden, brachte das jüdische Milieu von Odessa auch eine bemerkenswerte lyrische Schule hervor. In ihrer Themenwahl passte sie sich zwar meist dem sogenannten »sozialen Auftrag« an, wie die Zensurforderungen so schön verblümt hießen, und dennoch wusste sie stets eine unverwechselbare eigene Tönung beizubehalten. Ihr gehörten Dichterinnen und Dichter wie VERA INBER, MARGARITA ALIGER, SEMJON KIRSANOW an, die einige seinerzeit preisgekrönte Heldenlieder über den Krieg von 1941-1945 verfasst hatten, trotzdem aber bald von der offiziellen Presse als Kosmopoliten angeprangert wurden.

Ähnlichen Angriffen waren auch mehrere Schriftsteller ausgesetzt, die das Kriegserlebnis in umfassenden, episch angelegten Prosawerken wiederzugeben und auszudeuten suchten. Unter ihnen ragten EMMANUIL KASAKEWITSCH und WASSILI GROSSMAN hervor. Doch während KASAKEWITSCH lediglich »abstrakter Humanismus« vorgeworfen wurde, den man in seiner aufwühlenden Erzählung »Zwei Mann in der Steppe« entdeckt hatte, musste GROSSMAN auf die Veröffentlichung seiner entscheidenden Werke in Russland verzichten. Erst zweiundzwanzig Jahre nach seinem Tode konnten der gewaltige Roman »Leben und Schicksal«, der nicht umsonst mit Tolstois »Krieg und Frieden« verglichen worden ist, und die philosophische Novelle »Es fließt ein Fluß« dem russischen Leser zugänglich gemacht werden. Der Grund wurde amtlicherseits kaum verhehlt: GROSSMAN berührte immer wieder die empfindlichen Wunden, die die Kriegsjahre dem Judentum geschlagen hatten. Denn wie absonderlich es scheinen mag, suchte die sowjetische Propaganda die von den Hitlerfaschisten an den Juden begangenen Verbrechen nach Möglichkeit zu verschleiern. Selbst dort, wo sich die Greuel nicht gänzlich leugnen ließeni, in Fällen wie Auschwitz oder Babi Jar, wurde immer betont, dass nicht allein Juden, sondern auch viele Angehörige »echt« sowjetischer Völker zu den Opfern zählten. Wenn also GROSSMAN erschütternde Berichte über die Vernichtungslager Maidanek und Treblinka schrieb oder gemeinsam mit EHRENBURG ein Schwarzbuch über den Naziterror zusammenstellte, so wurde ihm das ebenso als Vergehen angerechnet wie die thematischen Abweichungen seiner Hauptwerke von den Mustern des sozialistischen Realismus.

Die mirakulöse Rettung der Manuskripte GROSSMANS vor dem Zugriff der politischen Polizei deutet indes bereits auf die Geistesverwandtschaft mit einer jüngeren Generation hin, in der solche Vorgänge zur Alltäglichkeit wurden. Als nämlich gegen Mitte der sechziger Jahre das Tauwetter einem neuen, wenn auch diesmal nicht derart verheerenden Frost wich, ließen sich die oppositionellen Kräfte in der Geisteswelt nicht mehr unterkriegen. Da die ideologische Zensur wieder, wie sie sich rühmte, »hohe Wachsamkeit« an den Tag legte, entstand eine unterirdische philosophische, historische, geisteswissenschaftliche, erzählende, lyrische und essayistische Literatur von oft hohem Rang und unüberschätzbarer Ausstrahlung. Maßgebliche Richtung dieser geheimen Renaissance war logischerweise ein nach neuer Identität strebendes Westlertum. Und es lag auf der Hand, dass die jüdische Intelligenz zu den bedeutsamsten Triebkräften einer solchen Bewegung gehören musste.

Schon beim ersten groß aufgezogenen Prozess, den die Behörden gegen Vorkämpfer dieser Bewegung inszenierten, trat das klar zutage: Einer der beiden Angeklagten, der schwermütig-rebellische Ly-

(017) Die jüdische Linie in der russischen Kultur

riker Juli Daniel, hatte in Elegien und Parabeln stets seinen besonderen Status als Jude mitschwingen lassen, während sich der andere, der Literaturkritiker und groteske Erzähler Andrej Sinjawski, für seine zensurfreien Schriften den betont jüdischen Decknamen Abram Terz zugelegt hatte. Doch der Prozess verfehlte sein Ziel gänzlich: Statt Abschreckung bewirkte er ein schlagartig zunehmendes Interesse für diese Art Literatur und damit für das geistige Anliegen der Dissidenten überhaupt. So wurden gerade die sechziger und frühen siebziger Jahre zu einer Zeit intensiver Entwicklung des nonkonformistischen, frondierenden Kulturschaffens, sei es im Untergrund oder auch in verhüllter Form in den öffentlichen Medien. Damals machten so ausgeprägte Exponenten eurorussischer Bestrebungen von sich reden wie die Geschichtsforscher Aron Gurewitsch und Leonid Batkin, Michail Gefter und Wadim Rabinowitsch, der Philosoph Wladimir Bibler und der Psychologe Michail Jaroschewski, die utopischen Romanschriftsteller Gebrüder Strugazki und der Bänkelsänger Alexander Galitsch, die Dramatiker Leonid Sorin und Michail Schatrow, die Maler Oskar Rabin, Boris Birger, Eduard Steinberg, Wladimir Jankilewski, die Lyriker aus dem damaligen Leningrad Alexander Kuschner, Jossif Brodski, Jewgeni Rejn. Für den Ausländer mag das eine sinnleere Aufzählung fremdklingender Namen sein, für den geistig interessierten Russen dagegen ist es lebendige Erinnerung an eine entscheidungsschwere Zeit.

Angesichts des bedrohlich wachsenden Druckes, den die freie Geistigkeit auf die ideologischen Grundfesten des Staates ausübte, griff die Führung zu zwei für die damalige Sowjetunion ganz außergewöhnlichen Taktiken. Einerseits wurde den Juden die Ausreise aus dem sonst so peinlich abgeriegelten Lande erlaubt, und tatsächlich entschieden sich auch nicht wenige namhafte Intellektuelle zur Emigration. So kam es, dass die traditionsreichen russischen Kulturstätten im Ausland, die infolge des allmählichen Aussterbens der glanzvollen Emigrantengeneration von 1917-1922 schon fast eingegangen wären, nun eine neue Blüte erlebten. Die Bedeutung dieser beiden Auswanderungswellen für die Weltkultur war durchaus vergleichbar. Es sei nur erwähnt, dass wie einst Iwan Bunin, jetzt der russisch-jüdische Dichter Jossif Brodski mit dem Nobelpreis geehrt wurde. Dagegen sollte sich der Einfluss der neuen Emigration auf die Heimat als weitaus größer und nachhaltiger erweisen. Er trug zweifellos maßgebend zur Wende von 1985 bei. Andererseits suchte die Parteispitze aber auch, der geistigen Fronde durch Täuschungsmanöver, vor allem durch eine etwas liberalere Zensur entgegenzuwirken. Deshalb durften mancherorts wissenschaftliche, belletristische und andere Schriften erscheinen, die das Interesse eines aufgeschlossenen Publikums vielleicht von der illegalen Literatur ablenken konnten.

Gleichwohl war es ein gewaltiges Wagnis, als die Moskauer Zeitschrift »Oktjabr« 1978 Anatoli Rybakows Roman »Schwerer Sand«

brachte. Handelte es sich doch um eine ergreifende Würdigung des jüdischen Widerstandes gegen die faschistische Invasion, um ein wahres Heldenlied in Prosa, wie es in der Sowjetliteratur einmalig dastand. Zugleich war es mithin ein empfindlicher Schlag gegen die herrschende Ideologie. Rybakow hatte sich schon zuvor mit überaus beliebten Jugendbüchern einen Namen erworben, und in der Glasnost-Zeit sollte sein Roman »Kinder des Arbat« *die* große Sensation in der schönen Literatur werden. Aber trotz alldem: Jenes Bekenntnis zum eigenen Volk darf als sein einzig *bleibender* Beitrag zur *russischen* Kultur gewertet werden!

Doch bildete in den denkwürdigen Jahren der Perestrojka nicht die Belletristik den Brennpunkt des öffentlichen Interesses. Die allgemeine Aufmerksamkeit galt einem beispiellosen publizistischen Ringen in Zeitungen, Zeitschriften, Sammelbänden, Fernsehübertragungen und anderen Medien. Dabei wirkten begreiflicherweise auch jüdische Autoren aktiv mit. Neben seit langem klangvollen Namen wie Batkin und Gefter, Furman und Gordon, Kantor und Gelman taten sich nunmehr neue hervor, die rasch außergewöhnliche Popularität erlangten und ein gewichtiges Wort mitsprachen, so etwa Leonid Radsichowski, Psychologe und tiefschürfender Journalist, vor allem aber der ungemein vielseitige, hochgebildete und einflussreiche Fernsehmann Wladimir Posner. Dennoch konnte wohl kaum von einer spezifisch jüdischen Linie in diesem Phänomen die Rede sein, denn das gesamte russisch-jüdische Identitätsbewusstsein mit seinem eurorussischen Kern koinzidierte ja voll und ganz mit dem Sinnen und Trachten der damaligen Hauptströmung in der sowjetischen Gesellschaft. Nicht umsonst sprach man auf Schritt und Tritt von einem »Neuen politischen Denken«. Es war eine Rückkehr zum eurorussischen Denken gemeint.

Mit dem Fiasko der Perestrojka setzte eine neue Emigrationswelle ein. Die Enttäuschung der jüdischen Intellektuellen musste besonders bitter sein, denn für sie war sowohl ein alter, historischer Traum der Väter als auch der eigene innere Daseinssinn geschwunden. Kein Wunder, dass sich unter den neuen Auswanderern auch manche Persönlichkeiten von hohem geistigen Rang und Einfluss befanden.

Doch bedeutet die erhebliche Abnahme des jüdischen Bevölkerungsanteils noch keineswegs, dass die eurorussische Mission der jüdischen Intelligenz gescheitert sei. Nicht etwa nur, weil auch heute manche der Verbliebenen zu den volkstümlichsten Figuren des Landes zählen, wie etwa der satirische Schriftsteller Michail Shwanezki oder der Regisseur und Schauspieler Konstantin Raikin. Sondern vor allem, weil das Streben nach einer kulturellen und geistigen Integration in Europa stets eine der Urkräfte russischer Geschichte war und bleiben wird, und gerade in diesem organischen Bekenntnis zu Europa wird die Stimme der russischen Juden auch weiterhin unüberhörbar sein.

(24.06.1996)

Geheimnisse und Rätsel
Aus der Literaturgeschichte der Sowjetzeit

Es unterliegt keinem Zweifel: Nie zuvor hat es in der Welt eine Zeit, ein Land, ein Staatssystem gegeben, in dem die Geheimdienste eine solche Bedeutung und Machtfülle erlangt hätten, wie dies in der Sowjetperiode Russlands der Fall gewesen ist. Dabei handelte es sich nicht nur um uneingeschränkte Machtausübung, um direkten Terror, sondern auch um eine buchstäblich alle Lebensbereiche erfassende, in jeden Winkel der Gesellschaft eindringende, ominöse Ausstrahlung, die überall, auf Schritt und Tritt seltsame Geheimnisse, mystische Tabus, unerklärliche Verbote schuf. Der Sowjetbürger stieß in seinem Alltag immerzu auf Dinge, von denen er nichts Näheres wissen durfte.

Eine dichte Hülle dunkler Rätsel umgab auch die Literatur, und das war nicht zu verwundern. Denn während die regierende Partei in ihrer Propaganda nur starre ideologische Formeln zu gebrauchen wusste, die sich zwar der Masse des Volkes ins Gedächtnis prägten, aber tiefere Bewusstseinsschichten unberührt ließen, wirkte Literatur, und besonders Dichtung, doch anders, sogar dann, wenn sie mit der herrschenden Ideologie konform ging. Deshalb wurde amtlicherseits, aber auch in der Bevölkerung, der Wortkunst eine Bedeutung beigemessen, wie sie sogar für Russland ungewöhnlich war. Eine rigorose Zensur musste daher jede Nuance der zum Druck vorgesehenen Schriften unter die Lupe nehmen, damit ja kein Hauch fremden Gedankenguts einfließen konnte, aber auch nach einer solchen Kontrolle blieben sämtliche Neuerscheinungen sowohl den ideologischen Behörden als auch einer besonderen, dafür zuständigen Abteilung der geheimen politischen Polizei zutiefst verdächtig – man vermutete hinter jedem Satz, hinter jedem Wort eine Falle, und da hieß es zwischen den Zeilen lesen und aufs strengste bestrafen. In der Herrschaftszeit STALINS kam noch eine höchste Instanz hinzu: Der Diktator selbst las alle literarischen Zeitschriften und viele soeben erschienene Bücher, nicht etwa, weil er geistig interessiert war, sondern einzig, weil er seinen ideologischen Spürhunden nicht ganz traute und eventuelle versteckte Abweichungen von seiner Generallinie persönlich bloßlegen und ahnden zu müssen glaubte. Auf seine Weisung hin wurden zahlreiche angesehene Autoren einer öffentlichen Verfemung ausgesetzt, mitunter aber auch von den Geheimdiensten verfolgt und sogar umgebracht.

Unter solchen Verhältnissen war es nur natürlich, dass in der Literatur selbst, im literarischen Milieu, im Leben der Schriftsteller Dinge geschahen, die den Zeitgenossen nicht ganz geheuer vorkommen mussten und das schon an sich unergründliche Treiben mysteriöser Mächte noch hintergründiger, noch geheimnisvoller erscheinen ließen.

So ergaben sich Rätsel und entstanden Legenden, die bis auf den heutigen Tag, trotz der Öffnung eines gewissen Teils der alten Geheimdienstarchive, nicht endgültig geklärt werden konnten und daher nach wie vor ein passioniertes Interesse breiter Leserkreise in ganz Russland auf sich ziehen. Insbesondere, wenn es sich um Namen handelt, die für jedermann ein Begriff sind.

In vielerlei Hinsicht dürften die Diskussionen, die sich dabei entspinnen, auch für den literarisch und geschichtlich interessierten Ausländer aufschlussreich sein, um so mehr, als manche der betreffenden Dichter Weltruhm erlangt haben.

Ich will hier von einigen Rätseln dieser Art und den entsprechenden öffentlichen Auseinandersetzungen berichten. Es geht dabei um das geheimnisumwitterte Lebensende von Alexander Blok, Sergej Jessenin, Wladimir Majakowski und Maxim Gorki sowie um das verworrene Problem der Autorschaft des berühmten Romans «Der stille Don»...

Der Beginn dieses Jahrhunderts brachte Russland eine nie dagewesene Blüte auf allen Gebieten geistigen und künstlerischen Schaffens, eine Blüte, die später als das Silberne Zeitalter in die Kulturgeschichte einging. Unter den zahlreichen bedeutenden Dichtern, deren Werk einen entscheidenden Beitrag zu dieser russischen Renaissance darstellte, ragte Alexander Blok als der zweifellos bedeutendste hervor. Schon früh war er mit lyrischen und dramatischen Dichtungen von einmaliger Gefühlstiefe, Ausdruckskraft und Klangschönheit hervorgetreten, ihre Wirkung auf die Geister aller damaligen Generationen, besonders aber der Jugendlichen, kannte nichts Vergleichbares in der russischen Vergangenheit und Gegenwart, und nicht umsonst galt er als einer der großen Protagonisten jener Umbruchszeit. Während der Wirren von 1905-1907, die später von der ideologischen Geschichtsschreibung als Erste Russische Revolution bezeichnet wurden, hatte er eine vergeistigte, überpolitische, ich würde sagen, ästhetische Opposition gegen das verknöcherte, bis ins kleinste bürokratisierte Zarenregime vertreten. Natürlich maßen die radikalen Parteien, etwa die große Partei der Sozialrevolutionäre oder die noch ganz kleine der Bolschewiki, einer solchen rein idealistischen Opposition keinerlei Bedeutung bei. Aber Blok meinte es mit seinem Idealismus ernst. Das trat klar zutage, als der Zar im Frühjahr 1917 abdankte und Russland sich über Nacht in eine Republik verwandelte. Wie sonderbar es scheinen mochte, stellte sich der bereits weltberühmte, in seiner Heimat von vielen ekstatisch verehrte Dichter ganz spontan der Außerordentlichen Untersuchungskommission zur Verfügung, die über die Vergehen der letzten zaristischen Regierung ermitteln sollte, und zwar als Sekretär, dem es oblag, die stenographischen Protokolle der Vernehmungen zu redigieren! Das Missverhältnis zwischen Persönlichkeit und Auftrag konnte krasser nicht sein. Aber Blok widmete sich der neuen Aufgabe mit Feuereifer. (Er schrieb zwar

(018) Geheimnisse und Rätsel

zugleich einen ausführlichen Essay »Die letzten Tage der Zarenmacht«, doch hätte er einerseits die nötigen Informationen gewiss auch ohne eine solche Selbstverleugnung sammeln können und andererseits doch bedenken müssen, dass einige unmittelbare Teilnehmer am Abdankungsakt des Zaren, wie Schulgin oder Miljukow, auch ausgezeichnete Schriftsteller waren und das gleiche Geschehen bestimmt als Augenzeugen eingehend darstellen und kommentieren würden. Dennoch verwandte Blok ungeheure Mühe auf die Veröffentlichung dieses weder für die Geschichtsschreibung noch für seinen Ruhm wesentlichen Essays, sogar nachdem die Bolschewiki an die Macht gekommen waren und alle Minister des Zaren ohne viel Federlesens erschossen hatten, so dass sich die gesamte Arbeit der Untersuchungskommission als überflüssig erwies! Diese Seltsamkeit des genialen Dichters war aber lediglich ein Vorbote weit bedeutsamerer Dinge.)

Als einer von ganz wenigen Großen des Silbernen Zeitalters ließ sich der sonst so feinfühlige Blok anfänglich vom Pathos der bolschewistischen Revolution mitreißen. Im Jahre 1918 entstanden zwei Dichtungen, »Die Zwölf« und »Die Skythen«, die von dieser Verblendung zeugten.

Selbstredend erkannten die Wortführer des Bolschewismus den besonderen Wert dieser Unterstützung zu einer Zeit, da sich sogar ihre scheinbar besten Freunde, wie beispielsweise Maxim Gorki, angesichts des Terrors und der offenen Geistfeindschaft von ihnen abwandten. Deshalb wurden auch die »Zwölf«, obgleich ihre religiöse Färbung und ihr mystisch-symbolischer Charakter den weltanschaulichen Grundsätzen und literatur-theoretischen Postulaten der Partei widersprachen, als Meisterwerk revolutionärer Poesie begrüßt. Doch sehr bald sollte Alexander Blok seinen Fehler einsehen. Und damit begann es...

In jenen Jahren des Bürgerkriegs und der Massenhinrichtungen wagte der Dichter es nicht, seinen Gesinnungswechsel irgendwie publik zu machen, und nur vertraute Freunde erfuhren aus seinem Munde von seiner Enttäuschung. Doch sein gesamtes Benehmen hatte sich geändert, und das konnte einem scharfsichtigen Beobachter nicht entgehen. Der früher so konzentriert ernste, oft feierlich gestimmte Dichter, der immer, wie er selbst einmal sagte, dem »Ruf anderer Welten« zu folgen bereit war, sprach jetzt voll bitterer Ironie und sarkastischer Wut ausschließlich von den Dingen dieser Erde und riss sogar über die umgebende Verwüstung, über Hunger und Kälte verzweifelte Witze. Noch auffälliger war der Wandel in seinen äußeren Gewohnheiten. Während zuvor seine geradezu fanatische Ordnungsliebe in aller Munde gewesen war, eine Eigenschaft, die er selbst als »Liebe zur Harmonie« charakterisierte, verbreitete er jetzt rings um sich ein regelrechtes Chaos. Es kam so weit, dass er eines Tages eine Maske des Apollo, die er aus Italien mitgebracht hatte, mit dem Schüreisen zerschlug. Man konnte meinen, dass es sich um eine psychische Störung handelte, würden nicht seine Schriften, seine Tagebücher und die Erinnerungen von Bekannten eindeutig beweisen, dass er im vollen Besitz seiner Geisteskräfte war. In ihm ging anderes vor. Die brennende Wut, die auf so ungestüme Weise zum Ausdruck kam, war, wie einer seiner engsten Freunde, der berühmte Kritiker, Kinderschriftsteller und Nachdichter Kornej Tschukowski bezeugte, allein auf die Zustände im Lande nach dem bolschewistischen Sieg im Bürgerkrieg zurückzuführen. Um diese Zeit aber wurde Blok plötzlich von einer unbekannten schleichenden Krankheit befallen.

Die Ärzte, die ihn untersuchten, gehörten zu den besten im damaligen Petrograd. Doch kamen sie zu keinem gültigen Schluss, worin das Leiden bestand, das ihn nach einem Jahr ins Grab brachte. Der Verdacht, dass es sich um ein langsam wirkendes Gift handelte, musste wohl schon damals oder zumindest wenige Monate nach seinem Tod aufgekommen sein. Jedenfalls lassen sich in den Memoiren mehrerer Autoren, die des öfteren mit Blok zusammengekommen waren, Andeutungen dieser Art finden, obwohl keiner es offen auszusprechen wagte. Doch entscheidend ist hierbei die Logik. Für die bolschewistische Psychopolitik wäre es ein schwerer Schlag gewesen, wenn der Mann, dessen pathetischer Aufruf zugunsten der neuen Macht unter dem Titel »Die Intelligenz und die Revolution« seinerzeit maßgeblich auf die Stimmungen der Intellektuellen eingewirkt hatte, jetzt seine vollkommene Desillusion nicht mehr hätte verhehlen wollen – das musste um jeden Preis verhindert werden. Die politische Polizei – damals nannte sie sich Tscheka – arbeitete bereits mit geheimen Giftmischungen, obgleich sie natürlich noch bei weitem nicht die Perfektion der dreißiger und vierziger Jahre erreicht hatte. Die Möglichkeit, Blok hin und wieder ein derartiges Gift zu verabreichen, konnte sich in verschiedenen Situationen bieten – wenn die näheren Umstände heute, nach so vielen Jahren, auch nicht mehr klar erkennbar sind. So ist es durchaus begreiflich, dass in jüngster Zeit, da sich sowohl die Geschichtsforscher als auch die Massenmedien immer wieder mit den lichtscheuen Aktionen der sowjetischen Geheimdienste beschäftigen, auch der Fall Alexander Blok zu einem relevanten Diskussionsthema geworden ist.

Dabei ergeben sich vor allem deshalb Schwierigkeiten und Ungewissheiten, weil keinerlei gegenständliche oder dokumentarische Beweise des Für oder Wider vorliegen. Aber gerade die Gründlichkeit, mit der alle denkbaren Beweise aus der Welt geschafft wurden, ist ja eigentlich Beweis genug. Die Zweifler berufen sich daher auf rein logische Erwägungen. Am prägnantesten fasste sie unlängst der namhafte Lyriker Wladimir Kornilow zusammen:

»*Die Version der Vergiftung scheint mir nicht stichhaltig, weil sie den damaligen Gepflogenheiten der Tscheka widerspricht. Blok war verhaftet worden, und man hätte ihn ohne weiteres erschießen können, wie Nikolai*

(018) Geheimnisse und Rätsel

Gumiljow. Man tat es jedoch nicht. Er lehnte ja selber Speise und Trank ab, aber nicht, weil sie vergiftet waren, sondern weil er in einer solchen Welt nicht mehr leben wollte.« Doch lässt sich darauf erwidern, dass der Vergleich mit Gumiljow, einem von den Bolschewiki ermordeten renommierten Dichter des Silbernen Zeitalters, nicht ganz berechtigt ist. Denn Gumiljow hatte sich nie begeistert zur Oktoberrevolution bekannt, und seine Erschießung bedeutete daher keine grundlegende Revision des Problems Intelligenz und Revolution. Hinzu kam, dass sein Ruhm doch kaum über die literarisch interessierten Kreise hinausging und seine Hinrichtung daher keine Erregung in breiteren Massen auslöste – im Fall Blok wäre eine ganz andere Reaktion zu erwarten gewesen. Das will allerdings keineswegs besagen, dass zwischen dem Tod Gumiljows als Opfer einer Massenhinrichtung nach kurzem Prozess[14] und dem Hinsterben Bloks infolge einer heimtückischen Vergiftung auf anonymen Befehl hin irgendein moralischer Unterschied bestand. Am besten brachte das der bekannte Essayist und Literaturkritiker Lesnewski in seiner Antwort an Kornilow zum Ausdruck: »Mörderin war die Zeit. Das Mordjahr 1921. Als hätte die gleiche Kugel Blok, Gumiljow und Korolenko hingestreckt.« Hier ist die Nennung Wladimir Korolenkos von Belang, denn dieser Schriftsteller, seit seiner Jugendzeit in entschiedener Opposition zu den herrschenden Mächten des Zarenreichs, hatte seit 1919 in einer Reihe von Briefen an den bolschewistischen Kommissar für Volksbildung, Lunatscharski, seiner Empörung über die barbarische Kulturfeindschaft und politische Rücksichtslosigkeit der neuen Gewalthaber sehr beredten Ausdruck verliehen – und sein hohes Ansehen unter den russischen Intellektuellen, ganz besonders aber in seiner ukrainischen Heimat, hätte die Tscheka gleichfalls zu entsprechenden Schritten bewegen müssen. Er starb auch tatsächlich eines rätselhaften Todes – freilich war er bereits 68 Jahre alt, während Blok erst 40 und Gumiljow 35 Jahre zählte.

Obgleich, wie erwähnt, direkte Beweise fehlen, kann an der Vergiftung Bloks kein Zweifel bestehen, auch deshalb, weil er in seiner Dichtung selbst ständig von einem unausbleiblichen »schwarzen Tag« sprach. Ja, der gespenstige Geheimdienst konnte doch gar nicht anders, sonst hätte er als Terror-Organisation versagt![15]

Bereits 1916, mitten im Weltkrieg, hatte Blok die russische Leserschaft auf die geniale Begabung eines jungen Lyrikers aufmerksam gemacht, der gerade seine ersten größeren Gedichtzyklen hatte veröffentlichen können. Er hieß Sergej Jessenin und stammte aus einem kleinen Dorf im Gouvernement Rjasan. Seine frühen Verse waren ganz erfüllt von bäuerlichem Heimatgefühl mit religiöser Tönung, was ihn alsbald zum Liebling patriotisch gestimmter Kreise in der Hauptstadt, im kriegserschütterten Petrograd machte. Doch neben einem außergewöhnlichen spontanen Naturverständnis und Gestaltungsvermögen verrieten diese wie auch die darauffolgenden Gedichte etwas eigenartig Persönliches, das gegen alle Konventionen, gegen alle ideellen und stilistischen Züge der russischen Heimatpoesie ging, aber doch stets das Heimatliche, Bäuerliche verklären wollte. Es ist wichtig, diese tiefinnerste Eigentümlichkeit zu berücksichtigen, wenn man Jessenins Verhalten als Mensch und als Dichter in der Sowjetzeit, seine zweideutige Behandlung von offizieller Seite und seine unwandelbare, beispiellose Popularität richtig verstehen und beurteilen will. Bei alldem muss er eine ganz persönliche Anziehungskraft besonderer Art, eine merkwürdige Ausstrahlung besessen haben, die auf Menschen verschiedenster Herkunft und verschiedensten Charakters wirkte. Er bildete jahrelang den Mittelpunkt der Moskauer Bohème, eines Milieus, das er in mehreren Sammlungen sogenannter Kneipenlieder besang, verkehrte aber zugleich auch in den anspruchsvollen Salons der vorrevolutionären Mäzene und in den hochgeistigen Versammlungen europäisch gebildeter Intellektueller, die sich nach der Revolution stillschweigend einer durchgehenden »Proletarisierung« der Kultur widersetzten. Obwohl er dem Trunk ergeben war, ging er mit zwei außergewöhnlichen Frauen die Ehe ein – Isidora Duncan, damals die berühmteste moderne Tänzerin der Welt, blieb seinetwegen längere Zeit in Sowjetrussland und nahm ihn auf ausgedehnte Reisen durch den gesamten Westen mit, und Sofja Tolstaja, eine Enkeltochter Lew Tolstois, heiratete ihn gegen den Willen ihrer Mutter, besuchte mit ihm Persien und Aserbaidshan und hütete sein Andenken auch nach seinem Tode. Obwohl weder seine betont bodengebundene, bäuerliche Lyrik noch seine dekadente Bohèmepoesie mit der Ideologie des neuen Staates vereinbar waren, hatte er einen mächtigen Förderer in der obersten Parteiführung, der in mehreren speziellen Essays seine Dichtungen voll Anerkennung besprach – Trotzki.

Dieser Zwiespältigkeit im Verhältnis zur näheren und nächsten Umgebung entsprach eine zunehmende Widersprüchlichkeit der poetischen Aussage. Während ja das Nebeneinander ursprünglicher bäuerlicher Denkgewohnheiten und nebelhafter Dialoge mit Zechbrüdern unmittelbar der Situation eines in die Großstadt verschlagenen Dorfmenschen entsprang, kam seit etwa Anfang 1924 etwas hinzu, das einzig auf propagandistischer Beeinflussung beruhte: Jessenin versuchte nämlich, eine positive Einstellung zur Sowjetmacht zu gewinnen, ja sie zu seinem dichterischen Credo zu erheben. Diese Tendenz wurde in den nächsten zwei Jahren immer deutlicher. Doch kurz vor Neujahr 1926 fand man ihn in seinem Leningrader Hotelzimmer erhängt.

Über keinen anderen Todesfall der Sowjetzeit ist je so viel geschrieben, so viel geforscht, so viel gestritten worden. Die Zahl derer, die ein gewichtiges Wort dazu sagen wollten, ist Legion. Das erklärt sich keineswegs aus einer besonderen Rätselhaftigkeit gerade dieser Begebenheit. Und wohl auch nicht bloß aus der enormen Popularität des Toten. Die hitzigen Dispute sind ein Teil der politischen Kämpfe, und jede gelungene Beweisführung gilt als Sieg einer Ideologie, einer streitenden Partei. Dabei vertreten die nationalistischen, russophilen, neobolschewistischen Wortführer die Version eines Mordes, während paradoxerweise die liberalen, humanistisch gesinnten Autoren diesmal der offiziellen Erklärung, Selbstmord, beistimmen. Warum?

Bei den Nationalpatrioten gilt JESSENIN als verwandte Seele, entspricht doch seine gefühlstiefe Heimatlyrik ihrem Pathos der Bodenständigkeit, seine Neigung zu starken Getränken ihrer Verehrung alles »echt Russischen«, vor allem aber seine sogenannte Entdeckung des neuen Russland ihrer Westfeindschaft. Letzteres ist durchaus kein Hirngespinst. Zu JESSENINS Zeiten machte sogar in der antibolschewistischen Emigration eine Strömung von sich reden, die für die Rückkehr und die Einigung mit den Sowjets plädierte, weil einzig diese Russlands Machtstellung in der Welt wiederherstellen konnten. Eine solche Sorge um die Machtstellung als Selbstzweck erklärte sich zumindest teilweise aus der eigenen Unfähigkeit, in der westlichen Zivilisation Fuß zu fassen – und das gleiche galt für JESSENIN, dem in Europa wie in Amerika alles fremd blieb, und Ähnliches empfinden auch die heutigen Russophilen, für die der Weltmachtanspruch eine Kompensation ihres Minderwertigkeitskomplexes ist. Daher ihr Bestreben, den vom Volk verehrten Dichter als Märtyrer darzustellen – eben als Opfer des von Polen, Letten und Juden verseuchten Geheimdienstes, der GPU, wie er nunmehr hieß. Sicher waren die Arbeitsmethoden der GPU nicht im geringsten humaner als seinerzeit die der Tscheka, doch führen die Opponenten der Version Mord das plausible Argument ins Feld, dass JESSENINS evidente Bemühungen um eine Annäherung an die sowjetische Wirklichkeit ihn im Gegenteil zu einer *persona grata* für den kommunistischen Propagandaapparat und damit auch für die politische Polizei machen mussten. Als wenig überzeugend sehen sie zudem die Indizienbeweise der Gegenseite an, zum Beispiel den Umstand, dass an einem der Hemden JESSENINS ein kleiner Blutfleck entdeckt worden war – er konnte sehr wohl entstanden sein, als der Dichter seine ergreifenden Abschiedsverse mit eigenem Blut niederschrieb. Im Vergleich dazu scheinen die herkömmlichen Erklärungen des Selbstmords doch einleuchtender. JESSENIN, heißt es, sei aus Verzweiflung über die Unmöglichkeit eines endgültigen Bruchs mit der eigenen Vergangenheit, in einem Augenblick verminderter Zurechnungsfähigkeit, vielleicht nach übermäßigem Alkoholgenuß, in den Tod geflohen. Oder möglicherweise auch umgekehrt – aus Furcht vor dem endgültigen Verrat an sich selber.

Wenn schon unbedingt ein gewaltsamer Tod vorausgesetzt werden sollte, so hätte die Begründung anders lauten müssen als bei den nationalistischen Effekthaschern unserer Tage. JESSENIN, könnte man sagen, sei ein unschuldiges Opfer der Rivalität und Machtkämpfe innerhalb der Kommunistischen Partei geworden. Da sich TROTZKI seiner angenommen hatte, musste verhindert werden, dass sich dieser so überaus populäre Dichter tatsächlich vorbehaltlos zur herrschenden Ideologie bekannte, denn das würde die Positionen TROTZKIS gestärkt haben! Als Bestätigung einer solchen Vermutung könnte übrigens, wenn man will, die Tatsache angeführt werden, dass ein Jahr nach JESSENINS Tod der Chefideologe und Literaturpapst BUCHARIN, der damals zu STALIN neigte und als Todfeind TROTZKIS galt, einen bissigen Artikel gegen das, wie er es nannte, Jessenin-Unwesen veröffentlichte. Dieser Artikel, der nicht von ungefähr den vielsagenden Titel »Boshafte Bemerkungen« trug, sollte richtunggebend bleiben. STALIN suchte JESSENIN nach dessen Tod auch als Dichter aus der Welt zu schaffen: Dreißig Jahre lang durften seine Werke nicht neuaufgelegt werden. Merkwürdigerweise erlitt aber der doch sonst stets erfolgreiche Tyrann gerade hier eine Niederlage: Es gab in seiner ganzen Herrschaftszeit keine einzige Periode, ja keinen Augenblick, wo dieser umstrittene Dichtername wirklich vom Volk vergessen worden wäre – sogar für die Ungebildeten und Uninteressierten blieb er allemal ein Begriff!

Doch sollten weitere dreißig Jahre vergehen, ehe sich die heftigen Kontroversen um die Frage Mord oder Freitod schon an jeden Zeitschriftenleser und Fernsehteilnehmer wandten. Aber trotz allem ist das Rätsel auch heute im Grunde ungelöst – und es wird ungelöst bleiben, solange Ideologien miteinander streiten.

Ich kann nur sagen, dass mir, der ich doch gewiss kein gutgläubiger Nachbeter offizieller Mitteilungen bin, in diesem Fall allein die offizielle Version glaubwürdig erscheint...

Noch rätselhafter ist indes die Problematik, die gesamte Atmosphäre, die den Tod WLADIMIR MAJAKOWSKIS umgibt. Der ungemein selbstbewusste, von seiner historischen Mission als Dichter überzeugte, von seiner Umgebung und den meisten Gesinnungsgenossen im In- und Ausland bestaunte, im Brennpunkt aller literarischen Fehden stehende geborene Polemiker und draufgängerische Streithahn, der inmitten der widerspruchsvollen Situation einer brisanten Zeit ganz in seinem Element zu sein schien, scheidet plötzlich freiwillig aus dem Leben, und zwar nach reiflicher Überlegung – denn bereits zwei Tage vor der Tat schreibt er einen zwar flüchtigen, aber doch wohl durchdachten Abschiedsbrief mit kurzen testamentarischen Verfügungen, einen Brief, der übrigens, wie seltsam es scheinen mag, fast gar keine tragischen Töne enthält und aus dem auch der Grund einer solchen Verzweiflungstat nicht näher zu ersehen ist! Ein psychologisches Rätsel somit von Anfang an – und lediglich die despotischen Regeln der Stalinzeit, die jegliche Diskussionen außer den von höchster Stelle befohlenen untersagten, ließen – zumindest in der Öffentlichkeit – keine verwunderten Fragen zu. Besonders streng wurden derlei Verbote, nachdem STALINS eigene Frau 1932 aus damals unklaren Gründen Selbstmord begangen hatte. Was MAJAKOWSKI betraf, so wurde das Gerücht verbreitet, die einzige Ursache sei Liebeskummer gewesen. Allerdings war das kaum vereinbar mit der kämpferischen Natur des Mannes, seinem politischen Engagement, seiner Selbsteinschätzung als Dichter und, was weniger bekannt war, seinen ausgedehnten und wechselvollen Liebschaften. Ganz Moskau wusste, dass ihn seit vielen Jahren ein festes Band mit Lilja Brik, der Frau eines seiner literarischen Freunde, vereinte, ein Band, das fast als eine Art Ehe betrachtet wurde. Kaum jemand ahnte dagegen, dass er vor kurzem in Paris ein abenteuerliches Verhältnis mit einer russischen Emigrantin gehabt hatte, dass ihm in New York eine Tochter heranwuchs oder dass wenige Minuten vor dem verhängnisvollen Schuss eine junge Schauspielerin des Moskauer Künstlertheaters aus seiner Wohnung getreten und die Treppe hinuntergelaufen war.

Selbstverständlich hätten die Geheimnisse, die hinter dieser Affäre steckten, den sensationslüsternen Vergangenheitsdeutern der jüngsten Jahre auf jeden Fall verlockend erscheinen müssen. Doch was nun losbrach, ging weit über den Rahmen der üblichen Auslegung solcher Geschehnisse hinaus.

Einerseits schienen Hunderte ähnliche Fälle eindeutig genug zu zeigen, dass die Geheimdienste auch hier die Hand mit im Spiel gehabt haben mussten, andererseits aber sah es so aus, als hätte es nicht den geringsten Anlass zur Verfolgung ausgerechnet Majakowskis, des »Herolds der Revolution« und getreuen Dithyrambensängers der Sowjetmacht, gegeben. Die Jahrzehnte permanenter Herausstellung und Lobpreisung des Dichters von seiten der ideologischen Propaganda hatten so gut wie jeden im Lande taub und blind gemacht für alles, was eine andere Deutung Majakowskis und seines Werks hätte in die Wege leiten können. Deshalb gingen sowohl die liberal und westlerisch gesinnten Forscher wie auch ihre ständigen nationalistischen Opponenten von der gleichen Prämisse aus.

Doch fanden die sogenannten nationalpatriotischen Hüter des Erbes alsbald einen ganz ausgefallenen Weg, um ihr Ideen- und Phrasengut auf die Konstellation der politischen Kräfte vor 60 Jahren, insbesondere aber auf die seltsame Koppelung Majakowski-Geheimdienst anzuwenden. Unter diesem Gesichtspunkt wussten sie dann auch eine grobe und lautstarke antisemitische Kampagne zu entfachen.

Lilja Brik und ihr Mann nämlich, die Majakowski selbst immer wieder als seine Familie bezeichnete, waren jüdischer Herkunft. Also war klar, dass in erster Linie ihnen die Schuld an allen möglichen Fehltritten des Dichters und namentlich an seinem Tod zugeschrieben werden musste. Und hier fand sich auch das so notwendige, noch fehlende Glied – Bekanntschaften im Geheimdienst. Denn Lilja hatte tatsächlich einen alten Bekannten, er hieß Agranow, der zu den düstersten Gestalten vom Lubjanka-Platz gehörte. Dieser Agranow besuchte zahllose Zirkel und Versammlungen der Intellektuellen, um eine etwaige Fronde aufzuspüren. Nur blieb unklar, warum sich LILJA und ihr Bekannter eben gegen MAJAKOWSKI verschworen haben sollten, der ihnen doch nichts als persönlichen und politischen Nutzen bringen konnte. Die Antwort konnte anders nicht lauten: Es war jüdische Böswilligkeit. Doch blieb weiterhin unverständlich, wie ein so charakterfester und willensstarker Mann zum Selbstmord getrieben werden konnte. Und da kam eine ganz neue Version auf, die nun schon seit mehreren Jahren von der nationalistischen Journaille, neuerdings aber auch von ernsteren Autoren und sogar vom staatlichen Fernsehen in Umlauf gesetzt wird: MAJAKOWSKI, heißt es, sei genau wie JESSENIN von fremder Hand umgekommen, nur wäre die Vorspiegelung eines Selbstmords diesmal noch routinierter, noch perfekter in Szene gesetzt worden als viereinhalb Jahre zuvor.

Dabei wird meist eine »Kleinigkeit« vertuscht: Die Protokolle der Untersuchungsrichter wie auch mehrere Fotos, die seinerzeit an Ort und Stelle aufgenommen wurden, bekräftigen unzweideutig, dass die tödliche Kugel von oben nach unten in MAJAKOWSKIS Oberkörper eingedrungen war, doch galt der hünenhafte Dichter nicht umsonst als einer der größten Männer im damaligen Moskau, und der Riese, der ihn von oben hätte anschießen können, müsste schon eigens dazu wer weiß von wo herbeigeholt worden sein – eine völlig wahnwitzige Vorstellung! Angesichts dessen hat unlängst ein erfindungsreicher Fernsehmoderator eine neue, recht phantasievolle Variante vorgeschlagen: MAJAKOWSKI habe, als der Mörder an seine Tür klopfte, geglaubt, es wäre die soeben fortgelaufene junge Schauspielerin, die nun reumütig zurückkomme, weshalb er, ehe er öffnete, auf die Knie gesunken sei! Wenn man einem Millionenpublikum derartige Geistesblitze bietet, so bedeutet das immerhin, dass die sonstigen, vielleicht glaubhafter aussehenden Konstruktionen doch ebenfalls stark wanken. Und zwar nicht nur die Unterstellungen verschiedener Vertreter der antisemitischen Hauptströmung, sondern auch die Hypothesen einiger seriöser Forscher, wie SKORJATIN oder KARABTSCHIJEWSKI.

Hier aber liegt der springende Punkt. Wenn gerade ein SKORJATIN, dessen jahrzehntelange Bemühungen um die Klärung zahlreicher Einzelheiten anhand neuaufgefundener Dokumente durchaus anerkennenswert sind, gleichfalls die Version des Meuchelmords zu begründen sucht, so unterstützt er gegen seinen Willen die vulgären Ausgangspunkte nationalpatriotischer Stimmungsmacherei und muss genau wie diese einige nachweisbare Vermutungen akzeptieren, so etwa die Fälschung des Abschiedsbriefes, der ja von Majakowskis Hand zu stammen scheint. SKORJATIN will aber zeigen, dass die ideologietreuen Geheimdienste gute Gründe hatten, den in seinen politischen Auffassungen stets ehrlichen und geradsinnigen Dichter zu beseitigen. Denn sogar seine damals veröffentlichten, erst recht aber seine unvollendeten letzten Gedichte sowie einige demonstrative Schritte zeugten von einer tiefgehenden Enttäuschung des engagierten Kämpfers, einer Enttäuschung, die nur durch die volksverachtende und inhumane Strategie der neuen Partei- und Staatsführung bedingt sein konnte. Tatsächlich wäre eine offene Kritik von seiten einer Persönlichkeit wie MAJAKOWSKI für diese Führung höchst unangenehm gewesen, und sie hätte den Geheimdienst heranziehen können, um so etwas zu verhindern. Doch können derartige Überlegungen nicht die objektiven Sachverhalte entkräften. Und da nimmt es wunder, dass SKORJATIN nicht die andere Möglichkeit sieht. Eben diese Enttäuschung, die Erkenntnis, dass die von ihm als Menschheitserlösung begrüßte Umwälzung zu einem nie dagewesenen Terrorregime geführt hatte, dass statt ernsthaften Strebens nach der Erfüllung großartiger Ideale und Verheißungen lediglich skrupellose Machtkämpfe den Kreml bewegten, dass er selbst, MAJAKOWSKI, im Fall einer rückhaltlosen Meinungsäußerung sofort eines qualvollen Todes sterben würde – diese Erkenntnis, diese Enttäuschung musste für einen Mann wie ihn Grund genug zum Selbstmord – zum wohlerwogenen Selbstmord - gewesen sein! Mit dieser Einsicht stimmen auch alle weiteren Begebenheiten überein, und namentlich die merkwürdigen postumen Geschicke seines Namens und seines Erbes.

LILJA BRIKS Bekannter, der Geheimdienstoffizier AGRANOW, steckte bei der Haussuchung den Abschiedsbrief in die Tasche, in der Absicht, ihn erst später, im geeigneten Augenblick, aus der Vergessenheit auftauchen zu lassen, aber schon am Morgen nach MAJAKOWSKIS Tod brachte die Parteizeitung »Prawda« einen längeren »Brief der Freunde«, in dem der Selbstmord getadelt und doch entschuldigt wurde – die Namen der Unterzeichner waren alphabetisch geordnet, und so stand ausgerechnet AGRANOW an erster Stelle; zehn Tage darauf sandte jedoch eine Gruppe »vehementer Eiferer«, wie sie sich selber nannten, einen Brief an STALIN und MOLOTOW, in dem der Freitod als Zeichen der Feigheit verurteilt und MAJAKOWSKI als Deserteur gebrandmarkt wurde – zu den Unterzeichnern gehörten diesmal auch JERMILOW, der »proletarische Literaturtheoretiker«, der den Dichter schon seit langem mit dogmatischen Anwürfen verfolgt hatte, und FADEJEW, der künftige Hauptbeauftragte STALINS für die Literatur; es war nur logisch, dass die für Ideologie zuständigen Ämter es aufgrund einer solchen doppeldeutigen Konstellation vorzogen, den Namen, die Gestalt und das Werk MAJAKOWSKIS möglichst weit in den Hintergrund zu rücken und dass der in dieser Sphäre noch immer mächtige BUCHARIN die 1935 von Freunden und Verehrern geplante Gesamtausgabe vorsichtshalber zu torpedieren suchte. Doch da geschah folgendes: LILJA BRIK, für die ja die Rehabilitierung MAJAKOWSKIS nicht nur eine Sache der Ehre, sondern auch ein Unterpfand eigener Sicherheit in den heraufziehenden Terrorjahren war, schrieb einen Brief an STALIN und übergab ihn AGRANOW, der inzwischen zum Chef der Geheimen Abteilung im NKWD (ja, ja, innerhalb des Geheimdienstes gab es noch eine spezielle Geheime Abteilung!) aufgerückt war und direkten Zugang zum Diktator hatte; für STALIN war es eine willkommene Gelegenheit, den Literaturleuchten zu zeigen, wer Herr im Hause ist (zwei Jahre später ließ er BUCHARIN nach einem Schauprozess ohne weiteres zum Tode verurteilen), also schrieb er sogleich einen Zettel, in dem er MAJAKOWSKI als den besten und talentvollsten Dichter der Sowjetepoche bezeichnete; seitdem war dieser Name heilig, und nicht der geringste Anhauch einer Kritik durfte mehr geäußert werden, geschweige denn im Druck erscheinen. Das wieder führte nach der Wende von 1985 zu einer übertriebenen Abwertungskampagne. Um nur ein Beispiel anzuführen: Während noch 1983 MAJAKOWSKIS 90. Geburtstag von den Massenmedien mit großem Hallo gefeiert wurde, blieb sein 100. Geburtstag so gut wie unbemerkt. In diesem Sinn dürfen die Enthüllungen über seine angebliche Ermordung durch STALINS Geheimdienst wohl als verzweifelter Versuch einer Ehrenrettung aufgefasst werden, und demgemäß sollten sie immerhin respektiert werden.

Ein Jahr war seit der Kanonisation MAJAKOWSKIS durch STALINS Zettel vergangen, als MAXIM GORKI starb. Dieser damals von Freund und Feind geachtete Schriftsteller hatte im System der bolschewistischen und hernach stalinistischen Propaganda und Kultur eine Sonderstellung inne. Sehr bald nach der Oktoberrevolution war ihm klar geworden, zu welcher geistfeindlichen, kulturvernichtenden Kraft das neue Regime ausartete, und er veröffentlichte in einer vorläufig legalen Zeitung eine Aufsatzreihe unter dem Titel »Unzeitgemäße Gedanken«, in der er Wesen und Auswüchse der Leninschen Diktatur unerschrocken und schonungslos geißelte. Nicht weniger scharf waren auch seine mündlichen Angriffe, mit denen er nie zurückhielt. Doch wurde er trotzdem nicht einfach beseitigt, sondern nur aus dem Lande hinauskomplimentiert. Diese ungewöhnliche Rücksichtnahme erklärte sich nicht so sehr aus seinen früheren freundschaftlichen Beziehungen zu LENIN, als vielmehr aus dem Ansehen, das er unter den europäischen Linken genoss, die ja demnächst die Weltrevolution entfachen sollten. Er ließ sich in Sorrento nieder. Schon vor dem ersten Weltkrieg hatte ihm die bolschewistische Partei eine Gefährtin und Sekretärin beigegeben, die alle seine Schritte lenkte und den Themenkreis seiner Werke weitgehend beeinflusste. Jetzt umgaben ihn andere Personen mit ähnlichen Aufgaben, die zum Teil direkt dem Geheimdienst angehörten. Als STALIN es für zweckmäßig befand, wussten sie GORKI zur Heimkehr zu überreden. Seine Ankunft in Moskau wurde schon 1928 propagandistisch groß aufgemacht, noch feierlicher seine endgültige Übersiedlung 1932, und seitdem figurierte der weltberühmte Schriftsteller als eine Art Aushängeschild des neuen Sowjetreiches. Während das Regime immer mehr dem Mechanismus einer Kaserne glich, sollte GORKI als Zeichen humanistischer Bestrebungen vorgewiesen werden können. In

(018) Geheimnisse und Rätsel

Moskau wurde er in einen goldenen Käfig gesperrt, nämlich in die dicht mit Abhörgeräten ausgestattete Villa eines emigrierten Fabrikanten, unter Bewachung einer Gruppe von Geheimagenten, die seinem allmächtigen Privatsekretär KRJUTSCHKOW untergeordnet war, und ein ähnlich ausgerüsteter Palast bei Moskau kam hinzu. Nicht nur seine literarische Arbeit, sogar seine Privatpost wurde aufs peinlichste kontrolliert. Zugleich demonstrierte STALIN seine Achtung, ja Verehrung für den großen Mann oft auf die lächerlichste Weise: So schrieb er auf ein Exemplar einer zweitrangigen Erzählung GORKIS die Worte »*Dieses Ding ist stärker als Goethes ›Faust‹. Liebe besiegt den Tod*«, und ließ diese paradoxe Bewertung in alle Welt hinausposaunen. Dabei missbrauchte er GORKIS Autorität, um die gesamte Literatur im Namen seines sogenannten Sozialistischen Realismus gleichzuschalten. Doch als er um die Mitte der dreißiger Jahre die beispiellose Schreckenszeit mit Massenhinrichtungen und Massenverhaftungen plante, die 1937 ihren Höhepunkt erreichen sollte, muss STALIN befürchtet haben, dass sich GORKI der eisernen Umklammerung zum Trotz aufbäumen würde und mit Protesten vor die Öffentlichkeit treten könnte. Das musste verhindert werden. Seit Anfang 1936 zirkulierten demgemäß in Moskau und anderen Städten Gerüchte über GORKIS schwere Erkrankung, und manche Gutunterrichtete wagten anzudeuten, dass hier geheime Mächte die Hand im Spiel hatten. Ich, der ich damals 13 Jahre alt war, hörte eine solche Andeutung aus dem Mund eines Mannes, der zwar noch weit entfernt war von seiner künftigen historischen Rolle, aber sich doch in den Intrigen und heimlichen Absichten der sowjetischen Führungsschicht sehr gut auskannte – es war der spätere jugoslawische Diktator TITO. Auch als ich dann viele Stunden vor dem Moskauer Säulensaal Schlange stand, um dem toten GORKI die letzte Ehre zu erweisen, erfuhr ich manches von den Befürchtungen und Verdächtigungen, die dieser Tod bei zahllosen russischen Intellektuellen hervorrief. In einzelnen Fällen führten diese Befürchtungen zu einer regelrechten Panik, und wie sich sehr bald erwies, war eine solche Panik durchaus gerechtfertigt. Wer weiß, wie viele aus der Schlange vor dem Säulensaal schon im nächsten Jahr Opfer derselben Kräfte wurden, die GORKI vernichtet hatten.

Dass GORKI keines natürlichen Todes gestorben war, dass sein Privatsekretär KRJUTSCHKOW vom NKWD daran Anteil gehabt hatte, weshalb STALIN wiederum auch ihn beseitigen ließ – all das galt im Laufe vieler Jahrzehnte als unbestreitbar, und alle neuen Erkenntnisse über jene Epoche untermauerten eine solche Ansicht.[28//]

Doch wie sonderbar es scheinen mag, gerade in jüngsten Jahren kamen entgegengesetzte Darstellungen in Mode, und zwar keinesfalls bloß in der kommunistischen Presse. Die Motive waren leicht ersichtlich: Für die russische Kultur war die Einführung des Sozialistischen Realismus als obligatorischen Dogmas in Literatur und

Kunst ein schwerer Schlag gewesen, und obwohl die Weisungen dazu zweifellos von STALIN ausgegangen waren, hatte sich GORKI, der einstige Romantiker, doch als Werkzeug missbrauchen lassen. Die Strafe sollte nun sein, dass sein Märtyrertod von Agentenhand in einen gewöhnlichen unheilbaren Tuberkulosefall umgemünzt wird.

Doch konnte auch die gebührende Antwort nicht ausbleiben. Sie kam in einem tiefschürfenden, detaillierten und zahlreiche neuentdeckte Dokumente verwertenden Aufsatz des hervorragenden Literatur- und Sprachwissenschaftlers WJATSCHESLAW IWANOW. Er, der als Sohn des von GORKI geschätzten und geförderten Schriftstellers WSEWOLOD IWANOW schon in der Kindheit die eigenartige Atmosphäre dieses Hauses hatte einatmen können, wusste jetzt seine frühen Erinnerungen durch beredte Fakten zu ergänzen, die er bei langjährigen Forschungen in Erfahrung gebracht hatte. Um hier nur einige zu nennen: Die persönlichen Beziehungen GORKIS und STALINS verschlechterten sich in den letzten Jahren vor allem infolge des aufsässigen Verhaltens GORKIS, der seinen Briefwechsel mit mehreren Oppositionsführern innerhalb der Partei unerschrocken fortführte und sogar intensivierte, worauf STALIN seit Januar 1935 jeden unmittelbaren Kontakt mit ihm abbrach, und das wieder veranlasste GORKI, brieflich einige scharfe Worte an den Diktator zu richten. Als er im Mai 1935 zum Treffen antifaschistischer Schriftsteller nach Paris fahren wollte, erhielt er keine Ausreiseerlaubnis. Um diese Zeit schrieb er aber auch einen anerkennenden Artikel über die GPU, den Geheimdienst, was bisher immer nur als eine Art Selbstschutz ausgedeutet worden ist. WJATSCHESLAW IWANOW gelangt dagegen zu dem Schluss, dass GORKI naiverweise daran dachte, mit Hilfe seines guten Bekannten JAGODA, der die GPU damals leitete, diese zu einem Gegengewicht gegen die Alleinherrschaft des skrupellosen und heimtückischen Despoten zu machen. Wie dem auch sei, eine von IWANOW angeführte Tatsache zeugt unmissverständlich vom Giftmord, der an GORKI verübt worden war: Bereits zwei Wochen vor seinem Tod brachten die Zeitungen des Landes täglich Bulletins, zuerst betitelt »Gorkis Gesundheitszustand«, dann »Gorkis Krankheit«, während für ihn selbst, der sich durchaus wohl fühlte, und für seine Hausgenossen spezielle Ausgaben sämtlicher Zeitungen gedruckt wurden, in denen diese fingierten Krankheitsberichte fehlten. Es ist also ein Zeichen ideologischer Sturheit, wenn GORKIS unnatürlicher Tod nach wie vor, mitunter sogar von liberalen Journalisten, geleugnet wird. Aber das will keinesfalls besagen, dass seine psychologisch ungemein komplizierten letzten Lebensjahre nicht wirklich noch zahlreiche Geheimnisse und Rätsel bergen.

Rätsel ganz anderer Art birgt indes das vielleicht berühmteste literarische Werk der Sowjetzeit, das Prosaepos »Der Stille Don«. Die vier dicken Bände sind von MICHAIL SCHOLOCHOW unterzeichnet.[18] Dementsprechend wurde dieser Schriftsteller seinerzeit von der offiziellen Literaturgeschichte und Literaturkritik stets als der größte russische Erzähler des Jahrhunderts gefeiert, und bei den nationalpatriotischen, kommunistischen und ähnlichen Literaten gilt dieses Urteil auch heute noch. Gerade für dieses Buch erhielt er 1965 den Nobelpreis. Doch schon in den ausgehenden zwanziger Jahren kamen erste Zweifel an der Autorschaft auf. Und dafür gab es gute Gründe.

Zunächst betraf es den Stil, oder richtiger, die Stile. Der erste Band, den SCHOLOCHOW im Alter von 18 bis 21 Jahren geschrieben haben musste, fesselte durch die eindringliche, bildstarke, poesievolle und trotz zahlreichen Dialektwörtern harmonische Sprache, wo nur an wenigen Stellen gleichsam tote Streifen auftauchten. Allerdings unterschieden sich Satzbau und Wortwahl merklich von denen in SCHOLOCHOWS schon früher veröffentlichten »Erzählungen vom Don«, doch konkret konnte das noch mit den Besonderheiten der Gattung erklärt werden. Als aber gleich darauf der zweite Band erschien, in dem Darstellungsweise und Ausdrucksform allzu oft an Zeitungsreportagen erinnerten, mussten stilbewusste Leser daran Anstoß nehmen. Und nicht umsonst kam es bereits im März 1929, kaum einen Monat nach Erscheinen des zweiten Bandes, zu einem vielsagenden Zwischenfall: Die Leiter der »Assoziation Proletarischer Schriftsteller« forderten in einem offenen Brief, dass jegliche Zweifler an SCHOLOCHOWS Autorschaft vor Gericht gestellt und wegen Ehrverletzung abgeurteilt würden! Aber es lag nicht nur am Stil. Im ersten Band besticht die genaue Kenntnis des althergebrachten Kosakenlebens am Don, das durch den Weltkrieg unterbrochen wurde, als SCHOLOCHOW gerade neun Jahre zählte, während die Ereignisse der Kriegs- und Bürgerkriegszeit, die er in einem schon immerhin mehr oder minder verständigen Alter miterlebt hatte, im zweiten Band lediglich als oberflächlich wiedergegebenes Durcheinander erscheinen. Erst recht bestätigten dann der dritte und der vierte Band die Zweifel am einheitlichen Autor des Ganzen, und es war nur natürlich, dass sich mehrere Philologen auf die Suche nach dem wahren Verfasser des klassischen ersten Bandes machten.

Doch gerieten die ehrlich bemühten Sucher von Anfang an auf einen Irrweg. Da es sich um einen erstklassigen Kenner des Kosakenlebens handeln musste, konzentrierte sich ihre Aufmerksamkeit auf den im Bürgerkriegsjahr 1920 umgekommenen FJODOR KRJUKOW, dessen Novellen, Skizzen, Prosagedichte und historische Erzählungen zu den markanten Erscheinungen der realistischen Literatur der Jahrhundertwende gehört hatten. Obgleich der Kontrast im Lebensgefühl und in der künstlerischen Weltsicht, im Stil und in der Darstellungsweise augenfällig war, identifizierte man den falschen SCHOLOCHOW des ersten Bandes einzig deshalb jahrzehntelang mit KRJUKOW, weil sich unter den Schriftstellern sonst keine vergleichbare völkerkundliche Autorität finden ließ. Es ist kennzeichnend, dass sich ein Mann wie Solshenizyn noch in den siebziger Jahren eifrig um archivalische Beweisstücke für Krjukows Autorschaft bemühte.

Wie ein Blitz aus heiterem Himmel traf unterdessen die Nachricht aus Norwegen ein, eine Gruppe von Slawisten und Literaturforschern hätte mit Hilfe elektronischer Datenverarbeitung einwandfrei nachgewiesen, dass auch der erste Band von niemandem sonst als dem Nobelpreisträger Michail Scholochow stammte. Das Prestige des Computers stand in der damaligen Sowjetunion derart hoch, dass lange Zeit nicht das geringste Gegenargument mehr laut wurde.

Ein Umbruch trat erst Mitte der neunziger Jahre ein, nachdem der israelische Analytiker Bar-Sella in seinem Band »›Der Stille Don‹ gegen Scholochow« sowohl die Ansprüche dieses Schriftstellers als auch die Variante Krjukow einleuchtend widerlegt und eine ganze Reihe anderer möglicher Kandidaten aufgestellt hatte.[19]

Das Pro und Kontra verdichtete sich jetzt zu erneuten ideologischen Auseinandersetzungen schärfster Art, bei denen immer wieder das Fernsehen als wirksamste Waffe zum Einsatz kam.

Doch auch heute noch dreht sich der Streit paradoxerweise meist um die längst überholte Alternative Scholochow oder ein Namenloser. Denn bislang sind alle konkreteren Entschlüsselungsversuche, alle näheren Betrachtungen und Forschungen zu den in Frage kommenden Persönlichkeiten in Sackgassen geraten. Noch keine der Möglichkeiten ist zur Wahrscheinlichkeit geworden ...[*]

Unter den Geheimnissen und Rätseln der sowjetischen Literaturepoche war und bleibt dies das unergründlichste und dunkelste. Wer war der Urautor des »Stillen Don«? Nur eins kann man von diesem Dichter mit Sicherheit sagen: Auch er muss seinerzeit wie so viele dem Wüten des Geheimdiensts zum Opfer gefallen sein.

(10.11.1997)

---

[*] **Anmerkung des Herausgebers am 26.01.2019:**
Die Frage der Autorschaft des »Stillen Don«, von der es in der russischen Wikipedia diplomatisch heißt, »offiziell« werde Scholochow für den Autor gehalten – ohne dass gesagt wird, was »offiziell« eigentlich bedeuten soll –, kann mittlerweile mit den Forschungen des Sankt Petersburgers Literaturwissenschaftlers Andrej Tschernow als beantwortet gelten. Es war der Schriftsteller vom Don, Fjodor D. Krjukow (1870-1920?).[20] Erst heute ist der Großteil seines umfangreichen Werks bekannt und ediert, das wie sein Name in der Sowjetzeit aus allen Nachschlagewerken und Bibliotheken verbannt war. In Deutschland ist von dieser für das gesamte Selbstverständniss der russischen Geschichte des 20. Jahrhunderts wegweisenden Diskussion so gut wie nichts angekommen.[21] Im Gegenteil.
Allein die Geschichte der zwei deutschen Übersetzungen seit 1929/1930 und 1959 hätte genügend Stoff geboten für die erstaunlichsten Beobachtungen. Dabei wiegt am schwersten, dass alle Fehler und Auslassungen der Erstübersetzung

von Olga Halpern-Gabor sowohl in der DDR wie in der Lizenzausgabe des List Verlags München jahrzehntelang – seit 1959 wider besseres Wissen – den ahnungslosen deutschen Lesern vorgesetzt wurden.[22]

Spätestens mit dem Erscheinen der nach der letzten russischen Ausgabe von 1948 angefertigten deutschen Neuübersetzung durch Maximilian Schick und ihrem Erscheinen in Moskau und Berlin 1959 waren die Mängel der bisher so erfolgreich verkauften ersten Fassung für jeden, der lesen konnte, offenbar. Dem Austausch der fehler- und lückenhaften alten Fassung durch die Neuübersetzung hätte eigentlich nichts im Wege gestanden, außer einem kurzzeitigen Rückgang der Deviseneinnahmen des Verlages »Volk und Welt« mit der in Lizenz vom »List Verlag« in Westdeutschland höchst erfolgreich vertriebenen alten Ausgabe. Dieser Verkauf endete im Jahre 2000 mit der 5. Auflage der dtv-List-Ausgabe, die noch bis ca. 2010 auf dem deutschen Büchermarkt erhältlich war und vom List Verlag fälschlich als »ungekürzt« angepriesen wurde (so noch heute im Katalog der Deutschen Nationalbibliothek in Frankfurt und Leipzig), so dass sich im Ergebnis bis heute keine der Bedeutung des Werkes angemessene deutsche Ausgabe auf dem Büchermarkt mehr finden lässt. So war es 1960 kaum überraschend, dass der List Verlag den Vertrieb der neuen deutschen Moskauer Ausgabe in Westdeutschland durch die westdeutsche Vertretung von »Meshkniga« (Internationales Buch, Brücken Verlag, Düsseldorf), wofür diese 1959 im »Börsenblatt für den deutschen Buchhandel« per Anzeige geworben hatte, als »einzig für die deutschsprachigen Länder berechtigter Lizenzinhaber« verbieten ließ. Die DDR »unterwarf« sich diesem westdeutschen Richterspruch gern, der ihr einen unverminderten Zufluss an Tantiemen sicherte. Die Schicksche Übersetzung, die in der DDR kurze Zeit neben der Halpernschen Ausgabe angeboten worden war, verschwand stillschweigend vom DDR-Buchmarkt, so dass man dann nach der vertriebsfördernden Verleihung des Literaturnobelpreises an Michail Scholochow im Herbst 1965 durchaus von einem gemeinsamen deutsch-deutschen Betrug am Rechteinhaber sprechen kann, was auch unabhängig davon gilt, wer nun eigentlich der wahre Autor gewesen sein mochte.

Eine weitere deutsch-deutsche Nachkriegsbesonderheit bestand darin, dass die Rechte an der Halpernschen Übersetzung der Bücher 1 und 2 von 1929/30 eigentlich beim »Verlag für Literatur und Politik« (Wien – Berlin) lagen, dessen Eigentümer Dr. JOHANNES WERTHEIM Anfang 1934 wegen seiner jüdischen Abkunft alle seine Verlagsunternehmen in Deutschland verlor und nach Paris emigrieren musste[23], so dass nach seinem Tod Ende September 1942 im KZ Auschwitz die deutschen Rechte am »Stillen Don« – wie alle Verlagsrechte – an seinen Sohn Georges Wertheim übergingen. Dieser versicherte mir auf Nachfrage in Paris 2001, dass es – wie zu erwarten war – zwischen ihm weder mit dem Verlag »Volk und Welt« noch mit dem »List Verlag« jemals eine Lizenzvereinbarung »Den Stillen Don« betreffend gegeben hätte.[24]

Dieses ›historische Trauerspiel‹ der deutschen Ausgabe(n) »Des Stillen Don« muss an anderer Stelle nachgezeichnet werden, es füllt ein Buch aus. Ich gebe daher in den Anmerkungen nur eine Zusammenfassung, was ich mir u.a. 2002 nach Durchsicht des Archivs von »Volk und Welt« in der Berliner Akademie der Künste notiert habe.

Zusammenfassend lässt sich sagen, dass die deutsch-deutschen Lizenznehmer des »Stillen Don« ihr kommerzielles Interesse über die weltweit gültige Verlagsverpflichtung zur Verbreitung einer dem Original angemessenen Übersetzung gestellt haben.

Es war ein gewichtiger Beitrag
Frauengestalten in der russischen Literatur- und Geistesgeschichte

Die Stellung der Frau in der Gesellschaft gehört bekanntlich zu den grundlegenden Wesensmerkmalen einer jeden Zivilisation, und es ist nur natürlich, dass darüber in Völkerkunde und Geschichtswissenschaft bereits sehr viel reflektiert und gestritten worden ist.

Weniger intensiv haben sich Gelehrte und Denker mit dem besonderen Einfluss des geistigen, schöpferischen Beitrags von Frauen auf den spezifischen Charakter der jeweiligen Zivilisationen beschäftigt. In bezug auf die russische Zivilisation ist aber gerade dieses Problem von ausnehmender Bedeutung. Der ewige innere Widerstreit zwischen europäischem Zugehörigkeitsbewusstsein und krankhaftem Absonderungstrieb wirkte stets äußerst empfindlich auf das Denken und Fühlen gerade der Frauen ein. Es bestimmte Eigenart, Sinn und Zielrichtung ihres Schaffens, und in manchen Epochen führte das zu spürbaren Wandlungen im gesamten Geistesleben.

Ich möchte hier die These aufstellen und begründen, dass, historisch gesehen, die Bestrebungen und Bemühungen der kulturell aktiven Frauen Russlands in ihrer Ganzheit stets folgerichtig und eindeutig proeuropäisch waren, dass sie einen gewichtigen und bleibenden Faktor im Ringen der europäischen Urwesenheit des Russentums gegen den jahrhundertelangen eurasischen psychopolitischen Ansturm, gegen die eurasische Überfremdung bildeten.

Als kreative Persönlichkeiten, als Wegbereiterinnen des geistigen Aufbruchs taten sich Frauen hier erst verhältnismäßig spät hervor – im Zeitalter der Aufklärung, in der zweiten Hälfte des 18. Jahrhunderts. Doch hatten schon lange zuvor herausragende Frauengestalten das historische Geschehen mit geprägt. So ließ sich bereits in der Kiewer Frühzeit die Fürstin OLGA als erste Inhaberin eines russischen Thrones taufen, und obwohl sich ihr Einsatz für das Christentum dann als recht fragwürdig und doppeldeutig erwies, sollte dieser Entschluss an sich ein Markstein im Entwicklungsgang der ostslawischen Welt bleiben.

In den bedeutungsschweren Vorgängen des 15. Jahrhunderts, als der Moskauer Großfürst IWAN III. trotz erbitterter Gegenwehr nacheinander Dutzende freie Städte und Regionen seiner Herrschaft unterwarf, spielten Frauen auf beiden Seiten der Kampflinien eine erhebliche Rolle. In der mächtigen, eng mit der Hanse verbundenen Republik Nowgorod, die dem moskowitischen Ausbreitungsdrang einen ungemein zähen, heldenmütigen Widerstand entgegensetzte, war die volkstümliche Stadtmutter MARFA nicht nur jahrzehntelang unbestrittene Anführerin im Kampf des um Selbsterhaltung ringenden Volkes – sie war auch die Quelle ständiger psychischer geistiger Aufrichtung und Stärkung. Angesichts der Art und Herkunft des Feindes aber musste ihr Einfluss logischerweise ein europafreundlicher, westlerischer sein, und so trug ihre Ausstrahlung auch zur Formung einer eigenständigen, echt eurorussischen Nowgoroder Kultur bei. Andererseits heiratete der Moskauer Großfürst selber in zweiter Ehe eine byzantinische Prinzessin, die in Italien, in der Atmosphäre der aufblühenden Renaissance, aufgewachsen war und nun in Ihrem Gefolge zahlreiche mehr oder minder gebildete Italiener an ihren neuen Hof mitbrachte. Seitdem lud auch IWAN in zunehmendem Maße Baumeister und sonstige Fachkräfte aus dem Westen ein, und das musste dem Moskauer Stadtbild und Lebensstil zumindest stellenweise einen gewissen neueuropäischen Anflug verleihen. Ein anderes Mitglied der großfürstlichen Familie hingegen, HELENA, legte großes Interesse für die damals in Nowgorod aufgekommene und in Moskau Fuß fassende humanistische Bewegung der sogenannten »Judaisierenden« an den Tag.

Einen schweren Rückschlag für die kulturelle Mission der Frau brachte indes das 16. Jahrhundert, und ganz besonders ein Buch – das wohl berühmteste, das damals entstand. Es hieß »Domostroi«, soviel wie »Hausordnung«, und stammte von einem frühen Ratgeber des Zaren IWAN DES SCHRECKLICHEN, dem Mönch SYLVESTER. Die Stellung der Frau wurde hier in einen engen Rahmen gezwängt – ich würde sagen, nicht so sehr vermittelalterlicht als vielmehr asiatisiert.

Eine solche gesellschaftliche Zurücksetzung musste zwangsläufig Hand in Hand gehen mit dem faktischen Ausschluss aus allen ideellen Strömungen der Zeit. Erst gut hundert Jahre später, während des großen Religionskrieges, erregte wieder eine kämpferische Frauennatur die Geister – es war die altgläubige Fanatikerin Bojarin MOROSOWA.

Aber sogar später als den Thron des Zaren eine Herrscherin nach der anderen bestieg, änderte das wenig an der allgemeinen geistigen Situation der Frau, welcher sozialen Schicht sie auch angehören mochte. Im Adel beispielsweise, wo sämtliche Männer zum Staatsdienst verpflichtet waren, oblag meist den Frauen die Aufsicht über die Güter, und so bildete sich ein besonderer, kaum an Kultur interessierter Typ von rücksichtslosen Herrinnen heraus.

Doch dann kam die Stunde zweier Freundinnen, denen das Zeitalter der russischen Aufklärung viel, sehr viel zu verdanken haben sollte.

Zu Beginn des Jahres 1762 war erstmalig nach langer Zeit wieder ein Mann Zar und Selbstherrscher im Russischen Reich geworden – der aus Schleswig-Holstein stammende PETER DER DRITTE, zweifellos ein Mensch von ernstem Verantwortungsbewusstsein und gutem

Willen. Er hatte einen genialen Berater gefunden – den Geheimsekretär Dmitri Wolkow, den man als eigentlichen Vater der ersten Glanzperiode neuzeitlicher russischer Kultur und Geistigkeit bezeichnen darf. Innerhalb weniger Wochen nach Peters Thronbesteigung erschien eine Reihe tiefgreifender, wahrhaft umwälzender Erlasse, die sich auf sämtliche Bereiche des Staats- und Volkslebens bezogen und dabei doch stets das eine Ziel im Auge hatten: die Entfaltung und Realisierung aller schöpferischen Potenzen der Nation. Dabei aber ergab sich eine paradoxe Lage, deren tragischer Ausgang die Nachkommen allzu oft blind macht gegen das Wesen des damaligen Umbruchs. Peters Gemahlin Katharina, die, wie allen bekannt war, mehrere Geliebte und vertraute Günstlinge hatte, konnte und wollte mit ihrem Mann nicht zusammenleben, ihr Hass steigerte sich ständig, und sie entledigte sich seiner schließlich durch eine präzis geplante Palastverschwörung mit anschließendem Mord.

Doch entscheidend war, dass sie bei alldem die historische Strategie, die politischen Entwürfe und die humanistischen Zukunftsvisionen Dmitri Wolkows, wie sie ja von Peter gebilligt und unterzeichnet worden waren, keineswegs verwarf, dass sie selbst, neben ihrer jungen Freundin, der Fürstin Daschkowa, zur Trägerin und Schutzherrin der neuen Tendenzen wurde, ja, dass sie nicht umsonst von prominenten Zeitgenossen als Verkörperung des aufklärerischen Menschenideals angesehen werden konnte. Es ist kennzeichnend, dass sie gerade Dmitri Wolkow, dem engsten Mitarbeiter und Freund des von ihr so arglistig beseitigten Gatten, dann immer aufs neue hohe und höchste Staatsfunktionen anvertraute.

Doch ausschlaggebend für den Stellenwert und die Tragweite des unmittelbaren Beitrags von Frauen zum geistigen Aufbruch jener Zeit sollte gerade die *eigene* Tätigkeit der Fürstin Daschkowa und der Zarin Katharina II. in dieser Sphäre sein. Nicht von ungefähr nenne ich Jekaterina Daschkowa hier an erster Stelle. Denn als Wegbereiterin der Aufklärung, als Persönlichkeit von außergewöhnlicher Initiative, geistiger Regsamkeit und menschlicher Ausstrahlung übertraf sie ihre Freundin, trotz des Unterschieds an Rang und Glanz, und die Zarin war sich dessen stets sehr wohl bewusst.

Aufgewachsen im Hause ihres Onkels, des Vizekanzlers und Außenministers Woronzow, interessierte sie sich sehr früh für die politischen und diplomatischen Angelegenheiten des Reiches, stöberte in den Papieren des Hausherren herum und soll, wie es heißt, mit zwölf Jahren schon einige vernünftige Ratschläge gegeben haben, die sogleich in der zwischenstaatlichen Korrespondenz ausgenutzt worden seien. Als sie fünfzehnjährig die nähere Bekanntschaft der um dreizehn Jahre älteren Katharina machte, war das ein für die Geschichte Russlands nicht unwichtiger Moment. Denn die junge Aristokratin wusste mehrere Prominente aus der höfischen, staatsdienstlichen und akademischen Welt für die Verschwörung zu gewinnen – Männer, deren Einflussbereich weit und vielschichtig, deren Namen schwerwiegend und altangesehen waren – Namen, die dem gebildeten Russen auch heute noch manches sagen –, so dass der Umsturz dann nicht bloß wie eine Aktion einiger Gardeoffiziere aussah. Wenn jedoch zur Verwunderung der meisten Eingeweihten die ehrgeizige Neunzehnjährige nicht die erwartete Vorzugsstellung am Hof der neuen Herrscherin einnahm, so erklärte sich das aus dem gesunden Instinkt KATHARINAS, die den ständigen Vergleich mit einer so glänzend begabten jungen Frau vermeiden zu müssen glaubte. Die enttäuschte DASCHKOWA zog sich zunächst auf die Güter ihres soeben verstorbenen Gatten zurück und unternahm dann eine längere Auslandsreise, bei der sie in enge Beziehungen und regen geistigen Verkehr zu VOLTAIRE, DIDEROT, D'ALEMBERT, HALLER und später ADAM SMITH trat. Um diese Zeit schrieb sie auch zahlreiche russische und französische Gedichte sowie erste Bühnenstücke, die allerdings noch durchweg im damals üblichen Stil gehalten waren. Erst bei einem zweiten, diesmal achtjährigen Europaaufenthalt schlug sie in ihren Dichtungen individuellere Töne an. Nach ihrer Rückkehr 1782 aber wurde sie – ein für jene Zeit geradezu unglaublicher Fall – zur Direktorin der Petersburger Akademie der Wissenschaften und Künste bestellt. In ihrer Antrittsrede betonte sie, dass die wissenschaftlichen Leistungen der Akademie nicht dieser selbst, sondern Russland als Ganzem zugute kommen müssten. Zu diesem Zweck organisierte sie alsbald regelmäßige öffentliche, meist populärwissenschaftliche Vorlesungen, ein eigenes Akademiegymnasium und eine spezielle Übersetzerabteilung. Ein Jahr darauf aber gründete sie eine neue Akademie, die sich nach dem Vorbild der Academie Française vor allem um die Pflege der russischen Sprache bemühen sollte und demgemäß die Benennung Russische Akademie erhielt. Als erste Präsidentin dieser Institution hatte sie nunmehr eine Ausnahmestellung in der russischen literarischen Welt inne, und sie nutzte diese, um sämtliche schriftstellerische Kräfte für die drei von ihr geschaffenen, geleiteten und redigierten Literaturzeitschriften zu gewinnen. In einer dieser Zeitschriften publizierte auch die Zarin ihre russischen Texte, darunter die vielzitierten »Notizen zur russischen Literatur«. Doch das Hauptwerk der Akademie überhaupt und JEKATERINA DASCHKOWAS persönlich sollte das erste erklärende Wörterbuch der russischen Hochsprache sein, das sie zum Teil selbst zusammenstellte und zu dem sie einen erheblichen Teil der Glossen schrieb. Der Machtantritt des psychisch abartigen Zaren PAUL, der seine Mutter und alle ihre Vertrauten grimmig hasste, hatte natürlich auch die Abdankung der Präsidentin zur Folge. Mit größter Mühe erwirkte sie wenigstens die Erlaubnis, sich in Moskau niederzulassen. Doch sollte das zugleich der Auftakt zu einem ganz einzigartigen Triumph sein. Denn als PAUL nach sechs Jahren von einer Gruppe patriotischer Verschwörer beseitigt worden war, wandten sich sämtliche Mitglieder der Akademie einmütig an die ehemalige, nun schon fast sechzigjährige

Präsidentin mit der Bitte, ihr früheres Amt wieder aufzunehmen – eine spontane Einmütigkeit, wie sie die Akademie später jahrhundertelang nicht mehr kannte. Die Fürstin entschuldigte sich mit dem Hinweis, sie wolle die ihr verbliebene Lebenszeit den eigenen Schriften widmen. Und tatsächlich veröffentlichte sie im weiteren zahlreiche Aufsätze zu den verschiedensten, für Russland aktuellen Themen und vollendete ihre aufschlussreichen Memoiren, mit denen es dann übrigens eine etwas seltsame Bewandtnis hatte – eine englische Übersetzung erschien schon kurz nach dem Tode der Verfasserin, während das französische Original noch Jahrzehnte auf die Drucklegung warten sollte. Derartige Sonderbarkeiten waren für die russische Literatur übrigens nichts Außergewöhnliches, ja, ähnliches geschah auch mit einigen Manuskripten der Zarin selbst, KATHARINA DER ZWEITEN.

Dass KATHARINAS Regierungszeit im russischen Sprachgebrauch oft auch heute noch als Goldenes Zeitalter, als hohe Ära der Aufklärung erwähnt wird und dass jetzt nach sieben Jahrzehnten ideologischer Entstellung und Schmähung, die Bezeichnung KATHARINA DIE GROSSE noch gang und gäbe ist, erklärt sich vor allem aus dem Bewusstsein, dass die gesamte moderne russische Kultur, von KARAMSIN, SHUKOWSKI und PUSCHKIN an, einer geschichtlichen Konstellation entsprang, die ohne das Wirken dieser zweifellos hochgebildeten und hochbegabten Frau undenkbar gewesen wäre. Viel weniger bekannt, oder richtiger, völlig vergessen, sind dagegen die eigenen, sehr verschiedenartigen staatstheoretischen, historischen und belletristischen Arbeiten der großen Zarin. Mir scheint das ungerecht.

Kaum an die Macht gekommen, begann KATHARINA eine sogenannte »Weisung« niederzuschreiben, deren Inhalt sie schon seit langem durchdacht haben musste. Es ging um eine Neugestaltung Russlands im Sinne der französischen Philosophen – doch obwohl sie das umfangreiche Traktat französisch abfasste, bedeutete das keineswegs, dass sie bei ihren Lehrmeistern mechanische Anleihen machte. Nein, ihre Vorstellungen und Ideen galten wirklich Russland, allein Russland, und zuweilen hatte man den Eindruck, dass sie bei DMITRI WOLKOW in die Schule gegangen war. Als sie bald darauf einen Ausschuss, ja sogar eine Art Parlament, eine Ständeversammlung einberief, um ihrer »Weisung« den Status eines Grundgesetzes zu verleihen, erwies es sich freilich, dass die russischen Zustände dennoch zu wenig berücksichtigt waren, dass ihre humanistischen Ideen, auf Zeit und Ort bezogen, mitunter utopische Züge trugen. Das Ganze versandete und wurde schließlich ergebnislos aufgegeben – doch KATHARINAS Text blieb, und er sollte als geschichtliches und geistesgeschichtliches Denkmal auf keinen Fall missachtet werden.

Die weitere literarische Tätigkeit der Zarin ergab ein höchst umfangreiches und vielfarbiges, wenn auch nicht immer ganz nachahmungsfreies Werk. Sie schrieb zahlreiche Märchen mit meist pädagogischer Intention, Satiren für verschiedene Zeitschriften, darunter eine von ihr selbst jahrelang redigierte, acht russische Komödien und dreizehn französische Stücke für das Hoftheater, für das sie auch SHAKESPEARES »Lustige Weiber von Windsor« übersetzte und bearbeitete, mehrere Texte für komische Opern nach Märchenmotiven, daneben aber auch manches Seriöse: »Aufzeichnungen, die russische Geschichte betreffend«, zwei tendenziös-monarchistische historische Dramen über die frühsten russischen Staatsgründer, RURIK und OLEG, was den in Russland an Einfluss gewinnenden Freimaurern entgegenwirken sollte, und schließlich vier Varianten ihrer Memoiren, in denen jeweils sehr unterschiedliche Urteile über verschiedene politische Vorgänge und über zahlreiche Hofintrigen, sehr unterschiedliche Ausdeutungen und Bewertungen verschiedener berühmter und weniger bekannter Persönlichkeiten zu finden sind – etwa FRIEDRICHS DES GROSSEN, der eigenen Mutter, mehrerer Minister und, was das eigentümlichste ist, des doch so verhassten, auf ihren Befehl hin getöteten Gatten, PETERS DES DRITTEN.

KATHARINA war durchaus keine geradlinige und unbeirrbare Politikerin. Besonders klar trat dies gegen Ende ihres Lebens zutage, als die natürliche Empörung und Furcht, die das Pariser Geschehen von 1789-1793 auslöste, in den Hof- wie auch in breiteren Gesellschaftskreisen zu einer Art Panik ausartete. Schon seit geraumer Zeit vermutete die Zarin in den Freimaurern, die zweifellos Vermittler europäischen Denkens und europäischen aufklärerischen Zukunftsstrebens waren, eine gefährliche, subversive, potentiell revolutionäre Kraft, und sie hatte bereits zahlreiche Satiren gegen sie geschrieben, in denen sie auch die besten Geister dieser Strömung unverhohlen verunglimpfte. Jetzt aber, angesichts der neuesten Ereignisse und Befürchtungen, schritt sie zur Tat. So gut wie alle prominenten Vertreter der Bewegung wurden verhaftet, in Festungen eingekerkert oder in entfernte Verbannungsorte verschickt. Es war ein für KATHARINA ungewöhnliches Vorgehen. Aufgrund dieser angstgetriebenen Maßnahmen stellte die radikale Propaganda weit späterer Zeiten die Zarin als eine Verräterin an den Idealen der Aufklärung, an den eigenen Jugendillusionen, an den einst so verehrten Philosophen hin. Doch war dies eine Verzerrung.

Bekanntlich beriefen sich die Pariser Revolutionäre, darunter auch die jakobinischen Terroristen, sehr gern und oft auf VOLTAIRE und ROUSSEAU, auf die Enzyklopädisten und ihre englischen Zeitgenossen. Doch in den Zirkeln und Salons der aufgeklärten Petersburger und Moskauer Aristokraten war man sich des pseudo-philosophischen Charakters dieser hochklingenden Deklarationen und propagandistischen Stellungnahmen vollauf bewusst, und man verwarf ihretwegen auf keinen Fall die Früchte des Zeitalters der Vernunft, sah sie nicht als giftig an. Das gleiche galt für die diesen Kreisen so geistesverwandte Zarin. Das Vorurteil gegen die Freimaurer hatte andere, ursprünglich rein ideelle Gründe, es war zu einer Zeit entstanden, als noch niemand das geringste von einer nahenden französischen Revolution ahnte.

Doch ändert all dies kaum etwas an der entscheidenden Tatsache: Bereits für unzählige Generationen ist es eine mit der Muttermilch eingesaugte Selbstverständlichkeit, die Gestalt KATHARINAS als Symbol der ethischen und ästhetischen Europäisierung im 18. Jahrhundert, als Verkörperung der Glanzepoche St. Petersburgs, dieser ewigen Hochburg des Eurorussentums, als eigentliche Urmutter der russischen geistigen Eliten neuerer und neuster Zeit zu empfinden und zu verehren. ALEXANDER PUSCHKIN, Russlands Nationaldichter, obwohl drei Jahre nach dem Tode der Zarin geboren, hat selbst so manches getan, damit sein Name mit dem KATHARINAS assoziiert werde, und das will auch heute jedem Russen viel bedeuten.

Im angehenden 19. Jahrhundert erreichten die Salons als Mittelpunkt des literarischen und künstlerischen Lebens eine nie dagewesene Blüte, und die Damen, die ihnen vorstanden, gehörten zu den einflussreichsten Persönlichkeiten der gesamten Kulturepoche. Zu nennen wären da vor allem AWDOTJA JELAGINA, die Fürstin SINAIDA WOLKONSKAJA, die später als standhaft bekennende Katholikin berühmt wurde, und schließlich KAROLINA PAWLOWA.

Ich habe in meinen Radiovorträgen schon des öfteren von KAROLINA PAWLOWA gesprochen, da sie als Vermittlerin zwischen russischer und deutscher Literatur, als Nachdichterin aus beiden Sprachen in beide Sprachen, als Bindeglied zwischen Schriftstellerkreisen beider Länder eine unübersehbare Rolle gespielt und wahrhaft Außerordentliches geleistet hat. Doch war auch ihr Wirken innerhalb Russlands von nicht geringer Bedeutung. In ihrem berühmten Salon kamen Vertreter der entgegengesetzten, ja verfeindeten Richtungen zusammen und das gab erst den Anstoß zu den für Russland so schwerwiegenden, bis heute nachwirkenden, prinzipiellen Auseinandersetzungen zwischen Westlern und Slawophilen. Ihre Gedichte, vor allem ihre Balladen trugen eine ganz neue, romantischpsychologische Stimmung in die russische Dichtkunst hinein, und ihr Roman »Das Doppelleben« hat eine menschlich vertiefte Darstellung der Gesellschaft in origineller Form, nämlich in einer organischen Verbindung von Prosa, rhythmisierter Sprache und Versen. KAROLINA PAWLOWAS Gesamtwerk wäre sicher noch weitaus beeindruckender und folgenreicher gewesen, wäre sie nicht zeit ihres Lebens von einem eigenartigen Verhängnis verfolgt worden: Viele ihrer Arbeiten kamen abhanden und sind offenbar für immer verschollen. Das gilt beispielsweise für eine Nachdichtung des »Konrad Wallenrod«, eines Hauptwerks ihres geliebten Freundes ADAM MICKIEWICZ, die sie mit einer Widmung an GOETHE sandte und die von diesem wiederholt, auch gegenüber dem polnischen Dichter selbst, gepriesen wurde, sich aber dann sonderbarerweise nicht unter den nachgelassenen Papieren des Weimarer Dichterfürsten fand; im Alter schrieb sie jahrzehntelang an ihren Memoiren, die von großer kulturpolitischer wie auch zeitgeschichtlicher Bedeutung sein mussten, und übergab sie vor ihrem Tode mitsamt einer vollständigen Sammlung ihrer veröffentlichten und unveröffentlichten Dichtungen einem Enkel – doch seitdem ist jede Spur davon verloren.

In der zweiten Jahrhunderthälfte verlagerte sich der Schwerpunkt des literarischen Lebens aus den Salons in die Redaktionszirkel der alten wie auch der zahlreichen neuen Zeitschriften, deren Einfluss auf die Geister ständig zunahm. Dementsprechend büßten sogar die angesehensten Salongastgeberinnen ihre frühere gesellschaftliche Funktion ein. Das will aber nicht besagen, dass die Rolle der Frauen in der Literatur überhaupt stark zurückgegangen wäre. Im Gegenteil lassen sich mehrere Namen talentierter Frauen nennen, die die klassische Periode des russischen Romans mit prägen. So gehörte JEWGENIA TUR zu den meistgelesenen Autoren psychologischer und historischer Belletristik, JEWDOKIA ROSTOPTSCHINA, die schon in frühster Jugend von PUSCHKIN, SHUKOWSKI und WJASEMSKI als Lyrikerin hochgehalten worden war, zu den feinfühligsten Schilderern des aristokratischen und aristokratienahen Millieus, vor allem aber zählte die national-ukrainische – und dennoch zum großen Teil russischsprachige – Erzählerin MARKO WOWTSCHOK zu den Begründern der entscheidenden, der sozialkritischen Strömung in der Prosa des Zeitalters der großen Reformen. Die Wirkung MARKO WOWTSCHOKS ging allerdings weit über die rein literarische Sphäre hinaus, sie trug maßgeblich zur Herausbildung eines kulturellen Selbstbewusstseins des ukrainischen Volkes bei.

Dabei ist zu betonen, dass auch diese Generation russischer Schriftstellerinnen, die übrigens samt und sonders Jahre, wenn nicht Jahrzehnte im Westen verbracht hatten, direkt oder indirekt eben die europäische Grundlage und europäische Wegwahl des Landes und des Volkes vertrat mit einer einzigen Ausnahme, die um so grotesker erscheinen musste: eine gewisse NADESHDA SOCHANSKAJA, die an die zehn oder zwölf Romane und Novellen im Geiste der Slawophilen, zum Lob der Demut und frommen Genügsamkeit des einfachen Volkes geschrieben hatte, wandte sich mit einem offenen Brief ausgerechnet an LEW TOLSTOI, wobei sie ihm wutschäumend vorwarf, er habe sich an Gott, der Kirche und allem für das Volk Heiligem vergangen.

Einen anderen Sonderfall wieder bildete die Dichtung der damals zusehends anwachsenden revolutionären Jugend- und hauptsächlich Studentenbewegung. Unter den aktivsten Kräften und führenden Köpfen dieser Bewegung, die durch Terror siegen wollte, fehlte es nicht an jungen Frauen und Mädchen. Und die wohl bedeutendsten lyrischen Zeugnisse der Stimmungen und Bestrebungen dieser eigenartigen Gemeinschaft von Idealisten stammten von einer solchen opferwilligen jungen Kämpferin. Sie hieß Vera Figner. Das Schicksal wollte es, dass dieser Name in erster Linie durch Memoiren, die erst im Alter entstanden und dann in viele Sprachen übersetzt wurden, auch breiteren Kreisen bekannt werden sollte. Die Gedichte dagegen, die sie während ihrer zwanzigjährigen Festungshaft geschrieben hatte, erschienen ausgerechnet 1906 im Druck, in der Zeit der großen Wirren, wo sie selbstredend von niemandem beachtet wurden. Doch als rein individuelle Aussage eines nicht ganz gewöhnlichen Menschen hätten sie sicher einiges Interesse verdient.

Die darauffolgende Generation trug gleichfalls viel von der rebellischen Denkweise ihrer Vorgänger in sich, nur trat an die Stelle der fanatischen Vorliebe für pure Gewalt ein zielbewusster Wille zur Erziehung des Volkes im eigenen, nach Weltveränderung strebenden Sinn – von den möglichen fatalen Folgen hatte noch niemand eine annähernde Vorstellung. Auch diese Geisteslage fand ihren gültigen Audruck in den Versen einer Dichterin, Versen, die ich hier auszugsweise zitieren möchte:

Wort, warum bist du kein Stahl, der da schneidet,
aufblitzt im Kampfgewühl, Schlachten entscheidet,
kein scharfes Schwert, das in grausem Triumph
feindliche Köpfe herabschlägt vom Rumpf?

Doch, Wort, du bist meine stahlharte Schneide,
gern zög ich heute dich schon aus der Scheide.
Nur, dass du Blut aus dem Herzen mir stichst,
feindlichen Bleiherzen, Wort, tust du nichts!

Doch, Waffe Wort, du bleibst stets auf dem Posten!
Glaube nicht, dass wir je unnütz verrosten!
Freunden, von denen ich heute nichts weiß,
dienst du noch einst gegen Henkergeschmeiß!

Diese Verse stammen aus den Jugendjahren einer ukrainischen Lyrikerin und Dramatikerin, die stets, in allen wechselnden Zeiten des seitdem vergangenen Jahrhunderts, die ungeteilte Verehrung ihres Volkes, aber auch der Russen genoss. Sie nannte sich Lessja Ukrainka. Nach und nach änderte sich jedoch ihre Weltsicht, und in der glanzvollen Epoche vor dem ersten Weltkrieg, da in Russland eine neue, humanere, ästhetisch verfeinerte Kunst aufblühte, im sogenannten Silbernen Zeitalter, wurde sie zum unbestrittenen Haupt der ukrainischen Renaissance. Aber auch in Russland selbst traten damals mehrere hochbedeutende Frauen hervor, die den verschiedensten Sphären des Kultur- und Geisteslebens, und vor allem der Lyrik, ihren Stempel aufdrücken sollten.

Die russische Dichtkunst der großen Zeit ist undenkbar ohne die

(019) Frauengestalten in der russischen Literatur

Namen dreier Frauen: SINAIDA GIPPIUS, ANNA ACHMATOWA, MARINA ZWETAJEWA.

Trotz des erheblichen Altersunterschiedes – SINAIDA GIPPIUS wurde 1869, ANNA ACHMATOWA 1889, MARINA ZWETAJEWA 1892 geboren – verband sie eine Wesensähnlichkeit und Schicksalsverwandtschaft besonderer Art, deren Quelle einerseits die tragischen Zeitereignisse, andererseits die trotz allem weiterlebenden Traditionen geistiger und gesellschaftlicher Wechselbeziehungen waren. Dank ihrer ganz persönlichen Ausstrahlung entstanden in ihrem Umkreis beständige und auftragsbewusste Gruppen von Gleichgesinnten, die sich von den Salonbesuchern des vorigen Jahrhunderts gerade dadurch unterschieden, dass sie sich zu einer gemeinsamen Grundhaltung, zu einem gemeinsamen Engagement bekannten. Wiewohl die drei Dichterinnen in ihren Werken – sie pflegten sämtliche Gattungen, von der Lyrik bis zur Literaturwissenschaft – wenig miteinander gemein zu haben schienen und obwohl SINAIDA GIPPIUS führend in der religionsphilosophischen Bewegung war, während die beiden anderen eher die generell-humanistische Linie des westlerischen Denkens vertraten – in einem wesentlichen Punkt sollten sie sich völlig einig sein, nämlich in der entschiedenen Ablehnung des bolschewistischen Umsturzes, aller seiner kulturellen und ideologischen Folgen. SINAIDA GIPPIUS und ihr Mann, der damals weltberühmte Schriftsteller DMITRI MERESHKOWSKI, gingen sofort in die Emigration und bildeten dort ein ernstes geistiges Gegengewicht gegen die zum Schein humanistisch gefärbte Auslandspropaganda der neuen Kreml-Machthaber. ANNA ACHMATOWA dagegen wollte den Heimatboden, die Welt der Muttersprache, ihre vertraute Wirkungssphäre nicht verlassen. Sie schrieb damals ein Gedicht, aus dem ich hier einige Zeilen bringen möchte:

> Mir war ein Ruf. Die sanfte Stimme
> sprach zu mir tröstend: »Komm doch her,
> verlass dein Heimatland für immer,
> dein Russland dumpf und sündenschwer«.
> Doch hab ich ruhig, kühl und nüchtern
> die Ohren mit der Hand verdeckt,
> damit das würdelose Flüstern
> nicht meinen wehen Geist befleckt.

Es ist fast ein Witz: Diese Worte, die doch gerade von der unwandelbaren Heimatverbundenheit eines »wehen Geistes« trotz allen »Sünden des Landes« zeugen, sind in späteren Zeiten von offiziellen Literaturdeutern als Beweis hingestellt worden, dass sich die Dichterin mit der Sowjetmacht abgefunden, wenn nicht gar versöhnt hätte. Dabei war sie, nach der Hinrichtung ihres Gatten, des gleichfalls als Lyriker hochgeschätzten NIKOLAI GUMILJOW, von den Zensurbehörden ins Abseits gedrängt worden, und auch ihr neuer

Mann, der geniale Kunstinterpret und Kunsthistoriker PUNIN, sowie ihr Sohn LEW wurden dauernd polizeilich behelligt. Ihre unveröffentlichten Dichtungen galten denn auch durchweg dem Leidensweg der Ihren, ihres Volkes und ihrer selbst. Doch was dann geschah, sucht in der Geschichte der Weltliteratur seinesgleichen. Soeben war der schrecklichste Krieg zu Ende gegangen, den Russland je erlebt hatte. Da versammelte sich das höchste Gremium des Landes, das Zentralkomitee der kommunistischen Partei, dem der Diktator STALIN persönlich vorstand, nicht etwa, um über die ungeheuren Probleme des Wiederaufbaus zu beraten, sondern einzig, um eine Hetzrede des zweiten Mannes in der Machtpyramide – er hieß SHDANOW – anzuhören, der gegen ANNA ACHMATOWA wetterte. Am nächsten Tag mussten sämtliche Zeitungen, von der tonangebenden zentralen »Prawda« bis zum geringsten Provinzblatt in der entferntesten Region, auf der ersten Seite die wütenden Angriffe gegen eine Frau nachdrucken, von der die meisten Leser nie zuvor etwas gehört hatten. Es war im Grunde eine Ehrung, wie sie keine Dichterin seit Menschengedenken jemals erfahren hatte!

Dass ihre nähere Umgebung in der Stalinära, zum größeren Teil aber auch danach aus mutigen Menschen bestehen musste, die Gesinnung und Sehnsüchte dieser außerordentlichen Frau teilten, liegt auf der Hand. Und nicht von ungefähr sind die besten, ausführlichsten Erinnerungen an die große Dichterin einer Frau zu verdanken, deren Name jedem Regimegegener stets wie ein Kampfruf klang – LIDIA TSCHUKOWSKAJA!

Was die jüngste in dem Dreigestirn, MARINA ZWETAJEWA, betraf, so emigrierte sie erst nach längerem Zögern. Ihre menschliche und seelische Situation im Laufe mehrerer Jahrzehnte war schwierig und schmerzhaft wie vielleicht bei keinem anderen geistigen Opfer der Revolution. In den Jahren des Bürgerkrieges diente der Mann der damals bereits namhaften Dichterin als Offizier in der Weißen Armee, die gegen die neue, bolschewistische Herrschaft ankämpfte, und floh dann mit den Überresten dieser Armee ins Ausland. In der so chaotischen Zeit von Krieg, Revolution und Bürgerkriegswirren schuf MARINA ZWETAJEWA mehrere große Gedichtzyklen, Dramen und Märchenepen, in denen eine stolze passionierte Frau mit tiefgründigem Gefühlsleben jede Gewalt verwirft, ohne für irgendeine der streitenden Seiten Partei zu ergreifen. Wenn sie 1922 nach Prag und drei Jahre darauf nach Paris übersiedelte, so musste neben rein persönlichen, familiären Motiven ein gewisses Vorgefühl, eine klarsichtige Ahnung gewirkt haben, die besagte, dass sich das Kreml-Regime bald mit allen Mitteln der absoluten Macht gegen jede Äußerung einer humanistischen Gesinnung wenden würde. Und tatsächlich konnte sie in den ersten sechs Jahren der Emigration mit Dichtungen hervortreten, die zur Klassik dieses Jahrhunderts gehören. Doch dann begann eine Periode unglaublicher Vorfälle und Wendungen.

(019) Frauengestalten in der russischen Literatur

Während einer Vortragsreise Wladimir Majakowskis, der nicht nur ein sprachgewaltiger Dichter, sondern auch ein Rezitator ersten Ranges war, konnte Marina nicht verhehlen, welch tiefen Eindruck die soeben angehörten Gedichte, trotz ihres kommunistischen Pathos, auf sie gemacht hatten. Ihre diesbezüglichen Äußerungen führten zum Boykott von seiten der Emigrantenpresse. Jahrelang wollte niemand ihre Verse und sonstigen Schriften mehr drucken. Und bald kam etwas völlig Ungeahntes, Unfassbares hinzu. Ihr Mann, der einstige weiße Offizier, wurde in eine der zahllosen Auslandsaktionen des sowjetischen Geheimdienstes verwickelt – offenbar hatte er sich unter dem Eindruck der faschistischen Offensive in Europa zur Mitarbeit bereit erklärt. Ausgerechnet 1937, als die Welle des blinden Terrors in der Sowjetunion ihren Höhepunkt erreicht hatte, suchte er dann Zuflucht in der Heimat. Selbstverständlich wurde er hier wie Millionen andere alsbald verhaftet. Was aber noch offenkundiger von der gutgläubigen, ungetrübten Naivität zeugte, die damals in der Familie herrschte – wenig später folgte ihm auch Ariadna, seine und Marinas hochbegabte Tochter, die in der Folge, nach sechzehnjähriger Haft im sowjetischen Zwangsarbeitslager, zur renommierten Nachdichterin fremdsprachiger Poesie und Autorin vielgelesener Memoiren werden sollte. Als schließlich 1939 Marina Zwetajewa selbst in die Sowjetunion zurückkehrte, war es nicht Heimweh, was sie dazu bewog. Jedoch erwies sich die Sorge um ihre Familie als zwecklos. Sie erfuhr nicht einmal, dass ihr Mann schon längst erschossen war. Fast zwei Jahre verbrachte sie in einem Zustand völliger Aussichtslosigkeit. Nach dem Kriegsausbruch musste sie als eine der ersten Moskau verlassen. Als Wohnort wurde ihr das kleine tatarische Städtchen Jelabuga zugewiesen. Hier beging sie nach wenigen Wochen Selbstmord. Es war nicht so sehr eine Tat der Verzweiflung, als vielmehr ein bewusster, demonstrativer Protestakt, ein Protest gegen die Unmenschlichkeit, die in diesem Zeitalter herrschte. So deutete vor Jahren die Schriftstellerin Anastasja Zwetajewa, Marinas Schwester, in einem Gespräch mit mir diesen Freitod.

Marina Zwetajewa war nicht nur Vertreterin und Verfechterin des Eurorussentums par excellence. Sie war im eigentlichsten und höchsten Sinne des Wortes Kosmopolitin. Es konnte wohl keinen gültigeren Ausdruck einer solchen, im Russland Stalins verpönten und verfemten Geisteshaltung geben als diese Worte aus ihrem deutsch geschriebenen Brief an Rilke: »*Keine Sprache ist Muttersprache... Ein Dichter kann französisch schreiben, er kann aber nicht ein französischer Dichter sein. Ich bin kein russischer Dichter und staune immer, wenn man mich für einen solchen hält... Darum wird man Dichter, um nicht Franzose, Russe etc, zu sein, um alles zu sein... Orpheus sprengt die Nationalität, oder dehnt sie so weit und breit, dass alle (gewesene und seiende) eingeschlossen sind.*« In diesem Sinn blieb Marina Zwetajewa bis an ihr Lebensende Emigrantin.

Auch in der späteren Literatur der russischen Emigration taten sich Frauen hervor, so vor allem NINA BERBEROWA, deren Memoiren von bleibender kulturhistorischer Bedeutung sind.

Doch welchen eisernen Druck die ideologischen Instanzen der Stalinzeit auf das gesamte Geistesleben innerhalb des Landes auch ausübten, blieben manche Literaten dennoch sich selber treu und versuchten auch hier und jetzt, in gedruckten, zensierten Schriften wenigstens stille, verhohlene, andeutende Botschaften vom Weiterleben des eigentlich Menschlichen, des zutiefst Persönlichen, des Intimen zu vermitteln, und unter jenen Umständen war im Grunde schon das Opposition – es war, wenn auch nicht politischer, so doch psychologischer Widerstand.

Ich möchte hier zwei Dichterinnen nennen, die sich in vielerlei Hinsicht völlig unähnlich waren, doch gerade durch die Betonung des Innenlebens der Frau ihrer sonst oft durchaus zeitgebundenen Lyrik ein ganz besonderes Gepräge zu verleihen wussten. Diese eigenartige Seelenverwandtschaft sollte dann ganz besondere Töne und Farben erhalten, als das Schicksal beide Frauen an einem Ort zusammenführte, der an heroischer Tragik in der russischen Geschichte nicht seinesgleichen kannte – im belagerten Leningrad.

Die eine, OLGA BERGHOLZ, hatte bis dahin in klangvollen, trotz allen optimistischen Versen eine von Leidenschaften, Unrast und Heimsuchungen erfüllte Jugendzeit widergespiegelt. Jetzt aber wurde die Stimme der dreißigjährigen deutschstämmigen Lyrikerin Symbol der um ihr Leben kämpfenden Stadt an der Newa. Ich möchte hier kurz aus meinen Erinnerungen zitieren: »*Seitdem ich erstmalig aus dem schwarzen Radioteller an der reliefgeschmückten Zimmerwand die leicht belegte Stimme der Dichterin gehört hatte, erwartete, nein ersehnte ich sie jeden Tag, jeden Morgen, jeden Abend. Nicht nur erfüllt von tiefinnerstem Glühen, von überzeugtem und überzeugendem Glauben an die Kraft des Menschen waren diese Verse, in ihnen lebte das Leben selbst, der menschliche Geist als solcher. Sie wurden mir unentbehrlich zur Aufrechterhaltung des eigenen Geistes, und damit des Lebens in mir. Vielleicht habe ich es dieser Stimme zu verdanken, dass ich damals überlebte.*« Im Vergleich zu OLGA BERGHOLZ konnte die um zwanzig Jahre ältere VERA INBER bereits auf einen beachtlichen Weg in der Literatur zurückblicken, als sie mit ihren Versen über die Blockade und insbesondere mit der epischen Dichtung »Der Meridian von Pulkowo« ein weniger von hohem Heldenmut und Siegesgewissheit als vielmehr von tiefem Leid und menschlichem Mitempfinden durchdrungenes Bild der Märtyrerstadt entwarf. Ihre poetischen und prosaischen Schriften der vorangegangenen Jahrzehnte waren stets von einer feinen Ironie getragen gewesen, wodurch es ihr gelang, die Absurditäten der Sowjetepoche in verkleideter, verfremdeter, scheinbar verharmloster Form dem Leser doch plastisch, durchsichtig, allgemeinverständlich vor Augen zu führen. Besonders zeichneten sich in dieser Hinsicht ihre autobiographischen Erzählungen aus, die zwar nicht durch außergewöhnliche Schicksalswendungen mitrissen, aber den Alltag der in diese Zeit hineingeborenen Frau in seiner ganzen Widersinnigkeit und Mühseligkeit überzeugend darstellten.

Erst viel später entstanden auch Lebensberichte ganz anderer Art, deren Verfasserinnen die gleiche Zeit in ihren schlimmsten Auswüchsen, in all ihrer unmenschlichen Grausamkeit innerlich nacherlebten und den Leser nacherleben ließen.

So entwarf NADESHDA MANDELSTAM, die Frau des berühmten Dichters, der, zeit seines Lebens von der sowjetischen Obrigkeit verfolgt, schließlich in einem Stalinschen Konzentrationslager starb, ein ergreifendes, tiefschürfendes und vielgestaltiges Bild der literarischen Fronde gegen den Ungeist der herrschenden Ideologie. Nicht von ungefähr erhielten ihre beiden Erinnerungsbücher in der deutschen Übersetzung die ausdrucksstarken Titel »Das Jahrhundert der Wölfe« und »Generation ohne Tränen«.

JEWGENIA GINSBURG dagegen war selbst zehn Jahre lang Häftling – zunächst im Gefängnis, dann im Arbeitslager – und wurde daraufhin noch in die Verbannung nach dem hohen Norden verschickt. Sie gehörte aber zu denen, die trotz unsäglicher Qualen den naiven Glauben ihrer Jugend nicht aufgeben wollten und vom damaligen sogenannten »Tauwetter« eine Erneuerung der Sowjetordnung – eben der Sowjetordnung! – erhofften. Trotzdem gilt ihre Schilderung des Lagerlebens mit Recht als eine der erschütterndsten Anklagen gegen dieses System überhaupt.

Die »Tauwetter«-Periode brachte allerdings wirklich eine gewaltige Welle freien Denkens und quasi-freier Aussage in so gut wie alle Sphären geistiger Tätigkeit mit sich, und wie sich die äußeren Umstände, die politischen und sozialen Verhältnisse, die ideologischen und psychopolitischen Tendenzen in den folgenden dreißig oder vierzig Jahren auch ändern mochten, immer sollten neue Wellen, ob legal, illegal oder halblegal, ob nur in Freundeskreisen und in Samisdat-Manuskripten oder in den Massenmedien und in Millionenauflagen, Zeugnis ablegen von der Selbstbehauptung und Unerschöpflichkeit des Geistes, des sich ewig erneuernden Geistes. Und auf allen Gebieten, in Philosophie und Geschichtsdeutung, Literaturkritik und Kunsttheorie, aktueller Publizistik, erzählender Prosa und dramatischer Dichtung, ganz besonders aber in der Lyrik, der ja in Russland stets größte Bedeutung beigemessen wurde, taten sich immer wieder Frauen hervor. Unter den Dichtern der rebellischen Generation, die in den fünfziger und sechziger Jahren eine nie dagewesene Popularität genossen und einen nachhaltigen Einfluss auf die gesamte Gesellschaft, vor allem aber auf die Jugendlichen, ausübten, gebührte zweifellos BELLA ACHMADULINA ein Ehrenplatz. Aber auch RIMMA KASAKOWA, JUNNA MORIZ und einige andere junge Lyrikerinnen gehörten zu den Meistbeachteten und -geachteten. Zur gleichen Zeit kam die Bewegung der »Barden«, der spezifisch russischen Bänkelsänger, auf, deren Volkstümlichkeit dann jahrzehntelang nicht ihresgleichen kannte. Die ihnen nah verwandte NOVELLA MATWEJEWA spielte von Anfang an eine wesentliche Rolle in der Verbreitung des Bardenstils und der Bardenstimmung, unter den späteren möchte ich VERONIKA DOLINA hervorheben. Es hätte gewiss keinen Sinn, hier weiterhin Namen über Namen aufzuzählen – Namen von Frauen, die Russlands lyrisches Denken und Ringen in einem Zeitalter schwierigster Selbstbesinnung mit prägten. Doch eine der jüngeren Dichterinnen muss unbedingt genannt werden: OLESSJA NIKOLAJEWA.

Seit der zweiten Hälfte der achtziger Jahre nämlich ist es in der religiösen Sphäre und nicht zuletzt in der Russischen Orthodoxen Kirche selbst zu einer scharfen Trennung der Geister gekommen – man kann da wohl von einer humanistischen und einer stockreaktionären Richtung sprechen. Denkt man nun an die aktiven Verfechter der humanistischen Strömung, so kommen einem in erster Linie zwei Frauennamen in den Sinn – SOJA KRACHMALNIKOWA, die streitbare Publizistin und Essayistin, und eben OLESSJA NIKOLAJEWA, die feinfühlende, gedankentiefe, sprachgewaltige und formvollendete Lyrikerin. Ich bin indes sicher, dass OLESSJA NIKOLAJEWAS Gedichte als klassisches Erbe der russischen Literatur auch dann lebendig bleiben werden, wenn die gegenwärtigen ideologischen Zwistigkeiten längst als historische Erinnerung verblaßt sind.[1]

Das »Tauwetter« musste aber auch in der erzählenden Prosa einen Bruch mit der für die Stalinära so charakteristischen panegyrischen und schönfärberischen Darstellungsweise, die als Sozialistischer Realismus bezeichnet wurde, bewirken und die Herausbildung einer kritischen Wirklichkeitssicht mit sich bringen. Schon unter den Bahnbrechern dieser echt realistischen Schule tat sich IRINA GREKOWA durch ihre unbestechliche Wahrheitstreue und ihr besonderes, in einem gewissen Sinn typisch weibliches Einfühlungsvermögen hervor.

Dann kam die Zeit der sogenannten Neuen Prosa, die eine genaue Kenntnis des heutigen Menschen mit einer vertieften, philosophischen Durchleuchtung und Ausdeutung der gesellschaftlichen Vorgänge vereinte. Als Hauptvertreter dieser Schattierung wurden gewöhnlich drei Schriftsteller genannt – zwei davon waren Frauen. TATJANA TOLSTAJA, eine beachtenswerte Erbin des in der russischen Kultur so ungemein fruchtbaren Geschlechts der TOLSTOI, entwarf in ihren Novellen ein gültiges Bild jener scheinbar so ereignisarmen, innerlich ziellosen und doch potenzenreichen Zeit. Allerdings hat sich ihre Lebensauffassung seit ihrer Ausreise in die USA, wenn auch unwillkürlich, so doch merklich geändert. Dagegen war die Evolution der LJUDMILA PETRUSCHEWSKAJA anderer Art: In Kurzerzählungen und Bühnenstücken, Märchen und Parodien blieb ihr Stil stets einmalig originell, in jeder Gattung, ja buchstäblich auf jeder Seite war ihre Ausdrucksweise unverwechselbar, zugleich aber nahm die gesellschaftskritische Durchschlagskraft ihrer Werke ständig zu.

Doch nicht allein in der schönen Literatur sprachen Frauen ein gewichtiges Wort. Ohne die Essays der LIDIA GINSBURG, ohne die philosophischen Theorien der PIAMA GAIDENKO, ohne die literaturkritischen Schriften der TAMARA MOTYLJOWA, der NATALJA IWANOWA, der ALLA MARTSCHENKO, ohne die literarhistorischen Abhandlungen und publizistischen Aufsätze der LJUDMILA SARASKINA und MARIETTA TSCHUDAKOWA schließlich wäre die russische Geistigkeit heute auf keinen Fall, was sie ist. Als in der zweiten Hälfte der achtziger Jahre das politische, soziale und kulturelle Leben Russlands weitgehend von einem Phänomen bestimmt wurde, das seitdem als der »Große Publizistik-Boom« in die Zeitgeschichte eingegangen ist, standen auch sehr oft Frauennamen über den Artikeln, die im ganzen Land eine solche Erregung hervorriefen.

Eines Tages gegen Ende der Achtziger aber erschien in der hochrenommierten Literaturzeitschrift »Nowy mir« ein Aufsatz über stagnierende Wirtschaft und zage Wirtschaftsreformen von einer gewissen POPOWA (in Wirklichkeit hieß die Autorin LARISSA PIJASCHEWA), und in den nächsten Wochen zitierten Millionen und aber Millionen den einen Satz: »Man kann nicht ein wenig schwanger sein.« Das aber war der Auftakt zu einer denkwürdigen großen Diskussion, auf die sich später, seit 1991, die radikale Wirtschaftsreform stützten sollte.

Noch ist unklar, inwiefern diese Reform gelingt. Doch in jedem, ich wiederhole, jedem Fall bleibt dieser Beitrag einer kühn und vorurteilslos denkenden Frau eine für Russland historische, zukunftsträchtige Tat.

(27.04.1998)

Die russischen ›dicken‹ Zeitschriften
Blüte und Niedergang eines Phänomens

Die Unsicherheit, die düsteren Ahnungen, die oft apokalyptischen Stimmungen, von denen heute breite Schichten des russischen Volkes heimgesucht werden, erklären sich nicht aus den weltweiten Ängsten dieses unseres gewitterschwülen Zeitalters, sondern vor allem aus dem gleichzeitigen abrupten Ende mehrerer Lebenslinien, mehrerer Geschichtskapitel Russlands.

Denn die fünfhundertjährige Epoche des Moskauer und St. Petersburger Reiches war keinesfalls ein rein geopolitisches Faktum gewesen, sie bedeutete tief verwurzelte *psychische* Einstellungen und ganz bestimmte Identitätsgefühle, deren Wegfall nicht so leicht zu verwinden ist.

Der jähe Wechsel der Gesellschaftsordnung und des politischen Systems nach 75 Jahren, der Lebenszeit mehrerer Generationen, musste zur empfindlichen Störung und Zerstörung langgewohnter und weitverbreiteter Denkweisen führen.

Der ebenso plötzliche Zerfall der Wirtschaftsstruktur nach immerhin 70 Jahren wirkte sich nicht nur auf die Produktion, die Währung und die soziale Lage, sondern nicht minder tief auf den seelischen Zustand des Durchschnittsbürgers aus.

Der erschreckende Niedergang der gesellschaftlichen und ökonomischen Moral, die doch, trotz mehrerer tragischer Kataklysmen, viele Jahrhunderte hindurch nie ganz erloschen war, wird von erschütterten und verängstigten Menschen leicht als Zeichen eines endgültigen Zusammenbruchs der russischen Welt gedeutet.

Doch was vielleicht schwerer wiegt als selbst diese bedrohlichen Vorgänge, ist die Krise im Selbstverständnis, im inneren Gefüge und in der Ausstrahlung der russischen Geistigkeit, der russischen Kultur. Es ist wohl kaum zu verwundern, dass der Abgrund, der sich unvermutet zwischen der geistigen Elite und der unlängst noch so immensen Gemeinde geistig Interessierter aufgetan hat, Betroffenheit und Befürchtungen auslöst. Denn es handelt sich dabei um eine zweihundertährige Tradition, die für Russlands Stellung und Stellenwert innerhalb der Menschheit im Grunde von weit größerer und bleibenderer Bedeutung war als jegliche imperiale Ausbreitung, jeglicher politische Status, jegliche wirtschaftliche Entwicklung, ja sogar jegliche sittliche Ordnung. Hieß es doch über die Rückkehr in die europäische Völkerfamilie: »*Wir kommen erhobenen Hauptes... Doch haben wir keinerlei Leistungen vorzuweisen außer den Taten des Geistes.*«

Der Verlust an Gewicht und Geltung des Geistigen, den ja andere Nationen schon seit geraumer Zeit verzeichnen müssen, hängt im heutigen Russland aufs engste zusammen mit dem unübersehbaren Verfall eines kulturgeschichtlichen Phänomens besonderer Art, wie es die westlichen Länder in dieser Form und Größenordnung *nie* gekannt haben. Von diesem Phänomen, seiner einstigen Wirkung und seiner gegenwärtigen Krise soll hier die Rede sein.

Es gibt in der russischen Sprache einen allgemeinverständlichen, stehenden Ausdruck — »die dicke Zeitschrift«.

Damit ist eigentlich nicht der Umfang und die Periodizität eines bestimmten Druckerzeugnisses gemeint. Ganz andere Begriffe und Vorstellungen klingen da an: Als »dicke Zeitschriften« werden seit dem Beginn des vorigen Jahrhunderts seriöse Sammlungen literarischer Arbeiten bezeichnet, die nicht bloß periodisch erscheinen, sondern auch die Literatur, das philosophische und soziale Denken, die Kultur in allen ihren Erscheinungsformen als einen permanenten *Prozess* fortlaufend inspirieren, lenken, ja in sich verkörpern. In dieser Hinsicht ersetzten die »dicken Zeitschriften« weitgehend das Buch, das Podium und die Kanzel. Sie bildeten oft den Mittelpunkt, um welchen sich die für das russische Geistesleben so charakteristischen Diskussionsgruppen und Gesinnungsgemeinden sammelten. Sie waren zu einer nationalen Institution geworden, die das gesamte intellektuelle und kulturelle Bild des Landes prägte. Um zu begreifen, was sich in Russland mit der jetzigen Schwächung, Verwässerung und Nivellierung dieser Institution ändert und warum ihr Niedergang allseitig betrauert wird, muss man sich ihre ungemein ereignisreiche Entwicklungs- und Wirkungsgeschichte vergegenwärtigen.

Als in den sechziger Jahren des 18. Jahrhunderts in Russland erstmalig Versuche unternommen wurden, Literaturzeitschriften leichteren Inhalts mit meist satirischem Einschlag zu gründen, konnten die gediegenen französischen und englischen Journale für Philosophie, Geisteswissenschaft und Belletristik schon auf eine längere, achtunggebietende Vergangenheit zurückblicken, und auch deutsche schöngeistige Periodika machten bereits von sich reden, so in erster Linie des Berliner Verlegers FRIEDRICH NICOLAI »Briefe, die neueste Literatur betreffend« und »Allgemeine Deutsche Bibliothek«, die dem frühen russischen Herausgeber literarischer Zeitschriften, NIKOLAI NOWIKOW, teilweise als Vorbild dienten. NOWIKOW, eine Hauptfigur der russischen Aufklärung, hatte aber in diesem Tätigkeitsbereich eine Vorgängerin gehabt. Zwei Monate vor seinem journalistischen Erstling, der den etwas ausgefallenen Titel »Die Drohne« trug, war nämlich in St. Petersburg das erste Heft einer Zeitschrift erschienen, die vor allem satirisch und belehrend sein wollte. Ihr Text stammte, wie jedermann in der Hauptstadt wusste, fast gänzlich aus der Feder einer einzigen Frau, der Zarin KATHARINA DER ZWEITEN. Es entbehrte daher nicht einer gewissen Logik, wenn NOWIKOWS Unternehmung mitunter als Herausforderung an die Herrscherin aufgefasst wurde, als kühne Tat eines Rebellen. Wie dem auch sei, war somit für die russische Zeitschriftenwelt von allem Anfang an die entschiedene Konfrontation zweier Richtungen kennzeichnend, eine Konfrontation, die bis auf den heutigen Tag in immer neuer Gestalt auftritt, ja zum hervorstechenden Wesensmerkmal des gesamten literarischen Lebens werden sollte. Bald darauf wandte sich NOWIKOW der Freimaurerei zu und wurde mit seinen neuen Zeitschriften »Morgenlicht«, »Abendsonne« und »Gespräche mit Gott« zum gefährlichen Widerpart der orthodoxen Kirche. Als dann zu Beginn der neunziger Jahre die Nachrichten von der Französischen Revolution immer schreckenerregender wurden, ließ die Zarin NOWIKOW verhaften und zu 15 Jahren Festung verurteilen. Spielte da nicht auch ein bisschen süße Rache für die einstige Konkurrenz mit? Wer weiß!

Dennoch blieb der Einfluss des allmählich Fuß fassenden Zeitschriftenwesens auf die Geister und Gemüter im Lande zunächst recht gering. Das änderte sich mit einem Schlage, als im Jahre 1802 der berühmte Dichter und Historiker NIKOLAI KARAMSIN den »Boten Europas« gründete. Schon der Titel war ein Programm. Und dieses Programm entsprach voll und ganz den Stimmungen der Zeit. Die Auflage stieg bald in die Tausende, damals eine atemberaubende Zahl. Als drei Jahre später ein anderer Historiker, MICHAIL KATSCHENOWSKI, die Redaktion übernahm, wurde der »Bote« zusehends zum engagierten, ja militanten Organ eines russischen Europäismus. Obwohl dies vorläufig im Einklang mit der Politik des liberalen Zaren ALEXANDER DES ERSTEN stand, konnte eine Antwort von altpatriotischer Seite nicht ausbleiben. Nicht umsonst nannte denn auch SERGEJ GLINKA seine 1808 erschienene Zeitschrift den »*Russischen* Boten« – das bedeutete gleichsam ein Gegenprogramm, und wirklich tat sich dieser »Bote« im Laufe eines halben Jahrhunderts als Vertreter ungetarnt nationalistischer und verschämt antieuropäischer Tendenzen im literarischen Milieu hervor. Noch pathetischer klang der Titel einer von dem überschwenglichen großrussischen Hurrapatrioten deutscher Herkunft NIKOLAI GRETSCH geschaffenen literarischen Revue – »Sohn des Vaterlandes«. Auch dieser ›Sohn‹ blieb sich selbst an die 30 Jahre lang treu. Ein ganz anderes Schicksal dagegen erwartete eine um etwa die gleiche Zeit entstandene Monatsschrift, die von ihrem durchaus thron- und gottergebenen ersten Herausgeber in ahnungsloser Gutherzigkeit »Vaterländische Aufzeichnungen« benannt wurde.

Ja, wer hätte auch damals, als die russischen Soldaten im Siegestaumel aus dem eroberten Paris heimkamen, ahnen können, dass dieser anfangs nicht gerade auffällige Neuling des Zeitschriftenmarkts mit den Jahren eine Rolle spielen würde, die seinem so schön patriotisch gemeinten Titel ganz und gar nicht entsprach, dass dieser Titel zum Glaubenssymbol, ja zum Schlachtruf einer literarischen und dann auch nicht mehr rein literarischen Partei werden könnte, die innerhalb der nunmehr radikal gespaltenen russischen Gesellschaft den baldigen Zusammenbruch des Zarenreiches herbeizusehnen wagte! Wer hätte ahnen können, dass nahezu 180 Jahre nach dem Erscheinen der ersten und 110 Jahre nach dem Verbot der letzten Nummer politische Tageszeitungen mit Millionenauflagen darüber Streiten würden, ob die Einwirkung der »Vaterländischen Aufzeichnungen« von anno dazumal auf die Geschichte des russischen Volkes und Geistes positiv oder negativ zu werten sei!

Noch lagen jedoch diese Wandlungen in einer undurchschaubaren Zukunft. Indessen nahm die Bedeutung der »dicken Zeitschriften« für Russlands gesamte innere Entwicklung ständig zu. Schriftsteller und Denker, denen es gelang, sich ein eigenes Sprachrohr dieser Art zu schaffen, wurden, wie es hieß, »Herren der Gedanken« – ein geflügeltes Wort, das sich zunächst unter begeisterten Jugendlichen, dann aber auch in breiten Kreisen der Gebildeten einbürgerte. Doch von welchem Rang und Ruf ein Autor auch war, er bemühte sich stets, seine neuen Werke zuerst unbedingt an solcher Stelle zu veröffentlichen, und zwar nicht bloß, weil er dadurch sogleich eine sehr breite Leserschaft erreichte, sondern auch, weil das Prestige dieses Mediums ungemein hoch stand. Ein Buch blieb immer ein Buch, nichts sonst, eine Publikation in der »dicken Zeitschrift« dagegen bedeutete unmittelbare Teilnahme am vielgepriesenen »Literatur*prozess*«. Nicht von ungefähr erwies sich Zar Nikolaus der Erste, der 1825 den liberalen Alexander ablöste, als überempfindlich gegen manche Zeitschriftenmaterien. So verbot er bald nach seinem Machtantritt unter nichtigem Vorwand eine eigentlich recht wenig beachtete literarische Revue, die den verdächtigen Titel »Der Europäer« trug. Später erwartete aber auch Zeitschriften von hohem Ansehen das gleiche Schicksal.

Bereits in der Regierungszeit Alexanders hatte Nikolai Polewoi, ein Kaufmannssohn aus Sibirien, der sich in wenigen Jahren zum prominenten Literaturkritiker, Publizisten und Historiker entwickelte, ein eigenes Organ gegründet, das er, vielleicht etwas irreführend, »Moskauer Telegraf« benannte. Es handelte sich dabei aber keineswegs, wie man meinen könnte, um ein aktuelles Tageblatt, sondern ganz im Gegenteil um ein, wie Zeitgenossen gern sagten, allmonatliches enzyklopädisches Werk! Im zehnten Jahrgang nun brachte Polewoi einmal eine abfällige Rezension über ein Theaterstück, für das sich der Zar begeistert hatte. Ein solcher Widerspruch bewog den Herrscher, das populäre und daher allzu dreiste Periodikum unverzüglich zu schließen.

Ein anderer bedeutender Literat und vielseitiger Wissenschaftler, Nikolai Nadeshdin, durfte seine Zeitschrift, »Das Teleskop«, kaum sechs Jahre lang leiten, doch hinterließ er damit eine tiefe Spur in der russischen Geistesgeschichte.

Diesmal war allerdings der Anlass zum Verbot mehr als schwerwiegend. »Das Teleskop« hatte unter dem Titel »Philosophischer Brief« einen Aufsatz des oppositionellen Aristokraten Pjotr Tschaadajew veröffentlicht, in dem scharfe Kritik an der altüberlieferten und von der Obrigkeit gepflegten Selbstverklärung und propagandistischen Glorifizierung des russischen Staates und seiner Geschichte geübt wurde, eine Kritik, mit der die förmliche Spaltung russischer Geistigkeit in ein westlerisches und ein slawophiles Lager unumkehrbar besiegelt war. Manche Umstände weisen darauf hin, dass der Zar die historischen Folgen einer solchen Spaltung schon damals ahnte. Doch sollte diese Publikation keineswegs der einzige Beitrag sein, mit dem das »Teleskop« der gesamten Evolution des Landes seinen unverwechselbaren Stempel aufdrückte.

Vor allen Dingen wurde die Zeitschrift Ausgangspunkt für das Wirken eines Mannes, dessen Namen auch im heutigen Russland buchstäblich jeder kennt und dessen Rolle fast jeder verkennt, dessen Charakterbild, durch die Gunst so gut wie aller verfeindeten Parteien entstellt, wie ein Gespenst durch die Geschichte wankt. Er hieß WISSARION BELINSKI und war seines Zeichens Literaturkritiker. Seine Bewertungen und Deutungen russischer Dichter galten und gelten noch jetzt als absolut unumstößlich, und seine theoretischen Äußerungen blieben für viele Generationen von Literaturwissenschaftlern wegweisend. Doch bestimmte er Art und Richtung des russischen Denkens nicht so sehr durch seine Urteile als Literaturpapst, sondern vornehmlich durch das leidenschaftliche Pathos, mit dem er das geschriebene Wort in den Mittelpunkt des nationalen Seins und Bewusstseins rückte, es zum Schwerpunkt der nationalen Identität machte. Der sogenannte Literaturzentrismus, der in Russland für das Weltbild von anderthalb Jahrhunderten so ungemein charakteristisch bleiben sollte, darf mit gutem Recht als geistiges Erbe BELINSKIS bezeichnet werden. Was indes meist übersehen wird, ist der »Journalzentrismus« des Literaturbildes, das BELINSKI hinterließ. Wenn er von Dichterschulen sprach, so meinte er im Grunde stets Zirkel und Gruppen, die sich innerhalb oder im Dunstkreis verschiedener Redaktionen herausgebildet hatten. Eine solche Gliederung war jedoch keineswegs aus der Luft gegriffen, sie entsprach weitgehend der tatsächlichen Struktur des kulturellen und literarischen Lebens. Nur wusste BELINSKI sie auch in den Köpfen der Durchschnittsmenschen zu verankern. Vielleicht noch bedeutsamer aber für den Einfluss und Status der »dicken Zeitschriften« erwies sich BELINSKIS eigene Tätigkeit in dieser Sphäre. Er war es, der die »Vaterländischen Aufzeichnungen« erstmalig auf das Gleis lenkte, das dann zu offenem Aufbegehren gegen die herrschenden ideologischen, gesellschaftlichen und staatlichen Mächte führte. Er war es auch, der dieser Zeitschrift erstmalig eine Geltung verlieh, die weit über die gemeinhin an Literatur interessiertem. Kreise hinausging. Er war es schließlich, der den Werdegang einer anderen historisch relevanten Zeitschrift vorausbestimmte, des »Zeitgenossen«.

Obgleich sowohl die »Vaterländischen Auszeichnungen« als bald darauf auch der »Zeitgenosse« unstreitig über längere Zeitspannen in scharfer Opposition zum alten Russland standen, war es doch eine

(020) Die russischen ›dicken‹ Zeitschriften

Vermessenheit, als später die Kommunisten den Denker BELINSKI für sich in Anspruch nahmen. Eine Vermessenheit nicht nur, weil er entschiedener Westler war, nicht nur, weil sein lebenslanges Ringen um die geistige Eigenständigkeit des Individuums völlig unvereinbar war mit allen Grundsätzen und erst recht mit der Praxis des Bolschewismus, sondern gerade auch, weil sein Bekenntnis zur »dicken Zeitschrift« als Instrument und Waffe des *Geistes* dem *propagandistischen* Literaturbegriff der Sowjetzeit, gelinde gesagt, fremd sein musste.

Eine Zeitschrift kann genau wie ein Mensch ein wechselreiches Leben und ein tragisches Geschick haben. Das gilt in vollem Maße für die meistgenannte russische Literaturzeitschrift des vorigen Jahrhunderts.

Den berühmten »Zeitgenossen« hatte Russlands gefeierter Nationaldichter, ALEXANDER PUSCHKIN, 1836 als Vierteljahrschrift gegründet. Doch bereits wenige Monate später fiel er selbst einem Duell zum Opfer. Sein Nachfolger als Redakteur und Herausgeber, der romantische Lyriker, Philologe und langjährige Rektor der St. Petersburger Universität, PJOTR PLETNJOW, verstand es, sowohl den schöngeistigen als auch den essayistischen Teil auf höchstem Niveau fortzuführen, musste aber schon nach einigen Jahren krankheitshalber aufgeben. Die faktische Leitung übernahm BELINSKI, nachdem der alles andere als reiche rebellische Dichter NIKOLAI NEKRASSOW durch ein geheimnisvolles, kompliziertes Manöver die editorischen Rechte erworben hatte. Ein halbes Jahr später erkrankte BELINSKI und bald darauf starb er. Nunmehr baute NEKRASSOW trotz schwieriger Zensurverhältnisse eine nicht weniger anspruchsvolle, wenn auch immer offenkundiger frondierende Monatsschrift auf. Hier konnten LEW TOLSTOI und andere später hochrenommierte Schriftsteller ihre Erstlingswerke veröffentlichen, hier erschienen bedeutende Romane von TURGENEW, GONTSCHAROW, PISSEMSKI, hier wurden große literaturkritische und philosophische Diskussionen ausgetragen. Doch als 1855 der despotische Zar NIKOLAUS DER ERSTE das Zeitliche segnete und sein aufgeklärter, Reformen anstrebender Sohn ALEXANDER DER ZWEITE den Thron bestieg, glaubte NEKRASSOW die Stunde gekommen, sein Credo, die Umgestaltung Russlands auf radikaldemokratischer Grundlage, unmissverständlich verkünden und streitbar verfechten zu können. Deshalb zog er einen Mann zur aktiven Mitarbeit heran, der auf sämtlichen Gebieten der Geisteswissenschaften und Sozialtheorie extreme, oft schlechterdings nihilistische Ansichten vertrat und sich grundsätzlich zu einer *revolutionären* Lösung der russischen Probleme bekannte. Dieser Mann hieß NIKOLAI TSCHERNYSCHEWSKI und war, obwohl Sohn eines Geistlichen, von frühauf überzeugter Anhänger einer materialistischen Weltauffassung gewesen. Die politische Richtung, die er, und mit ihm nunmehr der »Zeitgenosse«, konsequent und lautstark propagierte, bewog indes mehrere der berühmtesten Autoren, wie TOLSTOI, TURGENEW, GONTSCHAROW, sich demonstrativ von der Zeitschrift zu trennen Es war aber gewiss kennzeichnend für die Aufbruchsatmosphäre jener einmaligen Epoche, dass der »Zeitgenosse« trotz alldem auch weiterhin einen Brennpunkt des öffentlichen Interesses, des gesamten geistigen und kulturellen Geschehens bildete. Doch sollte diese relative Meinungsfreiheit vor allem Tschernyschewski persönlich, und dann auch dem »Zeitgenossen«, zum Verhängnis werden. Immer heftiger wurden Tschernyschewskis Angriffe gegen die liberalen Reformen, immer ungeduldiger sein Drängen auf gewaltsame Aktionen der Bauernschaft, die, aus der Leibeigenschaft befreit, ökonomisch benachteiligt blieb. Als der gestern noch abstrakt philosophierende sozialpolitische Publizist und Theoretiker einen direkten Aufruf zu blutiger Tat an die Bauern richtete, war das Maß aber voll, und die Regierung erwies sich als gar nicht so tolerant. Tschernyschewski wurde verhaftet, zu sieben Jahren Zuchthaus und anschließender ewiger Verbannung nach Sibirien verurteilt, vor einer schweigenden Zuschauermenge wurde der Stab über ihn gebrochen, und erst nach 27 Jahren durfte er in eine russische Provinzstadt zurückkehren. Nach diesem Urteilsspruch musste Nekrassow hart um den Fortbestand des »Zeitgenossen« ringen. Niemand kann sagen, welcher Erfolg ihm dabei beschieden gewesen ware, wenn nicht am 4. April 1866 ein ganz unvorhergesehenes Ereignis alle seine Pläne durchkreuzt hätte. An diesem Tag nämlich verübte ein gewisser Dmitri Karakosow ein Attentat auf den Zaren, und erst im letzten Augenblick konnte ein zufällig anwesender Handwerker die schießende Hand wegstoßen. Es war verständlich, dass sich der Aufschrei der öffentlichen Meinung und erst recht der offiziellen Propagandastellen nicht zuletzt gegen den »Zeitgenossen« wandte. Um dieses wichtigste Organ literarischen Freisinns zu retten, ließ sich Nekrassow auf einen etwas seltsamen Schachzug ein: Er schrieb am gleichen Abend und veröffentlichte schon in der nächsten Woche ein Gedicht, in welchem jener Handwerker als Nationalheld, als echte Verkörperung der russischen Volksseele gefeiert wurde. Doch nützte es nichts. Der Regierungsbeschluss über die Einstellung des »Zeitgenossen« ließ nicht auf sich warten. Bald darauf ehrte Nekrassow das Andenken an jene so bewegte Epoche mit dem epischen Gedicht »Belinski«.

Heutzutage wird der Einfluss, den Nekrassows dichterisches Schaffen, insbesondere aber seine Tätigkeit als Redakteur des »Zeitgenossen« ausübte, von zahlreichen Nostalgikern altimperialer Zeiten als durchaus negativ, ja verhängnisvoll eingeschätzt. Wenn eine solche Wertung auch zweifellos von Befangenheit zeugt, in einer Hinsicht geht sie doch von einer unbestreitbaren Erkenntnis aus: In den kaum dreißig Jahren ihres Bestehens wirkte diese »dicke Zeitschrift« in entscheidener Weise auf manches wahrhaft Entscheidende ein – auf die russische Literatur, somit auf den russischen Geist, auf die russische Mentalität und folglich auf die russische Geschichte, dadurch aber mittelbar auch auf die Geschichte der Welt.

(020) Die russischen ›dicken‹ Zeitschriften

Dennoch überschattete der »Zeitgenosse« die russische Zeitschriftenlandschaft keineswegs so eindeutig, wie es aus heutiger Sicht scheinen mag. Gerade in der zweiten Hälfte des vorigen Jahrhunderts war die Fächerung des Zeitschriftenangebots ungemein breit. Während in Westeuropa nicht nur literarische Schulen und philosophische Strömungen, sondern vor allem auch politische Parteien an ganz anderen Stellen, in ganz anderen Medien miteinander stritten, wurden hier nach wie vor fast sämtliche geistige und ideologische Auseinandersetzungen in dieser eigenartigen Welt ausgetragen.

Die radikale Linie des »Zeitgenossen« konnte im Laufe von immerhin noch 18 Jahren mit kaum verminderter Vehemenz von den »Vaterländischen Aufzeichnungen« weitergeführt werden, dann allerdings sollten die Maßnahmen der Obrigkeit um so drakonischer sein. Inzwischen hatten sich jedoch zahlreiche neue, zum Teil betont liberale Journale etabliert, die dem alten »Boten Europas« würdig zur Seite standen, ihn aber, was politisches Engagement anging, meist weit übertrafen. Nahezu gleichzeitig waren zwei größere Revuen dieser Art, »Das Wort« und »Der russische Gedanke«, gegründet worden. Doch was den Einsatz für eine volksnahe Literatur betraf, so wagten auch sie nicht, so konsequent und emphatisch aufzutreten wie eine andere damals außerordentlich populäre, obwohl betont nonkomformistische Zeitschrift mit dem etwas gekünstelten Titel »Der russische Reichtum«. Bemerkenswert indes war die Tatsache, dass sich die nationalistisch, slawophil oder konservativ gefärbten Neuerscheinungen weder an innerliterarischem Stellenwert noch an gesellschaftlicher Geltung mit der Gegenseite messen konnten. Und das, obgleich drei der wichtigsten von einem Mann geleitet wurden, dessen Name bereits weit über die Grenzen des Landes hinaus von Legenden umwoben war und überall intensive Diskussionen auslöste. Die Zeitschriften, für die DOSTOJEWSKI verantwortlich zeichnete, hießen »Die Zeit«, »Die Epoche« und »Der Staatsbürger«. In der »Zeit« und wenig später in der »Epoche« veröffentlichte er seine ersten großen Romane. Trotzdem hatte er mit diesen Unternehmen so wenig Erfolg, dass er beim Eingehen der »Epoche« tief in Schulden steckte, aus denen er sich dann viele Jahre hindurch voller Verzweiflung herauskämpfen musste. Im »Staatsbürger« begann er sein zwielichtiges »Tagebuch eines Schriftstellers« zu drucken, das aber gerade seiner staatsbürgerlichen Reputation und schließlich seinem Nachruhm stark geschadet hat. Er wollte es nicht wahrhaben, und er überwarf sich aus diesem Grunde sogar mit dem durchaus gleichgesinnten Verleger der Zeitschrift. Noch weniger glücklich fielen allerdings die Versuche anderer Vertreter derselben Geistesrichtung aus, mit anspuchsvollen literarischen Journalen einen großen Wurf zu machen.

Diese so merkwürdige Sachlage ist von Historikern und Literaturhistorikern immer wieder als Beweis angeführt worden, dass die gesamte Entwicklung des russischen Staates, der russischen Gesellschaft, des russischen Volkes in der zweiten Jahrhunderthälfte eine Mentalität herausgebildet hätte, die unvereinbar gewesen sei mit den Doktrinen und Zielsetzungen einer, wie es heißt, engstirnigen, reaktionären Großmachtideologie. Doch wird dabei nicht berücksichtigt, dass Russland in dieser Zeit immerhin einen atemberaubenden wirtschaftlichen Aufschwung wie auch beachtliche außenpolitische Erfolge zu verzeichnen hatte, was für die allgemeine Stimmung eigentlich hätte entscheidend sein müssen. Offenbar lag das Verhältnis von Ursache und Wirkung doch anders. Die Ideologen des Nationaltraditionalismus hatten sich nicht zur Erkenntnis der ausschlaggebenden, mentalitätsbildenden Rolle eines modernen Mediums wie die »dicke« Literaturzeitschrift durchringen können. Dieser schicksalsschwangere Kampfplatz wurde den geistigen Verfechtern radikaler oder liberaler Neuerung ohne gültigen Widerstand, ohne das Aufgebot aller Kräfte überlassen. Ja, sogar DOSTOJEWSKI wusste außer seiner eigenen erzählenden Prosa nichts Beeindruckendes anzubieten. Eben *dieses* Versagen der sonst keinesfalls wortkargen regierungstreuen Publizistik, der gesamten Literaturpartei, die sich mit dem Überlieferten und Bestehenden identifizierte, wirkte sich damals so spürbar auf die Denkweise der Intelligenzija und letztendlich auch breitester Bevölkerungsschichten aus. Die Missachtung der »dicken Zeitschrift« rächte sich!

Die Jahrhundertwende brachte dann eine tiefgehende Wende in der sozialpsychologischen Situation des Landes. Die ewige Zielscheibe dramatischer Anklage, satirischer Brandmarkung und publizistischer Verfemung, Russlands verknöcherte Bürokratie, sah sich von ihrer beherrschenden Stellung verdrängt, und immer mehr Einfluss auf die gesellschaftlichen Belange gewann eine soziale Schicht, der ein gewaltiges schöpferisches und lebensgestaltendes Potential innewohnte, das aufstrebende Großbürgertum. Die Entbürokratisierung so gut wie aller Sphären individueller und nationaler Selbsterfüllung führte logischerweise zur Freisetzung sehr unterschiedlicher Kräfte, nicht zuletzt auch in den verschiedensten Bereichen des geistigen, kulturellen und ideologischen Geschehens. Eine entsprechende Entwicklung im Zeitschriftenwesen konnte nicht ausbleiben. Da jetzt an die Stelle der einstigen geheimen revolutionären und reaktionären Verschwörergruppen legale oder zumindest halblegale politische Parteien traten, mussten auch unter den »dicken« Zeitschriften solche auftauchen, die nicht so sehr eine allgemeine historische Tendenz, eine große geistige Strömung vertraten, als vielmehr mit literarischen Mitteln für die konkreten Anliegen einer ganz bestimmten Partei oder parteiähnlichen Organisation zu werben suchten. Es war nur natürlich, dass die meisten Zeitschriften, die eine solche Umstellung nicht mitmachen wollten, um so emphatischer den Vorrang des rein Dichterischen, des Ästhetischen, des intellektuellen Ethos und Eros betonten. Dies wiederum trug entscheidend zum Aufkeimen einer neuen, nie dagewesenen Kulturepoche bei, die gemeinhin als das Silberne Zeitalter bezeichnet wird. Kennzeichnend für diese Epoche sollte nicht nur das Streben nach vergeistigter Schönheit und wiedergeborenen klassischen Idealen sein, sondern auch die organische Verschmelzung mit der zeitgenössischen europäischen Kultur im Sinne eines modernen kosmopolitischen Humanismus. Dieser Neubeginn entsprach voll und ganz dem veränderten sozialen Gefüge und Bewusstsein, und er wurde denn auch von den tragenden Kräften der gesellschaftlichen Umschichtung in jederlei Hinsicht großzügig unterstützt. Insbesondere nach dem Abklang der groben Wirren von 1905 bis 1907 kam es zu einer beispiellosen, wenn auch kurzlebigen Glanzzeit der russischen Geistigkeit, Kunst und Dichtung.

Beträchtlich war die Zahl der »dicken« Zeitschriften, die an dieser Renaissance unmittelbar mitwirkten und jeweils eine bestimmte Schattierung, eine ganz bestimmte Note in sie hineintrugen. Einige von ihnen, die auch heute nicht vergessen sind, müssen in diesem Zusammenhang besonders erwähnt werden. Durch eine Vielseitigkeit, Gründlichkeit und bibliographische Sorgfältigkeit wie kaum eine andere philosophische Zeitschrift der Welt zeichnete sich der damalige russische »Logos« aus. Den ungewöhnlichen Reichtum des kulturellen Schaffens der Zeit spiegelten in gültiger Auswahl und Form »Die Waage«, »Das Goldene Vlies« und namentlich »Apollo«, eine Monatsschrift, an der buchstäblich alle bedeutenden Künstler, Literaten und Denker des Silbernen Zeitalters aktiv mitarbeiteten. Eigens hervorheben möchte ich aber, dass neben den in Moskau und St. Petersburg erscheinenden großen und vielzitierten Journalen auch in mehreren Provinzstädten erstmalig literarische Revuen herausgegeben wurden, deren Niveau von einem geistigen Erwachen zeugten, wie es das Riesenland in vielen Jahrhunderten nicht gekannt hatte.

Heute sind jene Jahre vor dem Ersten Weltkrieg Gegenstand einer in Russland überall, unter jung und alt verbreiteten, von der Literatur und den Massenmedien gepflegten und doch sicher gefühlsechten nostalgischen Sehnsucht, einer oft verklärenden historischen Erinnerung. Anders als früheren Epochen russischer Geschichte, trauern Menschen *unterschiedlicher* Weltanschauung und politischer Gesinnung dieser Zeit, ihren Leistungen und ihren Hoffnungen nach. Dabei spielt gewiss ein vages Bewusstsein der Seelenverwandtschaft oder vielleicht doch eher Situationsverwandtschaft der beiden Generationen mit.

Tatsächlich ähneln die jeweils neuen Oberschichten einander in mancher Hinsicht, und so liegt die Ansicht nahe, dass ihre gesellschaftlichen und ideellen Werte gleicher Art sein müssten, dass demgemäß eine der damaligen geistesverwandte Elite mit Unterstützung eines neuen Mäzenatentums eine vergleichbare kulturelle Blüte ins Leben rufen könnte. Überdies will es ja scheinen, dass die heutige Generation genau wie die damalige jeden Grund zu bösen Vorahnungen und bedrückenden Ängsten hat, weshalb die tragische Tönung in Kunst und Dichtung ebenfalls eine charakteristische Parallele ergeben müsste.

In Wirklichkeit war die allgemeine Stimmung des Silbernen Zeitalters auf ganz andere Weise beklommen und beklemmend, sie war überschattet von der Erkenntnis der tragischen Urgrundlagen des Menschenlebens, während das Vorgefühl konkreter Katastrophen wie der Erste Weltkrieg und erst recht die bolschewistische Revolution wohl nur die wenigsten verfolgte. Heute dagegen ist die Vorhersage nahenden entsetzlichen Unheils ein Gemeinplatz.

Deshalb waren auch in den »dicken Zeitschriften« kaum Warnungen oder Mahnrufe gegen das immer bedrohlicher Heraufziehende zu finden, und erst später, als Tausende Zeichen bereits den unmittelbar bevorstehenden Kriegsausbruch ankündeten, schieden sich die Geister. Es konnte nicht ausbleiben, dass ein Teil der literarischen Welt die patriotische Exaltation der ersten Monate mitmachte. Doch blieb beispielsweise der »Apollo« stets seinem ursprünglichen kosmopolitischen Anliegen treu, und seine Mitarbeiter betonten, dass sie nur einen Richtungswechsel dulden wollten, nämlich den vom Symbolismus zum Akmeismus. Unterdessen gab der vor allem durch seine romantischen Novellen aus dem Landstreicherleben berühmt gewordene MAXIM GORKI mitten im Kriege eine erklärt pazifistische Zeitschrift, »Die Chronik«, heraus, in der er neben seinem großangelegten autobiographischen Roman eigene und fremde Aufsätze brachte, die von einem rein humanistischen Standpunkt aus den Krieg als Verbrechen verdammten. Freilich war die Wirkung derartiger Schriften in der Kriegszeit relativ gering, und wenn sich das russische Heer bald, von massenhafter Kriegsmüdigkeit und Kampfunlust ergriffen, moralisch auflöste und dann zur tragenden Kraft der Februarrevolution und des Oktoberumsturzes von 1917 wurde, so ging das auf ganz andere Ursachen zurück. Aber immerhin verliehen auch damals gerade die »dicken« Zeitschriften dem Denken der literarisch Interessierten, die so einflusslos gar nicht waren, gewisse neue Impulse und Zielrichtungen.

Auch in der kurzen Spanne des chaotischen demokratischen Aufbruchs vom Februar bis zum Oktober, als die Journalisten der Tageszeitungen und die Redner der Massenkundgebungen scheinbar weit größere Geltung erlangten als selbst die angesehensten und populärsten Schriftsteller, fanden die »dicken« Zeitschriften, wie paradox es scheinen mag, oft außergewöhnlich starken Widerhall.

Ja, noch ein Jahr nach der bolschewistischen Machtergreifung erschienen, was aus heutiger Sicht geradezu unglaublich anmutet, nicht nur völlig unpolitische, sondern sogar eindeutig antimarxistische philosophische, geisteswissenschaftliche und schöngeistige Zeitschriften in Moskau, Petrograd und anderen von den Bolschewiki beherrschten Städten, und sie brachten Beiträge prominenter

(020) Die russischen ›dicken‹ Zeitschriften

Autoren, die als entschiedene Gegner der neuen Ordnung bekannt waren. Denker wie Nikolai Berdjajew und Fjodor Stepun, Erzähler wie Iwan Schmeljow und Alexej Remisow, Lyriker wie Nikolai Gumiljow und Wjatscheslaw Iwanow veröffentlichten dort und damals Werke, die heute als klassisch anerkannt sind.

Doch verstanden Lenin und die Intellektuellen in seiner Umgebung sehr wohl, welche Bedeutung in Russland diesem spezifischen Medium zukommt, und sie scheuten keine Mühen, um sich eine entsprechende Anzahl eigener Literaturzeitschriften zuzulegen. So entstanden die politisch streng kontrollierten und reglementierten Monatsschriften »Rotes Neuland«, »Die Junge Garde« und »Linke Front«, die alsbald durch eine besonders aggressive und ideologisch unduldsame Revue mit dem bezeichnenden Titel »Auf literarischer Wache« ergänzt wurden. Später kamen allerdings »Die Neue Welt«, »Der Stern« und »Oktober« hinzu, in denen die gleichen weltanschaulichen Grundsätze in milderer, künstlerisch anspruchsvollerer, mitunter geistig verfeinerter Form manifestiert werden sollten. In diesen Zeitschriften durften auch Diskussionen zu literaturwissenschaftlichen, ästhetischen und relativ unverfänglichen historischen Problemen ausgefochten werden, was eine gewisse Selbständigkeit der öffentlichen Gedankenäußerung ermöglichte, ein in jener Zeit seltener Fall. Allerdings musste dann endgültig auf jegliche prinzipielle Problemstellung verzichtet werden, als Stalin an die Macht kam, der die Zeitschriften wie die gesamte Literatur zu einem absolut gehorsamen, leicht lenkbaren Werkzeug geistiger Gleichschaltung und Nivellierung umzuformen begann. Eine vielsagende Tatsache war es, dass er persönlich sämtliche literarische Monatsschriften aufmerksam las und auch die geringsten Verstöße gegen seine allgemeinen politischen Richtlinien oder einzelnen Andeutungen nie ungestraft ließ. Beweis genug, wie hoch er die altüberkommene Wirksamkeit dieses Instruments einschätzte.

Dennoch erregte die Veröffentlichung eines speziellen wortreichen Beschlusses des Zentralkomitees, der höchsten Instanz des Regimes, über das Verbot zweier Leningrader Zeitschriften im Jahre 1946 größtes Aufsehen. Und zwar nicht allein, weil alle Zeitungen des Landes den vollständigen Text des Erlasses und die dazugehörige Rede eines der Führer in grober Aufmachung auf ihren ersten drei Seiten bringen mussten – schon die bloße Vorstellung, dass sich das regierende Gremium einer Weltmacht kurz nach Beendigung eines beispiellosen, verheerenden Krieges eigens versammelt, um über die Sünden zweier nicht gerade erstrangiger Literaturjournale zu verhandeln, hätte phantastisch erscheinen können, müsste man nicht die außergewöhnliche Rolle solcher Zeitschriften in der russischen Tradition und die besonderen Empfindlichkeiten Stalins berücksichtigen.

Nach dem Tode des Diktators nahm der Druck auf die Literatur zweifellos ab, doch wurde nicht umsonst immer wieder ausdrücklich betont, dass sie nach wie vor von der kommunistischen Partei gelenkt und bevormundet wird. Deshalb musste das Ringen der Moskauer Zeitschrift »Neue Welt« (auf russisch: »Nowy mir«) um das Recht auf selbständiges Denken und Urteilen als ein wahrhaft einmaliger Beweis von Zivilcourage und Unverzagtheit des Geistes anerkannt werden. Der langjährige Chefredakteur, ALEXANDER TWARDOWSKI, gilt auch heute mit Fug und Recht als einer der bedeutendsten Wegbereiter des großen liberalen Umschwungs, der sich 1985, vierzehn Jahre nach seinem Tode, in Russland anbahnen sollte. Seine Zeitschrift wurde damals als *die* Opposition schlechthin betrachtet, denn das geheime Schrifttum der sogenannten Andersdenkenden konnte noch keine echte Wirkung auf die Mehrheit ausüben. Der Abonnementszettel der »Neuen Welt« war gleichsam ein Parteibuch, das Lesen der Zeitschrift an öffentlichem Platz ein Bekenntnis.

Ich könnte hierzu ein eigenes Erlebnis anführen. Bei den ersten Moskauer Filmfestspielen wurde ein sensationeller Streifen gegeben, ich hatte zwei Karten und wurde daher am Eingang von Dutzenden jungen Männern und Frauen bestürmt, die mir um jeden Preis das eine Billett abkaufen wollten. In meiner Verwirrung blickte ich mich ratlos um, und da fiel mein Auge auf den Beutel einer Frau, die in einiger Entfernung stand und sich nicht an mich herandrängen konnte. Durch die mattweiße Hülle des Beutels schimmerten ein paar Buchstaben hindurch. Es war der Titel einer Zeitschrift. Der Titel der »Neuen Welt«. Da rang ich mich kurz entschlossen durch die Menge und reichte dieser Frau die begehrte Eintrittskarte!

Heute bevorzugt unsere Enkeltochter eine ganz andere »dicke Zeitschrift«. Aber es ist nicht das, was mich bedrückt. Die Welt der russischen »dicken Zeitschriften« hat seitdem Jahre voller Höhenflüge und Talfahrten gekannt. Doch sieht es so aus, als wäre die gegenwärtige Talfahrt eine endgültige, ja vielleicht todbringende.

Als TWARDOWSKI seinerzeit gezwungen wurde, sein Amt aufzugeben, empfanden es Tausende und aber Tausende als einen der allzu vielen schwarzen Tage russischer Geschichte. Doch ging die Rechnung der Machthaber in einer Hinsicht nicht auf: Gerade der eintönige Konformismus der »dicken Zeitschriften« lenkte in den siebziger Jahren das Augenmerk so vieler Menschen auf die geheime Literatur, den *Samisdat*. Indirekt erwies sich dies mithin als ein Faktor, der den verheißungsvollen Aufschwung und die beispiellose Volkstümlichkeit der Literaturjournale in den späten achtziger Jahren vorbereitete!

Dass die mit dem Wort Glasnost bezeichnete Politik, die wenn auch vorerst streng begrenzte Meinungsfreiheit einen solchen Aufschwung herbeiführen konnte lag auf der Hand. Dennoch übertrafen die nie dagewesenen Millionenauflagen durchaus seriöser Periodika selbst die höchstgespannten Erwartungen. Zunächst ein paar Ziffern:

(020) Die russischen ›dicken‹ Zeitschriften

Trotz akuter Papierknappheit stieg 1990 die Auflage der »Jugend«, einer prononciert lebensnahen und doch künstlerisch avantgardistischen Revue, auf fast dreieinhalb Millionen, die »Neue Welt«, die wieder an TWARDOWSKIS Traditionen anzuknüpfen suchte, näherte sich den drei Millionen, die »Fahne«, jetzt konsequent westlerisch und von höchstem literarischen Niveau, überschritt die Million, ja sogar eine Zeitschrift, die den vorläufig noch wenig beliebten vulgären Nationalismus der Schwarzen Hundert predigte und anmaßenderweise »Unser Zeitgenosse« hieß, kam auf eine gute halbe Million. Doch konnten selbst solche Auflagenhöhen, die sich ganz nach den verfügbaren Papiervorräten richteten, keinesfalls die wirkliche Nachfrage decken. Um sich ein Abonnement zu sichern, standen Menschen nächtelang vor den Postämtern Schlange. Schon am frühen Morgen zogen Polizeiwachen auf, da befürchtet wurde, dass es bei Öffnung der Ämter zu handgreiflichen Auseinandersetzungen kommen könnte. Selbstredend wurde jedes Exemplar, nachdem die Familienmitglieder es durchgelesen hatten, an Freunde weitergereicht oder vielleicht auch zu erhöhtem Preis an Fremde verkauft. Lesebegierige in Bibliotheken mussten monatelang warten, wenn sie nicht zum engsten Freundeskreis der Bibliothekare gehörten. Kein Wunder, dass über die schöngeistigen, ganz besonders aber die publizistischen Beiträge auf Schritt und Tritt diskutiert wurde und jeder zufällig Anwesende verstand, um was es sich jeweils handelte. In diesem Sinn war es die Krönung einer Epoche.

Der sich seit 1991 abzeichnende und im darauffolgenden Jahr schon eklatante Niedergang hing zweifellos mit den in so vielen Beziehungen verunglückten Wirtschaftsreformen zusammen. Und zwar keineswegs nur, weil die emporgeschnellten Preise den meisten Lesern unerschwinglich scheinen mussten. Die unsichere Finanzlage, die zugespitzten privaten Haushaltssorgen und erst recht die extreme Konzentration fast aller Massenmedien auf ökonomische Belange bedingten einen gerade für Russland, für die überkommene Mentalität und Ideenwelt breitester Kreise des russischen Volkes potentiell verhängnisvollen Verlust an geistiger Identität und Aufgeschlossenheit – und namentlich an Interesse für die gegenwärtigen Vorgänge in Literatur, Philosophie oder Geisteswissenschaft, für den gesamten sogenannten Literaturprozess. Dies war denn auch die eigentliche Ursache eines geradezu katastrophalen Auflagenrückgangs der »dicken Zeitschriften«, die sich plötzlich durchweg dem finanziellen Ruin gegenübersahen. Und da trat der Unterschied zwischen dem Status der Oberschichten damals im Silbernen Zeitalter und in dieser wirren Umbruchzeit klar zutage: Die heutigen eventuellen Mäzene nämlich *wissen*, dass sie auf einem Vulkan sitzen, und sie handeln dementsprechend.

Nur darf bei alldem eines nicht außer acht gelassen werden: Auch in einer so schwierigen Situation hat die geistige Elite keinesfalls ihrer Mission entsagt, sie wirkt in allen Sphären aktiv wie eh und je, sie hat nichts von ihrem schöpferischen Ethos eingebüßt. Doch bleibt ihrem Wort nunmehr der gewaltige Einfluss versagt, der noch vor wenigen Jahren als selbstverständlich und naturgegeben galt wie nirgends sonst in der heutigen Welt.

Freilich wirkt sich all das auch maßgeblich auf den Inhalt der »dicken Zeitschriften« aus. Sie werden zu einem zunehmend elitären, ja mitunter exklusiven Medium für die Hochintelligenz. Dazu tragen auch die Verhältnisse auf dem Büchermarkt bei:

Selbst die traditionsreichsten Verlage sehen sich genötigt, überwiegend reinste Schmöker zu drucken, um dem radikal veränderten Lesebedarf gerecht zu werden. Demgemäß sind Autoren mit ernstem Anliegen jetzt zum größten Teil ganz auf die »dicken Zeitschriften« angewiesen.

Für diese bedeutet eine solche Abwendung von der gewohnten Publikumswirksamkeit einerseits die um so akutere Gefahr endgültigen finanziellen Zusammenbruchs, andererseits aber den Verzicht auf ein Erbe von zweihundert Jahren, wie es durch keinerlei Erfolge irgendeiner anderen Art je aufzuwiegen wäre.

Diese Lage ist bedrohlich. Bedrohlich für die »dicken Zeitschriften« als solche. Mithin für die von ihnen getragene Eigenart der russischen Kultur. Damit letztendlich aber auch für die ganze historische Entität, die Russland heißt. Und wenn man weiterdenkt: Nur für sie?

Können die Unken vielleicht doch recht haben? Eine alte Weisheit lautet: Ahnungen trügen nicht unbedingt.

Doch gibt es in Russland auch Menschen, die sich bewusst sind: Noch ist das Erbe zu retten. Und das hieße die düstersten Ahnungen Lügen strafen.

(10.06.1996)

Die russische Satire
Eine Literaturgattung macht Geschichte

Als in den siebziger Jahren des 18. Jahrhunderts in der glanzvollen Hauptstadt Katharinas der Zweiten, St. Petersburg, eine sensationelle Neuigkeit, nämlich das plötzliche Auftauchen mehrerer satirischer Zeitschriften, zum allgemeinen Tagesgespräch in den Adelskreisen wurde, war das ein historischer Augenblick im weitesten Sinne des Wortes. Ein historischer Augenblick, obwohl die russische Satire an sich, als literarische Gattung, schon auf eine gewisse Tradition zurückblicken konnte.

Die mittelalterlichen Skomorochen beispielsweise, wandernde Spielleute und Possenreißer, die sich in allen russischen Landen größter Beliebtheit erfreuten, hatten oft mit schlagfertigen Reden, mit spitzer Zunge, wie es hieß, die Händel der städtischen Parteien, ja die Fehden der Fürsten vor großen Menschenansammlungen kommentiert und dadurch ausgelassenes Gelächter hervorgerufen, was mitunter eine erhebliche politische Wirkung bedeutete. In der ersten Hälfte des 18. Jahrhunderts kannte dann Russland einen Satiriker ganz anderer, ganz besonderer Art. Antioch Kantemir war ein Sohn des moldauischen Monarchen, der sein Land zu Peters des Grossen Zeiten freiwillig an das Russische Reich angeschlossen hatte. Mit weniger als 20 Jahren gehörte er bereits zu den sogenannten »gelehrten Drei Männern« Peters, mit zweiundzwanzig, während des Oligarchenkomplotts, stand er der neuen Zarin Anna treu zur Seite, mit dreiundzwanzig wurde er Botschafter in London, sechs Jahre später in Paris. Kantemir nannte seine Dichtungen selber Satiren, und tatsächlich kämpfte er mit ihnen gegen verschiedene allgemeinmenschliche Laster an, wie es ja dieses Genre in den damaligen westlichen Literaturen erforderte, obwohl er echt russische Typen zu ihren Trägern machte.

Es ist bezeichnend, dass Kantemirs Texte, wie mild und abstrakt sein Spott auch war, in Russland lange Zeit nur in Abschriften umlaufen und erst achtzehn Jahre nach seinem Tode endlich im Druck erscheinen konnten, während eine französische Übersetzung schon 13 Jahre zuvor in London und gleich darauf auch eine deutsche aus der Feder des Freiherrn Heinrich Eberhard von Spilker in Berlin veröffentlicht worden waren!

Doch konnte diese Art Satire bestenfalls als Vorläuferin der aggressiven sozialen Polemik gelten, die in den neuen Zeitschriften der siebziger Jahre, in den Zeitschriften Nikolai Nowikows zu Wort kommen sollte.

Es mag paradox erscheinen, aber die erste satirische Zeitschrift, allerdings mit rein erzieherischer Zielsetzung, wurde nicht etwa von einem unbestechlichen Verfechter sozialer Tugend und Gerechtigkeit, sondern höchstselbst von der nicht gerade durch makellosen Lebenswandel berühmten Zarin, KATHARINA DER GROSSEN, gegründet und herausgegeben. Der ganz neutrale Titel, »Buntes Allerlei«, deutete nicht einmal eine »lächelnde Satire« an, wie sie dann in der Einleitung versprochen wurde. Es war schon eine offene Herausforderung, als sich eine Privatperson vier Monate darauf erdreistete, ein äußerlich ganz ähnliches Journal herauszubringen, das aber nicht nur eine Konkurrenz des allergnädigst »lächelnden« Blattes darstellen musste, sondern auch eine ganz andere, in vielerlei Hinsicht entgegengesetzte Tendenz vertrat. Wenn NOWIKOW seinem Organ eine zwar etwas unklare, aber doch anzügliche Benennung gab, »Die Drohne«, so war der Leser jener Zeit schon auf bestimmte verfängliche Dinge gefasst. Tatsächlich galten die Pfeile der Nowikowschen Satire nicht so sehr allgemeinmenschlichen Fehlern und Sünden, als vielmehr den konkreten Gegebenheiten russischen Lebens, wie sie sich aufgrund des ererbten Staats- und Gesellschaftssystems herausgebildet hatten. Mit der »Drohne« war der Gutsbesitzer gemeint, dessen Macht über seine Bauern damals an längst vergangene Epochen der Sklaverei erinnerte. Wohlgemerkt, es war die Frühstunde der russischen Aufklärung, für so manche Adlige war eine solche Lebensweise, die man unter einem gewissen Blickwinkel als »parasitär« bezeichnen könnte, Voraussetzung geistiger Entwicklung, geistigen Schaffens, geistiger Selbsterfüllung, und nicht von ungefähr sollte die große russische Kultur des folgenden Jahrhunderts eine reine Adelskultur sein. Doch zugleich stellten diese so spezifischen Verhältnisse den Nährboden für ein nie dagewesenes Wuchern sadistischer Triebe dar. NOWIKOW war es sowohl in der »Drohne« als auch, nach deren Verbot, in seinen späteren satirischen Zeitschriften darum zu tun, einem solchen sittlichen Verfall des Adels entgegenzuwirken. KATHARINA indes fasste ein derartiges, gelinde gesagt, wenig schmeichelhaftes Bild der Zustände in ihrem Reich als eine verhüllte Anprangerung ihrer Regierung auf, und obgleich sie sich stets um den Ruf einer aufgeklärten Monarchin bemühte, musste in ihr der Entschluss reifen, den satirischen Ausfällen NOWIKOWS eines Tages nicht nur mit eigenen satirischen Schriften zu begegnen. Diese psychologische Situation wurde aber jählings durch ein außergewöhnliches Ereignis zerstört – durch den blutigen Kosakenaufstand des JEMELJAN PUGATSCHOW.

Die Greueltaten der Aufständischen rückten die moralischen und politischen Verhältnisse des Landes in ein anderes Licht. NOWIKOW begriff, dass allein die beharrliche Verbreitung von Bildung, Humanitätsbewusstsein und, wie er es nannte, echtem Staatsbürgersinn, und zwar in sämtlichen Gesellschaftsschichten, Russland heilen konnte. Deshalb trat er einer Körperschaft bei, die diese Ziele am konsequentesten zu verfolgen schien. Er wurde Freimaurer – ja, mit der Zeit Russlands führender Freimaurer.

(021) Die russische Satire

So erhielt die Satire der Zarin eine neue Zielrichtung: KATHARINA verfasste drei recht giftige Lustspiele, die zwar nicht gegen NOWIKOW persönlich, aber um so entschiedener gegen die Freimaurerei als Phänomen gerichtet waren. Und obwohl diese Stücke natürlich nur am Hoftheater zur Aufführung kamen, erfuhren die Beamten in den großen und kleineren Städten sehr bald, wie man sich an allerhöchster Stelle zu diesen »Teufeleien« verhielt. Aber erst nach der Französischen Revolution, zur Zeit des jakobinischen Terrors, ging die Zarin zur direkten Verfolgung der seit langem verhassten »Geheimbündler« über. NOWIKOW wurde verhaftet und zu 15 Jahren Festungshaft verurteilt (allerdings gewann er nach vier Jahren seine Freiheit wieder, als KATHARINA starb und der neue Zar, PAUL, sämtliche Verfügungen seiner ungeliebten Mutter widerrief). Doch war KATHARINA hinter ihrer Zeit zurückgeblieben.

Längst stellten nicht mehr die Freimaurer, längst nicht mehr NOWIKOW die wirkliche Gefahr für den aufgeklärten Absolutismus dar. Es gab in Russland bereits Männer, die nicht mehr voll Schreck an die rasenden Haufen PUGATSCHOWS zurückdachten und nach tiefgehenden, radikalen Neuerungen strebten. Stimmungen dieser Art fanden auch in der Satire, gerade in der Satire gültigen Ausdruck.

Es ist eine alte Tradition der russischen Literaturgeschichte, den Verfasser der Komödie »Der Landjunker«, DENIS FONWISIN, als den angriffslustigsten aller Satiriker jener Zeit hinzustellen. Tatsächlich wirkte sein Bild eines moralisch und psychisch vollkommen verwilderten Landadels stark auf die Geister ein, aber das Beifall klatschende städtische Publikum sah eben doch nichts als typische, wenn auch amüsant übertriebene klassische Karikaturen der traditionellen Schaubühne. Dagegen sollte ein anderer Dichter, er hieß JAKOW KNJASHNIN, nicht nur mit seinen unverhohlen rebellischen, republikanische Ideale verfechtenden historischen Trauerspielen, sondern auch mit mehreren echt gesellschaftskritischen, groteske Sittenbilder entwerfenden Komödien und Opernlibretti, mit sarkastischen Gedichten und Poemen voller ironischer Anspielung auf Zeitfragen, letztlich mit der politischen Schrift »Wehe meinem Vaterland« einen wirklichen, sei es auch weniger eklatanten Einfluss auf die psychopolitische Evolution der russischen Gesellschaft, des russischen Volkes gewinnen. Dass eine solche Möglichkeit schon in seinen frühen, noch verhältnismäßig zurückhaltenden Werken spürbar war, zeigte übrigens eine geradezu unglaubliche, rätselhafte und doch vielsagende Episode seines Lebens. KNJASHNIN, damals Sekretär eines Generaladjutanten, wurde eines Tages festgenommen, weil er eine gewisse Geldsumme veruntreut haben sollte. Und obwohl er den Betrag bereits vor Beginn des Rechtsverfahrens zurückerstattet hatte, wurde er zum Tode durch den Strang verurteilt! Mit Mühe konnten Freunde und Verehrer eine Begnadigung erwirken, doch wurde er aus dem Adel ausgestoßen und nach Einziehung aller

Güter als Gemeiner in die Armeekaserne gesteckt. Hier wurde streng darauf geachtet, dass er außer Übersetzungen nichts schreiben konnte. Erst nach fünf Jahren durfte ihn der berühmte Pädagoge Bezkoi als seinen Sekretär aufnehmen. Daher auch die Zweifel und Gerüchte, die später einmal sein unerwarteter Tod hervorrufen sollte, kurz nach einem Verhör in der sogenannten Geheimen Kanzlei.

Knjashnin war mit seinen satirischen Lustspielen zweifellos ein direkter Vorläufer des in Russland bis auf den heutigen Tag hochpopulären Verfassers eines einzigen Meisterwerks, der Verskomödie »Verstand schafft Leiden«, Alexander Gribojedows. Dutzende, wenn nicht Hunderte Zitate aus diesem auch jetzt noch auf zahlreichen Bühnen gespielten Stück sind zu geflügelten Worten der russischen Alltagssprache geworden. Doch hatte Gribojedows Satire auch einen unmittelbar historischen Sinn. Er nahm die Moskauer konservativen Kreise aufs Korn, die insbesondere seit dem berühmten Brand von 1812 ihre Stadt als Retterin Altrusslands dem europäisierten, liberaleren St. Petersburg gegenüberstellten. In einem gewissen Sinn antizipierte er somit bereits damals, in den zwanziger Jahren, die künftigen Kontroversen zwischen Westlern und Slawophilen, die dann eine so schwerwiegende Rolle im Schicksal Russlands spielen sollten. Zu diesem Zweck stellte er eine durchaus positive Gestalt, den hochintelligenten Westler Tschazki, als Hauptperson in eine schonungslos verhöhnte Umgebung hinein.

Was indes die geflügelten Worte betrifft, so wurde Gribojedow von einem seiner Zeitgenossen noch weit übertroffen. Dieser hieß Iwan Krylow und hatte schon am Ende des vorangegangenen Jahrhunderts mit scharf satirischen Bühnenwerken und noch schärferen Zeitschriftenartikeln unzählige Tabus durchbrochen, ja eine regelrechte Atmosphäre der Bürokratenverachtung geschaffen, doch wurde all das in der Folgezeit derart von seinen Fabeln überschattet, dass für ein russisches Kind auch heute die Wörter »Großväterchen Krylow« und »Fabeldichter« hundertprozentige Synonyme sind. Ein angesehener Erforscher der Volkssprache erklärte sogar einmal, vielleicht etwas überspitzt, alle gängigen russischen Sprichwörter stammten aus Krylows Fabeln. Daher ist sein frühes, rein satirisches Schaffen jetzt so gut wie vergessen. Aber es hat, ohne dass sich die meisten dessen bewusst sind, eine tiefe psychohistorische Spur hinterlassen!

Wenn heutzutage von Beamtenverachtung in der klassischen Literatur die Rede ist, so wird in Russland jedermann die gleichen zwei Schriftsteller nennen: Gogol und Saltykow-Schtschedrin. Anders steht es allerdings im Ausland: Hier ist Gogol weitaus bekannter. Und nicht bloß, weil sein Name leichter auszusprechen und zu behalten ist als die scheinbar zungenbrecherische Kombination von echtem Nachnamen und Pseudonym bei dem Anderen – eine Kombination, die sich im Russischen indes fest eingebürgert hat und buchstäblich jedem geläufig ist. Der Hauptgrund liegt nicht hierin. GOGOL bemühte sich stets um ein »Lachen durch Tränen«, wie er es nannte, um liebenswürdigen, wenn auch bissigen Spott, und das sagte dem europäischen Publikum eher zu als die betont bösartigen, von bitterem Hass geprägten und auf bitteren Hass abzielenden Pasquille SALTYKOW-SCHTSCHEDRINS. Während GOGOL den typischen Beamten nur weiterhin verächtlich machen wollte, ging SALTYKOW-SCHTSCHEDRIN, der selbst jahrzehntelang hohe Posten in der Staatshierarchie innehatte, auf die Zerstörung der bestehenden Ordnung durch die ausnahmslose und rücksichtslose Verunglimpfung und Verfemung ihrer Diener aus, und dies in sprachlich und literarisch meisterhafter Form. Kein Wunder, dass schon die Revolutionäre der zweiten Jahrhunderthälfte, die von einer Art staatsfreiem Gesellschaftssystem träumten, sich so gern und oft auf den großen Satiriker beriefen. Paradox, aber charakteristisch war dann seine Verehrung von seiten der Kommunisten, die ihn zu ihrem eigenen Vorläufer erklärten, obgleich doch gerade sie eine in der Welt nie dagewesene Beamtenherrschaft errichteten. Doch lässt sich wohl ohne Übertreibung sagen, dass SALTYKOW-SCHTSCHEDRINS Einfluss auf die psychohistorische Entwicklung und somit indirekt auf die politische Geschichte seines Landes von einer Bedeutung und Tragweite war, wie sie nur ganz wenigen satirischen Schriftstellern in der Welt je beschieden gewesen ist.

Aber neben GOGOL und SALTYKOW-SCHTSCHEDRIN kannte die russische Literaturgeschichte des vorigen Jahrhunderts noch einen Dichter, dessen Satiren als klassisch gelten dürfen, obzwar der Schwerpunkt seines Werks in anderen Gattungen lag. Es ist bemerkenswert, dass von den drei satirischen Glanzstücken ALEXEJ K. TOLSTOIS das eine schon immer – sogar in der Sowjetzeit – zu den volkstümlichsten literarischen Texten überhaupt gehörte, während die beiden anderen, ganz offensichtlich aus politischen Gründen, eher verpönt und von den Kommunisten sogar faktisch verboten waren. Denn wirklich bleibt ja die erste komische Figur, KOSMA PRUTKOW, der dauernd die ausgefallensten Gedanken in den Mund gelegt werden, trotz allen Anspielungen auf spezifisch russische Mißstände doch stets ein Musterbeispiel gutmütiger, unverfänglicher Parodie, während die Versdichtungen »Popows Traum« und »Geschichte des Russischen Staates von Gostomysl bis Timaschow« von tückischen Anzüglichkeiten nur so wimmeln. Man könnte meinen: Warum sollten die Sowjetdeologen eine vor hundert Jahren entstandene, offen und eindeutig gegen die Denkweise zaristischer Bonzen gerichtete Satire verworfen haben? Es war aber so, dass die gewissermaßen »fortschrittlichen« Ideen des imaginären Ministers POPOW keinen Widerspruch zu seinen engen Verbindungen mit der Geheimpolizei bildeten und sich schließlich auch nicht als unvereinbar mit einer direkten Denunziation erwiesen – war das nicht eine geradezu prophetische Vorwegnahme sowjetamtlicher Sinnesart und Verhaltensgewohnheit? Musste es nicht das Vertrauen der »werktätigen Bevölkerung« in den »Fortschrittswillen« der jetzigen Popows vermindern? Was indes die Geschichte des russischen Staates anbelangte, so hätten, scheint es, die geistreichen Schmähungen einstiger Herrscher gewiss jeden Untertan des Zaren entsetzen, jeden Untertan des Genossen Generalsekretär dagegen ergötzen müssen – wenn nicht Tolstois Sympathie für die freien Städte und Regionen von anno dazumal, seine Abneigung gegen den superzentralisierten Staat allzu offensichtlich gewesen wäre – denn in Wirklichkeit fühlte sich ja der Genosse Generalsekretär stets als Erbfolger der Zaren, zumindest in dieser Hinsicht. Die psychopolitische Evolution des Jahrhundertendes, aus der schon die Zeichen kommender Erschütterungen klar hervortraten, veränderte die literarische wie auch die menschliche Stellung des Satirikers, ob er selbst es erkannte oder nicht. Die bevorzugte Zielscheibe der Satire, die Beamtenschaft, war keine mächtige, selbstherrliche und moralisch zutiefst verdorbene Korporation mehr, sondern eine von der aufsteigenden revolutionären Welle gefährdete, verunsicherte Schicht, die zwar weiterhin gern mit sarkastischem Gelächter angegriffen wurde, aber dabei eher Mitleid als Verachtung, eher Besorgnis als Schadenfreude erweckte. Es war demgemäß nur natürlich, dass die zwar bereits in den sechziger Jahren entstandenen, aber größtenteils erst im beginnenden Silbernen Zeitalter uraufgeführten bitterbösen Komödien eines Suchowo-Kobylin nicht die Aufnahme fanden, die sie ihrer Ausdruckskraft und sozialen Bedeutung nach verdient hätten. Erst recht aber traf das auf die zeitgenössischen satirischen, humoristischen und burlesken Schriftsteller zu, die, wie erfinderisch ihre Phantasie auch sein möchte, immer allzu vergnüglich in ihrem Ton, allzu seicht in ihrer Aussage blieben. Eine groß angelegte, geschichtlich wirksame Satire kannte das Silberne Zeitalter nicht. Anders musste es begreiflicherweise nach der bolschewistischen Revolution kommen. Sie bot mit ihrer sinnleeren Phraseologie, ihrer absurden Weltvorstellung, ihren phantastischen Versprechen und ihrer rasch eintretenden Neubürokratisierung ein geradezu ideales Objekt grotesker Gedankenspiele. Hinzu kam der Hass, den sie so vielen intelligenten und für das Satirische empfänglichen Menschen einflößte. Andererseits wurde jedoch von Anfang an die Unmöglichkeit jeglicher direkter, sei es auch noch so milder, Angriffe gegen das neue System völlig offensichtlich, denn die Zensur begann schon nach wenigen Wochen einen Druck auszuüben, der mit der Zeit ständig zunahm und alsbald, wie es scheinen musste, die Literatur zu einem gehorsamen, einfarbigen Propagandamittel zu machen drohte. Erst später erwies sich, dass gerade die Satire über indirekte Wege, hinterlistige Ausdrucksweisen, unanfechtbare Verkleidungskünste wie keine andere Literaturgattung verfügte, dass sie mit Andeutungen und Untertönen nicht weniger effektiv wirken konnte als mit dick aufgetragenen Karikaturen.

(021) Die russische Satire

Zunächst kam der erste empfindliche Hieb aus der Emigration. Der Titel lautete »Ein Dutzend Dolche in den Rücken der Revolution«, und der Autor hieß Arkadi Awertschenko. Es war ein damals weit und breit bekannter Name, denn die mit ihm unterzeichneten humorvollen Skizzen in beliebten Wochenschriften, wie etwa »Satirikon«, hatten zur ständigen Lektüre buchstäblich aller Volksschichten gehört. Man schrieb das Jahr 1921, noch dröhnten die letzten Salven des Bürgerkriegs, aber Awertschenko ließ sich bereits aus seinem Pariser Exil hören. Es war wohl kein Zufall, dass das Buch bis zu Lenin gelangte. Der Führer der Revolution fühlte sich bewogen, ein Urteil darüber zu fällen. Er erklärte, es sei ein talentvolles Büchlein, geschrieben aus der Sicht eines »fast bis zur Geistesumnachtung erbosten Weißgardisten«. Dieses Wort von der »talentvollen Geistesumnachtung« wurde später, da es nun einmal von Lenin stammte, bei sämtlichen Erwähnungen Awertschenkos in der Sowjetzeit obligatorisch wiederholt.

Indessen begann schon wenige Monate später eine neue, etwas überraschende Periode der innersowjetischen Entwicklung, die offiziell als Neue Ökonomische Politik (NEP) gefeiert wurde. Um der Hungersnot Herr zu werden, gestattete die Regierung private Wirtschaftstätigkeit und privaten Handel, ja sogar private Verlage wurden vielerorts gegründet. So eröffnete sich der Satire eine Zielrichtung, die sowohl breiten Bevölkerungsschichten zusagen als auch der Regierung mehr oder minder genehm sein musste. Die Geldgier, Aufgeblasenheit und Kulturlosigkeit der Neureichen und plötzlich nach Reichtum Strebenden schien ein in jeder Hinsicht geeignetes Objekt geistreicher Verspottung. Dabei waren sich viele Schriftsteller bewusst, dass sie zugleich auch die Möglichkeit erhielten, getarnte, aber recht spürbare Seitenhiebe an die so zukunftssicheren, so zukunftsstolzen neuen Machtträger auszuteilen. Sie konnten zudem auf einen auch von den ideologischen Instanzen durchaus geachteten Lehrmeister verweisen, den klassischen Dramatiker des vorangegangenen Jahrhunderts Alexander Ostrowski. Er hatte in Stücken verschiedenen Typs, vom ironisch-realistischen Sittenbild bis zum sentimentalen Trauerspiel, die stickige Atmosphäre des zeitgenössischen Kaufmanns- und Unternehmermilieus wiedergegeben, dabei aber auch keineswegs den Adel und die Beamtenschaft verschont. Jetzt musste man allerdings in satirischen oder mehrdeutigen Szenen aktueller Theaterstücke und erst recht Filmdrehbücher eigens darauf achten, dass kein Verdacht einer geistigen oder sonstigen Opposition aufkommen konnte, denn das war lebensgefährlich. Es dauerte viele Jahre, bis Autoren dieser Gattungen sich und vor allem ihr Publikum daran gewöhnt hatten, dass der Hauptsinn nicht eigentlich im Text, sondern *zwischen* den Sätzen zu hören sein muss. Mit der Zeit wurde der Fachterminus »äsopische Sprache« (nach dem Namen des altgriechischen Fabeldichters) zu einem allgemeinverständlichen literarischen und künstlerischen

Begriff, ja zu einem besonderen Publikummagnet, denn wem schien es nicht verlockend, der Ohrfeige beizuwohnen, die der Schriftsteller, der Regisseur, der Schauspieler dem Zensor verabreichte? Etwas anders verhielt es sich mit der erzählenden Prosa. Einerseits bedurfte es hier einer noch größeren Geschmeidigkeit im Ausdruck, um zur gleichen Zeit die Angriffslust des Zensors zu enttäuschen und das Zwischen-den-Zeilen-Lesen des Publikums genußvoller zu gestalten, andererseits aber musste die fehlende Anschaulichkeit durch eine höhere Präzision und Schlagkraft des Wortes ersetzt werden. Schließlich wurde klar, dass diese beiden Momente auf die Dauer unvereinbar waren. Daher bildeten sich zwei unterschiedliche satirische Stile heraus. Während im einen die vordergründige Handlung ganz unverfänglich schien und nur vage Konturen eines um so bissigeren Spottbildes durchblicken ließ, wurden im anderen Empörung und Hohn ganz offen, in möglichst grellen Farben geäußert, nur dass es hieß, dies solle einzig der Reinigung und weiteren Vervollkommnung der sowjetsozialistischen Gesellschaft dienen. Bei alldem aber wussten die bedeutendsten Satiriker dennoch ihre individuelle Eigenart, selbst in den schwierigsten Perioden, nie zu verleugnen. Übrigens wandten sich viele von ihnen sowohl der dramatischen als auch der erzählenden Form zu.

Das erste große satirische Werk eines Autors, der vorläufig nicht an Emigration dachte, entstand schon in der Bürgerkriegszeit, lief zunächst bloß in Manuskriptform um, wurde auszugsweise 1927, in der vollständigen Fassung erst 1952 in New York und schließlich 50 Jahre nach dem Tode des Verfassers, in der Perestroika-Ära, auch in der Heimat veröffentlicht. Der Name JEWGENI SAMJATIN war nunmehr bereits so gut wie vergessen, doch erweckte der Roman mit dem sonderbaren Titel »Wir« sogleich größtes Interesse. Er gehörte zu dem in neuster Zeit so populären Genre des utopisch-satirischen Zukunftsromans, und das berühmte antistalinistische Menetekel »1984« von GEORGE ORWELL hatte in Russland ja erst vor kurzem die Geister erregt. Jetzt erwies sich, dass eigentlich ein russischer Schriftsteller Vater dieser modernen Literaturgattung gewesen war, aber was noch mehr beeindruckte – er hatte die Vernichtung des Menschen als Individuum in einer ihrem Wesen nach stalinistischen Gesellschaft lange vor STALINS Machtantritt prophezeit! Eine so schaurige und zugleich scharfsinnige Voraussage und Abrechnung mit dem Totalitarismus, glaube ich behaupten zu dürfen, hat es auch in der Folgezeit in der Weltliteratur nicht mehr gegeben. Doch SAMJATIN schrieb auch für die Bühne, und hier wusste er die Regeln der »äsopischen Sprache« mit einer Feinheit zu gebrauchen, die ihn zu einem der vielseitigsten und doch unverwechselbaren Theaterautoren der Zeit werden ließ. Man verstand das Drama »Die Feuer des heiligen Dominikus«, das in Spanien zur Zeit der Inquisition spielte, das Lustspiel »Der Floh«, das die alte populäre Geschichte vom Schmiedekünstler aus Tula zum Stoff hatte, der einen Floh mit Hufeisen beschlägt, und die in England angesiedelte burleske »Gesellschaft der ehrenamtlichen Glöckner« im gleichen Maße als Persiflage der sowjetischen Wirklichkeit, der eigenen Lebensweise, der eigenen Umgebung mit ihrer ideologischen Intoleranz und ihrem Anspruch auf heroisches Pathos, und man konnte es auch gar nicht anders verstehen!

JEWGENI SAMJATIN verließ Russland zu Beginn der dreißiger Jahre, und gerade 1937, als der stalinistische Terror sein Höchstmaß erreichte, starb er friedlich in Paris. Dagegen hielt der ihm in vielerlei Hinsicht geistesverwandte MICHAIL SOSCHTSCHENKO allen Anfeindungen zum Trotz bis zu seinem Tode 1958 in der Heimat durch. Von Anfang an hatte ihm die parodistische Nachahmung der seit der Revolution aufgekommenen politischen Schlagwörter und schablonenhaften Alltagslexik eine Sonderstellung in der Literatur gesichert, denn in den verhältnismäßig noch mehr oder minder liberalen zwanziger Jahren klang eine so launige Ummünzung der marxistischen Phraseologie doch schon wie eine Provokation. Tödlich gefährlich wurde sie etwas später, aber so manche Wortbildung, so mancher witzige Satz hatte sich inzwischen als gängige Redewendung eingebürgert. Mit STALINS Machtergreifung begann ein für die satirische Literatur äußerst schwieriger Abschnitt. Und zwar nicht nur infolge des verhundertfachten Wütens der Zensur, sondern auch ganz objektiv: Mit der Beendigung der Neuen Ökonomischen Politik verschwanden die Menschentypen, die – meist zwecks Verfremdung – bisher als Hauptzielscheibe der Bespöttelung gedient hatten, wie etwa der geschäftstüchtige Kleinbürger, der politisch anpassungsfähige Schnorrer, der phantasiereiche Hochstapler oder die hoch hinauswollende Schöne; durch die Enteignung der Bauern und die Kollektivierung der Landwirtschaft war eine Hungersnot ohnegleichen eingetreten, die Millionen Bauern in die Städte jagte, wo die meisten entkräftet auf dem Straßenpflaster, in den Hauseingängen, in den Höfen lagen, aber ein gewisser Teil doch unterkommen konnte, so dass die Wohnungsnot ins Gespenstische stieg – und das wieder zerstörte ein Lieblingsmotiv der Satire, die Verbürgerlichung des Lebens in den Gemeinschaftswohnungen. Deshalb muss es wie ein Wunder – oder ein Rätsel – anmuten, dass es SOSCHTSCHENKO gelang, auch in den dreißiger Jahren seinen einmaligen Stil beizubehalten und dennoch gedruckt zu werden, ja seine Volkstümlichkeit weiterhin zu steigern. So brachte er noch 1935 ein Buch heraus, das zwar aus lauter romantischen Erzählungen zu den verschiedensten Themen bestand, wo aber in jede dieser Erzählungen eine Anekdote oder Kurznovelle aus dem heutigen Leben eingebaut war, in der irgendein verkleinbürgerlichter Parteifunktionär sein Wesen trieb und wo ironische Bemerkungen betreffs der »sonnigen Zukunft der Menschheit« laut wurden. Freilich ließ der Donner in der Presse nebst sofortigem offiziellem Verbot nicht lange auf sich warten, aber immerhin hatten schon etliche Hunderte das Buch gekauft, der staatliche Zensor, der doch sicher wusste, woher der Wind wehte, hatte seine Genehmigung gegeben und, was am erstaunlichsten war, SOSCHTSCHENKO selbst blieb unbehelligt. Ja, sogar 1937, inmitten der Psychose von Millionenverhaftungen, Massenhinrichtungen und furioser Suche nach »Volksfeinden«, veröffentlichte er eine Sammlung grotesker Erzählungen über die typischen Ungeheuerlichkeiten des sowjetischen Alltagslebens – etwa die Erzählung »Schlaf rascher!«, die dem ganzen Buch den Titel lieh und in der die normale Situation eines sowjetischen Dutzendhotels dargestellt war, wo es an Betten fehlt und hinter jedem Schlafenden schon eine lange Schlange Schlafenwollender steht, weshalb über jedem Bett mit fetten Buchstaben die Mahnung angebracht ist: »Schlaf rascher!« In anderen Erzählungen wurden die scheinbar phantastischen, aber in Wirklichkeit allgemein verbreiteten Wohnungsschiebereien der Beamten und Funktionäre in allen Details veranschaulicht und bewitzelt – und dergleichen ging durch, dergleichen kostete dem Satiriker nicht das Leben! Dieses Wunder, glaube ich, lässt sich nur auf die eine Weise erklären: STALIN persönlich begünstigte diese Art Satire, da sie seiner Meinung nach den Terror, der sich ja nicht zuletzt auch gegen Beamte und Funktionäre richtete, in den Augen des Volkes wenn nicht heiligte, so doch rechtfertigte. Nur war dies ganz bestimmt nicht SOSTSCHENKOS Absicht gewesen! Erst kurz nach Kriegsende, in einer weitgehend veränderten politischen Situation, wurden die kleinen Schikanen, denen SOSCHTSCHENKO zeit seines Lebens unterworfen war, von der endgültigen Verdammung und Ächtung abgelöst. Er wurde zugleich mit der ihm so völlig unähnlichen großen lyrischen Dichterin ANNA ACHMATOWA vom höchsten Gremium des Landes, der Plenartagung des Zentralkomitees der Kommunistischen Partei, für seine verhältnismäßig harmlose Erzählung »Abenteuer eines Affen« zu ewigem Schweigen verurteilt. Obwohl er dann noch die ersten Jahre des sogenannten Tauwetters miterlebte, war seine satirische Kraft nunmehr gebrochen. Doch ist sein Name bis auf den heutigen Tag für jeden mehr oder minder gebildeten Russen ein Begriff.

Es war gewiss kein Zufall, dass gerade die Wende von den zwanziger zu den dreißiger Jahren überreich an satirischen Friedensstörungen sein sollte. Satire ist bestimmt, auf den Verlauf der Geschichte einzuwirken, und dies war ein kritischer Augenblick, dessen Tragweite von allen nüchtern Denkenden leicht erkannt wurde – suchte doch STALIN das Land in eine regelrechte Kaserne, in einen aggressiven Ausgangspunkt imperialer Eroberung zu verwandeln, während die sogenannten Linken nach wie vor die messianische Entfachung einer Weltrevolution im Auge hatten und die Rechten die ja wirtschaftlich durchaus erfolgreiche Neue Ökonomische Politik fortsetzen wollten. Diese Alternativen fanden auch in solchen Hauptwerken der satirischen Literatur wie MAJAKOWSKIS »Wanze« und »Schwitzbad« einerseits und ILFS und PETROWS »Zwölf Stühlen« und »Goldenem Kalb« andererseits ihren Niederschlag.

MAJAKOWSKI, der nicht umsonst als »Herold des Kommunismus« und sogar »Marktschreier der Revolution« berühmt geworden war, konnte und wollte die imperialistischen Bestrebungen eines STALIN nicht mitmachen, zugleich aber auch nicht eindeutig gegen den neuen Führer Stellung nehmen. Der sich ständig verschärfende innere Konflikt führte ihn bald darauf zum Selbstmord. Doch zwei Jahre vordem hatte er in der »Wanze« eine groteske Allegorie seiner seelischen Ungereimtheiten in genial verfremdeter Form geliefert. Schon der Auftakt zur Handlung war hier einzigartig und vielsagend: Da will der Proletarier PROSSYPKIN, altes Mitglied der Partei, ein attraktives junges Mädchen zur Frau nehmen, das sich aber als klassenfremd, als Tochter eines Friseurs, erweist. Um in eine solche Familie eintreten zu können, verändert er seinen Namen auf aristokratische Weise – er heißt nunmehr SKRIPKIN. Die giftige Verhöhnung des sogenannten Verrats an der Klasse scheint noch von einem dogmentreuen, wenn auch spielerisch veranlagten Marxjünger zu stammen. Doch dann geschieht folgendes: Während des Hochzeitsfests bricht Feuer aus, und die herbeigerufene Feuerwehr begießt den unglückseligen Bräutigam derart mit eiskaltem Wasser, dass er fünfzig Jahre lang zusammen mit einer Wanze in einem Eisklumpen gefangen bleibt und erst in eine neue, total veränderte Welt hinausgelangt. Es ist jedoch eine verunmenschlichte, durch und durch technisierte, geistig sterile, bis ins kleinste rationalisierte Welt – und das soll die Zukunftswelt des Kommunismus sein!

Für den armen Altproletarier und Parteimann PROSSYPKIN-SKRIPKIN in seinem schönen Hochzeitsanzug findet sich ein Platz im Zoo mit der Aufschrift »Spießerius vulgaris«. Konnte sich MAJAKOWSKI für eine derartige Zukunftswelt begeistern? Noch offensichtlicher als in der »Wanze« musste MAJAKOWSKIS Verlangen nach einer menschenfreundlicheren Gegenwart und Zukunft den Zeitgenossen in seiner anderen grotesken Komödie erscheinen, die im Jahr darauf kurz vor seinem Selbstmord, ihre Uraufführung erlebte, im »Schwitzbad«. Nicht von ungefähr wurde sie als »Sturmlauf gegen die sowjetische Bürokratie« bezeichnet, als »Entlarvung der wahren Machthabenden« in der beginnenden Stalinepoche, und schon der Name der Hauptfigur sprach Bände – der durchtriebene Bürokrat hieß »Pobedonossikow«, eine im Deutschen unnachahmbare, unsäglich lächerlich klingende, boshaft komische Verhöhnung des von den Kommunisten so geliebten Wortes »siegreich«, »der Siegreiche«.

Etwa um die gleiche Zeit erschienen zwei satirische Schelmenromane, in denen ein Hochstapler und Glücksjäger namens OSTAP BENDER in possierlicher Weise sein Unwesen trieb. Die Autoren, ILJA ILF und JEWGENI PETROW, arbeiteten seit etlicher Zeit ständig zusammen, hatten aber bis dahin keine so durchschlagenden Erfolge erzielt. Es ist gewiss keine Übertreibung, wenn ich sage, dass OSTAP bis auf den heutigen Tag für so gut wie jeden Russen ein historisches Sinnbild bleibt, nämlich die gültigste Verkörperung des kleinen Gauners und »großen Kombinators«, der die Zeit der Neuen Ökonomischen Politik symbolisierte.

Dabei wurde und wird sowohl von der Literaturgeschichte als auch von den Millionenmassen der Leser sämtlicher Generationen eine »Kleinigkeit« übersehen: Die beiden Romane »Zwölf Stühle« und »Das Goldene Kalb« erlebten in der frühen Stalinzeit eine Riesenauflage nach der anderen, und auch späterhin wurden sie keineswegs aus Leseräumen und Leihbibliotheken in Stadt und Land entfernt, ja von Zeit zu Zeit erfuhren sie Neuauflagen, wurden dann auch verfilmt und sogar in den Schulunterricht aufgenommen. Warum? Ich halte nur eine Erklärung für möglich: Unter den zahlreichen skurilen Spukgestalten, mit denen es Ostap Bender zu tun hat, tauchen kaum Vertreter der Staatsgewalt auf – es sind durchweg geld- und goldgierige Einzelgänger, »Überbleibsel des Kapitalismus«, wie die sowjetische Propaganda sie nannte, und gerade diese Ausgeburten satirischer Phantasie gehörten ja voll und ganz jener hoffnungsvollen Zeit der Neuen Ökonomischen Politik an, der STALIN mit seiner zentralisierten Planung und terroristischen Gewaltherrschaft ein Ende gesetzt hatte. ILF und PETROW beabsichtigten es gewiss nicht, aber ihre Schelmenromane rechtfertigen, zumindest in diesem Sinn, den stalinistischen Umbruch. Und der Diktator, der ihre Bücher sehr wohl kannte, war sich dessen vollauf bewusst. Weniger eindeutig war indes ein anderer Fall, wo STALIN zwar die zeitkritische Satire eines eigenwilligen Autors nicht gerade akzeptierte, ihm aber überraschenderweise unter gewissen Umständen Beistand leistete! Als nämlich MICHAIL BULGAKOW einen Roman und dann ein Schauspiel über russische Intellektuelle schrieb, die sich während des Bürgerkriegs der Weißen Garde angeschlossen hatten, erhob die gesamte Presse ein empörtes Geschrei, denn hier wurden die Weißen – so behauptete man – idealisiert, reingewaschen, entsühnt. Um so bedrückter war dann das Schweigen der Kritiker, als der allmächtige Generalsekretär die Aufführung des Stücks in einem der größten Moskauer Theater ausdrücklich erlaubte. Schon gar nicht zu reden von der ideologisch alles andere als einwandfreien Handlung dieses Schauspiels – sollte der Herrscher etwa BULGAKOWS Erzählung »Hundeherz« nicht gekannt haben, deren satirische Bosheit Tausenden und aber Tausenden geheimen Lesern nicht immer sorgfältig kopierter Manuskripte den Atem verschlug? Ich erinnere mich noch gut, wie ich als Schuljunge, Jahre vor dem Krieg, eines Nachts ein solches Manuskript verschlang, wo unter dem Titel ganz klar die Entstehungszeit stand – 1925. Sollte der Kremlherr etwa dergleichen verziehen haben, weil BULGAKOW in zwei anderen satirischen Texten, den »Abenteuern Tschitschikows« und der »Teufelssage«, die Auswüchse der Neuen Ökonomischen Politik gegeißelt hatte, als STALIN sie gerade abschaffen wollte? Vom Hauptwerk des so problematischen Schriftstellers allerdings, es hieß »Der Meister und Margarita«, konnte der selbsternannte oberste Zensor wirklich nichts wissen, denn es tauchte erst 1966 aus der Schublade auf. Zugleich wurden übrigens auch mehrere andere, durchaus ernste und ideologisch weit weniger bedenkliche hinterlassene Schriften BULGAKOWS der Öffentlichkeit bekannt – in seinen letzten Lebensjahren, er starb 1940, musste er angesichts des großen Terrors größte Vorsicht gewahrt haben. Eine so verspätete Veröffentlichung satirischer Werke war in jener Epoche alles andere als eine Seltenheit. Um hier noch ein markantes Beispiel anzuführen: Der berühmte Lustspieldichter NIKOLAI ERDMANN hatte seine vielleicht schärfste Anklage gegen das Spießertum wie auch gegen die sowjetische Phrasendrescherei – das Stück hieß »Der Selbstmörder« – bereits 1928 vervielfältigen lassen, doch zur Uraufführung kam es erst 1969, und zwar in Göteborg.

Für die russische Kultur war es eine Schreckenszeit, und niemand kann sagen, was infolge des ideologischen Zwangs und der Angst vor Verfolgung an Geistesschätzen verloren gegangen ist. ERDMANN und ganz besonders BULGAKOW waren Berühmtheiten, und es ist durchaus verständlich, dass ihr Nachlass die spezielle Aufmerksamkeit der Forscher erweckte. Doch sind Hunderte. ja vielleicht Tausende Werke entstanden und spurlos verschwunden, die bestimmt waren, die psychohistorische Entwicklung des russischen Volkes in andere Bahnen zu lenken. Ihre rechtzeitige Entdeckung hätte nicht nur das geistige Bild der dreißiger und sogar vierziger Jahre tiefgehend berichtigen und vervollständigen können, nein auch das Verhältnis der Generationen zueinander und damit das reale geschichtliche Geschehen der Tauwetter-Zeit und der darauffolgenden Jahrzehnte bis hin zur Perestroika hätte andere Züge, einen anderen Charakter erhalten. Ich kann nur auf eine einzige verbürgte Überlieferung hinweisen, die bezeugt, dass auch der satirische, gerade der satirische Widerstand gegen die ideologische Verflachung und Unifizierung der Geister weite Kreise zog: Eines Tages bot ein Mann auf dem Tischinski-Markt in Moskau getippte Exemplare einer Anekdotensammlung mit unverkennbar politischem Einschlag zum Kauf an, doch wurde er nach kurzer Zeit verhaftet. Jahre später sah ich eines dieser Exemplare bei einer Bekannten. Leider ließ sich nicht feststellen, ob der Mann selber Verfasser dieser zum Teil überaus witzigen Dialoge und Kurzerzählungen gewesen war oder sie unter der Bevölkerung aufgefischt hatte, ob es ihm gelungen war, eine größere Anzahl Exemplare abzusetzen, und schließlich, wie er hieß und ob er die Jahre der Haft überlebte. Die wichtigste Frage aber ist in diesem Zusammenhang dennoch eine ganz andere: Konnte die satirische Folklore, was Wirkung auf die Gesamtheit der Geister betraf, mit der großen literarischen Satire verglichen werden? Angesichts der leider völlig vernachlässigten Forschung lässt sich diese Frage kaum eindeutig beantworten, aber schon die Fragestellung an sich ist von Belang...

Mit dem Beginn des »Tauwetters« nach STALINS Tod eröffneten sich der Satire neue Möglichkeiten, obwohl – was betont werden muss – die Zensur keinesfalls abgeschafft wurde. Zunächst kam es zur Belebung der Zeitungssatire, und da tat sich der witzsprühende

LEONID LICHODEJEW hervor, der immer wieder betonte, dass er bei SALTYKOW-SCHTSCHEDRIN in die Schule gegangen sei – also setzte er im Grunde die sowjetischen Herrscher, ihre Bürokraten und ihre Untertanen deren spottüberschütteten Vorfahren im Russland der Zaren gleich. Um diese Zeit begann auch ELDAR RJASANOW die lange Reihe seiner unbeschreiblich populären Filmkomödien nach eigenen Ideen und Drehbüchern vorzuführen, in denen das gesamte Sowjetsystem, von oben bis unten, dem Gelächter preisgegeben wurde. In der eigentlichen Literatur indes, vor allem in der erzählenden Prosa, war der hartnäckige Widerstand der ideologischen Behörden spürbarer, doch auch hier traten Meister von Format hervor, bei denen Publikationen in heimischen Verlagen und zensierten Literaturzeitschriften Hand in Hand gingen mit Arbeiten für die unterirdische Manuskriptliteratur, den sogenannten Samisdat, und für ausländische, meist Emigranteneditionen. Das betraf, wenn auch in unterschiedlicher Weise, so bedeutende Autoren wie FASIL ISKANDER, WLADIMIR WOINOWITSCH, ANDREJ SINJAWSKI, GEORGI WLADIMOW.

»Sandro aus Tschegem« heißt ISKANDERS Epos aus der Vergangenheit des abchasischen Volkes. Eine der Szenen darin ist in ihrer satirischen Ausdruckskraft einmalig. Bei einem Festgelage – man schrieb 1934 – in der Residenz des abchasischen Parteileiters LAKOBA zechen STALIN und seine Kumpanen (von denen manche als das Buch entstand, übrigens noch am Leben waren und erheblichen Einfluss besaßen). Das Netz der Intrigen, das da gesponnen wird, die versteckten und offenen Rivalitäten, denen Gastgeber LAKOBA bald darauf zum Opfer fällt, der unverhohlene, alles überschattende Sadismus STALINS und die kleinlichen Sadismen seiner Gefährten ergaben ein Bild, das – insbesondere später, als die Episode verfilmt und vom Zentralen Fernsehen ausgestrahlt wurde – seine Wirkung auf die psychopolitische Einstellung der russischen Gesellschaft nicht verfehlen konnte. Ein anderes Buch ISKANDERS, »Das Sternbild des Ziegentur«, war eine bittere Verhöhnung zugleich des pseudowissenschaftlichen Naturverbesserungsanspruchs, der von der neuen Sowjetführung unter CHRUSCHTSCHOW genauso wie von STALIN geltend gemacht wurde und die wüstesten Phantasien hervorbrachte, und des sowjetischen Propagandastils, der die irrealsten Unternehmnungen, wie etwa hier die Kreuzung der Ziege mit dem Steinbock, zur Verherrlichung der eigenen politischen Ideologie, zu antireligiösen Kampagnen und dergleichen mehr ausnutzte.

Satiren mit anderen, oft sehr lebensnahen Motiven schrieb WLADIMIR WOINOWITSCH. Sein wohl berühmtestes Buch, »Die denkwürdigen Abenteuer des Soldaten Iwan Tschonkin«, ist eine von witzigen Einfällen überströmende Erzählung aus dem Militär- und Dorfleben, deren Held an HASCHEKS braven Soldaten Schweik erinnert, aber noch weit naiver ist, wodurch die Widersinnigkeit des gesamten Geschehens noch klarer und plastischer zutage tritt. Eine ganz andere Thematik hingegen schneidet WOINOWITSCH in seiner »Iwankiade« an, die jahrelang in Dutzenden Kopien im Samisdat umgelaufen war, ehe sie erstaunlicherweise 1976 im Druck erschien. Es handelte sich nämlich um eine genaue, protokollartige Darstellung der Wohnungsschiebereien im Sowjetischen Schriftstellerverband, deren Opfer der Verfasser selbst, deren handelnde Personen aber die schachfigurenähnlichen Dirigenten, Beauftragten und Befehlsvollstrecker dieses sozusagen »kulturtragenden« Verbandes selbst und der verschiedensten höheren und niederen Ämter waren, wobei die allerkomischste, allermechanischste Figur kein anderer sein sollte als PROMYSLOW, der damals tatsächlich als Oberbürgermeister von Moskau fungierte.

ANDREJ SINJAWSKI wieder war zu jener Zeit einer der angesehensten Literaturwissenschaftler der russischen Hauptstadt, und niemand außer seinen vertrautesten Freunden ahnte, dass er unter dem betont jüdischen Pseudonym ABRAM TERZ satirische Novellen im Geiste GOGOLS für Emigrantenverlage verfasste. Dem KGB aber gelang es, ihm auf die Spur zu kommen, er wurde eines Tages auf offener Straße verhaftet und zusammen mit dem Dichter JULI DANIEL vor Gericht gestellt. Das erwies sich jedoch als schwere Fehlberechnung des neuen Oberchefs BRESHNEW und seiner Geheimdienste. Denn der Prozess erregte größtes Aufsehen und rief ein wahres Schreckgespenst für die Partei- und Staatsführung ins Leben, die Dissidentenbewegung.

Als echtes Meisterwerk der Satire jener Zeit darf indes wohl der Kurzroman eines Schriftstellers angesprochen werden, der sonst mit ernster, ja tragischer Prosa die Herzen ergriff. Übrigens war GEORGI WLADIMOWS »Treuer Ruslan« in einem gewissen Sinn ebenfalls tragisch gefärbt, denn das innere Erleben eines einstigen Wachhundes aus einem nunmehr geschlossenen Zwangsarbeitslager spiegelt zwar die ganze verkehrte Welt der Sowjetgesellschaft mit allen ihren unmenschlichen Einzelheiten in grotesker Vergrößerung, aus grotesker Sicht wider, macht aber den im Grunde unschuldigen, eben nur »treuen« Hund zum Opfer seiner eigenen Erinnerungen. Großen Erfolg hatte mit seiner ersten Satire, »Klaffende Höhen«, auch ALEXANDER SINOWJEW, doch stellten seine daraufffolgenden, gleichfalls im Ausland veröffentlichten Schriften dieser Art, wie »Leuchtende Zukunft« odere »Homo sovieticus«, nur eintönige Wiederholungen derselben sarkastisch skizzierten Karikaturen dar, die eigentlich nicht so sehr das herrschende System, als vielmehr das Volk selbst zum Gegenstand giftigen Spottes machten. Doch war es dann für viele eine böse Überraschung, als SINOWJEW, der inzwischen nach München emigriert war, im sowjetischen Fernsehen mit hundertprozentig kommunistischen Stellungnahmen auftrat, sein gesamtes vorausgegangenes Engagement widerrief und seine Satire für verfehlt erklärte. Er hatte aber nur sich selbst als Person, nicht die einstige Wirkung seiner Pamphlete und Persiflagen zunichte gemacht. Welches Medium die

Satire in den drei Jahrzehnten vom »Tauwetter« bis zur Perestrojka auch gewählt haben mochte, ob sie mit Erlaubnis der Zensur gedruckt wurde oder als Samisdat Verbreitung fand oder aus dem Westen eingeschmuggelt worden war – ihre unmittelbare Ausstrahlung auf die Geister und mithin ihr Einfluss auf die Entwicklung der Gesellschaft, auf den Gang der Geschichte war unbestreitbar und wesentlich. Sie war einer der Faktoren, die die Perestrojka psychogenetisch vorbereiteten.

Es konnte nicht wundernehmen, dass die satirische Literatur durch die aufwühlenden politischen Vorgänge, die seit 1985 eintraten, weit in den Hintergrund des öffentlichen Interesses gedrängt wurde. Dennoch kam es zu einem Ereignis von kulturhistorischer Bedeutung.

Sogar unter den literarisch Bewanderten wussten nur wenige, dass ein so überragender Erzähler der Sowjetepoche wie ANDREJ PLATONOW, dessen ungemein feinsinnige, gefühlstiefe und formvollendete Novellen seit langem zur bevorzugten Lektüre der Intellektuellen gehört hatten, seinerzeit auch mit einigen grimmigen Satiren gegen die Grundlagen und Auswüchse des Sowjetregimes aufgetreten war, die nach seinem Tode im Ausland erscheinen konnten.[16] Als sie aber jetzt innerhalb des Landes von Zeitschriften mit Riesenauflagen nachgedruckt wurden, galt das zu Recht als die endgültige Abrechnung mit jenem Regime. »Die Baugrube« und »Das Jugendmeer« sind als klassische Werke in die russische Literatur eingegangen. Seitdem sind an die zehn Jahre verflogen, ohne dass die russische Satire etwas mit ihren früheren Hieben und Stichen Vergleichbares hervorgebracht hätte. Sogar die Großen unlängst vergangener Zeiten, wie ISKANDER oder WOINOWITSCH, haben sich von ihr abgewandt. Es wäre sicher gewagt, die Ungereimtheiten der gegenwärtigen Evolution Russlands vor allem auf das Fehlen einer entsprechenden satirischen Offensive zurückzuführen. Doch sollte nicht unterschätzt werden, welche Wirkung eine solche Offensive eventuell auszuüben vermocht hätte.

Ich bin bei weitem nicht der einzige, der auf eine neue satirische Welle wartet, der sie herbeihofft, der schon ihre Anfänge zu sehen glaubt ...

(08.06.1998)

Eine zertretene Blüte
Das Silberne Zeitalter in Russland

An der Schwelle dieses unseres Jahrhunderts, eines Jahrhunderts beispielloser politischer Katastrophen und kriegerischer Auseinandersetzungen, hatte sich in den geistig aktiven Kreisen fast aller Länder der zivilisierten Welt eine erstaunliche, kosmopolitische Atmosphäre verbreitet, eine Atmosphäre, die nichts von den kommenden Stürmen und Feindseligkeiten ahnen ließ.

Vor allem aus dieser erdumfassenden, potenzenreichen Atmosphäre und nicht etwa, wie es manchem scheinen mochte, aus einem Hang zur Mode, zum Schritthalten, zur Nachahmung, gingen in der Literatur und Kunst verschiedener Völker verwandte Strömungen, Schulen und Stile hervor, die sich bewusst der vorangegangenen Kulturepoche entgegensetzten.

Trotz gewisser Unterschiede und Nuance in den einzelnen Kulturen wies die neue Richtung doch in der Regel bestimmte gemeingültige Besonderheiten und Eigenarten auf, die sie klar und grundlegend von allen Vorgängern, von allen ideellen Tendenzen des 19. Jahrhunderts trennten. Denn hier dominierte das Ästhetische, nicht das Soziale, das Mystische, nicht das Moralische, das Symbolische, nicht das Faktische, das Kosmische, nicht das Nationale, die reine Magie des Wortes und des Bildes, nicht die belehrende Absicht.

Die Bedeutung dieses Wandels für die Geistes- und Kulturgeschichte unterschiedlicher Länder konnte begreiflicherweise nicht immer die gleiche sein.

Eine Blüte ohnegleichen erlebten die Dichtung und die Philosophie, die bildende Kunst und die Geisteswissenschaften in Russland. Aber nicht allein der außergewöhnliche Reichtum an kreativen Kräften in der Generation des Zeitenwechsels, nicht allein die außergewöhnliche Intensität des geistigen Lebens, das sowohl aus ergiebigen eigenen Quellen wie auch aus den modernen Tendenzen des Westens schöpfen konnte, verlieh gerade in Russland dem kulturellen Aufbruch eine ganz besondere historische Bedeutsamkeit. Entscheidend hätte der psychopolitische Einfluss auf die Intelligenzija sein können.

Die gebildeten Schichten Russlands nämlich, die sogenannte Intelligenzija, war in der zweiten Hälfte des 19. Jahrhunderts zu einem seltsamen, in der Geschichte wohl einmaligen sozialen und politischen Phänomen geworden. In einer Zeit, da die Staatsmacht erstmalig seit fast einem Jahrtausend tiefgreifende gesellschaftliche, wirtschaftliche und rechtliche Reformen durchzuführen begann, bildete sich in der Intelligenzija eine paradoxe Mentalität heraus, die Russlands größter Philosoph Wladímir Solowjow schlicht als »Volksanbetung« bezeichnete, die aber in der Folge einer solchen, oft ins Lächerliche gesteigerten Anbetung zu Ideen und Plänen gelangte, an denen wahrhaftig nichts lächerlich war. Ein großer Teil der Intelligenzija fühlte sich verpflichtet, durch propagandistische Aufwiegelung von Bauern und Fabrikarbeitern, vor allem aber durch revolutionär gemeinte Mordanschläge ein neues Russland, ein Russland des Volkes, des angebeteten Volkes zu stiften. Diese Bestrebungen führten unausbleiblich zu einer wütenden Reaktion von seiten der Staatsmacht. In einer solchen Situation nun schien der ungeahnte geistige und künstlerische Aufschwung, dessen Zeichen sich gerade damals ankündigten, historisch berufen und geeignet, sowohl die Gedanken der Intelligenzija in andere Bahnen zu lenken als auch mittelbar den herrschenden Kreisen, ja der gesamten politischen Sphäre seinen Stempel aufzudrücken. Das aber hätte Russland manches Ungeheuerliche ersparen können.

Nicht von ungefähr tauchte dann gerade in den verhängnisvollen Jahren des ersten Weltkriegs erstmalig das träumerisch-begeisterte Wort vom Silbernen Zeitalter auf. Nicht von ungefähr auch sollte es bleiben, dieses Wort der Erinnerung und der Mahnung.

Mit nostalgischer Sehnsucht wurde es nach der Oktoberrevolution von so manchen Historikern und Publizisten der antibolschewistischen Emigration aufgegriffen, gelangte über sie in die englischsprachige Literatur zum Thema Russland und ging dann auch in weitere Sprachen über. Die Verbreitungswege des schönen Begriffs in den verschiedenen Literaturen der Welt lassen sich kaum genau verfolgen. Nur das eine kann ich sagen, und das ist wichtig: Seit ungefähr 30, 40 Jahren wurde die Bezeichnung Silbernes Zeitalter auch innerhalb Russlands zunehmend gebräuchlich, und sie ist seitdem allgemeinverständlich, ja populär geworden. Und sie klingt hier ebenso nostalgisch wie sie einst bei den der Heimat beraubten Emigranten geklungen hatte.

Aber warum »Silbernes« Zeitalter? Gab es denn ein »Goldenes«? Allerdings war und ist im russischen Sprachgebrauch, selbst achtzig Jahre nach der Revolution, die althergebrachte Formel vom »Goldenen Zeitalter KATHARINAS« noch lebendig. Doch war mit dieser, anfangs rein schmeichlerischen Bezeichnung später meist nur der gewaltige Macht- und Raumzuwachs des Russischen Reiches in KATHARINAS DER GROSSEN Herrschaftszeit gemeint, während der damalige unbestreitbare kulturelle Fortschritt, die Entstehung und Entfaltung der russischen Aufklärung, im Vergleich zur Weltgeltung der russischen Literatur im 19. Jahrhundert natürlich völlig verblassen musste. Aber weder für die Glanzepoche PUSCHKINS und seiner Umgebung zu Beginn des neuen Jahrhunderts noch für die Ära des realistischen Romans mit Giganten wie TOLSTOI, DOSTOJEWSKI und TURGENEW in seiner zweiten Hälfte war jemals von einer literarhistorischen Schule der doch eigentlich angemessene Ausdruck »Goldenes Zeitalter« eingeführt worden. Deshalb konnten auch die nostalgischen

Stimmen der Revolutions- und Bürgerkriegsjahre die so jählings weggefegte Kulturblüte unmöglich als Goldenes Zeitalter feiern. Somit klang gerade das Wort vom Silbernen Zeitalter als Ehrfuchtsbekundung wie auch als Mahnruf durchaus sinngerecht und überzeugend.

Wie sehr das Aufkommen der neuen Denkart den historischen, psychopolitischen und geistigen Bedürfnissen der russischen Gesellschaft entsprach, war schon aus der Tatsache zu ersehen, dass ihre Anfänge fast zeitgleich an verschiedenen Stellen des literarischen Spektrums erkennbar wurden. Also ist nicht zu verwundern, dass in der Literaturgeschichte oft völlig unterschiedliche Persönlichkeiten als ihre Urheber genannt werden. Hinzu kamen Gesinnungsgenossen in der bildenden Kunst, im Theater, in der Philosophie und Geisteswissenschaft, im zeitkritischen Journalismus, in den Zirkeln der Intellektuellen und den Salons der höheren Gesellschaft.

Ich will hier am wenigsten auf Philosophie eingehen, doch muss ich mit einem Philosophen beginnen, und zwar nicht nur, weil er zeitlich einer der ersten Fürsprecher des neuen Denkens war, und auch nicht nur, weil er als überzeugter Propagandist eines religiösen Ökumenismus entscheidend zur Geburt der kosmopolitischen Atmosphäre in Russland beitrug. Nein, WLADIMIR SOLOWJOW war in mancherlei Hinsicht ein Leitbild, an dem sich die Koryphäen der aufkommenden neuen Kulturtendenzen maßen.

Man konnte ihn sicher als Universalgenie bezeichnen. In seiner dominierenden Tätigkeit als Philosoph warf er immer wieder Probleme auf, die für die Weltanschauung, das Seinsgefühl und die Selbstdeutung aller Dichter und Künstler der Wendezeit, welcher engeren Richtung sie auch angehören mochten, ausschlaggebend seien mussten: das Verhältnis von ethischen Prinzipien und ästhetischer Intuition, von innerer, seelischer Welt und empirischer Wirklichkeit, von menschlich gedachtem Sein und einem mystisch absoluten Übersein. Mit den von ihm definierten Begriffen der Sophia und des Logos verlieh er der russischen literarischen Schule des Symbolismus eine ganz besondere, optimistische Qualität, wodurch sie sich vom überwiegend pessimistischen Weltempfinden der französischen und sonstigen westlichen Symbolisten unterscheiden sollte. Gegen Ende seines Lebens allerdings tauchten in seinen eigenen Schriften immer häufiger Motive einer nahen Weltkatastrophe auf.

Als Publizist trat SOLOWJOW entschieden gegen die nationalistische Begrenztheit der damals auch innerhalb der Intelligenzija höchst einflussreichen slawophilen Bewegung in die Schranken. Als Literaturkritiker wusste er das Erbe der romantischen und klassischen Nachfolger PUSCHKINS – APOLLON MAIKOWS, TJUTSCHEWS, FETS – wie kein anderer vor ihm zu würdigen, was nicht ohne Einwirkung auf die zeitgenössische Dichtung bleiben konnte. Aber auch SOLOWJOWS eigene Verse, in denen philosophische, theologische, religionshistorische, phantastische Stoffe und Satire, Humor, Parodien einander ablösten, übten einen nicht geringen Einfluss auf die junge Lyrik der Zeit aus. Die Tatsache, dass dieser geniale poetische Philosoph und philosophierende Poet am Anfang des Silbernen Zeitalters stand, bedeutete den Literaten und Künstlern jener wie auch der nächsten Generation sehr viel. Denn als SOLOWJOW, erst 47-jährig, im Jahre 1900 starb, hatte die Bewegung, die ja aus sehr unterschiedlichen Elementen zusammengesetzt war, bereits zu einer inneren Ausgewogenheit gefunden, die sie kulturhistorisch lebensfähig machte. Und jedermann wusste: Das war die alles durchdringende Wirkung Solowjowschen Geistes.

Eine andere frühe Gestalt des literarischen Umbruchs war NIKOLAI MINSKI. Ein Name, der im Ausland völlig unbekannt blieb, aber auch in Russland schon seit geraumer Zeit so gut wie vergessen ist. Das entspricht indes keinesfalls der Bedeutung, die ihm in den Anfängen der großen Epoche zukam. Damals klang dieser Name wie ein Bekenntnis, wie ein Wahlspruch. Der 1855 Geborene hatte bis tief in die achtziger Jahre hinein zu den populären »Sängern der Volksmisere« gehört, die als Sprachrohr der schwärmerischen, gegen alles Bestehende verschworenen studentischen Jugend galten. Von den meisten Lyrikern dieser Richtung unterschied ihn ein überhöhtes Pathos, das ein Verbot aller seiner Dichtungen bewirkte – aber um so eifriger wurden sie in handgeschriebenen Kopien und illegalen Druckschriften verbreitet und gelesen. Es war daher für die Intelligenzija ein erschütterndes Ereignis, als MINSKI eines Tages in einer der größten russischen Zeitungen mit einer sozialphilosophischen Deklaration hervortrat, in der er statt der aussichtslosen »Volksanbetung« eine »Selbstanbetung, Selbstverwirklichung, Selbsterfüllung des schöpferischen Menschen«, einen Individualismus humanistischer Prägung zum Ideal erhob. Seitdem trug auch seine Poesie einen anderen, man könnte sagen, vorwiegend philosophischen Charakter. In zahlreichen Gedichten wie auch in mehreren Aufsätzen entwickelte er eine neue Weltanschauung, die er selbst Meonismus nannte, nach einem Begriff PLATONS, der soviel wie »Das Nichtexistente« bedeutet. Hauptmotiv war hierbei das Streben des Menschen nach dem Idealen, Unmöglichen, Nichtexistenten, als Streben nach der Erkenntnis des mit dem Weltall verschmolzenen Gottes, der deshalb menschlicher Erkenntnis unzugänglich und gleichsam nicht existent ist – die Bewusstwerdung dieses Paradoxes aber könnte die Stellung des Menschen in der Welt verändern und müsste Grundlage einer Religion der Zukunft werden. Doch als Religionsstifter wurde MINSKI nie ernstgenommen.

Bald darauf entfaltete er auch eine intensive Tätigkeit in den sogenannten »Religiös-philosophischen Versammlungen«, die zugleich Mittelpunkt der entscheidenden poetischen Strömung des Silbernen Zeitalters, der symbolistischen Schule, waren. Obwohl sich MINSKIS Lyrik in ihrer Stimmung und Diktion merklich vom Symbolismus unterschied, stand sie ihm keineswegs fremd gegenüber – das Gemeinsame war die Herkunft aus der gleichen Atmosphäre, aus der Atmosphäre S0L0WJ0WS, aus der kosmopolitischen Atmosphäre der Jahrhundertwende. Allerdings ließ sich MINSKI während der großen Wirren von 1905-1907, wie paradox es scheinen mochte, von den politischen Tagesereignissen hinreißen, gründete eine Zeitung mit sozialdemokratischer Tendenz und übersetzte sogar die revolutionäre Hymne, die »Internationale«. Aber seine geistesgeschichtliche Mission war zu jener Zeit ohnehin bereits abgeschlossen, und dazu konnte auch keines seiner späteren Werke, die er in Paris schrieb und in großen russischen Zeitschriften veröffentlichte, irgend etwas hinzufügen. Denn dass er hier gewisse Ideen des französischen Existentialismus vorwegnahm, sollte weder damals noch später einen bemerkbaren Einfluss auf die literarische Entwicklung in Russland haben. Doch hätte seine ursprüngliche Rolle ihm einen gebührenden Platz in der Kulturgeschichte sichern müssen, und das war ungerechterweise nicht der Fall.

Ein anderer Wegbereiter des Symbolismus und des Silbernen Zeitalters dagegen, der wenig später hervortrat, erlangte sehr bald auch im Westen hohe Anerkennung. Es sei hier nur darauf hingewiesen, wie oft und respektvoll THOMAS MANN in seinen Essays den Namen DMITRI MERESCHKOWSKI erwähnt. Zweifellos darf dessen Schrift »Über die Gründe des Verfalls und die neuen Strömungen der gegenwärtigen russischen Literatur« als Urmanifest der gesamten, so bedeutsamen mystisch-religiösen Richtung in der schönen Literatur des Silbernen Zeitalters angesprochen werden, und zweifellos stellten seine eigenen, ungemein zahlreichen Romane ein überragendes Werk, vielleicht das überragende Prosawerk dieser Richtung dar. Doch kulturhistorisch noch folgenreicher waren die kritischen Abhandlungen, Essays und Zeitungsnotizen, mit denen er ein Vierteljahrhundert lang, bis zur Errichtung der bolschewistischen Diktatur, das literarische Leben Russlands begleitete. Während in seinen Romanen und Dramen vorwiegend geschichtliche Persönlichkeiten wie JULIAN APOSTATA, LEONARDO DA VINCI, PETER DER GROSSE, ZAR PAUL, ALEXANDER DER ERSTE oder die Dekabristen auftraten, in denen MERESCHKOWSKI seine historiosophischen Ideen und Zukunftsvisionen, oft ziemlich schematisch, verkörperte, wusste er durch seine überaus einfach und klar geschriebenen Kritiken die ideelle und ideologische Evolution in einer so geistesintensiven Zeit gezielt und weittragend zu beeinflussen. Dabei blieb stets das für ihn Wichtigste im Brennpunkt, wenn auch meist unausgesprochen: Seine große religiöse Vision, die Voraussage vom nahenden Entscheidungskampf zwischen »Christ und Antichrist«.

Sein Weltbild blieb überall das gleiche, seine Ausdrucksmittel aber wechselten auffällig. Das gilt nicht zuletzt für seine Gedichte. Doch sind diese immer im Schatten der Lyrik seiner Frau geblieben, die eine Dichterin von höchstem Rang war.

Es war gewiss kein Zufall, dass SINAIDA G[H]IPPIUS, die eigentliche Gründerin und Leiterin der »Religiös-philosophischen Versammlungen«, in den Anfangsphasen der symbolistischen Bewegung auch eine herausragende organisatorische Rolle spielte. In dieser Hinsicht sollte sie vielen Frauen des Silbernen Zeitalters zum Vorbild dienen. Man kann wohl sagen, dass in den berühmten und weniger berühmten literarischen Zirkeln dieser Periode wieder wie einst in den glänzenden Salons der Aufklärung und der Romantik hochbegabte Frauen den Mittelpunkt der für das Geistesleben so wichtigen Gesellschaften und Diskussionskreise bildeten. SINAIDA GIPPIUS aber war weit mehr als das. Sie bestimmte mit ihrem lyrischen Werk, das von einer ungemein starken Persönlichkeit, von einem außergewöhnlichen Identitätsbewusstsein zeugt, viele Wesenszüge des russischen Symbolismus. Nicht von ungefähr genießt sie auch heute noch hohe Anerkennung als Lyrikerin. Und dennoch scheint mir, dass sie stets unterschätzt wurde und wird. Das ist durchaus verzeihlich bei THOMAS MANN, der des Russischen nicht mächtig war und auch die Schriften ihres Gatten nur von Übersetzungen her kannte. Aber das Poesiegefühl der Russen müsste von dieser zutiefst menschlichen und doch historisch signifikanten dichterischen Aussage so beeindruckt, so innerlich berührt sein, dass die Botschaft der ersten Generation des Symbolismus, der gefeierten Generation von BRJUSSOW und BALMONT, nicht ohne ihr lyrisches Werk vorstellbar wäre.

Die tatsächlich nie ganz schwindenden geistigen Differenzen zwischen MERESCHKOWSKI und SINAIDA GIPPIUS einerseits, VALERI BRJUSSOW und KONSTANTIN BALMONT andererseits sind von den Literaturhistorikern der Sowjetzeit derart herausgestellt und verabsolutiert worden, dass man meinen könnte, es hätte zwei grundverschiedene symbolistische Strömungen gegeben, die aus zwei verfeindeten Quellen kamen. Diese Deutung ging ausschließlich auf politische Motive zurück. Denn die Gründer der »Religiös-philosophischen Versammlungen« kämpften begreiflicherweise von Anfang an gegen die revolutionären »Volkstümler«, dann gegen die Sozialrevolutionäre und schließlich gegen die Bolschewisten, nach der Oktoberrevolution schlossen sie sich den radikal antisowjetischen Kreisen der Emigration an, brandmarkten später den blutigen Stalinschen Massenterror, und MERESHKOWSKI ging am Lebensende so weit, dass er den Überfall HITLERS auf sein Heimatland guthieß. Dagegen zeigte BRJUSSOW schon in der Zarenzeit mitunter eine gewisse Sympathie für die verschiedensten Rebellen, blieb nach der Revolution in Russland und trat sogar, um aktiv am literarischen Leben teilnehmen zu können, der Kommunistischen Partei bei. Bald darauf starb er allerdings, und es gab ein Gerücht, er hätte seinem Leben selbst ein Ende gesetzt.

BALMONT wieder emigrierte zwar, war aber kaum irgendwo politisch tätig. Die Wucht, die Ausdruckskraft und der Wohlklang seiner Verse, die außergewöhnlich vielseitige Bildung, die er mit BRJUSSOW gemein hatte, und seine ganze imposante menschliche Gestalt ließen die sowjetischen Kulturpolitiker bedauern, dass er nicht zu den Ihren gehört hatte, und sie taten das Menschenmögliche, um diesen Umstand wenigstens für die vorrevolutionäre Zeit zu leugnen.

Das poetische, prosaische und literaturkritische Schaffen von Brjussow und Balmont bildete bereits einen Höhepunkt des russischen Symbolismus. Gerade die beispiellose Sprachgewalt, Bildhaftigkeit und Themenvielfalt ihrer Gedichte, die zu ihren Lebzeiten in jeweils siebzehn Sammlungen erscheinen sollten, machten den Symbolismus zur Hauptströmung der gesamten Literatur der Jahrhundertwende. Zugleich taten sich beide auch als Nachdichter hervor. Während Brjussow überwiegend aus dem Französischen und dem Armenischen übersetzte, nahm Balmonts Tätigkeit auf diesem Gebiet wahrhaft erstaunliche Ausmaße an: Er übertrug sämtliche lyrische, epische und dramatische Dichtungen Shelleys, das gewaltige georgische Nationalepos »Der Recke im Tigerfell« von Rustaweli, die Dramen des indischen Urklassikers Kalidasa, das altrussische Igorlied sowie Werke von Calderon und Lope de Vega, Walt Whitman und Edgar Allan Poe, Verlaine und Baudelaire und verwandten französischen Lyrikern, tschechischen, bulgarischen, polnischen und litauischen Dichtern. Brjussow wieder verfasste mehrere Romane und zahlreiche, oft phantastische Novellen.

Es ist in der Literaturgeschichte üblich geworden, Solowjow und Minski, Mereshkowski und Sinaida Gippius, Brjussow und Balmont als erste Generation des Symbolismus und mithin des Silbernen Zeitalters zu vereinen, um als zweite Generation eine Reihe bedeutender Dichter anzusprechen, die seit etwa 1904 einen Schwerpunkt, wenn nicht den Schwerpunkt des literarischen Lebens bildeten und unter denen sich besonders Alexander Blok, Andrej Bely und Wjatscheslaw Iwanow hervortaten.

Doch ist diese Einteilung allzu schematisch. Sie lässt einige Schriftstellernamen und einige kulturelle Erscheinungen außer acht, die in diesen Rahmen nicht hineinpassen. Allen voran wären da Innokenti Annenski und Akim Wolynski, Anton Tschechow und Maxim Gorki zu nennen.

Seinem Geburtsjahr nach hätte der heute hochgeschätzte Lyriker, Übersetzer und Essayist Innokenti Annenski eher ein Vorläufer der ersten Generation sein müssen. Doch begann er sehr spät zu publizieren. Fast 45 Jahre war er alt, als die erste seiner vier großen Tragödien nach antiken Vorbildern und Stoffen in Druck ging, und bereits beinahe 50, als eine erste Sammlung seiner Gedichte endlich die allgemeine Aufmerksamkeit der Intelligenzija auf ihn lenkte.

Doch der weitaus größere Teil seines lyrischen Werkes erschien erst postum, und da sollte es dank seiner impressionistischen Feinfühligkeit und tragischen inneren Spannung einen tiefgehenden Einfluss auf die Stimmungen und Erwartungen des späten Silbernen

Zeitalters ausüben. Dieser Einfluss erlangte um so größeres Gewicht, als ANNENSKI mit seinen Übersetzungen des gesamten EURIPIDES und zahlreicher französischer Dichter, mit seinen scharfsinnigen literaturkritischen Abhandlungen und Essays sowie mit seinem Ruf als prominenter Pädagoge gegen Ende seines Lebens zu einer überragenden Figur des Geisteslebens geworden war.

Einen unvergleichlich größeren Zeitraum deckte das Wirken AKIM WOLYNSKIS ab, den man in einem gewissen Sinn als ständigen Kontrahenten und Konkurrenten MERESHKOWSKIS bezeichnen könnte. Alle Ideen und Ideale des Silbernen Zeitalters fanden ihre gültige Widerspiegelung, Ausdeutung und theoretische Verallgemeinerung im literatur- und kunstkritischen Werk WOLYNSKIS. Von den frühen achtziger Jahren an bis hin zum Epilog der russischen Glanzzeit in den schicksalsschweren Zwanzigern dieses Jahrhunderts begleiteten seine leidenschaftlichen und tiefsinnigen, thematisch ungemein vielseitigen, ästhetisch aber stets standpunkttreuen Schriften das gesamte künstlerische und geistige Geschehen in Russland. Um nur einiges zu nennen: Noch ganz jung verfasste er einen ersten begeisterten und doch philosophisch profunden Aufsatz über den damals gerade dreißigjährigen WLADIMIR SOLOWJOW; in seinem Buch »Die russischen Kritiker« zerschlug er eine seit langem fest verankerte Tradition, die der Literaturdeutung und -bewertung enge soziale und soziologische, tendenziöse, utilitaristische Aufgaben stellt; in zwei Büchern über DOSTOJEWSKI lieferte er eine umfassende, unparteiische und doch streitbare Analyse des Werks dieses Schriftstellers aus der Sicht der Jahrhundertwende; für seine tiefschürfende Monographie über LEONARDO DA VINCI wurde er zum Ehrenbürger von Mailand gewählt; in unzähligen Zeitungsartikeln und schließlich in seinem Hauptwerk, einer fundamentalen Darstellung des russischen Balletts, schuf er die Grundlage für die neue, Jahrzehnte überdauernde Blüte dieser Kunst. Und immer lautete sein maßgebliches Prinzip: »Die Ästhetik regiert das Leben«.

Doch wie wichtig für das Selbstbewusstsein und gewandelte Denken der damaligen Intelligenzija die publizistischen, literaturtheoretischen oder kunstgeschichtlichen Beiträge dieser und anderer Autoren auch sein mochten, als eigentliche Träger dieser Kulturepoche galten doch allgemein die bildenden und darstellenden Künstler, die Epiker und Dramatiker, vor allem aber, um es noch mal zu wiederholen, die beispiellose, alles überstrahlende Elite der großen Lyriker, deren Namen auch im Gedächtnis der Nachwelt das Bild des Silbernen Zeitalters prägen.

Unter den Malern tat sich als bedeutendster und konsequentester Vertreter des neuen Stils MICHAIL WRUBEL hervor. Er verstand es, in Formen der zeitgenössischen westeuropäischen Kunst echt russische Inhalte zu verkörpern und dadurch die Vorherrschaft der berühmten Meister des 19 Jahrhunderts, der sogenannten Wanderaussteller, und ihrer streng realistischen Darstellungsweise zu überwinden. Von der allgemeinen und unanfechtbaren Anerkennung, die W‍RUBELS Kunst erwarb, zeugte dann aufs eindruckvollste der wahrhaft erstaunliche Umstand, dass sogar in der Stalinzeit, da alles Ästhetische, alles Unrealistische verpönt war, seinen Bildern in den größten Museen des Landes eigene Säle eingeräumt wurden.

Ein anderer, ganz eigenartiger Künstler, dessen Bildern bei aller unverwechselbaren Individualität stets die Stimmungen und Charakterzüge des Silbernen Zeitalters innewohnten, hieß B‍ORISSOW-M‍USSATOW. Und es ist bezeichnend, dass ihn noch weit später, in den sechziger und siebziger Jahren, manche der nunmehr hochpopulären »Nonkonformisten« als unerreichbares Vorbild verehrten und als den »großen Lyriker der russischen Malerei« feierten.

Die meisten bildenden Künstler hatten sich indessen um die Gruppe »Welt der Kunst« zusammengeschlossen, deren Credo die Aneignung und Vervollkommnung des Besten und Bahnbrechenden in der internationalen Moderne war, was aber keineswegs ausschloss, dass häufig russische historische Themen bevorzugt wurden. Zu ihnen gehörten Universalkönner wie A‍LEXANDER B‍ENOIS, L‍EW B‍AKST, K‍ONSTANTIN S‍OMOW und manche andere prominente Meister. In der Architektur dagegen war die neue Richtung weniger originell – es handelte sich im Grunde, besonders in Moskau, um den direkt aus Deutschland übernommenen Jugendstil, und auch der bedeutendste Träger dieses Stils, S‍CHECHTEL, war ein Deutscher. Über die Bühnenbildner beeinflusste diese Schule zusätzlich das gesamte zeitgenössische Theater, dem allerdings dank seinen vielseitigen Innovationen ohnehin eine Vorrangstellung in der Welt zukam, was damals auch die berühmtesten ausländischen Regisseure und Kritiker bezeugten.

Vielsagend war in dieser Hinsicht die Evolution der tonangebenden Theaterdichter.

A‍NTON T‍SCHECHOW hatte schon als Junge mit komischen Skizzen, Novellen und Szenen begonnen, die sich jedoch durch nichts vom Durchschnitt des damaligen Zeitschriftenhumors unterschieden, dann folgte er mit ernsteren, umfangreicheren Erzählungen und Romanen zunehmend dem Strom der großen realistischen und naturalistischen, sozial engagierten Literatur, wie sie für die zweite Hälfte des vorigen Jahrhunderts kennzeichnend war. Erst gegen Ende seines kurzen Lebens wählte er die Dramatik als seine Hauptgattung (bis dahin war er nur mit einem einzigen Drama hervorgetreten), und er konnte noch vier Stücke auf die Bühne bringen, die sowohl dem Inhalt wie der Form nach eine ganz anders geartete Geisteswelt offenbarten und ihrerseits die Atmosphäre des Silbernen Zeitalters maßgeblich mitgestalteten. Es ist vielleicht kennzeichnend, dass T‍SCHECHOW im Ausland vornehmlich als Dramatiker bekannt ist und dass diese vier Stücke – »Die Möwe«, »Onkel Wanja«, »Drei Schwestern« und »Der Kirschgarten« – sogar heute noch von vielen Bühnen in aller Welt aufgeführt werden. In den sieben sowjetischen Jahrzehnten indes bemühte sich die ideologisierte russische Literaturgeschichte nach Kräften, jede Wendung in TSCHECHOWS geistiger Entwicklung zu vertuschen. Die subtile Beobachtung zeitgeborener, zutiefst individueller Charaktere wurde der früheren grellfarbigen und treffsicheren Darstellung ewiger sozialer Typen gleichgesetzt, doch blieben diese Täuschungsversuche an der Oberfläche haften. Die Tatsache, dass TSCHECHOWS vier Stücke das Kolorit der Jahrhundertwende auch für spätere russische Generationen lebendig erhalten konnten, war in erster Linie ein Verdienst des berühmten Moskauer Künstlertheaters, das unter der Leitung von STANISLAWSKI stets den Wesensgehalt des Silbernen Zeitalters zu bewahren wusste, wenn es sich in späteren, schweren Jahren mitunter auch gezwungen sah, den Forderungen der sowjetischen Kulturinstanzen und persönlich STALINS Folge zu leisten. Aber nicht nur TSCHECHOW und nicht nur das Künstlertheater konnten in Zeiten der düstersten Vorherrschaft des sogenannten »Sozialistischen Realismus« trotz »höherer Weisungen« auch weiterhin das Erbe des Silbernen Zeitalters vertreten.

Allzu oft wird, selbst von unbefangenen Kulturhistorikern, die Rolle eines Dichters entstellt, der zwar als Grundsteinleger des berüchtigten sozialistischen Realismus angesehen werden darf, aber ursprünglich gerade dem romantischen Aufbruch und den nietzscheanischen Verheißungen jener Zeit in seinen Prosagedichten, Novellen und Bühnenspielen mit schwärmerischen, schönheitstrunkenen Helden gültigen Ausdruck verlieh und dann immer wieder der russischen Literatur, den russischen revolutionären Bewegungen, dem gesamten russischen Denken und Fühlen hohe, idealistische Ziele zu setzen suchte: MAXIM GORKI. Der gesamte Lebensweg GORKIS sollte sich, trotz seines träumerischen Idealismus, als äußerst widerspruchsvoll erweisen. Hier eine Episode aus dem Jahre 1906: In Russland herrschten nie dagewesene politische Wirren, in denen die verschiedensten Parteien, sozialen Gruppen, ideologischen Fronten und nationalen Bewegungen einander gegenüberstanden; GORKI hatte soeben dem Drängen seiner Sekretärin und zeitweiligen Lebensgefährtin, der Bolschewistin ANDREJEWA, nachgegeben und seinen einzigen wirklich der revolutionären Propaganda dienenden Roman, »Die Mutter«, geschrieben; da kam er eines Tages in die Wohnung des berühmten religiösen Dichters WJATSCHESLAW IWANOW, in den sogenannten »Turm«, wie diese Wohnung als Sammelpunkt der Symbolisten bildlich genannt wurde, und erklärte den erstaunten Anwesenden, sie allein, die Repräsentanten der Hochintelligenz, die Koryphäen der Kunst seien berufen, Russland aus den gegenwärtigen Unruhen zu retten und in eine schöne, menschenwürdige Zukunft zu führen, ja gerade die hier Versammelten, die Symbolisten als solche, müssten sich an die Spitze des Volkes stellen. Diese These verteidigte er dann unbeirrt und hartnäckig in einer hitzigen Diskussion.

Ein Jahr darauf, nach dem Ende der Wirren, zog er sich auf die italienische Insel Capri zurück, und hier begann er, ganz im Sinne des Silbernen Zeitalters, mit Bemühungen um die Vereinigung religiöser und weltlicher, sozialistischer Ideen und Ideale, Bemühungen, die er im Gegensatz zur »Gottesuche« der religiösen Philosophen jener Zeit als »Gottesaufbau« bezeichnete. Er fand dabei Unterstützung von seiten der geistig bedeutendsten Vertreter der revolutionären sozialdemokratischen Bewegung, darunter des Philosophen BOGDANOW, der später zum faktischen Vorläufer der Kybernetik und modernen Informatik werden sollte. Um so schärfer griffen ihn gewisse marxistische Dogmatiker an, allen voran ein damals noch sehr wenig bekannter Autor doktrinärer Streitschriften namens LENIN. Auch in GORKIS nach der Revolution, im italienischen Exil entstandenen größeren und kleineren Schriften blieb der Einfluss des Silbernen Zeitalters stets unverkennbar.

Doch bereits einige Jahre vor GORKIS denkwürdigem Besuch in WJATSCHESLAW IWANOWS »Turm« hatte die zweite Generation der Symbolisten ihre Ankunft verkündet, vor allem mit einem Gedichtband unter dem absichtlich altmodischen Titel »Verse von der schönen Dame«, dessen Verfasser, ALEXANDER BLOK, dank der Bildkraft, Musikalität und Gefühlstiefe seiner sprachlich virtuosen Dichtungen bald den unbestrittenen ersten Rang unter den Lyrikern der Epoche einnahm. Mit der Zeit wurde aber klar, dass nicht so sehr diese seine rein künstlerische Vollendung den besonderen Zauber BLOKS ausmachte, sondern vielmehr die beispiellos feinnervige Widerspiegelung des gesamten Weltempfindens eines so ungewöhnlichen Zeitalters. Daher die Wertschätzung, die ihm buchstäblich von allen Seiten zuteil wurde. Der Name BLOK drang alsbald auch ins Ausland. In den verschiedensten Ländern waren Nachdichter jeden Ranges bestrebt, mit Blok-Übersetzungen Ehre einzulegen. Das musste um so angemessener und sinnvoller erscheinen, als der Zeitgeist, der Denkstil, die Atmosphäre hier und dort ihrer innersten Natur nach die gleichen waren. Somit wurde der große russische Symbolist zum Symbol des europäisierten, kosmopolitisierten Russland. Und mochte er auch dichten:

> Mein Russland, bettelarmes Russland,
> wie frühe Liebestränen sind
> mir deine herben grauen Hütten
> und deine Lieder, rauh wie Wind!

– in Wirklichkeit rang er um eine ganz andere Ortsbestimmung seiner Heimat innerhalb der Menschheit:

> In aller Augen steh das Zeichen
> Verzichts oder Erkorenseins!

Es bestand kein Zweifel, was er meinte: Erkorensein. Daraus lässt sich vielleicht die sonderbare anfängliche Hinneigung Bloks zur bolschewistischen Revolution erklären. Auf Schritt und Tritt wurde damals nach allen Seiten hin verkündet, dass es sich um den Beginn einer Weltrevolution, einer völlig neuen, paradiesischen Menschheitsära handle, und dass somit Russland eben erkoren sei, der gesamten Völkerfamilie den Weg in die Zukunft zu weisen. So ließ sich Blok zu einem Poem hinreißen, es hieß »Die Zwölf«, in dem er den Vormarsch der wildesten, terroristischen Kräfte dieser Revolution verherrlichte, ja heiligte – denn er, einer der wenigen Symbolisten, denen religiöse Motive meist fremd blieben, ließ hier Jesus Christus als Leitstern, als Anführer eines zum Vernichtungskampf voranmarschierenden Haufens in aller Herrlichkeit erscheinen. Dieses Poem übte zweifellos eine propagandistische Wirkung von unabschätzbarer Tragweite aus. Bald sollte Blok jedoch seine Einstellung zu den tragischen Ereignissen der Zeit grundlegend ändern. Seine Umkehr konnte natürlich nicht lange verborgen bleiben. Das musste von den neuen Herrschern als folgenschwerer Rückschlag empfunden werden, und es ist höchstwahrscheinlich, dass ihre Geheimdienste Alexander Bloks frühen Tod herbeiführten.

Unvergleichlich weniger Beachtung fand unterdessen eine andere Dichtung mit scheinbar ähnlicher Tendenz und ähnlicher religiöser Symbolik, obwohl sie gleichfalls von einer der tonangebenden Persönlichkeiten des Silbernen Zeitalters stammte. Andrej Bely war ein ungemein vielseitiger, philosophisch vertiefter, zur Esoterik neigender Lyriker und Prosaschriftsteller, dessen Lebensweg, Denken und Schaffen mehrere überraschende und doch nicht ganz unlogische Wendungen und Windungen aufwies.

Schon früh hatte er sich nicht so sehr für eigentlich religiöse, als vielmehr für theosophische und danach anthroposophische Lehren interessiert, was aber keinesfalls heißen sollte, dass er sich auch nur im geringsten dem christlichen Ethos und Bekenntniswillen, der so vielen russischen Symbolisten gemein war, entgegengestellt hätte. Es ist charakteristisch, dass er in einem Buch unter dem nüchternen, wenn auch sehr langen Titel »*Warum ich Symbolist wurde und warum ich in allen Phasen meiner ideellen und künstlerischen Entwicklung ein solcher geblieben bin*« seine Neigung zum Symbol überhaupt und zur Symbolisierung der realen Umwelt insbesondere mit seinem vierten Lebensjahr datierte und dabei das Kreuz als eines der ersten seiner Symbole erwähnte, um dann seine Beschäftigung mit dem religiösen Denken Wladimir Solowjows, dem Logos in dessen Ausdeutung und dessen Theurgie zu betonen, wo Christus als Symbol des Logos figurierte. Zu den berühmtesten symbolistischen Werken Andrej Belys gehörten vier sogenannte Symphonien, mit denen seine eigentliche dichterische Laufbahn begann und die ihm die innige Freundschaft Alexander Bloks eingebracht hatten. Zugleich veröffentlichte er auch zahlreiche theoretische Aufsätze über den Symbolismus und unterhielt lebhafte Beziehungen zu WJATSCHESLAW IWANOWS bereits erwähntem »Turm«. In späteren Jahren war es ihm vergönnt, die wohl tiefsinnigsten Erinnerungen an jene Jahrhundertwende zu schreiben, mit der das Silberne Zeitalter begann – denn wie nirgends sonst war in diesen Erinnerungen der Gegensatz zur vorangegangenen Epoche plastisch herausgearbeitet. Und dieser ANDREJ BELY, der so ganz zum russischen Geistesleben, zur neuen russischen Literatur gehörte, trat seit etwa 1911 zielbewusst in die Gemeinde RUDOLF STEINERS ein und wurde nicht nur ein erklärter Anhänger der anthroposophischen Lehre, sondern widmete auch mehrere Jahre seines Lebens der Teilnahme an den Arbeiten der Anthroposophischen Gesellschaft, dann am Bau des von STEINER entworfenen Goetheanums. Im Dunstkreis STEINERS entstanden mehrere philosophische Traktate ANDREJ BELYS, darunter das umfangreiche »*Rudolf Steiner und Goethe in der Weltanschauung der Gegenwart*«. Diese merkwürdige Periode wurde aber schließlich von einem Ereignis unterbrochen, das den Anfang vom Ende des Silbernen Zeitalters bildete: Der erste Weltkrieg zwang ANDREJ BELY, nach Russland zurückzukehren. Dann kam die Oktoberrevolution, und nun dichtete er ein Poem, »Christus ist auferstanden« das später von vielen Literaturhistorikern als Pendant zu ALEXANDER BLOKS »Zwölf« aufgefasst worden ist. Doch im Kontext des gesamten Weltbilds ANDREJ BELYS kann die Botschaft dieser Dichtung, anders als die der »Zwölf«, sehr unterschiedlich ausgelegt werden. BLOK hatte die Wurzeln und Potenzen der Revolution anfangs ganz offensichtlich missdeutet, sein Poem war eine Art Hohelied auf die Urquellen und Endziele des Geschehens gewesen, und die Erscheinung CHRISTI sollte eine Segnung der revolutionären Leidenschaften bedeuten. Um dieser Leidenschaften willen war er bereit, das Silberne Zeitalter zu opfern, sollte es doch einer höheren Zukunft zum Opfer fallen. Daher die wütende Reue BLOKS, als er wenig später das wahre Gesicht der Oktoberrevolution erkannte. In ANDREJ BELYS Poem dagegen stellt der erste, weitaus größere Teil eine Neudeutung der Kreuzigung und des Gekreuzigten dar, die in ihrer poetischen, zutiefst menschlichen, eigenartig humanistischen Gefühlsstärke einen hervorragenden Beitrag zu der so spezifischen, philosophischen Gottessuche des Silbernen Zeitalters hätte bedeuten können und müssen. Doch tauchte gegen Ende des Poems urplötzlich mehrmals das Wort »Dritte Internationale« auf (es sei daran erinnert – die Dritte war die Kommunistische Internationale), was bei verschiedenen Lesern stark divergierende, ja verwirrende Eindrücke erwecken konnte (ich weiß beispielsweise noch, wie ich es einst, bei der ersten Lektüre empfand – als Parodie, als einen Witz!), dann aber, zum Abschluss des Poems, wurde ebenso plötzlich, wenn auch nur in drei Zeilen, die Revolution als Wiedergeburt, als Auferstehung CHRISTI gefeiert! Der schroffe Gegensatz, den diese Aktualisierung zum Hauptteil, zum echten Thema der Dichtung bildete, konnte unmöglich unbemerkt bleiben – also ist der Vergleich zu der organisch aus BLOKS Pathos entstehenden Segnung der Zwölf, gelinde gesagt, unhaltbar. Kein Wunder, dass sich nach diesen so unähnlichen Poemen auch die Lebenswege der beiden jahrelangen Freunde trennten — denn ANDREJ BELY hatte das Silberne Zeitalter nicht opfern wollen! Nach der Revolution verließ er sofort das Land und verbrachte zwei schwierige Jahre in Berlin, wo sich damals gerade das kulturelle Zentrum der neuen russischen Emigration herausbildete. Als er dann heimkehrte, führte er ein stilles, aber arbeitsames Leben als anerkannte Persönlichkeit jener inneren Emigration, deren ungeheim fruchtbare Tatigkeit als Epilog des Silbernen Zeitalters bezeichnet werden kann. Obgleich die Werke dieser inneren Emigranten nur in kleinen Privatverlagen herauskommen konnten und von der Presse meist verschwiegen wurden, genossen sie bei der verbliebenen Intelligenzija ein hohes Ansehen. ANDREJ BELY starb im Januar 1934, einen Monat bevor STALIN mit seinem XVII. Parteitag die erste Welle des großen Terrors begann.

Die Elite, die sich seinerzeit in und um WJATSCHESLAW IWANOWS »Turm« gesammelt hatte, war keineswegs durchgehend organisiert, einzig das abstrakte Bekenntnis zum Symbolismus vereinte sie, und so gestalteten sich die individuellen Lebenswege ihrer Mitglieder nicht nur ungleichartig, sondern oft paradox. Ein frappantes Beispiel bot in dieser Hinsicht das Leben eines symbolistischen Dichters, der sich selbst einmal als fünftes »B«, nach BRJUSSOW, BALMONT, BLOK und BELY, bezeichnete: Er hieß JURGIS BALTRUSCHAITIS, stammte aus Litauen, schrieb aber zunächst ausschließlich russische Gedichte, die neben seinen unzähligen Übersetzungen, meist aus zeitgenössischen Schriftstellern, einen der Schwerpunkte des Symbolismus in dessen Glanzzeit bildeten. Er schuf auch den wichtigsten symbolistischen Verlag, den meistgelesenen Almanach, und zusammen mit BRJUSSOW die bedeutendste Zeitschrift dieser Richtung. Mit seinem zum Teil tief melancholischen, zum Teil strahlend-optimistischen, auf eine göttliche Ordnung vertrauenden Versen brachte er die Stimmungen der russischen Gesellschaft vor dem Ersten Weltkrieg, die Stimmungen des Silbernen Zeitalters zu gültigem Ausdruck. Nach der Revolution aber wurde er Gesandter Litauens in Sowjetrussland, und er hatte diesen Posten fast zwanzig Jahre lang inne, bis 1939. Selbstredend konnte er in dieser Zeit weder am literarischen Leben der kommunistischen Hauptstadt teilnehmen, noch seine neuen russischen Gedichte veröffentlichen. Seit dem Ende der zwanziger Jahre schrieb er daher überwiegend litauisch, und in Moskau wusste natürlich kaum jemand von irgendwelchen Publikationen im fernen Kaunas. Kennzeichnend für seine Abgeschiedenheit sind vielleicht meine persönlichen Erinnerungen: Von Kind auf kannte ich die beiden ersten Gedichtsammlungen und viele der hervorragenden Übersetzungen BALTRUSCHAITIS, und ich verehrte ihn sehr, sein Name war für mich ein Begriff; in den dreißiger Jahren ging ich junger Literaturfanatiker drei- oder viermal wöchentlich auf dem Weg aus der Schule zu meinem besten Freund an der litauischen Botschaft vorbei, aber mich überkam auch nie die leiseste Ahnung, dass BALTRUSCHAITIS in diesem Haus sitzen könnte! Erst Jahrzehnte später erfuhr ich, dass dieser zweisprachige Dichter bis an sein Lebensende dem längst abgestorbenen Symbolismus, dem längst verwehten Silbernen Zeitalter treu geblieben war.

WJATSCHESLAW IWANOW indessen war keinesfalls nur als Gastgeber und Leiter der in seiner Wohnung, im »Turm«, jeden Mittwoch abgehaltenen Gesellschaften zur führenden Persönlichkeit der symbolistischen Elite geworden. Auch seine Lyrik und seine Essayistik, die durchweg für »Eingeweihte«, für »Auserwählte«, für Leser mit außergewöhnlichen Kenntnissen in den verschiedensten Sphären der ältesten und neueren Geisteswissenschaften bestimmt waren, vertraten das Prinzip der Elite. Daher darf sein feierlich-pathetischer, archaisierender Stil mit zahlreichen mythologischen und mystischen Elementen durchaus nicht als Beweis mangelnden poetischen Gefühls aufgefasst werden – es war bewusstes Bekenntnis zu einer besonderen Mission der Elite, und nicht von ungefähr hatte auch GORKI, der sonst gar nicht zu seinem Kreis gehörte, die Losung von der Führungsrolle der großen Geister gerade in IWANOWS »Turm« verkündet. Eine solche Gesinnung entsprach voll und ganz der kosmopolitischen Atmosphäre der Zeit, die ja stark von NIETZSCHE beeinflusst war. Und WJATSCHESLAW IWANOW verteidigte sie ausdrücklich und scharfsinnig in seinem berühmten »*Briefwechsel aus zwei Ecken*«, den er mit dem prominenten Historiker und Literaturkritiker MICHAIL GERSCHENSON führte, wie auch in mehreren grundlegenden Essays. Er sprach von diesem historischen Auftrag auch zwei Jahre nach seiner Emigration, als er zum Katholizismus übertrat.

Völlig entgegengesetzte Stilschattierungen pflegten indes schon in ihren Anfängen zwei Dichter, die gleichsam im Schoße des Symbolismus geboren waren, enge Beziehungen zu der Bewegung und ihren Protagonisten unterhalten hatten, dann aber eigene Wege gingen und ihr Leben lang nichts als unverwechselbare Individualitäten bleiben wollten.

Der eine, MICHAIL KUSMIN, ein geradezu phantastisch fruchtbarer Lyriker, Erzähler, Kritiker und Dramatiker, hatte sage und schreibe fünf Jahre lang in WJATSCHESLAW IWANOWS »Turm« gewohnt, dort nahezu alle seine unzähligen Schriften vorgelesen, seine selbstkomponierten Lieder gesungen und dabei stets Lob und Beifall des Gastgebers geerntet. Er war auch der wohl aktivste und einer der erfolgreichsten Mitarbeiter sämtlicher symbolistischer Zeitschriften und Almanache. Eines Tages aber veröffentlichte er einen Aufsatz »*Über die schöne Klarheit*«, mit dem er sich von der Hauptströmung der Zeit und folglich auch von so manchen Freunden lossagte, um eine eigene Schule, den »Klarismus«, zu gründen. Damit hatte er jedoch wenig Glück, und seitdem schloss er sich den verschiedensten Gruppen an, ohne je ihre Programme wirklich ernstzunehmen – an solchen Gruppen, die kaum merkliche, oft nur illusorische Unterschiede in ihren ästhetischen Grundsätzen herausstellten, fehlte es im Silbernen Zeitalter nie. Was aber das Erstaunlichste war: der Weltkrieg, die beiden Revolutionen von 1917 und sogar der Bürgerkrieg samt allen seinen Wirren, schienen diese literarischen Spiele nicht im geringsten zu stören. Das gleiche galt für KUSMINS schriftstellerische Tätigkeit: 1918 brachte er in Petrograd zwei neue Bände Erzählungen und eine Gedichtsammlung heraus, und zwar in einer für Lyrik stattlichen Auflagenhöhe – 2000 –, und als 1919 die Kämpfe an den zahllosen Fronten ihren Höhepunkt erreicht hatten, erschien in der hungernden Stadt an der Newa sein dreiteiliges Buch »*Das wundervolle Leben des Grafen Cagliostro*«, und hinzu kamen an die 35 kritische Artikel. So ging es unverdrossen weiter bis 1924. Dann aber, in der verhältnismäßig ruhigen und liberalen Zeit der sogenannten Neuen Ökonomischen Politik, brach KUSMIN seine dichterische Laufbahn ab. In den ihm verbliebenen zwölf Lebensjahren veröffentlichte er nur noch einmal, 1929, ein Büchlein Gedichte und in vereinzelten Fällen literar- und kunstkritische Beiträge. Seinen Lebensunterhalt versuchte er allein mit Übersetzungen zu bestreiten. Wie war dieser Verzicht zu erklären? Der Hauptgrund lag wohl in der großen Enttäuschung über die Unmöglichkeit, inmitten der sich ständig radikalisierenden sogenannten »proletarischen« Schriftstellergruppen, die schließlich von STALIN in einem nahezu militärisch organisierten Verband der Sowjetschriftsteller zusammengefasst wurden, das Erbe des Silbernen Zeitalters zu bewahren, den Epilog des Silbernen Zeitalters fortzusetzen.

Anders verhielt sich ein zweiter ehemaliger Symbolist, MAXIMILIAN WOLOSCHIN. Er hatte seine Jugendzeit und frühen Mannesjahre in Frankreich verbracht und betrachtete sich selbst als »Wanderer in den Welten«, egal, ob er gerade in seiner Villa auf der Krim saß oder tatsächlich eine seiner zahlreichen weiten Reisen unternahm. Das trug zu seiner allmählichen Abkehr vom Einfluss der französischen und russischen Symbolisten bei, und er schuf eine ganz selbständige, ungemein farbenfreudige lyrische Welt, an der auch seine zweite Berufung als Maler abzulesen war, als Russlands vielleicht bester impressionistischer Maler und Aquarellist. Äußerst vielfältig waren dabei seine religiösen und weltanschaulichen Wendungen, die ihn von der Philosophie WLADIMIR SOLOWJOWS über Buddhismus, Katholizismus und mittelalterliche Mystik zu NIETZSCHE und schließlich zu einer ständigen Beschäftigung mit der Offenbarung des JOHANNES führten. Was seine Einstellung zur revolutionären Bewegung und dann zur Revolution betraf, so betonte er stets, er sei ein »Außenseiter«, ein distanzierter Beobachter des historischen Geschehens, und es zeugte wahrhaftig von außergewöhnlichem Mut, wenn er während des Bürgerkrieges und bis zu seinem Tod im Sommer 1932 den verschiedensten Persönlichkeiten oppositioneller Geistesrichtung in seiner geräumigen Villa Zuflucht bot. Während er in seiner symbolistischen Zeit seine Stoffe größtenteils aus vergangenen Epochen, fremden Ländern oder großen Naturerscheinungen geschöpft hatte, wurde nunmehr Russland zu seinem Hauptthema, doch ergriff er in keinem Augenblick Partei für irgendeine der politischen Fronten. So gelang es ihm, mit seinen vorerst unveröffentlichten, aber von Freunden und Verehrern insgeheim verbreiteten Dichtungen den Geist, die Atmosphäre, das Klima des Silbernen Zeitalters wenigstens innerhalb eines verhältnismäßig engen Kreises der Intelligenzija lebendig zu erhalten. Wenn von einem Epilog des Silbernen Zeitalters in Russland die Rede ist, so gehört dieser Dichter, der sich nie zu einer Anpassung an die neuen Verhältnisse herabließ und lieber »Mensch statt Bürger« sein wollte, sicher zu den Hauptfiguren.

In ähnlich reiner Form wagten es nach der Revolution nur die unverhohlen oppositionellen Vertreter des sogenannten Akmeismus, dieses ideelle Erbe des Jahrhundertbeginns fortzusetzen.

Die jungen Männer und Frauen, die im Zeitraum von 1910 bis 1913 eine, wie sie es nannten, »Werkstatt der Poeten« gebildet und diese dem »Turm« zielbewusst entgegengestellt hatten, benannten ihre Gemeinschaft nach dem griechischen Wort »akme«, was soviel wie Gipfelleistung, Höhepunkt der Entwicklung bedeuten sollte. Wiewohl sich ihr Stil von dem der Symbolisten durch größere Gegenständlichkeit und konkretere Aussage unterschied, war die Wesensverwandtschaft der beiden Richtungen doch unleugbar. Sie war eben zeitbedingt. Als eigentlicher Gründer und unermüdlicher Organisator der Gruppe tat sich der 25-jährige NIKOLAI GUMILJOW hervor, ein Lyriker, der in seinen frühen Werken oft exotische Völker und Landschaften beschrieb und deshalb manchmal als »russischer KIPLING« bezeichnet wurde. Bald schlossen sich ihm die noch jüngere, aber als Dichterin durchaus reife ANNA ACHMATOWA, die ihn bald darauf heiratete, der feinfühlige, für das grazile 18. Jahrhundert schwärmende GEORGI IWANOW, etwas später der durch sein intensives Auftragsbewusstsein und klassisches Sprachgefühl hervorstechende OSSIP MANDELSTAM sowie zahlreiche weniger bedeutende Dichter an.

Höchst aufschlussreich in bezug auf den Epilog des Silbernen Zeitalters waren die Verhaltensweisen und Geschicke der berühmtesten Akmeisten nach dem verhängnisvollen Oktoberumsturz. GUMILJOW verhehlte zwar nie seine negative Einstellung zu den neuen Mächten, unterbrach aber auch nie seine aktiven Bemühungen um die Aufrechterhaltung des literarischen Lebens im bolschewistischen Petrograd. Einzig aufgrund seiner Sympathien wurde er 1921 verhaftet, wegen angeblicher Beziehungen zu einem Aufstand im fernen Jaroslawl verurteilt und hingerichtet. Mit der großen Emigrationswelle von 1922 verließen dann auch die meisten Akmeisten das Land, unter ihnen GEORGI IWANOW, der aber in Paris in ein schmerzliches Heimweh und tiefen Pessimismus verfiel, vier Gedichtbände voller Verzweiflung und Hoffnungslosigkeit herausgab und aus innerster Überzeugung den nahenden Weltuntergang prophezeite. Trotzdem wurde er nach seinem Tode von Lesern und Kritikern einmütig als bedeutendster Dichter der russischen Diaspora geschätzt. Dagegen blieben ANNA ACHMATOWA und OSSIP MANDELSTAM in der Heimat. Aus jener Zeit stammen die von der sowjetischen Kritik stets gepriesenen Zeilen der Dichterin:

> Mir war ein Ruf.
> Die sanfte Stimme
> sprach zu mir tröstend:
> »Komm doch her,
> verlass dein Heimatland für immer,
> dein Russland, dumpf und sündenschwer.«
> Doch hab ich ruhig, kühl und nüchtern
> die Ohren mit der Hand verdeckt,
> damit das würdelose Flüstern
> nicht meinen wehen Geist befleckt.

Doch harrten ihrer unsägliche Schwierigkeiten und Qualen. Im Laufe von achtzehn Jahren durfte sie keine Verszeile publizieren. Währenddessen wurden mehrere ihrer Familienmitglieder, besonders ihr Sohn, wiederholt verhaftet und mussten Jahre über Jahre in Gefängnissen und Lagern verbringen. Erst 1940 konnte ein von der Zensur verunstalteter Auswahlband ihrer Gedichte erscheinen. Bald nach dem Krieg wurde sie vom Zentralkomitee der Kommunistischen Partei aller erdenklicher Sünden beschuldigt und aus dem Schriftstellerverband ausgestoßen. Zwar war es ihr vergönnt, doch noch etwas liberalere Zeiten zu erleben, das Silberne Zeitalter indes lag nunmehr in nebliger Vergangenheit. Ihr Hauptwerk aber, der große Gedichtzyklus »Requiem«, erschien erst viele Jahre nach ihrem Tode, in der Perestrojka-Zeit.

Der andere bedeutende Akmeist, OSSIP MANDELSTAM, begann mit einer Lyrik, die durch Formstrenge, reifes Geschichtsbewusstsein und sinnklare Aussage bestach, und er wusste diese Linie auch eine Zeitlang nach der Revolution fortzusetzen, was vor dem Hintergrund der immer stärker auftrumpfenden klassenkämpferischen Avantgarde-Dichtung als Herausforderung ohnegleichen empfunden werden musste. Bald begann denn auch die politische Hetze gegen ihn. Auf die Drucklegung eines Auswahlbandes verzichtete er noch 1933, weil ihm die Zensur die verschiedensten Korrekturen aufzwang. Schon im nächsten Jahr wurde er verhaftet und nach Woronesh verbannt, und während des großen Terrors 1938 kam er in einem der fernöstlichen Zwangsarbeitslager um.

So gestaltete sich das Schicksal einer ganzen Generation der Intelligenzija.

Neben all diesen richtunggebenden Geistern wirkten damals noch zahlreiche andere Dichter von bleibender Bedeutung und oft sehr unterschiedlichem Lebenslauf, ohne die das Bild des Silbernen Zeitalters unvollständig wäre. Um nur einige zu nennen: MARINA ZWETAJEWA und BORIS PASTERNAK, BORIS SAIZEW und WLADISLAW CHODASSEWITSCH, ALEXEJ REMISOW und FJODOR SOLOGUB, ALEXEJ N. TOLSTOI und ILJA EHRENBURG, JULI AICHENWALD und KORNEJ TSCHUKOWSKI...

Wie paradox es klingen mag, die lebendige Wahrung und Fortführung des Silbernen Zeitalters sollte letztlich einem Dichter beschieden sein, der ursprünglich aus einer ganz anderen Richtung kam, der im Gegenteil ein echter Erbe der realistischen Tradition des 19. Jahrhunderts gewesen war. Anders als die meisten Symbolisten und Akmeisten begriff IWAN BUNIN sogleich, was im Lande vor sich ging, schrieb die erschütternde Kampfansage an den Oktober, »Verfluchte Tage«, und emigrierte bereits während des Bürgerkrieges nach Paris. Dort schilderte er in mehreren klassischen autobiographischen und generationsbiographischen Werken voll eindringlicher Poesie das Land, die Zeit und die Atmosphäre, die das Silberne Zeitalter geprägt hatten. Und als er 1933 mit dem Nobelpreis ausgezeichnet wurde, sagte der Philosoph BERDJAJEW nicht umsonst, diese Auszeichnung gelte der gesamten russischen Renaissance des Jahrhundertbeginns.

(06.10.1998)

Die russische Philosophie im Silbernen Zeitalter

Seit den 90-er Jahren des vorigen Jahrhunderts [des 19.] – damals begann das unvergessliche Silberne Zeitalter der russischen Kultur – wurde in den gelehrten Kreisen verschiedener eruopäischer Länder bekannt, dass in dem exotischen Riesenreich an der Ostgrenze des Kontinents eine eigene Philosophie im Entstehen war, die nicht mehr bloß westliches Denken den nationalen Gegebenheiten anpasste, nicht mehr bloß VOLTAIRE und KANT, SCHELLING und HEGEL, SPENCER und COMTE, FEUERBACH und MARX, SCHOPENHAUER und NIETZSCHE nach eigenen Mustern interpretierte und ergänzte, sondern eine ganz neue Gedankenwelt aufbaute, eine Welt, die dennoch ihrem innersten Wesen nach zu Europa, zur abendländischen Geistestradition gehörte.

Es ist heute, nach einem guten Jahrhundert, sehr schwer festzustellen, inwiefern der Name des Begründers und Protagonisten der russischen philosophischen Schule, der dank seiner ungemein vielseitigen Kreativität eigentlicher Urheber der gesamten russischen Renaissance, des gesamten Silbernen Zeitalters war, WLADIMIR SOLOWJOW, den damaligen europäischen Geisteswissenschaftlern ein Begriff gewesen sein mochte. Es muss sonderbar erscheinen: Russlands geistige Ausstrahlung war in der zweiten Hälfte des 19. Jahrhunderts keineswegs gering, Schriftsteller wie LEW TOLSTOI und DOSTOJEWSKI, etwas später auch TSCHECHOW und GORKI, gehörten zu den anerkannten Größen der zeitgenössischen Literatur, aber ein Geistestitan wie WLADIMIR SOLOWJOW blieb den meisten Intellektuellen fremd, wenn nicht völlig unbekannt. Warum?

Entscheidend war meines Erachtens der Umstand, dass sein Denken in seinen Grundlagen nicht der besonderen Art messianistischer Träumerei entsprach, welche damalige westliche Intellektuelle der verschiedensten geistigen und ideologischen Richtungen von russischer Seite erwarteten. Viele religiös Interessierte hatten sich für die leidenschaftlichen weltanschaulichen, stets in ostkirchlichem Sinn gehaltenen, ja die Orthodoxie überhöhenden Verkündungen DOSTOJEWSKIS begeistert oder aber das außerkirchliche Christentum LEW TOLSTOIS zum Wahrzeichen eines neuen Glaubens erhoben. Die Atheisten orientierten sich auf das reine russische Westlertum, bis hin zu seinen revolutionären Formen, zu den auch in Westeuropa weit verbreiteten Schriften eines ALEXANDER HERZEN. Die Radikalen schließlich bewunderten die russische studentische Jugend, ihren Verschwörungselan und ihre Philosophen, MICHAIL BAKUNIN und PJOTR KROPOTKIN.

Die Ideenwelt WLADIMIR SOLOWJOWS dagegen, die, trotz zahlreicher Wendungen in einzelnen konkreten Problemstellungen, stets ein geschlossenes System blieb, in dem unterschiedliche Wesenszüge

(023) Die russische Philosophie im Silbernen Zeitalter

uralter und neuer russischer Weltbetrachtung verschmolzen, wurde von den Trägern eines längst erstarrten Russlandbildes innerlich abgelehnt, da diese Ideen in mancherlei Hinsicht den hergebrachten Vorstellungen vom echt Russischen widersprachen. Aber eigentlich war es gerade Solowjow beschieden, diese exotisierenden Vorstellungen zu erschüttern.

Denn Solowjow war einerseits ein Verfechter und Fortsetzer des in Russland so traditionsreichen religiös-mystischen Denkens, dem er in einem grandiosen philosophischen System unter dem symbolischen Zeichen der Sophia Ausdruck verlieh, andererseits aber auch im Laufe seines ganzen Lebens ein Seher besonderer Art, der die verschiedensten irdischen Utopien in sich aufnahm und in oft überhöht irrealer, abstrahierter, sogar bizarrer Form zu einem Teil seines Credos machte. Der vielleicht bemerkenswerteste Fall dieser Art war seine Vision einer vereinigten Christenheit unter der geistlichen Führung des Papstes in Rom und der weltlichen Herrschaft des Zaren in St. Petersburg. Diese Phantasie, die er natürlich mit der Zeit aufgab, bildete den Ausgangspunkt zweier Hauptrichtungen seiner gesamten Weltsicht: Bei aller mystischen Vertiefung in das Ideal der Sophia vertrat Solowjow stets konsequent einen kirchlichen und religionsphilosophischen Ökumenismus, und trotz starker anfänglicher Beeinflussung durch die Ideen des frühen Slawophilentums widmete er in der Folgezeit einen großen Teil seiner essayistischen und publizistischen Schriften gerade der Widerlegung und geistigen Vernichtung der slawophilen Theorien, der slawophilen ideologischen und politischen Bestrebungen. Somit wurde er objektiv zum Bahnbrecher eines neuen russischen Kosmopolitismus im 20. Jahrhundert, jenes Kosmopolitismus, der dem Silbernen Zeitalter zugrunde lag. Solowjows unmittelbarer Einfluss auf die Zeitgenossen war alles andere als einseitig, mehrere philosophische und literarische Schulen von sehr unterschiedlicher Prägung schöpften aus ihm und beriefen sich auf ihn, doch entscheidend sollte eben nicht seine vielgestaltige, vielschichtige Lehre sein, sondern die Atmosphäre, die sein geistiges Gesamtwerk hinterließ. Kennzeichnend ist unter anderem die Tatsache, dass er, der schon zu Lebzeiten zahlreiche bedeutende Philosophen zu seinen Schülern zählen durfte, wie etwa die Brüder Trubezkoi, doch erst im neuen Jahrhundert, das er nicht mehr erblicken sollte (er starb am 31. Juli 1900), seine eigentliche, ich würde sagen prophetische Mission erfüllte. Er verlieh der russischen Kultur und Geistigkeit überhaupt, der russischen Philosophie aber insbesondere, eine Sensibilität für die objektiven Bestrebungen und Entwicklungswege der Epoche, die dazu angetan war, erstmalig in der russischen Geschichte eine ganze Generation international bedeutender und für die innerrussische psychopolitische Evolution maßgeblicher Denker hervorzubringen.

Die Schule Wladimir Solowjows gilt allgemein als religionsphilosophische Bewegung. Eine solche Definition ist an und für sich keinesfalls verfehlt, nur sollte man sie nicht allzu eng und einseitig auffassen. Es handelte sich durchweg um profilierte Geister, denen die spezifisch humanistischen, allgemeinkulturellen Perspektiven des Silbernen Zeitalters einerseits und die spannungsreichen, alarmierenden Probleme jener politisch extrem gefährlichen, aufruhrgeplagten Jahrzehnte andererseits nie gleichgültig blieben. Sie äußerten sich nicht nur ständig zu akuten Tagesfragen – sie taten auch das Menschenmögliche, um die politischen, sozialen und psychogenetischen Prozesse der Zeit mitzugestalten.

Der zweifellos berühmteste unter ihnen war Nikolai Berdjajew. Betrachtet man sein Gesamtwerk aus heutiger Sicht, so scheint es überaus bunt und sogar widerspruchsvoll. Da zudem eine außergewöhnlich vielfältige Literatur über ihn vorliegt, deren Verfasser sehr unterschiedliche Wesenszüge seines Denkens hervorheben, könnte leicht der Eindruck entstehen, er hätte alle paar Jahre seine allgemeinen Grundsätze und seine Ansichten zu konkreten philosophischen Themen gewechselt. Das wäre indes eine grundfalsche Auffassung.

Allerdings begann er in jungen Jahren als Marxist. Doch brachte ihn seine umfangreiche Lektüre bald zur Verneinung der philosophischen Grundlagen des Marxismus, wenn er auch dessen soziales Programm noch längere Zeit verteidigte. Er bildete um sich eine ganze Gruppe, die sich »legale Marxisten« nannte, aber bald geschlossen zu einem, wie es Berdjajew nannte, »religiösen Realismus« überging. Das bedeutete eine außerkirchliche Deutung der Religionsphilosophie sowohl als mystischer Seins- und Geistesinterpretation wie auch als Theologie im eigentlichen Sinne des Wortes. Doch bei Berdjajew änderte sich auch diese Einstellung noch während des Silbernen Zeitalters, und zwar zu einer Geisteshaltung hin, die von einigen seiner Biographen als »romantischer Moralismus« bezeichnet wurde. Als die Revolution ausbrach, hatte somit dieser Philosoph und philosophierende Publizist bereits einen scheinbar sehr wechselvollen Weg zurückgelegt. Doch war dieser Weg stets von einem unerschütterten Sendungsbewusstsein bestimmt, und das war entscheidend. Der Auftrag aber hieß: Der Geist.

Das Paradoxe am Silbernen Zeitalter war, dass es, rein äußerlich betrachtet, mit einer für das Geistige, für den Aufschwung von Kultur und Bildung, für jeden echten Idealismus durchaus ungünstigen Periode nationaler Entwicklung zusammenfiel, da einerseits die ökonomischen Belange der stürmisch aufstrebenden russischen Industrie eine weitgehende Konzentration des öffentlichen Interesses auf die materiellen Aspekte, auf die im engsten Sinne des Wortes wirtschaftlichen und sozialen Seiten des Volkslebens bedingte und andererseits der noch aus dem vorigen Jahrhundert stammende, revolutionäre Fanatismus eines großen Teils der jungen Intelligenz, und vor allem der Studenten, jetzt durch die Empörung zahlloser enttäuschter und verarmter Fabrikarbeiter und Kleinbauern unterstützt wurde. Mitten im Silbernen Zeitalter, in den Jahren 1905-1907, wurde das Land von blutigen Wirren ohnegleichen heimgesucht. Die gesamte Staats- und Gesellschaftsordnung schien aus den Fugen zu gehen. Doch gerade dank der idealistischen Unbeirrbarkeit eines BERDJAJEW und seiner philosophischen Gesinnungsgenossen blieb das geistige Klima der Zeit von diesen Stürmen verschont.

Dass diese Behauptung nicht übertrieben ist, beweist der gewaltige Einfluss, den zu jener Zeit ein Sammelband unter dem Titel »Wegzeichen« ausübte, in dem nicht von ungefähr BERDJAJEWS Essay an erster Stelle stand, aber auch die Artikel von GERSCHENSON, BULGAKOW, FRANK, STRUVE und anderen führenden Intellektuellen maßgeblich zur Aufrechterhaltung und weiteren Entfaltung des renaissanceartigen Geisteslebens der Zeit beitrugen. Das nie dagewesene Aufsehen, das dieses Buch erregte, die Bestürzung und Wut, die es in den Kreisen der Berufsrevolutionäre hervorrief, sprachen Bände. Russland hätte sich gewiss weiterhin zu einem der bedeutendsten Zentren europäischer Kultur und europäischer Lebensweise entwickelt, wäre es nicht durch den Eintritt in den ersten Weltkrieg in eine verhängnisvolle Reihe divergierender und letztlich tragischer politischer Ereignisse hineingezogen worden. Die fatale Siegessicherheit des Zarenhofes widersprach dabei ganz und gar der Atmosphäre des Silbernen Zeitalters.

Auch die Europäisierung gehörte zu den vornehmsten Anliegen BERDJAJEWS. Seine Bestrebungen trugen hierbei einen etwas anderen Charakter als die WLADIMIR SOLOWJOWS. Nicht den kirchlichen Ökumenismus als solchen hatte er im Auge, sondern die Einbeziehung der russischen Religionsphilosophie als organischen, nicht wegzudenkenden Bestandteil in die Religionsphilosophie, in das philosophische Denken des Abendlandes überhaupt. Den weitaus größeren Teil seiner Bücher schrieb er, nachdem er 1922 zusammen mit fast allen nichtmarxistischen Philosophen und Geisteswissenschaftlern Russlands auf Weisung LENINS hin, überraschend und in größter Eile, mit einem gewöhnlichen Passagierschiff zwangsweise außer Landes gebracht und in einem kleinen deutschen Ostseehafen abgesetzt worden war.

Die ständige unmittelbare Berührung mit dem europäischen Geistesleben und insbesondere den religiös-philosophischen Diskussionen in der russischen Diaspora beeinflussten nunmehr sein eigenes Schaffen auch im Sinne einer zunehmenden Konzentration auf das Problem »Russland und der Westen«. Charakteristisch war in dieser Hinsicht eine ausführliche Untersuchung über die Bedeutung und die Bedeutungsnuancen des für ihn zentralen Begriffes, »Geist«, in den verschiedensten Sprachen. Ohne eine vollständige Einführung in den besonderen Sinn, den er diesem Wort zulegte, sind seine späteren Werke sehr schwer verständlich.

Eine ganz eigenartige Linie in seinen Bemühungen um die Europäisierung bildeten zudem gewisse sprachliche Merkwürdigkeiten seiner Schriften. Er wollte nämlich den russischen Satzbau dem der meisten westlichen Sprachen anpassen. Zu diesem Zweck benutzte er ständig die dritte Person Einzahl des Verbs »sein«, »ist«, die sonst im Russischen nur in einer spezifischen Bedeutung, »ist vorhanden«, gebraucht wird, ja er setzte sie oft sogar statt anderer, weitaus passenderer Verben ein. Das verleiht seinen Texten eine gewollte Fremdartigkeit, aber mitunter auch eine Art mathematischer Bestimmtheit. Dass er mit dieser sonderbaren Sprachreform einigen Erfolg hatte, beweist die Tatsache, dass dieses so gar nicht russische »ist« manchmal unerwarteterweise bei einem seiner Leser auftauchte, der ihm durchaus nicht wohlgesonnen war, nämlich bei LENIN.

Unter den Verfassern der berühmten »Wegzeichen«« befanden sich mehrere Philosophen, die durch eine Art Wahlverwandtschaft mit BERDJAJEW verbunden waren. Am auffälligsten trat dies bei SERGEJ BULGAKOW zutage. Auch er war ursprünglich ein »legaler Marxist« gewesen und hatte in eingehenden wirtschaftswissenschaftlichen Abhandlungen die Gültigkeit des Marxismus für russische ökonomische Verhältnisse untersucht, dabei aber bereits KANTS kritische Gnoseologie angewendet. Schon 1903 indes schrieb er den grundlegenden Artikel für einen Sammelband mit dem vielsagenden Titel »Vom Marxismus zum Idealismus«. Seitdem galt sein philosophisches Engagement dem unentwegten Kampf gegen den sogenannten dialektischen Materialismus und darüber hinaus gegen jede Art Positivismus und Atheismus. Er bekannte sich nicht nur zu WLADIMIR SOLOWJOW und dessen Lehre von der Gottesmenschheit, sondern ging in seinem religiösen Philosophieren viel weiter und empfing schließlich als Professor für Wirtschaftsgeschichte und -theorie der Universität Moskau die Priesterweihe. In den Büchern »Ein Licht nicht am Abend« und »Philosophie der Wirtschaft« propagierte er eine christliche Metaphysik, deren »einziges und universelles Problem«, wie er schrieb, »Gott sein sollte«. Die Verkörperung des Solowjowschen Ideals der unendlichen und allumfassenden Sophia fand er in der Gottesmutter, in ihr allein. Doch obwohl sein Denken kaum von den Postulaten der orthodoxen Theologie abzuweichen schien und obwohl sein Einfluss im Westen wie auch im russischen Westlertum in keiner Weise mit dem SOLOWJOWS oder BERDJAJEWS zu vergleichen war, blieb er doch stets ein echter und einflussreicher Exponent des Silbernen Zeitalters, da er in allen seinen zahlreichen Wirkungssphären ein idealistisches Weltbild vertrat, wie es für diese Epoche charakteristisch, ja entscheidend war, und da er in keinem Sinn je gegen den kirchlichen Ökumenismus, gegen den gesellschaftlichen Kosmopolitismus, gegen den geistigen Universalismus und Internationalismus auftrat.

Ein anderer Mitautor der »Wegzeichen«, PJOTR STRUVE, hatte überhaupt als hundertprozentiger Marxist begonnen. Er verfasste seinerzeit das Manifest des ersten Parteitages der russischen Sozialdemokratie und übersetzte den ersten, den weitaus wichtigsten Band des Hauptwerks von KARL MARX, des »Kapital«. Doch schon kurz danach wandte er sich unter dem Einfluss WLADIMIR SOLOWJOWS und des »metaphysischen Idealismus«, der von der Gruppe ehemaliger »legaler Marxisten« nunmehr als weltanschauliche Grundlage übernommen wurde, einer anderen, liberalen sozialphilosophischen und politischen Position zu. Er fuhr nach Deutschland und gründete den »Bund der Befreiung«, aus dem dann die mächtige Konstitutionell-Demokratische Partei hervorgehen sollte, die bis ins Jahr 1917 hinein eine so überragende Rolle spielte. Auch sein philosophisches Wirken blieb in einem gewissen Sinn stets mit seiner politischen Tätigkeit verbunden. Doch war dabei bezeichnend, dass er als Duma-Abgeordneter und Vorstandsmitglied einer durchaus weltlichen Partei in seiner philosophischen Publizistik doch religiöse Motive betonte. Den Weg zur ökonomischen und sozialen Erneuerung Russlands sah er in einer christlichen Erziehung des Volkes zur Achtung der menschlichen Persönlichkeit als höchster Schöpfung Gottes. In der Geschichtsphilosophie vertrat er einen dem Marxismus entgegengesetzten Indeterminismus, und das konnten und wollten ihm die russischen radikalen Marxisten mit LENIN an der Spitze nicht verzeihen, denn diese Gedankenrichtung führte zwangsläufig zur Verneinung der Notwendigkeit einer Revolution. Als aber der Oktoberumsturz dem gleichen LENIN die Macht in den beiden Hauptstädten gesichert hatte, schloss sich STRUVE der sogenannten weißen, antibolschewistischen Bewegung in den russischen Provinzen an, und nach deren Niederlage emigrierte er. In Jugoslawien, wo er sich niederließ, erinnerte er in Reden und Aufsätzen immer wieder an die großen Möglichkeiten und Potenzen Russlands zu Beginn des Jahrhunderts – es waren Worte nostalgischer Trauer um eine Blüte ohne Wiederkehr, um das Silberne Zeitalter.

STRUVES Biograph, SEMJON FRANK, war in seiner Jugend wegen marxistischer Propaganda für kurze Zeit des Landes verwiesen worden und hatte dann ebenfalls einen wichtigen Beitrag für die »Wegzeichen« geleistet. Seine philosophischen Interessen in den Jahren vor dem Weltkrieg lassen sich leicht an den Titeln seiner Schriften erkennen: »Nietzsche und das Ethos der Liebe zum Fernen«, »Die Gnoseologie Goethes«, »Spinozas Lehre von den göttlichen Attributen«, »Philosophie und Leben«, »Die Ethik des Nihilismus«, wobei bemerkt werden muss, dass gerade die russische revolutionäre Bewegung generell auf den Nihilismus des 19. Jahrhunderts zurückgeführt wurde. Sein Denken gründete sich nunmehr auf einen »christlichen Pantheismus«, den er bis an sein Lebensende vertrat. 1922 gehörte er auch zu den Ausgestoßenen, die auf dem berühmten »Philosophenschiff« nach Deutschland gebracht wurden. Damals war aber bereits der Ruhm seines mitten im Kriege erschienenen Buches »Der Gegenstand der Erkenntnis« in die Gelehrtenkreise des Westens gedrungen, und so wurde er an mehrere deutsche Universitäten berufen. 1937 allerdings musste er, da sein Vater jüdischer Herkunft gewesen war, nach Frankreich und später nach England emigrieren. In den letzten Lebensjahrzehnten entwickelte er eine Theorie, die den Hauptbegriff der russischen Slawophilen, »sobornost«, der eigentlich »Sammlung« bedeutet, in dem aber auch »Tempel« oder »Kathedrale« anklingt und der seinerzeit zum höchsten Ideal des Slawentums erklärt wurde, auf die ganze Menschheit anwandte. Allem Menschlichen liege das Wir-Bewusstsein zugrunde, wogegen das Ich-Bewusstsein erst bei der Begegnung mit dem »Du« entstehe, was aber wiederum zum Wir-Bewusstsein führen müsse. Das »Wir« bestimme das gesamte soziale Leben, denn die Realität als solche bestehe nicht aus einer Vielzahl von Monaden, sondern aus deren gegenseitiger Durchdringung und Verschmelzung. Das gleiche gelte indes auch für die Völker der Erde, obwohl die Unvollkommenheit ihres empirischen Zustandes die Möglichkeit einer solchen rein menschlichen Vervollkommnung begrenze. Damit verkündete FRANK im Grunde einen Kosmopolitismus, der die psychische Atmosphäre des russischen Silbernen Zeitalters zur philosophischen Kategorie erhob.

Eine ähnliche Aufgabe stellte sich ein anderer Passagier des »Philosophenschiffes«, NIKOLAI LOSSKI, wenn er »die gesamte Welt als einheitliches organisches Ganzes darstellen« wollte. Sein Hauptgebiet war freilich die Psychologie, und eine solche Weltdarstellung war aufs engste mit seiner Lehre von der Intuition verbunden. Jegliche Erkenntnis beruht nach LOSSKI auf sinnlicher, intellektueller oder mystischer Intuition. In der Ethik vertrat er einen absoluten Gegensatz: Mit Gott oder gegen Gott – so hieß sein einziges, allumfassendes Kriterium der Sittlichkeit, und das machte ihn von Anfang an zum Gegner des Marxismus und damit später zum schwarzen Schaf für die offizielle Philosophie der Sowjetzeit. Doch besonders hitzig wurden die Angriffe auf ihn in seiner schon seit langem so fernen Heimat, als er mit 84 Jahren in Paris eine »Geschichte der russischen Philosophie« veröffentlichte. In sowjetischen Kritiken wurde behauptet, dass er die angeblich so überreichen materialistischen Strömungen ignoriert habe, was schlechterdings nicht stimmte. Bis zuletzt, und er wurde 95 Jahre alt, blieb er der Weltanschauung treu, deren Anstoß aus dem gewaltigen Erbe WLADIMIR SOLOWJOWS kam.

Ein anderer russischer Philosoph von übernationaler und überzeitlicher Bedeutung lebte indes schon lange vor der Revolution vorzugsweise im Ausland, und zwar überwiegend in der Schweiz. Es kam so weit, dass er sein eigenes Pseudonym, das auf russisch »SCHESTÓW« lautete, mit der deutschen Betonung »SCHÉSTOW« aussprach (in Wirklichkeit hieß er SCHWARZMANN). Doch bei all dem blieb sein Denken stets dem Hauptstrom der russischen Philosophie verhaftet, es blieb stets ein Faktor des Silbernen Zeitalters, und in mancherlei Hinsicht darf es als geistiges Pendant zu BERDJAJEWS Philosophie angesprochen werden. Er begann mit einer langen Reihe literaturphilosophischer Bücher, von denen hier nur einige genannt werden sollen, deren Titel manches aussagen: »Die großen Vorabende«, »Das Gute, gedeutet von Tolstoi und von Nietzsche«, »Die Philosophie der Tragödie bei Dostojewski und bei Nietzsche«. Ausgerechnet im Jahr der großen Wirren 1905 erschien dann seine fundamentale philosophische Abhandlung »Apotheose der Bodenlosigkeit«. Später folgten Bücher über Wladimir Solowjow, Husserl und Kierkegaard, in denen er mit ehrfürchtigem Pathos die irrationale Wahrheitssuche weitgehend intuitiver Philosophie hervorhob. Im Jahre 1938 schließlich kam in deutscher Übersetzung sein bedeutendstes Werk heraus, es hieß »Athen und Jerusalem« – sein Originaltext aber bleibt bis heute, soweit bekannt, ungedruckt. Doch worüber Lew Schestow auch schrieb, welche Probleme er auch aufgriff, wie weit er in seinen oft extremen und manchmal widersprüchlichen Lehrmeinungen auch ging, immer bestach er durch die echte Leidenschaft freien Denkens, immer wusste er als Verteidiger eines keineswegs vernunftwidrigen Antirationalismus und eines eigenartigen religiös-humanistischen Existentialismus zu überzeugen. Im Grunde verteidigte er dabei das Ethos und die Ästhetik des Silbernen Zeitalters gegen eine allzu einseitige Rationalität, gegen den modernen Szientismus oder, wie er es nannte, gegen das Prinzip der Arithmetik.[17]

Eine bemerkenswerte Persönlichkeit der russischen Geistesgeschichte war auch ein weiterer Autor der »Wegzeichen«, Michail Gerschenson, der aber als Philosoph meist verkannt wird und nur als klassischer Kulturhistoriker gilt. Dabei war sein Versuch, als geborener Jude eine Synthese des russischen orthodoxen Bekenntnisses älterer und neuerer Zeit, der westlerisch-katholisch gefärbten Denkweise eines Tschaadajew und eines Petscherin und der zeitgenössischen europäischen, von Nietzsche beeinflussten Philosophie zu erzielen, keinesfalls so paradox, wie es auf den ersten Blick erscheinen mag. Jedenfalls mussten sogar seine entschiedenen Gegner, die doktrinären Ideologen der Sowjetzeit, mitunter anerkennen, dass er ein durchaus selbständiges System des »subjektiven Idealismus« aufgebaut hatte. Allerdings waren und sind vor allem seine einfühlsamen Schriften über die Traditionen und Höhepunkte des russischen Literaturlebens vergangener Epochen in den verschiedensten Leserkreisen populär und geschätzt, und das erleichterte eine Vertuschung seiner eigentlich philosophischen Botschaft. Nach der Revolution lebte Gerschenson abwechselnd in Moskau und Petrograd, veröffentlichte indes auch manche neue Studien im Ausland. Er starb 1925, ehe die blutige Verfolgung Andersdenkender begonnen hatte.

Doch wäre es falsch anzunehmen, dass sich im Silbernen Zeitalter nicht zugleich auch eindeutig materialistische, positivistische Tendenzen entwickelten und eigene Schulen der Philosophie bildeten. Zu den herausragenden Denkern dieser Periode gehörte zweifellos ALEXANDER BOGDANOW. Sein Lebensweg wies eine Reihe sonderbarer Wendungen und Windungen auf. Mit etwa 17 Jahren schloss er sich den sogenannten »revolutionären Volkstümlern« an, die den Traditionen der anarchistischen Sozialphilosophie eines BAKUNIN oder eines KROPOTKIN treu blieben, geriet dann aber in den Bann des Marxismus, wurde Sozialdemokrat und schließlich Bolschewik, ja eine führende Persönlichkeit dieser Bewegung. In den wirtschaftstheoretischen und gesellschaftswissenschaftlichen Schriften dieser Zeit behielt der studierte Arzt aber stets gewisse Standpunkte bei, die mit den Dogmen des Marxismus nicht ganz übereinstimmten. So bestand er darauf, dass das Proletariat, das heißt, die ja größtenteils aus gestrigen Bauern bestehende Klasse der russischen Fabrikarbeiter, zunächst eine ausgeprägte eigene Kultur erwerben müsse, ehe von einer politischen und ökonomischen Diktatur die Rede sein könnte. In mehreren naturphilosophischen Abhandlungen vertrat er zeitweilig den Energetismus OSTWALDS und weiterhin den Empiriokritizismus von MACH und AVENARIUS, bis er letztlich ein eigenes, durchaus originelles System, den Empiriomonismus, in drei Bänden darlegte. Die Situation zeitgenössischer Philosophen, die sich, wie er betonte, ehrlich um eine endgültige Lösung des Rätsels des Lebens bemühten, verglich er mit der Verlorenheit des Jünglings in HEINRICH HEINES Nordseegedicht, der da Wogen, Wind und Wolken nach der Bedeutung des Menschen und seines Daseins befragt, und wo der Schluss lautet: »*Ein Narr wartet auf Antwort*«. Derartige Abweichungen von der marxistischen Doktrin stießen begreiflicherweise auf die heftige Kritik LENINS, und bald darauf wurde BOGDANOW aus der Partei ausgestoßen. Er gründete nunmehr eine Schule für Gesinnungsgenossen auf Capri, der italienischen Insel, wo auch MAXIM GORKI und der schon damals berühmte bolschewistische Intellektuelle ANATOLI LUNATSCHARSKI längere Zeit ihren Wohnsitz hatten. Der von ihnen initiierte sogenannte »Gottesaufbau« hatte nichts mit der »Gottessuche« vieler religiöser Denker jener Epoche zu tun, war aber zweifellos ein Versuch der Sinngebung bestimmter sozialer, genauer sozialistischer Utopien. Doch spiegelte sich das im philosophischen Denken BOGDANOWS auf besondere Art. Er erklärte, die Gegenüberstellung von Materie und Geist, auf der ja die gesamte marxistische Theorie des dialektischen Materialismus beruht, sei ein Fetisch und Idol der Erkenntnis, entstanden aus bestimmten Arbeitsverhältnissen der Menschen, die es zu überwinden gilt. Die »ewigen Fragen« nach der Erstursache, nach Zweck und Ziel der Menschheit und des Kosmos seien dabei nur sinnlose Wortkombinationen, stellten sie doch kein Objekt möglicher Erfahrung dar. Die Tatsache aber, dass diese Fragen ewig das Bewusstsein der Menschen beschäftigten, bezeichnete BOGDANOW als eine psychische Krankheit, die nie geheilt werden könne. Denn sie wäre immer und für alle ein identischer Festpunkt im Chaos des Lebens. Doch führte er dieses Chaos als sol-

(023) Die russische Philosophie im Silbernen Zeitalter

ches auf die gesellschaftlichen Beziehungen im Zeitalter der Bourgeoisie zurück. Deshalb begrüßte er, nachdem er im Ersten Weltkrieg zwei Jahre lang als Arzt an der Front gedient hatte, trotz allen Differenzen mit LENIN die Oktoberrevolution. Aber dann wollte er die neue Gesellschaftsordnung auf seine eigene Art gestalten. Er legte dabei besonderen Wert auf zwei Hauptfaktoren, die er bereits im Silbernen Zeitalter in unzähligen Büchern und Aufsätzen propagiert hatte: Kultur als Vorbedingung von Macht und Wohlstand; Organisationswissenschaft als Grundlage jeglichen Fortschritts.

Dementsprechend gründete er zusammen mit einigen Gleichgesinnten mitten im Bürgerkrieg den sogenannten »Proletkult«, eine rührige und lautstarke Vereinigung von Kulturschaffenden sehr unterschiedlichen Niveaus, die sich der bolschewistischen Revolution verschworen hatten. Doch veranlasste ihn seine tatsächlich alles andere als eindeutige und zudem stark schwankende Position im Hinblick auf die marxistische Theorie, diesen alsbald von dogmentreuen Halbintellektuellen beherrschten Bund mehr oder minder demonstrativ zu verlassen. Um so eifriger widmete er sich nunmehr dem Ausbau und der Verallgemeinerung seiner Organisationslehre, deren Inhalt und Tragweite zunehmend über den Rahmen und die praktischen Bedürfnisse der sowjetischen Gesellschaft, der sowjetischen Wirtschaft, des sowjetischen Staatssystems hinausging. Diese Lehre wurde weder von den unmittelbaren Adressaten noch von unparteiischen Forschern, weder von ausländischen Beobachtern noch von mehreren daraufflogenden Generationen nach Gebühr gewürdigt. Erst als NORBERT WIENER nach dem Zweiten Weltkrieg in seinen epochalen Schriften die Wissenschaft der Kybernetik entwickelte, wurde klar, dass BOGDANOW vieles, sehr vieles davon schon 20 Jahre zuvor antizipiert hatte. Neuerdings ist zudem darauf hingewiesen worden, dass seine Gedankengänge bereits wesentliche Elemente der modernen Informationstheorie enthielten.[25] Somit wurde dieser alte Revolutionär zwar berühmt als Kritiker des dogmatischen Marxismus von innen, und durch LENINS Angriffe wurde sein Name zum Begriff für jeden Oberschüler der Sowjetzeit, aber seine eigentlichen Leistungen blieben jahrzehntelang unerkannt. Ein besonderer Schimmer umgab allerdings stets seinen Tod. 1926 hatte er ein wissenschaftliches Institut zur Vervollkommnung der Bluttransfusion gegründet, und zwei Jahre darauf starb er, als er einen gewagten Versuch an sich selber unternahm.

Das Silberne Zeitalter hatte mit einem großen religiösen Denker und Universalgenie, WLADIMIR SOLOWJOW, begonnen, und man kann sagen, dass sein Epilog ein halbes Jahrhundert später mit einem großen religiösen Denker und Universalgenie endete. Dieser Philosoph, Theologe, Sprachwissenschaftler, Ästhetiker, Semiotiker, Mathematiker, Physiker und Erfinder hieß PAWEL FLORENSKI. Es war nur natürlich, dass bei jeglichen Vergleichen des Wirkens und Schaffens der beiden Titanen stets ihre weitgehende geistige Verwandtschaft den Ausschlag gab. Um so wichtiger ist es aus historischer Sicht, auch die durch den Wechsel der Epochen bedingten Unterschiede hervorzuheben.

Eine gewisse Bedeutung hatte in dieser Hinsicht schon die Herkunft. WLADIMIR SOLOWJOWS Vater war Begründer der klassischen russischen Geschichtswissenschaft des 19. Jahrhunderts gewesen. Seine 29-bändige Geschichte Russlands gehört bis auf den heutigen Tag zu den Standardwerken, die jeder humanistisch Gebildete im Lande kennen muss. SOLOWJOWS Mutter stammte von SKOWORODA ab, dem unbestritten größten Philosophen der Ukraine. Demgemäß genoss der künftige Wegbereiter des Silbernen Zeitalters von jung auf den Umgang so mancher prominenter Geister der vorangegangenen Epoche. FLORENSKI dagegen war Sohn eines im Kaukasus angestellten Eisenbahningenieurs und einer armenischen Mutter. Er neigte schon früh zu physikalischer Naturbeobachtung und mathematischen Grübeleien, war als Gymnasiast in Tbilisi überzeugter Atheist und belegte dann an der Universität Moskau gleichzeitig Vorlesungen in drei Studienbereichen: Mathematik, Philologie und Philosophie. Nach dem Abschluss drängten ihn seine Professoren, als Mathematikdozent an der Universität zu bleiben, doch zog er ein Studium an der Geistlichen Akademie vor. Nach vier Jahren promovierte er hier mit einer Dissertation »Über die religiöse Wahrheit«, erhielt den Lehrstuhl für Geschichte der Philosophie, den er alsdann in Geschichte der Weltanschauungen umbenannte, empfing bald darauf die Priesterweihe. Zugleich war er Chefredakteur der wichtigsten religiösen und theologischen Zeitschrift, blieb aber der christlich-sozialen Bewegung und der Politik überhaupt fern. Um diese Zeit erschien sein Hauptwerk »Der Pfeiler und Grundfeste der Wahrheit«, das gleichsam den Gipfel der gesamten Religionsphilosophie des Silbernen Zeitalters darstellte. Nach der Revolution verließ er die Heimat nicht, da er meinte, an der Bewahrung, Pflege und Fortentwicklung der Kultur mitwirken zu können. Er bemühte sich ständig um die Einheit der heftig zerstrittenen Kirche, nahm aber zugleich auch staatliche Aufträge, besonders in der Sphäre des Denkmalschutzes, an. Ihm war denn auch die Erhaltung zahlreicher berühmter Kunstschätze der russischen Klöster zu verdanken. Gleichzeitig unterrichtete er am neueröffneten Institut für Volksbildung Geometrie, Physik, Astronomie und Geschichte der materiellen Kultur. Dann wurde er Leiter der wissenschaftlich-technischen Abteilung eines Moskauer Chemiebetriebs, etwas später Sachverständiger für mathematische Berechnungen der Hauptverwaltung Elektrizität und zugleich Laborleiter des Staatlichen Elektrotechnischen Forschungsinstituts. Als Professor der Hochschule für Technische Kunst hielt er Vorlesungen zum Thema »Raumanalyse in Kunstwerken«, die er nach drei Jahren in einem Buch zusammenfasste. Damals entstand auch ein anderes Werk, »Die Philosophie des religiösen Kults«. Seit Mitte der 20-er Jahre aber konzentrierte er sich voll und ganz auf die Elektrotechnik, arbeitete in verschiedenen Laboratorien und veröffentlichte mehrere Bücher zu dieser Fachrichtung. 1927 wurde er Redakteur der Technischen Enzyklopädie, für die er selbst 127 Artikel schrieb. Unterdessen leitete er im Staatlichen Elektrotechnischen Institut die Abteilungen Vakuumtechnik, Röntgentechnik, Lichttechnik, Materialkunde und Maßeinheiten. 1932 wurde er Mitglied der Kommission für wissenschaftlich-technische Standardisierung beim Rat für Arbeit und Verteidigung der UdSSR. Im Februar 1933 wurde er verhaftet, im Juli zu zehn Jahren Zwangsarbeitslager verurteilt und in ein sibirisches Lager verschickt. Hier schrieb er ein lyrisches Epos über das ureingesessene Volk dieser Region, »Oro«, und stellte ein Wörterbuch seiner Sprache zusammen. Doch schon nach einigen Monaten wurde er auf die Solowezki-Inseln im Weißen Meer überführt. Hier beschäftigte er sich mit der Gewinnung von Jod aus Seekräutern und hielt Vorträge für die Ingenieure und Meister der örtlichen Fabrik über seine entsprechenden Erfindungen und neuen Methoden. In seinen Briefen, die zum großen Teil erhalten sind, entwickelte er erstaunliche wissenschaftsphilosophische Ideen, die seiner Zeit weit vorauseilten. Im November 1937 wurde er zum Tode verurteilt und erschossen.

Es fällt auf, dass FLORENSKI, der bis an sein Lebensende weltanschaulich an seinen ursprünglichen religiösen Auffassungen, ja an der orthodoxen Kirchlichkeit festhielt, in keinem Augenblick irgendwelche politische Bestrebungen an den Tag legte, und dies zu einer Zeit, da der bolschewistische Terror gegen den freien Geist und die russische Intelligenz wütete, zu einer Zeit sogar, da bereits STALIN an die Macht gelangt war. Im Gegenteil unterstützte er ja durch seinen Forschungseifer nicht nur die wirtschaftlichen, sondern auch die militärischen Belange des Schreckensregimes. Gewiss konnte er in die Briefe aus der Gefangenschaft, die von der Lagerzensur aufs wachsamste kontrolliert wurden, unmöglich etwas Politisches einfügen, aber irgendwelche unverfänglichen Andeutungen seelischer Unzufriedenheit hätte man doch erwarten können. Sie fehlen vollkommen.

Der rätselhafte Seelenfriede, ja Optimismus, der aus diesen Briefen – wie übrigens aus seinem ganzen Tun und Trachten seit der Revolution – zu sprechen schien, ist später, und besonders in neuester Zeit, von verschiedenen Erforschern und Deutern seiner Hinterlassenschaft mit einem populären, aber nicht ungefährlichen Wort erklärt worden: Patriotismus. In der Tat hat FLORENSKI zwar nie eine Grenzlinie zwischen Russland und Europa gezogen, aber auch nie ausdrücklich gegen den Sonderweg, gegen den messianischen Anspruch gekämpft, ob dieser nun von slawophiler oder stalinistischer Seite ausging. Und gerade hierin unterschied er sich maßgeblich von WLADIMIR

Solowjow, der über kirchlichen Ökumenismus und antislawophile Propaganda hinaus viel weiter gegangen war, wenn er dem Patriotismus mit einem prophetischen Vier-Stufen-Schema nationaler Entwicklung entgegentrat, das da lautete: nationales Selbstbewusstsein – Selbstgefälligkeit – Selbstvergötterung – Selbstvernichtung. Diese Stufenleiter wollte nicht nur Warnung vor dem Kommenden sein, sie bedeutete auch nationale Selbstkritik.

Hier aber lag der Hauptgrund für die unähnliche postume Bewertung der beiden großen Philosophen, vor allem gerade im Ausland.

Während in der Sowjetzeit der Name Wladimir Solowjows innerhalb des Landes sehr wohl öffentlich erwähnt, wenn auch nie gefeiert werden durfte, herrschte für Pawel Florenski bis zu seiner Rehabilitierung Ende der 50er Jahre ein absolutes Tabu. Dann aber begann eine sehr langsame Rückbesinnung, vornehmlich in religiösen Kreisen, bis in der zweiten Hälfte der 80er Jahre eine explosionsartige Popularisierung einsetzte, zu der nicht nur die aufrichtige Verehrung von seiten der erst jetzt mit ihm vertraut gewordenen Intellektuellen, sondern auch die Ausnützung seiner geistigen Gestalt von seiten der sogenannten Nationalpatrioten beitrug. All das spiegelte sich im Westen auf eigene Weise: Einerseits musste sein Werk, das zunächst nur in engen Gelehrtenkreisen bekannt wurde, die ehrliche Bewunderung aller damit Vertrauten erwecken, andererseits aber sorgte die »Internationale der Patrioten«, wie sie der Politologe Janow genannt hat, die ja nichts von einem europäischen Russland wissen wollte, dafür, dass der Name Florenski immerhin in etwas breitere Schichten der Gebildeten gelangte als der des so krass unterschätzten Wladimir Solowjow.

Doch bei all dem handelte es sich nicht bloß um die Unterschätzung eines einzelnen Philosophen. Im Grunde ist das gesamte russische Denken, und vor allem gerade das Denken der Glanzzeit am Beginn dieses Jahrhunderts, aus der Geschichte des Hauptstroms der europäischen Philosophie ausgeschlossen worden. Dies ist nichts anderes als eine der zahlreichen Erscheinungsformen einer bereits uralten und gegenwärtig wieder empfindlich zunehmenden Exotisierung Russlands. Einer Exotisierung, die in Russlands geistigen, kulturellen und psychopolitischen Beziehungen zum Westen schicksalsschwere Entstellungen hervorbringt und auch, wie heutige russische Philosophen, und nicht nur Philosophen, betonen, für die gesamte Zukunft sowohl Russlands wie Europas fatale Folgen haben kann.

(09.11.1998)

Das Philosophenschiff
oder
Wie sich Lenin der Intelligenz entledigte

Es war ein wolkiger, böiger Tag im Herbst 1922. So manches schon hatte der Hafen von Petrograd in den vergangenen 200 Jahren erlebt, doch eine derart dichte Reihe schicksalsschwerer Vorgänge wie in jüngster Zeit war ihm bis dahin erspart geblieben. Erst vor kaum fünf Jahren hatten die Matrosen der Kriegsmarine, deren Stützpunkt die unmittelbar vor dem Hafen gelegene feste Insel Kronstadt war, mit ihren Schiffen, ihren Geschützen und Gewehren, ihren Fäusten und Stimmbändern den Bolschewiki zur Machtergreifung verholfen. Gerade die Matrosen waren dann die Hauptkraft des bolschewistischen Terrors gewesen. Doch nunmehr erinnerte man sich weit öfter an ein Ereignis, das vor anderthalb Jahren geschehen war. Die gleichen Matrosen hatten sich gegen die Gewaltherrschaft aufgelehnt, und der oberste Bolschewistenführer, LENIN, schickte seine Garde und die bewaffneten Delegierten seines Parteitags über den zugefrorenen Meerbusen hin zur rebellischen Insel, um die einstigen Stützen seiner Macht niederzuschlagen und ein schreckliches Blutbad unter ihnen anzurichten. Die Handelsflotte und die Passagierschiffe dagegen standen im Laufe vieler langer Sommer- und Wintermonate reglos und vergessen da, bis dann eines Morgens plötzlich ein hektisches Leben begann und weiterhin ständig an Intensität zunahm – der sogenannte Kriegskommunismus war abgeschafft worden. Abgeschafft, weil das ganze riesige Land zu verhungern drohte. Stattdessen wurde, wie es hieß, eine Neue Ökonomische Politik (abgekürzt NÖP) verkündet, was nichts anderes bedeutete als die Wiedereinführung der unlängst noch verpönten und verfemten Marktwirtschaft. Für LENIN war das eine Niederlage sondergleichen gewesen. Er hatte zugeben müssen, dass der Traum von einer kommunistischen Wirtschaftsblüte, der ihm seit jeher als Leitstern gedient hatte, ganz offensichtlich ausgeträumt war. Das trug – neben einer anderen großen Enttäuschung, dem Ausbleiben der Weltrevolution – zu seinem seelischen Zusammenbruch, zu einer schweren Nervenerkrankung bei. Er musste sich rächen, und er rächte sich auf eine besondere Weise.

An jenem wolkigen und böigen Herbsttag liefen, wie man es schon gewohnt war, mehrere Passagierdampfer und nicht wenige Frachtschiffe aus – doch die Aufmerksamkeit der strammen Uniformierten wie auch der leise dahinschleichenden, in Zivil gekleideten Beamten vom Geheimdienst, die das Treiben im Hafen stets scharf beobachteten, galt diesmal fast ausschließlich einem einzigen Schiff. Dort hatte sich eine beachtliche Menge angesammelt, um von den Fahrgästen Abschied zu nehmen. Manche dieser Fahrgäste bestiegen das Schiff mit zahlreichen Familienangehörigen, andere mutterseelenallein, einige wurden von der Umgebung voller Ehrfurcht begrüßt, andere nicht sonderlich beachtet. Doch hatten die neuen Schiffsinsassen durchweg eines gemein, und das wussten alle Anwesenden – ihren Beruf, ihre menschliche Berufung. Sie waren Philosophen.

Denn LENINS Revanche beruhte auf einer ganz spezifischen, für ihn charakteristischen Überlegung: Das wirtschaftliche und politische Fiasko könnte durch eine durchgreifende ideologische Vereinheitlichung des Geisteslebens wettgemacht, ja schließlich sogar überwunden werden. Durch eine Unifizierung aufgrund der marxistischen Geschichtstheorien und Zukunftsvisionen in ihrer russischen, oder genauer, Leninschen Ausdeutung. Dazu aber bedurfte es der Alleinherrschaft dieser neuen Ideologie, des Leninismus, in allen Sphären, in allen Äußerungen des Geisteslebens. Die Philosophen, die an jenem Herbsttag das alte Schiff bestiegen, waren des Landes verwiesen worden. Auf Befehl LENINS hin.

Sie waren aus ihrer Heimat ausgewiesen worden, weil ihre Lehren und Intuitionen, wie grundverschieden sie sonst auch sein mochten, das eine gemeinsam hatten: die Unvereinbarkeit mit dem Leninismus. Unter ihnen befanden sich die bedeutendsten Denker des Silbernen Zeitalters, jener einmaligen Kulturepoche Russlands, die zu Beginn des 20. Jahrhunderts einen nie dagewesenen Aufschwung der Literatur, der Künste, der Geisteswissenschaften und nicht zuletzt der Philosophie versprochen hatte.

Da war NIKOLAI BERDJAJEW, ein Religionsphilosoph, der seinerzeit als Marxist begonnen hatte. Allerdings war er nie Marxist im Leninschen Sinn, im Sinn der revolutionären Machtergreifung und Weltveränderung gewesen. Er hatte in den Werken von MARX und besonders von ENGELS Vorstellungen und Zielsetzungen zu finden geglaubt, die von einer anderen Seite her seinen eigenen Idealen, Wertbegriffen und Geschichtsanschauungen entgegenzukommen schienen. Dieser Täuschung unterlag damals eine größere Gruppe russischer Intellektueller, unter denen sich vor allem STRUVE, BULGAKOW und FRANK hervortaten. PJOTR STRUVE beispielsweise verfocht in seiner Stuttgarter Zeitschrift einen, wie seltsam diese Wortverbindung auch klang, »liberalen Marxismus«, musste aber bald einsehen, dass ein so paradoxes Gedankengebilde nichts als eine Fata Morgana sein konnte. Er schloss sich deshalb der gerade im Entstehen begriffenen großen liberalen Partei Russlands an, wurde bald einer ihrer führenden Persönlichkeiten, kämpfte dann im Bürgerkrieg gegen LENINS absolutistisches Regime und emigrierte schließlich noch rechtzeitig in die freie Welt. SERGEJ BULGAKOW und SEMJON FRANK bestiegen jetzt zusammen mit BERDJAJEW das Philosophenschiff, das sie für immer vom Heimatboden losreißen, für immer in den fremden und doch nicht ganz fremden Westen bringen sollte.

Ihr Einfluss auf das europäische Denken, in erster Linie auf die religiöse Philosophie, erwies sich mit der Zeit als bemerkenswert, wenn auch auf sehr unterschiedliche Weise. BERDJAJEWS christlicher Humanismus und Existenzialismus, den er früher als einige ähnlich gestimmte deutsche Philosophen begründet hatte und in den bevorstehenden hektischen Berliner und Pariser Jahren in endgültiger Gestalt darlegen sollte, trug später entscheidend zur Herausbildung bedeutender Strömungen gleicher Art in Frankreich, Italien und anderen Ländern bei.

SEMJON FRANKS Lehre vom sittlichen Wir-Bewusstsein und vom Gottmenschentum wiederum lief in ihrer konkreten Wirkung auf einen kirchlichen Ökumenismus hinaus, der erst nach Jahrzehnten eine reale Form annahm und dann eine schwerwiegende Rolle im geistigen Weltgeschehen spielen sollte. In dieser Hinsicht war FRANK ein treuer Schüler des größten russischen Philosophen, WLADIMIR SOLOWJOWS.

SERGEJ BULGAKOW dagegen, der als Wirtschaftswissenschaftler ebenfalls von einem sozusagen »schöngeistigen« Marxismus zur Weltsicht SOLOWJOWS gefunden hatte, daraufhin eine betont mystische Seinsdeutung im Zeichen der Sophía und des Logos im Solowjowschen Sinn entwickelte und mitten im Krieg sogar die Priesterweihe empfing, sollte in der Emigration für eine streng ostkirchliche Orthodoxie eintreten und sich zumindest damit von seinen früheren Gesinnungsgenossen trennen.

Ein anderer der Vertriebenen, LEW KARSAWIN, hatte als Kulturhistoriker des Mittelalters und als Theologe schon früh einen ähnlichen Standpunkt bezogen, doch in Berlin, wo BERDJAJEW bald eine Russische Akademie gründete, schloss er sich unverzüglich diesem neuen Zentrum russischer religiöser Geistigkeit an. Aber bereits 1924 begab er sich unerwartet in das streng katholische Litauen, an die Universität von Kaunas. Hier wich er nur in dem Maße von seinen Überzeugungen ab, wie es zu einer harmonischen Zusammenarbeit mit den anderen Professoren unbedingt notwendig war. Zuletzt sollte ihn der bolschewistische Terror jedoch noch auf ganz andere Art einholen – als die sowjetischen Truppen gegen Ende des Zweiten Weltkriegs Wilna besetzten, wurde der »weiße Emigrant«, wie es damals hieß, festgenommen. Sein tragisches Schicksal ist erst in jüngster Zeit aufgeklärt worden.

Auch ein verhältnismäßig junger Mann, er hieß IWAN ILJIN, war dabei. Ihm sollte es vergönnt sein, gerade im Ausland, in den ihm noch verbliebenen 32 Jahren seine wichtigsten Werke zu schreiben und eine tiefschürfende, idealistisch geprägte Lehre aufzubauen, die dann, nach dem Scheitern der kommunistischen Herrschaft, am Ende des Jahrhunderts nach Russland heimkehrte und eine außergewöhnliche Popularität erlangte.

Man könnte noch eine ganze Reihe verdienstvoller und damals bereits seit längerer Zeit von einer Mehrheit der russischen Intelligenzija hochgeschätzten Denker aufzählen, die auf dem geräumigen

Dampfer Platz fanden. Zusammen mit den erwachsenen Familienmitgliedern waren es sage und schreibe 200.

So gestaltete sich der scheinbar ganz gewöhnliche Auslauf eines Schiffs zu einem Geschehnis, das in der Menschheitsgeschichte wohl kaum eine Parallele kannte. Doch drängte sich seitdem immer wieder die Frage auf: Inwiefern war Lenins Revanche, historisch gesehen, von Erfolg gekrönt? Und eine andere: Gewiss war die Massenausweisung auch als Symbol gedacht. Inwiefern erwies sie sich als symbolisch wirksam?

Wenn vor allem religiöse Philosophen aus ihrer Heimat vertrieben wurden, so konnte das den Gedanken nahelegen, dass es sich um nichts anderes als eine neue Episode in Lenins Vernichtungsfeldzug gegen die Kirche, gegen jede Art Gottesglauben handelte. Das traf aber nur teilweise zu. Denn die Ideen und Deutungen der Philosophen deckten sich ja keinesfalls unbedingt mit den Lehrsätzen der offiziellen Orthodoxie, und im Vergleich zu den Massenmorden an Geistlichen und der Verwüstung von Kathedralen und Klöstern schien auch die Ausweisung eher ein humaner Akt. Bemerkenswert war, dass einer der berühmtesten und meistgelesenen Religionsphilosophen, Pawel Florenski, vorläufig überhaupt nicht behelligt wurde. Man glaubte, seine außergewöhnlichen Leistungen in den technischen und Naturwissenschaften könnten entscheidend zur Industrialisierung und insbesondere zur Elektrifizierung des Landes beitragen. Um den Sinn und die eigentlichen Beweggründe dieser Aktion zu begreifen, bedarf es einer exakten Vorstellung von den psychischen Veranlagungen, tief eingewurzelten Denkgewohnheiten und ganz spezifischen Impulsen Lenins, der trotz seiner Krankheit noch die volle Macht in Händen hatte.

Seine geistige Reifung war seinerzeit in einer gewitterschwülen Atmosphäre vor sich gegangen, da ein erheblicher Teil der russischen Intellektuellen, insbesondere aber fast die gesamte Studentenschaft, von einem einzigen Zukunftsereignis schwärmte – von der Revolution. Doch Fanatiker wie Lenin gab es nur wenige. Es ist oft behauptet worden, sein verbissener Hass gegen die bestehenden Mächte sei auf die Verurteilung und Hinrichtung seines geliebten älteren Bruders zurückzuführen gewesen. Dabei wird jedoch übersehen, dass er seinem innersten Wesen nach gerade die extreme Verkörperung eines damaligen russischen Typs, eines weitverbreiteten Typs war. Wenn er sich schon zu Beginn der 1890er Jahre dem in Russland noch kaum bekannten Marxismus zuwandte, so nicht etwa, wie es ihm selbst schien, weil er dessen Geschichtsphilosophie als einzig wahr erkannt hatte, sondern aus Verzweiflung. Waren doch bis dahin alle Versuche, eine Revolution zu entfachen, sei es durch Aufwiegelung der Bauernschaft oder durch Attentate intellektueller Verschwörer auf den Zaren und höhere Staatsbeamte, immer wieder kläglich gescheitert. Daher klammerte sich Lenin so zäh an die Verheißungen und Prophezeiungen von MARX und ENGELS, die ja vor mehr als vierzig Jahren den Fabrikarbeitern, dem sogenannten Proletariat, die mystische Eigenschaft zugeschrieben hatten, Bahnbrecher und Träger einer radikalen Weltveränderung für ewige Zeiten zu sein. War es da nicht logisch, auch die Vermehrung und Erstarkung dieser angeblich so missionsbewussten Klasse im eigenen Land herbeizusehnen? LENIN scheute deshalb keine Mühe, um in Büchern und Aufsätzen die rapide Entwicklung der Großindustrie und des Kapitalismus in Russland nachzuweisen. Und war es nicht logisch, dies mit einer bitteren Feindschaft gegen die Kirche zu verbinden, die ja tatsächlich wie nirgends sonst auf der Welt eine fundamentale Stütze des Staats- und Gesellschaftssystems bildete? Und musste diese Feindschaft nicht logischerweise auch jeder religiösen Ideologie, jedem religiösen Denken gelten?

Dabei wurde der Marxismus, der mit seinen utopischen Zukunftsvisionen, seiner Klassenmystik und seinem Glauben an eine geschichtliche Vorsehung im Grunde ebenfalls eine Religion, eine dogmatisch ausgebaute Lehre von höheren Seinskräften und Seinsbestimmungen war, in den Schriften der russischen Marxjünger und vor allem gerade LENINS als eine Wissenschaft, ja sogar als eine exakte Wissenschaft hingestellt. Dies geschah nicht nur, um den neuen Revolutionären Zuversicht und Siegesgewissheit einzuflößen, sondern auch, um den nur allzu plausiblen Verdacht einer religiösen Funktion dieser vermeintlich unfehlbaren Doktrin abzuwehren. LENIN legte aber auch Wert darauf, dass die marxistische Weltanschauung und namentlich seine eigene Interpretation dieser geheiligten Lehre als eine Philosophie, nein, als die Philosophie aller kommenden Zeiten angesehen werde. Wenn er mit heftigen Entgegnungen und Moralpredigten, die ganze Bücher füllten, auch die geringsten Abweichungen von der vorgeschriebenen Denkweise seitens marxistischer Theoretiker strafen zu müssen glaubte, so konnte er natürlich erst recht kein unmarxistisches und ganz besonders kein christlich-religiöses Philosophieren dulden.

Die Weltanschauung, oder richtiger, das Dogmengebäude, dem nunmehr sämtliche Geistesäußerungen im Lande unterworfen sein sollten, erhielt die offizielle, obligatorische Benennung Marxismus-Leninismus, wurde aber doch gewöhnlich – und zu Recht – einfach als Leninismus bezeichnet. Nach der Flucht beziehungsweise Vertreibung der meisten selbständigen Denker des Silbernen Zeitalters hatte es zunächst den Anschein, als wäre die absolute Herrschaft des Leninismus nicht nur in der gedruckten Literatur, sondern auch in den Köpfen des Volkes gewährleistet. Dafür sorgten ja schließlich der Sowjetstaat und die allmächtige Kommunistische Partei mit ihrem Propagandamonopol, den durchweg gleichgeschalteten Erziehungs- und Bildungsanstalten, den stets wachsamen Zensurbehörden und nicht zuletzt den allgegenwärtigen und allwissenden Geheimdiensten. Doch dieser Eindruck täuschte.

Michail Schaiber-Sokolski

Nichts – weder ideologischer noch politischer Terror, weder der Fanatismus Lenins noch der seiner Erben – war imstande, die spontane Tätigkeit der Geister zu unterdrücken oder einzuschläfern. Für eine Ideologie wie den Leninismus war aber keineswegs nur das religiöse Denken, sondern jedes eigentliche Denken als solches ein gefährliches Gift. Schon der ursprüngliche Marxismus wollte ja auf keinen Fall zum Denken, sondern allein zum Handeln, zu einem erbitterten und schonungslosen Kampf aufrufen. Jetzt wurde dieser Kampf verabsolutiert, zum einzigen Sinn des Volkslebens erhoben. Deshalb darf wohl behauptet werden, dass die unbeirrbare Eigenständigkeit der geistigen Elite, die im Russland der zwanziger Jahre, vor und nach Lenins Tod, trotz allem unverkennbar war, schon damals das Prinzip der ideologischen Alleinherrschaft in entscheidender Weise untergrub – nicht umsonst beriefen und berufen sich die freien Geister der letzten Jahrzehnte immer wieder auf ihre Vorgänger in jener fernen Zeit! Also erlitt der revolutionäre Führer auch hierin eine Niederlage, und das bedrohliche Symbol des Philosophenschiffs blieb letzten Endes wirkungslos.

Denn erstens büßten selbst die ausgestoßenen Philosophen nie gänzlich ihren Einfluss auf die geistige Atmosphäre des Landes ein. Wie sonderbar es scheinen mag, waren manche ihrer Schriften noch längere Zeit sogar in öffentlichen Bibliotheken erhältlich. Erst später suchte man jede Spur ihres Wirkens zu tilgen. Doch ausschlaggebend war, dass sich in dieser Atmosphäre als Gegensatz zu den ideologischen Strukturen und ihrem Ausschließlichkeitsanspruch verschiedene halblegale Gruppen und Strömungen herausbildeten, die in Literatur und Kunst, aber auch in Philosophie und Geisteswissenschaft einen denkwürdigen Epilog des Silbernen Zeitalters anbahnten.

Doch woraus erklärte sich die seltsame Toleranz der staatlichen Überwachungsstellen im Laufe mehrerer Jahre? Gewöhnlich werden zwei Gründe angeführt, die auch wirklich eine nicht unerhebliche Rolle spielen. Einerseits waren dank der Neuen Ökonomischen Politik unzählige größere und kleinere private Verlage entstanden, die jeweils eine bestimmte Leserschaft ansprechen wollten und zu diesem Zweck vor keinem Wagnis und keinem geschäftlichen Kunstgriff zurückschreckten. Andererseits entbrannten nach Lenins Tod erbitterte, langandauernde Machtkämpfe in den Spitzengremien der regierenden Partei und der Staatsgewalt, was begreiflicherweise die Aufmerksamkeit der vielen verunsicherten und schwankenden Funktionäre, darunter auch der Zensoren, voll und ganz auf sich zog. Doch entscheidend war im Grunde ein dritter Faktor.

Nachdem Lenin alle Grundsätze und Schlussfolgerungen der marxistischen Lehre, alle Theorien, Prophezeiungen und Aufrufe von Marx und Engels so ausgedeutet hatte, dass sie genau in die russischen Verhältnisse, in die russische Revolution hineinpassten, hätte man doch glauben müssen, es gäbe an diesem ideologischen Gesetzbuch nichts mehr zu präzisieren und zu kommentieren. Doch kam es in der zweiten Hälfte der zwanziger Jahre zu hitzigen Diskussionen gerade unter den Sachwaltern der alleinseligmachenden Ideologie, so dass der Marxismus-Leninismus faktisch in mehrere unversöhnliche Richtungen zerfiel. Kein Wunder, dass sich nunmehr auch die um die Macht streitenden Führer auf unterschiedliche Richtungen, auf entgegengesetzte Auslegungen Leninscher Thesen beriefen. Bei einem solchen Durcheinander der offiziellen Ideenwelt konnten denn auch manche Denker ganz anderer Art gleichsam durch eine Seitentür vor die Öffentlichkeit treten, und bei den eigentlichen Intellektuellen, bei der sich selbst treuen Intelligenzija erweckten sie um so lebhafteres Interesse.

Zu den bedeutenden Gestalten dieser kurzen Renaissance gehörte anfänglich auch der Begründer eines neuartigen, in der nationalen Geschichte verankerten, christlichen Humanismus, GEORGI FEDOTOW. In jener Zeit beeindruckten vor allem seine umfassenden Analysen der psychopolitischen Entwicklung des russischen Volkes, der gebildeten Schichten und der geistigen Elite, einer sehr widersprüchlichen Entwicklung, die, wie FEDOTOW folgerte, sowohl ein zukunftsträchtiges Menschenbild von universaler Geltung als auch eine religionslose, atheistische und letztendlich antihumane Art von Eschatologie hervorbringen musste. Allerdings ging FEDOTOW schon wenige Jahre später aus eigenem Antrieb in den Westen. Seine wichtigsten Schriften, die heute in Russland allgemein als klassische Werke der russischen Philosophie anerkannt sind, entstanden erst in der Emigration.

Dagegen blieb PAWEL FLORENSKI in der Heimat. Und zwar keineswegs nur, weil die neuen Machthaber ihm, dem erstrangigen Fachkenner und Forscher in den verschiedensten Zweigen der exakten Wissenschaften und der modernen Technik, fortan wirklich bedeutsame und für ihn persönlich hochinteressante Aufgaben stellten, sondern auch aus ganz anderen Gründen: Seine philosophisch-religiöse Weltsicht wurzelte tief in der ostkirchlichen Überlieferung, und das bedingte eine weitgehend kritische Einstellung zu vielen geistigen, sittlichen und kulturellen Prozessen in der abendländischen Zivilisation, die ihm deshalb stets innerlich fremd blieb. Er konnte ja nicht ahnen, welchen völlig unbegründeten Verfolgungen er im nächsten Jahrzehnt ausgesetzt sein würde, und natürlich erst recht nicht, dass er eines Tages dem wilden Blutdurst des NKWD, der Stalinschen politischen Polizei, zum Opfer fallen würde. Doch obwohl er jetzt sein Hauptaugenmerk mathematischen, physikalischen und vor allem elektrotechnischen Untersuchungen widmete, war die Ausstrahlung seiner philosophischen, kulturhistorischen, kunsttheoretischen und sprachpsychologischen Erkenntnisse, seines gesamten enzyklopädischen Schaffens dennoch aus der geistigen Atmosphäre der Zeit nicht wegzudenken. Wenn auch seine überragende Rolle im religiösen und allgemein-philosophischen Denken des Jahrhunderts noch nicht in vollem Maße erkannt war, bildete sich um ihn allmählich eine ehrfürchtige und missionsbewusste Anhängerschaft, die es damals allerdings nicht wagen durfte, streitbar vor die Öffentlichkeit zu treten. FLORENSKI als Universalgenie ist im In- und Ausland des öfteren mit LEONARDO DA VINCI verglichen worden. Freilich war es ihm nicht gegeben, seine kunsttheoretischen Ideen in eigenen großartigen Werken zu verkörpern, doch was seine wissenschaftlichen Intuitionen und Entdeckungen anbelangt, so sollte man immerhin bedenken, dass zu seiner Zeit das Wissen der Menschheit ein unvergleichlich höheres Niveau erreicht hatte, sämtliche Wissensgebiete unvergleichlich komplizierter geworden waren und dementsprechend jeder Schritt vorwärts weit tiefere Einsichten erforderte als in der Hochrenaissance!

Zu FLORENSKIS Anhängern und persönlichen Freunden gehörte auch ALEXEJ LOSSEW, ein Philosoph, Philologe und Altertumsforscher, dem es gelang, von 1927 an im Laufe von kaum drei Jahren acht grundlegende Werke herauszubringen, die aus idealistischer und daher antimarxistischer Sicht so verschiedene Themen behandelten wie »Der antike Kosmos und die moderne Wissenschaft«, »Musik als Gegenstand der Logik«, »Die Philosophie des Namens«, »Dialektik der künstlerischen Form«, »Plato und die Dialektik der Zahlen«, »Die Plato-Kritik bei Aristoteles«, »Der antike Symbolismus« und schließlich »Die Dialektik des Mythos«. Anders als FLORENSKI, griff LOSSEW in seinem Denken jedoch weder auf die orthodoxe noch überhaupt auf die christliche Tradition zurück, und in dieser Hinsicht fesselten ihn seine Emotionen durchaus nicht an den Heimatboden. Aber auch er konnte ja nicht voraussehen, was ihm bevorstand: Sobald STALIN die uneingeschränkte Macht in Händen hatte, wurde auch LOSSEW für längere Zeit eingekerkert, und selbst nachdem er erklärt hatte, nunmehr stets von einem marxistischen Standpunkt ausgehen zu wollen, durfte er 23 Jahre lang, bis zu STALINS Tod, keine Zeile veröffentlichen. Er wurde allerdings 95 alt, blieb bis an sein Lebensende als Denker äußerst aktiv und sollte noch eine Zeit unangefochtenen Ruhms und maßgeblichen geistigen Einflusses erleben. Dennoch starb er allzu früh. Vielleicht hätten sein ausgeprägter Idealismus und sein hohes Ansehen dem unheilvollen Wirtschaftsfanatismus entgegenwirken können, der am Ende des Jahrtausends Russlands so vielversprechende Renaissance zunichte machen sollte.

Um die gleiche Zeit konnte auch ein Phänomenologe aus der Schule HUSSERLS, der aus Polen stammende, aber stets bewusst im Kontext der russischen Philosophie denkende GUSTAV SCHPET, wie weit er auch vom Marxismus entfernt war, höhere Posten in der gelehrten Hierarchie bekleiden: Er war führender Professor der Universität Moskau, dann Vizepräsident der sowjetischen Akademie der Kunstwissenschaften. Dabei brachte er gerade 1927 eine für damalige Verhältnisse recht riskante Schrift heraus, die Probleme einer in der Sowjetunion seit eh und je beargwöhnten Disziplin, der ethnischen Psychologie, behandelte. Aber trotz seiner Furchtlosigkeit und unbedingten Ehrlichkeit blieb SCHPET bis 1935 auf freiem Fuß, konnte noch in den dreißiger Jahren zahlreiche Übersetzungen englischer Dichter sowie Aufsätze zur englischen Literatur veröffentlichen und wurde dann zunächst in die sibirische Universitätsstadt Tomsk verbannt – erst während des großen Terrors 1937 wurde er, phantastischerweise als angeblicher »Monarchist«, verhaftet und erschossen. Ursprünglich stand auch der Name SCHPET auf der fertigen Liste der Passagiere des Philosophenschiffs. Doch kurz vor der offiziellen Ausweisung begab sich der russische Patriot zu einem Freund seiner Jugendzeit, dem nunmehrigen bolschewistischen Volkskommissar für das Bildungswesen, LUNATSCHARSKI, und dessen Bemühungen um die Tilgung dieses Namens aus der verfänglichen Liste waren denn auch erfolgreich.

Ganz paradox sollte sich der Lebensweg eines eigenartigen Philosophen gestalten, der in so mancher Hinsicht PAWEL FLORENSKI geistesverwandt war, aber gerade in seinem religiösen Weltbild weitgehend von dessen Anschauungen abwich. Von Haus aus war KONSTANTIN ZIOLKOWSKI Mathematiker, und schon früh hatte er sich einem anscheinend ausgefallenen Fachgebiet gewidmet, der Theorie der geradlinigen Bewegung von Raketen. Als Lehrer an einem Provinzgymnasium publizierte er daheim, in der kleinen Stadt Kaluga, bereits 1903 eine Abhandlung über die Erreichung kosmischer Geschwindigkeiten. Jahrzehnte später entwickelte er die Idee der mehrstufigen Rakete, was sich dann als ein entscheidender Schritt zur Raumfahrt erweisen sollte. Was jedoch seine philosophischen Schriften betraf, so blieben sie bis zum letzten Tag der Sowjetmacht größtenteils im Archiv versteckt, und auch heute sind sie noch keinesfalls in vollem Umfang veröffentlicht. ZIOLKOWSKI setzte seine Weltanschauung, die er schlicht als »Monismus« bezeichnete, dem »materialistischen Pessimismus« entgegen, welcher, wie er erklärte, den wahren Sinn und die wahren Ziele des Lebens verkannte. Er selbst vertrat eine besondere Art Evolutionismus, in der auch Elemente der Theosophie und des Buddhismus verschmolzen waren. Bei ihm stellte das Atom ein unsterbliches elementares Wesen dar, das vom einen Organismus zum anderen wandert, also gleichsam eine »Seelenwanderung« vollbringt, wobei der Organismus gewissermaßen einen Staat solcher Atome bildet. Deshalb, hieß es, sei der Tod des einzelnen Menschen eine Illusion – seine Atome lebten an anderer Stelle weiter. Eine solche Vorstellung machte indes die religiösen Verheißungen eines jenseitigen Lebens logisch überflüssig. Dementsprechend war denn auch ZIOLKOWSKIS »kosmische Ethik« aufgebaut, die auch für den Fall der Begegnung mit außerirdischen vernunftbegabten Lebewesen gelten sollte. In dieser detaillierten Sittlichkeitslehre bestand »das Gute« wie auch die wahre Selbstliebe in der

Sorge um die eigenen Atome als ewige Bausteine des Kosmos. Dabei nahm Ziolkowski die spätere Theorie des »pulsierenden Weltalls« vorweg. In einem Buch des Jahres 1925 kam er Florenski am nächsten. Er postulierte eine Ursache, die über dem Weltall steht und dieses geschaffen hat, und erklärte, der Kosmos als solcher bedeute den Sieg der schöpferischen Kräfte des Lebens sowie jener höheren Vernunft über die Tendenz der Entropie. Der Erde komme eine höchst ehrenvolle Aufgabe zu als Wiege der kosmischen Expansion der Menschheit. Dennoch müssten andere Himmelskörper günstigere Voraussetzungen für ein hochgeistiges, vernunftgetragenes Schöpfertum aller Geschöpfe bieten. In jedem Fall aber sei die zielgemäße Konsolidierung der Menschheit von außergewöhnlicher Bedeutsamkeit. Diese könnte erreicht werden durch eine zentralisierte Lenkung und Verwaltung, durch eine allgemein anerkannte moralische Disziplin, durch sogenannte eugenische Eingriffe in das Erbgut, schließlich auch durch die Einrichtung großer Gemeinschaftshäuser, wie sie seinerzeit die utopischen Sozialisten entworfen hatten. Leitbilder dieser Menschheit sollten Geistesgrößen alter Zeiten sein, von denen Ziolkowski drei mit dem ehrfürchtigen Titel »Genius« feierte und ganz besonders hervortat – Sokrates, Jesus Christus und Buddha. Hierbei trennte er sich allerdings offenkundig von dem bekennenden Christen Florenski.

Die Frage, warum Ziolkowski in der Stalinzeit unbehelligt blieb, wird meist etwas einseitig beantwortet: Man weist auf seine rein technischen Leistungen und Möglichkeiten hin, die der Herrscher weiterhin auszunutzen gedachte. Tatsächlich fußte ja auf Ziolkowskis Theorien und Berechnungen die Erfindung einer der entscheidenden Waffen des Zweiten Weltkriegs, die gewöhnlich mit besonderen, emotionsgeladenen Wörtern bezeichnet wurde – in der Sowjetarmee als »Katjuscha«, in der deutschen Wehrmacht als »Stalin-Orgel«. Darüber hinaus mochte der eroberungsdurstige Kremlherr bereits von Satelliten als Spionagewerkzeug geträumt haben. Doch was kaum je erwähnt wird: Auch gewisse soziale Visionen des doch so unmarxistischen und unpatriotischen Denkers mussten dem Diktator durchaus zugesagt haben – nämlich die vollkommene Auflösung des Individuums in der Gesamtheit, was ja folgerichtig die absolute Autokratie der obersten Führung und letztlich des einen Führers in der ganzen Welt bedingte. Übrigens starb Ziolkowski, ehe der große Terror begonnen hatte. Er wurde damals und wird auch heute in Russland ausschließlich – und allzu einseitig – als Vater der Kosmonautik verehrt.

Im Gegensatz zu Lenins letzten Jahren zeichnete sich die frühe Regierungszeit Stalins durch eine Reihe von Ereignissen aus, die eine sehr lange tyrannische Herrschaft und weitausholende Eroberungsaktionen voraussahen ließen. In erster Linie liquidierte er die Neue Ökonomische Politik, was nicht nur die zwangsläufige Verstaatlichung sämtlicher Industriebetriebe bis hin zu den kleinsten Werkstätten, nicht nur die gewaltsame sogenannte Kollektivierung der Landwirtschaft nebst Vertreibung aller wirtschaftstüchtigen Bauern, also eine vollständige Versklavung, nicht nur die Monopolisierung des Innen- und erst recht des Außenhandels, nicht nur die Einführung von Brot- und Lebensmittelkarten zur Folge hatte, sondern auch die hundertprozentige Gleichschaltung aller Verlage, aller Zeitungen und Zeitschriften, aller kulturellen Einrichtungen und letztlich die Unterdrückung jeglichen selbständigen Denkens. Die Ausmerzung des Privaten kam, wie es scheinen musste, der Ausmerzung des Individuellen gleich, und damit jeder originellen, nicht von der Ideologie ausgehenden geistigen Tätigkeit. Um sicher zu gehen, ließ STALIN zu Beginn der dreißiger Jahre viele Intellektuelle von hohem Ansehen, deren Wirken nicht in sein Konzept hineinpasste, verhaften oder verbannen – außer den bereits Erwähnten auch Geistesgrößen wie MICHAIL BACHTIN, DMITRI LICHATSCHOW und so manche andere. Das Philosophenschiff war im Vergleich dazu ein wahrhaft humaner Akt gewesen! Das für den Diktator Wichtigste aber war die Durchsetzung der uneingeschränkten Alleingültigkeit seiner eigenen, sehr spezifischen Version des Marxismus-Leninismus. Er ließ zwar diese bereits eingebürgerte Formel – eben Marxismus-Leninismus – auch weiterhin ständig sowohl in der ideologischen Literatur wie auch in den Massenmedien gebrauchen, doch wusste jeder einigermaßen Belesene, worum es sich in Wirklichkeit handelte.

Die Diskrepanz ging zum Teil auf gewisse unterschiedliche Charakterzüge zurück, die dem Erfinder des Philosophenschiffs einerseits und seinem angeblich so treuen Schüler andererseits eigen waren. LENIN dachte bei allen theoretischen Überlegungen hinsichtlich des marxistischen Welt-, Menschen- und Geschichtsbildes eigentlich nie an dessen allgemeinen Wahrheitsgehalt, sondern lediglich an seine Anwendbarkeit auf die jeweilige Situation in Russland, das ihm als Ausgangspunkt der proletarischen Weltrevolution vorschwebte und einzig deshalb teuer war. Dagegen meinte STALIN mit selbstgeprägten marxistischen Glaubenssätzen, die er als Quintessenz dieser Ideologie in der neuen Phase der Weltgeschichte ausgab, genügend persönliche Bewunderer und Anhänger in allen krisengeplagten Ländern gewinnen zu können, um einen großen imperialen Eroberungszug in die Wege zu leiten. Mochte LENIN an die Idee des sozialen Fortschritts durch den Wechsel der Gesellschaftsformationen glauben, wie ihn MARX beschrieben hatte, so vertraute STALIN vor allem auf die Macht seiner Waffen und seiner gutgläubigen Agenten in den künftigen Feindesländern. Wenn er auch gleichfalls in den besetzten Ländern eine neue Gesellschaftsordnung einzuführen gedachte, so keineswegs nur, um seine Parteigänger in anderen Staaten und Erdteilen nicht zu enttäuschen, sondern in erster Linie, um sich in den neuen Gebieten geeignete Hebel der unbeschränkten Machtausübung zu sichern. Demgemäß schob LENIN mit dem Philosophenschiff Andersdenkende ab, deren Ideen das marxistische Dogma verneinten, also dessen russische

Variante im Bewusstsein der Mehrheit untergraben konnten. STALIN dagegen beseitigte all jene, die nicht immer bereit schienen, seine doktrinären Aussprüche zu heiligen – mochten sie sonst auch fanatische Marxisten, Träger des westlerischen Geistes oder bekennende orthodoxe Christen sein. Vielen schien es damals, dass diese Politik, die STALIN mit Versuchen einer eigenen Philosophie verbrämte, ihr Ziel erreichen musste. Und doch erwies sich eine solche Vorhersage als oberflächlich. Nicht nur erwartete den vielgepriesenen Baumeister einer modernen Schwerindustrie, die bereits Waffen jeder Art lieferte, die schmerzliche Enttäuschung, dass die Weltwirtschaftskrise ohne jegliche Revolten zu Ende ging, ehe er voll aufgerüstet hatte. Nein, auch in der geistigen Sphäre war ihm keinesfalls eine so erdrückende Allmacht beschieden, wie er sie stets anstrebte. Schon als er 1924, sofort nach LENINS Tod, seine dogmatisch steife Abhandlung »Über die Grundlagen des Leninismus« herausbrachte, wollte er damit eine Art Heilige Schrift einführen, die ihn selbst zum obersten Richter in sämtlichen Fragen der Ideologie machen und mithin seine politische Herrschaft entscheidend festigen würde. Doch das Buch spielte in den damaligen Machtkämpfen der kommunistischen Führer durchaus keine so maßgebliche Rolle, wie dies von der stalinistischen Propaganda später behauptet wurde. Wenn STALIN in der zweiten Hälfte der zwanziger Jahre immer neue Bücher über den Leninismus und gegen dessen angebliche Verfälscher auftischte, so nicht etwa, weil er sich so intensiv mit theoretischen Fragen der bereits vollbrachten Revolution oder mit den nicht immer tiefsinnigen Prognosen seines Lehrmeisters beschäftigte, sondern einzig, weil er dadurch seinen Sieg über die innerparteilichen Konkurrenten, seinen unerwarteten Triumph über Persönlichkeiten, die weit höheres Ansehen genossen hatten, rechtfertigen und untermauern wollte. Allein durch die schonungslose Unterdrückung aller sonstigen geistigen Bestrebungen konnte das neuentstandene ideologische Monopol seine Diktatur effektiv stützen. Daher mussten STALINS neue Publikationen immer und unbedingt von Verhaftungen begleitet sein. Dennoch gelang es ihm nie, die geistigen Gene im russischen Volk auszurotten. Wie eng und wirksam die Zusammenarbeit von Zensur und politischer Polizei auch sein mochte, es gab ein verstecktes geistiges Leben, von dem die meisten Intellektuellen – wenn auch nicht immer Sicheres wussten – so doch manches ahnten. Das Spektrum reichte von einem nicht-stalinistischen oder gar antistalinistischen Marxismus bis zu rein religiösen, ja mystischen Gedankengängen, von radikalem Westlertum bis zu großrussischem Nationalismus. Damals, in der ersten Hälfte der dreißiger Jahre, blühte die für Russland traditionelle Manuskriptliteratur wieder auf, und gewisse beherzte Zeitgenossen wagten es sogar, ganze Sammlungen solcher geheimen Schriften zusammenzutragen.

Ihr realer Einfluss war bei alledem nur schwer abschätzbar. Um die Mitte jenes Jahrzehnts aber kam es zu einer Wende in der offiziellen Ideologie, die alle – auch die einstigen Passagiere des Philosophenschiffs – überraschte.

Offenbar hatte die Stabilisierung der Weltwirtschaft dem obersten Führer und Denker der kommunistischen Bewegung endgültig alle Illusionen geraubt, und er kam zu dem Schluss, dass einzig eine rein imperiale, auf altmoskowitische und slawophile Überlieferungen zurückgreifende, aggressiv westfeindliche Ideologie seinen Eroberungsplänen die notwendige psychopolitische Grundlage bieten konnte. Das bedingte eine Absage an den Marxismus, von dessen Wesen und Geschichtsschemen weiterhin nur noch unklare leere Floskeln übrig blieben, aber im Grunde auch eine, natürlich uneingestandene, Abwendung vom Leninismus, der auf einzelne, in STALINS neues Konzept passende Glaubenssätze reduziert wurde. Nicht von ungefähr ließ STALIN um diese Zeit das 1921 von LENIN gegründete sogenannte Institut der Roten Professur schließen, an dem die künftigen Propagandafachleute und Politikwissenschaftler allzu tief in die ursprünglichen marxistischen Lehren eingeweiht worden waren. Da jedoch unmöglich einfach zugegeben werden konnte, dass die Ideologie, die angeblich dem ganzen Staatswesen zugrunde lag, nicht mehr gültig sei, nahm man zu den verschiedensten Fälschungen Zuflucht. Um nur ein besonders krasses Beispiel anzuführen: Es wurde behauptet, MARX habe ALEXANDER NEWSKI verehrt, den Fürsten, der im 13. Jahrhundert Russland an die Mongolen auslieferte, und habe dessen kriegerische Gegner als »Hunderitter« beschimpft. Zugleich muss STALIN zu der Einsicht gelangt sein, dass er weder mit revolutionären noch mit militärischen Mitteln, wie es LENIN verheißen beziehungsweise er selbst erträumt hatte, die ganze Welt unter seiner Führung vereinigen konnte. So reifte in ihm allmählich die Idee, den Erdball wenigstens Hand in Hand mit einem anderen Diktator in zwei große Imperien aufzuteilen. Hand in Hand mit HITLER. Einen anderen Weg gab es nicht. Doch er war sich bewusst, dass ein solches Bündnis in verschiedenen Bevölkerungsschichten auf innere Ablehnung, wenn nicht gar auf Widerstand stoßen musste. Vor allem galt das für die Intellektuellen. Diese Befürchtungen veranlassten ihn, eine Terrorkampagne von nie dagewesenen Ausmaßen zu starten, die von karrieresüchtigen Denunzianten, Untersuchungsrichtern und Staatsanwälten noch zusätzlich ausgedehnt und verschärft wurde. Ein derartiger Amoklauf widersprach an sich keinesfalls der marxistischen Lehre vom Klassenkampf und erst recht nicht den Leninschen Thesen vom roten Terror, doch gerade die ganz persönlichen Absichten STALINS und seiner Helfershelfer verwandelten diesen Vernichtungsfeldzug in eine so beispiellose, in der Weltgeschichte einmalige Katastrophe. Für Russlands Geistigkeit bedeuteten die blutigen Ausschreitungen einen empfindlichen Schlag. Die meisten freien Geister kamen um. Aber auch das angesammelte Geistesgut ging verloren. Denn die in den vorangegangenen Jahren geretteten und zusammengetragenen Manuskripte sowie sämtliche Bücher, die den Spürhunden bei einer Hausdurchsuchung auffallen konnten, wurden – oft von den Autoren selbst und von den Sammlern fast immer – verbrannt oder auf Nimmerwiedersehen vergraben. Das konnte übrigens auf keinen Fall als Verrat am Geist betrachtet werden. Wurden doch solche Schriften in den Händen des NKWD und der Ideologiebehörden zu Waffen, die man zur Verfolgung jeglichen eigenständigen Denkens missbrauchte. Erst recht konnte nichts vom Schaffen der russischen Emigranten, von den gerade um diese Zeit sehr zahlreichen und bedeutenden neuen Werken der Passagiere des Philosophenschiffs in die Heimat gelangen.

Das galt auch für die kurze Übergangszeit, als STALIN seinen langersehnten Pakt mit dem so gleichartigen, so seelenverwandten deutschen Diktator abzuschließen vermochte.

Einen völlig unvorhergesehenen, jähen Wendepunkt, auch in der Propaganda und in der gesamten Ideologiepolitik, musste daher der Überfall HITLERS auf die Sowjetunion bringen. Denn einerseits kam es STALIN nunmehr darauf an, auch solche Bevölkerungsgruppen zu mobilisieren, die sich bis dahin an der Peripherie oder sogar außerhalb seines ideologischen Herrschaftsbereichs hatten halten können, wie etwa die gläubigen orthodoxen Christen. Andererseits aber war er genötigt, die Denkgewohnheiten und Befürchtungen seiner neuen Verbündeten in England und den Vereinigten Staaten zu berücksichtigen. Deshalb wurden die bereits seit langem äußerst verschwommenen Gegenüberstellungen von Materialismus und Idealismus aufgegeben. Von dem patriotischen Idealismus aber, der jetzt die gesamte offizielle Sprache kennzeichnete, wurden damals tatsächlich selbst die Frömmsten der Frommen mitgerissen. Zur Beruhigung der westlichen Alliierten löste STALIN die Kommunistische Internationale auf, was wiederum einer Absage an LENIN und den Leninismus gleichkam. Um auch in der ideologischen Sphäre seine Abkehr von der Vergangenheit zu demonstrieren, stellte er die Zeitschrift ein, die bislang als sein philosophisches Sprachrohr gegolten hatte und den allerdings längst veralteten Titel »Unter dem Banner des Marxismus« trug. Um so bezeichnender war es, dass trotz dieser scheinbar weitgehenden Zugeständnissen an fremde Weltanschauungen nichts von den Ideen und Gedankenäußerungen, geschweige denn von den Werken russischer Emigranten ins Land dringen durfte, egal, ob es sich dabei um Religionsphilosophen oder rein weltliche Geister handelte. Und dies, obwohl gerade damals viele unter ihnen von der auch im Ausland aufwallenden Begeisterung für die zähen Abwehrkämpfe und darauffolgenden Siege der Roten Armee mitgerissen wurden. STALIN brauchte keine Begeisterung für seine Streitkräfte und sein Volk, er brauchte vor allem Anbetung seiner Person, aber auch unbedingte Anerkennung seiner jeweiligen ideologischen Richtlinien. Diese Richtlinien wechselten unterdessen wiederholt, je nach den wechselnden Situationen an der Front, in der äußeren Welt, im feindlichen Hinterland, in den Beziehungen zu den Alliierten und dergleichen mehr. Als sich die Möglichkeit abzeichnete, den eigenen Herrschaftsbereich bedeutend auszuweiten, ohne allerdings die neuen Länder direkt dem Sowjetimperium einzuverleiben, brachte er wieder gewisse marxistische Begriffe und Redewendungen in Umlauf. Denn er wusste sehr wohl, dass er in manchen Fällen gezwungen sein würde, sich auf Altkommunisten zu stützen. Doch in der innersowjetischen Sprachregelung und Propaganda erlangten diese Phrasen nie wieder den einstigen Stellenwert. Erst recht galt das für die unmittelbare Nachkriegszeit, als STALIN verfügte, sämtliche Errungenschaften der Menschheit seit dem späten Mittelalter russischen genialen Erleuchtungen zuzuschreiben. So wurde auch der Marxismus auf angebliche Vorläufer und Vordenker wie RADISCHTSCHEW, HERZEN, TSCHERNYSCHEWSKI zurückgeführt. Aber die Passagiere des Philosophenschiffs blieben aus der russischen Geistesgeschichte ausgeschlossen.

Das änderte sich kaum, wenn überhaupt, selbst nach STALINS Tod, als das sogenannte »Tauwetter« begann. Es hieß ja auch ganz offiziell, man wolle zu den Leninschen »Normen«, zum »ideologischen Vermächtnis« LENINS zurückkehren. Und bildete nicht das Philosophenschiff einen wichtigen Teil eben dieses Vermächtnisses? Dennoch kam es bald zu einer heimlichen, unmerklichen, langsamen Rückkehr zunächst der Namen jener Vertriebenen, dann aber auch ihrer Ideen und Theorien in der illegalen Manuskriptliteratur, die jetzt unter dem Namen Samisdát zu einem entscheidenden Phänomen des innersowjetischen Kultur- und Geisteslebens wurde. Allmählich verbreitete sich unter den Intellektuellen auch eine Vorstellung von den ungeheuren Verlusten an geistiger Substanz, die Russland in den frühen zwanziger Jahren durch die Ausweisung oder Flucht so vieler Größen des Silbernen Zeitalters erlitten hatte. Das Philosophenschiff wurde nunmehr für viele geschichtsbewusste Menschen zum Sinnbild, zum Wahrzeichen einer Epoche. Einer Epoche, die in ihren Grundzügen noch keineswegs beendet war. Eine solche psychologisch ungewisse Situation zog sich dann über mehrere Jahrzehnte hin. Doch inzwischen wuchs die Zahl renommierter Samisdát-Autoren, die sich mit gutem Recht auf BERDJAJEW, auf FLORENSKI, auf SCHPET beriefen. Mit der Zeit konnten einige Denker mit überwiegend religionsphilosophischen Interessen sogar in legalen, auflagenstarken Zeitschriften Beiträge publizieren, die keinerlei marxistischen oder hurra-patriotischen Einfluss verrieten. Es genügt, hier nur einen Namen zu nennen, der auch heute für jeden einigermaßen gebildeten Russen ein Begriff ist: Der Philosoph, Literaturwissenschaftler, Historiker und Dichter SERGEJ AWERINZEW folgte und folgt unbeirrbar den Traditionen, die LENIN einst mit seinem symbolischen Akt auszutilgen suchte. So entstand ein geistiger Orientierungspunkt für die vielgestaltige Bewegung, die man als »Heimkehr des Philosophenschiffs« bezeichnen möchte. Es war dies eine Bewegung, die in erster Linie begreiflicherweise in religionsphilosophischem Denken zutage trat, aber dann zunehmend auch auf ganz andere Richtungen einwirkte. Das Wissen um die Bestrebungen der einstigen Schiffsinsassen bestimmte schon früh gewisse Tönungen in der philosophischen Publizistik des liberalen Samisdat, und auch dort, wo westlerisch denkende Autoren in der öffentlichen Presse zu Wort kamen, war eine solche Tönung oft deutlich bemerkbar. Ja, sogar die parteitreuen Professoren, die in staatlich subventionierten Büchern und Zeitschriften noch immer mit neuen und neuesten marxistischen Tüfteleien aufwarteten, suchten ihre Belesenheit in der philosophischen Emigrantenliteratur nicht mehr so ängstlich zu verhehlen. Dagegen hüteten sie sich, die Lehrmeinungen ausländischer marxistischer Ketzer und sogenannter Abweichler wie ERNST BLOCH oder HERBERT MARCUSE jemals ernsthaft zu analysieren.

Die »Heimkehr des Philosophenschiffs«, wie unsicher und wie unvollkommen sie vorläufig auch war, trug zur Herausbildung und Verbreitung einer gesellschaftlichen Atmosphäre bei, in der die alten dogmatischen Denkgewohnheiten und mit ihnen die alte Ordnung nicht mehr lange bestehen konnten. Die heimliche »Heimkehr des Philosophenschiffs« zog den April 1985 nach sich.

Die Wandlungen, die damals auch im Westen mit den russischen Wörtern »Perestrojka« und »Glasnost« bezeichnet wurden, wobei »Glasnost« im Sinn von »Gedankenfreiheit« durchaus kein leeres Versprechen bleiben sollte, riefen bald in sämtlichen Regionen des Riesenlandes ein nie dagewesenes, fieberhaftes Interesse für die aktuelle Publizistik hervor. Um so bedeutsamer musste da die Tatsache erscheinen, dass manche Verlage, deren Leiter sich sehr gut in den Neigungen und Stimmungen ihrer Leserschaft auskannten, bereit waren, ihre meist äußerst knappen Papiervorräte zu opfern, um Bücher russischer Emigranten nachzudrucken, oft in überraschend hohen Auflagen. Was aber noch weit erstaunlicher war: Auch die sprachlich und gedanklich überaus komplizierten Schriften einiger berühmter Passagiere des Philosophenschiffs fanden reißenden Absatz, obgleich die Leute sehr wohl wussten, welche Anstrengungen die Lektüre erfordern würde. Dass dies kein bloßer Modetrend war, bewiesen die angespannten Diskussionen, die um die Werke von BERDJAJEW, BULGAKOW und anderen Philosophen entbrannten, wie auch der bemerkenswerte Umstand, dass sich die volle Auswertung und Veröffentlichung dieses so reichhaltigen Materials fast über ein ganzes Jahrzehnt hinzog, das Leserinteresse aber, trotz der infolge der Inflation stark angestiegenen Bücherpreise, lange Zeit nicht abflaute. Die geistige Erregung der späten achtziger und frühen neunziger Jahre übertraf an Ausmaß und Intensität wohl alles, was die Geschichte je gekannt hatte. Neben den Schätzen der Emigrantenliteratur konnten jetzt auch Werke des philosophischen Samisdát aus den Zeiten der scheinbaren Allmacht der Zensur im Druck erscheinen, und sie erregten ebenfalls oft größtes Aufsehen. Allerdings ruht auch heute noch ein erheblicher Teil des damaligen Samisdát in Archiven und Privatsammlungen. Doch die Bedeutung, die diesen Manuskripten einst bei der »Heimkehr des Philosophenschiffs« zukam, ist unbestritten. Obwohl seit etwa 1992, als die einseitig ökonomischen Reformen begannen, breite Kreise der Intelligenz genötigt waren, ihre Aufmerksamkeit ganz anderen Dingen zuzuwenden, blieb das Wirken der geistigen Elite weiterhin ein gewichtiger Faktor des gesamten nationalen Lebens. Und dieses Wirken stand unmissverständlich im Zeichen der Kontinuität russischen Denkens, wie schmerzhaft und einschneidend die Unterbrechung durch den bolschewistischen Umsturz auch gewesen sein mochte. Hier sei nur ein charakteristisches Beispiel angeführt: Der wohl produktivste und meistgelesene philosophische Autor der letzten zehn Jahre, SERGEJ CHORUSHI, hat sich ausdrücklich zum Erbe jenes symbolischen Schiffs bekannt. Es ist sicher auch ihm zu verdanken, dass heute so gut wie jeder mehr oder minder belesene Russe von dem denkwürdigen, jetzt schon so fernen Ereignis im Petrograder Hafen weiß.

Ja, LENIN erlitt auch in der geistigen Sphäre, gerade in der geistigen Sphäre eine schwere Niederlage – vielleicht die entscheidende. Denn wenn er als glaubenstreuer Marxist sicher war, allein seine sozialen Visionen, wirtschaftlichen Projekte und politischen Schachzüge würden ihm und seinen auftragsbewussten Nachfolgern den historischen Endsieg bringen, so bewies doch die eigenartige Idee des Philosophenschiffs, dass er zumindest intuitiv fühlte, welchen maßgeblichen Einfluss auf die Volkspsyche das Denken der Elite haben konnte. Die reale Geschichte sollte zeigen, wie treffend gerade dieses unterschwellige Gefühl und wie illusorisch alle seine sonstigen Leitbilder und Berechnungen gewesen waren. Sein Fiasko und damit das Fiasko der marxistischen Zukunftsträume war eben von Anfang an durch die trügerischen Dogmen einer allzu materialistischen Weltanschauung bedingt. Ebenso jämmerlich scheiterte dann der pseudomarxistische Imperialismus eines STALIN, als nicht nur die eroberten Völker wieder abfielen, sondern sogar das ererbte gigantische Reich zusammenbrach.

So versenkte das Philosophenschiff bei seiner Heimkehr die mächtigen Schlachtschiffe der totalitären Ideologieherrschaft, und das hat den Verlauf der russischen und in einem gewissen Sinn der Weltgeschichte tiefgehend beeinflusst.

Und doch ist das große Ringen zwischen Geist und Ideologie auch heute noch keineswegs entschieden. Gerade heute schwören die Feinde des Geistes, die Feinde des Philosophenschiffs in Russland lautstark Rache.

(22.05.2000)

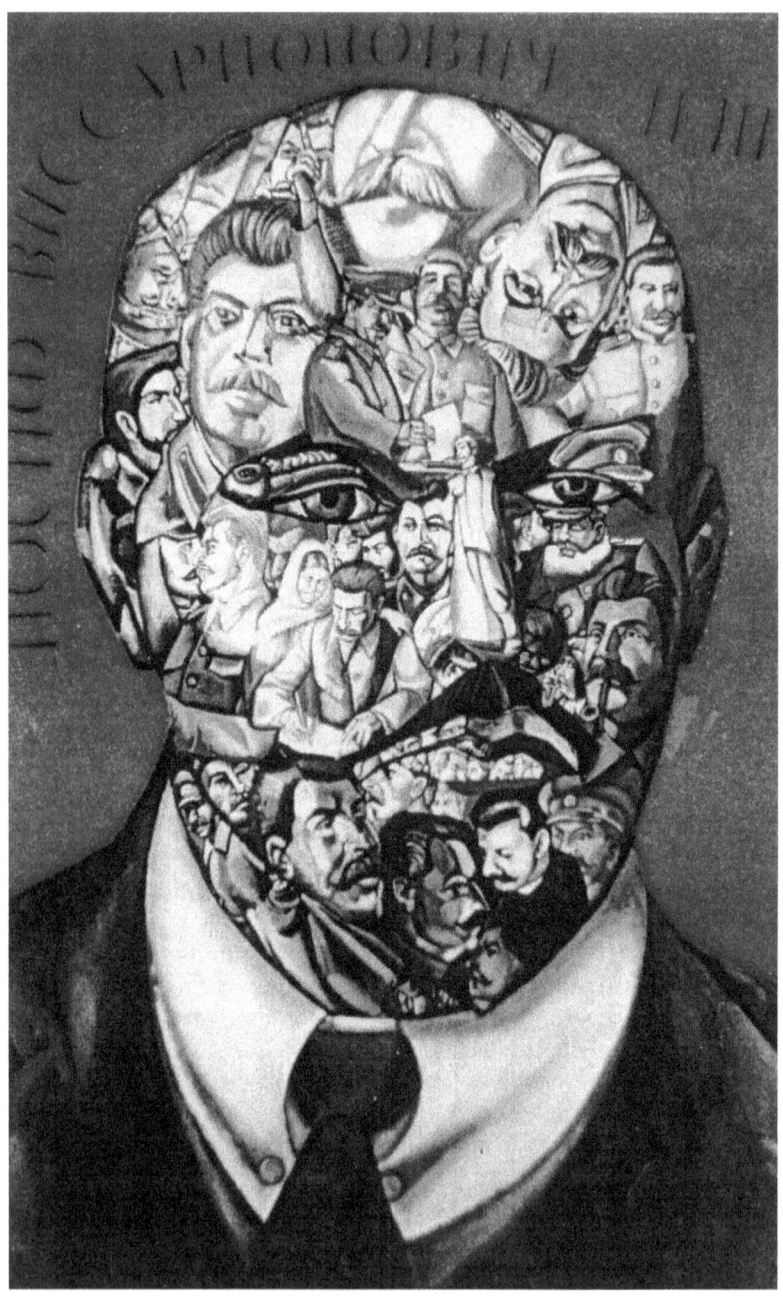

Wladimir I. Lenin, nach einer Idee Michail Romadins (ca. 1990-92)

Erst die Zeit bringt Klarheit.
Vom Wandel des Lenin-Bildes in den Jahrzehnten

Es ist bekannt: Die Ausdeutung und Bewertung vieler geschichtsprägender Persönlichkeiten durchläuft in der Folgezeit eine eigene wechselvolle Geschichte, was wiederum spürbar auf das reale politische und geistige Geschehen, auf den gesamten weiteren Geschichtsverlauf einwirkt. Gerade im vergangenen Jahrhundert gab es zahlreiche Beispiele dieser Art, da ja die propagandistische Verherrlichung mancher politischer Führer geradezu phantastische Ausmaße erreichte und dann von einer um so schonungsloseren Entlarvung, von um so negativeren Urteilen abgelöst wurde .

Ein in dieser Hinsicht besonders folgenreiches und besonders lehrreiches Beispiel boten die Wendungen und Wandlungen, die das Prestige LENINS, des Führers der russischen bolschewistischen Revolution, mit der Zeit sowohl in der historischen Literatur als auch in der Volksmeinung erfahren hat.

Legenden umgaben schon seine jungen Jahre, und es ist äußerst schwierig festzustellen, wann sie eigentlich aufgekommen sind. Als er erfuhr, heißt es, dass sein geliebter älterer Bruder für die Vorbereitung eines Attentats auf Zar ALEXANDER DEN DRITTEN gehenkt worden war, soll der 18-jährige ausgerufen haben: »Wir werden einen anderen Weg gehen!« Diesen angeblichen Hinweis auf künftige marxistische Kampfmethoden wollte später seine eigene Mutter gehört haben. Doch erzählte sie es erst, als er unter den russischen Marxisten bereits als Autorität von hohem Rang galt.

Gerade derartige Legenden und nicht etwa die authentischen Fakten seiner frühen Tätigkeit sollten dann zu einem Bild verschmelzen, das ihn als einzig berufenen Propheten der neuen Lehre in Russland darstellte. Es war ein Trugbild. Doch die Einwirkung eines solchen Trugbilds erlangte auch in diesem Fall historische Tragweite.

Eine Tatsache konnte freilich nie bestritten werden: Alle Glaubenssätze, alle utopischen Verheißungen, magischen Formeln und feierlichen Beschwörungen der religionsähnlichen marxistischen Doktrin waren auch in Russland lange vor LENINS ersten Schritten in dieser Richtung schon von einem anderen Mann, einem politisch erfahrenen und, wie die meisten damaligen jungen Intellektuellen, revolutionsbegeisterten Denker übernommen und in zahlreichen Schriften auf die spezifischen russischen Verhältnisse angewandt worden. Dieser Mann, er hieß GEORGI PLECHANOW, war in den Westen emigriert, als LENIN noch keine zehn Jahre zahlte. Und seine dort verfassten Aufsätze und Bücher hatten in der Heimat, besonders unter den sogenannten Volkstümlern, Verbreitung und Anklang gefunden, ehe der heranwachsende Lenin erstmals dergleichen zu Gesicht bekam. In einer solchen Atmosphäre, wo die allerverschiedensten revolutionären Theorien einander in den Herzen und Hirnen der Jugendlichen den Rang streitig machten und als Modeerscheinung ablösten, war der rasche Popularitätsgewinn des Marxismus etwas ganz Natürliches, und genauso natürlich war, dass sich ein zum Fanatismus neigender Geist wie der LENINS eben dieser Ideologie verschrieb. In dieser Zeit, an der Schwelle zu den neunziger Jahren des 19. Jahrhunderts, tat er sich noch in keiner Weise unter den russischen Marx-Adepten hervor. Sogar in der späteren, alles andere als peinlich wahrheitsgetreuen biographischen Literatur wird ihm in jener Lebensphase keine irgendwie herausragende Rolle zugelegt. Doch wählte er von Anfang an einen ganz bestimmten, scheinbar durchaus logischen, aber damals wenig populären Standpunkt: Während viele, wenn nicht die meisten russischen Marxismusbekenner der Ansicht waren, infolge der eigenartigen Entwicklung und schon ursprünglich kollektivistischen, von der Dorfgemeinde geprägten Wesenheit des russischen Volkes sei hier die Bauernschaft und nicht das kaum vorhandene sogenannte Proleratiat berufen, die von MARX und ENGELS prophezeite goldene Menschheitsära fur ihr Heimatland zu erkämpfen, sah es LENIN anders. Er vertrat tatsächlich auch schon den Grundsatz, dass Russland keine Ausnahme darstelle, dass es gleichfalls den vom marxistischen Dogma vorgezeichneten Weg durchlaufen müsste, um für die große Umwälzung reif zu sein. Deshalb betonte er in seinen frühen Schriften stets den Aufschwung des Kapitalismus, die rapide Industrialisierung und folglich die ständige Zunahme der Arbeiterschaft in den großen und kleineren Betrieben. Doch damit bewies er eigentlich nur, dass er seinen PLECHANOW aufmerksam gelesen hatte und in dessen Fußstapfen getreten war. Dennoch gewann er in den Kreisen der Gleichgesinnten ein gewisses Ansehen, und das wusste er gehörig zur Schau zu stellen: Auf mehreren Fotografien, die seinen Petersburger Zirkel, eine Filiale der Plechanowschen Gruppe »Befreiung der Arbeit« In verschiedener Zusammensetzung zeigten, thront er überall erhaben in der Mitte. Diese Position verlieh ihm ein künstliches Charisma, gerade auch in den Augen der Nachkommen. Um LENINS zentrale Rolle zu unterstreichen, ist in der Sowjetzeit in Hunderten von Büchern immer wieder ein Foto nachgedruckt worden, auf dem ein anderer berühmter Mitbegründer der marxistischen Bewegung, MARTOW, als bloße Randfigur in einer der Ecken auftaucht.

1895 fuhr LENIN eigens nach Genf, um persönlich mit PLECHANOW zu sprechen. Auch das war bestimmt, zu seiner Anerkennung als Wortführer des »echten« Marxismus innerhalb des Landes beizutragen.

Dabei war aber die Hauptfrage, die in Russland »echte« Marxisten von Halbmarxisten trennte, nämlich die, inwiefern das sogenannte Proletariat als tragende Kraft der Revolution fungieren könnte, auch für LENIN äußerst heikel. Denn Russlands Vergangenheit bestätigte keinesfalls die Marxschen Thesen von der rebellischen

(025) Vom Wandel des Lenin-Bildes in den Jahrzehnten

Natur und historischen Mission der Arbeiterklasse. Weder in ihren frühen, primitiven Formen noch später, in der anbrechenden modernen Maschinenära hatte hier die Fabrik je sonderliche Aufsässigkeit an den Tag gelegt. Ganz im Gegenteil. Als beispielsweise 1774 PUGATSCHOWS aufständische Kosakenhaufen in den Ural, das erste russische Industriegebiet vorstießen, schlossen sich ihnen zwar die eingeborenen Völkerschaften an, und mancherorts erhoben sich auch russische Bauern, um sich an ihren Gutsherren zu rächen, doch gerade die Arbeiter hielten so gut wie überall zu den Werkbesitzern und Werkverwaltern; der Dekabristenaufstand, der 1825 die Hauptstadt Petersburg und das ganze Land aufrüttelte, fand ausgerechnet 1unter den zahlreichen Angehörigen der örtlichen Werkstätten keinerlei Widerhall; als in der zweiten Halfte des 19. Jahrhunderts breite Kreise der Intelligenz und Studentenschaft radikale und radikalste Ansichten entwickelten und ein ausgedehntes Netz von geheimen Zirkeln, unterirdischen Organisationen und todeweihten Terrorabteilungen aufbauten, als das Wort »Revolution« zur heiligsten Devise mehrerer Generationen von Schwärmern wurde, konnten die jugendlichen Agitatoren zwar manche Tagelöhner, Handelsgehilfen und mitunter Bauern für ihre Ideen gewinnen, aber kaum je Fabrik- und Manufakturarbeiter. Erst an der Jahrhundertwende, da die ersten größeren marxistischen Gruppen eine mehr oder minder rege Propagandatätigkeit entfalteten, gelang es ihnen, an zwei, drei Stellen kurzfristige, von der Öffentlichkeit völlig unbeachtete Streiks zu organisieren, die dann von der Sowjetpropaganda zu fast historischen Ereignissen hochstilisiert wurden. Wenn also LENIN, der damals nach Sibirien verbannt worden war, in seiner gemütlichen Einsamkeit die intensive Entwicklung des Kapitalismus in Russland nachzuweisen suchte, so rannte er eigentlich offene Türen ein, konnte aber als Wahrsager der proletarischen Revolution kaum überzeugen. Deshalb berichteten zeitgenössische neutrale Quellen nichts von seiner angeblich überragenden Geltung, einer Geltung, die erst bei späteren Lobsängern und Memoirenautoren auftaucht. Bei Autoren, die ja schon ganz im Bann seiner tatsächlich gewaltigen, verhängnisvollen Rolle im Schicksal seines Landes und der ganzen Welt standen. Damals hingegen ahnten nicht einmal die unmittelbar Beteiligten, nicht einmal seine Parteigenossen, mit wem sie es zu tun hatten.

Mit der Gründung seiner ersten Partei, der russischen Sozialdemokraten, hatte es überhaupt eine eigene Bewandtnis. In der zu jener Zeit noch ganz provinziellen weißrussischen Stadt Minsk kamen eines Tages etwa ein Dutzend völlig unbekannter Personen zusammen und unterzeichneten in aller Eile ein Schriftstück, das als Programmentwurf einer marxistisch orientierten Partei dienen sollte. Es war seither etwas Rührend-Lächerliches daran, dass diese kleine und flüchtige Begegnung fast ein Jahrhundert lang als 1. Parteitag bezeichnet wurde, und dies von einer so mächtigen Organisation wie die bolschewistische und dann kommunistische Partei! Doch in Wirklichkeit kam jene Gruppe innerhalb der Sozialdemokratie, die sich den später so grauenerregenden Namen »bolschewistisch« zulegte, erst fünf Jahre danach zustande, bei einem 2. Parteitag, der immerhin schon in Brüssel und London stattfand und zu seinen Gästen auch Plechanow persönlich zählte. Auch diese halbgeheime Versammlung rief keine sonderliche Aufregung in den russischen revolutionären Kreisen hervor und wurde erst recht von der breiten Öffentlichkeit nicht beachtet, so dass der Name Lenin selbst den politisch Interessierten nach wie vor so gut wie unbekannt blieb. Doch entsprang der damaligen Spaltung das wohl fataleste Phänomen der Jahrhundertgeschichte, dessen Auswirkungen sogar heute noch schmerzlich spürbar sind, und nicht allein in Russland. Es war nämlich so. Während die entgegengesetzte Fraktion, die sogenannten Menschewisten, im Sinne des europäischen Humanismus und der westlichen sozialdemokratischen Tradition für die volle Entfaltung der menschlichen Persönlichkeit kämpfen wollte und dementsprechend auch die Eigenentscheidung des Individuums im sozialen Handeln, und vor allem gerade in der politischen Tätigkeit verfocht, war Lenins Vision eine ganz andere – er bestand auf einer strikt unpersönlichen, straffen, kollektivistisch orientierten, verschwörerischen Organisationsstruktur mit eiserner Disziplin. Nicht von ungefähr verglich in der Folgezeit sein ideologischer Erbe, Stalin, diesen Kampfbund mit einem der düstersten mittelalterlichen Ritterorden. Einerseits bestimmte denn auch jene Spaltung schon im voraus die tragischen Ereignisse von 1917, als die liberal-republikanischen Perspektivziele der Februarrevolution von der Gegenrevolution im Oktober zunichte gemacht wurden, jener Oktoberrevolution, die ja ausdrücklich eine terroristische Diktatur einleiten wollte. Andererseits entsprang dieser Spaltung die für das 20. Jahrhundert so verhängnisvolle Psychopolitik der Gewaltherrschaft, die nicht nur den kommunistischen, sondern auch den faschistischen Bewegungen zugrunde lag. Doch wiewohl Lenin nunmehr bereits einen Schritt von solcher historischen Tragweite getan hatte, gehörte er noch keinesfalls zu den politischen Persönlichkeiten, über die im damaligen Russland viel gesprochen und gestritten wurde. Auch während der großen Wirren, die 1905 mit dem Blutigen Sonntag im Januar begannen, tauchte sein Name nur äußerst selten in größeren und vielgelesenen Zeitungen auf. Wogegen sein späterer Kampfgefährte Trotzki bereits den Sowjet der Hauptstadt, die eigentliche Zentrale des Aufstands leitete. Was aber besonders bemerkenswert war: Einige Jahre zuvor hatte Lenin die persönliche Bekanntschaft des schon damals weltberühmten Schriftstellers Maxim Gorki gemacht, doch dieser schrieb vorläufig keine Zeile über den neuen Gesprächspartner! Erst mehrere Jahre danach wurde für ihn das Thema

(025) Vom Wandel des Lenin-Bildes in den Jahrzehnten

LENIN zu einem Brennpunkt des geistigen und zeitgeschichtlichen Interesses.

Nach dem Ende der Wirren, als LENIN vorsichtshalber wieder in den Westen ging, gelangten verschiedene russische Marxisten, darunter auch einige mehr oder minder selbständig denkende Bolschewisten, zu dem eindeutigen Schluss, dass ihr bisheriges politisches und philosophisches Glaubensbekenntnis doch nicht ganz den Anforderungen revolutionärer Bestrebungen in Russland entsprach, und sie gingen daher auf die Suche nach neuen, zeitgemäßeren Grundsätzen und Richtlinien, was Bemuhungen um eine sogenannte Gottesgestaltung oder Gottessuche und zugleich eine Hinwendung zu gewissen modernen Weltbildern und Denkarten mit sich brachte. Das wieder rief den Dogmatiker LENIN auf den Plan, der zwar schon des öfteren die geringsten Abweichungen von den politischen Geboten der marxistischen Heilslehre mit heftigen Entgegnungen und Verweisen gestraft hatte, sich jetzt aber erstmalig auf rein philosophische Auseinandersetzungen mit Abtrünnigen und Ketzern einlieg, die angesichts der enttäuschenden Realität jene einzig seligmachende Doktrin, wie er meinte, verunreinigt und verraten hatten. So kam es, dass der Name LENIN und der Titel seines Buches »Materialismus und Empiriokritizismus« zu einem, wenn auch nicht unbedingt erstrangigen, Faktor des geistigen Lebens wurden. Die unmittelbar Beteiligten allerdings fassten diesen Streit eher als Fortsetzung eines innerparteilichen Konflikts auf, der schon seit eh und je zwischen den engstirnig orthodoxen Marxjüngern und den freieren Geistern herrschte.

Deshalb war es ein politisch bedeutsamer Akt, als LENIN 1912 bei einer Konferenz seiner Anhänger in Prag die endgültige Abkehr, den Verzicht auf jedes Zusammenwirken mit der menschewistischen Fraktion durchsetzte, einer Fraktion, die sich ja ihren Zielen und Kampfmethoden nach immer offensichtlicher den europäischen sozialdemokratischen und sozialistischen Parteien näherte. Zugleich war diese Konferenz eine unverhohlene Herausforderung an die weitaus größte, traditionsreichste und populärste umstürzlerische Organisation, die Russland je gekannt hatte – an die Partei der Sozialrevolutionäre. Nunmehr wurde LENIN sowohl für seine von revolutionären Idealen beseelten Konkurrenten wie auch für die zaristischen Polizeibehörden zu einer echten politischen Figur und einem echten Problem. In der Folgezeit, als die sowjetische Propaganda ihn zur zentralen Figur der Weltgeschichte hochstilisierte, sind wahrscheinlich zahlreiche Erinnerungen aus berufener Feder und erst recht enorme Mengen amtlicher Archivdokumente über ihn und seine Tätigkeit vernichtet worden. Aber auch Darstellungen prominenter und freundlich gesinnter Zeitgenossen, Aufzeichnungen, die nicht ohne weiteres aus der Welt geschafft werden konnten, liefern ein im Grunde alles andere als schmeichelhaftes Bild des Bolschewistenführers in jenen sturmschwangeren Jahren. Am charakteristischsten sind in dieser Hinsicht wohl die Memoiren MAXIM GORKIS. Vor dem ersten Weltkrieg hatte dieser rebellisch gestimmte Meister der russischen Prosadichtung seinen ständigen Wohnsitz auf der italienischen Insel Capri genommen, und dort war LENIN oft bei ihm zu Gast. GORKI, der sich durch eine scharfe Beobachtungsgabe, tiefgehende Menschenkenntnis und ungewöhnlich präzise Sprache auszeichnete und der dabei LENIN, dem revolutionären Erneuerer Russlands, von Anfang an aufrichtige Sympathie entgegenbrachte, entwarf in seinen damaligen Notizen, die er erst zehn Jahre später literarisch überarbeitete, das Bild eines Politikers und Menschen, der eigentlich das genaue Gegenteil eines Volksführers verkörperte. Sogar in der nach LENINS Tod veröffentlichten literarischen Fassung tritt mitunter eine Art Teufel in Menschengestalt auf, der bei jeder Erwähnung des Leids der armen Bevölkerung schallend lacht oder ungeniert kichert. GORKI schreibt:

»*In Russland, dem Land, wo tiefinnerstes Leiden als Universalmittel zur Rettung der Seele gepriesen wird, habe ich niemand getroffen, der mit solcher Vehemenz und Ausdruckskraft wie Lenin gegenüber allem menschlichen Unglück, allem Schmerz und Leid nur Hass, Ekel und Verachtung an den Tag gelegt hätte.*«

Diese Worte erschienen im Druck, als der Revolutionsführer bereits gestorben war und GORKI, damals eine Art Halbemigrant, auf die Gefühle seiner Landsleute Rucksicht nehmen musste. Aus dem Kontext aber geht klar hervor, dass er diese Gedanken höchstwahrscheinlich schon in der Zeit seines engen Verkehrs mit LENIN auf der Insel Capri notiert hatte. Er fühlte, genau wie PLECHANOW, wie MARTOW, wie der hervorragende marxistische Philosoph BOGDANOW und viele andere, dass dieser an und für sich kluge, aber in seinem Fanatismus einseitige und engherzige, jeden menschlichen Gefühls beraubte, sektiererisch veranlagte Politiker, falls er jemals an die Macht gelangen sollte, in seiner Wut gegen alles Nicht-Marxistische kein Maß kennen würde, dass er geneigt sein würde, Russland in einem Blutmeer zu ertränken. Allerdings hatte GORKI noch andere Gelegenheiten, über LENIN nachzudenken, ehe seine Aufzeichnungen eine breitere Leserschaft erreichten.

In jener Periode aber, die als Silbernes Zeitalter für immer in die Geschichte der russischen Kultur eingegangen ist, musste die geistige Intoleranz dieses ewigen Prinzipienreiters und streitbaren Rechthabers dem weltoffenen, schöpferisch denkenden Intellektuellen als geradezu gespenstige Erscheinung entgegentreten. Gerade jetzt, als LENIN erstmalig philosophisch seriöse, weltanschauliche Fragen aufzuwerfen bemüht war, beschränkte sich sein realer Einfluss auf den eigenen, nicht allzu vielzähligen und nicht allzu gebildeten Parteianhang, und sein Ruf in der Offentlichkeit war der eines mehr oder minder geschickten, möglicherweise auch gefährlichen Demagogen.

(025) Vom Wandel des Lenin-Bildes in den Jahrzehnten

Kennzeichnend für den Gegensatz, der zwischen LENINS Bestrebungen und der geistigen Atmosphäre der Zeit bestand, waren die Gesinnungswandlungen eines so feinfühligen und begeisterungsfähigen jungen Dichters wie ILJA EHRENBURG. Er hatte als Gymnasiast unter allen politischen Strömungen, die sich gegen die imperiale Staatsmacht auflehnten, ausgerechnet die bolschewistische gewählt, musste mehrere Monate hinter Schloss und Riegel verbringen und floh dann in den Westen. Als Emigrant kam er mit LENIN persönlich in Berührung, und da war die Enttäuschung groß. Er schrieb und verbreitete eine Reihe bissiger Satiren über den verbohrten Fanatiker. Und es ist mit Sicherheit anzunehmen, daß er sich bewusst war, nicht ins Leere zu schießen, sondern bei seinen Lesern in verschiedenen Kreisen der Emigration auf volles Verständnis zu stoßen .

Dann kam der Weltkrieg. LENIN lebte in der Schweiz, dem damaligen Zufluchtsort und Treffpunkt vieler der entschiedensten Gegner des Völkermordens. Er aber war alles andere als ein Pazifist. Seine Devise lautete: »*Den imperialistischen Krieg in einen Bürgerkrieg verwandeln!*« Eine solche Losung musste konsequenten Marxisten in einer so prekären Weltsituation vielleicht als einzig möglicher Leitsatz erscheinen. Doch nicht allein Marxisten wurden von LENINS ungemein aktivem Wirken beeindruckt. Ein Bürgerkrieg in Russland wäre für den deutschen Generalstab und seine Verbündeten ein Glücksfall sondergleichen gewesen. Es lässt sich leider nicht genau feststellen, wann deutsche Agenten Fühlung mit ihm aufnahmen und wann er auf ihre Vorschläge einging. Nur muss eines betont werden: Er hatte auch zuvor wiederholt Unterstützung für seine Partei aus Quellen angenommen, die ihm in keiner Hinsicht sympathisch oder gar wesensverwandt erscheinen konnten. So wurde die bolschewistische Wühlarbeit beispielsweise während der Wirren von 1905-1907 von den reichsten Großindustriellen und Geschäftsleuten subventioniert, offenbar um Druck auf die Regierung auszuüben, die nach wie vor die Interessen des Adels vertrat.

Als jedoch Ende Februar 1917, in einem der angespanntesten Augenblicke des Weltkriegs, die zaristische Regierung in Petrograd von den liberalen Kräften des Parlaments und ihrem zahlreichen Anhang in der Hauptstadt gestürzt wurde und der Zar selbst abdankte, schlossen sich zwar die mächtige Partei der Sozialrevolutionäre wie auch die menschewistische Fraktion der russischen Marxisten sofort dem neuen, republikanischen Regime an, LENIN aber nicht. Denn die Parole der demokratischen Staatsmacht lautete ja weiterhin: »*Krieg bis zum siegreichen Ende!*«, und weder den zielstrebigen Bolschewistenführer, der einzig eine grundlegende Gesellschaftsumwälzung im Auge hatte, noch erst recht den deutschen Generalstab konnte eine solche Wendung der innerpolitischen Lage befriedigen. Es war daher nur logisch, dass LENIN die Erlaubnis erhielt, mit einer Gruppe gleichgesinnter Begleiter unter dem Schutz der zuständigen deutschen Behörden das Feindesland zu durchqueren, um dann aus Skandinavien nach Russland einzureisen.

Über diese scheinbar abenteuerliche, in Wirklichkeit aber äußerst ruhige Fahrt sind zahllose Legenden in Umlauf gesetzt, Romane geschrieben, Filme gedreht und Kindermärchen erfunden worden. Die eigenartige psychopolitische Situation dagegen wurde nur selten in Betracht gezogen und meist sehr oberflächlich analysiert .

Dabei war die persönliche Einstellung LENINS freilich durchaus klar und tatsachlich äußerst einfach: Da ihm die Weltrevolution als höchstes Ziel vorschwebte, beging nicht er Landesverrat, sondern die deutschen Generäle begingen im Grunde Klassenverrat, und es wäre lacherlich, wollte er diesen Verrat des Klassenfeindes – einen Verrat an sich selbst – aus moralischen Gründen und patriotischen Skrupeln ungenutzt lassen. Doch war das Verhalten der neuen Petrograder Regierungsstellen nicht ebenso leicht zu erklären. Kehrte doch hier ein Emigrant heim, der keinen Hehl daraus machte, sie, diese neuen Machthaber, stürzen zu wollen, um an die Stelle ihrer soeben geborenen demokratischen Republik eine nie dagewesene Staatsordnung, die gnadenlose, jede Freiheit unterdrückende Diktatur des Proletariats einzuführen, und hatte er doch dazu die Dienste des Feindes seines Landes im grausamsten Krieg aller Zeiten in Anspruch genommen, in einem Krieg, der Russlands Schicksal als europäische Macht für immer hatte entscheiden müssen. Aber trotz dieses unleugbaren und eindeutigen Sachverhalts schien niemand daran zu denken, den gefährlichen Neuankömmling zu verhaften. Ganz im Gegenteil.

In späteren Jahren hat die kommunistische Propaganda eine Legende erdichtet, laut der LENIN gleich nach seiner Ankunft auf einen Panzerwagen gestiegen sein soll, den die Petrograder Arbeiter rechtzeitig herbeigeholt hatten, und dass er diese beachtliche körperliche Leistung vollbracht hatte, um mit der ihm angeblich eigenen Gebärde, dem weit vorgestreckten rechten Arm, in die Zukunft zu weisen und zum Kampf gegen die Kapitalistenherrschaft aufzurufen. Das war eine der vielen theatralischen Phantasien, mit denen in der Sowjetzeit das Leben der obersten Führer so gern ausgeschmückt wurde. Doch soll diese nüchterne Feststellung nicht etwa besagen, dass der aus Helsingfors eintreffende Zug kein sonderliches Interesse in der Öffentlichkeit hervorgerufen hatte. Nein, es hatten sich Dutzende, wenn nicht vielleicht sogar Hunderte Vertreter verschiedener Organisationen und Parteien, Journalisten und Reporter jeder politischen Richtung eingefunden. Augenzeugen wussten dann zu berichten, dass LENIN mehrere Minuten in der Menge auf dem Bahnhof herumgeirrt war, um irgendwelche bekannten Gesichter zu finden, da er nicht gleich begriff, dass auch die vielen Fremden ringsum ihn und seine Gruppe erwarteten. Nur von der Polizei war nichts zu sehen.

Doch sollten der gute Wille und die betonte Toleranz der demo-

(025) Vom Wandel des Lenin-Bildes in den Jahrzehnten

kratischen Regierung LENIN nicht daran hindern, schon bald darauf seine sogenannten Aprilthesen zu veröffentlichen, in denen er ganz unverhohlen verkündete, dass es sein Ziel sei, das bürgerliche Staatswesen zu vernichten, und dies trotz allen Gefahren, denen Volk und Land in der sich ständig zuspitzenden Kriegssituation ausgesetzt waren. Eine solche Zielbestimmung fand jedoch in der kriegsmüden Bevölkerung und vor allem im völlig demoralisierten Heer einen merklichen Widerhall, der es den Parteigängern LENINS ermöglichte, die sogenannten Arbeiter- und Soldatenräte, auf russisch »Sowjets«, zum großen Teil für sich zu gewinnen. In dieser Periode wurden LENINS Name und LENINS politische Bestrebungen erstmalig auch in breitesten Volksschichten, weit über die revolutionären Kreise hinaus, bekannt. Es ließ sich damals nicht klar erkennen, ob ein Phänomen, das zweifellos der überlasteten deutschen Kriegsmaschine zugute kam – nämlich die sich rasch mehrenden »Verbrüderungen« von Soldaten an der Ostfront – auf LENINS gezielte Propaganda zurückzuführen war oder rein spontan vor sich ging. Doch eine Rede des Bolschewistenführers schließlich, in der er die demokratische, liberale Regierung als volksfeindlich und imperialistisch brandmarkte und die Sozialrevolutionäre und Menschewisten für ihre Kompromissbereitschaft verhöhnte, konnte nicht mehr unbeachtet bleiben, und am 20. Juli wurde ein Haftbefehl gegen ihn erlassen. Es gelang ihm indes, sich zunächst in einer Laubhütte an einem der nahegelegenen Seen zu verbergen und dann nach Finnland zu fliehen. Jetzt, da die Gefahr, die von diesem Mann ausging, weitgehend gebannt schien und doch unterschwellig dauernd fühlbar blieb, erwies sich seine Beurteilung von seiten der Öffentlichkeit, sein Bild in den Hirnen und Herzen der Menschen als äußerst unstet, zwiespaltig, vieldeutig, und zwar nicht nur infolge der Vielfalt von Parteien und politischen Strömungen. Einerseits wandten sich ihm manche Gruppen und Persönlichkeiten zu, die seine Umsturzpläne nicht wirklich unterstützten, aber die weitere Teilnahme Russlands am Weltblutbad missbilligten und etwas dagegen unternehmen wollten. Einen Sonderfall stellten die sogenannten »Interrayonalen« dar, die den Augenblick für eine grundlegende soziale Wandlung in ganz Europa und für die Verbrüderung aller Völker gekommen glaubten und sich daher den Bolschewisten anschlossen – ein Schritt, der besondere Bedeutung erlangte, da auf diese Weise TROTZKI zu LENIN kam. Andererseits aber stieg die Demagogie, die für LENINS Propaganda eines nicht weniger blutigen Bürgerkriegs charakteristisch war, viele Menschen ab, die früher mit dem bolschewistischen Radikalismus im Kampf gegen die zaristische Selbstherrschaft sympathisiert hatten. Ihr geistiger Leitstern sollte gerade jetzt MAXIM GORKI werden. Auch er war stets ein unversöhnlicher Gegner der alten Ordnung gewesen, und seine Lebensgefährtin, die Schauspielerin MARIA ANDREJEWA, gehörte zum ältesten Stamm der bolschewistischen Partei, sie hielt jahrzehntelang mit fanatischer Treue zu LENIN. Dennoch erhob GORKI an jenem historischen Wendepunkt seine Stimme gegen die Gefahr für Russlands freie, humanistische, europäische Entwicklung, eine Gefahr, die er in LENINS populistischen Losungen und diktatorischen Bestrebungen erkannt hatte. In selner Zeitung »Neues Leben« veröffentlichte er tagtäglich scharf formulierte kurze Essays unter dem Titel »Unzeitgemäße Gedanken«, in denen er die russische Intelligenzija, die Kultur des Silbernen Zeitalters, gegen den Ansturm barbarischer Krafte verteidigte. Immer wieder warnte er vor dem von seiten des Bolschewismus drohenden Terror, vor der Unwissenheit und Zerstörungswut der aufgepeitschten Massen, vor einer Welle blinder Gewalt, die eine dauernde Gewaltherrschaft einleiten würde. Dabei nannte er ständig den einen Namen – LENIN.

Was aber wahrhaft bewundernswert war: GORKI setzte diese seine publizistische Tatigkeit unbeirrt fort, als die Gewaltherrschaft bereits Wirklichkeit geworden und die Pressefreiheit jener acht Monate des Jahres 1917 abgeschafft war, als seine leidenschaftlichen Angriffe Einsatz des eigenen Lebens bedeuteten.

Denn inzwischen hatten sich die Ereignisse uberstürzt: LENIN war im Spätherbst heimlich aus Finnland zurückgekehrt (angeblich in Verkleidung und glattrasiert, doch in wenigen Tagen musste ihm der Bart wieder üppig gewachsen sein), hatte das Zentralkomitee seiner Partei einberufen und erklärt, es sei an der Zeit, angesichts des bevorstehenden Kongresses der Sowjets und der Wahlen zur Verfassungsgebenden Versammlung, durch eine plötzliche Aktion die Macht an sich zu reißen. Nur zwei der anwesenden Mitglieder stimmten dagegen. Und tatsächlich sollte es den fanatisierten, seit Monaten aufgehetzten Matrosen und Soldaten gelingen, schon im ersten Ansturm die provisorische Regierung der demokratischen Republik zu überrumpeln und gefangenzusetzen. Bei den Wahlen indes erlitten die Bolschewisten eine schwere Niederlage, sie waren in der verfassungsgebenden Versammlung eine unansehnliche Minderheit gewesen, deshalb ließ LENIN die bereits zusammengetretenen Abgeordneten auseinanderjagen, ja mehrere festnehmen. Und als sich am nächsten Tag die empörten Einwohner der Hauptstadt zu einer Protestdemonstration versammelten, wurden sie scharf beschossen – ein Teil von ihnen schwer verletzt, die anderen zerstreut. Solche Vorgänge mussten bei allen Menschen guten Willens Entrüstung auslösen, und das wieder wirkte sich weitgehend auf die Einschätzung der Persönlichkeit LENINS aus, in erster Linie wiederum gerade von seiten der Intellektuellen. Schon zwei Wochen nach dem Oktoberumsturz hatte GORKI geschrieben:

»Indem sie allen, die mit dem Despotismus Lenins und Trotzkis nicht einverstanden sind, mit Hunger und Pogromen drohen, rechtfertigen diese Führer den Despotismus eines Regimes, gegen das die besten Kräfte des Landes so furchtbar lange gekämpft haben (...) Die Anhänger Lenins, die

sich für die Napoleons des Sozialismus halten, rasen und toben und vollenden die Zerstörung Russlands (...) Lenin zeichnet sich durch das Fehlen jeglicher Moral und ein herrisches mitleidloses Verhältnis zum Leben der Volksmassen aus.«[26]

Im Marz 1918 verurteilte GORKI die gesamte Politik LENINS und seiner Partei in unmissverständlicher Weise :

»*Die Grünschnäbel aus den bolschewistischen Reihen sagen mir fast jeden Tag, ich hätte mich vom Volk getrennt (...) Wenn ich sehe, dass die Politik des Sowjetregimes – wie sogar seine Feinde ironisch feststellen – zutiefst national ist, dass sich aber der Nationalismus der bolschewistischen Politik in einer Orientierung auf Armut und Nichtigkeit ausdrückt, dann muss ich mit Bitterkeit zugeben, dass der Bolschewismus ein nationales Unglück ist, weil er im Chaos grober Instinkte, die er erweckt hat, die schwachen Keime der russischen Kultur zu vernichten droht.*«[27]

Es konnte eigentlich nur logisch erscheinen, dass LENIN im Juli 1918 die Zeitung seines alten Freundes verbot und auch am Ende des gleichen Jahres, als GORKI versprach, mit der Regierung zusammenzuarbeiten, falls man ihm erlaubte, eine zensurfreie Zeitung herauszubringen, ging LENIN nicht darauf ein. Es sah schon fast wie ein Zeichen besonderer Anerkennung aus, dass der weltberühmte Schriftsteller nicht einfach umgebracht oder zumindest eingekerkert wurde, wie dies mit vielen anderen Geistesgrößen geschah. Um diese Zeit begann GORKI seine hartnäckigen, ungemein intensiven Bemühungen um die Rettung der wissenschaftlichen und literarischen Elite Russlands angesichts des immer grausameren Terrors und der entsetzlichen Lebensbedingungen. Damals kam es zu einer bedeutsamen, vielsagenden Episode: GORKIS Lebensgefährtin, die blindgläubige, altbewährte Bolschewistin MARIA ANDREJEWA, der von LENIN eine maßgebliche Rolle bei der Neugestaltung des Theaterlebens zugewiesen worden war, wandte sich mit einem Brief an den Führer, in dem sie die Zweckmäßigkeit der Vernichtung einer ganzen Künstlergeneration anzuzweifeln wagte. LENINS Antwort war ein einziger Lobgesang auf die Massenhinrichtungen, sein Lieblingswort lautete »Erschießen!« – und diese Antwort wurde, wahrscheinlich nicht ohne Zutun GORKIS, breiteren Kreisen der Intelligenz bekannt. Erst als nach fast achtzig Jahren viele Archive geöffnet wurden, stellte sich heraus, dass LENIN damals zahllose Schreiben des gleichen Inhalts, mit dem gleichen Lieblingswort an die verschiedensten Staatsämter, Parteiinstanzen und Vertrauenspersonen gerichtet hatte.

Das bedeutete den Anfang einer Periode, die LENIN dann selbst als »Kriegskommunismus« bezeichnete. Mit diesem Wort waren keineswegs bloß die kriegerischen Wirren gemeint, in denen damals zahlreiche soziale, nationale, politische und ideologische Bewegungen erbittert gegeneinander und für ihre spezifischen Ziele kämpften, sondern vor allem der Krieg der Kommunisten gegen das Privateigentum, gegen die bäuerliche Privatwirtschaft insbesondere, gegen die Vielfalt geistiger Strömungen, gegen jeden Pluralismus und Individualismus. Dieser Krieg sollte auch fortgesetzt werden, nachdem alle bewaffneten feindlichen Kräfte geschlagen waren. Und wenn LENIN nach dem Ende der Wirren urplötzlich eine sogenannte Neue Ökonomische Politik verkündete, die ein Aufblühen der privaten Wirtschaftsinitiative ermöglichte und indirekt auch ein vielstimmiges kulturelles Leben wachrief, so geschah dies nur, weil das ganze Land schon zu verhungern drohte. Diese widerspruchsvollen Vorgänge mussten denn auch auf die *Bewertung* LENINS als Staatsmann und als Mensch in den verschiedenen Schichten des russischen Volkes, von seiten verschiedener Persönlichkeiten des In- und Auslands entsprechend einwirken.

Das eine war dabei von Anfang an klar und selbstverständlich: Die Propaganda der nunmehr herrschenden Partei würde ein LENIN-Bild in die Köpfe hämmern, das den Revolutionsführer zum Abgott einer Mehrheit des Volkes machen und dadurch die Diktatur dieser Partei festigen könnte. Die Verherrlichung LENINS ging gleichsam auf drei Eben, in drei Dimensionen vonstatten, denen drei tausendfach wiederholte Formeln entsprachen: Es hieß, er sei erstens der größte aller Großen in der Weltgeschichte, zweitens das genialste aller Genies im Entwicklungsgang des Geistes, drittens der menschlichste aller Menschen im Alltagsleben. Was die politische Geschichte betraf, so war allerdings unbestreitbar und offensichtlich, dass er in der Tat zu den schicksalsschwersten Gestalten gehörte, die das 20. Jahrhundert prägen sollten. Ein besonders wirkungsvolles Mittel seiner Verherrlichung deutete er selbst an: Kaum waren die Bürgerkriegswirren zu Ende, als er eine Kampagne in die Wege leitete, die von ihm die aufschlussreiche offizielle Benennung »monumentale Propaganda« erhielt. Er ließ namlich in Moskau und vielen anderen Städten Denkmäler für Revolutionäre und kommunistische Denker vergangener Zeiten errichten, und es war klar, dass nach seinem Tode unzählige LENIN-Denkmäler im ganzen Land entstehen mussten. Das Adjektiv »unzählig« ist hier im buchstäblichen Sinn aufzufassen, denn wenn in jedem Wohnort und jedem Stadtviertel auf einem Sechstel des Erdballs unbedingt eine LENIN-Figur stand, so wäre jeglicher Versuch einer Zählung hoffnungslos gewesen. Hinzu kamen unzählige Gemälde mit wahrheitsähnlichen oder erdichteten historischen Szenen, die in sämtlichen öffentlichen Räumlichkeiten die Wände schmückten. Doch sollte die »monumentale Propaganda« eine Krönung erhalten, an die LENIN zu Lebzeiten, wie es scheint, nie gedacht hatte. Sein Körper wurde einbalsamiert und die Mumie in einem imposanten Mausoleum vor der Kremlmauer zur Anbetung ausgestellt. Es galt als heilige Pflicht eines jeden Sowjetbürgers, sich bei einem Moskaubesuch unverweilt in die Schlange auf dem Roten Platz einzureihen und in feierlicher Stille den Saal mit der Mumie zu durchschreiten. Hinzu kam weiterhin, dass eine größere Anzahl von Städten, darunter die zweihundertjährige Hauptstadt an der Newa, nach LENIN umbe-

(025) Vom Wandel des Lenin-Bildes in den Jahrzehnten

nannt wurde und dass nunmehr fast in jeder Stadt die Magistrale seinen Namen trug. Da er zugleich auch in der Sphäre der Philosophie, Geisteswissenschaft und Ideologie zum größten Genie aller Zeiten erklärt worden war, galt ein beliebiges Zitat aus seinen Schriften oder Reden als schlagender, endgültiger und unantastbarer Beweis der Richtigkeit oder Fehlerhaftigkeit von Gedanken, Theorien oder Lehrgebäuden jeder Art und jeder Richtung, und das verhinderte jahrzehntelang die Entfaltung echter geistiger Bemühungen, da ja dieser absolute Wahrheitsträger stets ein engbegrenzter Dogmatiker und einseitiger, unduldsamer Besserwisser geblieben war. In diesem Zusammenhang muss übrigens noch ein sowjetisches Staatsgeheimnis erwähnt werden, das bis in die neunziger Jahre hinein aufs strengste behütet wurde: Gegen Ende seines Lebens war LENIN, der bald nach der Einführung seiner Neuen Ökonomischen Politik einen Nervenzusammenbruch erlitt und daher ständig in einem ehemaligen Gutsherrenpalast außerhalb Moskaus wohnte, schließlich zum vollständigen psychischen Krüppel geworden. Erst in jüngster Zeit konnten Fotos veröffentlicht werden, die keinen Zweifel an seiner Geistesgestörtheit lassen. Diese Geheimhaltung wurde für notwendig erachtet, damit nicht der geringste Schatten auf seine früheren Äußerungen fiel, die doch als Grundlagen des gesamten ideologischen, politischen und wirtschaftlichen Systems fungierten. Mittlerweile entstand auch eine umfangreiche Memoirenliteratur von sehr unterschiedlichem Wert, die aber durchweg eines gemein hatte: Die Autoren beurteilten den Menschen LENIN entweder vom rein geschichtlichen Standpunkt aus, und dann kam alles auf ihre eigene Weltsicht, auf ihre eigenen Überzeugungen an, oder sie suchten mit einer geradezu rührseligen Gefühlsinnigkeit ihre eigenen Begegnungen mit ihm als unvergeßliche, bedeutungsvolle Ereignisse hinzustellen, in denen sich LENIN in seiner »einzigartigen Bescheidenheit«, als »menschlichster aller Menschen« offenbarte. Mit dieser vermeintlichen Bescheidenheit hatte es eine besondere Bewandtnis: In seiner täglichen Lebensführung zeigte LENIN wirklich keinerlei Neigung zu Luxus oder äußerem Glanz, er begnügte sich stets mit den einfachsten, lebensnotwendigen Dingen. Doch sein fanatisches Machtstreben, seine Rücksichtslosigkeit im Kampf gegen jegliche Gegner und Rivalen, sein Glaube an die eigene Auserwähltheit, seine ständige Aggressivität im sprachlichen Ton und Ausdruck wie auch im politischen Handeln, schließlich sein verbissener, unbezähmbarer, unbedingter Anspruch auf die Rolle des obersten Führers zeugten wahrhaftig nicht von menschlicher Bescheidenheit. Indessen gingen die Erzählungen und Dichtungen, die eigens LENINs Bescheidenheit und Menschlichkeit zum Thema hatten, weit über die Memoirenliteratur hinaus, sie wurden zu einer selbständigen, von der Partei gepflegten und vom Staat reichlich subventionierten literarischen Gattung, die bald vornehmlich für Kinder bestimmt sein sollte. Später wurde dem Publikum eine lange Reihe von Filmen und Theaterstücken zum gleichen Thema aufgezwungen. Das Zusammenwirken der monumentalen, der ideologischen und der sentimentalen Propaganda mit unermüdlichen Wiederholungen der ewig gleichen, eintönigen Superlative und Lobpreisungen erreichte mit der Zeit zweifellos seinen Zweck und verklärte LENINS Bild im Bewusstsein der Masse. Kein Wunder, dass STALIN, der in vielerlei Hinsicht von LENINS weltanschaulichen Vorschriften und historischen Zielsetzungen abwich, sich dann mit solcher Emphase als treuester Schüler und rechtmäßiger Nachfolger des vergötterten Führers feiern ließ und dass später CHRUSCHTSCHOW, BRESHNEW, ANDROPOW ihre jeweiligen politischen Neuerungen als »Rückkehr zu den Leninschen Prinzipien« anpriesen. Um so beachtenswerter waren vor diesem Hintergrund die Versuche einzelner klarsichtiger Interpreten und Zeitzeugen, das Phänomen LENIN nüchtern und unparteiisch zu bewerten und dabei auch die charakteristischen Selbstmissdeutungen dieses Mannes aufzuzeigen. Solche unvoreingenommenen Geister traten sowohl in Russland wie auch im Westen hervor, und ihr zunächst unterschwelliger, latenter Einfluß auf die Volkspsyche darf auf keinen Fall unterschätzt werden.

Einer der ersten Autoren, die die eigentlichen Folgen des bolschewistischen Umsturzes in ein rechtes Licht rückten, war THOMAS MANN.

LENIN hatte stets die von MARX eingeflößte Überzeugung vertreten, dass es Sache der Kommunisten sei, den gesetzmäßigen Lauf der Weltgeschichte – was bedeuten sollte, den Wechsel von sogenannten Gesellschaftsformationen, bei dem jedes Mal eine höhere soziale Entwicklungsstufe erreicht wird – schlagartig zu beschleunigen, das heißt, den Kapitalismus gewaltsam durch den Sozialismus abzulösen, aus dem dann für alle Ewigkeit das paradiesische Weltreich des Kommunismus hervorgehen würde. Dazu hätte Russland den europäischen Entwicklungsweg nachholen müssen. THOMAS MANN schrieb aber bereits 1922, als LENIN noch geistig intakt war und die marxistischen Grundsätze in seinem Herrschaftsbereich als unanfechtbar galten:

»Aller westlich-marxistischer Einschlag ... hindert uns nicht, in der bolschewistischen Umwälzung das Ende der <u>europäischen</u> Epoche Russlands zu sehen, welches mit dieser Revolution sein Angesicht wieder nach Osten wendet.«

Zu der gleichen Erkenntnis war indes auch eine Gruppe *emigrierter* russischer Historiker und Geschichtsphilosophen gelangt, die eine Abkehr von Europa und Rückwendung nach Asien zu ihrem Credo erhoben hatten und sich deshalb etwas zweideutig als *Eurasier* bezeichneten. Diese scheinbaren Antibolschewisten waren sich ihrer Geistesverwandtschaft mit bestimmten Tendenzen und Potenzen der Leninschen Politik und Weltsicht durchaus bewusst. Und sie verkannten auch nicht ihren entscheidenden Einfluss auf eine seltsame Bewegung innerhalb der Emigration, die damals in verschiedenen

(025) Vom Wandel des Lenin-Bildes in den Jahrzehnten

europäischen und asiatischen Zentren verkündete, ihr Ideal – ein starkes Russland, das gegen den verfaulenden Westen antritt – werde eigentlich von niemandem so konsequent verfochten wle von dem neuen Mann im Krernl. Also gelte es, in die Heimat zurückzukehren, um die nationalen Kräfte im Bolschewisrnus zu unterstützen. Diese Bewegung – sie nannte sich sehr beredt »Wechsel der Wegzeichen« – trug das Ihre dazu bei, dass nach LENINS Tod ein Erzfeind alles Europäischen, ein geradliniger, draufgängerischer Eurasier wie STALIN nach der Macht greifen konnte.

Die Rechtmäßigkeit dieser Erbfolge wurde keineswegs erst in den fünfziger Jahren von CHRUSCHTSCHOW bestritten, als dieser seine eigene Machtübernahrne mit der »Wiederherstellung der Leninschen Prinzipien« untermauern wollte. Von Anfang an hielten so gut wie alle Opponenten und Konkurrenten STALINS in den so lange andauernden Machtkämpfen diesem Usurpator gerade LENIN als leuchtendes Beispiel entgege! Auch das erschwerte eine vorurteilslose Ausdeutung und Einschätzung der Persönlichkeit und eigentlichen historischen Rolle LENINS.

Um so höhere Anerkennung verdienen die wenigen Versuche einer nüchternen, unbestechlichen Analyse des Wesens und Wirkens dieses angebeteten Revolutionsführers, die auch in der Sowjetzeit allem zum Trotz unternommen wurden. Gleich nach LENINS Tod begann MAXIM GORKI mit der Neubearbeitung seiner Erinnerungen, wobei er einerseits mit gebührender Pietät von dem Verstorbenen sprach, andererseits aber auch nirgends das Befremden verhehlte, das LENINS sture Grausamkeit sowie sein Unverständnis für den Wert des Menschenlebens und des menschlichen Geistes stets in ihm, GORKI, hervorgerufen hatte.

Bedenkt man, dass diese 1927 fertiggestellte Arbeit ausgerechnet 1930, nach GORKIS Rückkehr in die Heimat, von ihm zur Veröffentlichung freigegeben wurde, so muss man seiner Kühnheit uneingeschränkte Bewunderung zollen. Hier nur ein Zitat aus diesem Büchlein:

»Oft ergab es sich, dass ich mit Lenin über die Grausamkeit der revolutionären Taktik und des revolutionären Alltags sprach. Doch er fragte erstaunt und zornig, was ich denn wollte. Ist etwa Menschlichkeit möglich in solch einer Schlacht von nie dagewesener Erbitterung? Wo ist hier Platz für Weichherzigkeit und Großmut? Kann es da überflüssige Hiebe geben? Ich fühlte immer wieder, dass meine Fürsprache für verschiedene Menschen Lenin zur Last fiel, ja sogar Mitleid mit mir hervorrief. Er fragte, ob ich nicht meinte, dass ich mich mit Unsinn abgebe.«

Wenn man berucksichtigt, dass damals LENINS dauernde Aufforderungen zur Erschießung aller Verdächtigen noch in staatlichen Geheimarchiven versteckt lagen, so mussten GORKIS Schilderungen den Lesern den Atem verschlagen. Es war somit schon das dritte Mal, dass sich GORKI an dieses Thema gewagt hatte, doch stellte es in jener Atmosphäre eine Herausforderung wie nie zuvor dar. Eine solche Entlarvung des »menschlichsten aller Menschen« war wohl dann einer der Gründe für die infame Beseitigung Gorkis durch Agenten des NKWD.[28]

Jahrzehnte vergingen. Erst nach Stalins Tod, etwa seit Ende der fünfziger Jahre, als der politische Terror merklich abgeflaut war, konnten in der geheimen Manuskriptliteratur, im Samisdat, einzelne Schriften auftauchen, in denen eine gewisse Kritik am Begründer des nach wie vor bestehenden diktatorischen Staatssystems und der nach wie vor alleinherrschenden Partei geübt wurde. Doch in der Regel warf man ihm nur vor, dass er dem Massenmörder Stalin in einem bestimmten Sinn den Weg geebnet hatte. Zwar widersprach ein solcher Vorwurf der obligaten pathetischen Gegenüberstellung des makellosen Humanisten Lenin und seines unwürdigen Nachfolgers, wie sie nunmehr in der parteitreuen Literatur und Journalistik üblich war, aber einen echten, radikalen Umbruch in der öffentlichen Meinung konnte dergleichen nicht bewirken.

Jedoch entstand in dieser Zeit auch ein Werk, dem eine ganz andere Ausstrahlung beschieden sein sollte. 1955 begann der prominente Schriftsteller Wassili Grossman, der fast immer an mehreren Büchern und Aufsätzen zugleich arbeitete, mit der Niederschrift eines Textes, von dessen Drucklegung er nicht einmal träumen durfte. Unter einem ziemlich unverfänglichen Titel – er lautete »Alles fließt« – waren hier zwei thematisch unterschiedliche und doch zusammenhängende Teile vereint – der erste, die erschütternde Lebensgeschichte eines Intellektuellen, der viele Jahrzehnte in den Konzentrationslagern des Gulag hatte zubringen müssen, neben einer leidenschaftlichen, entsetzenerregenden Beschreibung der grauenvollen Zustände in dieser sowjetischen Höllenwelt, und ein zweiter Teil , ein tiefschürfender Essay über das Wesen und die jeweilige historische Schuld Lenins und Stalins. Wohlgemerkt, es war lange vor dem ersten literarischen Auftritt Solshenizyns . Im Sommer 1961 wurde die Schrift bei einer Haussuchung beschlagnahmt, und drei Jahre darauf starb Wassili Grossman. Doch Freunde hatten einen Durchschlag gerettet und verbreiteten das Werk jetzt über die weitverzweigten Kanäle des Samisdat. Es war ein Schlag ins Gesicht der offiziellen Propaganda. Denn Grossman hatte auch die Rolle Lenins klar genug erkannt. Hier einige Zitate :

»Lenins Unduldsamkeit und Unversöhnlichkeit gegen Andersdenkende, seine Verachtung jeder freien Meinung, seine Grausamkeit gegen Opponenten wurzelten in den tausendjährigen Tiefen russischen Sklavenlebens, russischer Knechtung. Die europäischen Apostel nationaler Revolutionen sahen die Flamme, die im Osten entbrannt war, dieses große Fanal. Die Italiener und dann die Deutschen entwickelten die Idee des nationalen Sozialismus bloß auf ihre eigene Art weiter … Stalin ließ Lenins Freunde und Mitkämpfer hinrichten, weil sie die Verwirklichung dieses Hauptsäch-

lichen, das Lenins eigentlichem Wesen entsprach, behinderten. Die Blutströme, die Stalin 1930 und 1937 vergoss, waren dem Staat, der Tyrannei, der Unfreiheit erforderlich, um die Idee der Freiheit zu unterdrücken, und so hatte es Lenin seit eh und je gewollt.«

Nachdem es einem Emigrantenverlag in Frankfurt am Main schon 1970 gelungen war, GROSSMANS Werk in einer beträchtlichen Auflage herauszubringen, erschien es 19 Jahre spater, in der GORBATSCHOW-Zeit, endlich auch in Russland. Doch sogar zu diesem Zeitpunkt löste es noch Angriffe und Auseinandersetzungen von einer Vehemenz ohnegleichen aus. In der Tagespresse, in politischen Journalen, in den »dicken« Literaturzeitschriften, bei öffentlichen Disputen, in literarischen Zirkeln – überall wurde heftig gestritten. Der Name GROSSMAN war zu einer Parole geworden, an der sich die Geister schieden. Aber es ging ja nicht eigentlich um Grossman. Es ging um LENIN.

Allmählich jedoch änderte sich das Kräfteverhältnis. Um die Mitte der neunziger Jahre war LENINS Autorität selbst für Kommunisten und Nationalisten nicht mehr unantastbar. Davon zeugte allein schon die Tatsache, dass kaum jemand gegen die Öffnung der Archive protestierte, aus denen, wie die vom KGB vereideten Archivare längst wussten, LENINS Anordnungen zum Vorschein kommen würden, laut denen alle Bourgeois, alle Geistlichen der orthodoxen Kirche, alle auch nur vermutlichen Gegner der Sowjetmacht gnadenlos zu beseitigen waren. Davon zeugte auch die unbehinderte Abtragung von LENIN-Denkmälern in nicht wenigen Ortschaften und sogar größeren Städten. Ein Kapitel für sich war und bleibt indes der schon mehrere Jahre andauernde Streit um die Beerdigung der Mumie.

Als nämlich erstmalig Stimmen laut wurden, die eine Bestattung der seit langem völlig entstellten Leiche forderten, erwartete man schon kaum allzu verbissenen Widerstand – um so weniger, als einige sehr gute Gründe angeführt wurden: LENIN selbst hatte seinerzeit ausdrücklich den Wunsch geäußert, in Petrograd neben seiner Mutter beigesetzt zu werden; es handelte sich ja bei dieser Götzenanbetung um eine Rückkehr zu urzeitlichem, heidnischem Brauchtum, um eine Rückkehr, die das religiöse Gefühl unzähliger Mitbürger verletzen musste, denen ihr christliches Glaubensbekenntnis teuer war; zudem war es eine ständige Herausforderung an Millionen und Abermillionen Menschen, deren Angehörige dem blutigen Regime zum Opfer gefallen und deren eigenes Leben verunstaltet worden war; schließlich ging es um das sinnlos gewordene feierliche Symbol eines Staates, der nicht mehr existierte – also im Grunde um eine Art permanente Selbstdemütigung der Anhänger dieses Staates und Verehrer dieses Symbols.

Dennoch widersetzten sich die Kommunisten und Nationalisten gerade dieser Idee mit einer Wut und Hartnäckigkeit, die sie sonst kaum noch an den Tag legten. Die kommunistische Fraktion in der

Duma, dem russischen Parlament, erhob ein hemmungsloses Geschrei über die angebliche Verunglimpfung des russischen Nationalstolzes, die kommunistische wie auch die kommunistisch und nationalistisch gefärbte Presse erging sich in wilden Ausfällen gegen sämtliche Befürworter einer Beerdigung, und alle Parteimitglieder, Bundesgenossen und Sympathisierenden wurden aufgefordert, so oft wie irgend möglich das Mausoleum zu besuchen, um den Eindruck zu erwecken, dass dieser Wallfahrtsort populär wie nie zuvor sei.

Angesichts dieser Kampagne konnten sich die Behörden des neuen Staates nicht entschließen, dem Mahnruf der demokratischen Öffentlichkeit Folge zu leisten.

Das änderte sich auch nicht, als im September 1999 eine Umfrage des hochangesehenen, absolut zuverlässigen Zentralen Instituts für Meinungsforschung unter der Leitung des renommierten Soziologie-Professors LEWADA ein völlig überraschendes, verblüffendes Ergebnis zeitigte: Die Frage nach dem bedeutendsten russischen Politiker des 20. Jahrhunderts beantworteten sage und schreibe 3 Prozent (ich wiederhole: drei Prozent!) mit »LENIN«. In der neuesten Geschichte Russlands scheint so manches paradox und rätselhaft – vor allem betrifft das gerade die wechselnde Denkweise breiter Volksmassen. Paradox und rätselhaft bleibt auch das schwankende LENIN-Bild. Offensichtlich ist jedenfalls eines: Das demokratische Staatswesen ist noch bei weitem nicht ausgereift, genau wie sein Vorgänger von 1917. Und wie einst im Herbst 1917 kann ein LENIN kommen. Das würde auch Europas Horizont für lange Zeit verdüstern. Deshalb sollten alte Fehler nicht wiederholt werden. Damals konnte sich LENIN auf deutsches Geld und deutsche Hilfe bei der Heimkehr stützen. Ein neuer LENIN würde die eklatante, leider nur allzu offenkundige Verachtung des Westens für Russlands Ringen um einen Platz im europäischen Haus sicher geschickt zur demagogischen Propaganda, zur verhängnisvollen Manipulierung der Geister ausnützen. Die Folgen wären nicht abzusehen.

(1999/2000)
Erstveröffentlichung!

Erben der Finsternis
Russlands stalinistische Nachkriegszeit und ihre Folgen
Eine Warnung

Am 25. April 1945 trafen die amerikanischen und die sowjetischen Truppenspitzen bei Torgau an der Elbe aufeinander. Es kam zu begeisterten Umarmungen, zu einem unvergesslichen Freudentaumel.

In Russlands intellektueller Elite empfand man diese Begegnung als einen symbolischen Akt von größter Tragweite. Es schien, die so langersehnte Verbrüderung mit dem demokratischen Westen sei Wirklichkeit geworden. Und musste ein solcher Augenblick nicht zur Wiedervereinigung mit der europäischen Mutterzivilisation, mit dem eigenen, jahrhundertealten geistigen Erbe führen?

Diese Hoffnung beruhte auf einer besonderen Art Wunschdenken, das während des Krieges weite Verbreitung gefunden hatte. Es hieß nämlich: Zum Dank für die Selbstlosigkeit des Volkes, das um den Preis unzähliger Opfer STALINS Herrschaft, ja vielleicht sein Leben gerettet hatte, würde der Kremlherr nach dem Sieg eine ganz andere, weit liberalere Politik in die Wege leiten. STALIN würde bestrebt sein, das Unrecht der Vorkriegszeit wiedergutzumachen und seinem Volk größtmögliche Freiheit zu gewähren.

Das war äußerst naiv gedacht. Im Gegenteil suchte nun eine allgegenwärtige und lautstarke Propaganda den Massen einzubleuen, dass der Sieg einzig STALIN persönlich zu verdanken gewesen sei, dass dieser sich als größter Feldherr aller Zeiten, ja überhaupt als das allseitigste Genie der Weltgeschichte erwiesen hätte. Schon allein das aufdringliche Propaganda-Bild eines, wie es hieß, »Retters des Vaterlandes und der ganzen fortschrittlichen Menschheit« zerschlug die schönen, aber allzu einfältigen Hoffnungen der Kriegszeit. Dabei gelang es den Lobsängern tatsächlich, der Mehrheit des Volkes eine übertriebene Vorstellung von STALINS historischen Verdiensten, insbesondere von seiner strategischen Kunst, einzuflößen. Das wieder ermöglichte es ihm, nach innen und nach außen hin eine noch aggressivere ideologische Einflussnahme als je zuvor zu entwickeln.

Es war bezeichnend, dass die STALIN-Verherrlichung damals sogar auf breiteste Kreise im Westen einwirkte. Davon zeugten die Wahlergebnisse der Kommunisten in Frankreich, Italien, der Tschechoslowakei und einigen anderen Ländern. Nur glaubten die Leute dort, es wäre sein Ziel, die marxistische Verheißung, den Traum vom sozialistischen Paradies zu verwirklichen, während er einzig die imperiale Ausbreitung im Auge hatte.

Die Bearbeitung und Manipulierung der Geister innerhalb des Landes musste natürlich von vollkommen anderer Art sein. Sie war offen nationalistisch.

Bald wurde klar, dass er die Hoffnungen, die gewisse treuherzige Intellektuelle während des Krieges gehegt hatten, nicht nur enttäuschen, sondern auch mit größter Kompromisslosigkeit bestrafen würde. Er startete eine Reihe großangelegter ideologischer Kampagnen, die eine tiefe Spur in der Volkspsyche hinterlassen sollten. Zugleich riefen sie auch ein eigenartiges Echo in ganz Europa, vor allem aber in der damaligen Ostzone Deutschlands hervor, in jener Ostzone, wo seine Agenten gerade um diese Zeit die DDR als besonderen Staat zu formieren begannen.

Noch waren in vielen westlichen Ländern die Begeisterungsstürme über den gemeinsamen Sieg nicht ganz verrauscht, als der klarsichtigste Politiker des Jahrhunderts, WINSTON CHURCHILL, seine berühmte Rede in Fulton hielt. Er prägte dort den Satz vom Eisernen Vorhang, den STALIN zwischen seinem Imperium und der Außenwelt herabgelassen hatte. Doch auch dieses treffsichere Bild sollte bald einer wesentlichen Präzisierung bedürfen: Es stellte sich heraus, dass die Welt durch zwei Eiserne Vorhänge in drei ungleiche Teile zerrissen worden war. STALIN hatte die Sowjetunion aufs strengste von der gesamten sonstigen Menschheit getrennt. Aber auch seine Satellitenstaaten wurden mit einer, wie es schien, licht- und schalldichten Festungsmauer umgeben. So entstand eine Konstruktion, die einer gewissen Logik nicht entbehrte. Denn die unverhohlen westfeindlichen und stark rassistisch gefärbten Kampagnen, die innerhalb des Landes wüteten, drangen lediglich in abgeschwächter Form über die Grenzen der Sowjetunion hinaus in die sogenannten Bruderländer. Daher konnten sie dort als Äußerungen eines berechtigten Nationalstolzes, als notwendige Besinnung der Russen auf ihre große Vergangenheit, hingestellt werden – eine Vergangenheit, die, wie man glauben machte, eben diesem Volk die Führung der gesamten fortschrittlichen Menschheit als historische Mission auferlegte. Für die Bewunderer STALINS in der äußeren, der freien Welt dagegen bestand stets die Möglichkeit, alle Nachrichten von seinen Hetzkampagnen als bürgerliche Propaganda abzutun.

Die erste dieser Kampagnen erhielt die offizielle Benennung »Gegen die Speichelleckerei vor dem Westen«. Im Grunde handelte es sich dabei um eine Fortsetzung mit neuen, diktatorischen Mitteln der Linie des sogenannten Slawophilentums, einer Bewegung, die bereits seit der zweiten Hälfte des 19. Jahrhunderts eine totale Entfremdung Russlands von Europa angestrebt hatte. Doch gerade die Mittel waren hier einzigartig. Ein Physiker beispielsweise konnte in ein Zwangsarbeitslager gesperrt werden, weil er EINSTEINS Relativitätstheorie anerkannte oder NORBERT WIENERS Kybernetik studierte. Ein Maler, der von der genauen Naturwiedergabe abwich und moderne, expressionistische oder abstrakte Formen anwandte, wurde ohne weiteres aus dem Künstlerverband ausgestoßen und durfte nirgends mehr ausstellen. Das Auffälligste und Lächerlichste aber war, dass auf Befehl von oben nunmehr sämtliche Entdeckungen, Erkenntnisse und Erfindungen der letzten Jahrhunderte ausschließlich russischen Forschern, Ingenieuren usw. zugeschrieben wurden – dazu dienten sowohl sensationelle Zeitungsartikel wie auch seriös anmutende Abhandlungen, sowohl Schulbücher wie auch Enzyklopädien. So wurde behauptet, russische Seefahrer hätten die Antarktis entdeckt, die erste Dampfmaschine sei nicht in JAMES WATTS Werkstatt, sondern im fernen Barnaul, im Altai-Gebirge entstanden, nicht EDISON, sondern ein gewisser JABLOTSCHKOW habe die Glühbirne erdacht und praktisch angewandt, lange vor den Brüdern WRIGHT habe MOSHAISKI das erste Flugzeug gebaut, das Radio stamme allein von POPOW, und MARCONI habe dessen Ideen einfach gestohlen, und vieles dergleichen mehr. Mit der Zeit wurden immer neue Legenden ersonnen, und sie sahen immer unglaubwürdiger aus, doch durften ihre Autoren mit großzügiger Belohnung und eifriger Unterstützung rechnen. Wie weit die Phantasien gingen, zeigt ein kurioser Fall: Ein junger, karrieresüchtiger Philologe hatte eine Dissertation vorgelegt, in der er nachzuweisen versuchte, dass SHAKESPEARES Bühnendichtungen von einem nach England verschlagenen Russen stammten. Die Professoren konnten sich lange nicht entschließen, die so verfängliche Schrift anzunehmen, da in der sowjetischen Literatur stets die Autorschaft des Schauspielers WILLIAM SHAKESPEARE gegen alle Hypothesen verteidigt worden war, die das epochale Dramenwerk verschiedenen Prominenten aus der englischen Aristokratie zuschrieben. Doch setzte sich der Parteisekretär des Instituts für den tollkühnen Doktoranden ein – und wer weiß, wie die Sache hätte ausgehen können, wäre nicht gerade zu dieser Zeit STALIN gestorben. Nach einiger Überlegung zog der angehende Wissenschaftler seine nicht mehr zeitgemäße Arbeit selbst zurück. Hernach rechtfertigte er die wahnwitzige Idee mit der Behauptung, er habe seine Landsleute angesichts der scheinbar ausweglosen kulturellen Misere jener Jahre durch die Erinnerung an einstige Großtaten des russischen Genius moralisch aufrichten wollen. Das war freilich wenig überzeugend. Denn zwar hatte STALIN das eigentliche Geistesleben völlig lahmgelegt, doch wurden die Namen russischer Klassiker des vorigen Jahrhunderts um so öfter und feierlicher zitiert. Sie sollten als Beweis schöpferischer Überlegenheit gegenüber dem Westen dienen – also bedurfte es keinesfalls noch eines SHAKESPEARES.

Man sollte meinen, dass eine so aufdringliche, durch und durch verlogene Kampagne nach ihrer endgültigen Einstellung und darauffolgenden indirekten Widerrufung keine ernsthaften Spuren in der Volkspsyche hinterlassen konnte. Doch kam es anders.

Schon in der sogenannten Tauwetter-Periode nach STALINS Tod, als CHRUSCHTSCHOW der oberste Führer war, begann sich innerhalb der Literatur eine Strömung zu bilden, die vom berauschenden Gefühl der nationalen Überlegenheit nicht lassen wollte. Als sie dann allmählich erstarkte, griff sie auch gern auf die zweifelhaften Offenbarungen jener ersten Stalinschen Nachkriegskampagne zurück. Die angeblich überragende Rolle russischer Forschung und russischen Erfindergeists in der wissenschaftlichen und technischen Entwicklung der modernen Menschheit galt diesen Literaten als eines der beredtesten Zeugnisse für die Richtigkeit ihrer im Grunde rassistischen Thesen und Theorien. Obwohl sie sich meist ungern auf STALIN beriefen, der ja georgischer Abstammung war, wussten sie seinen ideologischen Offensiven viel Lehrreiches, genau in ihre Weltanschauung Hineinpassendes zu entnehmen. Wie sie behaupteten, handelte es sich da um »echt russisches Gedankengut«. Die Gegenüberstellung Russlands und Europas als zweier unvereinbarer, unversöhnlicher Phänomene stammte ja tatsächlich von Russen, nämlich von den bereits erwähnten Slawophilen des 19. Jahrhunderts. Nur mussten diese dauernd mit andersgesinnten russischen Geistesgrößen, den Westlern, streiten, während STALIN selbst den geringsten Einwand brutal erstickte und oft mit dem Tode bestrafte. Man sollte sich also nicht täuschen: Die radikalen Nationalisten der letzten Jahrzehnte beriefen und berufen sich zwar ständig auf ihre slawophilen Vorgänger, sind jedoch in vielerlei Hinsicht gerade dem psychopolitischen Erbe STALINS verpflichtet. In allerneuester Zeit verbinden sich die Anhänger dieser Strömung – jetzt nennen sie sich »Nationalpatrioten« oder »Volkspatrioten« oder auch »Russophilen« – immer enger mit den machthungrigen Kommunisten, und dabei spielt die Wiedererweckung des Stalinkults eine bedeutungsschwere Rolle. Doch gerade aus diesen neuen Selbstbenennungen ist klar ersichtlich, dass sie nicht Patrioten ihres Landes oder gar des Vielvölkerstaates Russland sein wollen, sondern einzig die russische Nation, das russische Volk als rassenreine Blutsgemeinschaft zu verherrlichen bemüht sind. So wird der Georgier STALIN trotz allem zum Symbol, wie diese Leute oft ausdrücklich erklären, echten Russentums, echt russischen Geistes.

Die einstige Kampagne erfährt indessen eine paradoxe Fortsetzung: Wieder wird die bahnbrechende Rolle russischer Wissesnschaft und Technik gepriesen, doch werden dabei kaum noch angebliche Pioniere des Fortschritts aus vergangenen Zeiten erwähnt, nein, die führenden Persönlichkeiten der jetzigen Bewegung lassen sich selber als Jahrhundertgrößen feiern! Das gilt in erster Linie für IGOR SCHAFAREWITSCH, der ursprünglich Mathematiker war, ehe er sich der politischen Publizistik, der westfeindlichen und antisemitischen Propaganda zuwandte – und nun wird unausgesetzt behauptet, dass die mathematischen Ideen und Erkenntnisse, die er in jungen Jahren präsentiert hatte, den absoluten Höhepunkt dieser Wissenschaft in unserem Zeitalter bildeten! Ähnliches gilt für WADIM KOSHINOW, den Wortführer des Russophilentums in Literatur und Literaturkritik, der tatsächlich als reiner Theoretiker begonnen hatte, dann jedoch eine Kehrtwendung vollzog und zum Apostel eines extremen Nationalismus und Fremdenhasses wurde – jetzt lässt er seine frühen Schriften als einmalige und unantastbare Lehre, als eine Art endgültige Gesetzessammlung aller literarischen Gattungen hinstellen. Überall blickt da STALINS Schule hindurch ...

Noch war die erste große Hetzkampagne der Nachkriegszeit nicht abgeflaut, als der Mann im Kreml eine neue, diesmal völlig widersinnige startete. Hierbei muss eines betont werden: STALIN machte bekanntlich seine eigene Beweihräucherung als größten Genies der Menschheit zum Kernpunkt des gesamten Propagandatrubels im In- und Ausland. Offenbar hielt er sich aber auch wirklich für solch ein Genie, und das führte immer wieder zu den verhängnisvollsten Fehlentscheidungen. So war es 1941 bei Kriegsbeginn gewesen. Doch ihr Höchstmaß erreichte diese phantastische Selbsteinschätzung gerade dort, wo er ein völliger Ignorant war – in der Naturwissenschaft. Schon in den dreißiger Jahren unterstützte er mit allen erdenklichen Mitteln, vor allem ideologisch, einen Pflanzenzüchter aus der tiefen Provinz namens MITSCHURIN, der meist völlig unnütze Experimente mit der Kreuzung verschiedener Obstarten unternahm, aber mit seiner Devise »*Wir dürfen nicht auf milde Gaben der Natur warten, wir müssen sie ihr entreißen*« die gottgleiche Allmacht des Sowjetmenschen, also STALINS, zu verkünden schien. Seitdem gab es nur eine einzige fortschrittliche Lehre auf diesem Wissensgebiet – die Mitschurin-Biologie. Doch 1948 nahm STALINS Manie ganz andere Formen an. Er erklärte die gesamte moderne Genetik für falsch, ja für volksfeindlich. Sie wurde nunmehr offiziell mit einer zungenbrecherischen Schimpfformel bezeichnet, die von allen Massenmedien tausendfach wiederholt werden musste: »Mendelismus-Morganismus-Weismannismus«. Und da ja in der Bevölkerung kaum jemand wusste, wer MENDEL, MORGAN und WEISMANN waren, glaubte man zumeist, es handele sich in der Tat um eine feindliche Verschwörung, um eine aus dem Westen eingeschleuste Irrlehre. Dabei hatte die russische Genetik bereits beachtliche Erfolge aufzuweisen, und Wissenschaftler wie KOLZOW oder DUBININ wurden in den internationalen Fachkreisen hoch geschätzt. Aber gegen Ende der dreißiger Jahre hatte ein Mann mit recht oberflächlichen Kenntnissen und äußerst fragwürdigen Ideen, ein gewisser LYSSENKO, die Gunst STALINS gewonnen. Er versprach vor allem, durch ein völlig widernatürliches Verfahren, das er Jarowisation – »Versommerung« – nannte, die Ernte sämtlicher Pflanzen zu verdreifachen und damit den Triumph der MITSCHURIN-Biologie über die gesamte bisherige Naturwissenschaft zu gewährleisten. Schon damals durfte dieser Pseudogelehrte eine eigene Zeitschrift herausgeben, in der er die Genetik und insbesondere die russischen Genetiker mit Schmutz bewarf. Es gelang ihm schließlich, den bedeutendsten Forscher, NIKOLAI KOLZOW, zur Verzweiflung zu bringen und in den Tod zu jagen. Doch allem zum Trotz setzten dessen Schüler ihre Arbeiten fort. Das konnte nicht ungestraft bleiben. Im Sommer 1948 berief LYSSENKO eine Generalversammlung der Landwirtschaftlichen Akademie ein, zu deren Leiter ihn STALIN ernannt hatte. Hier kam es zu einem denkwürdigen Auftritt. Nach seiner großen Schmährede gegen die Genetik und ihre unbelehrbaren Anhänger wagte einer von diesen, Professor RAPOPORT, eine unmissverständliche Gegenerklärung. Da erhob sich LYSSENKO und sagte ganz kurz, das Zentralkomitee – gemeint war natürlich STALIN persönlich – habe den Text seines Vortrags gebilligt. Nunmehr war jegliche weitere Diskussion undenkbar, denn schon die geringste Andeutung einer anderen Meinung hätte den sicheren Tod bedeutet. Im Saal brach, wie die Zeitungen berichteten, ein lange anhaltender Beifallssturm aus. Was konnte man sonst tun? Jeder Anwesende musste eben mitklatschen, um dem drohenden Zwangsarbeitslager zu entgehen. Die Genetik als Forschungsgebiet war für mehrere Jahre in die tiefste Illegalität verbannt. Erst nach STALINS Tod konnte sie allmählich wieder in einigen biologischen Instituten und Laboratorien Fuß fassen, obgleich der neue Führer, CHRUSCHTSCHOW, noch längere Zeit den stiller gewordenen LYSSENKO unterstützte.

Weltweites Aufsehen erregte im gleichen Jahr 1948 auch eine andere absonderliche Verordnung STALINS – gegen jede Art Musik, die nicht seinem persönlichen Geschmack entsprach, einem Geschmack, den er für einzig russisch und einzig fortschrittlich hielt. Komponisten von höchstem Rang und internationalem Ansehen wie SCHOSTAKOWITSCH, PROKOFJEW, CHATSCHATURJAN und andere wurden in diesem, von einem Sekretär des Zentralkomitees der Kommunistischen Partei unterzeichneten Akt wie faule Schüler zurechtgewiesen. Das kam einem Befehl an sämtliche Opern- und Philharmoniedirektoren gleich, die Werke dieser Meister von den Programmen abzusetzen – und natürlich mussten die Massenmedien das Ihre zu der Verfemung und Herabwürdigung der Sünder beitragen. DMITRI SCHOSTAKOWITSCH und ARAM CHATSCHATURJAN durften ihre neuen Kompositionen erst wieder einem inländischen Publikum vorführen, als STALIN nicht mehr war. SERGEJ PROKOFJEW hatte nicht einmal diese Genugtuung – er starb am gleichen 5. März 1953 wie STALIN.

Doch wie vernunftwidrig, wie antihuman diese Kampagnen auch waren, wie unverkennbar ihre Spuren im emotionellen Gedächtnis des Volkes auch sein sollten, sie schienen fast harmlos im Vergleich zu einer anderen Kampagne, mit der STALIN dem russischen Geist, der russischen Geschichte, der russischen Identität für ewig seinen Stempel aufzudrücken gedachte. Der Anfang wirkte dabei gar nicht so bedrohlich: Eine Gruppe von Theaterkritikern wurde in der Parteizeitung »Prawda« bezichtigt, in ihren Artikeln und Rezensionen »kosmopolitische« Ansichten geäußert zu haben. Ja, einer von ihnen hatte sogar LESSING als »kosmopolitischen Schriftsteller« bezeichnet, und eine solche Beleidigung des deutschen Klassikers rief nun bei STALINS Leibjournalisten ungeheure Entrüstung hervor. Die Journalisten kannten natürlich die eigentliche Bedeutung des im

Russischen bis dahin seltenen Wortes »Kosmopolit« – »Weltbürger«, und sie wussten, dass es gewöhnlich als hohes Lob gebraucht wurde, aber sie standen nun einmal in STALINS Diensten und gehorchten seinen Befehlen. Und sein Befehl war unzweideutig: Jetzt kam die Schmähung »Kosmopolit« einem Berufsverbot gleich. Auffallend war indes, dass alle Beschuldigten, mit einer einzigen Ausnahme, jüdische Namen trugen. In der damaligen Atmosphäre verstand jedermann, dass es sich um ein Signal handelte. Und tatsächlich begann, zunächst in der Presse, eine in Russland nie dagewesene Offensive gegen jüdische Geisteswissenschaftler und Literaten, denen jedoch nicht etwa ihre Herkunft, ihre Volks- oder Religionszugehörigkeit vorgeworfen wurde, sondern eben ihre, wie es immer wieder ausdrücklich hieß, »kosmopolitische« Gesinnung.

Für jeden denkenden Menschen ergaben sich hierbei einige schwerwiegende Fragen. Die erste, über die in jüdischen Kreisen und in manchen vertraulichen Gruppen der Intellektuellen viel gerätselt wurde, lautete logischerweise: Wann und wie hatte sich STALIN zum Antisemiten entwickelt? Auf den ersten Blick schien die Antwort klar und einleuchtend, nämlich: Er hatte seinerzeit verbissen und vor nichts zurückschreckend um die Macht gekämpft, und seine ernsthaftesten Konkurrenten waren damals Juden gewesen. Doch konnte diese Offensichtlichkeit täuschen. Hatte er nicht stets auch Helfershelfer jüdischer Abstammung geduldet, wenn er ihrer unbedingten Treue und Fügsamkeit sicher war? Namen wie KAGANOWITSCH, MECHLIS, JAROSLAWSKI kannte ein jeder. Der jahrelange Außenminister der Vorkriegszeit, LITWINOW, hieß zwar keineswegs, wie die Nazipropaganda ständig behauptete, ursprünglich FINKELSTEIN, aber jüdischer Abkunft war er wirklich, und auch das wurde nie geheimgehalten. Wenn also HITLER beim Abschluss des Moskauer Vertrages an Mussolini schrieb, STALIN habe alle Juden aus seiner Umgebung entfernt, so war das eine Übertreibung. LITWINOW war natürlich zurückgetreten, weil er diesen Pakt unmöglich unterzeichnen konnte. Fast alle anderen voraussichtlichen Gegner eines solchen Bündnisses unter den Parteimitgliedern und Intellektuellen waren dem großen Terror der vergangenen Jahre zum Opfer gefallen. Nach HITLERS Einbruch in die Sowjetunion aber konnte STALIN sogar den entschiedenen Verteidiger der Juden spielen, um in Amerika Sympathien zu gewinnen. Er benötigte ja nicht nur zusätzliche Waffen, sondern auch Lebensmittel für das Heer – die konnte seine kollektivierte Landwirtschaft nicht in genügenden Mengen liefern. Also schickte er den angesehensten Kulturschaffenden des russischen Judentums, den berühmten Regisseur, volkstümlichen Schauspieler und Leiter des Moskauer Jüdischen Theaters, SOLOMON MICHOËLS, auf eine längere Propagandareise durch die Vereinigten Staaten, und bald zeigte sich, dass dessen Reden und Gespräche mit hohen und höchsten amerikanischen Politikern die Eröffnung einer Zweiten Front gegen Hitlerdeutschland in Westeuropa beschleunigt hatten. Wie nie zuvor wuchs STALINS Prestige, nachdem die Rote Armee Auschwitz befreit und Berlin erstürmt hatte. Im großen Begeisterungssturm, der ihm zuteil wurde, war auch die Stimme der Juden in aller Welt klar zu hören. Also musste es für seine darauffolgenden antisemitischen Aktionen und Provokationen neue, besondere Beweggründe geben. Als ein solcher Beweggrund ist oft das Fiasko seiner Nahostpolitik angeführt worden. In der Tat hatte er seinen Außenminister in der UNO-Vollversammlung zugunsten der Schaffung eines Staates Israel Reden halten und seine Stimmen abgeben lassen, weil er damit direkt der britischen Geopolitik und indirekt dem amerikanischen Einfluss Abbruch zu tun glaubte. Doch stellte sich heraus, dass die britische Besatzungsmacht das Mandatterritorium Palästina ohne Tränen verließ und die USA sogar faktischer Bündnispartner des soeben gegründeten und von den arabischen Ländern bekriegten Israel wurden. Hinzu kam ein für das damalige Moskau geradezu unglaubliches Ereignis: Als GOLDA MEÏR, die erste Botschafterin des neuen Staates, in der Hauptstadt der Sowjetunion eintraf, wurde sie von einer enthusiastischen Menge empfangen, die ihr allen diplomatischen Gepflogenheiten zum Trotz mit Hurra-Rufen bis zum Auto folgte. Sollte das den »Führer der Völker« nicht zur Weißglut gebracht haben? Doch auch diese Version hatte einen Haken. Um nur eine, damals allerdings noch unbekannte, später zweifelsfrei aufgedeckte Tatsache zu nennen: Der so erfolgreiche und verdienstvolle Propagandareisende der Kriegszeit, SOLOMON MICHOËLS, war schon Anfang 1948, Monate vor der Ausrufung des Staates Israel, bei einer Reise nach Minsk bestialisch ermordet worden, und dies geschah, wie sich später herausstellte, auf STALINS unmissverständliche Weisung hin. Sicher empfand der gefeierte »Retter des Vaterlandes« die eindeutige Hinneigung so vieler Juden zu einem anderen Vaterland als persönliche Kränkung, doch die Beseitigung eines Mannes wie MICHOELS konnte damit kaum zusammenhängen. Um STALINS Denk- und Handlungsweise zu entziffern, muss man seine tiefinnersten historischen Bestrebungen erkennen, die Art und Weise, wie er sich selber als Alleinherrscher, als Gründer eines Imperiums nie dagewesener Ausmaße, als geschichtstragende Persönlichkeit sah. Gerade hierbei ist der Umstand von Bedeutung, dass er die Juden nicht, wie es spätere russische Antisemiten gewohnheitsmäßig taten und tun, als »Zionisten«, sondern eben als »Kosmopoliten« brandmarkte. Als er die Herrschaft an sich gerissen hatte, schien er sich mit der Devise »Sozialismus in einem einzelnen Land« zufriedenzugeben, rüstete aber dennoch ganz unverhohlen zu großen Eroberungsfeldzügen auf. Er unterstützte HITLER durch Anprangerung der Sozialdemokratie als Hauptfeind, durch Einkerkerung von Millionen potentieller Gegner des geplanten Bündnisses usw., weil er den deutschen Diktator als »Eisbrecher« für die eigene große Fahrt auszunutzen gedachte. Einige Jahre lang lud er noch ausländische Fachleute zum Ausbau der Industrie und des Verkehrswesens ein. Doch je weiter er seinen Machtbereich ausdehnte, desto krampfhafter wurde seine Vorstellung, es handele sich um eine von Hunderten Feinden belagerte Festung. Um sie halten zu können, musste die gesamte Garnison stramm gehorchen, mussten alle, vom Soldaten bis zur Hausfrau, vom Kleinkind bis zum Greis, immer das Gleiche wollen, immer das Gleiche denken. So entstand in ihm eine manische Feindschaft gegen jedes selbständige, von freiem Denken zeugende Weltbild, in welcher Form es auch auftauchen mochte, gegen jeden Versuch einer Abweichung von seinen jeweiligen politischen Richtlinien und Propagandaschemen. Aber gerade die russisch-nationalistische Ideologie, die allein mit STALINS Bestrebungen im Einklang stand, musste zwangsläufig sowohl zu den vorangegangenen Kampagnen wie auch zu dieser, erst recht zu dieser führen. Denn die leidgeprüfte jüdische Bevölkerung und in erster Linie die jüdischen Intellektuellen wollten und konnten sich nicht mit den vorgeschriebenen Denkformen abfinden. Wenn sie die russische Heimat und ihre Kultur liebten, dann für das im Grunde europäische Wesen dieser Kultur, für ihre tiefgehende Geistesverwandtschaft mit jenen uralten Traditionen, die ja auch ein kostbares Erbe der Juden bildeten. In hartnäckigen, jahrhundertelangen Kämpfen hatten sich die Juden aus dem geistigen Ghetto befreit, und um so schmerzhafter empfanden sie jetzt das neue Ghetto, das der Eiserne Vorhang nicht nur für sie geschaffen hatte. In diesem Sinn waren sie wirklich Kosmopoliten, und wenn STALIN sie mit dieser Bezeichnung zu beleidigen suchte – und in den Augen der Mehrheit tatsächlich beleidigte –, so erklärte sich das eben allein aus dem Umstand, dass diese griechische Vokabel dem Durchschnittsrussen fremd, unverständlich und daher verdächtig war.

Nach dem Artikel gegen die Theaterkritiker griff die Kampagne rasch um sich, zielte in die verschiedensten Richtungen und nahm immer boshaftere Formen an. Bald wurden nahezu alle jüdischen Geisteswissenschaftler, vor allem Hochschullehrer und Zeitschriftenredakteure, gemaßregelt, dann kamen Staatsbeamte verschiedenen Ranges hinzu. Doch nie handelte es sich um einfache Amtsenthebungen, immer gingen möglichst niederträchtige persönliche Angriffe und öffentliche Verleumdungen in Versammlungen und in der Presse voraus. Dabei ergab sich eine neue kritische Frage: Hatte es STALIN selbst auf eine so unverhohlen rassistische Hetze abgesehen oder glaubten sich bloß seine längst dazu geneigten Lakaien berechtigt, die Demagogie auf die Spitze zu treiben und eine wilde Jagd auf die freigewordenen Posten zu beginnen? Es zeigte sich, dass die jüdischen Intellektuellen unterschiedlicher Meinung waren. Die einen konnten sich nicht dazu durchringen, in dem vermeintlichen Besieger HITLERS dessen Doppelgänger zu erkennen, und schrieben alles gewissen finsteren Kräften im Partei- und Propagandaapparat zu. Andere – und zu ihnen gehörten manche der bedeutendsten Persönlichkeiten der jüdischen Kultur – meinten, durch Gründung einer jüdischen Republik innerhalb der Sowjetunion dem Diktator beweisen zu können, dass auch die Juden keine »Kosmopoliten«, sondern Patrioten seines Staates wären. Ein entsprechendes Territorium schien vorhanden zu sein – die durch die Verbannung der alteingesessenen Tataren entvölkerte Krim. Doch sonderbarerweise wollte der Kremlherr nichts von einem solchen Gegengewicht gegen den Staat Israel hören. Mehr als das – gerade jetzt begann die ideologische Diffamierung und bald darauf auch die juristische Verfolgung und schließlich die polizeiliche Sprengung des sogenannten Jüdischen Antifaschistischen Komitees, in dem der Krim-Gedanke, wie man glaubte, zuerst aufgekommen war. Noch ahnte freilich niemand, dass es, ein halbes Jahr vor STALINS Tod, zur Hinrichtung sämtlicher Mitglieder des Komitees kommen könnte.

Diesem Komitee gehörten neben anderen namhaften Kulturschaffenden die klassischen jiddischsprachigen Dichter PEREZ MARKISCH, DAVID BERGELSON und IZIK FEFER an. PEREZ MARKISCH, Verfasser einer großen Anzahl bedeutender epischer, lyrischer und dramatischer Dichtungen, vielbeachteter Romane, Novellen, Essays und literaturkritischer Arbeiten, hatte kurz zuvor ein gewaltiges, mehr als 20.000 Verse umfassendes Epos veröffentlicht, das in erschütternden Bildern das Heldentum sowjetischer, und vor allem jüdischer, Kämpfer gegen den Faschismus darstellte und den schlichten Titel »Der Krieg« trug. Mit diesem Hauptwerk hätte PEREZ MARKISCH verdientermaßen einen Platz unter den Klassikern der Weltliteratur einnehmen sollen. Kein Wunder, dass zu jener Zeit gleich zwei erstklassige russische Übersetzer die so verheißungsvolle Nachdichtung unternahmen. Als PEREZ MARKISCH verhaftet wurde, unterbrachen dann beide ihre Arbeit, und um eventuellen Anschuldigungen vorzubeugen, vernichteten sie alles, was an diese Bemühungen erinnern konnte. Es hatte jeden von ihnen drei Jahre angestrengter Arbeit gekostet! Einige Jahre nach seiner Hinrichtung und STALINS Tod wurde PEREZ MARKISCH rehabilitiert, doch niemand in Russland wagte sich mehr an eine Übertragung seiner großen Dichtung.[29]

DAVID BERGELSON, der bereits lange vor der bolschewistischen Revolution in breitesten Leserkreisen populär war, 1921 wie Tausende und Abertausende Intellektuelle emigrierte und in Berlin aktiv an dem damals ungemein intensiven russischen Kulturleben teilnahm, dabei aber dauernd Interesse für die sowjetische Kultur und innenpolitische Entwicklung an den Tag legte, sogleich nach HITLERS Machtergreifung in die Heimat zurückkehrte und nunmehr unbestritten als zentrale Figur der jiddischsprachigen Literatur galt, war das international bekannteste Komiteemitglied, und STALIN hatte sich schon in der Vorkriegszeit, besonders aber während des Krieges, seinen Einfluss in vielen Ländern zunutze gemacht. Das plötzliche Stillschweigen, das nach der Verhaftung seinen Namen umgab, wirkte um so überraschender und bedrückender.

Izik Fefer, im Ausland allerdings weit weniger bekannt, war bereits 1919 der Kommunistischen Partei beigetreten und hatte sein Leben lang gefühlstiefe und formvollendete, aber durchaus parteitreue Verse und Theaterstücke geschrieben. Deshalb wurde er von der offiziellen Literaturkritik stets hochgehalten. Während des Krieges hatte er auch nicht mit überschwenglichen Lobgesängen auf Stalin gespart. Trotzdem wurde er bereits 1948 als einer der ersten verhaftet und am 12. August 1952 zusammen mit allen Komiteeangehörigen in einem Keller der Geheimpolizei erschossen.

Unbegreiflich war, dass die Öffentlichkeit nichts von diesem Mord erfuhr – welch rätselhafter Kontrast zur so geräuschvollen und noch immer nicht ganz abgeklungenen Attacke gegen die »Kosmopoliten«! Wollte Stalin die extremen Formen seines Antisemitismus etwa geheimhalten?

Diese Vermutung erwies sich bald als irrtümlich. Denn der »Vater der Völker« startete am 13. Januar 1953 urplötzlich eine Kampagne, die an Propagandaaufwand alles Vorangegangene übertraf und zudem zeigte, dass sein Judenhass keinen ideologischen, psychopolitischen oder geopolitischen Zwecken mehr diente, sondern bei ihm persönlich zu einem reinen Wahn, zu einem psychopathologischen, unberechenbaren Geisteszustand geworden war. An diesem Tag nämlich ließ er eine amtliche Mitteilung über die Anklage gegen eine große Anzahl berühmter Ärzte veröffentlichen, von denen nur zwei nichtjüdische Namen trugen. Sie hätten durch absichtlich falsche Behandlung mehrere der engsten Vertrauten Stalins im Politbüro ums Leben gebracht. Die Mitarbeiterin eines Krankenhauses, die sich aus Karrieregründen die Einzelheiten dieser Geschichte ausgedacht hatte, wurde in Zeitungsartikeln und Rundfunksendungen gefeiert und mit dem Leninorden, dem höchsten in der damaligen Sowjetunion, ausgezeichnet. Stalins Tod sieben Wochen später brachte dann allerdings den meisten Angeschuldigten wunderbare Rettung – nur drei waren in der Haft umgekommen. Mit der Zeit aber wurden Stalins weitere Pläne bekannt: Großangelegte Schauspiele sollten der Kampagne eine ungeheure Explosivkraft verleihen – die Ärzte sollten direkt vor der Kremlmauer öffentlich gehenkt werden, für die gesamte jüdische Bevölkerung aber war eine nie dagewesene Massenverbannung in die asiatischen Urwälder und Wüsten vorgesehen. Anders als seinerzeit bei der gewaltsamen Umsiedlung von Kalmücken, Tschetschenen oder Krimtataren sollte diese Aktion nicht etwa fast insgeheim, ohne viel Aufhebens vor sich gehen, nein, ein weltweiter feindseliger Schlagwörtertumult sollte sie begleiten. Denn Stalin wollte mit diesem Skandal die demokratischen Staaten herausfordern und zugleich die arabische und islamische Welt beeindrucken.

Wenn trotz allem Russlands humanistische Geistigkeit nach Stalins Ende wiedererwachen konnte, so nahm sich das wie ein Wunder aus. Dennoch war es eine Tatsache. Eine historisch gewichtige Tatsache, aus der leider mehrere Generationen gedankensteifer Politiker und Ideologen keine vollgültige Lehre zu ziehen wussten. Allerdings stellte STALINS Tod einen gewissen Wendepunkt in der geistigen, psycho-historischen und allgemeinpolitischen Entwicklung Russlands dar. Doch glaubten die Personen und Cliquen, die sein Erbe antraten, einzig die extremen Momente und krankhaften Auswüchse seiner nationalistisch-imperialen Denkweise ablehnen zu müssen. In der Ideologie als Herrschaftswerkzeug kam es zu keinen echten Wandlungen. Das galt im Grunde auch für die Motive, die STALINS Nachkriegskampagnen bestimmt hatten. Man wollte eben weiterhin das eigene Machtsystem oder zumindest den eigenen entscheidenden Einfluss auf alle Erdteile ausbreiten. Dabei dachte, genau wie zu STALINS Zeiten, natürlich niemand mehr an die einstigen Verheißungen vom siegreichen Aufstand der Arbeiterklasse gegen die sogenannten Ausbeuter in den fortgeschrittensten Ländern. Als reales Ziel galt jetzt gerade das, was STALIN in die Wege zu leiten suchte – die Gewinnung der Dritten Welt für eine Offensive gegen die bürgerliche Zivilisation des Abendlandes. Und wenn sich auch inzwischen die alten Kolonialweltreiche aufgelöst hatten, blieb doch der sogenannte Kampf gegen den Imperialismus das Kernstück der sowjetischen Politik. Wieviel Ruhm sich der nächste Führer, CHRUSCHTSCHOW, durch seine Entlarvungen STALINS auch erworben haben mochte, er konnte und wollte mit der ideologischen und demgemäß mit der politischen Linie seines Vorgängers nicht brechen. Daher kam es wieder zu Kampagnen, die denen der Nachkriegszeit in so manchem ähnelten.

Nur erinnert man sich heute sogar in Russland allzu selten an diese keineswegs harmlosen Geschehnisse.

Was die beiden Eisernen Vorhänge betraf, die STALIN als Grundfesten seiner neuen Weltordnung errichtet hatte, so blieben sie nach wie vor erhalten, allerdings mit einer nicht ganz unwesentlichen Modifikation: Während die früher so undurchdringliche Grenze des sowjetischen Ghettos ein wenig lockerer wurde, so dass mitunter ganz gewöhnliche Leute in die sogenannten Bruderländer reisen konnten, entstand gerade rings um die Satelliten ein regelrechter Festungswall, dessen Krönung dann die Berliner Mauer sein sollte.

STALIN hatte nicht nur in der Musik seine Werturteile zum Gesetz erhoben, er sah sich auch sämtliche neue Filme an, ehe er ihre öffentliche Aufführung gestattete, und las sämtliche Literaturzeitschriften – und wehe dem Regisseur oder Redakteur, der ihm etwas nicht recht gemacht hatte! Aber auch CHRUSCHTSCHOW hielt sich für die entscheidende Autorität auf dem Gebiet der Kunst. Nicht etwa, dass er je wie STALIN den Anspruch erhoben hätte, als Universalgenie verehrt zu werden, doch war er zutiefst überzeugt, dass sein Amt als Generalsekretär der Kommunistischen Partei ihm das Recht verliehe, ja sogar die Pflicht auferlegte, im Bereich der Kultur und des Geisteslebens maßgebliche Meinungen zu äußern und vor allem keinerlei Tendenzen zuzulassen, die ihm fremd oder gar, vom ideologischen Standpunkt gesehen, schädlich erschienen.

Eines Tages besuchte er eine große Schau neuer Werke der Moskauer bildenden Künstler im zentralen Ausstellungssaal der Hauptstadt. Plötzlich blieb er vor einer Reihe kleinerer Plastiken stehen und begann voller Empörung eine scharfe Rede über den verwerflichen Einfluss des westlichen Modernismus auf manche sowjetische Maler und Bildhauer. Er winkte dann den Autor der Plastiken zu sich heran und traktierte ihn mit einer langen, wütenden Predigt. All das wurde von den Massenmedien tausendfach beschrieben, beharrlich wiederholt und in die entferntesten Winkel des Riesenlandes getragen. Der Zufall wollte es, dass der besagte Bildhauer einen seltsamen Namen trug – NEÏSWESTNY, auf deutsch Unbekannt. Das Ergebnis war, dass der bis dahin wirklich fast unbekannte Künstler mit einem Schlag eine Berühmtheit ohnegleichen wurde und dass die jüngere Generation russischer Intellektueller in ihm fortan einen ihrer bedeutendsten Vertreter sah. Später, nach seiner Emigration in die USA, erlangte er Weltgeltung. In der Literatur indes hatte CHRUSCHTSCHOW eine gewisse Liberalisierung des Zensurwesens genehmigt, so dass beispielsweise die wagemutige Zeitschrift »Nowy mir« [»Neue Welt«] erstaunlich kritische – gesellschaftskritische und ideologiekritische – Beiträge publizieren konnte und eine aktive Gruppe junger Dichter mit ihren Büchern, Lesungen und Tonbandaufnahmen den Sowjetmenschen eine neue Gedankenwelt zu eröffnen vermochte. So entstand das geflügelte Wort »Tauwetter-Periode«. Doch wird dabei meist das eine außer acht gelassen: Gerade in der Literatur musste das Urteil der obersten Parteiführung erst recht unangefochten und unanfechtbar bleiben. Demgemäß organisierte CHRUSCHTSCHOW eine wilde Kampagne angeblich spontaner Proteste gegen die Verleihung des Nobelpreises an BORIS PASTERNAK für den Roman »Doktor Shiwago«. Der Druck auf den Dichter war derart stark, dass dieser notgedrungen auf die hohe Ehrung verzichtete, einen Brief an seine Lebensgefährtin schrieb, in dem er einen gemeinsamen Selbstmord anregte, bald darauf aber ohnehin gebrochenen Herzens starb. Diese Episode wühlte die öffentliche Meinung in allen Ländern des Westens auf, und sie ist bis heute unvergessen. Dagegen erinnert sich kaum noch jemand daran, wie CHRUSCHTSCHOW und sein Sekretär für ideologische Fragen, ILJITSCHOW, in den sechziger Jahren eine verheerende Offensive gegen das freie Denken einleiteten, wobei insbesondere die damals bereits so populären jungen Dichter als volksfremd verunglimpft wurden. Doch eine andere, im Grunde schon echt stalinistische Kampagne jener Zeit ist merkwürdigerweise völlig aus dem historischen Gedächtnis des Volkes geschwunden. Es handelte sich um eine Reihe offenkundig rassistischer Angriffe CHRUSCHTSCHOWS auf jüdische Wirtschaftsleiter und Handelsangestellte, um verleumderische Angriffe, die viele Hinrichtungen und zahllose langjährige Inhaftierungen nach sich zogen. Zweifellos durfte sich der Generalsekretär hierbei auf den von KARL MARX begründeten kommunistischen Antisemitismus stützen. Hatte doch der Urheber des sogenannten wissenschaftlichen Kommunismus in seinem frühesten Manifest – es trug den vielsagenden Titel »Zur Judenfrage« – eine These aufgestellt und weitschweifig zu motivieren versucht, laut der die wahre Emanzipation der Menschheit in ihrer Emanzipation vom Juden bestehe. Dabei meinte er genau wie CHRUSCHTSCHOW den Juden nicht als Träger des europäischen, kosmopolitischen Geistes, sondern als Triebkraft einer marktorientierten Wirtschaft. Im Kontext der russischen und sowjetischen Geschichte indes wirkten CHRUSCHTSCHOWS Reden wie ein unzweideutiger Aufruf zum Judenhass, zur Verfemung der jüdischen Mitbürger. Man darf also mit gutem Recht sagen: Das »Tauwetter« endete bereits lange vor CHRUSCHTSCHOWS Sturz, es war nichts als ein kurzes Zwischenspiel, das dem Wesen der ideologischen Diktatur widersprach.

Doch welches Selbstbewusstsein das geistige Russland unterdessen entwickelt hatte, zeigte sich schon buchstäblich in den ersten Tagen nach dem Machtantritt des neuen Generalsekretärs, BRESHNEW. Dieser dogmentreue Verfechter der kommunistisch-imperialen Idee glaubte an Popularität gewinnen zu können, wenn er die scharfe Stalin-Kritik seines Vorgängers widerrief und die Gestalt des einstigen »großen Führers« wieder mit einem Glorienschein umgab. Doch sowie dieses Vorhaben in den Kreisen der geistigen Elite bekannt wurde, brach ein solcher Sturm der Entrüstung aus, dass BRESHNEW, der, wie angenommen wird, mehr als tausend Protestbriefe renommierter Wissenschaftler und Künstler erhielt, eiligst ein offizielles Dementi verbreiten ließ. Doch hieß das keinesfalls, dass er nicht doch STALINS politisches Vermächtnis befolgen wollte. Charakteristisch war in dieser Hinsicht die Aufstachelung der arabischen Staaten zum Krieg gegen Israel, was dann zu einem auch für den Kreml schändlichen Debakel in sechs Tagen führte. Nicht weniger symptomatisch sollte die gesamte Einstellung zu den Geschehnissen des Jahres 1968 sein. Die große Bewegung der Studenten und Jugendlichen in Westeuropa und den Vereinigten Staaten wurde von den Medien kaum wahrgenommen, um nicht den eigenen Nachwuchs auf unerwünschte Gedanken zu bringen. Durchaus positiv beleuchtet wurde dagegen der polnische März mit seinen antisemitischen Ausschreitungen und den Hetzreden des Kommunistenführers GOMULKA. Den Mittelpunkt aller Auslandsinformationen bildeten indessen die Nachrichten aus der Tschechoslowakei, die stets von Verdächtigungen und Vorwürfen begleitet waren. Der Prager Frühling galt den Moskauer Ideologen als Beweis, wie gefährlich für das gesamte Machtsystem ein »Sozialismus mit menschlichem Antlitz« sein konnte. Doch stellte gerade der Prager Aufbruch, wenn er auch von sowjetischen Panzern zermalmt wurde, für die freien Geister Russlands ein leuchtendes Leitbild dar, das entscheidend zur Entfaltung der Bürgerrechtsbewegung, der oppositionellen Geheimliteratur, der gesamten politischen Fronde beitrug. Es sollte die Generalprobe des innerrussischen Umschwungs der achtziger Jahre sein.

Bis dahin allerdings war es noch weit. Vorläufig mochte es, jedenfalls nach außen hin, scheinen, dass BRESHNEW seine stalinistische Strategie und Taktik mehr oder minder erfolgreich durchführte, ohne dabei seinen eigentlichen Lehrmeister zu nennen. In Wirklichkeit aber nahm die Situation ungewöhnliche, in einem gewissen Sinn paradoxe Formen an. Die regierende Partei suchte den erstarkenden Widerstand der Intellektuellen mit Hilfe des KGB und der Strafjustiz, aber auch mit einem betäubenden Propagandalärm zu ersticken. Um zugleich, wie es im Volksmund hieß, »Dampf aus dem Kessel zu lassen« und darüber hinaus auch im Ausland eine neue, humanere Haltung vorzutäuschen, wurde manchen Wortführern der freisinnigen Intelligenz und vielen jüdischen Familien die Emigration erlaubt, ja sogar ein so wortgewaltiger erklärter Feind des Regimes wie SOLSHENIZYN wurde nicht erschossen, sondern lediglich des Landes verwiesen. Diese fingierte Liberalität dauerte jedoch nur kurze Zeit an. Tatsächlich nahm die Zahl der Verhaftungen und sonstigen Repressivmaßnahmen weiterhin bedrohlich zu – damit wollte man bewusst an den Terror der Stalinzeit erinnern und zumindest die noch Schwankenden abschrecken. Doch hatten sich die Zeiten geändert. Die stalinistischen Methoden erlitten ein Fiasko. Trotz den immer hemmungsloseren Verfolgungen und immer härteren Gerichtsurteilen entstand eine völlig eigenständige, den offiziellen Kreisen entgegenwirkende, geistig ungemein fruchtbare Sonderwelt, in der sich neue philosphische Richtungen, neue literarische Schulen, neue politische Ideen ausprägten und zum Brennpunkt intensiver Diskussionen in Freundeskreisen, unabhängigen wissenschaftlichen Zirkeln und geheimen Dissidentengruppen wurden. Obwohl diese Welt mit allen ihren Gliederungen und Abzweigungen im Verborgenen lebte und wirkte, wusste ein jeder von ihrer Existenz, und ihr Einfluss auf die Gesamtgesellschaft war enorm.

Die Teilung in zwei große Schichten, eine diktaturtreue und propagandahörige und eine demokratisch gesinnte und selbständig denkende, beschränkte sich jedoch keineswegs auf die rein geistige Sphäre, sie drang tief in alle Lebensaspekte ein, sie bestimmte die Entwicklung der Volkspsyche. Und hierin lag und liegt der Hauptgrund einer Zwiespältigkeit, die auch nach dem denkwürdigen April 1985 das Geschehen in der Sowjetunion und dann in Russland kennzeichnen sollte. Einerseits entsprach sie der tausendjährigen russischen Identitätsspaltung, die ein ständiges Ringen der eurorussischen und der eurasischen, der westlerischen und der slawophilen, der kosmopolitischen und der nationalistischen Denkweise bewirkt hatte, andererseits aber ging sie unmittelbar auf die psychopolitische Situation der Nachkriegszeit zurück. Nur dass dort, wo STALIN Köpfe hatte rollen lassen, wo BRESHNEW an der Oberfläche alles gewaltsam gleichschaltete, GORBATSCHOW nunmehr die Andersdenkenden offenherzig zu überzeugen suchte, dass er den einzig rettenden Weg gefunden habe.

Nach 70 Jahren Sowjetdiktatur, deren Kernstück die 25 Jahre Stalinismus gewesen waren, wollte er mit seinen tausendmal wiederholten Losungen »Umbau« (auf Russisch »perestroika«), »Neues Denken« und »Beschleunigung« den Weg in ein, wie er sich gern ausdrückte, »gesamteuropäisches Haus« ebnen, doch dabei die sogenannten »Vorzüge des Sozialismus« auf keinen Fall aufgeben – deshalb sollte sein Prinzip etwas unlogisch lauten: »Sozialistischer Pluralismus«. Gerade die angeblichen »Vorzüge des Sozialismus« bildeten dabei den Hemmschuh, der seine zweifellos ehrlichen Absichten auf Schritt und Tritt zunichte machte und schließlich sein endgültiges Scheitern bedingte. Welche unglaubliche Naivität die zähe Verteidigung solcher Prinzipien voraussetzte, zeigte folgende Episode:

Es war in den Anfangsjahren des »Umbaus« und des »Neuen Denkens«, da stattete die Regierungschefin Großbritanniens, MARGARET THATCHER, dem neuen sowjetischen Staatsoberhaupt einen mehrtägigen offiziellen Besuch ab. Schon an einem der ersten Abende veranstaltete das Moskauer Fernsehen, natürlich auf Weisung GORBATSCHOWS hin, eine Diskussion der konservativen Politikerin mit drei bekannten, ständig im Fernsehen auftretenden russischen Politologen, denen gleichsam die Mission zufiel, ihrer Gesprächspartnerin die Vorzüge des Sozialismus aufzuzeigen – selbstverständlich hoffte niemand, die Führerin der Tory-Partei zum marxistischen Glauben zu bekehren, aber das Fernsehpublikum sollte daraus Schlüsse ziehen. Der Meinungsaustausch, der fließend übersetzt wurde, endete mit einer derart offensichtlichen Niederlage der drei Männer, dass die Regierungszeitung »Iswestija« am nächsten Tag auf der ersten Seite ihren Lesern versichern musste, dass den populären Kommentatoren dafür nichts Schreckliches geschehen würde.

Tatsächlich wurde in der Gorbatschow-Zeit versucht, anstelle des Totalitarismus einen humanen Sozialismus einzuführen, ohne aber auf die altüberkommenen nationalen und imperialen Denkgewohnheiten, Selbstdeutungen und Ansprüche zu verzichten. Diese Berechnungen erwiesen sich als unhaltbar, weil sie die so tiefgehende, so unüberbrückbare Spaltung der russischen Identität und der russischen Geistigkeit nicht berücksichtigten. Jetzt, da der sogenannte »reife Sozialismus« ganz offiziell von einem neuen Sozialismusbild abgelöst worden war und sich zugleich eine seit sieben Jahrzehnten ungewohnte Gedankenfreiheit entfaltete, musste zwischen den entgegengesetzten Richtungen des geistigen Zukunftsstrebens ein so erbitterter Krieg ausbrechen, wie ihn nicht einmal die vorkommunistischen Zeiten gekannt hatten. Die neuen Westler und die neuen Slawophilen, die sich nunmehr betont Russophilen nannten, verhielten sich gegenüber den verschiedenen Spielarten von Sozialismus und sozialistischer Ideologie im Grunde gleichgültig, ihnen ging es um eines: ob Russland zur europäischen Mutterzivilisation zurückkehren würde oder von einer abgesonderten, festungsähnlichen Position aus die Welt aufs Neue bedrohen könnte, sei es im Namen des Sozialismus stalinscher Prägung oder des unverhohlenen russischen Nationalsozialismus.

Dieser vorläufig noch rein ideelle Krieg, den in erster Linie einige streitbare Zeitschriften gegeneinander führten, spitzte sich dauernd zu – in den Reden der Parlamentarier und Volksdeputierten, die von Millionen voller Spannung am Bildschirm verfolgt wurden, in massenhaften Demonstrationen und Gegendemonstrationen, um schließlich in den Verschwörungen vom August 1991 und Oktober 1993 gewalttätige Formen anzunehmen. Die Verwandtschaft dieser beiden Verschwörungen muss unterstrichen werden, denn inzwischen waren ja Ereignisse von ungeheurer Tragweite eingetreten – der Zerfall des Sowjetimperiums und der Untergang des sozialistischen Staats- und Gesellschaftssystems. Indes übten die Impulse und Herausforderungen des Stalinismus und vor allem der berüchtigten Nachkriegskampagnen dennoch auch weiterhin eine starke Wirkung aus. Sie wirkten fort in der Tätigkeit und Propaganda mehrerer radikal-nationalistischer, meist rassistischer Bewegungen, die offen an die Vorurteile und Feindbilder in den wirren Köpfen von Fanatikern, von bewussten oder instinktiven STALIN-Verehrern anknüpften. Wenn sich die Führer solcher erklärt faschistischer Bewegungen auf den einstigen Führer der Kommunistischen Partei beriefen, dann irrten sie sich gewiss nicht hinsichtlich seiner Rolle in der Geschichte des Jahrhunderts. Das gleiche galt und gilt aber auch für andere STALIN-Jünger, für die Exponenten jener Kommunistischen Partei, die in den neunziger Jahren die meisten Sitze in der Duma, dem russischen Parlament, zu erobern wusste. Das Wort »Kommuno-Faschisten«, das in Kreisen der russischen Intelligenz schon seit Jahren gebräuchlich ist, kann also keinesfalls als Beleidigung aufgefasst werden, es ist eine nüchterne Feststellung, eine exakte Charakteristik. Und diese Feststellung, diese Charakteristik muss als entscheidender Ausgangspunkt für jede Analyse des innerrussischen Kräfteverhältnisses und jede Prognose der weiteren Entwicklung akzeptiert werden. Das aber will besagen: Es muss auch als entscheidender Ausgangspunkt akzeptiert werden für jeden ernsthaften Versuch, die direkten und indirekten Auswirkungen der stalinistischen Nachkriegskampagnen auf diese unsere Zeit der Jahrhundertwende, ja womöglich auf eine fernere, noch unklare Zukunft zu entschlüsseln.

Damals schien es, als sei unter STALINS Gewaltherrschaft Russlands ererbter humanistischer Geist für immer erstickt, und es mutete wie ein Wunder an, als er bald nach des Diktators Tod trotz allen neuen Hindernissen eine ungeahnte Blütezeit erlebte. Wird er auch diesmal wieder aufleben können? Davon hängt vieles ab, und nicht allein für Russland ... Ja, nich umsonst hört man bei den Demonstrationen der Kommuno-Faschisten immer wieder Ausrufe: »STALIN ist tot, doch seine Sache lebt!«

Dies müsste dem russischen Volk, den Völkern Europas, der ganzen Menschheit eine bedeutungsschwere Warnung sein.

(13.01.2000)

Russlands riesiger Raum.
Geographie als Faktor der Geschichte

Gewiss beeinflusst der geographische Standort eines jeden Volkes seine Kultur, seine psychischen Neigungen, seine intuitiven geopolitischen Bestrebungen, die Außen- und Wirtschaftspolitik seiner Regierungen. Doch wohl bei keinem anderen Volk hat die Lage des ursprünglichen Siedlungsgebiets eine so entscheidende historische Rolle gespielt wie bei den Russen, und sicher hat die heutige geographische Situation keines anderen Volkes eine so entscheidende Bedeutung für seine gesamte Einwirkung auf das Weltgeschehen. Es ist demgemäß von höchster Relevanz für Russlands Nachbarn, ja für ganz Europa, sich dessen bewusst zu werden.

In den frühen Jahrhunderten unserer Zeitrechnung, als die Völkerwanderung ihren Höhepunkt erreichte und dann allmählich zum Stillstand kam, waren die Ostslawen bereits fest angesiedelt längs der künftigen Grenze der europäischen Völkerwelt.

Die gewaltige Region, die von der Ostsee bis in die unmittelbare Nähe des Schwarzen Meeres reichte, war damals von dichten Wäldern bedeckt, und die sesshaften Stämme, denen diese Wälder als altgewohnte Heimstätte dienten, mussten Beziehungen der unterschiedlichsten Art zu den meist nomadischen Bewohnern der benachbarten Steppen unterhalten. Zum größten Teil liefen diese Beziehungen auf kriegerische Auseinandersetzungen hinaus. Im Laufe mehrerer Jahrhunderte erwehrte sich die Waldbevölkerung mit großen Opfern der besonders aggressiven Polowzer und Petschenegen. Allerdings blieb sie dabei nicht gänzlich auf sich selbst gestellt. Schon seit dem 7. Jahrhundert kamen Warägerscharen (wie die wandernden Normannen im Russischen genannt werden) aus dem skandinavischen Raum in diese Gebiete, um den Weg zu den warmen Meeren des Südens zu erforschen, und die kriegsgeübten Reiter kämpften oft Seite an Seite mit den Einheimischen gegen die Angreifer aus der Steppe. Das ergab sich nicht allein aus der instinktiven Einsicht, dass die Waldstämme den natürlichen Schutzwall der gerade erst im Entstehen begriffenen europäischen Welt bildeten. Es gab noch andere Beweggründe. Die normannischen Trupps bestanden ausschließlich aus Männern, und unweigerlich kam es zu einer genetischen Vermischung. So wurden die Waräger den Ostslawen nicht nur altbewährte Waffenbrüder, sie wurden in einem gewissen Maße Blutsverwandte.

Allerdings will die früheste russische Chronik wissen, dass die slawischen Stämme der Tributzahlung an ihre Mitstreiter müde wurden, sie über das Meer zurücktrieben und erst in der nächsten Generation, als sie keine Ordnung im eigenen Land schaffen konnten, gemeinsam mit ihren ugro-finnischen Nachbarn einen Normannen namens Rurik herbeiriefen, auf dass er sie richte und regiere.

Wie schwer dieser gemeinsame Beschluss und erst recht eine gemeinsame Seefahrt nach der normannischen Insel Jütland auch vorstellbar sei, es kam tatsächlich zu einer unbehinderten Rückkehr der Waräger.

Es unterliegt keinem Zweifel, dass ein unmittelbarer Nachfolger jenes Rurik, er hieß Oleg, den gesamten ostslawischen Bereich von der nördlichen Stadt Ladoga über das eigentliche Zentrum der Ostslawen, Nowgorod, bis hin zu der noch kleinen Burg Kiew im Süden zu einem riesigen Staatsgebilde vereinte, das er Rus benannte. Mit der Zeit eigneten sich denn auch die Bewohner dieses neugegründeten Reiches den Namen »Russen« an. Obwohl die Fürsten und längere Zeit auch ihre Kampfeinheiten durchweg Normannen waren, kam der slawische Charakter dieses Staatswesens sehr bald, vor allem in der Sprache und in den Stammestraditionen, klar zum Ausdruck. Doch die Ausdehnung nach Süden hatte noch eine andere, ganz eigenartige Folge. Östlich des südlichen Ausläufers der Rus befand sich nämlich zu jener Zeit ein Land, das man mit gutem Recht als ein Wunder des frühen Mittelalters ansprechen kann. Nicht von ungefähr schrieb später der prominente Geschichtswissenschaftler, Orientalist und hohe Staatsbeamte des 19. Jahrhunderts Wassili Grigorjew:

»Eine außergewöhnliche Erscheinung des Mittelalters war das Volk der Chasaren. Von wilden Nomadenstämmen umgeben, besaß es alle Vorzüge gebildeter Nationen: eine wohleingerichtete Verwaltung, einen ausgedehnten, florierenden Handel und ein stehendes Heer. Während größte Gesetzlosigkeit, Fanatismus und tiefe Ignoranz einander die Herrschaft über Westeuropa streitig machten, durfte sich das Chasarentum seiner Justiz und seiner Toleranz rühmen, und von allen Seiten strömten ihm die für ihr Glaubensbekenntnis Verfolgten zu. Wie ein leuchtender Meteor erglänzte es am düsteren Horizont Europas, um schließlich ohne bleibende Spuren zu verglühen.«

In einer Hinsicht hatte Grigorjew doch Unrecht. Der Einfluss des psychischen Erbes der Chasaren auf die russische Volksseele ging trotz allen entgegengesetzten Einwirkungen der folgenden, oft düsteren Epochen nicht gänzlich verloren.

Gerade die 60-er und 70-er Jahre des 19. Jahrhunderts waren eine Zeit des großen Aufbruchs, und die bedeutendsten Geister aller Richtungen waren sich darin einig, dass die neuen Bestrebungen keineswegs etwas Wesensfremdes, von außen Hereingetragenes darstellten, dass sie tief im ursprünglichen Volkscharakter verwurzelt waren. Eine gewisse Rolle musste dabei gewiss die einstige Verbindung zur Wunderwelt der Chasaren gespielt habe, deren Schutz und geistige Leitung manche slawischen Stämme auch dann noch in Anspruch nahmen, als sie sich bereits an das Fürstentum Kiew angeschlossen hatten. Die geographische Ausdehnung des alten Siedlungs- und nunmehrigen Staatsareals machte das Russentum zum Vorposten und damit zum unentbehrlichen Bestandteil des immer festere Formen annehmenden Zivilisationsraums Europa.

Diese geographische Konfiguration und diese historische Aufgabe wurden keinesfalls völlig zerstört, als der Kiewer Fürst WLADIMIR das Christentum aus Byzanz übernahm und zur Staatsreligion erhob. Damals waren ja die beiden Zweige der Kirche noch nicht voneinander getrennt. Und das gehörte zu den wichtigsten Voraussetzungen für das Wirken eines der bedeutendsten Herrscher des europäischen Mittelalters, JAROSLAWS DES WEISEN. Dieser Fürst, der in der ersten Hälfte des 11. Jahrhunderts in Kiew regierte, darf wohl als Prophet und Vordenker einer Idee angesehen werden, die erst nach zahllosen wechselvollen Epochen die Geister in den verschiedensten Ländern mitreißen sollte – der Idee eines vereinten Europas.

Gewöhnlich wird von den Historikern nur die Tätigkeit JAROSLAWS als Kulturträger, als Sammler der größten Bibliothek des Mittelalters, als Gründer vieler Städte und Klöster, als Schöpfer großartiger Bauten, als frühes Leitbild eines aufgeklärten Monarchen hervorgehoben. Dass aber seine Bemühungen der engen verwandtschaftlichen Verbindung aller europäischen Fürstenhäuser ganz besonders der Aufrechterhaltung des damals entscheidenden Faktors, der Kircheneinheit, galten, wird allzu oft übersehen.

Wäre ES JAROSLAW gelungen, seine großzügigen Integrationspläne zu verwirklichen, so wäre die gesamte Menschheitsgeschichte völlig anders verlaufen. Diese Pläne wurden jedoch durch die politische Engstirnigkeit und den Eigennutz gewisser westlicher Herrscher, nicht zuletzt des deutschen Kaisers HEINRICH III., zerschlagen.

Obgleich es nach dem Tode JAROSLAWS zu heftigen Machtkämpfen zwischen den russischen Fürsten kam, blieb die gespaltene Rus auch weiterhin ihrer geographisch bedingten Rolle als Schutzlinie gegen die Angriffe aus der Steppe treu. (Um nur ein Beispiel zu nennen: Das im 12. Jahrhundert entstandene Igorlied, das bedeutendste Denkmal russischer mittelalterlicher Dichtkunst, handelt von einem Kriegszug gegen das wilde Steppenvolk der Polowzer. Aber auch die Beziehungen zwischen den beiden Kirchen waren vorläufig noch keineswegs so absolut feindlich. Davon zeugt beispielsweise die Geschichte der EUPRAXIA, einer Enkelin JAROSLAWS DES WEISEN.

Sie vermählte sich, als gäbe es keine Spaltung, mit einem sächsischen Markgrafen und nahm dabei den Namen ADELHEID an, heiratete dann aber Kaiser HEINRICH IV., wurde gekrönt, bald darauf jedoch von ihrem erlauchten Gatten der Untreue verdächtigt und eine gewisse Zeit lang gefangengehalten. Dann gelang ihr die Flucht nach Italien, und dort war sie, nach Rache dürstend, eifrig gegen den Kaiser, für die päpstliche Partei tätig – was sie indes nicht hinderte, hernach in ihre ostkirchliche Heimat zurückzukehren und hier unbehelligt ihr Leben abzuschließen, obwohl ihr jahrelanges Wirken für den römischen Stuhl unmöglich ein Geheimnis sein konnte.

Im Verlauf der Kämpfe breitete sich unterdessen der Siedlungs- und Herrschaftsbereich der russischen Stämme und Fürstentümer allmählich nach Osten hin aus, und so war es im Grunde nur logisch, dass der eroberungssüchtige ANDREJ BOGOLJUBSKI um die Mitte des 12. Jahrhunderts den Sitz des Großfürsten aus Kiew nach der nordöstlichen Stadt Wladimir und dem benachbarten Susdal verlegte. Diese Ausbreitung ging Hand in Hand mit einer innerrussischen kulturellen und politischen Differenzierung der Städte und Teilfürstentümer, die weittragende Folgen haben sollte. Manche Stadtrepubliken entwickelten demokratische Institutionen, wie man sie sonst in Europa kaum kannte. Besonders zeichnete sich in dieser Hinsicht das alte Nowgorod aus, das jetzt zudem ein ausgedehntes Gebiet, so groß wie halb Westeuropa, beherrschte. Die Volksversammlung Nowgorods, das Wetsche, das die gesamte erwachsene Bevölkerung erfasste, kam fast allwöchentlich beim Dröhnen einer Sturmglocke zusammen, um über alle politischen Aktionen, über Krieg und Frieden, über die Wahl eines neuen Fürsten, eines Stadtoberhaupts und sogar eines Erzbischofs zu entscheiden, wirtschaftliche, juristische und soziale Richtlinien festzulegen, wobei alle Stimmen gleichberechtigt waren. Zugleich aber trachteten manche Fürsten danach, in ihren Herrschaftssphären regelrechte absolute Monarchien zu errichten. Zu ihnen gehörte ein gewisser JAROSLAW, der auf den Gedanken kam, mit den Mongolen, die kurz zuvor einen gewagten Einbruch in den russischen Raum unternommen hatten, gemeinsame Sache zu machen. Von diesem Augenblick an begann ein gewaltiger Vorstoß der mongolischen Reiterei gegen die gespaltene Rus. Die einmarschierenden Riesenheere verwüsteten zahllose Städte, und nachdem sie die Großfürstenresidenz Wladimir genommen und JURI, JAROSLAWS Bruder, ermordet hatten, konnte dieser ungehindert den großfürstlichen Stuhl besteigen. Bei allen diesen Machenschaften wurde er von seinem Sohn ALEXANDER unterstützt, dem es aber, wie sich mit der Zeit herausstellen sollte, um weit mehr als den bloßen Großfürstentitel ging. Ihm schwebte eine gigantische, geographisch-strategische Offensive Asiens gegen Europa vor – eine weltgeschichtliche Vision, die er vorläufig noch nicht verraten durfte.

Unterdessen war der Anführer der Mongolenhorden, CHAN BATU, weiter in den Westen vorgedrungen, doch wurden seine Truppen in verschiedenen Schlachten auf den Feldern Polens, Ungarns und Dalmatiens völlig aufgerieben, und er musste eiligst den Rückzug antreten. Um ihm den rettenden Weg durch das südliche Russland bis hin an die Wolga zu ebnen, zogen JAROSLAW und ALEXANDER alle verfügbaren russischen Kräfte im Norden, am Peipussee, zusammen, wo sie die benachbarten finnischen Stämme, Einheiten des deutschen Kreuzritterordens und die mit ihnen verbündeten russischen Scharen aus Pskow zu einer großen Schlacht auf dem brüchigen Aprileis herausforderten. Diese Schlacht, in der die großfürstlichen Truppen zahlenmäßig weit überlegen waren, endete mit ihrem klaren Sieg, und ALEXANDER, der sie gelenkt hatte, ließ sich seitdem als überragenden Feldherrn feiern. Doch kam es in diesem Zusammenhang zu einer vielsagenden historischen Spiegelfechterei mit geographischem Hintergrund, die dann Jahrhunderte hindurch und bis auf den heutigen Tag weiterwirkte. ALEXANDER hatte nämlich zwei Jahre zuvor einen kleinen Trupp schwedischer Reisiger überfallen, die sich auf dem altgewohnten Weg der Waräger am Ufer des vielbefahrenen Flusses Newa zur Rast gesetzt hatten. Er fügte ihnen einige Verluste zu und zwang sie zur schleunigen Abfahrt. Wie erstaunlich es sein mochte, wurde diese Episode – von der Art, wie es ihrer zu jener Zeit Tausende gab – unglaublich aufgebauscht und höher bewertet als der Sieg auf dem Peipussee, und ALEXANDER ging dementsprechend mit dem Beinamen NEWSKI (vom Wort Newa) in die Geschichte ein. Warum?

Was auf dem Peipussee geschah, war allgemein bekannt, es gab an die 20 000 direkte Zeugen und zudem Dutzende, wenn einander auch zum Teil widersprechende, zeitgenössische Berichte, und dabei wusste jedermann, wer die Kreuzritter waren, und die meisten ahnten, dass es nur den Mongolen zuliebe zu dem Gefecht gekommen war. Dagegen konnte der flüchtige Angriff auf das schwedische Lager zu einem Jahrtausendereignis, zum Zusammenprall des Weltostens mit dem Weltwesten hochstilisiert werden. Denn in ALEXANDER NEWKIS späterer Heiligenvita hieß es, der Gegner sei vom »König der nördlichen Hälfte der römischen Welt« und von dessen Sohn geführt worden.

Offenbar wusste man in Russland nicht, dass der damalige Schwedenkönig ERIK ein Krüppel war, nie zu Felde zog und keine Söhne hatte.

Die ostentative Herausstellung solcher Größenordnungen wollte und sollte eine Revolution in der geographischen Selbstdeutung des Russentums mit sich bringen – der Schutzwall Europas gegen den wilden Osten verwandelte sich in sein Gegenteil – in den Stoßtrupp des Ostens, der die verhasste »römische Welt« zerschlagen sollte.

Doch musste ALEXANDER bei all dem gegen zwei Hindernisse ankämpfen: Das eine, das durchaus zu erwarten war, bestand im Fortleben der europäischen, oder richtiger, der eurorussischen Identität in den Geistern der meisten Russen, namentlich innerhalb der demokratisch regierten Städte, allen voran Nowgorod, und ALEXANDER überfiel daher eines Tages diese seine Heimatstadt, richtete ein fürchterliches Blutbad an und hinterließ ein verschleiertes inneres Terrorregime, das von einer geheimen Clique seiner Anhänger getätigt wurde. Dagegen war das andere Hindernis für ihn eher unerwartet: Nachdem CHAN BATU am östlichen Wolgaufer ein eigenes Staatswesen, die Goldene Horde, aufgebaut und sich die kleine Stadt Sarai zur Residenz gewählt hatte, verzichtete er auf jegliche neue Erweiterung und lenkte sein ganzes Augenmerk auf die regelmäßige Eintreibung des Tributs von sämtlichen unterworfenen russischen Provinzen – das machte alle geopolitischen, weltstrategischen, zivilisationsfeindlichen Träume Alexanders zunichte.

Dennoch sollten ALEXANDER NEWSKIS geographische Phantasien in einem gewissen Sinn in Erfüllung gehen. Sein jüngster Sohn, er hieß DANIEL, erhielt ein winziges Fürstentum mit einem winzigen Residenznest – es trug den damals völlig nichtssagenden Namen Moskau – und stellte es selbstverständlich bedingungslos in den Dienst CHAN BATUS, doch bemühte er sich in seinen letzten Lebensjahrzehnten zugleich um eine gewisse Machtausbreitung innerhalb seiner zentralrussischen Umgebung. Sein in dieser Zeit herangewachsener Sohn indes – IWAN, der Erste seines Namens – fühlte sich schon berufen, diese Versuche seines Vaters aufs äußerste zu intensivieren und sich ein fremdes Fürstentum nach dem anderen anzugliedern. Doch kam etwas dazwischen, das weder er noch seine mongolischen Herren vorausgesehen hatten. Am anderen Ende der Rus, wo die europäische Identität noch durch keine politischen Ränkespiele und geopolitischen Visionen getrübt war, baute ein litauischer Fürst namens GEDYMIN ein neues, vorwiegend russisches Staatsgebilde auf, das von Haus aus ein mächtiges Gegengewicht zu IWANS und seiner Gönner Expansionsbestrebungen darstellen musste. In historisch ganz kurzer Zeit war Russland somit in zwei nicht bloß machtpolitisch, sondern auch geographisch, psychologisch und kulturell entgegengesetzte Sphären aufgeteilt. Das neue Großfürstentum Litauen – oder, wie es später richtiger genannt wurde, der Litauisch-Russische Staat – konnte, da sich ihm unzählige russische Länder aus Furcht vor dem mongolentreuen Raubnest Moskau freiwillig anschlossen, in ganz kurzer Zeit zum flächenmäßig größten Reich Europas werden: Seine Grenzen reichten bald von den Vororten Moskaus bis zum Warschauer Raum, vom Baltischen bis zum Schwarzen Meer, und seine Bundesgenossen Nowgorod, Twer und andere beherrschten den gesamten Norden. Doch nicht allein die Ausdehnung machte das damalige Litauen zu einem wahren Wunder des Zeitalters: Wie einst das Chasarenreich, war es eine Gesellschaft der religiösen Toleranz, der individuellen und gemeinschaftlichen Gedankenfreiheit, des multikulturellen Zusammenlebens verschiedener Völker, des Dialogs der Zivilisationen. In dieser Hinsicht hätte es allen kommenden russischen Generationen, aber auch den europäischen Zeitgenossen, zum Vorbild dienen können. Für Russlands weitere Geschichte, aber auch für seine geographischen Bindungen, war somit ausschlaggebend, welches der beiden nunmehr konkurrierenden Fürstentümer, Litauen oder Moskau, sich historisch durchsetzen werde. Zumindest zwei litauisch-russische Großfürsten des 14. und angehenden 15. Jahrhunderts, OLGERD und WITOWT, waren sich dieser Konstellation vollauf bewusst. Ihre Bestrebungen, ob kriegerisch oder rein politisch, liefen konsequent darauf hinaus, das mongolische Gewaltregime zurückzudrängen, zu diesem Zweck aber die innerrussischen

Kräfteverhältnisse umzubauen und vor allem den natürlichen Hass der Bevölkerung gegen die asiatische Fremdherrschaft, gegen die rücksichtslose Aussaugung des Landes durch die Eroberer, mithin gegen die verräterische Politik ihres Moskauer Vorpostens aufs Äußerste zu steigern. Um die Mitte des 14. Jahrhunderts herrschte denn auch im gesamten westlichen, geografisch weitaus größeren Teil Russlands eine echte Kampfstimmung, ein Bewusstsein der Zusammengehörigkeit, das weit über die Beeinflussung durch fürstliche Fehden hinausging. Auf der Gegenseite, im moskowitischen Machtbereich, regierten indessen an Stelle einiger geistig minderbegabter Fürsten die jeweiligen Häupter der Kirche, die Metropoliten. In der Goldenen Horde begannen unterdessen Zerwürfnisse, Verschwörungen, Auflösungsanzeichen jeder Art. Das war ein Augenblick, da Russlands Schicksal eine neue Wendung hätte nehmen können, wären in den westlich orientierten Fürstentümern und Städten, vor allem aber in Litauen selbst, wieder bedeutende Persönlichkeiten hervorgetreten, die einer so gigantischen Aufgabe wie der endgültigen psychopolitischen, kulturellen und geographische Europäisierung Russlands gerecht geworden wären. Doch brachte einzig Nowgorod um diese Zeit Individualitäten von historischem Format hervor, und sie allein konnten unmöglich den Kampf zwischen Asien und Europa auf russischem Boden entscheiden. Unter den Moskauer geistlichen Fürsten dagegen hatte sich bereits zuvor als kalt berechnender Realpolitiker, als eroberungssüchtiger Kriegsherr und als kunstvoller Diplomat der Metropolit Alexej hervorgetan. Auch seine Schüler und Nachfolger setzten seine durchaus weltlich geprägte Politik rücksichtslos fort. Unter den Trägern der litauischen historischen Sendung, die nach Olgerd und Witowt auf den politischen Schauplatz traten, gab es indes keine vergleichbaren Gestalten, und dieser eher zufällige Umstand bewirkte den radikalen Wandel im russischen Kräfteverhältnis, der trotz des raschen Verfalls des Mongolenreichs den Ausschlag geben sollte.

Denn gerade jetzt bestieg ein Mann den Moskauer Thron, dessen Willens- und Geisteskraft, dessen charismatische Ausstrahlung von einer Art waren, dass man ihn in Westeuropa schon in seinen jungen Jahren als Iwan den Grossen bezeichnete. Und das, obgleich die Gefahr für die Stabilität - in erster Linie gerade für die geographische Stabilität – des Weltteils, die von ihm ausging, sehr bald spürbar wurde. Iwan III. unterwarf nach Jahrhunderten heroischer Selbstbehauptung die Hochburgen altrussischer Freiheit Nowgorod, Twer, Jaroslawl und Wjatka, er bezwang die litauischen Streitkräfte in mehreren Feldzügen und Schlachten und drängte diesen Staat, in dem zu jener Zeit das europäische Wesen des Russentums seine höchste Ausprägung erreicht hatte, räumlich weit zurück – in die Machtsphäre Polens, in die Arme der römischen Kirche. Dies war in vielerlei Hinsicht eine geographische Revolution. Denn für die Europäer, die kaum je etwas von dieser Vorhut der großen mongolischen Invasion gehört hatten und die, wenn sie von »Reußen« sprachen, ausschließlich die Bewohner Litauens meinten, war diese Verwandlung des festen Staudamms ihrer eigenen Welt in ein Aufmarschgebiet sprungbereiter Feinde gleichbedeutend mit einer Verschiebung der Erdteile, aller ihrer Grenzen und Landschaften. Während seinerzeit die antieuropäischen Visionen eines nebelhaften ALEXANDER NEWSKI niemanden wirklich aufschrecken konnten, schien jetzt die Gefahr real und ein weiteres Vordringen der gespenstischen Moskowiter durchaus möglich. Seitdem bürgerte sich in vielen westeuropäischen Köpfen die Vorstellung ein – die bis auf den heutigen Tag noch lebendig ist, dass die Russen von Haus aus kein europäisches Volk seien.

Aber diese Vorstellung fasste auch in einer alten russischen Ideologie Fuß, in einer Ideologie, die gerade dem Russentum eine messianische Aufgabe in der Weltgeschichte zuschrieb und zuschreibt. Eine Aufgabe, die die russische Geisteswelt in einen Gegensatz zur europäischen und dabei hoch über die europäische stellen soll.

Wie die psychologische Verschiebung der Erdteilgrenzen, so begann in den Regierungsjahren IWANS III. auch die psychologische Verschiebung der Geistesverkettungen zwischen Russland und Europa. Seinen prägnantesten Ausdruck erhielt dieser Wandel in der Schrift eines nordrussischen Mönches, wo Moskau nicht nur zum »Dritten Rom« erhoben wurde, sondern auch über Rom und Byzanz emporstieg, denn es hieß hier: »Ein viertes Rom wird es niemals geben.« Und das bedeutete nicht bloß Anspruch auf Ewigkeit, es stellte auch Moskaus welthistorische Mission über die historische Tragweite von Rom und Byzanz.

Indes war ja hier eine Mission gemeint, die eben doch nur eine christliche, und das hieß europäische sein konnte. Moskau sollte Europa gleichsam geistig verschlingen. Aber die europäische Urkraft, die dem russischen Geist seit eh und je innewohnte, lehnte sich gegen diesen Mythos auf. Und der Anklang, den der später so berühmte Leitsatz vom »Dritten Rom« zunächst fand, war keinesfalls überwältigend. Er konnte andere Tendenzen, die von IWANS III. geopolitischen und psychopolitischen Handlungen ausgingen, nicht ersticken. Doch während der an arabische, mongolische und türkische Kriegszüge gewohnte Westen vor dem so plötzlich aufgetauchten aggressiven Großreich erzitterte, bemerkten scharfsichtige Geister innerhalb Russlands bereits die Ansätze zu tiefgehenden Widersprüchen im neuen Staatsgebilde. So brachte die Eroberung Nowgorods Keime einer geistigen Beweglichkeit mit sich, die Moskowien nie gekannt hatte. In der Stadt des jahrhundertelangen Widerstands waren religiöse Sekten mit humanistischem Kern einflussreich, und die größte, die der »Judaisierenden«, übertrug ihre Tätigkeit jetzt auch an den Moskauer Hof, so dass der Großfürst selbst einiges Interesse zeigte und in einen scharfen Konflikt mit dem Haupt der kirchlichen Fanatiker geriet, während sein vertrauter Minister die erste russische philosophische Schrift – eine Sammlung kurzer Weisheitssprüche - verfasste. Aber nicht allein in der rein geistigen Sphäre untergruben Moskaus ausgedehnte Neuaneignungen die Einheit des bisher so festgefügten Staatskörpers. Schon damals brachte das Überhandnehmen ethnisch fremder Bevölkerungsgruppen längs der Wolga, in den Waldtiefen des Nordens und an der südlichen Grenze unmerkliche Zersetzungserscheinungen mit sich, die hundert Jahre später, in der Zeit der großen Wirren, eine fühlbare Rolle spielen sollten. Ja, wie paradox es klingen mag, manche Nachwirkungen der Eroberungspolitik Iwans III. sind erst heute, gerade am Ende des 20. Jahrhunderts, klar zutage getreten! Es handelte sich nämlich um folgendes.

In der liberalen Atmosphäre des Großfürstentums Litauen hatten sich in mehreren Provinzen die örtlichen Mundarten, die sich im Laufe der Zeiten allmählich vom Altslawischen abgesondert hatten, etwas wie eine eigene Schriftsprache zugelegt. So kam es, dass die erste russische Druckerei, die in Litauen entstanden war, als in Moskowien noch niemand von solchem Teufelszeug etwas gehört hatte, Bücher und andere Schriften in einem Dialekt herausbrachte, den in Nowgorod, Moskau oder Kiew die meisten wohl kaum verstanden hätten. In der Geschichtsschreibung ist es üblich geworden, diese frühe Druckerei als eine weißrussische zu bezeichnen. Das soll besagen, dass sich die Träger dieser Sprachform bereits damals als ein von den eigentlichen Russen unterschiedliches Volk empfunden hätten, dass also im Großfürstentum Litauen nicht wirkliche Russen, sondern abgefallene Volksgruppen zu Hause gewesen wären, die Iwan III. dann teilweise ins wahre Russland, nach Moskowien, hätte heimführen müssen. An dieser Version entsprach eines den historischen Tatsachen, und eben dies eine sollte nach Jahrhunderten zu einer großen politisch-geographischen Explosion führen: Um sich vor der Verschmelzung mit den Moskowitern zu schützen, bestanden die litauischen Russen auf ihrer sprachlichen Eigenständigkeit, und so bildeten sich allmählich innerhalb der neuen Grenzen des Moskauer Reiches zwei selbständige, nämlich sprachlich unverwechselbare Völkerschaften heraus, die sich dann Ukrainer und Weißrussen nannten. Das historische Schicksal wollte es, dass sich gerade die Ukrainer, die doch im ursprünglichen Kerngebiet der alten Rus lebten, schon früh für eine gewisse Zeit als staatstragende Nation hatten durchsetzen können, dann aber doch wieder an das Moskauer Reich angegliedert wurden, während sich die Weißrussen stets vergeblich um eine Eigenstaatlichkeit bemüht hatten. Doch beim Zerfall des Imperiums im noch so unendlich fernen Jahre 1991 wirkten nicht diese Zwischenstufen nach, sondern der primäre Widerstand gegen die Moskowisierung, gegen die Einverleibung in das Imperium Iwans III., in dem die liberalen Traditionen Russisch-Litauens von Anfang an vernichtet worden waren.

Als strategischer Erbe Iwans III. darf wohl mit gutem Recht Iwan IV., der Schreckliche, bezeichnet werden, wenn die geographischen

Richtungen seiner Expansionsbestrebungen auch anderer Art waren. Obwohl er seinem Vorgänger, gelinde gesagt, geistig unterlegen war, wusste er die neue imperiale Politik gleichsam bunter zu gestalten.

Allerdings waren die zwei Feldzüge, die er in jungen Jahre unternahm und die ihm von der panegyrischen Geschichtsschreibung auch heute noch als nationale Großtaten angerechnet werden, im Grunde überflüssig. Denn die beiden tatarischen Chanate an der Wolga, die er damals eroberte, waren längst wirtschaftlich und psychopolitisch abhängig von Moskau, sie waren seit langer Zeit friedliebende und hilfswillige Nachbarn geworden. Das heißt aber nicht, dass sämtliche Ostvorstöße des irrsinigen Zaren ähnlich sinnlos gewesen wären.

Im Jahre 1558 verlieh er der Kaufmannsfamilie STROGANOW das Recht, die Bodenschätze an den fernen Ufern der Kama auszubeuten, sechzehn Jahre darauf kam eine geradezu atemberaubende Urkunde hinzu – sie berechtigte die STROGANOWS, jenseits des Urals, an den wilden sibirischen Flüssen Tobol, Ob und Irtysch, Festungen zu errichten! Die Magnatenfamilie warb einen Kosakenhauptmann namens JERMAK an, der mit seinem Haufen in die Besitzungen des eingeborenen Fürsten KUTSCHUM eindrang und dessen befestigten Sitz erstürmte, doch nach einigen Jahren von ihm verjagt wurde und auf der Flucht ertrank. JERMAK wurde in Sagen und Volksliedern zum Helden der Eroberung Sibiriens verklärt, und mit dieser Heldenlegende begann eine allmähliche Russifizierung des Riesenterritoriums, was Russland mit der Zeit zum weitaus größten Staat der Welt werden ließ. Hauptbestandteil dieser jahrhundertelangen Russifizierung Sibiriens war dann allerdings die Verbannung und darauffolgende Ansiedlung zahlloser politischer Frondeure sowie krimineller Elemente. Doch entwickelte sich auch eine eigene Kultur mit spezifisch sibirischem Gepräge, die in einem gewissen Sinn das alte, von der moskowitischen Eroberung zerschlagene Kulturbild der westrussischen Länder und Städte ersetzte. Mit der Zeit entstand am größten und tiefsten Süßwassersee der Welt, dem Baikal, noch dazu eine besondere, ostsibirische Kulturregion. Doch von Anfang an handelte es sich hierbei ausschließlich um die Einbeziehung eines großen Teils des asiatischen Festlands in die Ausstrahlungssphäre der europäischen Zivilisation und nicht umgekehrt, nicht etwa um eine Asiatisierung des russischen Kultur- und Identitätsbewusstseins, wie es seit nunmehr etwa 80 Jahren eine geschichtsphilosophische Schule, die der sogenannten Eurasier, behauptet. Eine Schule übrigens, die heutzutage in Russland wieder erheblichen Einfluss zu gewinnen vermochte, da viele politische Richtungen die Gegenüberstellung von Russland und Europa zu ihrer Maxime und propagandistischen Losung gemacht haben. Gerade die »Nationalpatrioten«, wie sie sich nennen, setzen die Geopolitik IWANS DES SCHRECKLICHEN konsequent fort. Denn wie er brauchen sie die ungeheuren Weiten Sibiriens als Rückenstärkung für ihre Frontstellung gegen Europa.

Genau wie IWAN DER SCHRECKLICHE bei aller Verbohrtheit wusste, dass er lediglich die Sache seiner Vorgänger, die Sache Moskaus, die antikatholische, westfeindliche Strategie IWANS III. vorantrieb, sind sich die derzeitigen Eurasier vollauf bewusst, den Faktor Sibirien in ihren Theorien und ihrem ideologischen Rüstzeug einzig zur Bedrohung des gleichen tausendjährigen Erbfeinds zu nutzen. Hierin liegt der eigentliche Sinn des Eurasiertums. Dabei gibt es aber auch eine andere Parallele.

Wenn IWAN DER SCHRECKLICHE gegen die katholische Welt in den Krieg zog, glaubte er eine Gruppe von Verbündeten ansprechen zu dürfen, von der IWAN III. nicht einmal träumen konnte. Denn in der Zwischenzeit hatte ein Mann namens MARTIN LUTHER gelebt und gewirkt, und das hatte die gesamte Situation – nicht nur die ideologische, sondern auch die geopolitische – von Grund auf verändert. Denn durfte Moskau jetzt nicht auf Bündnispartner im Norden Europas hoffen? Ebenso können die heutigen Nationalpatrioten nicht nur auf eine lange Reihe großrussischer Aggressionswellen in der Zarenzeit zurückblicken, die ganz der Ideologie der künftigen Eurasier entsprachen, sondern auch auf die Tätigkeit von scheinbar ganz anderen Männern, die KARL MARX, WLADIMIR LENIN und IOSSIF STALIN hießen. Denn man kann die geographische Umbildung Russlands nur im Zusammenhang mit dem Wechsel der geopolitischen Zielsetzungen verstehen, die stets mit ideologischen Neufärbungen einhergingen. So kam es bald nach dem Tode IWANS DES SCHRECKLICHEN zu einer Zeit großer Wirren, in der ein wahrscheinlich in Litauen erzogener junger Mann, der FALSCHE DEMETRIUS, den Moskauer Thron bestieg und daranging, den russischen Städten und Provinzen ihre alte Freiheit und Eigenständigkeit wiederzugeben; nach seinem Sturz und einigen missglückten Versuchen seiner Gesinnungsgenossen unternahm Polen einen gewagten, und letzten Endes verhängnisvollen, Schritt: Ein polnischer König aus dem HAUSE WASA nistete sich im Moskauer Kreml ein. Dabei waren zwei geographische Fakten übersehen worden: die Tiefe des russischen Hinterlandes und die endgültige Auflösung des natürlichen Pufferstaates Litauen. Aus den Tiefen Russlands, von der Wolga her, zog ein mächtiges, kampfentschlossenes Heer auf das besetzte Moskau zu, während dort, wo einst das europäischste aller europäischen Länder gelegen hatte, die polnischen Reserven mit einer hasserfüllten russischen Urbevölkerung aufeinanderstießen. Die Polen wurden nicht bloß zurückgeworfen, sie waren nunmehr entscheidend geschwächt, und russische Geopolitik zielte seitdem beständig auf die Vernichtung dieses Staates ab, der die Ausbreitung nach Europa, die Teilnahme am europäischen Geschehen behinderte. Schon im Dreißigjährigen Krieg war Russland eng mit Schweden verbündet, um die Jahrhundertmitte wechselte ein Großteil der Ukraine zu Moskau über, im Nordischen Krieg zu Beginn des 18. Jahrhunderts wurde Polen immer wieder stark in Mitleidenschaft gezogen, und seit 1772 kam es zu den drei Aufteilungen des Landes, bei denen Russland stets eine tonangebende Rolle spielte.

Doch mit der Vernichtung des Staates waren weder die geopolitischen Probleme noch die ideologischen Widersprüche abgetan. Im 19. Jahrhundert entbrannten im russischen Teil Polens immer wieder Aufstände, und ihre brutale Niederschlagung brachte der russischen Staatsgewalt Hass und Verachtung im ganzen Westen ein, wo jetzt nicht nur Freiheitsschwärmer von Russland als einem »Gendarm Europas« sprachen.

Inzwischen entstand jedoch auch die slawophile Bewegung, deren antipolnische Geisteshaltung andere Ausgangspunkte hatte. Die Slawophilen waren im Grunde frustrierte Europäer. IWAN KIREJEWSKI, der erste Philosoph der Bewegung, der Schüler und Freund SCHELLINGS, hatte nach seiner Rückkehr aus Deutschland eine Zeitschrift »Der Europäer« gegründet, die aber von der Regierung sofort verboten wurde. Wie groß war nun seine Enttäuschung, als sich im Westen, wo noch vor kurzem der Polenaufstand solche Begeisterungsstürme hervorgerufen hatte, kein Finger rührte, um ein russisches Bekenntnis zu Europa zu verteidigen. Das Unverständnis des Bildungsspießbürgers für Russlands Geistigkeit führte zum Wiedererwachen des russischen Messianismus. Und so kam es, dass gerade die Slawophilen die entschiedensten Polenfeinde wurden.

Erstens hielt hier nach wie vor ein slawisches Volk standhaft zum Katholizismus, zweitens untergrub dieses Volk Russlands traditionelle Geopolitik, und schließlich machte die Sympathie für die unterdrückten Polen den Westen blind und taub für die Botschaften des russischen Geistes, die der ganzen Welt neue Werte bringen und neue Wege eröffnen sollten.

Bei den späteren Slawophilen spitzte sich diese Feindschaft nur noch zu, obwohl die Hauptlinien ihrer Propaganda schon in eine andere Richtung wiesen.

Bereits seit PETERS DES GROßEN Zeiten nämlich, nein, sogar seit den Bemühungen seines von ibm verleugneten Vorgängers WASSILI GOLIZYN, der entsprechende Verträge mit dem Wiener Hof, Polen und Venedig abgeschlossen hatte, galt Russlands geopolitisches Augenmerk dem gigantischen Osmanischen Reich, seinen weitgreifenden Ausläufern und dem Nachbarn Persien. Im 18. und in der ersten Hälfte des 19. Jahrhunderts waren die Pausen zwischen den Russisch-Türkischen Kriegen sehr selten und kurz. So konnte sich Russland die Krim, die Südwestukraine, Bessarabien, die Länder zweier uralter Christenvölker, der Georgier und der Armenier, wie auch den gesamten Vorkaukasus angliedern und jahrzehntelang mit den kriegsgeübten Einheimischen um die nordkaukasischen Berge ringen. Im Bewusstsein der gebildeten Russen, bei den Denkern der Aufklärung und den Dichtern der Romantik, nahmen diese Kämpfe ganz andere Farben und Formen an als die Ereignisse in Polen. Obgleich man oft für die Freiheitsliebe der unverdorbenen Naturvölker schwärmte, war doch der russische Soldat und Feldherr, der in diesen wilden Gegenden sein Leben für das zivilisationstragende Russland einsetzte, für alle – für die Lobsänger der Großen KATHARINA und für die verbannten revolutionären Dekabristen, für die Nationaldichter PUSCHKIN und LERMONTOW und für die Autoren halbphantastischer Abenteuerromane – ein echter Held. Es war eine Geopolitik, die sich auf eine breite Zustimmung in der russischen Gesellschaft stützte. Dann aber kam der Krimkrieg von 1853-1856.

Wie hoch von der patriotischen Propaganda auch die standhafte Verteidigung Sewastopols gepriesen wurde, war die Niederlage Russlands in diesem Krieg derart eindeutig und die Schuld der Regierung und persönlich des Zaren NIKOLAUS I. an den Versäunnissen und Selbsttäuschungen derart offensichtlich, dass eine mächtige Bewegung in allen Schichten der Nation tiefgreifende Reformen zu fordern begann, was übrigens ganz den Bestrebungen des neuen Zaren ALEXANDER II. entsprach. Doch in den Regierungsjahren ALEXANDERS II. und in der Folgezeit setzte sich Russland mit aller Macht für die slawischen Balkanvölker ein, die um ihre Loslösung von osmanischer Herrschaft kämpften. Alle diese Völker erlangten die Unabhängigkeit, wenn zum Teil auch nicht unter der Schirmherrschaft Russlands, sondern der Habsburger Monarchie. Auf dem Balkan trat keine Ruhe ein, doch der geographische Einflussraum Russlands schien gefestigt.

Zeitgleich mit den Balkanzügen baute das Zarenreich auch seine Machtstellung im moslemischen Mittelasien aus, wo bald ein Russisch-Turkestan entstand, das größer war als ganz Afghanistan.

Vor dem Hintergrund all dieser frappanten, oft explosiven Vorgänge verlief die allmähliche Verwirklichung eines anderen geopolitischen Erbes PETERS DES GROSSEN in stufenweiser, fast mathematischer Folgerichtigkeit. Schon zu Beginn des Nordischen Krieges besetzte PETER den östlichen Teil Estlands und Lettlands, 1710 eroberte er Riga und Reval, und die deutschen Feudalherren und Stadtbürger, die hier seit langem die Wirtschaft dirigierten, wurden ohne Widerspruch treue russische Untertanen. Zum Abschluss dieses Krieges erstreckte sich PETERS Macht auch schon auf Karelien und Vyborg. In drei weiteren, kleineren Kriegen des 18. Jahrhunderts, die in Europa kaum beachtet wurden, errang Russland die Herrschaft über ganz Finnland. Damit waren die geopolitischen Pläne des Zarenhauses auch in dieser Region abgeschlossen.

Bis zum Ersten Weltkrieg, ja eigentlich bis zum Oktoberumsturz von 1917, blieb die Geographie des gewaltigen Landes, das ungefähr ein Sechstel der Erdoberfläche einnahm, so gut wie unverändert.

Nach der bolschewistischen Revolution aber hätte dieses Sechstel der Erde die allerverschiedensten Schicksale, Wandlungen und Entwicklungen erfahren können. Es war ein Augenblick der hundert Möglichkeiten.

Nur die eine Variante war gewiss undenkbar: dass die Prophezeiung der Bolschewiken in Erfüllung gehe und, begeistert vom russischen Beispiel, die Arbeiter, Bauern und Soldaten aller Länder eine Weltrevolution entfachen würden. Aber als reine Losung verstärkte diese Verheißung die Kampfkraft der Roten Truppen, und viele schwärmten damals tatsächlich von einer vereinigten Menschheit.

In Wirklichkeit trat das Gegenteil ein: Innerhalb Russlands nutzten die verschiedensten Völker und Völkerschaften diesen günstigen Moment, um ihre Unabhängigkeit und Eigenstaatlichkeit zu proklamieren. Die Georgier und die Finnen, die Ukrainer und die Armenier, die Polen und die Letten riefen eigene bürgerlich-liberale Republiken aus. In den bewaffneten Wirren, die bald das ganze Land erfassten, ging es keineswegs allein um die Frage, wer in Petrograd oder Moskau herrschen würde und welche Sozialordnung von den Zentralgewalten aufgebaut werden sollte – es ging vor allem um den Bestand des Reiches, um seine ethnische Zusammensetzung, um seine geographischen Grenzen. Diese Frage war aber zusätzlich durch einen sehr empfindlichen Faktor kompliziert worden: Auch mehrere rein russische Regionen, in denen sich eine eigene Kultur, eine eigene Lebensweise, eine eigene Wirtschaft entwickelt hatten, wollten die ewige Bevormundung aus dem Zentrum abschütteln und zumindest eine autonome, wenn nicht eine völlig selbständige Verwaltung einführen, eigenen Gesetzen folgen, eine eigene Rolle in der Welt spielen. Hier taten sich in erster Linie Sibirien und sein Grenzgebiet, der Ural, hervor, wo es seit jeher eine freie, von Bauern betriebene Landwirtschaft gab, wo der Reichtum an Bodenschätzen ein jahrhundertelanges stetiges Wachstum der Industrie sicherte, wo die einheimische Intelligenzija auf eine ungemein rege geistige Bewegung mit ausgesprochen regionaler Identität stolz sein durfte. Im Laufe der Schlachten gelang es den roten Heeren jedoch, sowohl die jenseits der Wolga und des Urals operierenden weißen Truppen zu schlagen, deren Wahlspruch paradoxerweise »*Russland einig und unteilbar!*« lautete, als auch nach langen Kämpfen und Intrigen die sibirischen Regionalisten zu verdrängen, die das Gros der alteingesessenen Bevölkerung, von Omsk bis hin zum Stillen Ozean, hinter sich wussten. Der Traum von einem freien Sibirien, den bereits mehrere Generationen geträumt hatten, wurde diesmal auf grausamste Weise enttäuscht.

Weit weniger eindeutig waren dagegen die Erfolge der Roten Armee bei der Unterdrückung nichtrussischer Völker. Erst seit einem Jahr waren die Kämpfe um Mittelrussland beendet, als das georgische Tbilisi, das aserbaidschanische Baku und das armenische Jerewan den Sturmtrupps der Bolschewiken in die Hände fielen, gleichzeitig wurde in Wolhynien und Podolien der letzte Widerstand ukrainischer Nationalisten gebrochen. Doch der mit großem Jubel angekündigte Marsch auf Warschau mißlang völlig, an der Weichsel wurden die besten Kräfte der vermeintlichen Befreier Europas vernichtend geschlagen, auch im Baltikum konnten sich die sogenannten »lettischen roten Schützen« nicht durchsetzen, und um Finnland wurde schon nicht mehr ernsthaft gekämpft.

Immerhin sah das geographische Bild der Ende 1922 gegründeten Sowjetunion dem altgewohnten des Zarenreiches noch ähnlich genug, so dass man weiterhin von einem Sechstel der Erdoberfläche sprechen konnte.

Dann kam STALIN an die Macht.

Es war von Anfang an offensichtlich, dass dieser Führer der kommunistischen Weltbewegung nicht mehr an den von MARX verheißenen Aufstand der proletarischen Massen glaubte, besonders, nachdem die Weltwirtschaftskrise trotz allen Propagandabemühungen friedlich abgelaufen war, dass er deshalb auf die Errichtung eines eigenen Imperiums mit purer Waffengewalt ausging. Es trat eine Wende ein, die in seiner plötzlich betont chauvinistischen Propaganda klar zutage trat, aber von den meisten Zeitgenossen dennoch lange nicht erkannt, oder richtiger, nicht geglaubt wurde. Erst später sollten alle Zweifel schwinden: Er hatte eine verwandte Seele in HITLER entdeckt und hoffte, mit diesem die Welt aufteilen zu können. Um im voraus jeden Widerstand im eigenen Lande zu brechen, entfesselte er seit etwa 1936 einen nie dagewesenen Terror, der wahllos Millionen und Abermillionen von Menschen traf. Nachdem er den Pakt mit HITLER geschlossen hatte, suchte er bezeichnenderweise in erster Linie die alten Länder des Zarenreiches wiederzugewinnen. Entsprechend den Vereinbarungen erhielt er ein wenn auch anders gelegenes Territorium Polens, diesmal ohne die Hauptstadt Warschau, und im nächsten Sommer konnte er sich die drei Staaten des Baltikums als sowjetische Unionsrepubliken wieder aneignen. Doch dazwischen lag ein schmählich verlorener Winterfeldzug, in dem das kleine Finnland der gewaltigen Sowjetunion Trotz geboten hatte. Es ist sehr wahrscheinlich, dass die hierbei bloßgelegten Schwächen HITLER zu seinem Überfall im Juni 1941 mit verleiteten.

Das europäische Imperium, das STALIN nach dem Sieg im Zweiten Weltkrieg aufbaute und das sogar durch den Ausschluss Jugoslawiens im Jahre 1948 kaum geschwächt schien, war nur mit den größten Staatengebilden in Jahrtausenden europäischer Geschichte zu vergleichen. Doch innerlich fehlte ihm jene Lebenskraft, die aus einem natürlichen Wachstum entsteht. Das zeigten nicht nur Ereignisse wie die in Ostberlin 1953 oder in Budapest 1956. Das zeigte die gesamte Atmosphäre, die zunehmend auch Russland selbst beeinflusste.

STALINS Nachfolger verlegten sich deshalb auf eine neue Art »Weltrevolution«, auf einen Eroberungszug in der Dritten Welt, der die Union der Sozialistischen Sowjetrepubliken nach und nach zur größten Kolonialmacht des Zeitalters werden ließ. Alle kommunistisch regierten Länder außerhalb Europas – und ihre Zahl stieg damals zusehends – waren (mit Ausnahme von China) ideologisch und wirtschaftlich, vor allem aber militärtechnisch, vollkommen von Moskau abhängig, und sie zahlten für sämtliche Leistungen mit traditionellen Kolonialwaren. Doch sollte gerade die dutzendfach bewährte Methode der sowjetischen Kolonialeroberung, nämlich durch Machtergreifung ideologisch beeinflusster und geschulter Eingeborener, schließlich dem ganzen uralten Reich zum Verhängnis werden.

Als im April 1978 eine Verschwörung in der afghanischen Hauptstadt Kabul eine prosowjetische Diktatur einleitete, wurde das in der äußeren Welt verhältnismäßig wenig beachtet. Indes kam es bald darauf zu Streitigkeiten unter den neuen Machthabern, und einer wurde getötet. Da unternahm die Moskauer Führung einen Schritt mit fatalen Folgen, die allerdings kaum vorauszusehen waren. Sie schickte ihre Truppen nach Afghanistan, doch stießen diese auf erbitterten Widerstand und mussten eine Niederlage nach der anderen hinnehmen. Nicht nur das Prestige der Armee war damit entscheidend untergraben – je länger der glücklose Krieg andauerte, desto tiefer sank das Ansehen eines Staates, der sich stets als Weltmacht dargestellt hatte und sich jetzt als Koloss auf wackeligen Füßen erwies. Das war einer der wichtigsten Gründe, warum es zwangsläufig zu GORBATSCHOWS Reformversuchen in der zweiten Hälfte der achtziger Jahre kommen musste. Aber auch diese Versuche konnten den Zerfallprozess psychologisch nicht mehr aufhalten, und trotz allen Bemühungen der Zentralmacht und der zornentbrannten Nationalpatrioten löste sich das in so vielen Jahrhunderten entstandene Riesenreich jählings auf. Kein Zweifel: Es handelte sich dabei um eine grundlegende Umwälzung in der gesamten Geographie der Zivilisationen und der historischen Kräfte. Und deshalb tauchte unweigerlich die Frage auf, welche kurz- und langfristigen Folgen dieses Ereignis für das russische Volk, für seine Nachbarn, für Europa, für die Welt als Ganzes haben konnte.

In Russland ist viel darüber nachgedacht, geschrieben und diskutiert worden.

Meiner Ansicht nach kann man die verschiedenen Standpunkte und Urteile in fünf Gruppen, in fünf allgemeine Richtungen einteilen.

Da sind zunächst die kornmunistisch-nationalchauvinistischen Revancheprediger, die im Zusammenbruch des Sowjetimperiums nichts als ein Ergebnis westlicher Intrigen und Propagandaeinwirkungen sehen wollen, wie sie schon seit jeher auf teuflische Weise gegen Russlands welthistorische Mission angewandt werden. Für diese Leute besteht der einzige mögliche Ausweg aus der heutigen Situation in der Wiederherstellung der Sowjetunion im vollen Umfang, mit allen Mitteln und um jeden Preis. Sie glauben, dabei den Umstand nutzen zu können, dass sich die Wirtschafts- und Finanzlage in den einstigen Sowjetrepubliken – die drei baltischen Länder ausgenommen – unzweideutig verschlechtert hat, ja meist katastrophaler ist als selbst in Russland. Diesen Faktor halten sie für weit schwerwiegender als die Nationalgefühle und geschichtlichen Traditionen aller Völker außer dem russischen.

In einem bestimmten Sinn gehen auch die Vertreter einer zweiten Richtung von der trostlosen ökonomischen Lage aus, nur denken sie dabei nicht an eine mystische Berufung des Russentums, sondern an Dankesschuld und Undankbarkeit. Denn zu Sowjetzeiten spöttelten sie mit einigem Grund über die sogenannte »umgekehrte Kolonisation«, da die privilegierten Schichten der Randrepubliken rechtlich und wirtschaftlich augenfällige Vorteile gegenüber den etwa gleichrangigen Russen genossen und oft beträchtliche Reichtümer anhäufen konnten, wie sie im sowjetischen Russland kaum denkbar gewesen wären. Das wurde als Zeichen der Opferbereitschaft und Uneigennützigkeit des »älteren Bruders« gewertet, dem die anderen zu entsprechendem Dank verpflichtet wären. Und wenn sie sich jetzt ehrvergessen von ihm losgesagt hatten, so waren sie selbst an ihrem Elend schuld. Ihre einzig mögliche Rettung vor Hunger und Verwüstung lag also in der freiwilligen Rückkehr zum Bruderbund.

Von ganz anderen Prämissen ging und geht eine dritte Richtung aus, die den Abfall der fremdstämmigen Völker als gesetzmäßig ansieht. Bereits Monate vor der offiziellen Auflösung der Sowjetunion veröffentlichte kein Geringerer als SOLSHENIZYN einen Aufruf besonderer Art, in dem er den Zusammenhalt der slawischen Völkergruppen als gemeinsamen Rettungsanker bei der geopolitisch, wirtschaftlich und kulturell notwendigen, historisch unausbleiblichen Zersplitterung des Imperiums pries. Dabei verwies er auf nicht wenige Gründe, die eine Assoziation Russlands, der Ukraine, Weißrusslands und des russischsprachigen Nordkasachstans auch tatsächlich vernünftig erscheinen ließen. Doch berücksichtigte er nicht das emotionelle und psychopolitische Erbe jahrhundertelang geteilter Völker – vor allem galt das für die Ukraine. Er, der die islamischen, die römisch-katholischen und die evangelischen Völker Mittelasiens und des Baltikums, aber auch die von fundamentalistischen Mosiems eingekreisten altchristlichen Armenier und Georgier gern aus der Union, diesem Völkergefängnis, entlassen wollte, konnte nicht einsehen, dass die griechisch-katholischen Galizier, denen der Bund mit Russland ein Gräuel war, und die orthodoxen, meist aber ungläubigen Ostukrainer, unter denen das Russische als Muttersprache vorherrschte, als einiges Volk mit durchaus eigenständiger Kultur und Staatlichkeit, mit ausgeprägtem Identitätsbewusstsein auftraten. Und das war entscheidend. Die in mancher Hinsicht sehr eindrucksvollen Thesen des berühmten Schriftstellers gerieten in eklatanten Widerspruch zu diesen und ähnlichen Tatsachen, und deshalb blieb die Zahl seiner aktiven Anhänger äußerst gering. Sein Aufruf verklang ins Leere.

Eine vierte Gedankenrichtung kann als Absage nicht nur an die Großmachtidee imperialer Prägung, sondern auch an das Ideal des großen Staates überhaupt betrachtet werden, als Absage an eine Vorstellung also, die für die russische Volkspsyche seit Jahrhunderten eine Selbstverständlichkeit war. Als Vertreter dieser Richtung ist der Philosoph und Politologe NIKOLAI ROSOW zu nennen. Die Zeit der Eroberungen und Erweiterungen, wird von ihm und Gleichgesinnten hervorgehoben, ist durch die objektiven politischen, geopolitischen und geographischen Gegebenheiten von einer neuen Zeit der Schrumpfung und Teilung abgelöst worden, und das kann, wenn es die Nationalpatrioten und Kommunisten auch nicht wahrhaben wollen, ganz bestimmte Vorteile bringen. Die strategische Entscheidung, die Russland jetzt treffen sollte, besteht darin, sich der gewandelten geopolitischen und geographischen Lage nüchtern bewusst zu werden, sich im Verlauf der kommenden Jahrzehnte um einen festen Platz an der Peripherie Europas zu bemühen und ihn zu nutzen. Allein so könnte Russland seine Wirtschaft sanieren und stabilisieren. Man ist an Japan erinnert, das nach dem Verlust aller seiner äußeren Territorien im Zweiten Weltkrieg eine Epoche nie dagewesenen Aufschwungs erlebte. ROSOW fasst denn auch sein Programm mit den Worten zusammen: »*Durch Demut zur Blüte.*«[30]

Eine fünfte Richtung, und vielleicht die zukunftsträchtigste, stellt der Regionalismus dar. Ich möchte betonen, dass sich diese Strömung in den letzten zwanzig Jahren ihrem Sinn und Ziel nach weitgehend gewandelt hat. Als ich am Ende der siebziger Jahre in mehreren Samisdat-Schriften und später in veröffentlichten Büchern und Aufsätzen für die politische und kulturelle Selbständigkeit der Provinzen eintrat, meinte ich einzig und allein die Befreiung von der Zwingherrschaft des Moskauer Absolutismus, der das riesige Land aller Kräfte beraubte und ihm unersetzliche menschliche, geistige, ökologische und sonstige Verluste zufügte. Nicht von ungefähr erinnerte ich damals immer wieder an die höchsten Blütezeiten der Weltkultur, die ja gerade staatlich geteilten Nationen zu verdanken waren: dem klassischen Hellas, dem Italien der Renaissance, dem Deutschland der Dichter und Denker … Doch seitdem haben sich die Möglichkeiten, Zielsetzungen und Aufgaben des Regionalismus angesichts der katastrophalen allgemeinen Situation, in die Russland geraten ist, ganz erheblich erweitert. Um nur einige Beispiele zu nennen: Falls in Moskau die extremistischen Gruppen der Nationalisten und Kommunisten nach einer realen Machtergreifung die abgefallenen Randrepubliken und darüber hinaus Europa bedrohen würden, könnte das Volk Sibiriens, für das ja die Größe des Imperiums, und vor allem seine Ausdehnung nach Westen, längst nicht mehr die Hauptquelle des Nationalstolzes ist, ein vielleicht entscheidendes Gegengewicht bilden; im Fall einer Wiederherstellung der zentralistischen Wirtschaftsdiktatur würden alle Regionen östlich der Wolga höchstwahrscheinlich den freien Handel und damit die marktwirtschaftlichen Reformen beibehalten und verteidigen wollen; falls die so oft erwähnte und tatsächlich zunehmende Gefahr eines islamisch-fundamentalistischen Vorstoßes über die früheren mittelasiatischen Sowjetrepubliken eines Tages Wirklichkeit werden sollte, wäre der Massenwiderstand der örtlichen Bevölkerungen unvergleichbar mit der Abwehrkraft des sogenannten Moskauer Bataillons, das heutzutage mit Mühe für den harten Dienst an der Grenze zwischen den beiden Welten mobilisiert wird; die kolossalen Naturreichtümer Sibiriens, des Urals und des Fernen Ostens würden von einheimischen Regierungen weit besser geschützt werden, und Katastrophen wie die, die sich heute rings um das Weltwunder des Baikalsees abspielen, würde es nicht mehr geben; doch wollen all diese Beispiele keineswegs besagen, dass nicht nach wie vor die psychopolitische, kulturelle und geistige Unabhängigkeit der Regionen den historischen Hauptfaktor bilden müsste, der die derzeitige tragische Heimsuchung der russischen Intelligenz aufwiegen und mit der Zeit überwinden helfen könnte. Die besondere, eigenartige Geographie Russlands – einst als fester Wall Europas, dann als kraftstrotzendes, sich nach allen Himmelsrichtungen ausbreitendes geopolitisches Phänomen, als kontinentevereinigendes größtes Staatsterritorium der Welt, als Supermacht mit messianischem Anspruch – diese Geographie war seit eh und je ausschlaggebend für das nationale Selbstgefühl und Identitätsbewusstsein der Russen. Demgemäß musste der abrupten Auflösung des gewohnten Staatswesens eine tiefgehende Verunsicherung in bezug auf die eigene Position in der Menschheit entspringen, was bei einem Teil des Volkes zu Überempfindlichkeit, zum hysterischen, aggressiven Selbstbehauptungswillen führte. Deshalb ist es heute so wichtig, ein nüchternes Empfinden für die neue geographische Situation zu entwickeln, den übertriebenen Stolz einer gefürchteten Staatsnation durch das stolze Bewusstsein einer allem zum Trotz wieder aufblühenden Kulturnation zu ersetzen. Den geeigneten Boden dafür würde indes gerade eine neue Geographie bieten, in der an die Stelle des zerrissenen Vielvölkerstaates das geistig einheitliche Vielstaatenvolk getreten wäre. Doch viel, sehr viel würde davon abhängen, in welchem Maße die Welt eine solche Entscheidung zu ehren wüsste.

(15.03.1999)

Bewältigt Russland seine Vergangenheit?

»Vergangenheitsbewältigung« – ein Begriff, der in unserem Jahrhundert schwerwiegende Bedeutung erlangt hat, ein Begriff, den die Politik und die Publizistik, die Literatur und die Geschichtsphilosophie auch ins nächste Jahrtausend mitnehmen müssen. Insbesondere gilt das für Deutschland und für Russland. Denn für diese Länder handelt es sich um ein Schlüsselproblem.

Dabei ist der Fall Russland der unvergleichlich kompliziertere von beiden. Nicht nur, weil hier die grauenerregende Vergangenheit eine fast siebzigjährige Zeitspanne umfasste, die zudem in drei unterschiedliche Etappen zerfiel – Bolschewismus, Stalinismus, Poststalinismus, von denen eine jede wiederum mehrere belangvolle Wendungen und Windungen aufwies. Noch bedeutsamer für die Volkspsyche war, dass sich das äußere Schicksal und damit das Lebensgefühl so gut wie aller Generationen in dieser langen Zeit trotz der ideologischen Verkalkung und Gleichschaltung doch weitgehend unähnlich gestaltete.

Vergangenheitsbewältigung hieß daher Bewältigung einer ganzen Reihe von Vergangenheiten, die dennoch untrennbar miteinander verknüpft blieben. Das Ganze gestaltete sich zu einem Prozess, der auf mehreren Ebenen vor sich ging.

Erste Voraussetzung war stets die unmittelbare Aufdeckung von Tatsachen, die das unmenschliche Wesen der Diktatur in grellem Licht erscheinen ließen. Im ersten der drei Zyklen, dem bolschewistischen, war das eine im Grunde nicht gerade schwere Aufgabe. Denn die bolschewistische Propaganda selbst, die sich an die sadistischen Triebe der Massen, oder richtiger, des Pöbels wandte, demonstrierte in den frühen Jahren betont den terroristischen Charakter des eigenen Regimes, das ja eben die Vernichtung der sogenannten Ausbeuterklassen im Auge hatte. Bereits 1918 beispielsweise zählte eine Zeitung, die sich vielsagend »Der Rote Terror« nannte, die auszurottenden Klassen auf: Neben dem Adel, der Bourgeoisie und der Geistlichkeit waren es vor allem die Gebildeten, soweit sie sich nicht selbst dem Bolschewismus verschrieben hatten. Zugleich lösten die Zwangsrequisitionen von Getreide und Saatgut in vielen Gebieten Hungersnot auf Hungersnot aus.

Als sich um 1922 die Terrorwellen legten, die sogenannte Neue Ökonomische Politik den Verzicht auf Zwangseintreibungen brachte und eine gewisse Meinungsfreiheit gewährt wurde, kam es erstaunlicherweise schon zu einem ersten Versuch der Vergangenheitsbewältigung, allerdings von seiten naiver Menschen. Denn wie anders lässt sich erklären, was damals in bestimmten Kreisen der über die Welt verstreuten Emigranten, die sich gerade mit Mühe und Not

(028) Bewältigt Russland seine Vergangenheit?

vor dem Terror gerettet hatten, und einigen Gruppen ihrer Freunde innerhalb des Landes vor sich ging? Es entstand nämlich eine Bewegung, die sich »Wechsel der Wegzeichen«, auf russisch »smenowechowstwo«, nannte und eine Versöhnung mit dem Bolschewismus propagierte, da einzig die neue Moskauer Regierung das imperiale Erbe Russlands vollgültig verwalten könne. Es ging so weit, dass man für die Rückkehr aller Emigranten in die Heimat eintrat, als wäre nichts geschehen, als wären die Opfer des »Kriegskommunismus«, wie die Bolschewiken die vorangegangene Periode nannten, der massenhaften Morde und des Hungers von nun an für immer vergessen. Nein, diese kaum vergangene Zeit konnte natürlich unmöglich vergessen sein, aber man wollte sie eben »bewältigt« haben.

Selbstverständlich handelte es sich dabei um eine zahlenmäßig geringe, wenn auch geräuschvolle Strömung im Wirbel der Emigration, aber immerhin beeinflusste sie manche dafür ansprechbare Geister beiderseits der Grenzen. Um hier nur einige renommierte Schriftsteller zu nennen, die sich auf diese Weise beirren ließen: ANDREJ BELY wie auch ALEXEJ N. TOLSTOI wussten sehr wohl, was in der Bürgerkriegsjahren und unmittelbar danach geschehen war, dennoch entschlossen sich beide zur Rückkehr. Während ALEXEJ TOLSTOI nunmehr in Romanen und Novellen die Ungeheuerlichkeiten jener Zeit zunehmend vertuschte, stellten daheimgebliebene Schriftsteller wie ISAAK BABEL oder BORIS PILNJAK zwar die Brutalität der sogenannten Freiheitskämpfer realistisch genug dar, betonten aber trotzdem den angeblich volkstümlichen Charakter und die historische Notwendigkeit der Revolution. Damit trugen sie, jeder auf seine Art, zur moralischen Aufwertung und psychopolitischen Rechtfertigung der Gräuel bei.

Eine solche »Vergangenheitsbewältigung« musste sich rächen. ANDREJ BELY, der alsbald starb, geriet für längere Zeit in Vergessenheit; ALEXEJ TOLSTOI erniedrigte sich zum Liebediener und Lobsänger STALINS; ISAAK BABEL und BORIS PILNJAK dagegen wurden während des großen Terrors von 1937-38 verhaftet und erschossen.

Mit der Machtergreifung STALINS um 1927-28 begann indes jenes Nonplusultra des Schreckens, das die Sowjetzeit als Ganzes zu einer der finstersten Epochen der Menschheitsgeschichte machte. Und wenn man heute von Vergangenheitsbewältigung spricht, so meint man gewiss vor allem den Stalinismus.

Sobald STALIN in Partei und Staat die Zügel fest in der Hand hatte, tat er seinen ersten unheilschweren Schritt: Er setzte der Neuen Ökonomischen Politik, die seinerzeit zur Rettung vor Hungersnot und Verwüstung eingeführt worden war, ein jähes Ende. Gewöhnlich heißt es, er hätte statt der Marktwirtschaft die Planwirtschaft eingeführt, doch ist eine solche Erklärung unzureichend. Denn er verfolgte unbarmherzig jeden eigenständigen Gedanken, jede eigenständige Handlung im Wirtschaftsleben; nichts durfte nunmehr ohne ausdrücklichen Befehl von oben geschehen. Es wäre also treffender zu sagen: An die Stelle der Initiativwirtschaft trat die Kommandowirtschaft.

Doch ging es nicht bloß um ein allgemeines Prinzip, tausendmal unmenschlicher war seine konkrete Ausführung. Am krassesten trat dies auf dem Lande zutage. Zwar hatte die russische Bauernschaft zur Zeit des Kriegskommunismus ebenso, wenn auch auf andere Weise, gelitten wie die sogenannten »Ausbeuter«, die Großgrundbesitzer, doch seitdem war es vielen dank unermüdlichen Fleißes und geschickter Wirtschaftsführung gelungen, einen gewissen Wohlstand zu erlangen. Jetzt wurden diese Tüchtigen, die den Neid der Dorfgenossen hervorriefen, als eine neue »Ausbeuterklasse« beschimpft, enteignet und mit Frauen und Kindern in entfernte, unfruchtbare Gegenden des Riesenlandes verbannt, während die trotz der Gunst dieser Jahre Armgebliebenen in Kollektivwirtschaften, sogenannten Kolchosen, unterkamen oder in die Städte abwanderten. Zweifellos war eine derartige massenhafte Enteignung von Bauern ein Vorgang, der in der Weltgeschichte seinesgleichen sucht, und in der moralischen und sozialpsychologischen Entwicklung des russischen Volkes hing dann viel davon ab, welche Erinnerungen an jene Zeit und ihre Verbrechen lebendig blieben und wie eine solche Vergangenheit bewältigt werden konnte.

Zunächst soll hier betont werden, dass der in diesem Zusammenhang bei deutschen Autoren übliche Begriff »Zwangskollektivierung«, der im Russischen kaum je gebraucht wird, seinem Sinn nach nicht unanfechtbar ist, denn es gab in der Landbevölkerung nicht wenige Unternehmungs- und Arbeitsscheue, nicht wenige von der Natur, von den Genen her Benachteiligte, die ihre eigene Unfähigkeit gerade in einem solchen Gemeinwesen verstecken zu können glaubten und das Schicksal der tüchtigeren Nachbarn mit offener oder verstohlener Schadenfreude sahen. Sie ließen sich ohne jeden Zwang »kollektivieren«. Doch ausschlaggebend für den fast ungestörten Ablauf dieses beispiellosen Feldzugs gegen den Kern der eigenen Bauernschaft waren dennoch zwei andere Faktoren: Einerseits der ständig drohende Terror von seiten der skrupellosen Staatsmacht, andererseits eine ungemein lautstarke, allgegenwärtige, keine Mittel scheuende Propaganda. Auch die in Russland seit eh und je so einflussreiche Literatur musste das Ihre zur Verteidigung, ja zur Verherrlichung der schlimmsten Ausschreitungen beitragen, und Schriftsteller wie SCHOLOCHOW oder PANFJOROW verfassten entsprechende umfangreiche Romanwerke. Es ist bezeichnend, dass sogar der spätere führende Antistalinist und Dissident in der Sowjetliteratur, ALEXANDER TWARDOWSKI, damals mit Versen begann, die STALINS sogenannte sozialistische Umgestaltung der Landwirtschaft verklärten.

Doch selbst in einer so bedrückenden, scheinbar hoffnungslosen Situation blieb Russlands geheime geistige Elite sich selber treu, und das verbürgte im Grunde schon einen künftigen teilweisen Umschwung in der Volkspsyche, eine künftige teilweise Bewältigung dieser schweren Vergangenheit, sei es auch erst nach mehreren Jahrzehnten. Wenn auch die Besten unter den Intellektuellen, die nicht schon zu Beginn der zwanziger Jahre emigriert waren, jetzt Opfer einer nie dagewesenen geistfeindlichen Kampagne wurden um jene Zeit kamen Männer wie FLORENSKI, LOSSEW, LICHATSCHOW, BACHTIN in Arbeitslager oder Verbannungsorte, wussten doch manche Erben des Silbernen Zeitalters unterzutauchen. Für sie war klar, dass die Stimme der entrechteten Bauernschaft Russlands trotz allem in den lyrischen und epischen Werken zumindest zweier bedeutender Dichter gültigen Ausdruck fand: NIKOLAI KLJUJEW und SERGEJ KLYTSCHKOW, die erst fünf Jahre später verhaftet und ermordet wurden, verwoben in ihrer Poesie ein tiefes, oft mystisches Naturgefühl mit dem Ethos des bäuerlichen Lebens und bäuerlichen Daseinssinns. Beide durften mit gutem Recht als echte Vertreter dieses damals noch bei weitem größeren Teils des russischen Volkes gelten, wurden aber zugleich auch als Fortsetzer des Silbernen Zeitalters in seiner höchsten künstlerischen Ausprägung verehrt. Sie selbst gehörten von Haus aus zur geistigen Elite, und unter den damaligen Bedingungen bedeutete das nicht nur ständige persönliche Gefährdung, Gefährdung des Lebens und der Freiheit, sondern vor allem auch die Unmöglichkeit jeglicher Verbreitung und Popularisierung ihrer Dichtungen. Wenn ihre Namen dennoch immer wieder genannt wurden, so zeugte das eben vom unbesiegbaren Idealismus und intensiven geistigen Erfüllungsbedürfnis russischer Intellektueller. Doch obwohl die stalinistische Umwühlung auf dem Lande eine neue katastrophale Hungersnot zur Folge hatte, die zwei Jahre 1932 und 1933 andauerte und verzweifelte Dorfbewohner wieder in die Städte, ja sogar bis ins Zentrum von Moskau trieb, wo sie halbtot in Hinterhöfen und Treppenaufgängen lagen, kam es zu keinerlei Empörungen; die staatliche Propaganda behielt, trotz ihrer offensichtlichen Verlogenheit, im Kampf um die Volkspsyche die Oberhand.

Sie verstand es nämlich, die Bilder der Verödung mit dem Glorienschein einer schöneren Zukunft zu umgeben. Zum Symbol der Hoffnung wurde nunmehr eine in den Ländern des »verfaulten Kapitalismus« seit langem bekannte Maschine erhoben – der Traktor. Der Traktor wurde als ein Wunder, ein von STALIN ausgehendes Wunder glorifiziert, das einzig dank der Kollektivierung auf den russischen Feldern Einzug halten konnte. In sämtlichen literarischen Darstellungen des neuen Kolchoslebens bildete die Minute, da vor Blicken der begeisterten Menge der Traktor erschien, den absoluten Höhepunkt, den Augenblick der Seligkeit. Als Garantie kommenden Glücks feierten denn auch Zeitungen, Bücher und Filme den Bau von drei gigantischen Traktorenwerken.

In der Nachkriegszeit wurde oft mit Verwunderung darauf hingewiesen, dass die deutschen Besatzer nirgends versucht hatten, die

Kolchose aufzulösen und die Gründung privater Bauernwirtschaften zu gewähren. Solche Bemerkungen zeigten indessen nur, dass man das Wesen des Nazismus, seine tiefgehende Verwandtschaft mit dem Stalinismus und seine spezifischen Ziele in diesem Krieg völlig verkannte. Zugleich zeugten sie aber vom Glauben an eine grundlegende psychische Wandlung in der Kolchosbauernschaft unter dem Druck des schweren Lebens der Vorkriegszeit, und dieser Glaube war ebenfalls verfehlt.

Eine wirkliche Rückbesinnung auf freiere Zeiten in der Geschichte des russischen Bauerntums, eine allmähliche Hinwendung zu westlichen Erfahrungen begann erst nach STALINS Tod. Und zwar war keineswegs CHRUSCHTSCHOWS berühmte Rede auf dem 20. Parteitag Ausgangspunkt dieses Wandels. CHRUSCHTSCHOWS denkwürdige Abrechnung mit dem STALIN-Regime betraf lediglich dessen zweite Periode, als nie dagewesene Massenverhaftungen- und hinrichtungen die Kommunistische Partei selbst, den Staatsapparat, die Armee trafen und ihre Handlungsfähigkeit untergruben. Was dagegen die vorangegangene Zeit der Bauernenteignungen und der Kollektivierung einerseits und der Unterdrückung jeglicher geistigen Eigenständigkeit andererseits anbelangte, so entsprach sie ja voll und ganz jener Monopolstellung der Partei und ihrer Ideologie, die nach CHRUSCHTSCHOWS Plänen auch weiterhin unantastbar bleiben sollte. Nein, die Bewältigung dieser Vergangenheit begann an anderer Stelle – in der Literatur.

Und es war ein bemerkenswerter Umstand, dass der Anstoß bald nach dem Tod des Diktators von einem Dichter kam, der einst in seinem Heimatort unmittelbarer Augenzeuge des sogenannten »großen Umbruchs« gewesen war, doch in den dreißiger Jahren dann mit Versen hervortrat, die diesen Umbruch verherrlichten und dafür sogar mit dem Stalinpreis ersten Ranges bedacht wurde. ALEXANDER TWARDOWSKI, schon seit 1950 Chefredakteur der führenden Literaturzeitschrift »Nowy mir« (»Die neue Welt«), musste diesen Posten 1954 aufgeben, weil er in einigen Artikeln die Grundlagen des Wirtschaftssystems angegriffen hatte, des stalinistischen Wirtschaftssystems, wie es sich seit jenem berüchtigten Umbruch im Laufe der vielbesungenen Fünfjahrpläne herausgebildet hatte. Nunmehr wandte sich TWARDOWSKI in seinen Versen und seiner Publizistik immer wieder an das Gewissen der Nation, die noch immer einem verlogenen Bild ihrer tragischen Vergangenheit verfallen war. Seine Hauptbemühungen indes galten der Literaturpolitik unterstützt von der zu neuem Leben erwachten Intelligenzija, verstand er es, den Sessel des Chefredakteurs seiner renommierten Zeitschrift zurückzugewinnen, und seitdem wurde sie im wahrsten Sinne des Wortes zur geistigen Totengräberin des Stalinismus. Hier erschienen so gut wie alle literarischen Werke, die damals mit dem verhängnisvollen Weg des Landes abrechneten, hier tauchten erstmalig Namen wie SOLSHENIZYN, wie MOSHAJEW,

(028) Bewältigt Russland seine Vergangenheit?

Astafjew, Dudinzew auf, hier forderte die geistige Elite sogar noch in der Breshnew-Zeit den Klüngel der ideologischen Dogmatiker heraus. Es unterliegt keinem Zweifel, dass es allein dem Einfluss dieser Zeitschrift zu verdanken war, wenn auch an anderen Stellen, in der Publizistik wie in der Belletristik, immer öfter ein grelles Licht auf die Anfänge der Stalin-Diktatur geworfen wurde.

In der Atmosphäre, die von Twardowskis Kreis ausging, bildete sich auch die eigenartige literarische Schule der »Dorfprosa« heraus wie sie von den Autoren selbst und von der Kritik mit bedeutungsvoller Betonung genannt wurde. Wenngleich ihre Vertreter oft sehr unterschiedlichen ideellen und politischen Richtungen das Wort redeten, waren sie sich doch einig in ihren Urteilen über Stalins verbrecherischen Raubzug gegen die mehr oder minder wohlhabenden Bauern; und manche ihrer Darstellungen erschütterten die Leserschaft derart, dass die jahrzehntelange offizielle Propaganda, wie es schien, jede Wirkung einbüßte. Doch gerade dadurch kam es zu einer Selbsttäuschung besonderer Art.

Russland wurde ja nicht umsonst als lesefreudigstes Land der Welt bezeichnet. Auch die Auflagen der »Dorfprosa« erreichten immense Höhen und waren trotzdem im Nu vergriffen. So entstand der Eindruck, dass es im ganzen Volk hinsichtlich jener Zeit des »großen Umbruchs« und demgemäß auch hinsichtlich der Kollektivwirtschaft als solcher nur eine Meinung geben konnte, eine durchweg negative. Man bemitleidete die Bauern, die nach wie vor gewaltsam in den Kolchosen festgehalten wurden, wo sie nicht von ungefähr als Sklaven der Kolchosvorsitzenden galten und zweifellos die ärmste Schicht der gesamten sowjetischen Bevölkerung bildeten. Nur wurde meist übersehen, dass die so bücherhungrige Leserschaft fast ausschließlich in den Städten zu Hause war. Als nun im Laufe der sogenannten Perestrojka Gorbatschows die Auflösung der längst unrentablen Kolchosen und die Gründung von privaten Farmen ermöglicht wurden, erwartete man allgemein, dass sich die Bauernschaft in ihrer Mehrzahl sofort voller Begeisterung der neuen Wirtschaftsform zuwenden würde, was zu einem Überfluss an den bisher so knappen landwirtschaftlichen Waren führen musste.

Doch die Gene, die der Kolchosbauer von seinen initiativelosen Großeltern geerbt hatte und die durch seine Erziehung zu einem unselbständigen Leben erst recht in ihm dominierten, ließen auch jetzt keinen Unternehmungsgeist in ihm aufkommen und er hatte ja zudem nichts von der berühmten »Dorfprosa« gelesen! Die Vergangenheitsbewältigung durch die so populären Schriftsteller hatte ja nur innerhalb der Städte gewirkt, und so war es eigentlich kein Wunder, dass die Idee der hochproduktiven Farmwirtschaft in erster Linie Städter anzog, die da glaubten, ihr Dasein auf diese Weise sinnvoller und wohlhabender gestalten zu können.

Überraschenderweise geschah jetzt etwas, das in mancher Hinsicht als Wiederholung der im Grunde unbewältigten Vergangenheit anzusehen war: Die Kolchosbauern empörten sich gegen die unerwünschte Konkurrenz. Mancherorts kam es sogar zu Ausschreitungen oder zu heimlichen Sabotageakten, denen die hoffnungsbeflügelten Pioniere einer freien Landwirtschaft nichts entgegenzusetzen wussten. Das war einer der entscheidenden Gründe, die den Beruf des Farmers in Russland nicht Fuß fassen ließen. Allerdings verwandelten sich die Kolchosen selbst zum großen Teil in eine besondere Art Privatunternehmen; doch da der einstige Vorsitzende, der sich jetzt nur anders nannte, nach wie vor eine beherrschende Stellung innehatte, änderten sich die Verhältnisse nach innen wie nach außen hin nur wenig.

Erstaunlicherweise liefert aber die »Dorfprosa« heutzutage kein gültiges Bild der Zustände auf dem Lande, vielleicht, weil die Schriftsteller angesichts ihrer Niederlage bei jener Vergangenheitsbewältigung glauben, in diesem Krisenstadium stumm bleiben zu müssen.

Ganz anders gestaltete sich die Entlarvung und Brandmarkung der zweiten Periode stalinistischer Verbrechen – und es ist nicht zu bestreiten, dass dabei die bereits erwähnte Parteitagsrede des neuen Führers CHRUSCHTSCHOW, wie oberflächlich sie auch gewesen sein mochte, von maßgeblicher Bedeutung war. Denn jedermann verstand, dass nunmehr wenigstens im Hinblick auf die Massenverhaftungen und Massenvernichtungen der dreißiger Jahre rückhaltlose Urteile und ungeschminkte Darstellungen möglich waren. Da zugleich Hunderttausende Häftlinge aus den Lagern entlassen wurden, mussten die verschiedensten Volksschichten psychisch auf eine umfassende, unmissverständliche Abrechnung mit dieser Seite des Stalinismus vorbereitet sein.

Man konnte das Auftreten eines SOLSHENIZYN als außergewöhnliches literarisches und historisches Phänomen betrachten, aber die Flut der unwiderlegbaren, tief durchfühlten, vor keiner Wahrheit zurückschreckenden Memoiren anderer Opfer des blutigen Regimes kam bestimmt nicht unerwartet, wenn diese Schriften auch größtenteils nur in Manuskriptform Verbreitung fanden.

Doch wurde auf diese Weise ja nur das Ergebnis, nicht aber der eigentliche Antrieb, nicht die Berechnung STALINS bloßgelegt. Erst im Laufe der Jahrzehnte kamen in der Publizistik und Geschichtsforschung die verborgenen Gründe zur Sprache. Jetzt ließ sich genauer verfolgen, wie und warum STALIN HITLER den Weg zur Macht ebnete, indem er den deutschen Kommunisten die Sozialdemokratie als Hauptfeind hinstellte; er glaubte, den Naziführer als eine Art »Eisbrecher« bei der Zerschlagung der bürgerlichen Welt gebrauchen zu können, um ihn dann »zum alten Eisen zu werfen«. Als jedoch die Weltwirtschaftskrise ohne revolutionäre Unruhen zu Ende gegangen war, HITLER aber fest im Sattel saß, änderte STALIN seine Strategie grundlegend – er ging nunmehr darauf aus, den Erdball zusammen mit dem deutschen Diktator aufzuteilen. Deshalb führte er nicht nur eine obligate, auf Russlands imperiale Geschichte zurückgreifende, nationalistische Ideologie und Propaganda ein, sondern suchte auch alle potentiellen Gegner einer solchen Politik zu beseitigen – was keineswegs ausschloss, dass die Schergen vom NKWD oft auch völlig Unbeteiligte aufgrund falscher Denunziationen oder gänzlich unbegründet festnahmen und in die Lager steckten.

Diese oder ähnliche Erklärungen waren bereits in illegalen Samisdat-Manuskripten der siebziger Jahre zu finden. Sie konnten aber erst zur Zeit der von GORBATSCHOW proklamierten »Glasnost« auch in gedruckten Büchern wiederholt werden. Jedenfalls hatte es den Anschein, als wäre der Terror der Vorkriegszeit, dessen Ausmaße, Unmenschlichkeit und Wahllosigkeit nun schon mehreren Generationen klar vor Augen standen, in der Volkspsyche für alle Zeit unwiderruflich verdammt, und das gleiche musste für STALIN und seine Pläne gelten. Doch zeigte sich während der zahlreichen Krisen der letzten Jahre, die von den kommunistisch-faschistischen Kräften zu größeren Offensiven genutzt wurden, dass die Erinnerung an den Terror als Vorstufe zum Pakt mit HITLER für gewisse Kreise und gewisse Naturen einen nicht geringen Reiz barg, weshalb bei nationalpatriotischen und kommunistischen Demonstrationen immer öfter und massenhafter imposante STALIN-Porträts auftauchten – statt Hitlerbildnissen genügte allerdings das Hakenkreuz. Der neue STALINkult bedeutete sowohl Verehrung wie Drohung – und das Wiedererwachen einer scheinbar längst bewältigten Vergangenheit.

Über STALINS krankhafte Starrköpfigkeit, Desorientierung und Panik bei Kriegsbeginn, die entscheidend zu den anfänglichen Erfolgen der Wehrmacht beitrugen, ist in Russland sehr viel und überzeugend geschrieben worden, und doch gelingt es den Neostalinisten, die Propagandalegenden von einst aufzufrischen, die dem »Führer der Völker« das Hauptverdienst am Endsieg zuschrieben. Die Wirksamkeit historischer Studien und literarischer Deutungen erwies sich als ephemer – ein trauriges Zeichen dafür, wie deutlich der Einfluss der geistigen Elite auf die Intelligenzija und erst recht auf breitere Bevölkerungskreise zurückgegangen ist. Die politische Provokation, die ideologische Entstellung, die geschichtliche Fälschung sind heute Trumpf.

Eine besondere Anziehungskraft aber üben auf nationalpatriotische Seelen gerade STALINS Propagandafeldzüge der Nachkriegszeit aus – die berüchtigten Kampagnen »gegen den Kosmopolitismus« (die im Grunde gegen jüdische Intellektuelle gerichtet waren), »gegen die Anbetung des Westens in der Wissenschaft« (die eine Anerkennung fremder, nicht von STALIN gesegneter Forschungsergebnisse verhindern sollte), »gegen den Mendelismus, Morganismus, Weismannismus« (die den pseudowissenschaftlichen Theorien eines LYSSENKO in der Genetik den Weg ebnete, was der Landwirtschaft unmessbare Verluste zufügte) – solche Kampagnen scheinen den heutigen Vorkämpfern eines »echt russischen Geisteslebens« und mithin einer »rein russischen Wissenschaft« durchaus nachahmenswert. Wenn sie sich auch nicht mehr direkt in die Forschung einmischen, verfemen sie doch westliches humanistisches Gedankengut, und das ist entscheidend.

Indessen waren seitdem nicht nur Wissenschaftler, sondern auch populäre Romanschriftsteller bemüht gewesen, die verhängnisvolle Tragweite spezifisch stalinistischer »Gelehrsamkeit« und ihrer Unduldsamkeit gegen jegliches echte Wissen aufzudecken. Doch kennzeichnend für den Wechsel der Zeiten sollte der völlig unterschiedliche Erfolg solcher Bücher sein. Um nur ein Beispiel anzuführen: Wladimir Dudinzew war, als er im nun schon so fernen Jahr 1956 seinen Roman »Nicht vom Brot allein« veröffentlichte, mit einem Schlag Mittelpunkt der allgemeinen Aufmerksamkeit geworden, ja es kam zu regelrechten Manifestationen von Intellektuellen und vor allem Studenten, die den Buchtitel als eine Art Kampflosung in den Lärm der Hauptstadt hinausschrien. Als er aber Jahrzehnte später ein in mancher Hinsicht ähnliches, nicht weniger expressives, streitbares Buch über die Zusammenstöße von parteihörigen und ehrlichen Wissenschaftlern gerade in der so umstrittenen Genetik herausbrachte – es hieß »Menschen in weißen Kitteln« –, fand er so gut wie keinen Widerhall mehr. Als wäre dieses Kapitel stalinistischer Vergangenheit längst endgültig abgetan und ethisch bewältigt.

Wie allseitig und scharf die Kritik des Stalinismus als Ideologie und geschichtliches Phänomen in den verschiedensten Gattungen der Literatur, in den Tatsachenberichten, in den unterschiedlichsten Medien auch gewesen sein mochte, stellte sich in den neunziger Jahren doch heraus, dass die Volkspsyche keinesfalls gegen eine Welle der Stalin-Nostalgie gefeit war.

Stalin starb bekanntlich während seiner zweiten großen antisemitischen Kampagne, die er mit Schauspielen von einmaliger Explosivkraft zu krönen gedachte. Eine Gruppe berühmter jüdischer Ärzte sollte direkt vor der Kremlmauer öffentlich gehenkt werden, während die gesamte jüdische Bevölkerung tief in die asiatischen Wüsten und Urwälder verbannt werden sollte – und zwar nicht wie seinerzeit die Kalmücken, Tschetschenen oder Krimtataren fast insgeheim, sondern mit weltweitem, aufdringlichem Propagandalärm.

Der Mann, der dies verhinderte, der Einzige, der es verhindern konnte, hieß Berija, eine sehr zwielichtige Figur in der sowjetischen Geschichte. Als er Ende 1938 zum Volkskommissar für Innere Angelegenheiten und Chef der politischen Polizei ernannt wurde, beendete er die wahllosen Massenverhaftungen. Weiterhin aber diente er Stalin als treuer Helfershelfer und baute das grauenvolle System der Zwangsarbeitslager ständig aus. Nach dem Tode des Tyrannen stand er für ganz kurze Zeit faktisch an der Spitze des Staates, und da tat er einige Schritte, die man sehr wohl als mehr oder minder liberal ansehen durfte. Schon nach wenigen Wochen wurde er jedoch von CHRUSCHTSCHOW gestürzt.

Es ist charakteristisch, dass im historischen Gedächtnis der Massen nicht der Russe JESHOW, der 1937/38 Oberhaupt des NKWD gewesen war, als Hauptschuldiger am großen Terror jener Jahre gilt, sondern eben der doppelgesichtige BERIJA, der aus Georgien stammte.

Der neue Parteiführer und Regierungschef CHRUSCHTSCHOW, der bis 1964 an der Macht blieb, wird von Freund und Feind mit der Entstalinisierung, mit dem sogenannten »Tauwetter« identifiziert, und das bedingt seinen jeweiligen Ruf. Tatsächlich waren seine Reden auf dem 20. und 22. Parteitag entscheidend für die offizielle Verurteilung STALINS, ja sie eröffneten erstmalig die Möglichkeit, einigermaßen frei über die sowjetische Vergangenheit zu diskutieren. Doch in welchem Maß war das Wort vom »Chruschtschowschen Tauwetter«, das auch heute in der Kulturgeschichte gang und gäbe ist, berechtigt?

Schon lange vor der ersten CHRUSCHTSCHOW-Rede, bald nach STALINS Tod, hatte der Schriftsteller ILJA EHRENBURG eine Novelle unter dem Titel »Tauwetter« veröffentlicht, die das natürliche Aufatmen der Intelligenzija beim Nachlassen der ideologischen Todesfröste zum Thema hatte. Damit war das Motto zur Benennung eines ganzen historischen Jahrzehnts gegeben. Doch bildeten in diesem Jahrzehnt, wie bereits erwähnt, nicht etwa CHRUSCHTSCHOW und seine Ratgeber, sondern der Dichter TWARDOWSKI und seine Zeitschrift die Haupttriebkraft allen Wandels. Denn einen wahren Wandel im Wesen des Systems gab es nicht.

Aus den Lagern wurden ja nur unschuldig Verurteilte entlassen; ihre Zahl war allerdings Legion. Wirkliche Gegner des STALIN-Regimes hingegen mussten ihre Strafen restlos abbüßen und wurden auch nach der Freilassung nicht rehabilitiert, nicht als vollwertige Staatsbürger anerkannt. Das Geistesleben durfte sich nur innerhalb eines strengen Rahmens, genannt Marxismus-Leninismus, freier entfalten. So konnte zwar eine junge Generation von Dichtern unter großem Publikumszulauf Verse vortragen, die damals ungeheuer kühn erscheinen mussten, doch veranstaltete CHRUSCHTSCHOW dann mehrere groß aufgemachte, in allen Zeitungen bis ins einzelne wiedergegebene Konferenzen zur Brandmarkung und Verfemung dieser Gruppe. Als BORIS PASTERNAK der Nobelpreis zugesprochen wurde, war plötzlich die Hölle los – alle Schriftsteller mussten unter Androhung von Schreibverbot und Kaltstellung einen Protest unterzeichnen, und PASTERNAK selbst sah sich genötigt zu verzichten.

Ein Kapitel für sich war CHRUSCHTSCHOWS Offensive gegen jüdische Handelsangestellte, denen private Initiativen vorgeworfen wurden, was zu Tausenden Verhaftungen und Hunderten Todesurteilen führte. Auch seine außenpolitischen Aktionen verrieten die Schule STALINS. Vom Warschauer Vertrag der kommunistisch regierten Länder verging bloß ein Jahr bis zum ungarischen Blutherbst 1956, von der Niederwerfung der Ostberliner Arbeiter bis zum Mauerbau hingegen waren es stattliche acht Jahre, doch dazwischen lag in beiden Fällen der so vielgerühmte antistalinistische 20. Parteitag! Sein eigentliches Traumziel aber gab er den Amerikanern preis, als er während seiner USA-Reise in alle Welt hinausposaunte: »Wir werden euch begraben!«

Wenngleich der Sturz CHRUSCHTSCHOWS und die Machtergreifung BRÉSHNEWS das Resultat einer regelrechten Verschwörung war, unterschieden sich die beiden Perioden des Poststalinismus in ihren Grundzügen kaum voneinander. Nach innen hin die gleiche Unantastbarkeit der Regierungs- und Wirtschaftsform; die gleiche Allmacht der Zensur – bei einem Hauch von Liberalität in Literatur, Geisteswissenschaften und Kunst; die gleiche Verfolgung von Andersdenkenden, die freilich jetzt noch weit öfter für geisteskrank erklärt und in Irrenhäuser eingesperrt wurden; nach außen hin die gleiche zweideutige Politik, die zwischen dem Entspannungsgerede von Helsinki, der bewaffneten Einmischung in Dutzenden Ländern der Dritten Welt und der Niederschlagung des Prager Frühlings schwankte, sich aber peinlich jeder Fühlungnahme mit den aufrührerischen Bewegungen des Jahres 1968 im Westen enthielt. Auch als schließlich in den achtziger Jahren der infolge zahlloser Krankheiten seit langem handlungsunfähige BRESHNEW von ANDROPOW abgelöst wurde, änderte sich im Grunde nichts.

Trotz dieser Gleichartigkeit des Poststalinismus in allen seinen Etappen und Verkörperungen wurde auch bei den ersten seriösen Versuchen einer Vergangenheitsbewältigung in der ungemein aktiven, vielgelesenen und einflussreichen Publizistik der neuen, der GORBATSCHOW-Zeit die gewohnte und bequeme Formel »Chruschtowsches Tauwetter« beibehalten, während die darauffolgenden Jahrzehnte kurz und bündig als die »Stagnationsperiode« bezeichnet wurden.

Dabei ließ man ein Phänomen außer acht, das gerade diese Jahrzehnte zu einem Brennpunkt der russischen Geistesgeschichte machte – denn eine Entwicklung wie nie zuvor erlebte damals die hier so traditionsreiche und populäre Manuskriptliteratur, der sogenannte *Samisdat*. In diesem eigentümlichen Medium spielten sich intensive psychopolitische und kulturschöpferische Prozesse ab, und eine der bedeutsamsten Zielrichtungen war schon zu jener Zeit die Vergangenheitsbewältigung.

Es muss als größte Verfehlung der darauffolgenden, in vielerlei Hinsicht denkwürdigen Glasnost-Periode und vor allem gerade ihrer so hoffnungsvollen Publizistik angesehen werden, dass die in Archiven begrabenen Schätze des Samisdat nur ganz selten ans Tageslicht geholt wurden. Doch immerhin brachten diese Jahre eine vielseitige Auseinandersetzung mit der Vergangenheit in der Dichtung und in der Belletristik, in der Geschichtsschreibung und namentlich in der Memoirenliteratur mit sich.

(028) Bewältigt Russland seine Vergangenheit?

Um nur eine Tatsache anzuführen: 1989 stellte ich für den Marburger »Blaue Hörner«-Verlag eine Sammlung ins Deutsche übertragener Gedichte zusammen, die allein 1987-88 in Moskau und Leningrad erschienen waren und im Grunde durchweg von der sowjetischen Vergangenheit handelten – sie füllten sage und schreibe 270 Seiten!

Um die gleiche Zeit konnte der russische Leser auch, erstmalig ohne sonderliche Mühe, die erzählerischen Werke und Memoiren von ALEXANDER SOLSHENIZYN, von WARLAM SCHALAMOW, von JEWGENIA GINSBURG, von ANATOLI SHIGULIN, von LEW RASGON und von so manchen anderen Autoren in die Hand nehmen – Bücher, in denen die Gräuel der durchlebten Zeit ihre gültige Widerspiegelung fanden.

Doch vielleicht nicht weniger aufschlussreich waren die gewöhnlichen Erinnerungen von Menschen, denen die Sowjetmacht, wie es schien, gar nicht so übel mitgespielt hatte, die aber über das persönliche Schicksal hinauszublicken vermochten. Schon lange zuvor hatte die Autobiographie von ILJA EHRENBURG großes Aufsehen erregt, obwohl seine Kritik an den Zuständen im Lande stets milde genug geblieben war, wie es damals anders nicht sein durfte. Bald danach erfuhren indes Hunderttausende Radiohörer von zwei ganz anders gearteten Bekenntnisbüchern, die freilich nur sehr wenigen Sowjetbürgern zugänglich sein sollten: STALINS Tochter, SWETLANA ALLILUJEWA, hatte in der Emigration offen und rückhaltlos von Vorgängen und Umständen erzählt, von deren Charakter selbst politisch scharfsichtige Zeitgenossen nur eine ungefähre Ahnung hatten.

Es handelte sich dabei übrigens um eine Haltung, die für die Nachkommenschaft der einstigen Kremlführung weitgehend kennzeichnend ist. Hier nur einige Beispiele: Zu den konsequentesten Verfechtern demokratischer Reformen in dieser Krisenzeit gehörte von Anfang an der als Analytiker und politischer Stratege hochgeschätzte Publizist NIKONOW. Er ist der einzige Enkel des zweiten Manns der Stalinclique, MOLOTOWS. Als tiefschürfender Historiker der Epoche tat sich schon früh der Sohn eines anderen Mitglieds dieser Clique, MIKOJANS, hervor. Ein Enkel des Außenministers der Vorkriegszeit, LITWINOW, war Mitbegründer der demokratischen Dissidentenbewegung. Einen besonderen Fall stellt die Familie CHRUSCHTSCHOW dar. Nach seiner Absetzung diktierte der ehemalige Partei- und Regierungschef persönlich seine Erinnerungen auf Magnetband; sie wurden von seinem Sohn, der auch selbst die Geschichte der BRESHNEW-Verschwörung erforschte, redigiert und zum Druck in zwei Bänden vorbereitet, alsbald in die Vereinigten Staaten geschmuggelt, wohin der Sohn auch selbst auswanderte. Dort riefen sie, ins Englische übersetzt, eine nicht geringe Sensation hervor. CHRUSCHTSCHOWS Tochter war unterdessen jahrzehntelang als Redakteurin an einer der freisinnigsten Zeitschriften Moskaus tätig. Sein Enkel, ein sehr aktiver Journalist, gilt heute als Sprecher der standhaftesten Gruppen des russischen Liberalismus, was ganz der Richtung seiner Zeitschrift, der »Moscow News«, entspricht.

An der Schwelle der neunziger Jahre schien die psychopolitische Bewältigung der diktatorischen Vergangenheit eine Tatsache, ja eine endgültige Gegebenheit zu sein. Damals erreichten die fünf, sechs bedeutendsten Literaturzeitschriften fortschrittlicher Einstellung phantastische, millionenhohe Auflagen, und sie publizierten ständig Lebensberichte und Erinnerungen, in denen die fernere, jüngere und jüngste Vergangenheit oft vehement angeklagt wurde. Währenddessen konnten die zwei oder drei Zeitschriften entgegengesetzter Richtung einen solchen Leserzuspruch nur beneiden. Was aber noch wichtiger war: sie brachten fast nie Memoiren, und das sah wie Feigheit aus. In all dem spiegelte sich zweifellos nicht nur die Geisteshaltung einer absoluten Mehrheit der Intelligenzija, sondern auch die tatsächliche Gesinnung eines sehr großen Teils der Gesamtgesellschaft. Die Frage war nur, wie tief verwurzelt diese Tendenz in der Volkspsyche sein mochte.

Eine verdächtige Besonderheit des Augenblicks bestand darin, dass sämtliche Strömungen der demokratischen Front bei der Vergangenheitsbewältigung auf ein Nürnberg verzichten wollten, ja dass dauernd Stimmen gegen jede Art Verfolgung und Bestrafung, gegen eine, wie es hieß, »Hexenjagd« laut wurden – was der herrschenden Schicht der Sowjetzeit, der sogenannten Nomenklatura, den Weg in die neuen Machtstrukturen ebnete. Wie diese eigenartige Neurose bereits damals auf feinfühlige, zeitbewusste Geister wirkte, welche Vorahnungen sie aufkommen ließ und welches Bekenntnis zur eigenen Unversöhnlichkeit sie bedingte, sei hier anhand eines wohlgemerkt 1988 veröffentlichten Gedichts der Lyrikerin NADESHDA POLJAKOWA veranschaulicht:

> Die nostalgische Sehnsucht wird immer moderner,
> die Sehnsucht nach frühen, so sicheren Jahren.
> Sie wird immer stärker, je blasser, je ferner
> die Zeiten sind, da wir anders waren ...
>
> Keinen nichtigen Sorgen je überlassen,
> in die Zukunft schreitend mit fertigen Schlüsseln,
> tranken wir morgens aus rosa Tassen,
> aßen wir mittags aus rosa Schüsseln.
>
> Rosa Gedanken in rosa Pillen
> waren die einzigen Lebensspender.
> Wir sahen die Welt rings durch rosa Brillen,
> dran nebelleichtes Rosa die Ränder ...

(028) Bewältigt Russland seine Vergangenheit?

Mancher wollte sich losreißen, doch verzagte.
Der Hemmschuh Gedächtnis zerbröckelt nirgends.
Nur dem, der sich gegen die Strömung wagte,
ist all diese Sehnsucht ein Akt des Erwürgens.

Er weiß nichts von Braten mit leckeren Tunken,
er weiß nichts von zuckrigen Delikatessen,
er hat nie aus rosa Tassen getrunken,
er hat nie aus rosa Schüsseln gegessen.

Kein Onkel hat ihn durchs Leben getragen
auf breiten Schultern im Glorienschimmer ...
Die rosa Brillen, sie sind zerschlagen.
Doch die Schnitte und Narben schmerzen noch immer.[31]

Als dieses Gedicht entstand, war die Idee der Farm als Grundlage der Landwirtschaft bereits so gut wie gescheitert. Doch hinderte das gewisse Optimisten nicht daran, auf die vermeintlich unwiderrufliche Absage an die Vergangenheit von seiten des Volkes zu bauen und eine entsprechend radikale Umgestaltung des gesamten Wirtschaftslebens, ohne vorausgehende intensive Aufklärungsarbeit, ohne genaue psychologische Abwägung des Für und Wider in die Wege zu leiten. Die Faktoren Gedächtnis und Gedächtnisschwund, Gewohnheit und Erwartung, Erziehung und Propaganda wurden dabei schlechthin nicht in Betracht gezogen, als wäre die ökonomische Reform eine Welt für sich. Das sollte sich rächen. Man hatte darauf vertraut, dass die neue Wirtschaftsstruktur das Bewusstsein revolutionieren würde, wie KARL MARX es verheißen hatte. Aber in der Regel passte sich das Bewusstsein dem veränderten Sein nicht an, aus dem leeren Raum wurde keine Initiative geboren, und das nutzte die alte sowjetische Nomenklatura zu ihren Zwecken aus: Sie ergriff die Hebel der Macht in der neuen Gesellschaftsordnung und begann zugleich eine Propagandaoffensive ohnegleichen gegen diese neue Ordnung, in der sie immerhin mit dem eventuellen Auftauchen einer Konkurrenz rechnen musste. So kam es, dass die Atmosphäre der bereits weit vorgeschrittenen Vergangenheitsbewältigung umschlug, und zwar gerade in der Massenpsyche, dass diese mühsame Bewältigung ihrerseits bald bewältigt wurde und sich damit als Illusion entpuppte.

Nicht nur die Reformer, auch die geistige Elite und die sich selbst treue Intelligenzija standen nunmehr auf verlorenem Posten.

Angesichts der immer bedrohlicher heraufsteigenden Gefahr des entschiedenen Ansturms einer geschlossenen Front kommunistischer, nationalpatriotischer, offen faschistischer und rein krimineller Kräfte, die eine Wiedergeburt stalinistischer Herrschaftsmethoden anstreben, muss deshalb heute die Kampfdevise des Widerstands –

des humanistischen Widerstands in allen seinen geistigen und politischen Formen – logischerweise lauten: Gegenwartsbewältigung!
Gegenwartsbewältigung aber schließt als wichtigstes, ausschlaggebendes Element eine weit schonungslosere, konsequentere, diesmal an die psychischen Wurzeln des Volkscharakters greifende Bewältigung der Vergangenheit ein: Der für Russland so unglücklichen und schmählichen, der so verlogenen Vergangenheit.

Es ist eine für Europa, für die ganze Menschheit lebenswichtige Zukunftsbedingung, dass Russland wieder zu sich selbst findet; dass an der Stelle, wo zu Beginn dieses Jahrhunderts eine der reichsten und hoffnungsvollsten europäischen Kulturen blühte, nicht im nächsten Jahrhundert ein weltgefährdender Abgrund gähnen wird. Das ist keinesfalls in erster Linie ein Problem der Politik oder der Wirtschaft, sondern allein des Geistes. Und es liegt zum großen Teil am Mitverantwortungsbewusstsein des Westens, ob die westlerische, eurorussische geistige Elite wieder, wie noch vor kurzem, einen beherrschenden Einfluss auf breite Volkskreise auszuüben vermag – oder sich in Erwartung ferner, besserer Zeiten als eine Art Sekte in sich selber, in ihre eigenen Traditionen, in ihr ureigenes Europäertum zurückziehen muss.

Eine wichtige und besonders empfindliche Sphäre der Vergangenheitsbewältigung bildete vom ersten Tag der Wende an die Religion – und vor allem galt das für die russische orthodoxe Kirche. Es ging dabei um ein ungemein komplexes Problem. In einer Situation, da die jahrzehntelang aufgezwungenen kommunistischen Ideale ihre Gültigkeit verloren hatten, suchten viele Millionen wieder moralischen Halt im Glauben der Vorväter, und es kam zu einer wahren religiösen Renaissance. Zudem hatte die Kirche als solche stets zu den Opfern des Regimes gehört, war sie doch in der bolschewistischen Frühzeit aufs grausamste verfolgt worden, wobei Tausende Geistliche in Stadt und Land ihr Leben lassen mussten und die Gotteshäuser allerorts ausgeraubt und vernichtet wurden, und war sie doch dann, in der Stalinzeit, zu einem zweitrangigen Instrument der Staatsgewalt herabgewürdigt worden. Aber auch die Kirche selbst hatte so manches in der eigenen Vergangenheit zu bewältigen, sie hätte für so manches öffentlich und ausdrücklich Reue bekunden müssen. Ein Moskauer Patriarch pries ja seinerzeit STALIN als gottgesandten Führer, und später wurden Dutzende KGB-Offiziere zu Geistlichen hohen Ranges ernannt, so dass viele Männer und Frauen von ernster religiöser Gesinnung zu dem Wagnis genötigt waren, eine eigene, die sogenannte Katakombenkirche, zu bilden.

In einer solchen psychohistorischen Lage, die gegen Ende der achtziger Jahre scharf ausgeprägte Formen annehmen sollte, war zu erwarten, dass die offizielle Kirche gerade in der Vergangenheitsbewältigung eine ganz eigenständige Rolle spielen würde. Doch kam es anders. Da sie nunmehr von den neuen und doch in vielerlei Hinsicht alten Mächten nachträglich mit dem Glorienschein des Märtyrertums gekrönt und als stabilisierende, befriedende, gegebenenfalls trostspendende Kraft auf jede erdenkliche Weise gefördert wurde, fügte sie sich bereitwillig in die für sie vorgesehene neue Funktion innerhalb der gar nicht so tiefgehend veränderten Strukturen von Staat und Gesellschaft. Das höhlte den religiösen Aufschwung aus, brachte die religiöse Renaissance zum Stillstand. Denn wenn das Fernsehen immer wieder zeigte, wie gestrige und manchmal sogar heutige Wortführer der kommunistischen Parteiinstanzen und Ideologiezentren, Schulter an Schulter mit graubärtigen Metropoliten in festlichem, goldgesticktem Gewand, Kerzen zum Altar trugen, wie die Prachtentfaltung in alten und neuen kirchlichen Gebäuden bei weitem alles überstieg, was das berüchtigte Stalinsche Barock jemals hervorgebracht hatte, wie hohe Priester die allerbanalsten weltlichen Einrichtungen und Veranstaltungen mit »heiligem Wasser« einweihten, dann dämpfte und tötete schon allein das den frommen Enthusiasmus der meisten. Ganz besonders aber enttäuschte empfängliche Geister das Ausbleiben jeder wirklichen Vergangenheitsbewältigung, jeder echten Auseinandersetzung mit den äußeren wie auch den innerkirchlichen Geschehnissen der letzten 70-80 Jahre. Zu solchen Auseinandersetzungen kam es lediglich in den Schriften mehrerer Publizisten, die der Katakombenkirche nahegestanden hatten und auch die jetzigen Entwicklungen im religiösen Bereich mit kritischem Auge verfolgten. Als herausragende Persönlichkeiten könnten hier SOJA KRACHMALNIKOWA und ALEXANDER NESHNY genannt werden. Endgültig indes wurde die Rückkehr des Volkes zur einstigen Gläubigkeit durch gewisse politische Vorgänge vereitelt, und jeder Versuch einer Vergangenheitsbewältigung war dadurch um seine Glaubwürdigkeit gebracht. Am Ende der achtziger Jahre beispielsweise entfaltete der inzwischen verstorbene Metropolit von St. Petersburg eine wüste antisemitische Hetze, und da stellte sich heraus, dass er seinerzeit seine Sympathien für HITLER kaum verhehlt hatte. Einer der bekanntesten geistlichen Würdenträger Moskaus, der dem kirchlichen Verlagswesen vorstand und dank seinem eindrucksvollen Blick und schönen weißen Bart eine beliebte Gestalt des zentralen Fernsehens geworden war, entpuppte sich als ehemaliger Agent des KGB. Lem aktiven Bekenner und Seelenhirten JAKUNIN dagegen, der für sein christlich-antikommunistisches Engagement Jahre im Kerker hatte verbringen müssen und nunmehr als prominenter Vertreter der Organisation »Demokratisches Russland« in den Obersten Sowjet gewählt worden war, wurde zur gleichen Zeit vom Heiligen Synod die Priesterwürde entzogen. Kein Wunder, dass in einer solchen Atmosphäre verschiedene Vermutungen und Verdächtigungen aufkamen, als, im Abstand von wenigen Jahren, zwei eminente, selbständig denkende Theologen unter rätselhaften Umständen ermordet wurden: der berühmte Prediger und religiöse Philosoph ALEXANDER MENJ fiel auf dem Weg zu seiner Kirche einem seltsamen Angriff mit dem Beil zum Opfer, und der tiefsinnige Forscher GEORGI SJABLIZEW wurde sogleich nach der Rückkehr aus Italien von einer ökumenischen wissenschaftlichen Konferenz in der eigenen Wohnung erstochen – in beiden Fällen wurde dabei nichts geraubt!

Mit äußerster Konsequenz, die von STALINS ideologischen Kadern hätte beneidet werden können, kämpfte und kämpft man auch gegen jegliche Einflüsse anderer christlicher Kirchen und Sekten. Es ist charakteristisch, dass in den sogenannten Bestimmungen über religiöse Freiheit und religiöse Gemeinschaften, die von gewissen Fraktionen der Duma geprägt sind, zwar der Islam und sogar der Mosaismus als für Russland traditionelle und daher zulässige Konfessionen bezeichnet werden, nicht aber der Katholizismus und nicht der Protestantismus, erst recht aber nicht die mit allen Mitteln verfemten, gebrandmarkten und verfolgten Sekten, denen man sinistre Einflüsse im Dienste des diabolischen Westens zuschreibt, und zwar nicht nur den Baptisten oder den Mennoniten, den Quäkern oder den Mormonen, sondern sogar den auf östliche Religionen zurückgreifenden, etwa den Krishnajüngern, ja selbst den ursprünglich rein russischen Duchoborzen! Als entschiedenster Gegner und Verleumder der Sekten tritt in der Presse ein gewisser DWORKIN auf, ein geborener Russe, der amerikanischer Staatsbürger geworden ist, doch vor sieben Jahren eigens zur Bekämpfung dieser, wie er sagt, westlichen Teufeleien in seine Heimat zurückkehrte.

Wie widersinnig es anmuten mag, haben manche kirchliche Kreise eine Intoleranz gegenüber allem Fremden, Nichtrussischen an den Tag gelegt, die den aggressiven politischen »Nationalpatrioten« als ständige Ermutigung dienen konnte und kann. Deshalb darf wohl mit gutem Recht behauptet werden: Was die Vergangenheitsbewältigung anbelangt, ist die russische orthodoxe Kirche den Erwartungen des Volkes – des so hoffnungsvoll, wie es schien, zu ihr zurückfindenden Volkes nicht gerecht geworden.

Ein besonderes und in mancher Hinsicht heikles Thema indes ist die Einwirkung der öffentlichen Meinung des Westens auf den gesamten psychologischen Komplex Vergangenheitsbewältigung, namentlich unter den Intellektuellen. Einerseits liegt auf der Hand, dass schon in der Sowjetzeit die russischsprachigen Programme verschiedener ausländischer Sender und dann immer öfter auftauchende Bücher emigrierter Schriftsteller maßgeblich zur Aufdeckung bislang verschleierter und vertuschter Momente der älteren und neueren Vergangenheit beitrugen – und dass Werke wie das berühmte »Schwarzbuch des Kommunismus« selbst widerstrebende Geister aufrütteln mussten. Andererseits aber waren die Beharrlichkeit und Unbeirrbarkeit, mit der sich zahlreiche europäische, und vor allem gerade deutsche, Historiker und Publizisten an die hergebrachten Darstellungen, Auslegungen und Bewertungen der altpatriotischen oder stalinistischen Geschichtsdeutung klammerten und klammern, dazu angetan, das Streben nach rückhaltloser historischer Klärung und echter geistiger Revanche innerhalb Russlands stark zu beeinträchtigen. Denn wie sonderbar es scheint: Diese Gelehrten, die für sich selbst einen schwarzen Vorhang herabließen, der den einst von STALIN – und eigentlich schon im tiefen Mittelalter vom Fürsten ALEXANDER NEWSKI – errichteten Eisernen Vorhang ersetzte, üben trotz allem, wenn auch nur indirekt, einen lähmenden Einfluss auf das schwankende Weltverständnis bestimmter Kreise der russischen Gesellschaft aus. Solcher Kreise nämlich, die das Urteil der Europäer hoch achten, aber dennoch innerlich stets bereit sind, dem slawophilen, dem sowjet-imperialen Ausbreitungsdrang zuzustimmen und womöglich Folge zu leisten. Wenn der militante Nationalpatriotismus mit Gönnern und Gleichgesinnten auf der westlichen politischen und ideologischen Szene prahlen darf, so bedeutet das einen schweren Schlag gegen die aufrichtigen Kämpfer für Russlands europäische Zukunftswahl, und mithin für ein friedliches Europa gegen die aufrichtigen Kämpfer für einen endgültigen Bruch mit dem düsteren Erbe der Vergangenheit, welche Formen es zu verschiedenen Zeiten auch angenommen haben mag.

Es handelt sich dabei um einen ungemein schweren, aufopferungsvollen, schicksalhaften Entscheidungskampf.

Einen gültigen Ausdruck findet die heutige Situation in den Versen WASSILI KASANZEWS:

> Vergiss, was einmal Ruhe geheißen.
> Dem Seelenfrieden das schärfste Verbot.
> Diese Zeit soll das Herz dir zerreißen:
> Trümmer, Hunger, peitschende Not.
>
> Leb im fiebernden, ewigkeitsgleichen
> Tag, der Trägheit und Gleichmut zerschlug.
> Diese Zeit schwört auf eigene Zeichen:
> Aufbruch, Neubeginn, Höhenflug.
>
> Such die Zähne zusammenzubeißen.
> Dass nur Kampfwut im Herzen loht.
> Diese Zeit muss ins Feuer dich reißen,
> in ein Ringen auf Leben und Tod![32]

(07.06.1999)

Bernd E. Scholz
Michail Schaiber-Sokolski — Ein russisch-jüdischer Lehrmeister in Deutschland

1987 begegneten wir uns auf der Moskauer Buchmesse. Daraus wurde verlegerische Zusammenarbeit und Freundschaft. Mit dem Wort – dem jahrzehntelang angestauten – wirken in die europäische Welt hinein. Das war sein Credo. Europa, das war für ihn Dialog nach dem Sprechen im untergründigen »Samisdat« – als Michail Sokolski — ja, für den Kreis um den Philosophen Wladimir Bibler auch als »Namisdat« (das Schreiben für die »eigenen Leute«, »für uns«). Russlands Heimkehr in die angestammte Heimat Europa, in seine »Mutterzivilisation«, hieß die tausendfach abgewandelte Losung seines Lebens. Und im sich wiedervereinigenden Deutschland wurde man für kurze Zeit hellhörig. Die Stimme des perfekt zweisprachigen russischen Juden Michail Schaiber schien hörenswert, auch wenn man sich in den tabuvernebelten Medien keinen Reim darauf machen konnte, dass hier jemand gekommen war, der im Pass als Jude in der Sowjetunion geführt wurde, aber im Spinozaschen Sinne ein Pantheist war, jemand, der sich seine geistige Unabhängigkeit von allen staatlichen Insitutionen in der UdSSR, die hier zurecht als »totalitär« galt, durch seine dort dringend benötigte fachliche Kompetenz als Übersetzer ins Deutsche im wahrsten Sinne des Wortes »verdienen« musste. Dieses und vieles andere mehr, ließe sich hier anführen, das ihn zu einer Leitfigur im geistigen Zerfallsprozess der neuen BRD hätte machen können. So glaubte ich jedenfalls anfangs der 1990-er Jahre, als ihm selbst das »Börsenblatt für den deutschen Buchhandel«, das 1933 alles Jüdische gnadenlos in willigem Gehorsam entfernt hatte, 1990 einmal einen Platz einräumte. Ansprechbar war und blieb der SWR Baden-Baden, der die mit preußischer Pünktlichkeit abgelieferten Sendeprofile (30 Minuten für Lyrik, 60 Minuten für Geschichte, Philosophie, Literatur) gerne sendete. Bis 2001, als nach der Umsiedelung nach Marburg die Kräfte nachließen, und sich die Entscheidung, Russland für immer zu verlassen, immer mehr als Fehleinschätzung erwies. Es blieb ihm nicht verborgen, dass einstige »Dissidenten« wieder nach Russland zurückkehrten, die Jüngeren wie Gasan Gusejnov nach langjähriger Odyssee durch deutsche slawistische Einrichtungen auf einen schlecht dotierten Lehrstuhl in Moskau [Interview in MERKUR, 2013, Heft 08, S. 683-695], die Älteren, die es jetzt vorzogen, in Russland das zu publizieren, was in der Sowjetunion einst in die Archive des Geheimdiensts gewandert war. Da hatte der deutsche ebenso wie der russische bürokratische Umbruch längst eingesetzt – Schließung der Slawistik- und Osteuropa-Institute, Zurückfahren der aus der Zeit des Kalten Krieges überdimensioniert erscheinenden Haushaltsbudgets für Osteuropaforschung, und dies bei exponentiell angewachsenen Milliardengewinnen im »Osthandel«, vor allem mit Russland. Ein intensiv und breit geführter, historisch dringend erwarteter West-Ost-Dialog wurde im Zusammenhang mit der Liquidierung der im breiten politischen Spektrum des Westens verhassten DDR-Russlandforschung zu einem Nischendasein verdammt. Und wer wollte es hierzulande auch wahrnehmen, den völligen Zerfall des einst blühenden, wenn auch staatlich kontrolllierten sowjetischen Verlagswesens, das immer wieder Nischen eröffnete; oder den totalen Budgetverlust des jetzt russischen Staates, der die gesamte Wissenschaftsorganisation der einstigen Sowjetunion, die ja durchaus positiv auch als »Erziehungsdiktatur« gekennzeichnet wurde, an den Rand der völligen Zerstörung brachte. Dass die einst von Gottfried Wilhelm Leibniz Peter dem Großen angetragene und dann von diesem in Sankt Petersburg gegründete Akademie der Wissenschaften, die alle Stürme der Geschichtsverläufe überstanden hatte, der Alexander Blok 1921 mit »Der Name des Puschkinhauses in der Akademie der Wissenschaften« sein letztes und bis heute ergreifendes Gedicht gewidmet hatte, einmal von völliger Marginalisierung bedroht sein könnte, weil missverstande Gesetze des Marktes dies begründet erscheinen ließen, berührt die deutsche akademische Welt bestenfalls in Form einer Fußnote. Auch vom Winde verweht die Erinnerung an Max Planck, der 1925 die Preußische Akademie der Wissenschaften bei der Zweihundertjahrfaher der ›Tochter‹, der Russischen Akademie der Wissenshaften in Leningrad (bis 1924 Petrograd, vormals Sankt-Petersburg) vertrat.

Aus der russisch-jüdischen Intelligenz, einst als »Dissidenten« im Westen vor allem deshalb hoch geschätzt, weil sich mit ihr sehr wirksam Propaganda gegen die UdSSR machen ließ (was sie inhaltlich vertraten, verfolgten bestenfalls einige wenige Spezialisten), waren jetzt »Kontingentflüchtlinge« geworden, denen eine neu entstandene Bundeseinwanderungsbürokratie erst einmal ein neues Ankerzentrum in Aschara zuwies – Aschara in Thüringen. Jetzt war die nachweisbare jüdische Mutter auf einmal wertvoller als ein sowjetisches Universitätsdiplom, so dass sich universitäre Einladungen zu Vorträgen an den Moskauer Doktor der Philologie Michail Schaiber bald von selbst erübrigten. Ein lebenslanger Zeuge war gekommen, ein Überlebender aus dem einstigen »Reich des Bösen« (Ronald Reagan, amerikanischer Präsident, 8. März 1983), den es, wie sich dann herausstellte, möglichst wirksam zu diskreditieren galt, oder wie es in Gotthold Ephraim Lessings »Nathan der Weise«, diesem Vorzeigedrama bundesdeutscher Toleranz in dreimaliger Wiederholung heißt: »Tut nichts. Der Jude wird verbrannt...« Und wenn er es dann noch wagte, Argumente zu seiner Entlastung hervorzubringen, die sich ohnehin nur gegen eine fingierte Anklage richten können, hieß es um so mehr: »Ja, wär' allein schon dieserwegen wert, dreimal verbrannt zu werden!« (Patriarch, Kap. 28, Zweiter Auftritt)
ASCHARA, heute in Deutschland das Symbol für eine Neuformierung des »Tiefen Staats« mit dem damit einhergehenden Erstarken

rechtsextremer »identitärer« Ideologien in dieser einst sozialistischen thüringschen Region. »Tiefer Staat« – am sinnfälligsten erkennbar in der Sekretierung von für den NSU-Prozess in München eigentlich gerichtsnotwendigen Akten des Verfassungsschutzes für die nächsten 120 Jahre durch das Land Hessen. Nicht »Deklassifikation«, Offenlegung, von für die Erkenntnis zeitgeschichtlicher Geschehnisse wichtigen staatlichen Dokumenten – eine Hauptforderung des Glasnost-Prozesses in der Sowjetunion im letzten Stadium –, sondern erneute Stärkung diktatorisch-obrigkeitsstaatlicher Positionen. Und das war lange zuvor tausendfach in Deutschland wieder eingeübt worden, wie der Kriminologe und Zeithistoriker Dieter Schenk in seiner Geschichte des BKA eindrucksvoll nachgewiesen hat (2001).[33]
Es bedurfte der »Enkelgeneration« der Nachkriegszeit, um nach dem Vorbild von Raul Hilberg (»Die Vernichtung der europäischen Juden«) durch systematisch betriebenes Aktenstudium die schlimmsten Verbrechen der jüngsten deutschen Geschichte akribisch offenzulegen und auch akademische Spukgestalten wie die Schüler des Marburger Osteuropahistorikers Peter Scheibert in ihre Schranken zu weisen. Hier nur die allerwichtigsten:
— Esther Abel: Kunstraub – Ostforschung – Hochschulkarriere: Der Osteuropahistoriker Peter Scheibert. Paderborn: »Ferdinand Schöningh«, 2016, 285 S. (Diss., Ruhr-Universität Bochum 2015)
— Andrej Angrick: Besatzungspolitik und Massenmord. Die Einsatzgruppe D in der südlichen Sowjetunion 1941-1943. Hamburg: »Hamburger Edition«, 2003, 797 S. [Diss. 1999]
— Christian Gerlach: Kalkulierte Morde. Die Deutsche Wirtschafts- und Vernichtungspolitik in Weißrussland 1941 bis 1944. Hamburg:»Hamburger Edition«, 2000, 1231 S.
— Ders.: Das letzte Kapitel. Realpolitik, Ideologie und der Mord an den ungarischen Juden 1944/1945. Stuttgart: »Deutsche Verlags-Anstalt«, 2002, 481 S.
— Dieter Schenk: Der Lemberger Professorenmord und der Holocaust in Ostgalizien. Bonn: »Dietz«, 2007, 308 S.
Der Katalog des Herder-Instituts in Marburg weist allein seit der Jahrtausendwende über 1000 aktuelle wissenschaftliche Arbeiten zum Stichwort »Holocaust« in Osteuropa auf.
Dabei erlaubte die »Causa Peter Scheibert« dann noch einmal einen Einblick in die historische Tiefenblindheit deutscher postnationalsozialistischer Osteuropaforscher, denen breiten Raum (31 Seiten) – mehr zur Selbstdarstellung – als zur Rezension der Arbeit von Esther Abel einzuräumen sich die Zeitschrift OSTEUROPA 2017 (Heft 1-2) nicht zu schade war.
Diese ›Schüler-Gruppe‹, die nicht nur auf Marburg beschränkt war, war natürlich nicht offen antisemitisch. Sie hatte sich einfach dem bundesdeutschen Mainstream eingefügt und geschwiegen, so lange man schweigen konnte. Diese Forschergeneration konnte sich bei der

– wohlgemerkt stillschweigenden – Verrechnung der aus Osteuropa infolge des 2.Weltkriegs vertriebenen Deutschen gegen die Auslöschung des osteuropäischen Judentums auf einen breiten gesellschaftlichen Konsens stützen – jedenfalls im westlichen Teil der zweigeteilten Nation. Diese Forschergeneration schaffte es ruhigen Gewissens, zwischen die höchst ungleiche Gleichung »Unrecht der Vertreibung der Deutschen = Unrecht der Vernichtung des osteuropäischen Judentums« ein bundesweit allgemein anerkanntes Gleichheitszeichen zu setzen. Und der hessische Friedensforscher Egbert Jahn, der beim einstigen SS-Mann Peter Scheibert in Marburg promoviert worden war, schaffte es sogar, einen Entlastungsalgorithmus für den von Deutschen begangenen Holocaust zu finden, den er kurzerhand gegen die nach seiner Meinung um ein Vielfaches größeren Millionen Opfer des Kommunismus/Stalinismus aufrechnete (a.a.O., S. 20f.). Überdies werden die Naziverbrechen ausschließlich der Rassenideologie der NSDAP zugeschrieben und nicht dem bis in alle Details auf diese Vernichtung hin fokussierten gesamten Staatsapparat, in dem in der Tat am Ende jedermann sich unentrinnbar als Mittäter mitverantwortlich fühlen musste. Fast erübrigt es sich darauf hinzuweisen, dass diese Art ›Friedensforschung‹ es bewusst verschweigt, dass der angestrebte totale militärische Vernichtungskrieg der Wehrmacht und die angestrebte totale Vernichtung des gesamteuropäischen Judentums durch Spezialeinheiten des Regimes nicht voneinander zu trennen sind, sondern wie Hand und Handschuh zueinander passten, worauf von Holocaustforschern immer wieder und zur Genüge hingewiesen wurde.
So war Dittmar Dahlmanns unflätige Kritik an der »*Tausendjährigen Spaltung*« (Marburg 1997) in der »Frankfurter Allgemeinen Zeitung« vom 28. September 1998 im Stile eines Eberhard Taubert, wie sich dann im März 2017 beim Auftritt der Schüler des einstigen Marburger Osteuropahistorikers Peter Scheibert in Marburg anlässlich der öffentlichen Diskussion der kritischen Abelschen Doktorarbeit über denselben zeigen sollte, kein Zufall. Was beim ersten oberflächlichen Hinsehen wie eine Wiederauferstehung veralteter Positionen des Kalten Krieges aussah, erwies sich bei genauerer Prüfung als die unveränderte Einstellung des »Tiefen Staates« gegenüber Russland und Osteuropa – ein wertneutral sich gerierender wissenschaftlicher Positivismus zur pseudologisch als Staatsräson erhobenen Camouflage antisemitischer und antislawischer Grundeinstellungen. »Der Schoß [war] fruchtbar noch, aus dem das kroch.« (Bertolt Brecht)
— Die Hauptsprecherin dieser Gruppe, Inge Auerbach, brachte 1972 im Auftrag der Hessischen Historischen Kommission das Kunststück fertig, in einem »Catalogus« die Lebensläufe des Hochschullehrerpersonals der Universität Marburg so »zu komprimieren«, dass selbst bei den bekanntesten Tätern (so z.B. dem Leiter des Hygiene-Instituts und SS-Obersturmbannführers Wilhelm Pfannenstiel)

keine Beteiligung am Naziregime mehr erkennbar war. Dieser »*Catalogus professorum academiae Marburgensis. Die akademischen Lehrer der Philipps-Universität in Marburg. 2. Teil von 1911-1971. Marburg 1979*« (Marburg 1972) war der extremste Marburger Pendelausschlag nach rechts – und dies nach den Frankfurter Auschwitz-Prozessen (1963-1965). Ohne die nachfolgenden, »außerakademischen« Nachschlagewerke von Ernst Klee im S. Fischer Verlag, hätte sich über dieses finsterste Kapitel der Marburger Universität der Mantel des Verschweigens ausgebreitet.

— Das Marburger Herder-Institut konnte sich in den ersten vierzig Jahren seines Bestehens seit 1950 vierzig Jahre lang mit den »ehemaligen deutschen Ostgebieten« beschäftigen, ohne auch nur einen Blick darauf zu werfen, dass dort neben Deutsch das Jiddische die zweite gebietsübergreifende Kommunkationssprache war, deren ›Sprecher‹ jedoch von der dominanten deutschen Volksgruppe ausgerottet worden waren. (Hier setzte dann in den 1990-er Jahren ein radikales Umdenken ein.)

— Und so sucht man in den von Inge Auerbach herausgegebenen »Festschriften« zu Ehren ihres Lehrers und Förderers Peter Scheibert präzise Hinweise auf dessen zweifelsfrei vorhandene Nazivergangenheit vergeblich. Diese wird bestenfalls als eine Jugendsünde des angehenden Forschers notiert, der im Grunde nur zur falschen Zeit im falschen Land zur Welt kam.

— Hans Lembergs, des Lehrstuhlnachfolgers »Informationen zur politischen Bildung« – Sowjetunion, von 1982 (Heft 182) –, kommen ohne einen einzigen Hinweis auf die Judenvernichtung in Osteuropa im 2. Weltkrieg aus. Die Zeit war offenbar dafür noch nicht reif. Ich sollte dann die zweifelhafte Ehre haben, beim Verlassen der Marburger Universitätsbibliothek im September 1997 ein druckfrisches Exemplar der letzten Festschrift für Peter Scheibert vom Herausgeber in die Hand gedrückt zu bekommen. (Seit meiner Herausgabe von Maxim Gorkijs »Unzeitgemäßen Gedanken über Kultur und Revolution« 1972/1974[15] war ich in Marburg bekannt für meine Sympathie für Gorkijs ›judenfreundliche‹ Einstellung. Man kann auch sagen, dass ich mich in Hessen eher mit Männern wie Dr. Heinz Düx (1924-2017) oder Fritz Bauer eines Sinnes sah, als mit profilierten Marburger Osteuropaexperten, die den Holocaust nicht zu leugnen brauchten, da sie es vorzogen, ihn wider besseres Wissen und aus blankem Opportunismus zu »beschweigen«.)

— Man könnte also durchaus ausführlich zeigen, dass diese Gruppe von Amnesie geplagt wurde. —

Den Geist der Schriften Michail Schaiber-Sokolskis, die eigentlich radikales Umdenken hätten bewirken können, atmeten auch die Schriften eines anderen, prominenteren jüdischen »Eurorussen«, die des Moskauer Philosophen Wladimir K. Kantor, der in den 2000-er Jahren in Deutschland als »zitierfähig« erkannt wurde.

Nachwort

Der Eichstätter Osteuropahistoriker Leonid Luks leitete Kantors ersten deutschen Sammelband mit eurorussischer Orientierung folgendermaßen ein:

»Den roten Faden des Bandes bilden die Analyse des Spannungsverhältnisses zwischen dem autokratischen russischen Staat und seinen Kritikern wie auch die Untersuchung des ambivalenten Charakters der russischen Kultur, die sowohl europäische als auch als antieuropäische Elemente enthält. Kantors besonderes Interesse gilt dem Phänomen des „russischen Europäers", der eine Art Synthese zwischen den beiden traditionellen russischen Denkströmungen – Westlern und Slavophilen — darstellt. [...] Die von Kantor durchgeführte Analyse des russischen Europäertums ist ausgesprochen innovativ. Aufschlussreich sind auch die von ihm unternommenen Versuche, das Scheitern des russischen Europäertums im Jahre 1917 zu erklären. [...] Die Katastrophe des Jahres 1917 sei durch diese beiden Traditionen, die der Europäisierung Russlands im Wege standen, mitverursacht worden.

Der Zusammenbruch des Kommunismus stellt für Kantor eine einzigartige Chance des Landes dar, an die in der sowjetischen Zeit verdrängten Traditionen des russischen Europäertums wiederanzuknüpfen. Die Texte Kantors, in denen das Phänomen des „russischen Europäers" mit einem außerordentlichen Feingefühl dargestellt wird, sind ein Indiz dafür, dass der Prozess der Wiederherstellung der geistigen Kontinuität in Russland nach dem Bruch von 1917 voll im Gang ist.«

(Vgl. Vladimir Kantor: Willkür oder Freiheit? Beiträge zur russischen Geistesgeschichte. Ediert von Dagmar Herrmann, mit einem Vorwort von Leonid Luks. Stuttgart: »ibidem-Verlag«, 2006, S. 9 f.)
(Übersetzungen Elizaveta Liphardt, Holger Siegel, Elene Sivuda).
[Ohne Angabe der russischen Quellen.] (= Soviet and Post-Soviet Politics and Society, Bd. 31)

Und hier findet sich auch das »russische Europäertum« hervorgehoben:

»Denen, die heute aus Russland flüchten, muss man sagen, dass ein verwildertes, von nationalistischen und religiösen Ambitionen in Stücke gerissenes Vaterland seine verlorenen Söhne durch ein explodierendes Atomkraftwerk oder einen Atomschlag an jedem beliebigen Ort des Erdballs heimsuchen kann, dass die einzige Alternative zu der Aussicht, dass die weltweiten Probleme durch unser Land auf diese Weise gelöst werden, die Ideologie des russischen Europäertums ist. [M. Schaiber zieht es vor, hier terminologisch genauer von »Ideonomie« zu sprechen.] Diese Ideologie erlaubt es, sowohl Russland als auch den Westen kritisch zu betrachten, weil nämlich beide Teil Europas sind, weil der russische Europäer in beiden heimisch ist und darum das Recht hat, ihre Verbesserung zu wünschen. Solche Kritik unterscheidet sich allerdings von derjenigen, die die „russischen Patrioten" am Westen äußern oder die westlichen Chauvinisten an Russland und die das Ziel hat, den Gegner

zu vernichten. Es ist eine innere Selbstkritik der euroäpische Kultur, die dazu beiträgt, dass man in der ganzen europäischen Welt normal existieren kann. Dann wird sich auch der Wunsch eines russischen Dichters erfüllen, der träumte, *in Europa zu leben, ohne aus Russland auszureisen.*«
(V. Kantor: »Muss der russische Europäer aus Russland fliehen?« A.a.O. S. 333.)

Und so geht es optimistisch bis 2010 weiter:

»Bei all seinem unzweifelhaften Streben, nach Europa zurückzukehren, ist Russland ein hinderliches Erbe zugefallen; die ›stiefmütterliche Geschichte‹ (so der Historiker S.M. Solov'ev) drängte es aus Europa heraus. Gleichwohl schlug die europäische Ausrichtung immer wieder durch, sogar zu der Zeit, als das Land über Jahrhunderte scheinbar unter gänzliche anderen Bedingungen lebte. Der genetische Code prägte das Leben des Landes durch alle geschichtlichen Umbrüche hindurch.« (A.d.Russ. von Holger Siegel)
[Vgl. Vladimir Kantor: Das Westlertum und der Weg Russlands. Zur Entwicklung der russischen Literatur und Philosophie. Ediert von Dagmar Hermann, mit einem Beitrag von Nikolaus Lobkowicz. Stuttgart: »ibidem-Verlag«, 2010, S. 19 (= Soviet and Post-Soviet Politics and Society, vol 96).]
»Unsere Demokraten sagen: ›Wir sind nicht besser als der Westen, wir müssen seine Standards erst noch erreichen.‹ Das gibt uns Hoffnung auf eine Korrektur des Weges. Wir hoffen, dass das Jahrhunderte alte Streben Russlands, zu seinen Ursprüngen zurückzukehren, ein Teil Europas, europäische Rus zu werden, früher oder später Wirklichkeit wird. Dieses Streben zeugt von dem weltgeschichtlichen Kampf der Kultur und Zivilisation gegen die ›Geographie‹. Dieser Vorgang, der eine Art Kampf zwischen Geist und Materie widerspiegelt, ist ein wichtiger Faktor der Weltgeschichte.« (Kantor, a.a.O., S. 27).

Bei MICHAIL SCHAIBER liegen die Dinge freilich etwas anders. Er kommt 1997 von Moskau nach Marburg, eine Art Überlebender des 20. Jahrhunderts, ist ein ausgewiesener russisch-deutscher Übersetzer, hat nach 1990 vieles auch im neuen Deutschland zu Russland publiziert, verbirgt seine jüdische Abstammung als Autor hinter einem Pseudonym (Sokolski), kurz, er repräsentiert den Typus eines Intellektuellen, wie es ihn nach gängiger bundesdeutscher Meinung in der untergegangenen Sowjetunion eigentlich gar nicht hätte geben dürfen. Und dann bietet er auch noch einen Blick auf die russische Geschichte, der irgendwie den radikalen Wandel ab Gorbatschow besser und tiefgründiger erklärt, als unsere eigene Zunft es je vermocht hat. Ich nehme mich der Sache als Verleger an, drucke 1997 die mit einigem graphischen Aufwand gestaltete »*Tausendjährige Spaltung*« und muss erleben, wie die Marburg-Freiburger Osteuropa-Connection über einen ihrer »Enkel«, den Bonner Osteuropahistoriker Dittmar Dahlmann, einen Verriss in der FAZ unterbringt. Keine akademisch-argumentative Kritik, sondern ein bösartiger Hetzartikel gegen den Autor. Es fällt schwer, das als Zufall zu betrachten, selbst heute nach 20 Jahren. Es hilft hier auch nicht, dass der Hessische Rundfunk eine längere positive Stellungnahme sendet, mit dem groben FAZ-Verriss ist das Buch verlegerisch tot. 2000 Exemplare gehen als Ramsch zum Weltbildverlag, der Rest ist Agonie; schließlich erwachender Widerstand gegen eine Zeitung, die sich jahrelang mit Marcel Reich-Ranicki zur Beruhigung des schlechten Frankfurter Nachkriegsgewissens ihren »Hausjuden«, leistete, wobei aus jeder ihrer Zeilen die selbstgefällige Arroganz des wiedervereinigten Deutschlands hervorquoll.

Die Solidarität mit dem angegriffenen jüdischen Kollegen sollte sich sehr in Grenzen halten. Nicht nur in der so genannten »linken« Marburger Universität. Eine in Berlin lebende, aus Russland stammende bekannte Publizistin, die den neu zugewanderten jüdischen Landsleuten »Das Ende der Lügen« anempfohlen hatte, was Arno Lustiger in Frankfurt die Zornesröte in die Feder trieb, riet mir, ich solle meinen Autor dahingehend beraten, sich auf das Übersetzen zu beschränken. Jüngere »Postgraduates« zogen es vor, an ihre Karrieren zu denken und sich zurückzuziehen. Erfahrenere zogen es vor, ihre Energie lieber auf die Erforschung der völlig irrealen »Weisen von Zion« zu konzentrieren, als auch nur auf ein Wort der Verteidigung eines real-existierenden russischen Juden in Marburg.

Letztendlich formulierten die folgenden drei Endunterzeichneten also ihre Replik, die ihre Richtigkeit bis heute nicht verloren hat und daher hier – wenn auch mit zwanzigjähriger Verspätung – leicht gekürzt abgedruckt werden soll:

Eine nicht veröffentliche Antwort auf die Rezension des Bonner Osteuropahistorikers Dittmar Dahlmann in der FAZ vom 28. IX. 1998 von Adik Rosanov (Moskau), Gerhard Adler (Baden-Baden), Bernd E. Scholz (Marburg)
Am 28. September 1998 erschien in der »Frankfurter Allgemeinen Zeitung« eine Buchbesprechung, die unseres Erachtens auf keinen Fall unbeantwortet bleiben darf. Denn ihre Wirkung kann und will weit über die bloße Bewertung eines Buches hinausgehen.

Darauf weist bereits der Titel **»Und die Steppe fragt nicht, warum«**, andeutungsweise hin. Im Grunde ist dieser Titel eine Kampfansage, die einem der wichtigsten Faktoren in der Geschichte wie in der heutigen Situation Europas gilt: dem politischen, kulturellen und psychologischen Phänomen Russland.

Um es gleich klarzustellen: Der Verfasser des besprochenen Buches *„Die tausendjährige Spaltung. Russland — Geschichte, Geist, Gefahren. 15 streitbare Essays"*, Michail Sokolski, verficht seit Jahren in Büchern und Aufsätzen, wie auch zuvor in Samisdat-Streitschriften, die ursprüngliche und historisch bedingte Zugehörigkeit seiner russischen Heimat zum europäischen Völkerkreis, zur Zivilisation Europa. Der Rezensent indes ver-

Nachwort

tritt die entgegengesetzte Ansicht, daß die Russen von Haus aus und gesetzmäßig der Steppe, dem östlichen Kern Eurasiens verhaftet sind. Zwar geht es dabei um eine uralte Streitfrage – gerade von ihr handelt ja auch Sokolskis Buch –, aber die Paradoxa, mit denen der Rezensent aufwartet, zeugen vom Unwillen, eine offene und ehrliche Diskussion zu führen.

Im Untertitel seines Artikels heißt es: *„Michail Sokolskis russische Stammtafel liest sich wie ein Roman"*, doch zweimal wird auf gröbste Weise versucht, den eventuellen Interessenten von der Lektüre abzuhalten: *„Spätestens nach rund dreißig Seiten"*, lautet die eine Stelle, *„sollte der Leser das Buch zuklappen"*, und an der anderen Stelle wird der Rezensent ganz rabiat: *„Niemand, der sich für Russland interessiert, muß sich dem Kampf mit dem Unsinn stellen, der in diesem Buch steht."* Diese Grobheiten bezeugen, wie sehr der Rezensent die Beeinflussung deutscher Geister durch die Argumente und historischen Belege fürchtet, die in diesem bedeutenden Geschichtswerk enthalten sind, und wie sehr es ihm an beweiskräftigen Gegenargumenten fehlt.

Woher eine solche Empfindlichkeit gegen fremde Anschauungen? Deutschland ist gewiss das europäische Land, das — außer Russland selbst — am unmittelbarsten vom Ausgang des russischen Identitätsringens in dieser unserer Zeit betroffen sein wird. Daher auch das Engagement der Unterzeichneten, die schon immer für ein Russland als vollberechtigtes Mitglied der europäischen Völkerfamilie, für ein »gesamteuropäisches Haus«, wie es zu Gorbatschows Zeiten hieß, eingetreten sind. Wir dürfen uns dabei mit gutem Recht auf zahlreiche prominente Vorgänger in vielen Generationen deutscher humanistischer Denker berufen.

Die antithetische Auffassung nun, die der Rezensent so wortreich vertritt, nämlich, daß zwischen den Russen und den Nomadenstämmen der Steppe schon seit der Frühzeit engste Verbindungen vorherrschten, daß es zwischen ihnen nie Reibungen gab, und daß, wie er meint, die *»Steppenvölker Asiens, mit denen die Russen seit langem in Kontakt standen, sich durchaus mit Tribut«* begnügten und *»stets nach kurzer Zeit«* wieder abzogen — diese Auffassung widerspricht einerseits allem, was russische Kinder schon in der Grundschule von den jahrhundertelangen blutigen Kämpfen mit Polowzern und Petschenegen erfahren (als russischer ABC-Schüler würde der Rezensent sicher in der 3. Klasse sitzenbleiben), doch andererseits geht auch die Vorstellung, daß die Russen den asiatischen Steppenvölkern seit jeher seelenverwandt, ja wesensverwandt gewesen seien, auf eine alte deutsche Denkweise — eine verhängnisvolle Denkweise – zurück. Es genügt wohl, hier nur einen ihrer Träger und Propagandisten zu erwähnen: Hitler.

Michail Sokolskis streitbare Essays verfolgen den Kampf zweier Parteien russischer Selbstdeutung in seinen verschiedensten Formen, Ausprägungen und Auswirkungen über einen Zeitraum von fast anderthalb Jahrtausenden. Gerade der Nachweis dieser für die russische Geschichte so kennzeichnenden geistigen Kontinuität bildet den bleibenden Wert des Buches.

Der Rezensent greift aus dieser Vielfalt nur eine einzige Linie heraus: die des heiliggesprochenen Fürsten Alexander Newski, der im 13. Jahrhundert die deutschen Ordensritter schlug, mit allen erdenklichen Mitteln der Mongolenherrschaft den Weg ebnete und in der todesmutigen, um ihre Freiheit kämpfenden Stadt Nowgorod ein nie dagewesenes Blutbad anrichtete. Es will dem Rezensenten nicht einleuchten, daß gerade Alexander, als eigentlicher Urheber des eurasischen Strebens und Fühlens in einem gewissen Teil des Ostslawentums, tatsächlich geistiger Vorkämpfer Iwans des Schrecklichen, der späten Slawophilen, der Schwarzen Hundert, Stalins und neuerdings der „Nationalpatrioten" gewesen war, obwohl sich, wie der Rezensent natürlich ganz richtig vermerkt, die konkreten Sinnesarten der verschiedenen Epochen stets wesentlich voneinander unterschieden. Aber es ist unserer Meinung nach eben ein Verdienst Michail Sokolskis, inmitten des Wechsels das tragisch Weiterwirkende zu erschließen, um es dem heutigen Leser klar vor Augen zu führen. Der Rezensent scheint übrigens nicht zu wissen, dass die Einstellung zu Alexander Newski seit 1990, als Michail Sokolskis Buch »Falsches Gedächtnis« in Moskau erschien, in den westlerischen Kreisen Rußlands eine neue Wendung erhielt und dass sich beispielsweise eine so herausragende Persönlichkeit des öffentlichen Lebens wie der Historiker Juri Afanassjew rückhaltlos der Bewertung Michail Sokolskis angeschlossen hat.

Deshalb möchten wir hier einige Sätze aus dem Klappentext des Buches zitieren, denen wir voll und ganz zustimmen: »Dieses Buch geht jeden an. Jeden Europäer, ganz besonders aber jeden Deutschen. Denn es vermittelt Kenntnisse, klärt Sachverhalte und korrigiert Bewertungen, die lebenswichtig sind. Lebenswichtig für Europa als Ganzes, für Deutschland insbesondere, für jeden Einzelnen, der an eine menschliche Zukunft glaubt. Der russische Historiker hat diese fünfzehn Essays deutsch geschrieben, weil er eine Wandlung im westlichen Russlandbild auch für Russland selbst als lebenswichtig betrachtet. Denn das Schicksal Russlands und das Westeuropas, und vor allem gerade Deutschlands, ist untrennbar. Eine Trennung, auf die gewisse Kräfte hinarbeiten, könnte nur gemeinsamen Untergang bedeuten.«[34]

Wer sich die Entwicklung der West-Ost-Beziehungen und hier insbesondere des Verhältnisses des von einigen deutschen Historikern so genannten ›Westens‹ zu Russland in den vergangenen zwanzig Jahren bis heute, Februar 2019, ansieht, wird sich der in diesen Zeilen zum Ausdruck kommenden Apokalyptik, die bei oberflächlicher Betrachtung sehr an die Zeit des sowjetisch-amerikanischen nuklearen Wettrüstens vor 1970 erinnert, nur schwer entziehen können.[35]

Anmerkungen

1 Rudolf A. Schröder: »*Macht und Ohnmacht des Geistes. Pfingsten 1951.*« In: ders.: Die Aufsätze und Reden. Zweiter Band. Berlin: »Suhrkamp«, 1952, S. 1204-1209 (Gesammelte Werke in 5 Bänden, 3. Band).
2 Von Boris Akunins ambitioniertem, auf 8 Bände angelegtem Projekt einer »*Geschichte des Russischen Staates*« erschienen seit 2013 vier umfangreiche, mit Illustrationen versehene Bände. Seine konsequent eurorussische Sichtweise wird von seinen einem imperialen Russlandbild anhängenden Kritikern als »russophob« bezeichnet, wie es ja bei einem ursprünglich aus Georgien stammenden Autor auch nicht anders sein könne. Der vielfach auch offen zum Ausdruck gebrachte rassistische Unterton der Kritik, wird beliebig kombiniert mit dem Vorwurf, die gut lesbaren Bücher seien »unwissenschaftlich«.
3 Wer die Auffächerung der von Michail Schaiber-Sokolski angesprochenen Themen in ausführlicherer Form nachvollziehen möchte, greift am besten zu dem seit 1997 erscheinenden »*Forum für osteuroäpische Ideen- und Zeitgeschichte*« und er wird sehen, dass doch etwas im Gedächtnis der Menschen geblieben ist ... (Aktuell auch russisch: https://reid.hse.ru/conf)
4 Poesija Jewropy – Poetry of Europe – Europäische Lyrik – Poésie d'Europe
Band I: Einleitung von Nikolai Tichonow (viersprachig)
Moskau: »Chudoshestwennaja Literatura«, 1977, 860 S. (Aufl. 15.000)
»*Herausgegeben auf Initiative des Sowjetischen Komitees für Sicherheit und Zusammenarbeit in Erfüllung der Beschlüsse des Brüsseler Forums der Öffentlichkeit*« [Zum KSZE-Prozess vgl. http://рос-мир.рф/node/2763]
Auswahlzeitraum von ca. 1800 bis 1920 (›Klassische Periode‹)
Auswahl aus den Literaturen von 24 europäischen Ländern
Albanien, Belgien, Bulgarien, Dänemark, Deutschland, Finnland, Frankreich, Griechenland, Großbritannien, Irland, Island, Italien, Jugoslawien, Niederlande, Norwegen, Österreich, Polen, Portugal, Rumänien, Schweden, Schweiz, Spanien, Tschechoslowakei, Ungarn

Poesija Jewropy – Poetry of Europe – Europäische Lyrik – Poésie d'Europe
Bände II, 1, 2
Moskau: »Chudoshestwennaja Literatura«, 1977, 608 + 574 S. (Aufl. 15.000)
Auswahlzeitraum von ca. 1920 bis 1970 (nach dem Stand von 1975)
Auswahl aus den Literaturen von 29 (26) europäischen Ländern (Deutschland bis 1945 als »Deutschland«; danach »Bundesrepublik Deutschland«, »Deutsche Demokratische Republik« und »West-Berlin«)
Albanien, Belgien, Bulgarien, Bundesrepublik Deutschland, Dänemark, Deutschland, Deutsche Demokratische Republik, Finnland, Frankreich, Griechenland, Großbritannien, Irland, Island, Italien, Jugoslawien, Luxemburg, Malta, Niederlande, Norwegen, Österreich, Polen, Portugal, Rumänien, Schweden, Schweiz, Spanien, Tschechoslowakei, Ungarn, West-Berlin.
Abdruck in der Originalsprache, danach Übersetzungen ins Russische, Englische, Deutsche und Französische.

Poesija Jewropy – Poetry of Europe – Europäische Lyrik – Poésie d'Europe
Band III, 1 Klassische und Moderne Dichtung der Völker der Sowjetunion [ca. 1800 bis 1920]
Moskau: »Progress« 1977, 655 S. (Aufl. 15.000)
[Herstellung der Druckvorlagen bei »Globus« (Wien
[Deutscher Teil, S. 319-470]

Anmerkungen

Auswahl: Wladmir Ognew
Redaktion: Michail Schaiber, Boris Brainin (Pseudonym: Sepp Österreicher)
Michail Schaiber hat aus allen mit Sternchen [*] versehenen Sprachen übersetzt:
Vertretene Sprachen einzelner Republiken der Sowjetunion:
Armenisch*, Aserbaidschanisch, Estnisch*, Georgisch*, Jiddisch* (Samuil Galkin), Lettisch, Litauisch*, Russisch*, Tatarisch*, Ukrainisch*, Weißrussisch*.
Die Aufnahme des Jiddischen in die »Europäische Lyrik«, das hier symbolisch für die Sprache der millionenfach im 2. Weltkrieg umgebrachten Juden in Osteuropa und in der Sowjetunion steht und für das es nie ein reales »Heimatland« gab, dürfte nur unter den spezifischen Bedingungen des Helsinki-Prozesses möglich gewesen sein.

Poesija Jewropy – Poetry of Europe – Europäische Lyrik – Poésie d'Europe
Band III, 2 Klassische und Moderne Dichtung der Völker der Sowjetunion [ca. 1920-1970]
Moskau: »Progress« 1977, 605 S. (Aufl. 15.000)

[Deutscher Teil, S. 309-444]
Auswahl: Wladmir Ognew
Redaktion: Michail Schaiber, Boris Brainin
Michail Schaiber hat aus allen mit Sternchen [*] versehenen Sprachen übersetzt.
Vertretene Sprachen einzelner Republiken der Sowjetunion:
Armenisch*, Aserbaidschanisch*, Balkarisch*, Baschkirisch, Estnisch, Georgisch*, Kabardinisch*, Kalmükisch, Lettisch, Litauisch*, Moldauisch, Russisch*, Tatarisch*, Ukrainisch*, Weißrussisch*
Übersetzungen ins Russische, Englische, Deutsche und Französische, d.h. die nichtrussischen Gedichte werden in der jeweiligen Landessprache abgedruckt und parallel dazu übersetzt – auch ins Russische. Diese Form der »Gleichstellung« der jeweiligen Sprachen der Republiken der Sowjetunion mit dem Russischen stellte für die Sowjetunion von 1975 eine von keinem europäischen Beobachter wahrgenommene Abkehr von der bisherigen sowjetischen Sprachenpolitik dar, für die das Russische die ›Kommandosprache‹ vor allen anderen war. Niemand vermochte hier schon zu ahnen, dass sich aus diesem hochkomplexen Prozess, der im Juli/August 1974 zur Unterzeichnung der Schlussakte von Helsinki geführt hatte, 1991 die Auflösung der Sowjetunion mit den bekannten Folgen ergeben würde.
— Und hierzu bedurfte es noch der Jahrhunderterscheinung eines Alexander Solshenizyn, der nach seiner Ausbürgerung im März 1974 aus der Sowjetunion scheinbar im Alleingang vom Westen aus die so mächtig erscheinende Sowjetmacht zum Einsturz brachte.
Die Auflagen von Solzhenizyns Werken überschritten in dieser Zeit nicht nur in Deutschland bereits die Millionenhöhe.
Während die »Europäische Lyrik«, der man auch die amerikanische eines Allen Ginsberg (1926-1997) hätte an die Seite stellen können und die vor allem eine gemeinsame Stimme der ›sanften Gewaltlosigkeit‹ der europäischen Völker nach dem 2. Weltkrieg und nach Auschwitz war, bis zur Auflösung der Sowjetunion 1991 eine von den politischen Akteuren in Ost und West völlig unvorhergesehene und ebenso unerwünschte dauerhafte Spur in den Köpfen zu

hinterlassen schien – Glasnost dichtete! –, setzte sich endgültig ab Herbst 2007 europaweit wieder ein ›nationalpatriotisches‹ Ideologiengeflecht durch, das niemand besser zu verkörpern schien als der Ende Mai 1994 aus den USA im Triumphzug von Wladiwostok nach Moskau zurückgekehrte und immer mehr zur Ikone erstarrte Alexander Solzhenizyn. In Russland symbolisiert durch die Einweihung eines Solzhenizyn-Denkmals in Moskau am 11. Dezember 2018 durch den Präsidenten der Russischen Föderation, Wladimir Putin. —

»Europäische Lyrik« im unvereinigten Deutschland?
Es genügt eine Aufzählung der über die 3300 Seiten repräsentativ verstreuten Namen deutscher Dichter mit der Empfehlung, diese einmal langsam und deutlich vor sich hinzusprechen, um sich vor Augen zu führen, wie weit sich Deutschland 1975 von seinen klassischen europäischen Wurzeln entfernt hatte. Von der nicht geringen Auflage der »Europäischen Lyrik« von 12 bzw. 15000 Exemplaren lässt sich das gesamte Konvolut von fünf Bänden nur in vier deutschen Bibliotheken nachweisen.
Deutschland (bis ca. 1920):
Johann Wolfgang von Goethe, Friedrich Schiller, Friedrich Hölderlin, Adalbert von Chamisso, Ludwig Uhland, Joseph von Eichendorff, Annette von Droste-Hülshoff, Heinrich Heine, Eduard Mörike, Ferdinand Freiligrath, Georg Herwegh.
Deutschland (ab ca. 1920):
Ricarda Huch, Stefan George, Else Lasker-Schüler, Rudolf Borchardt, Ernst Stadler, Joachim Ringelnatz, Oskar Loerke, Georg Heym, Rudolf Leonhard, Kurt Tucholsky, Nelly Sachs, Gertrud Kolmar (1894-1943 in Auschwitz)
DDR:
Erich Weinert, Johannes R. Becher, Bertolt Brecht, Erich Arendt, Georg Maurer, Louis Fürnberg (1909-1957), Stephan Hermlin, Johannes Bobrowski, Franz Fühmann (1922-1984), Günter Kunert
West-Berlin:
Volker von Törne, Christoph Meckel

Heute wird der Zugriff auf die Bände I, II 1,2 erleichtert durch das russische Internet, in dem ausdrücklich darauf hingewiesen wird, dass die Bände III 1,2 für den heutigen russischen Leser nicht von Interesse seien und daher nicht zum Herunterladen zur Verfügung stünden. Für die dort ins Russische, Englische, Deutsche, Französische übersetzten Dichter der heute unabhängigen Republiken Armenien, Estland, Georgien, Lettland, Litauen, Ukraine, Weißrussland hat das einst einigende Band der »Freundschaft der Völker« offenbar keine Gültigkeit mehr. Zu Europa aber zählen sie nach wie vor...

5 Zu Boris Sluzki, Juli Daniel und Boris Tschitschibabin vgl. Michail Sokolski: *Russlands europäische Sehnsucht I. Lyrische Profile.* Marburg: »Blaue Hörner Verlag«, 2003.

6 Unter Verwendung mehrerer Gedichtübersetzungen Michail Schaibers entstand 2003 der dann von Christian Brückner im SWR II (Arte) gelesene 90-minütige Radioessay von Bernd E. Scholz: »„*Ich glaube an die Unsterblichkeit der Seele." Der russische Dichter Arseni Tarkowski*«, a.a.O., S. 223-268

7 Wassili W. Lenski — www.vixri.ru/?p=1141. »*Buduščee za mnogopoljarnost'ju*« [Eine Zukunft jenseits der Multipolarität], Russkij Krug, 25. November 2010; seine Schriften vor allem auf der Webseite vlenskij.narod.ru. Seine weitgehend ma-

thematische Abhandlung über die »Grundlagen der Multipolarität« erschien 1986 in Irkutsk. In Deutschland befindet sie sich in der UB Göttingen. 1994 versuchte ihn der US-Präsident Bill Clinton anläßlich eines Besuchs in den USA, zum Bleiben zu bewegen, was Lenski ablehnte. Die Originalität seines Denkansatzes scheinen seine naturwissenschaftlichen Studien zu Quantentheorie und Relativitätstheorie zu belegen, die sich aber weit entfernt in der Handschriftenabteilung der Unversität von Alma Ata befinden. Seine heutigen Auftritte sind weitgehend weltanschaulich-esoterisch ausgerichtet. Umfangreiche Informationen auf der Webseite ariom.ru/Vasilijilenskij [last access 20.02.2019].

Im russischen Internet finden sich zahlreiche Video-Auftritte und Publikationen. Interessanterweise wird der Begriff der »Multipolarität« seit Wladimir Putins Rede auf der Sicherheitskonferenz 2007 in München in der russischen Publizistik als Kampfbegriff gegen die unipolare Weltordnung der USA regelmäßig verwendet. In den Politikwissenschaften heute ein gängiger Terminus in Verbindung mit »Bipolarität«.

8 Zur Kritik an der »*Tausendjährigen Spaltung*« vgl. hier das Nachwort S. 494-502.

9 N.N. Ja[ä]nisch: Die Nowgoroder Chronik und ihre Moskauer Bearbeitungen. Moskau 1874 (russ.)

10 Wie richtig Michail Schaiber-Sokolski mit seiner Einschätzung der Diskussion **historischer** Entwicklungsalternativen Russlands 1995 gelegen hat, zeigen die zahlreichen Arbeiten des Tscheljabinsker Historikers M.A. Basanov zu Simins Forschungen der vergangenen Jahre, die heute im russischen Internet allgemein zugänglich sind, wie z.B. sein Aufsatz »*Vom "Moskauzentrismus" zum "Polyzentrismus!": die Evolution der Ansichten A.A. Simins*« (2009; u.dgl.m.). Diese russischen Forschungen prallen hierzulande wie eh und jeh an einer Mauer stumpfsinnigen Beharrens auf alten Vorurteilen ab, deren arrogante Methode des Verschweigens sich aus der Bonner Republik bis in unsere Tage hinübergerettet hat.

11 Achijesers fundamentale Untersuchung der »*Soziokulturellen Dynamik Russlands*« (so der Untertitel von *Rossija: Kritika istoričeskogo opyta. Band I: Ot prošlogo k buduščemu* [Russland. Kritik der russischen Erfahrung. Von der Vergangenheit zur Zukunft], 806 S. Band II: *Teorija i metodologija. Slovar'* [Theorie und Methodologie. Wörterbuch], 594 S.) konnte bezeichnenderweise zweibändig vollständig und unzensiert erst 1997 im Nowosibirsker Verlag »Sibirskij chronograf« erscheinen. Eine Erwähnung findet die erste Ausgabe von 1993 (maschinenschriftlich!) immerhin bei Evert van der Zweerde: »*Die ›bürgerliche Gesellschaft‹ In den Diskussionen russischer Philosophen heute*«, in: Maria Deppermann (Hrsg.): *Russisches Denken im Europäischen Dialog*, Innsbruck-Wien: »STUDIEN Verlag«, 1998, S. 278-310 (hier S. 285f.).

Es ist daher wenig verwunderlich, dass die in Russland nach Achijeser diskutierten Denkansätze V.L. Zymburskis, die in kein gängiges Anti-Putin-Schema passen, bei Kritikern der aktuellen politischen Ideologie des »katechon« keine Beachtung fanden (vgl. ders.: »*Apokalispsis na segodnja*« [Die heutige Apokalypse, 2001], in: ders.: *Ostrov Rossija. Geopolitičeskie i chronologičeskie raboty*. [Die Insel Russland. Geopolitische und chronologische Arbeiten]. Moskau: »ROSSPEN«. 2006, 521-542; dagegen: Michael Hagemeister: »*"Bereit für die Endzeit". Neobyzantismus im postsowjetischen Russland.*« In: OSTEUROPA, H.11-12, 2016, S. 18-43.

12 In der deutschen Literatur verzeichnen wir, dass in dem umfangreicheren

Essay über Fleming von Rudolf Alexander Schröder von 1935 kein Wort zu dessen zahlreichen Russlandtexten fällt. Ausführlicher erwähnt wird nur der Auftraggeber der Russlandreise, Herzog Friedrich der Dritte von Holstein-Gottorp, (vgl. R.A. Schröder: *Die Aufsätze und Reden*. Zweiter Band. Berlin: »Suhrkamp Verlag«, 1952, S. 598-651 (hier S. 635ff.))
Konkrete Aussagen Flemings über Russland erwähnt Heinz Entner in seiner umfangreichen und bewundernswerten Fleming-Biographie von 1989: *Paul Fleming: Ein Deutscher Dichter im Dreißigjährigen Krieg*. Leipzig: »Reclam«, 1989, vor allem S. 370-380 (= Reclams Universalbibliothek 1316). Entner stützt sich bei seiner Darstellung auch auf einen Aufsatz des Altmeisters der Leningrader Komparatistik, M.P. Aleksejew (geb. 1896 in Kiew, gest. 1981 in Leningrad): »*Ein deutscher Dichter im Novgorod es 17. Jahrhunderts*«, in ders.: *Zur Geschichte russisch-europäischer Literaturtraditionen. Aufsätze aus vier Jahrzehnten*. Berlin: »Rütten & Löning«, 1974, S. 32-60 (= Neue Beiträge zur Literaturwissenschaft, Bd. 35). Für Aleksejew stellen Flemings Texte sogar etwas wie eigene historische Quellen zur Geschichte Nowgorods dieser Jahre dar.

13 Theodor Commichau – Dieses Urteil Michail Schaiber-Sokolskis findet sich bestätigt in einem vom Herausgeber dieser Essays gefundenen völlig entlegenen Aufsatz aus der einstigen DDR: Wissenschaftliche Zeitschrift der Wilhelm-Pieck-Universität Rostock. Unterreihe: Gesellschafts- und sprachwissenschaftliche Reihe. Universität Rostock, 1966, Jg. 15, H. 6, S. 597-611 (vh. in UB Marburg).

14 Die Geschichte der Verhaftung und Erschießung Nikolai Gumiljows ist heute durch die Forschungen V.Ju. Tschernjajews weitgehend aufgeklärt. Das Wichtigste daraus sei hier zusammengefasst:
Gumiljow wurde am 3. August 1921 vom Petrograder Geheimdienst (Tscheka) verhaftet und am 26. August zusammen mit 56 weiteren Mitgliedern der so genannten »Taganzew Verschwörung« erschossen. Seine Rehabilitierung erfolgte zusammen mit der der anderen sogenannten Verschwörer (insgesamt 833 Verhaftungen) erst 1992 in einem sehr aufwändig geführten Prozess. Hierbei wurden von den insgesamt erhalten gebliebenen 253 Akten des Prozesses von 1921 nur 3 für die Wiederaufnahme freigegeben. Der restliche Aktenbestand blieb und bleibt sekretiert. Der Prozess anhand »fabrizierter« Beweismittel stellte die erste umfangreichere Maßnahme zur willkürlichen Liquidierung von vermuteten Gegnern des neuen sowjetischen Regimes dar, deren propgandistische Begründung für die begangenen Grausamkeiten – auch an Unbeteiligten – in diesem, wie in allen späteren Prozessen dieser Art, der Sekretär Lenins, Jakow Agranow, lieferte: »*1921 standen 70% der Petrograder Intelligenz mit einem Bein im Lager des Feindes. Dieses Bein mussten wir verbrennen.*«
(Vgl. V.Ju. Tschernjajew: Delo „Petrogradskoj boevoj organizacii V.N. Tagangceva".« [Die Akte der „Petrograder Kampforganisation W.N. Taganzew"]. In: Repressirovannye geologi [Ungesetzlich verhaftete Geologen]. M.-Spb. 1999, S. 391-395 (zugänglich über:
http://www.ihst.ru/projects/sohist/material/dela/pb02.htm – (last access 23.03.2019)
Der ausführliche Artikel in der russischen Wikipedia zum Taganzew-Prozess weist auf den hohen Stellenwert hin, den dieser Prozess für die Entwicklung des Rechts- und Staatsverständnisses in Russland besaß. Neben den »bürgerlichen Kodex« trat der »revolutionäre« des Geheimdienstes, der es den Sicherheitsorganen erlaubte, jederzeit jedermann »als Staatsfeind« zu verhaften und jeder beliebigen Strafe zu unterwerfen.

(https://ru.wikipedia.org/w/index.php?title=Дело_Таганцева&oldid=97821375; last access 25.02.2019)

15 Der russische Schriftsteller und Publizist Pjotr I. Tkatschenko (*1950, im Kubangebiet) benennt 2009 in einem ausführlichen Artikel in der Internet-Zeitschrift »Moloko«, »O tajne smerti Aleksandra Bloka« [Über das Geheimnis des Todes Alexander Bloks] die auch in Deutschland gut bekannte Kommunistin Larissa Reissner (1895-1926) als Hauptverdächtige bei der Vergiftung Bloks. (http://www.hrono.ru/text/2009/tkach00709.php; last access 20.02.2019)

16 Ausschließlich Andrej Platonow ist das Heft 6-8, 2016, Zeitschrift OSTEUROPA, gewidmet.

17 Neue Übertragungen der Werke Schestows durch Felix Philipp Ingold finden sich im Berliner Verlag Matthes & Seitz.
Der russisch-jüdische Philosoph A. Štejnberg bestätigt in seinen Erinnerungen diese Feststellung Michail Schaiber-Sokolskis von der »Systemfeindlichkeit« des Philosophen Schestow auf pointiert-eindrucksvolle Weise (A.Z. Štejnberg: *Druz'ja moich rannich let (1911-1928)* [Freunde meiner frühen Jahre]. (Ed. G. Nivat). Paris: »Sintaksis«, 1991, S. 129-131):
*»In den dreißiger Jahren traf ich Lew Schestow nur zufällig und nur unter Menschen. Bei einer dieser Zufallsbegegnungen auf dem Boulevard St. Germain blieb er stehen, hochgewachsen, mit gebeugtem Rücken, erschöpft, und begann mir so, am Rande des Trottoirs stehend, hastig den Inhalt eines Gesprächs mit Edmund Husserl wiederzugeben, den er die Jahre zuvor eigenst in Freiburg besucht hatte. [...] Möglicherweise habe ich ihn allein durch mein Aussehen an den Besuch Rickerts erinnert, den Vorgänger Husserls am Freiburger Lehrstuhl für Philosophie, als sich die deutsch-russische Zusammenarbeit in der Philosophie der Kultur unter dem Zeichen des antiken "Logos" verbarg. Offensichtlich war Schestows Lebenskreis tatsächlich im Begriff, sich zu schließen. Durch die Ereignisse in Deutschland war er aufs Äußerste aufgewühlt und hielt mich auf der Straße an, als ziehe er mich zur Verantwortung: „Also, ich will Ihnen einmal sagen", begann Schestow in sich überstürzender Rede, nachdem er mich kaum begrüßt hatte, „das war alles seit langem absehbar. Ihr Heidelberg mit seinem ›Zaren‹-Fass oder Freiburg, von wo aus ich damals zu Ihnen gefahren bin ... Man denke bloß, was das Leben für Scharaden malt! Alle Weine – in ein einziges Fass! Und das nennt sich ›Die Philosophie ist eine strenge Wissenschaft‹! Ich werde Husserl diese seine Formel nie verzeihen. Ich bin eigens bei ihm vorbeigekommen, um mich zu erklären. Genauso, wie wir uns damals vor meiner Reise nach Palästina ausgesprochen haben, wissen Sie noch? Ich habe Husserl genauso einfach auf den Kopf zugesagt: ›Was für den Juden gesund ist, ist für den Deutschen der Tod‹, habe ihm unser altes russisches Sprichwort mit auf den Weg gegeben. ›Eine strenge Wissenschaft‹! Soll sie doch, die Philosophie, eine mildherzige Wissenschaft sein oder von mir aus gar keine Wissenschaft, sondern Kunst, ein Lied, ein Psalm ... Und er, Husserl, hat mich auch gar nicht ausreden lassen:
›Was sollen hier die Juden?‹ hat er mich streng (bei ihm ist alles streng) gefragt und drohend die Brauen gehoben, ›ich bin kein Jude, sondern Deutscher, genau wie Sie auch kein Jude sind, sondern Russe.‹
Nun, wissen Sie, da habe ich mich sehr aufgeregt, Herr Professor. ›Sie sind kein Jude?!‹
›Oh‹, hat er derart hochmütig von sich gegeben, ›was mich angeht, so bin ich längst aus der Jüdischen Gemeinde ausgetreten‹.
Und ich darauf zur Antwort: ›Was mich angeht, so wie ich ein russischer Jude*

gewesen bin, so bin ich es auch immer.‹ Damit war das Gespräch dann auch abgebrochen. Ich spürte, dass ich dabei war, meine Achtung vor ihm zu verlieren. Wie Vater gesagt hat: ›Er ist sich selbst der Nächste.‹ Sie haben ja dem Karsawin in unseren „Wersty" die richtige Antwort gegeben: ›Was größer ist, russischer Jude, Jude oder Russe, hängt vom Blickwinkel ab ... Nun aber auf Wiedersehen. Ich bin in Eile. Das ist gut, dass wir es schaffen, wenigstens eins unserer Gespräche zu Ende zu bringen. Wie lange hat sich dieses bei uns schon hingezogen?‹
›Fünfundzwanzig Jahre.‹
›Na, sehen Sie.‹ Er wiegte den Kopf und machte sich mit großen Schritten Richtung Metro davon.
Dieses langjährige Gespräch mit Schestow hatte ich wirklich zu Ende gebracht, doch eine Reihe anderer, ähnlicher Dialoge dauert bis heute an und unterbricht zuweilen sogar nächtliche Träume. Seine ihm bei der Geburt verliehene Feder gehorchte einer ihm selbst unbekannten, übermenschlichen Gewalt. Mit wem kam er nicht alles in Kontakt!? Wie das Puschkinsche Echo lauschte er sowohl den Nietzscheanern, die „hinter den Hügeln" ihre Dithyramben sangen, wie den sagenumwobenen russischen „Skythen" und den Anhängern des verschlungenen Denkens aus der Wiener Schule Freuds, und schließlich den Eurasiern. Doch all diese Strömungen, die seine Wahrnehmung und sein Bekenntnis prägten, tauchten auf (ja wohl kaum auf scherzhafte Anweisung hin), und jede erschien gleichsam im Einklang mit dem von ihm persönlich gerade erreichten Entwicklungsstadium. Das Eurasiertum Ende der 20-er Jahre kam besonders gelegen, als er in sich die hellenisch-jüdische Doppeleinheit erkannte. Eben damals hatte ich Lew Platonowitsch Karsawin, einer der Säulen des Eurasiertums, als Antwort geschrieben, dass die Juden natürliche Eurasier seien: In Asien Europäer und in Europa Asiaten. Mit anderen Worten, die Wogen der Zeit zogen Schestow, unabhängig von seinem Willen, an irgendwelche vorherbestimmten Ufer. An welche? Wenn wir das erraten könn-ten, dann könnten wir die historische Karte der heutigen Zone des Universums wohl besser verstehen.« (A.d.Russ. bes/eb)

18 Die aktuelle russische Wikipedia (last access 1. März 2019) charakterisiert die Geschichte des Romans wie folgt: »Ende 1928 erscheinen in der Zeitschrift »Roman-gazeta« (Moskauer Arbeiterverlag) die ersten beiden Bücher des Romans »Der Stille Don« von Michail Scholochow mit einem Vorwort von Alexander Serafimowitsch. [...] Auflage: 300.000 Ex.
»Der Stille Don« ist ein Roman in vier Bänden. Als Autor des Romans gilt offiziell Michail Scholochow. Die Bände 1-3 wurden von 1925 bis 1932 geschrieben und in der Zeitschrift »Oktjabr« von 1928-1932 veröffentlicht. Der 1940 vollendet Band 4 erschien in der Zeitschrift »Novyj mir« [Neue Welt] von 1937 bis 1940.
Inoffiziell stammen der »Ursprungstext« der ersten drei Bände (6 Teile) und der gesamte 7. Teil des Romans von Fjdor Krjukow. [Kursiv bes]
Eines der bedeutendsten Werke der russischen Literatur des 20. Jahrhunderts, das ein breites Panorama des Lebens der Donkosaken während des 1. Weltkriegs, der revolutionären Ereignisse von 1917 und des Bürgerkriegs in Russland zeichnet.
Der Roman wurde in viele Sprachen übersetzt.«

19 Vgl. Bar-Sella, Zeev: »»Tichij Don‹ protiv Šolochowa«. In: Zagdaki i tajny Tichovogo Dona [Rätsel und Geheimnisse des Stillen Don]. Samara: »P.S. press«, 1996, S. 122-194; ders.: Literaturnyj kotlovan: Projekt »Pisatel' Šolochow«. [Eine literarische Baugrube: Das Projekt »Der Schriftsteller Scholochow«] Moskau: »RGGU«, 2005, 461 S.

Anmerkungen

20 Andrej Tschernow: »ZAPRESCHTSCHENNY KLASSIK (stranizy o Fjodore Krjukowe)« [Ein verbotener Klassiker (Seiten eines Buches über Fjodor Krjukow)]. Zuerst in: Zagadki i tajny „Tichogo Dona" ; dvenadcat let poiskow i nachodok [Rätsel und Geheimnisse des »Stillen Don«; 12 Jahre des Suchens und des Findens] (Hrsg.) Makarow, Andrej Glebovič. Moskwa: »AIRO-XXI«, 2010, 397 S.; im Internet unter:
http://fedor-krjukov.narod.ru/o_KRJUKOVE/Chernov_o_KRJUKOVE.htm [last access 15.03.2019]
Stark erweiterte Fassung 2017 (ca. 135 Druckseiten mit zahlreichen historischen Abbildungen und dem Versuch einer Rekonstruktion der ersten 12 Kapitel des 1. Teils des immer noch nicht freigegebenen Krjukowschen »Ur«-Manuskripts) unter:
https://nestoriana.wordpress.com/2017/11/29/td_krjukov_klassik/?fbclid=IwAR1M DY9O4pEQc32NhucrXk8GDTAsAcN1ugPWwJzF33NM1driAsnjZK5uIfE (last access 25.03.2019)

21 Auf einem Artikel in der »Nowaja gazeta« fußend, dient die Russlandkorrepondentin der FAZ, Kerstin Holms, 2015 ihren Lesern noch einmal die Version Bar-Sellas an, von den diese Sichtweise empfindlich störenden Forschungsergebnissen Andrej Tschernows ist mit keiner Silbe die Rede.
(Vgl. FAZ online, 31.07.2015 »Nobelpreis für ein Plagiat. Die Ruhmsucht der Sowjetunion.«)

22 Die Liste der am »Stillen Don« begangenen deutsch-deutschen philologischen ›Grausamkeiten‹ ist lang (hier nur ein kleiner Auszug): Willkürlich vollständig herausgekürzt die Kapitel VII, XV und XVII aus dem zweiten Teil des 1. Buchs, wobei das Kapitel XVII eine Schlüsselfunktion für die Gesamtkomposition der Bücher 1 bis 3 besitzt, vor allem wegen der meisterhaften Einbettung des den weiteren Romanverlaufs bestimmenden Konflikts der beiden Protagonisten Grigori Melechow und Stepan Astachow in den Verlauf einer Wolfsjagd.
»Rohrdommeln« werden zu »Wasserochsen«, die am Don nie gesehen oder gehört wurden; »Kraniche« zu »Störchen« (vgl. hier Kasten S. 512), usw. Ideologisch bedingte Eingriffe in die Substanz des Werks durch Ersetzen der die Zeitstruktur festlegenden Feiertage der russisch-orthodoxen Kirche durch nackte Datumsangaben führten dazu, dass die kunstvoll verflochtenen Handlungs- und Zeitstränge der Bücher 1 und 2 auf diese Weise durcheinander gerieten, was dann ja immerhin in Moskau im »Verlag für fremdsprachige Literatur« 1949 bemerkt und durch Neuübersetzung korrigiert, aber auch dann in Deutsch-Deutschland nicht kommuniziert wurde. —
— Noch einmal widmet die Zeitschrift »Sowjetliteratur« dann 1980 ein ganzes Heft (Nr. 8) dem Abdruck von Buch I in der, wie es heißt, von »*Maximilian SCHICK revidierten Übersetzung Olga Halperns*«, was wiederum nicht der Wahrheit entsprach, denn M. Schick hatte den gesamten Roman neu übersetzt. Mit dem Abdruck von zwei Kapiteln aus Buch IV in der Schickschen Version wurde diskret darauf hingewiesen, dass auch die von E. Margolis und R. Czara für »Volk und Welt« vor Jahrzehnten übersetzten Bücher 3 und 4 nicht allen Ansprüchen genügten. Der Kommentar dazu lautete, man wolle dem Leser Lust machen auf eine vollständige Lektüre des Werks. Leider ohne zu sagen, in welcher Übersetzung und dass die Schicksche Übersetzung gar nicht mehr erhältlich war. —

23 Vgl. Georges Wertheim: »*Die Odyssee eines Verlegers. In memoriam Dr. Johannes Wertheim (1888-1942).* In: Jahrbuch 1996, Dokumentationsarchiv des öster-

»Axinja zieht ihren Arm mit schroffer Bewegung rasch von Grigoris Kopf weg, mit trockenen Augen sieht sie auf das Fenster. Gelblich-starre Nacht blickt herein. Die Scheune wirft einen schwerfälligen Schatten. Grillen zirpen. Am Don brüllen die Wasserochsen, ihre mürrischen Bässe dringen durch den Fensterflügel in die Stube.« (Michail Scholochow: Der Stille Don. A.d.Russ. Olga Halpern. München: »List Verlag«, 1965; Buch I, 12. Kapitel, S. 51)	»Aksinja zieht schroff ihren Arm unter Grigoris Kopf weg und starrt mit trockenen Augen durchs Fenster. Draußen schimmert gelblich die Nacht. Die Scheune wirft einen tiefen Schatten. Grillen zirpen. Am Don schlagen die Rohrdommeln, die unheimlichen Basstöne kriechen durchs Fenster in die Stube.« (M. Scholochow: Der Stille Don. Band I. Neubearbeitung Max. Schick. Berlin: »Volk und Welt«, 1958, Buch I, XII. Kapitel, S. 66)
»Natalja sah in die Höhe, in den unerreichbaren Sternenhimmel, auf den schartigen, durchsichtigen Schleier der vorbeischwimmenden Wolken, und schwieg. Im schwarzblauen Dickicht ertönten, silbernen Glocken gleich, Schreie von Störchen, die ihren Schwarm versäumt hatten.« (A.a.O. Buch I, 2. Teil, 5. Kapitel, S. 124)	»Natalja blickte zu dem unerreichbar fernen Sternenhimmel, zu dem schattenhaften, gespenstischen Schleier der über ihnen dahingleitenden Wolke empor und schwieg. Von dort, aus der leeren, schwarzblauen Höhe, erklangen wie silberne Glocken die Schreie der Kraniche, die hinter ihrem Schwarm zurückgeblieben waren.« (A.a.O., Buch I, 2. Teil, V. Kapitel , S. 163 f.)

reichischen Widerstands (DÖW), Wien 1996, S. 204-229 [mit einer umfangreichen Bibliographie aller Verlagsaktivitäten]

24 Ungeklärt ist, mit wem der Wiener Verleger Wertheim den Verlagsvertrag abschloss. Mit einiger Wahrscheinlichkeit kann man jedoch davon ausgehen, dass es die 1923 geschaffene »Meshkniga« [Das Internationale Buch] war, ein Organ der staatlichen Außenhandelsorganisation »Gostorg«, die anfangs vor allem die Aufgabe hatte, durch Verkäufe wertvoller requirierter antiquarischer Werke in Westeuropa Devisen für die klamme sowjetische Staatskasse zu erwirtschaften. (Diese Aufgabe als Leiter der antiquarischen Abteilung von »Meshkniga« in Moskau wurde 1923 dem legendären Buchantiquar aus vorrevolutionärer Zeit, Pawel P. Schibanow (1864-1935), zugewiesen, der bis 1934 78 Verkaufskataloge und mehr als 300 Bulletins herausgab.)
Die geheimdienstliche »Operation ›Stiller Don‹«, die alle Qualitäten einer ›Räuberpistole‹ besitzt, scheint auf diese Weise eher der materiellen Not der Zeit nach dem Bürgerkrieg geschuldet, als vertrauenerweckender verlegerischer Tätigkeit, die erst einmal darin bestand, das von den Erben des von der Tscheka ermordeten oder auf andere Weise entfernten weißgardistischen Autors Pawel Krjukow übernommene Manuskript einem neuen »sowjetischen« Autor zuzuschreiben, als der sich der junge und literarisch ebenso unerfahrene

Anmerkungen

wie wenig talentierte Michail Scholochow irgendwie anzubieten schien. Die Legende verkaufte sich jedoch gut – einzelne kritische Stimmern wurden von Stalin persönlich »ruhig gestellt« –, so dass fast gleichzeitig mit der deutschen Ausgabe auch eine **französische** in Paris erschien (Michel Cholokhov: Sur Le Don Paisible. A.d.Russ. V. Soukhomline [Wassili W. Suchomlin, 1885-1963] und S. Campaux. Paris: »Payot«, 1930 und 1931 (Bücher I und II). Die Übersetzung erfolgte aufgrund der russischen Buchedition von 1929), und hielt sich, wie ein gründlicher Textvergleich ergab, im Gegensatz zur Halpernschen Fassung streng an die russische Vorlage. Die Übersetzung ist texttreu und erfüllt am ehesten literarisch-künstlerische Erwartungen. (Die farbige Biographie des französisch-russischen Schriftstellers W.W. Suchomlin, des Sozialrevolutionärs und späteren sowjetischen Agenten in Frankreich und den USA, passt gut zur Geschichte der Verbreitung des »Stillen Don« durch die Komintern.)

Viele Rätsel in der Auswahl der abgedruckten Kapitel gibt auch **die erste englische Ausgabe** von 1934 in der Übersetzung von Stephen Garry auf, der es gelingt, den gewaltigen Textumfang der Bücher I, II und III auf ca. 25% herunter zu kürzen. Bemerkenswert ist aber, dass hier die spätere Gesamtaufteilung in vier Bücher – Peace – War – Revolution – Civil War – bereits angedeutet ist. Als Penguin Book »And Quiet Flows the Don« ab 1967 immer wieder aufgelegt (bis 1980).

Die Rolle des List Verlags ist heute, auch nach seiner Eingliederung in die Ullstein Verlagsgruppe (Berlin), mehr als nur historisch beachtlich. Die auf der Homepage des List Verlags von 2001 verbreitete Selbstdarstellung wies von 1931 bis 1945 eine Lücke auf, offenbar hatte der Verlag während dieser Zeit auf dem Mars existiert. (Last access 2001)

Im März 1945 allerdings war der Verleger von Leipzig nach München gereist, um Papier einzukaufen, von wo er nicht mehr nach Leipzig zurückkehrte. Die Verlagslizenz erhielt er dann bereits wieder 1946 in München von den Amerikanern. Kurzzeitig existierte der Verlag dann gleichzeitig in München wie in Leipzig.

Zu Scholochow hieß es 2001 wörtlich auf der Homepage:
»Auf der Frankfurter Buchmesse [1965] erfährt der List Verlag, dass sein [sic!] Autor Michail Scholochow den Nobelpreis für Literatur erhält.
Paul W. List hatte bereits im Jahre 1949 den Verlagsvertrag mit Scholochow in Berlin unterzeichnet.« [Kursiv bes]

Diese letztere Aussage kann nicht wahr sein, da 1949 kein Autor der Sowjetunion das Recht hatte, eigenständig Verlagsverträge mit Verlagen außerhalb der Sowjetunion abzuschließen. Dies war die Aufgabe von »Meshkniga« als Teil der sowjetischen Außenhandelsorganisationen. Als Boris Pasternak 1957 die Rechte für seinen Roman »Doktor Schiwago« dem italienischen Verleger Giangiacomo Feltrinelli übertrug, um sein Erscheinen nach Ablehnung durch sowjetische Verlage zu ermöglichen, und der Roman dann tatsächlich auch in Russisch wie in Übersetzung im Westen erschien und ihm 1958 der Literaturnobelpreis verliehen worden war, wurde gegen ihn eine Kampagne des sowjetischen Schriftstellerverbandes inszeniert, an der sich u.a. auch Scholochow aktiv beteiligte. Der Ausweisung konnte Pasternak nur dadurch entgehen, dass er die Annahme des Preises verweigerte. Dennoch bestand er als erster sowjetischer Autor seit 1918 auf seinem Recht als Autor, über sein geistiges Eigentum selber zu verfügen und es bei Ablehnung sowjetischer Verlage auch im Ausland veröffentlichen zu lassen. (Es wird dann 1974 Solzhenizyn sein, der der »Piraterie« sowjetischer wie westlicher Verlage, sich die Rechte am geistigen Eigentum umstandslos anzueignen, durch Beauftragung eines Schweizer Anwalts mit der Wahrnehmung seiner Autorenrechte ein Ende setzte. So musste der rechtslastige Münchener Langen Müller Verlag 1971 die gesamte Auflage von »August 1914« (100.000 Ex.) nach Widerspruch Solzhenizyns wieder einstampfen – https://www.zeit.de/1987/42/wenn-die-daemme-brechen?wt_zmc=sm.ext.zonaudev.mail.ref.zeitde.share.link.x ; last access 20.03.2019)

Die seinerzeit hinlänglich bekannte Pasternak-Geschichte hinderte den Verleger Paul W. List indes nicht, im Sommer 1966 auf Einladung des mittlerweile Literaturnobelpreisträgers Scholochow mit Gemahlin nach Moskau zu reisen. Selbst heute – im März 2019 – auf seiner Berliner Webseite stellt er noch nostalgisch fest, dass der Nobelpreisträger Michail Scholochow «für literarisches Profil» gesorgt habe.
(https://www.ullstein-buchverlage.de/verlage/list.html; last access 23.03.2019)

25 Zu Al. Bogdanow vgl. *Die Neue Menschheit. Biopolitische Utopien in Russland zu Beginn des 20. Jahrhunderts.* (Hrsg. von Boris Groys und Michael Hagemeister unter Mitarbeit von Anne von der Heiden; kommentiert von Michael Hagemeister). Frankfurt am Main: »Suhrkamp» 2005, S. 482-605 (= stw 1763).

26 Zitiert nach: Maxim Gorkij: *Unzeitgemäße Gedanken über Kultur und Revolution.* Geschrieben von Maxim Gorkij in Petrograd und veröffentlicht in der Tageszeitung »Novaja Žizn« (Neues Leben) 1917-1918. (Herausgegeben, kommentiert und mit einem Nachwort von Bernd Scholz). Frankfurt am Main: »Suhrkamp« 1974, S. 97-98 (= st 210).

27 A.a.O., S. 156.

28 Eine weitgehende Offenlegung der Hintergründe erfolgte nach »Deklassifizierung« der entsprechenden Archivalien des ZK der KPdSU erst 2017 in dem Dokumentenband: *Tajna smerti Gorkogo: dokumenty, fakty, versii* [Das Geheimnis von Gorkis Tod: Dokumente, Fakten. Versionen]. (Hrsg.von L.A. Spiridonow. O.W. Bystrow, M.A. Semaschkin). Moskau: »AST« 2017. Trotz seiner Bedeutung für die Erforschung des Terrors der Jahre 1937 im Allgemeinen und natürlich auch für die Biographie Maxim Gorkis im Einzelnen – so wurden bis auf einen alle anderen Mitarbeiter des Gorki-Archivs liquidiert, zumeist auch ihre engsten Familienangehörigen – befindet sich dieses Buch in Deutschland nur in der BSB München. In der bundesdeutschen Osteuropa-Hauptsammelstelle, der Preußischen Staatsbibliothek Berlin, sucht man es vergeblich, ebenso im Gießener Osteuropazentrum des Landes Hessen.

29 Die jiddische Ausgabe von Markischs Epos »Milchome« [»Der Krieg«] des Moskauers Verlags »Der Emes« [Prawda] von 1948 befindet sich in Hessen in der Universitätsbibliothek Frankfurt am Main. Der Seitenumfang ist mit 666 Seiten angegeben.
Zum Gesamtwerk Markischs erschien 2011 der umfassende Sammelband: *A Captive of the Dawn. The Life and Work of Peretz Markish (1895-1952).* (Edited by Jospeh Sherman, Gennady Estraikh, Jordan Finkin, and David Shneer), New York: »Modern Humanities Research Association and Routledge«, 2011, 244 S. (= Legenda: Studies in Yiddish 9), in dem aber nur vereinzelt auf »Milchome« eingegangen wird).
Die Geschichte der Verhaftung der Mitglieder des Antifaschistischen Jüdischen Komitees vor genau siebzig Jahren, darunter auch seines Vaters, wird detailliert geschildert vom Sohn David Markisch in einem Artikel in der Moskauer

Anmerkungen

Tageszeitung »Nowaja Gazeta« vom 30.01.2019: https://www.novayagazeta.ru/articles/2019/01/30/79367-chem-bolshe-sovetskoy-vlasti-tem-menshe-evreyskoy-zhizni [Je mehr Sowjetmacht, um so weniger jüdisches Leben; den Hinweis verdanke ich Dr. G. Kratz, Moskau].

30 Als M. Schaiber-Sokolski diesen Essay 1999 schrieb, konnte er nur ahnen, welche überragende Rolle N.S. Rosow in den kommenden Jahren in der politischen und sozialphilosophischen Diskussion um die Rolle Russlands in der Welt noch spielen würde. ru.wikipedia zählt die wichtigsten seiner über 280 Publikationen auf, die teils auch frei im Netz aufrufbar sind. Ähnlich wie die Schriften des genialen, leider zu früh verstorbenen V.L. Zymburski, wird dieses die vorherrschende stereotype antirussische Begriffsscholastik deutscher Meinungsmacher empfindlich störende Denken bewusst ausgeblendet.

31 GLASNOST DICHTET. 99 russische Lyriker als Zeugen des geistigen Umbruchs. Ausgewählt, aus dem Russischen übertragen und mit einem Nachwort von Michail Schaiber. Mit einem Vorwort von Jewgeni Jewtuschenko. Marburg: »Blaue Hörner Verlag«, 1989, S. 175.

32 A.a.O., S. 131 (die ersten drei Strophen von sechs)

33 Dieter Schenk: *Auf dem rechten Auge blind. Die braunen Wurzeln des BKA*. Köln: »Kiepenheuer und Witsch«, 2001 (2. Auf. 2003 S. Fischer). — Das Thema der institutionellen wie personellen Reetablierung der »Sicherheits«apparate der Nazizeit im Nachkriegsdeutschland wird ausdifferenziert in den Beiträgen im von Michael Wildt herausgegebenen Forschungsband: *Nachrichtendienst, politische Elite und Mordeinheit. Der Sicherheitsdienst des Reichsführers SS*. Hamburg: »Hamburger Ed.«, 2003. Die genannten Forscher veranlassen in der Folge ein breites Spektrum an Publikationen zur primär rassistisch begründeten Vernichtungs- und Gewaltpolitik des Nationalsozialismus.
Erneut das »Nachleben« dokumentierend Jan Erik Schulte, Michael Wildt (Hg.): *Die SS nach 1945. Entschuldungsnarrative, populäre Mythen, europäische Erinnerungsdiskurse*. Göttingen: »Vandenhoeck & Ruprecht«, 2018, 451 S.

34 Ähnlich ›apokalyptisch‹ beendet Wladimir Kantor sein nicht mehr ins Deutsche übersetztes Buch »*Die Liebe zum Doppelgänger. Mythos und Realität der russischen Kultur*« mit einem »Exprompt«, einem Stehgreifgedicht seines Vaters Karl Moisejewitsch Kantor (*1922 Buenos Aires, gest. 2008 Moskau): »*Vaters letzte Verse, für mich überraschend, da er eigentlich eher russophil war, in vollständig biblischer Intonation.*«

Скончался век, исчерпан срок,
Проидет и время.
И вечность явится, как Бог,
С лицом еврея.

Das Jahrhundert zu Ende, abgelaufen die Frist,
Auch die Zeit wird vergehen.
Und die Ewigkeit erscheint, wie Gott,
Mit dem Antlitz des Hebräers.
     (bes)

(Zitiert nach: V.A. Kantor: *Ljubov' k dvojniku. Mif i real'nost' russkoj kul'tury. Očerki*. Moskva: »Naučno-Političeskaja Kniga«, 2013, S. 623.)

Anmerkungen

35 Vgl. Hannes Hofbauer: *Feindbild Russland. Geschichte einer Dämonisierung.* Wien: »Promedia Druck- und Verlagsgesellschaft«, 2016 (eBook) – Guy Mettan: *Creating Russophobia. From the Great Religious Schism to Anti-Putin Hysteria.* Atlanta, GA.: »Clarity Press«, 2018 (eBook). (Französische Originalausgabe Genf 2016; auch Übersetzung ins Italienische 2017). –

Zum Autor

MICHAIL SCHAIBER (Pseudonym: MICHAIL SOKOLSKI), geboren am 12. Januar 1923 in Moskau, verbrachte den größten Teil seiner Kindheit in Berlin. Nach der Rückkehr der Eltern nach Moskau Anfang 1934 besuchte er die deutschsprachige Karl-Liebknecht-Schule. 1941-1942 erlebte er den Anfang der 900-tägigen Belagerung Leningrads; 1945 nahm er in Stalinabad (Duschanbe, Tadshikistan) ein Studium der Anglistik auf. Nach dem Krieg arbeitete er 16 Jahre lang als Englischlehrer an der dortigen Universität. 1965 wieder zurückgekehrt in seine Heimatstadt Moskau, war er als Berufsübersetzer und Nachdichter tätig – Russisch-Deutsch. Er übertrug u.a. die gesammelten Gedichte und Versmärchen der berühmten russischen Kinderschriftsteller Kornej Tschukowski und Samuil Marschak ins Deutsche (mehrere Ausgaben), Pjotr Jerschows volkstümlich-romantische Verserzählung »Das Höckerpferd« sowie an die 2600 Gedichte für Sammelbände und Zeitschriften. 1964 promovierte er in Moskau über deutsche Exilliteratur (Klaus Mann). Er veröffentlichte in russischer Sprache mehrere Abhandlungen zur deutschen Literatur- und Geistesgeschichte (u.a. »Klaus Mann und die Suche nach einem neuen Humanismus«, »Klaus Mann. Eine Biographie«), in deutscher Sprache Aufsätze zur russischen Literatur sowie zur Theorie der Nachdichtung. Im »Samisdat« erschienen in den 70-er und 80-er Jahren zahlreiche Aufsätze zur russischen Geschichte und Philosophie. 1990 erregte sein Buch »Falsches Gedächtnis. Rußlands Helden und Antihelden« (historisch-polemische Essays) in Russland weit über die Fachkreise hinaus Aufsehen. Es erschien 1997 in stark veränderter Form in Marburg unter dem Titel: *Die tausendjährige Spaltung. Russland: Geschichte, Geist, Gefahren. 15 streitbare Essays* (ISBN 3-926385-34-0). – Ab 1990 veröffentlichte er auch in der Bundesrepublik Deutschland, wie z.B. in der Zeitschrift »Kontinent. Ost-West-Forum«. Im Oktober 1991 referierte er vor dem Außenpolitischen Ausschuss der CDU zur aktuellen Lage in der damaligen (noch) Sowjetunion. Für den SWR Baden-Baden verfasste er von 1992 an regelmäßig Essays, von denen ein Teil 2003 in Marburg unter dem Titel: *Russlands europäische Sehnsucht I: Lyrische Profile,* (ISBN 3-926385-48-0) erschien. – Der 2013 in – *Ich war in Berlin (1927-1933)* – veröffentlichte autobiographische Text in deutscher Übersetzung entspricht den Kapiteln 3 bis 12 seines 2001 auf Russisch in Marburg« erschienenen Buchs: *Rokovoe bylo vremja. Memuary* [Es war eine verhängnisvolle Zeit. Erinnerungen], das mit der Evakuierung aus dem belagerten Leningrad 1942 endet. Weitere 1000 Typoskriptseiten der Erinnerungen bis 1990 befinden sich im Verlagsarchiv.
Michail Schaiber-Sokolski lebte ab 1997 in Marburg, wo er am 24. November 2005 starb. Begraben wurde er auf dem Alten Marburger Jüdischen Friedhof.

Lieferbare Titel von Michail Schaiber-Sokolski bei Amazon.de

Ars erotica in Stalinabad (Libri Meiningenses)
Aus dem Russischen von Erika Beermann
Nachwort von Bernd E. Scholz
ISBN 978-3-926385-33-8 (auch als Kindle eBook)

Bei Durchsicht der nach dem 2. Weltkrieg über Moskau 1949 nach Stalinabad (ab 1961 wieder Duschanbe, Tadschikistan) verbrachten Herzoglichen Bibliothek von Meiningen entdeckt der Autor gemeinsam mit der Bibliothekarin ein Erotikon des 18. Jahrhunderts. Welches Werk könnte es gewesen sein? Wir wissen es nicht, denn die Herzogliche Bibliothek ist bis heute – bis auf einige wenige Exemplare – »verschollen«, wie es uns die Erbin, Gabriela von Habsburg, bestätigte. Anfang der 1990er Jahre erlebte die Sowjetrepublik Tadschikistan einen Bürgerkrieg von »*ungeheuerlichem Ausmaß*«, ein russisch-tadschikisches Trauma, das bis heute nachwirkt.

Ich war in Berlin (1927-1933)
Aus dem Russischen von Erika Beermann
Nachwort von Bernd E. Scholz
ISBN 978-3-926385-38-3 (auch als Kindle eBook)

1927 zieht der Vater des damals vierjährigen Michail Schaiber, der sich später das Pseudonym ›Michail Sokolski‹ zulegen wird, als Angestellter der sowjetischen Handelsvertretung von Moskau nach Berlin, wo die Familie bis Ende 1933 lebt. Der Junge wächst zweisprachig in der deutschen Hauptstadt heran und erlebt die politischen Veränderungen im Land aus der doppelten Perspektive des Einheimischen und des jüdischen Ausländers. Hier entdeckt er seine Leidenschaft für das Schachspiel und den Fußball; hier macht er dank seiner eigenen Beziehungen zu den »Kindern der Hinterhöfe« und dem gesellschaftlichen Umfeld seines Vaters Bekanntschaft mit Menschen unterschiedlichster sozialer Herkunft, politischer und menschlicher Gesinnung und Zukunft.

Das Höckerpferd
Autor: Pjotr P. Jerschow
Aus dem Russischen von Michail Schaiber-Sokolski
Vorwort von Michail Schaiber-Sokolski
ISBN 978-3-926385-36-9 (auch als Kindle eBook)

Michail Schaiber-Sokolskis deutsche Übertragung erschien 1981 in einer großformatigen, illustrierten Ausgabe in Moskau. Später als ›Raubdruck‹ in der DDR. Bei uns in verkleinertem Format und als Kindle eBook – ein immergrünes Vermächtnis von Dichter und Nachdichter. »*Jedes russische Kind, ja auch jeder Russe und jede Russin, die irgendwann einmal Kind gewesen sind, kennt ganz bestimmt dieses Versmärchen aus dem vorigen Jahrhundert,* ›*Das Höckerpferd*‹ *– wenn auch nicht auswendig, denn es umfasst hundert Seiten eines Buches von großem Format, so doch dem Inhalt nach, Episode um Episode, und ein paar gereimte Zeilen aus jeder Episode werden den meisten sicher im Gedächtnis haften.*«

Namenverzeichnis

A

Abramow, Fjodor A. (1920-1983) 18
Achijeser, Alexander S. (1929-2007) 237
Achmadulina, Bella A, (1937-2010) 185, 289, 338
Achmatowa, Anna A. (1889-1966) 76, 184, 289, 333 f., 364, 387 f.
Adamowitsch, Ales M. (1927-1994) 21, 219
Adelheid (s. Eupraxia) 459
Afanassjew, Juri N. (*1934) 21, 149
Aganbegjan, Abel G. (*1932) 21
Agranow, Jakow S. (1893-1938) 317-319, 508
Aichenwald, Juli I. (1872-1929) 299, 389
Aksakow, Iwan S. (1823-1886) 99, 137
Aksakow, Konstantin S. (1817-1860) 99
Akunin, Boris (eigtl. Grigori Sch. Tschchartischwili; *1956) 9, 504
Albrecht III. (Herzog von Österreich; 1349-1395) 272
Aleksejew, M.P. 508
Alexander I. (1777-1825) 40, 63, 231, 342, 343, 375
Alexander II. (1818-1881) 41, 64, 118, 233, 297, 140, 178, 282, 296, 345, 469
Alexander III. (1845-1894) 140, 180, 421
Alexej (Metropolit) 463
Alexej (Zarensohn) 61
Alexej (Geistlicher aus Nowgorod) 294
Aliger, Margarita I. (1915-1992) 304
Allilujewa, Swetlana I. (1926-2011) 487
Alow, Alexander Al. (1923-1983) 203
Altman, Natan I. (1990-1970) 303
Andreas-Salomé, Lou (1861-1937) 284
Andrej, Alexander und Nikolai (drei Söhne von ↗Iwan P. Turgenew) 259
Andrejewa, Maria F. (1868-1953) 380, 429, 431
Andropow, Juri W. (1914-1984) 434, 486
Anna Iwanowna (Zarin; 1693-1740) 107, 227, 256, 355
Annenkow, Pawel W. (1813-1887) 245
Annenski, Innokenti F. (1855-1909) 377, 378
Anninski, Lew A. (*1934) 187
Antokolski, Pawel G. (1896-1878) 303
Arendt, Erich 506
Askoldow, A.Ja. (1932-2018) 204
Astafjew, Viktor P. (1924-2001) 18, 219, 481
Aue, Hartmann von († zwischen 1210 und 1220) 271, 272
Auerbach, Berthold (1812-1882) 296
Avenarius, Richard Heinrich Ludwig (1843-1896) 398
Awerinzew, Sergej S. (1937-2004) 16, 28, 96, 128, 187, 418
Awertschenko, Arkadi T. (1880-1925) 361
Awwakum, Petrow (1620-1682) 153, 176, 227, 241, 249

B

Babel, Isaak E. (1894-1940) 183, 303, 477
Bachtin, Michail M. (1895-1975) 159, 413, 479
Bagrizki, Eduard G. (1895-1934) 303
Baklanow, Grigori Ja. (1923-2009) 219
Bakst, Lew S. (1866-1924) 300, 379
Bakunin, Michail A. (1814-1876) 99, 118, 137, 180, 390, 398
Balmont, K.D. (1867-1942) 376, 377, 384
Baltruschaitis, Jurgis K. (1873-1944)

384, 385
Barabanow, Jewgeni W. (*1943) 27, 128
Baratynski, Jewgeni A. (1800-1844) 267, 280
Barkaschow, Al.P. (*1953) 149
Barrès, Maurice (1862-1923) 119
Bar-Sella, Sejew (Pseudonym für Wladimir Petrowitsch Nasarow, Emigration 1973 nach Israel, wo er den neuen Namen annahm; *1943) 323, 511
Basanow, M.A. 507
Batkin, Leonid M. (1932-2016) 21, 149, 305, 306
Batu, Chan (~1209-1255/56) 460, 462
Baudelaire, Charles (1821-1867) 377
Bayer, Gottlieb Siegfried (1694-1738) 229
Basanov, Michail A. 237
Becher, Johannes R. (1891-1958) 286, 506
Bedny, Demjan (1883-1945) 183
Belinski, Wissarion G. (1811-1848) 99, 118, 344, 345, 346
Below, Wassili I. (1932-2012) 145
Bely, Andrej (1880-1934) 252, 268, 377, 382, 383, 384, 477
Benja Krik (liter. Figur) 303
Benois, Alexander N. (1870-60) 379
Berberowa, Nina N. (1901-1993) 336
Berdjajew, Nikolai A. (1874-1848) 16, 75, 83, 90, 92, 268, 351, 389, 392, 393, 394, 397, 404, 405, 417, 419
Bergelson, David R. (1884-1952) 448
Bergengruen, Werner (1892-1964) 290
Bergholz, Olga F. (1910-1875) 252, 336
Berija, L.P. (1899-1953) 484
Berschin, Jefim L. (*1951) 100
Bestushew, Alexander A. (1797-1837) 247, 248
Bestushew, Michail A, (1800-1871) 248
Bestushew, Nikolai A. (1791-1855) 248
Bezkoi, I.I. (1704-1795) 358
Bibichin, Wladimir V. (1938-2004) 128
Bibler, Wladimir S. (1918-200) 14, 28, 80, 127, 128, 305
Birger, Boris G. (1923-2001) 305
Biron, Ernst Johann von (1690-1772) 107
Bitow, Andrej G. (1937-2018) 28
Bloch, Ernst (1885-1977) 418
Blok, Alexander A. (1880-1921) 268, 309-312, 377, 381, 382-384, 509
Bobrowski, Johannes (1917-1965) 289, 506
Bodenstedt, Friedrich (1819-1892) 261, 281, 282
Bogdanow, Alexander Al. (1897-1928) 381, 398, 399, 426
Bogdanow, Andrej P. (*1956) 59, 514
Bogdanowitsch, Ippolit F. (1744-1803) 257
Bogoljubski, Andrej Ju. (~1111-1174) 460
Böhme, Jakob (1575-1624) 105
Bolotnikow, Iwan I. (1565-1608) 36, 57, 58, 123
Bolotow, Andrej T. (1738-1833) 243f.
Bonaparte ↗Napoleon
Bondarew, Juri W. (*1924) 20, 77
Bondartschuk, Sergej F. (1920-1994) 203
Bonner, Jelena G. (1923-2011) 253
Borchardt, Rudolf 506
Borissow-Mussatow, W.E. (1870-1905) 379
Börne, Karl Ludwig (1786-1837) 296
Bradaty, Zosima (?-1496) 226
Brainin, Boris L. (Pseudonym: Sepp Österreicher, viele weitere Pseudonyme; 1905-1996) 288, 505
Braun, Volker (*1939) 55
Brecht, Bertold (1898-1956) 288, 506

Breshnew, Leonid I. (1906-1982) 12, 76, 145, 165, 369, 434, 452-454, 481, 486, 488
Brik, Lilja Ju. (1891-1978) 316, 317, 318, 319
Brjussow, Valeri Ja. (1873-1924) 268, 376, 377, 384
Brodski, Jossif A. (1940-1996) 305
Brückner, Christian 506
Bucharin, Nikolai I. (1888-1938) 289, 315, 319
Buddha 412
Bulgakow, Michail A. (1891-1940) 184, 203, 366,
Bulgakow, Sergej N. (1871-1944) 393, 394, 404, 405, 418
Bunin, Iwan A. (1870-1953) 251, 305, 389
Burlazki, Fjodor M. (1927-2014) 187
Butenko, Anatoli P. (1925-2005) 21
Bykau, Wassil W. (1924-2003) 219

C

Cagliostro, Alessandro (1743-1795) 386
Calderon, de la Barca (1600-1681) 377
Chagall, Marc (1887-1985) 300
Chamberlain, Houston Stewart (1855-1927) 119, 141
Chamisso, Adalbert von 506
Chatschaturjan, Aram I. (1903-1978) 444
Cheraskow, M.M. (1733-1807) 259
Chmelnizki, Bogdan M. (1596-1657) 200
Chodassewitsch, Wladislaw F. (1886-1939) 389
Chomjakow, Alexej St. (1804-1860) 99, 133-135, 138
Chorushi, Sergej S. (*1941) 419
Christus 383, 384
Chruschtschow, Nikita S. (1894-1971) 47, 67, 78, 368, 434, 435, 441, 444, 450-452, 480, 482, 485-488
Churchill, Winston (1874-1965) 220, 440
Clinton, Bill 507
Commichau, Theodor 283, 508
Comte, Auguste (1798-1857) 390
Czara, R. 511

D

d'Alembert, Jean Le Rond (1717-1783) 327
Dach, Simon (1605-1659) 275, 276
Dahlmann, Dittmar (*1949) 150
Daniel, Juli M. (1925-1988) 16, 305, 369, 462, 506
Daniil Romanowitsch von Galitsch (1201-1264) 173, 239, 240
Danilewski, Nikolai (1822-1885) 138, 139, 141, 148
Daschkowa, Jekaterina R. (1743-1810) 326, 327
Daudet, Alphonse (1840-1847) 264
Delwig, Baron Anton D. (1798-1831) 260
Denis und Alexej (~1480, Häretiker in Nowgorod) 294
Diderot, Denis (1713-1784) 327
Dmitri Uglizki (Ioannowitsch; 1582-1592) 55
Dobroljubow, Nikolai A. (1836-1861) 179
Doktor Shiwago (liter. Held) 451
Dolina, Veronika A. (*1956) 338
Donskoi, Dmitri I. (1350-1389) 235
Dostojewski, Fjodor M. (1821-1881) 75, 99, 139, 140, 141, 176, 180, 242, 249, 263, 264, 267, 268, 281, 284, 286, 299, 390, 348, 372, 378, 397
Dowshenko, Alexander P. (1894-1956) 193
Dreyfus, Alfred (1859-1935) 141
Droshshin, Spiridon Dm. (1848-1930) 285
Droste-Hülshoff, Annette von 506
Dsigan, Jefim (1898-1981) 198
Dubinin, Nikolai P. (1907-1998) 443
Dudinzew, Wladimir D. (1918-1998) 481, 484
Duncan, Isidora (1877-1927) 313

Dwinger, Edwin Erich (1898-1981) 286
Dworkin, Alexander L. (*1955) 492

E

Edison, Thomas Alva (1847-1931) 441
Ehrenburg, Ilja G. (1891-1967) 184, 192, 301-302, 304, 389, 427, 485, 487
Eichenbaum, Boris M. (1886-1959) 299
Eichendorff, Joseph von (1788-1857) 267, 506
Eidelman, Natan (1930-1989) 299
Einstein, Albert (1879-1955) 440
Eisenstein, Sergej M. (1898-1948) 191-192, 194-196, 198, 200, 201
Elisabeth Petrowna (Zarin, 1709-1762) 107, 256
Engels, Friedrich (1820-1895) 404, 407, 409, 422
Entner, Heinz 508
Epstein, Michail N. (*1950) 28
Erdmann, Nikolai R. (1900-1970) 367
Erik (Eriksson, schwedischer König, 1222-1250) 461
Etkind, Jefim G. (1918-1999) 299
Eugen Onegin (liter. Held) 259, 283
Eupraxia, Wsewolodowna (in westeuropäischen Quellen ↗Adelheid; 1069/71-1109) 459
Euripides (~480-406 v.Chr.) 378

F

Fadejew, A.A. (1901-1956) 318
Falscher Demetrius [I,] (Zarewitsch, Demetrius Imperator, †1606) 36, 55-58, 123, 175, 274-275, 467
Fedotow, Georgi P. (1886-1951) 409
Fefer, Izik S. (1900-1952) 448-449
Feltrinelli, Giangiacomo 513
Ferdousi, Abu l-Qasem-e (dt. auch Firdausi; 940-1020) 262

Fet [Foeth], A.A. (1820-1892) 266, 373
Feuchtwanger, Lion (1884-1958) 192, 288
Feuerbach, Ludwig (1804-1872) 390
Fiedler, Friedrich Ludwig Konrad (1859-1917) 282, 283
Figner, Vera (1852-1942) 248, 332
Filofej (1. Hälfte 16. Jh.) 98
Finkelstein (s. Litwinow) 445
Fjodor [III.], Alexejewitsch, (1661-1672: 59, 179
Flaubert, Gustave (1821-1880) 264
Fleming, Paul (1609-1640) 275, 276, 508
Florenski, Pawel A. (1882-1937) 159, 400-402, 406, 409-412, 417, 479
Fonwisin, Denis I. (1745-1792) 357
Frank, Semjon L. (1877-1950) 268, 298, 393, 395-396, 404-405
Franklin, Benjamin (1706-1790; seit 02.11.1789 ausländisches Mitglied der Petersburger Akademie der Wissenschaften) 259
Freiligrath, Ferdinand 506
Freud, Sigmund (1856-1939) 285, 510
Friedrich [II.] d.Gr. (1712-1786) 244, 329
Friedrich der Dritte von Holstein-Gottorp (1597-1659; Herzog) 508
Fühmann, Franz (1922-1984) 506
Fürnberg, Louis (1909-1957) 506
Furman, Dmitri Je. (1943-2011) 306

G

Gaertringen, Dorothea Hiller von (geb. Wilamowitz-Moellendorf; 1879-1972) 283
Gaidenko, Piama P (*1934) 28, 339
Galitsch, Alexander A. (1918-1977) 163, 185, 270, 289, 305
Garry, Stephen 513
Gatschew, Georgi D. (1929-2008) 13
Gedymin (Großfürst von Litauen,

1275-1341) 462
Gefter, Michail Ja. (1918-1965) 28, 167, 237, 305, 306
Gelman, Alexander I. (*1933) 21, 306
Gelowani, Michail G. (1893-1956) 195, 197
George, Stefan 506
Gennadi (Erzbischof von Nowgorod seit 1484, † 1505) 294
Gerassimow, Sergej A. (1906-1985) 203
Gerschenson, Michail O. (1869-1925) 299, 385, 393, 397
Ginsberg, Allen (1926-1997), 505
Ginsburg, Jewgenia S. (1904-1977) 252, 337, 487
Ginsburg, Lidia Ja. (1902-1990) 299, 339
G[H]ippius, Sinaida N. (1869-1945) 268, 333, 376, 377
Glasunow, Ilja S. (1930-2017) 78
Glinka, SergejN. (1776-18) 342
Godunow, Boris F. (1552-1605) 36, 54, 56, 229
Goebbels, Joseph (1897-1945) 46, 192
Goethe, Johann Wolfgang von (1749-1832) 257-261, 265, 277, 279, 320, 330, 395, 506
Gogol, Nikolai W. (1804-1852) 110, 286, 358, 359, 369
Golikow, Filipp I. (1900-1980) 220
Golizyn, Wassili W. (1643-1714) 59, 60, 468
Gomulka, Władysław (1905-1982) 452
Gontscharow, Iwan A. (1812-1891) 179, 265, 345, 346
Gorbatschow, Michail S. (*1931) 19, 21, 49, 52, 87, 124, 145, 146, 166, 437, 454, 472, 481, 483, 486
Gordon, Garri Borisowitsch (*1941) 306
Gorki, Maxim (1868-1936) 176, 181, 242, 250, 309, 310, 319-321, 350, 377, 380-381, 385, 390, 398, 424, 426, 429-431, 435, 436, 494, 514
Gorochow, Viktor Solomonowitsch (*1924) 194
Gotje, Juri W. (1873-1943) 236
Gottsched, Johann Christoph (1700-1766) 278
Granin, Daniil (1919-2017) 21
Granowski, Timofej N. (1813-1855) 118, 264
Grekowa, Irina (eigtl. Jelena S. Wentzel, geb. Dolginzewa; 1907-2002) 338
Gretsch, Nikolai I (1787-1867) 245, 342
Gribojedow, Alexander S(1795-1829) 154, 358
Grigorjew, Wassili W (1816-1881) 458
Groeger, Wolfgang Eduard (1882-1950) 283
Grossman, Leonid P. (1888-1965) 302
Grossman, Wassili S. (1905-1964) 304, 436, 437
Guenther, Johannes von (1886-1973) 283
Gulyga, Arseni W. (1921-1996) 28
Gumiljow, Lew N. (1912-1992) 13, 76, 145, 146, 148-150, 237
Gumiljow, Nikolai St. (1886-1921) 76, 289, 312, 334, 351, 387, 388, 508
Gurewitsch, Aron Ja. (1924-2006) 305
Gutzkow, Karl Ferdinand (1811-1878) 296

H
Haller, Albrecht von (1708-1777), 327
Halpern, Olga 511f.
Haschek, Jaroslav (1883-1923) 369
Hauptmann, Gerhart (1862-1946) 285
Hebbel, Friedrich (1813-1863) 55

Hegel, Georg Wilhelm Friedrich (1770-1831) 390
Heine, Heinrich (1797-1856) 263, 266, 296, 398, 506
Heinrich III. (deutscher Kaiser von 1039-1056) 459
Heinrich IV. deutscher Kaiser von 1056-1106) 459
Heiseler, Henry von (1875-1928) 55, 61, 282, 283
Helena Glinskaja (* um 1506; †1538: von 1533 bis 1538 während der Minderjährigkeit Iwans IV. Regentin von Russland) 325
Herder, Johann Gottfried (1744-1803) 259
Hermlin, Stephan 506
Herwegh, Georg 506
Herzen, Alexander A. (1812-1870) 118, 137, 180, 245, 246, 247, 248, 390, 417
Hesiod (8.-7. Jh. v.Chr.) 130
Heym, Georg 506
Heyse, Paul (1830-1914; Literaturnobelpreisträger 1910) 264
Hippius s. Gippius
Hitler, Adolf (eigtl. Schicklgruber, 1889-1945) 46, 47, 113, 114, 143, 144, 160, 162, 184, 197, 206-211, 213, 216-219, 269, 287, 288, 415, 416, 448, 471, 482, 483, 491
Hölderlin, Friedrich 506
Hruschewski, Michajlo S. (ukrainischer Historiker) 1866-1934) 235
Huch, Ricarda 506
Huppert, Hugo (1902-1982) 288, 289
Husserl, Edmund (1859-1938) 397, 410, 509

I
Igorlied 459
Ilf und Petrow 303, 365
Ilf, Ilja (1897-1937) 303, 365, 366
Iljenkow, Ewald W. (1924-1979) 14
Iljin, Iwan A. (1883-1954) 405

Iljitschow, Leonid F. (1906-1990) 451
Immermann, Karl Leberecht (1796-1840) 61
Inber, Vera M. (1890-1972) 304, 336
Ingold, Felix Philipp 509
Iskander, Fasil A. (1929-2016) 28, 368, 37
Iwan I. Danilowitsch Kalitá (1288-1340) 462
Iwan III. (der Große; 1440-1505) 36, 98, 103, 152, 173, 226, 227, 274, 293, 324, 325, 463-467
Iwan IV. (der Schreckliche; 1530-1584) 34, 35, 53, 56, 74, 104, 148, 153, 175, 200, 201, 227, 236, 255, 276, 325, 466, 467
Iwanow, Anatoli St. (1928-1999) 23, 78, 145
Iwanow, Georgi W. (1894-1958) 387, 388
Iwanow, Wjatscheslaw 321, 351, 377, 380, 381, 383-385, 386
Iwanow, Wjatscheslaw Ws. (1929-2017) 28
Iwanow, Wsewolod Wjat. (1895-1963) 321
Iwanowa, Natalja B. (*1945) 339

J
Jablotschkow, Pawel N. (1847-1894; Edisons Glühlampe verdrängte ab 1879 Jablotschkows Bogenlampe, was dessen Rolle als Erfinder im Bereich der Elektrotechnik nicht mindert.) 441
Jänisch siehe: Pawlowa
Jänisch, Nikolaj N. (?1830-?1884) 152, 168
Jagoda, Genrich G. (1891-1938) 321
Jakowlew, Alexander N. (1923-2005) 19, 145
Jakunin, Gleb P. (1934-2014) 96, 491
Jankilewski, Wladimir B. (1938-2018) 305

Janow, Aleksandr L. (engl. Schreibung: Alexander Yanov; *Odessa 1930; Zwangsemigration 1974 in die USA, Professor für Politologie in New York; zahlreiche Publikationen zum Thema »Russland und Europa«) 402
Jaroschewski, Michail G. (1915-2001) 305
Jaroslaw II., Wsewolodowitsch (1191-1246) 468
Jaroslaw der Weise (978?-1054) 133, 146, 148, 171-173, 459, 460
Jaroslawski, Jemeljan M. (eigtl. Minej Israilewitsch Gubelman; Alt-Bolschewik und führender Agitator der »Gottlosenbwegung"; Mitglied des ZK der KP; 1878-1843) 445
Jelagina, Awdotja P. (1789-1877) 330
Jelzin, Boris N. (1931-2007) 146
Jermak Timofejewitsch (1532-1585) 466
Jermilow, Wladimir W. (1904-1965) 318
Jeshów, Nikolaj I. (1895-1940) 485
Jessenin, Sergej A. (1895-1925) 289, 309, 312-315, 317
Jesus Christus 382, 412
Jewtuschenko, Jewgeni A. (1932-2017) 20, 21, 167, 185-187, 269, 271, 289
Johann (Ioan, Metropolit von Sankt Petersburg, 1927-1995) 96
Johannes (Offenbarung des) 387
Julian Apostata (Flavius Claudius Iulianus; (331/332-362) 375
Jung, Carl Gustav (1875-1961) 129, 212
Juri (Bruder ↗Jaroslaws II.) 460

K

Kaganowitsch, Lasar Moisejwitsch (1893-1991) 445
Kaissarow, Andrej S. (1782-1813 bei Hanau) 59
Kalidasa (vermutl. 8. Jh. v.Chr.) 377
Kant, Immanuel (1724-1804) 259, 390, 394
Kantemir, Antioch D. (1708-1744) 60, 153, 355
Kantor, Karl M. (*1922-2008) 515
Kantor, Wladimir K. (*1945) 120, 121, 149, 306, 515
Karabtschijewski, Jurij Ark. (1938-1992) 317
Karakosow, Dmitri W. (1840-1866) 346
Karamsin, Nikolai M. (1766-1826)) 230-233, 236, 260, 261, 278, 328, 342
Karelow, Jewgeni Jefimowitsch (1931-1977) 203
Karsawin, Lew P. (1882-1952) 405. 510
Kasakewitsch, Emmanuil G. (1913-1962) 304
Kasakowa, Rimma F (1932-2008) 338
Kasanzew, Wassili I. (*1935) 493
Katharina II. (geb. Sophie Auguste Friederike von Anhalt-Zerbst-Dornburg, 1729-1796) 37, 38, 62, 64, 108, 109, 136, 153, 176, 177, 223, 229, 243, 244, 259, 326-328, 330, 341, 355, 356, 357, 372, 469
Katschenowski, Michail T. (1775-1842) 232, 233, 342
Kerr, Alfred (1867-1948) 192
Kesten, Hermann (1900-1996) 192
Kierkegaard, Søren (1813-1855) 397
Kipling, Rudyard (1865-1936) 387
Kirejewski, Iwan V. (1806-1856) 99, 133, 262, 468
Kirejewski, Pjotr W. (1808-1856) 133, 262
Kirow, Sergej M. (1886-1934) 216
Kirsanow, Semjon Isaakowitsch (1906-1972) 303
Klinger, Friedrich Maximilian (1753-1831) 258, 278, 279
Kljujew, Nikolai A. (1884-1937) 158,

Kljutschewski, Wassili O. (1841-1911) 234, 235
Klytschkow, Sergej A. (1889-1937) 479
Knjashnin, Jakow B. (1740-1791) 176, 177, 357, 358
Kolmar, Gertrud 506
Kolzow, Nikolai K. (Begründer der russischen Genetik; 1872-1940) 443
Kondratjew, Wjatscheslaw L. (1920-1993) 219
Konrad Wallenrod (liter. Held) 279, 330
Kornilow, Wladimir Nikolajewitsch (1928-2002; auf Empfehlung Heinrich Bölls 1975 in den PEN-Club aufgenommen) 310 f. (vgl. auch GLASNOST DICHTET, S. 132-136, hier S. 509, Anm. 19)
Korolenko, Wladimir G. (1853-1921) 181, 250, 310, 311
Korotitsch, Vitalij A. (*1936) 21
Kosakow, Michail M. (1934-2011) 16
Koscheljow, Alexander I. (1806-1883) 133
Koshinow, Wadim V. (1930-2001) 77, 145, 442
Koslow, Iwan I. (1779-1840) 280
Kosmá Prutków (ein fiktives kollektives Pseudonym, hinter dem sich in den 1850er-60er Jahren vier Autoren verbargen, um literarisches Epigonentum, geistigen Stillstand und politische Angepasstheit in Satire und aphorismen zu parodieren; aktivstes »Mitglied« war dabei Alexej K. Tolstoj; bis heute im Russischen eine Art stehende Redewendung) 266, 359
Kossolapow, Nikolai A. (*1942) 81
Kostomarow, Nikolai I. (1817-1995) 233, 235
Kotzebue, August von (1761-1819) 55
Krachmalnikowa, Soja A. (1929-2008) 96, 338, 491
Kratz, Gottfried 515
Krjukow, Fjodor D. (1870-1920) 321, 322, 512f.
Krjutschkow, Pjotr P. (1889-1938) 319
Kropotkin, Pjotr A. (1842-1921) 99, 248, 391, 398
Krylow, Iwan A. (1769-1844) 358
Küchelbecker, Wilhelm K. (1797-1846) 260
Kuhlmann, Quirinus (1651-1689) 277
Ku[h]lmann, Elisabeth B. (1808-1825), 105, 106, 277, 279
Kunert, Günter 506
Kunjajew, Stanislaw Ju. (*1932) 145
Kurbski, Andrej M. (1528-1583) 123, 153, 175
Kurizyn, Fjodor W. (gest. nach 1500) 294, 295
Kuschner, Alexander S. (*1936) 305
Kusmin, Michail A. (1872-1936) 287, 386
Kutschum (sibirischer Khan von 1563-1598, †1601) 466

L

Lagarde, Paul Anton de (1827-1891; eigtl. Bötticher, mütterlicherseits Lagarde; seit 1890 ausländiches Mitglied der Petersburger Akademie der Wissenschaften; gut belegter Artikel in: de.wikipedia.org/wiki/Paul_de_Lagarde) 119, 141
Lakoba (liter. Figur) 368
Lasker-Schüler, Else 506
Lavater, Johann Caspar (1741-1801) 255
Lawrow, Pjotr L. (1823-1900) 99
Leibniz, Gottfried Wilhelm (1646-

1716) 136, 142
Lenin, Wladimir I. (eigtl. Uljanow, 1870-1924) 43, 66, 99, 112, 113, 182, 189, 190, 195, 202, 213, 246, 250, 299, 319, 351, 361, 381, 393-395, 398, 399, 403, 404, 406-408, 413-419, 421, 422, 424-438, 467
Lenski, Wassili Wassiljewitsch (*1941) 91, 129, 130, 212, 497, 506, 507
Lenski, Wladimir (liter. Figur) 259
Lenz, Jakob Michael Reinhold (1751-1792) 258, 278
Leonhard, Rudolf 506
Leonardo da Vinci (1452-1519) 299, 375, 378, 410
Leontjew, Konstantin N. (1831-1891) 139, 250
Lermontow, Michail Ju. (1814-1841) 153, 261, 280, 469
Leskow, Nikolaj S. (1831-1895) 299
Lesnewski, Stanislaw St. (1930-2014) 312
Lessing, Gotthold Ephraim (1729-1781) 259, 296, 444
Lewada, Jurij A. (1930-2006) 438
Lewitan, Isaak I. (1860-1900) 300
Lichatschow, Dmitri S. (1906-1999) 16, 21, 80, 120, 158 f., 167, 236, 413, 479
Lichodejew, Leonid Israilewitsch (1921-1994) 368
Lifschitz, Michail A. (1905-1983) 302
Lissizki, Lasar (bekannt als »El Lissizki«, 1890-1941) 303
List, Paul W. 513f.
Litwinow, Maxim M. (1876-1951) 445, 487
Ljosow, Sergej (*1954) 128
Loerke, Oskar 506
Lomonossow, Michail W. (1711-1765) 229, 232, 236, 256
Lope de Vega (1562-1635) 55, 274, 377
Lossew, Alexej F. (1903-1988) 159, 410, 479
Losski, Nikolai O. (1870-1965) 396
Lotman, Juri M. (1922-1993) 28, 299
Lunatscharski, Anatoli W. (1875-1933) 190, 250, 312, 411
Luther, Arthur (1876-1955) 283
Luther, Martin (1483-1546) 467
Lyssenko, Trofim D. (1898-1976) 443, 444, 484

M

Mach, Ernst (1838-1916) 398
Maikow, Apollon N. (1821-1897) 259, 373
Majakowski, Wladimir W. (1893-1930) 88, 182, 288, 289, 309, 315-317, 318, 319, 335, 365
Mamardaschwili, Merab K. (1930-1990) 21
Mandelstam, Nadeshda Ja. (1899-1980) 337
Mandelstam, Ossip Em. (1891-1938) 289, 301, 388, 389
Mann, Heinrich 213, 288
Mann, Thomas 142, 213, 216, 217, 265, 286, 287, 375, 376, 434
Marconi, Guglielmo Marchese (1874-1937) 441
Marcuse, Herbert (1898-1979) 418
Marcuse, Ludwig (1894-1971) 213
Marfa Borezkaja (gen. Possadniza, Stadtmutter von Nowgorod, 1478 zum erstenmal erwähnt)
Margolis, E. 511 325
Marina Jurjewna Mnischek (poln. Maryna Mniszech; ~1588-1614/15 55, 56, 335
Markisch, Perez D. (1895-1952) 448, 515
Martow, Julij O. (eigtl. Zederbaum; 1873-1923), 422, 426
Martschenko, Alla M. (*1932) 339
Marx, Karl (1818-1883) 190, 212, 213, 235, 390, 395, 404, 407, 409, 413, 415, 422, 434, 452, 467, 489, 471

Masaryk, Tomáš G. (1850-1937) 142
Matwejewa, Novella N. (1934-2016) 338
Maupassant, Guy de (1850-1893) 264
Maurer, Georg 506
Meckel, Christoph 506
Maxim der Grieche 153, 175

Mechlis, Lew Sacharowitsch (1889-1953) 445
Meïr, Golda (1898, Kiew,-1978, Jerusalem) 446
Meltjuchow, Michail I. (*1966) 219
Mendel, Gregor Johann (1822-1884; österr. Biologe und Botaniker) 443
Menj, Alexander W. (1935-1990) 16, 295, 492
Mereschkowski, Dmitri S. (1865-1941) 268, 287, 298, 333, 375, 377, 378
Mérimée, Prosper (1803-1870) 261
Michail Fedorowitsch Romanow (1596-1645; erster russischer Zar aus der Dynastie der Romanows ab 1613) 275
Michailow, Alexander Vikt. (1938-1995) 28, 77
Michailow, Oleg N. (1932-2013) 28
Michalkow, Nikita S. (*1945) 203
Michoëls, Solomon M. (1890-1948) 445, 446
Mickiewicz, Adam (1798-1855) 279, 330
Mikojan, Anastas I. (1895-1978) 487
Miljukow, Pawel (1859-1943) 236, 310
Miller, Orest (1833-1889) 139
Minski, Nikolai M. (eigtl. Wilenkin; 1855-1937) 298, 297, 374, 375, 377
Misch, Georg (1878-1965) 238
Mitschurin, Iwan W. (1855-1935) 443
Mitta, Alexander N. (*1933) 203
Mörike, Eduard 506

Molotow, Wjatscheslaw M. (1890-1986) 114, 184, 199, 214, 217, 318, 487
Moltke, Helmuth Karl Bernhard von (der Ältere, 1800-1891) 218
Morgan, Thomas Hunt (1866-1945; einer der Begründer der Genetik) 443
Moriz, Junna P. (*1937) 338
Morosow, Nikolai A. (Revolutionär; 1854-1946) 248
Morosowa, Feodosija P. (1632-1675) 325
Moshaiski, Alexander F. (1825-1890) 441
Moshajew, Boris A. (1923-1996) 481
Motyl, Wladimir Ja. (1927-2010) 203
Motyljowa, Tamara L. (1910-1992) 339
Müller, Gerhard Friedrich (1705-1783) 229, 230, 278

N

Nabokov, Vladimir V. (Ps. W. Sirin; 1899-1977) 251, 269
Nadeshdin, Nikolai I. (1804-1856) 178, 343
Nadson, Semjon Ja. (1862-1887) 297
Napoleon (1769-1821) 31, 32, 38, 39, 40, 45, 46, 99, 110, 135, 231
Naumow, Wladimir N. (*1927) 203
Neïswestny, Ernst Iosifowitsch (1925-2016) 451
Nekrassow, Nikolai A. (1821-1877) 179, 182, 345, 346
Newski, Alexander (1220?-1263) 34, 35, 122, 123, 134, 135, 148, 149, 150, 173, 198, 199, 200, 226, 240, 272, 293, 415, 460-462, 464, 493
Nietzsche, Friedrich (1844-1900) 139, 284, 385, 387, 390, 395, 397
Nikitin, Afanassi (geb. in Twer, gest. um 1475 bei Smolensk) 241
Nikolajewa, Olessja N. (*1955) 338
Nikolaus I. (1796-1855) 64, 137, 178-

180, 233, 246, 343, 345, 469
Nikon (Patriarch, 1605-1681) 242
Nikonow, Wjatscheslaw A. (*1956) 487
Nil Sorski (1433-1508) 175
Neshny, Alexander Iosifowitsch (*1940) 491
Nowikow, Nikolai 176, 177, 231, 259, 278, 341, 342, 355-357
Nowikowa, Lydia I. (*1927) 100
Nuikin, Andrej A. (1931-2017) 26

O
Österreicher, Sepp (Pseudonym; eigtl. ↗Brainin, Boris)
Ogarjow, Nikolai P. (1813-1877) 137
Ognew, Wladimir F. (1923-2017) 505
Okudshawa, Bulat Sch. (1924-1997) 163, 185, 270, 289
Olearius, Adam (1599-1671) 276
Oleg († 912/913 oder 922) 329, 458
Olga (Großmutter des hl. Wladimir, † 969) 324
Olgerd (litauischer Großfürst, ~ 1300-1377) 462, 463
Opitz, Martin (1597-1639) 271, 275
Orpheus 336
Orwell, George (1903-1950) †362
Ostap Bender (literar. Held) 365 f.
Óssipow, Iwan (berühmter Räuber mit dem Spitznamen »Wanjka Kain«, 1718-nach 1756) 243
Ostrowski, Alexander N. (1823-1886) 361
Ostwald, Wilhelm Friedrich (1853-1932; Nobelpreisträger für Chemie 1909) 398

P
Palizyn, Awraami (1550-1626) 176, 241
Panajew, Iwan I. (1812-1862) 245
Panajewa, Awdotja Jak. (1820-1893) 245
Panfilow, Gleb An. (*1934) 203

Panfjorow, Fjodor I. (1896-1960) 478
Pasternak, Boris L. (1890-1960) 164, 176, 184, 252, 268, 285, 289, 302, 389, 451, 485, 513f.
Paul I. (1754-1801; Zar ab 1796) 38, 327, 357, 375
Pawlenko, Nikolaj Grigorjewitsch (1909-1997) 219
Pawlow, Nikolaj F. (1803-1864) 280
Pawlowa, Karolina (geb. Jänisch; 1807-1893) 245, 267, 279, 280, 282, 330
Perlamutrow, Wilen L. (1931-2004) 95
Peter I. (1672-1725) 37, 59, 98, 106-108, 118, 119, 132, 134, 136, 142, 153, 178, 179, 196-198; 203, 227, 233, 254, 276, 355, 375, 468, 469
Peter III. (1728-1762) 60-62, 107-108, 109, 136, 223, 244, 254, 325, 329
Petrow, Jewgeni P. (1902-1942) 366
Petrow, Wladimir M. (1896-1966) 196
Petruschewskaja, Ljudmila St. (*1938) 28, 339
Petscherin, Wladimir Sergejewitsch (1807-1885; dieser hochbegabte Altphilologe und Orientalist, der 1836 Russland für immer Richtung Westeuropa verließ, was mit dem Entzug der Staatsbürgerschaft geahndet wurde, die er ohnehin nicht behalten wollte, – gilt heute als Prototyp des »überflüssigen Menschen« im Russland der 1. Häfte des 19. Jahrhunderts; dieser »Nichtheimkehrer« steht seitdem für einen Typus, der nicht sich selbst als überflüssig empfindet, sondern die Gesellschaft, in die er sich ohne eigenes Zutun hineingeboren sieht und der er zu entrinnen trachtet. In jüngster

Zeit erscheinen in Russland Monographien über ihn, seine Briefe und Erinnerungen aus dem irischen Refugium wurden zum Bestseller.) 397
Pijaschewa, Larissa Iw. (1947-2003) 21, 187, 339
Pilnjak, Boris An. (1894-1938) 183, 477
Pissemski, Alexej F. (1821-1881) 345
Pjezuch, Wjatscheslaw Alex. (*1946) 28
Platon (zwischen 429 und 347 v.Chr.) 374
Platonow, Andrej Pl. (1899-1951) 184, 370
Platonow, Sergej F. (1860-1933) 236
Plechanow, Georgi Wal. (1856-1918) 299, 421, 422, 424, 426
Pletnjow, Pjotr Al. (1791-1865) 345
Poe, Edgar Allan (1809-1849) 377
Pogodin, Michail P. (1800-1875) 133, 134
Pogorelski, Antoni Al. (1787-1836) 265
Pokrowski, Michail N. (1868-1932) 236
Polewoi, Nikolai Al. (1796-1846) 343
Poljakowa, Nadeshda M. (1923-2007) 488
Polozki, Simeon (1629-1680) 59, 179
Pomeranz, Grigori S. (1918-2013) 13, 28, 167, 253
Popow, Gawriil Char. (*1936) 21, 187
Popowa (s. Pijaschewa, Larissa) 339
Pristawkin, Anatoli I. (1931-2008) 28
Prochanow, Alexander And. (*1936) 23
Prokofjew, Sergej S. (1891-1953) 198, 444
Prokopowitsch, Feofan (1681-1736) 60

Promyslow, Vladimir F. (1908-1993) 369
Pudowkin, Wsewolod Illar. (1893-1953) 191, 192, 195, 196
Pugatschow, Jemeljan (~1742-1775) 38, 244, 356, 357, 423
Punin, Nikolai N. (1888-1953) 333
Puschkin, Alexander S. (1799-1837) 40, 60, 109, 137, 139, 148, 153, 154, 177, 178, 182, 259-261, 267, 280, 281, 283, 328, 330, 331, 345, 372, 373, 469
Putin, Wladimir W. 506, 507

R
Rabin, Oskar Ja. (1928-2018) 305
Rabinowitsch, Wadim Lwowitsch (1935-2013) 305
Radischtschew, Alexander N (1749-1802) 177, 257-259, 417
Radsichowski, Leonid A. (*1953) 187, 306
Raikin, Konstantin A. (*1950) 307
Rapoport, Iosif Abramowitsch (1912-1990; Genetiker) 444
Rasch, Karem B. (1936-2016) 23
Rasgon, Lew E. (1908-1999) 252, 487
Rasputin, Valentin G. (1937-2015) 18, 77
Ratzel, Friedrich (1844-1904) 235
Reissner, Larissa (1895-1926) 509
Rejn, Jewgeni B. (*1935) 305
Remisow, Alexej M. (1877-1957) 351, 389
Ribbentrop, Joachim von (1893-1946) 114, 144, 184, 199
Rickert, Heinrich (1863-1936) 509
Rilke, Rainer Maria (1875-1926) 142, 284, 285, 335
Ringelnatz, Joachim 506
Rjasanow, Eldar A. (1927-2015) 368
Rjutin, Nikititsch M, (1890-1837) 159
Romanow, Michail Fjodorowitsch (1596-1813; erster russischer Zar

aus der Dynastie der Romanows)
36, 62, 176, 275
Romm, Michail I. (1901-1971) 202
Rosenberg, Alfred Ernst (1893-1946) 119, 141
Roshdestwenski, Robert I. (1932-1995) 289
Rosow, Nikolai S. (*1958) 474, 475, 515
Rostoptschin, Fjodor W. (1763-1826) 31, 38-40, 45, 51,
Rostoptschina, Jewdokia P. (1812-1858) 331
Rousseau, Jean-Jacques (1712-1778) 329
Rubljow, Andrej (~1360-1628) 203, 204
Rückert, Heinrich (1823-1875) 141
Rurik (~ 860-879) 329, 457, 458
Rustaweli, Schota (~ 1172-1216) 377
Rybakow, Anatoli N. (eigtl. Aronow; 1911-1998) 306
Rylejew, Kondrati F. (1795-1826) 178

S
Sacharow Andrej D. (1921-1989) 13, 164, 204, 253
Sacharow, Mark A. (*1933) 21, 187
Sachs, Nelly 506
Saizew, Boris K. (1881-1972) 389
Saltykow-Schtschedrin, Michail Je. (1826-1889) 180, 358, 359, 368, 369
Samarin, Jurij F. (1819-1876) 134
Samjatin, Jewgeni I. (1884-1937) 362, 363
Saraskina, Ljudmila L. (*1947) 187, 339
Schachowskoi, Grigori P. (erwähnt 1587 und 1612) 36
Schafarewitsch, Igor (1923-2017) 28, 76, 145, 442
Schaf[f]y, Mirza (Ende 17. – Anfang 18. Jh.-1852) 281
Schalamow, Warlam T. (1907-1982) 253, 487

Scharia (Sacharija Skara; judaisierender Häretiker in Nowgorod um 1470-1490) 294, 295
Schatrow, Michail F. (1932-2010) 305
Schechtel, Franz-Albert (russ. Fjodor Ossipowitsch; 1859-1926) 379
Schelling, FriedrichW. (1775-1854) 110, 262, 263, 390, 468
Schelting, Alexander von (1894-1963) 139
Schengelaja, Nikolai M. (1903-1943) 193
Schestow, Lew I. (eigtl. Schwarzmann; 1866-1938) 268, 298, 396, 397, 509, 510
Schewtschenko, Taras G. (1814-1861) 281
Schibanow, Pawel P. .(1864-1935) 512
Schick, Maximilian Jak. (1884-1968) 511f.
Schiller, Friedrich (1759-1805) 55, 110, 258-260, 266, 267, 274
Schischkin, Michail P. (*1961) 109, 110
Schklowski, Viktor B. (1893-1984) 252
Schlözer, August Ludwig von (1735-1809) 233, 259, 278
Schmeljow, Iwan S. (1873-1950) 351
Schmeljow, Nikolai P. (1936-2014) 21, 187
Schneider, Reinhold (1903-1958) 290
Schnitzler, Arthur (1862-1931) 285
Scholochow, Michail A. (1905-1984) 322, 323, 478, 512f.
Schopenhauer, Arthur (1788-1840) 390
Schostakowitsch, Dmitri D. (1906-1975) 444
Schpet, Gustav G. (1879-1937) 411, 418
Schröder, Rudolf Alexander 508
Schuiski, Wassili (1552-1612) 36, 58

Schulgin, Wassili W. (1878-1976; in ru.wikipedia ist seinem romanhaften Leben ein sehr langer Artikel gewidmet) 310
Schweik (liter. Figur) 369
Schwarzmann (➚ Schestow, 396)
Schwarzschild, Leopold (1891-1950) 213
Seljunin, Wassili I. (1927-1994) 21
Senderow, Waleri A. (1945-2014) 149
Serafimowitsch, Alexander S. (1863-1949) 510
Shakespeare, William (1564-1616) 280, 329, 441
Shdanow, Andrej A. (1896-1948) 334
Shelley, Percy Bysshe (1792-1822) 377
Shukowski, Wassili Andr. (1783-1852) 64, 178, 260, 261, 262, 264, 328, 331
Shigulin, Anatoli Wl. (1930-2000) 487
Shwanezki, Michail M. (*1934) 307
Simin, Alexander A. (1920-1980) 236, 237, 507
Sinjawski, Andrej D. (Pseudonym: Abram Terz; 1925-1997) 305, 368, 369
Sinowjew, Alexander A. (1922-2006) 369, 370
Sjablizew, Georgi P. (1955-1997) 492
Skorjatin, Valentin I. 317, 318
Skoworoda, Grigori Sawwitsch (1722-1794) 400
Skripkin (liter. Figur) 365
Slutschewski, Konstantin K. (1837-1904) 267
Sluzki, Boris A. (1919-1986) 16, 506
Smith, Adam (1723-1790) 327
Sochanskaja, Nadeshda St. (Ps. Kochanskaja; 1823/1825-1884) 331
Sokrates (470/469 v.Chr.) 412
Sologub, Fjodor (eigtl. Fjodor Kusmitsch Teternikow, 1863-1927) 287, 389
Solowjow, Sergej Mich. (1820-1879) 234-235
Solowjow, Wladimir Sergejewitsch (1853-1900) 16, 41, 75, 90, 99, 128, 138, 140-141, 179, 268, 299, 372, 373-375, 377, 378, 383, 387, 390-397, 399-400, 402, 405
Solshenizyn, Alexander I. (1918-2008) 13, 76, 88, 164, 186, 204, 209, 252, 323, 436, 453, 473, 481, 482, 487, 505, 506, 513
Somow, Konstantin A. (1869-1939) 379
Sophia 60, 391, 394, 405
Sorge, Richard (1895-1944) 220
Sorin, Leonid G. (*1924)) 305
Soschtschenko, Michail M. (1894-1958) 363, 364
Spencer, Herbert (1820-1903) 390
Spengler, Oswald (1880-1936) 125, 141
Speranski, Michail M. (11772-1839) 63, 65
Spilker, Freyherr Heinrich Eberhard von († 1754) 355
Spinoza, Benedict (1632-1677) 298, 395
Stalin, Iossif W. (1878-1953) 34, 45, 47, 49, 53, 67, 70, 75, 86, 113, 114, 121, 123, 143, 144, 158, 160, 161, 182-185, 192-198, 200-202, 206-211, 214-221, 236, 249, 252, 269, 287, 288, 289, 300-302, 308, 315, 316, 318-321, 334, 335, 351, 352, 362-368, 380, 384, 386, 401, 410, 412-417, 419, 424, 434, 435-437, 439-452, 454-456, 467, 471, 472, 477-487, 490, 492, 493
Stanislawski, Konstantin S. (1863-1939) 380
Stankewitsch, Nikolai W. (1813-1840) 118, 264
Steinberg, Eduard A. (1937-2012), 305
Štejnberg, Aaron Z. (1891-1975) 509

Steiner, Rudolf (1861-1925) 268, 383
Stepun, Fjodor A. (1884-1965) 251, 268, 351
Stolypin, Pjotr A. (1862-1911) 66
Storm, Theodor (1817-1888) 264
Strachow, Nikolai N. (1828-1896) 139
Stroganow (*die Stroganows*; eine der berühmtesten Kaufmanns- und Unternehmerfamilien Russlands mit großem Landbesitz bis 1917 im Ural, im Gebiet von Perm u.a.O., deren männliche Linie 1923 endet; 466
Strugazki (Gebrüder: Arkadij N., 1925-1991; Boris N. 1933-2012) 305
Struve, Pjotr B. (1870-1944) 393, 395, 404
Suchenwirt, Peter (*um 1320 - etwa 1395) 272
Suchomlin, Wassili W. (1885-1963) 513
Suchowo-Kobylin, Alexander W. (1817-1903) 360
Sukolow (russischer Journalist) 219
Sumarokow, Alexander P. (1717-1777) 176
Suworow, Viktor (eigtl. Vladimir Bogdanowitsch Resun, *1947) 200, 206-208, 209, 214, 215, 218, 220, 221
Sylvester (Protopope, gest. um 1566) 325

T
Tarkowski, Andrej A. (1932-1986) 16, 203, 204
Tarkowski, Arseni Al. (1907-1989) 16, 270
Tatischtschew, Wassili N. (1686-1750) 60, 227, 229, 231
Teljatewski, Andrej Andrejewitsch (gest. 1612) 58
Terz, Abram (Pseudonym für A.D. Sinjawski, 1925-1997) 305, 369

Thatcher, Margaret (1925-2013) 454
Tieck, Johann Ludwig (1773-1853) 261
Timofejew, Iwan (~1555-1631) 176
Tito, Broz (Josip Broz Tito, 1892-1980) 320
Tjutschew, Fjodor I. (1803-1873) 32, 139, 262, 266, 282, 373
Tkatschenko, Pjotr I. (*1950) 509
Tkatschow, Pjotr Nikititsch (1844-1886) 99
Toerne, Volker von 506
Tolstaja(-Jessenina), Sofja A. (1900-1957) 313
Tolstaja, Tatjana N, (*1951; 2011 von »Echo Moskau« zu den 100 einflussreichsten Frauen Russlands gezählt) 28, 338
Tolstoi, Alexej Konstantinowitsch (1817-1875) 205, 265-269, 359, 360
Tolstoi, Alexej Nikolajewitsch (1883-1945) 176, 184, 242, 251, , 389, 477
Tolstoi, Lew N. (1828-1910), 63, 99, 109, 139, 142, 176, 179, 181, 182, 203, 265, 267, 268, 285, 286, 331, 338, 345, 372, 390, 397
Toynbee, Arnold (1889-1975) 85, 87
Tretjakow, Sergej M. (Dichter, 1892-1937) 183
Trifonow, Juri W. (1925-1981) 16
Trjapkin, Nikolaj I. (1918-1999) 270
Trotzki, Leo D. (1879-1940) 43, 66, 214, 313, 315, 424, 429
Trubezkoi (die »Philosophen-Brüder« Sergej N. Trubezkoi, 1862-1905, und Jewgeni N. Trubezkoi, 1863-1920; Sergej N. T. war Rektor der Moskauer Universität und Vater des bekannten Sprachwissenschaftlers – Begründers der Phonologie – und Philosophen Nikolai S. T., 1890-1938, dessen wissenschaftliches Archiv bei einer Durchsuchung durch die Gestapo 1938 in Wien be-

schlagnahmt und weitgehend vernichtet wurde. Einer Deportation ins KZ entging er, wie es heißt, durch seinen Fürstentitel.) 391

Trubezkoi, Sergej P. (Dekabrist, 1790-1860) 64

Tschaadajew, Pjotr Ja. (1794-1856) 99, 121, 133, 177, 178, 343, 397

Tschechow, Anton P. (1860-1904) 268, 302, 377, 379, 380, 390

Tschernjajew, V.Ju. 508

Tscherkassow, Nikolai K. (1903-1966) 199

Tschernow, Andrej Ju. (*1953) 511, 511

Tschernyschewski, Nikolai G. (1828-1889) 99, 179, 345, 346, 417

Tschertow, Oleg Wladilenowitsch (1958-1996) 187, 188

Tschitscherin, Boris N. (1828-1904) 140, 234-235, 249

Tschitschibabin, Boris A. (1923-1994) 16, 270, 506

Tschitschikow (liter. Held) 367

Tschonkin, Iwan (liter. Held) 369

Tschudakowa, Marietta O. (*1937) 339

Tschukowskaja, Lidia K. (1907-1996) 334

Tschukowski, Kornej I. (1882-1969) 311, 389

Tucholsky, Kurt 506

Tur, Jewgenia (1815-1892; verh. Salhias de Tournemire) 331

Turgenew, Iwan S. (1818-1883) 140, 176, 179-180, 242, 264, 265, 268, 345-346, 372

Turgenew, Iwan Petrowitsch (1752-1807; Rektor der Moskauer Universität, Vater der berühmten »Turgenew Brüder« – Alexander, Andrej und Nikolai) 259

Twardowski, Alexander T. (1910-1971) 164, 352-353, 478, 480-481, 485

U

Uhland, Ludwig (1787-1862) 261, 266, 506

Ukraïnka, Lessja (1871-1913) 332

Uljanow, Michail A. (1927-2007) 21

Uschakow, Fjodor F. (Admiral; 1745-1817) 202

Uschakow, Fjodor Wassiljewitsch (1747-1770; Freund Radischtschews in Leipzig) 257-258

Uwarow, Sergej S. (1786-1855) 178

V

Vasco da Gama (1460-1524) 241

Verlaine, Paul (1844-1896) 377

Voltaire (fr. François Marie Arouet; 1694-1778) 136, 223, 257, 327, 329, 390

W

Waiman, Semjon T. (1924-2004) 299

Wanjka Kaim (↗ Iwan Ossipow) 243

Wasa (schwedisch: Vasa, polnisch: Wazowie; schwedisch-polnische Königsfamilie des 16./17. Jh.) 468

Wassiljew, Georgij (1899-1946) und Sergej (1900-1959); als »Brüder Wassiljewy« Verfasser von Kinoszenarien 195

Watt, James (1736-1819) 441

Weber, Alfred (1868-1958) 125

Wedekind, Frank (1864-1918) 286

Weinberg, Pjotr I. (1831-1908) 297, 298

Weinert, Erich 506

Weismann, August (1834-1914) 444

Werder, Karl (1806-1893) 265

Weressajew, Wikenti W. (eigtl. Smidowitsch; 1867-1945) 253

Wertheim, Johannes 511

Whitman, Walt (1819-1892) 378

Wieland, Christoph Martin (1733-1813) 258, 260

Wiener, Norbert (1894-1964) 400, 441

Witowt (Vytautas, Witold ~1350-1439) 462, 463
Witte, Sergej Ju. (1849-1915) 65
Wjasemski, Pjotr A. (1792-1878) 260-262, 264, 331
Wladimir (der Heilige, Fürst von Nowgorod seit 969, von Kiew seit 980, † 1015) 33, 134, 170, 459
Wladimow, Georgi N. (1931-2003) 368, 369
Woinowitsch, Wladimir N. (1932-2018) 368-370
Wolkenstein, Oswald von (1377-1445) 273, 274
Wolkogonow, Dmitri W. (1928-1995) 209
Wolkonskaja, Sinaida A. (1789-1862) 330
Wolkow, Dmitri W. (1718-1785) 37, 61, 62, 63, 65, 108, 123, 136, 223, 254, 326, 328
Woloschin, Maximilian A. (1877-1932) 268, 386
Wolozki, Iossif (auch Iossif von Wolokolamsk, eigtl. Iwan Sanin; 1439/40-1515) 153, 174-175, 294
Wolynski, Akim L. (1861/63-1926) 298, 299, 377, 378
Woronzow, Michail Illarionowitsch (1714-1767) 326
Wosnessenski, Andrej A. (1933-2010) 21, 185, 289
Wowtschok, Marko (eigtl. Maria Alexandrowna Wilinskaja; 1833-1907) 331
Wright (Gebrüder; Wilbur und Orville Wright, geb. 1867 und 1871) 441
Wrubel, Michail A. (1856-1910) 379
Wyssozki, Wladimir S. (1938.1980) 289, 163, 185, 270

Zymburski, Wadim L. (1957-2009), 475, 507, ,515
Zweig, Stefan (1881-1942) 288
Zweerde, Evert van der 507
Zwetajewa, Ariadna S. (eigtl. Efron; 1912-1975) 335
Zwetajewa, Anastasja I. (1894-1993) 335
Zwetajewa, Marina Iwanowna (1892-1941) 268, 285, 289, 333, 334, 336

Z
Ziolkowski, Konstantin E. (1857-1935) 411, 412
Zola, Émile (1840-1902) 264

www.ingramcontent.com/pod-product-compliance
Lightning Source LLC
Chambersburg PA
CBHW070305230426
43664CB00015B/2642